Authorized translation from the English language edition, entitled,
TEACHING MATHEMATICS TO ALL CHILDREN: DESIGNING AND ADAPTING INSTRUCTION TO MEET THE NEEDS OF DIVERSE LEARNERS, 2nd Edition,
ISBN: 0131175742 by TUCKER, BENNY F.; SINGLETON, ANN H.; weaver, terry l.,
published by Pearson Education, Inc, publishing as Merrill,

Preface

머리말

이 책을 쓴 목적

초등학교 교실은 점점 더 다양성이 증가하고 있다. 성차, 인종 및 민족, 종교, 문화, 능력과 흥미, 학습 양식, 가족 배경 및 지원 정도, 책이나 공학과 같은 학습 자원의 이용가능성 등에 있어서 다양성이 점차 증가하고 있다. 게다가 일반학급에서 장애학생들(children with special needs)이 통합교육 받고 있는 최근의 추세는 가까운 장래에는 바뀔 가능성이 없어 보인다. 특수교육 교사와 일반학급 교사의 전형적인 준비로는 지금과 같은 통합교육 상황에서 일반학생과 장애학생 모두의 효과적인 학습에 도움이 되지 못하고 있다. 이 책에서는, 교사가 통합교육 상황에서 다양한 학생들을 성공적으로 가르칠 수 있도록, 초등학교 수학교육을 위한 계획 및 교수 방법을 제공하고자 한다. 저자들은 이 책에 제시된 교수 제안들이 모든 학생들에게 수학을 가르치고자 할 때, 보다 효과적인 교사가 되는데 도움이 되기를 기원한다.

책의 구조

처음 3장은 교수 활동 및 교실 내 다양성, 수업 계획의 기초에 해당하는 내용을 소개하고 있다. 나머지 9장은 초등학교 수학 교과서에서 가장 공통적으로 가르치는 내용 관련 교수 방법을 다루었다. 그리고 마지막 장은 다양한 교수 내용과 관련된 연습 활동을 다루었다.

이 책에서는 초등학교 수학 교과서에 다루는 모든 주제를 다루고 있지는 않다. 오히려, 저자들의 의도는 중요한 개념과 기술의 학습 및 이해, 기억을 촉진하고, 이러한 개념과 기술을 문제해결에 응용할 수 있는 능력을 기르는데 도움이 되는 효과적인 교육 방법들을 강조하는 것이었다. 효과적인 교수 방법에서 중요한 한 요소는 효과적인 계획 세우기다. 따라서 이 책에서는 효과적인 교수 계획을 중요한 구성요소로 다루고 있다.

개념과 기술 학습의 강조

개념과 기술의 보다 완전한 학습을 지지하는 최근 교육 연구 결과와, 수업을 통한 보다 효과적인 학습에 대한 전미수학교사협의회(National Council of Teachers of Mathematics)의 요청, 저자들의 경험에 근거해서 저자들은 보다 효과적인 수학 개념 및 기술의 학습에 초점을 맞추었다. 이러한 강조의 결과, 이 책에서 특정 교수 내용과 관련된 장의 모든 활동들은 학습 활동들(Developmental activities)로 구성하였다. 이러한 장들에서 의도적으로 연습 활동을 포함시키지 않기로 하였기 때문에, 마지막 장은 효과적인 연습 활동들을 주로 다루었다. 마지막 장에서는 개념이나 기술 들을 가르친 후에 사용할 수 있는 연습 활동들을 제시하였다.

기본 철학

저자들은 성공적의 교수의 결과는 이해(Understanding)이며, 이해를 기반으로 기술 학습이 가능하고, 이해를 기반으로 학습 내용을 더 잘 기억할 수 있다고 믿는다. 또한 저자들은 학생들이 수학 아이디어를 이해할 수 있도록 돕는, 가장 좋은 방법은 학생들이 이미 이해한 아이디어와 새로 학습한 아이디어를 학생들이 연결지어 보게 하는 것이라고 믿는다. 또한 초등학생들의 경우, 수학 개념과 기술에 대한 이해는 해당 개념과 기술에 대한 적절한 심상(Mental Image) 발달이 필요조건이라고 믿는다. 마지막으로 저자들은 모든 학생들에게 이러한 종류의 수학적 이해를 발전시킬 수 있는 기회가 주어져야 한다고 믿는다.

개정판에 추가된 내용

개정판에서는 세 가지 중요한 변경 사항들이 있다. 첫째, 평가 관련해서 학습 평가를 위한 대안들을 보다 더 강조하였다. 둘째, 수 감각의 발달과 대수학의 기초를 보다 더 강조하기 위해, 이 두 주제와 관련된 부분 옆에 독자가 보다 집중할 수 있도록 아이콘을 추가하였다. 셋째, 초등학교 수준에서 확률과 자료 분석을 가르치는 장을 추가하였다. 저자들은 이러한 변화를 통해 이 책이 보다 완전하고, 가독성이 높고, 교수에 도움이 되기를 희망한다.

감사의 글

이 책은 2002년에 초판이 나온 이후 여러 해 동안 많은 사람들과의 비공식적인 대화를 통해 발전되어 왔다. 교사들이 어떻게 보다 효과적으로 가르칠 수 있는지에 대한 많은 동료들과 우리의 아이디어들에 대한 예비교사들과 현직 교사들로부터 반응, 제안된 교수 방법들이 실제로 작동하는지 확인하기 위해 시도한 교수로부터 얻어진 학생들의 반응 등이 이 책의 개선에 모두 도움을 주었다. 물론 많은 전문가들의 귀중한 조언이 없었다면, 이 책을 출판되지 못했을 것이다. Jim Burns(College of St. Rose), Linda K. Elksnin(Citadel), Daniel C. Orey(California State University) 모두 개정판 초고를 검토해주고, 이들의 도움으로 최종원고가 완성될 수 있었다. 마지막으로 이 개정판 원고의 명료한 이해를 위해 많은 제안을 해준 학부 및 대학원 학생들에게 감사를 전하고자 한다.

Benny F. Tucker
Ann H. Singleton
Terry L. Weaver

Teaching Mathematics to ALL Children Companion Websites:
http://www.prenhall.com/tucker

Preface

역자 머리말

이 책은 Benny F. Tucker와 Ann H. Singleton, Terry L. Weaver가 2002년에 출판한 'Teaching Mathematics to All Children: Designing and Adapting Instruction to Meet the Needs of Diverse Learners'의 2006년 개정판(2판)을 번역한 것이다.

미국뿐만 아니라 한국도 통합교육의 확대에 힘 입어 많은 장애학생들이 비장애학생들과 함께 일반학교에서 함께 공부하고 있고, 일반학생들도 선호하는 학습양식, 세상을 아는 방식, 강점 지능과 약점 지능 등에서 점점 다양성이 증대되고 있는 상황이다.

저자들은 장애학생들을 포함해서 수학을 배우고자 하고, 배워야 하는 학생들의 다양성 증가에 맞추어 기존의 수학 교육이 모든 학생에게 수학을 가르칠 수 있는 준비를 하여야 함을 강조하고 있다. 이를 위해 저자들은 기존의 전통적인 수업을 다음과 같이 수정할 것을 제안하고 있다.

- 교과서의 특정 페이지나 특정 문제를 가르치기 위한 수업 계획이 아니라 개념이나 기술을 가르치기 위한 수업을 계획할 것
- 학생들의 실제 생활 경험과 관련지어 수학적 개념과 연산 등을 경험하고 배울 수 있는 기회 제공
- 새로운 개념이나 기술을 배울 수 있는 학습 활동 늘리기
- 시각 입력 정보 늘리기
- 운동감각(신체) 활동 늘리기
- 학생과의 의사소통 및 학생들 간의 의사소통 늘리기
- 학생의 학습을 지속적으로 점검하기

특히 이 책에는 저자들의 다년간의 교육 및 연구 경험을 바탕으로 현장 교사들이 수업에 활용할 수 있는 다양한 활동들이 예시되어 있다(353개 활용 및 176개 연습문제). 또한 기존 수업을 학생들의 다양한 요구에 맞추어 어떻게 수정할 수 있는지 보여주는, 수정된 수업 계획을 함께 제시하고 있어 현장 교사들에게 뿐만 아니라 예비 교사들에게도 많은 도움이 될 수 있을 것이다.

이 책은 장애학생에게 수학을 어떻게 가르쳐야 하며, 왜 그렇게 가르치고, 왜 학생들은 그렇게 학습해야하는지에 대한 답을 얻을 수 있는 자료이며, 수학 교육에서 가르치는 수학이 무엇이고, 왜 장애학생들도 수학을 배워야 하는지 답을 얻을 수 있는 책이다.

장애학생들의 장애를 '무능력'이나 '결핍', '지체'로만 이해하지 않고, 배우고 싶고 배울 것이 많은 학생으로서 장애학생을 인식하고, 이들이 더 잘 학습할 수 있는 방법을 찾기 위해 교사가 무엇을 해야 하는지 고민했고, 알려 주고자 노력하고 있는 책을 소개하게 돼서 역자들 모두에게 큰 영광이 아닐 수 없다.

모든 학생에게 수학을 가르칠 수 있다는 저자들의 확신이 '거짓 희망(false hope)'이 아닌 장애학생들에게 '과정의 평등'을 보장하려는 마음이 담겨 있음을 믿기에, 그리고 과정 없이 '쉬운 해결책(easy solution)'으로 너무 쉽게 '결과의 평등'을 보장하면서 장애학생들을 '웃자란 보리'로 만들지 않으려는 저자들의 오래된 노력들을 알기에 기쁜 마음으로 이 책을 세상에 내놓고자 한다.

이 책은 어려운 내용은 빼고 쉬운 내용만을 골라 가르치는 장애학생 수학교육이 아니라(teaching easy mathematics) 장애학생들이 배워야 하는 수학을 어려운 내용도 '쉽게 가르치는 법(teaching mathematics easily)'을 소개하고 있는 책이다. 많은 현장 교사들과 예비 교사들이 한 번 찬찬히 읽어보고 질문 던져보고 실천해 보길 희망한다.

마지막으로 저자들의 노력과 아이디어들이 역자들의 번역을 거치면서 왜곡되거나 훼손되지 않았기를 기원하며, 지속적으로 수정해 나갈 것을 약속드리며 번역을 마무리 하고자 한다.

번역자 일동

Contents

차 례

제1장 교수 활동: 효과적인 교수를 위한 기초

1. 학생들은 무엇을 어떻게 학습하는가? ··· 2
2. 학습 활동 ··· 3
3. 연습 활동 ··· 4
4. 응용 활동 ··· 5
5. 평가 활동 ··· 6
6. 참여 수준 ··· 9
7. 활동과 학습 자료들의 융통성 있는 사용 ··· 10
■ 연습 및 활동 ··· 11
■ 참고문헌 및 관련 자료 ··· 14

제2장 교실 내 다양성: 다양한 개인별 요구

1. 교실 내 다양성이 존재하는 이유 ··· 16
2. 인종적, 언어적, 그리고 문화적 다양성 ··· 20
3. 선호하는 학습 양식 ··· 21
4. 지능의 종류 ··· 24
5. 낮은 인지 능력 ··· 24
6. 학습장애 ··· 26
7. 시각 또는 청각 장애 ··· 27
8. 신체장애 ··· 28
■ 연습 및 활동 ··· 29
■ 참고문헌 및 관련 자료 ··· 33

제3장 수업 설계: 다양한 교실 요구를 만족시킬 수 있는 수업 창안하기

1. 활동들을 수업으로 결합하기 ··· 39
2. 전통적인 표준 수업의 특성 ··· 41
3. 다양한 학습 요구에 근거하여 수업 수정하기 ··· 41
4. 계획 과정과 '공식적인' 수업 계획 ··· 52
5. 계획 과정 및 교수 노트 ··· 52
■ 연습 및 활동 ··· 53
■ 참고문헌 및 관련 자료 ··· 54

제4장 초기 수학: 아동기의 수학 학습

1. 공통된 오해 ··· 59
2. 어린 아동들의 특성 ··· 59
3. 분류 가르치기 ··· 61
4. 비교하기와 연속 배열하기 가르치기 ··· 63
5. 초기 기하 개념: 상대적인 위치 ··· 69
6. 수업 수정하기 ··· 74
■ 연습 및 활동 ··· 77
■ 참고문헌 및 관련 자료 ··· 79

제5장 자연수와 명수법: 수량 명명하기와 쓰기

1. 수 감각 ··· 82
2. 대수의 기초 ··· 83
3. 아이들이 이미 알고 있는 것에 근거해서 학습하기 ··· 83
4. 전반적인 상황 ··· 86
5. 한 자리 숫자 ··· 87
6. 두 자리 숫자 ··· 93
7. 세 자리 이상 숫자 ··· 98

8. 어림수 ···· 102
9. 수업 수정하기 ···· 104
■ 연습 및 활동 ···· 108
■ 참고문헌 및 관련 자료 ···· 110

제6장 덧셈과 뺄셈: 양의 결합과 분리

1. 연산 발달 개관 ···· 114
2. 정수의 덧셈 가르치기 ···· 116
3. 정수의 뺄셈 가르치기 ···· 141
4. 수업 수정하기 ···· 153
5. 덧셈과 뺄셈을 이용해서 문제 해결하는 법 가르치기 ···· 156
■ 연습 및 활동 ···· 160
■ 참고문헌 및 관련 자료 ···· 163

제7장 정수의 곱셈과 나눗셈: 같은 크기의 집단을 합치기와 주어진 양을 같은 크기의 집단으로 나누기

1. 정수의 곱셈 가르치기 ···· 166
2. 정수의 나눗셈 가르치기 ···· 199
3. 곱셈과 나눗셈을 활용해서 문제 해결하기 ···· 222
■ 연습 및 활동 ···· 223
■ 참고문헌 및 관련 자료 ···· 226

제8장 분수: 1보다 작은 단위로 배우기

1. 분수 정의하기 ···· 230
2. 분수 단위 ···· 232
3. 집합으로서의 분수 ···· 236
4. 동치 분수 ···· 237
5. 실험적 접근법 이용 ···· 239
6. 분수의 비교 ···· 241

7. 분수의 덧셈 246
8. 분수의 뺄셈 247
9. 최소 공통 분모 248
10. 덧셈과 뺄셈 활동 249
11. 가분수와 대분수 253
12. 분수의 곱셈 255
13. 분수의 나눗셈 259
14. 곱셈과 나눗셈 활동 263
15. 수업 수정하기 267
16. 분수를 이용하여 문제해결하기 271
■ 연습 및 활동 274
■ 참고문헌 및 관련 자료 276

제9장 소수와 백분율: 1보다 작은 십진법 단위를 공부하고 100분의 1을 공통분모로 사용하기

1. 소수 280
2. 소수를 위한 자릿값 282
3. 소수 비교하기 288
4. 소수의 덧셈 및 뺄셈 291
5. 소수의 곱셈 295
6. 소수의 나눗셈 300
7. 곱셈 및 나눗셈 활동들 302
8. 또 다른 분수 비교하는 방법 307
9. 백분율 정의하기 308
10. 수업 수정하기 308
11. 소수를 이용하여 문제 해결하기 313
■ 연습 및 활동 314
■ 참고문헌 및 관련 자료 316

제10장 측정: 어떤 수량에 어떤 수 배정하기

1. 측정과 기하 ···· 318
2. 측정 정의하기 ···· 319
3. 길이 측정하기 ···· 319
4. 면적 측정 가르치기 ···· 333
5. 부피 측정 가르치기 ···· 342
6. 각도 측정하기 ···· 351
7. 간접 단위로 측정하기 ···· 355
8. 시간 측정 ···· 355
9. 무게 측정 ···· 357
10. 온도 측정 ···· 358
11. 값 측정 ···· 358
12. 수업 수정하기 ···· 359
13. 측정을 이용하여 문제 풀기 ···· 362
■ 연습 및 활동 ···· 364
■ 참고문헌 및 관련 자료 ···· 366

제11장 기하: 도형의 명칭과 특성의 학습

1. 초등학교 기하의 주요 개념들 ···· 370
2. 기하학적 도형들을 학습하기 위한 주요 개념의 사용 ···· 375
3. 수업 수정하기 ···· 394
4. 기하를 활용한 문제 해결 ···· 398
■ 연습 및 활동 ···· 400
■ 참고문헌 및 관련 자료 ···· 402

제12장 자료 분석 및 확률: 자료로부터의 정보 수집과 가능성 측정하기

1. 자료 분석과 확률 – 두 개의 서로 구분되지만, 관련이 있는 수학 영역들 ······ 404
2. 자료 분석 ······ 405
3. 확률 ······ 423
■ 연습 및 활동 ······ 438
■ 참고문헌 및 관련 자료 ······ 440

제13장 효과적인 연습: 연습과 재미를 위한 게임과 활동

1. 짝 맞추기 활동 ······ 443
2. 순서대로 정렬하기 활동 ······ 454
3. 답 또는 예시 구성 활동 ······ 458
■ 참고문헌 및 관련 자료 ······ 464

■ 찾아보기 / 465

Chapter 1

교수 활동: 효과적인 교수를 위한 기초

1. 학생들은 무엇을 어떻게 학습하는가?
2. 학습 활동
3. 연습 활동
4. 응용 활동
5. 평가 활동
6. 참여 수준
7. 활동과 학습 자료들의 융통성 있는 사용

Chapter 1 교수 활동: 효과적인 교수를 위한 기초

■ **학습원리**

학생들은 경험과 사전지식에 근거해서 새로운 지식을 능동적으로 구성하면서 수학 이해를 통해 수학을 학습하여야 한다.(National Council of Teachers of Mathematics [NCTM], 2000, p.20)

■ **평가원리**

평가는 중요한 수학 학습을 지원하고 교사와 학생 모두에게 유용한 정보를 제공하여야 한다. (NCTM, 2000, p.22)

1 학생들은 무엇을 어떻게 학습하는가?

활동 중심 교수 프로그램을 사용하는 교사들은 활동 수행 절차에 초점을 맞추고, 활동이 얼마나 재미있는지, 학생들이 그 활동을 얼마나 좋아하는지 혹은 얼마나 산뜻한지에 근거해서 교육적 가치를 판단하려는 유혹에 흔히 빠지곤 한다. 분명히 우리 모두는 학습이 재미있기를 희망한다. 우리는 학생들이 학습을 좋아하기를 희망하며, 학생들이 학습을 하면서 무언가 아주 산뜻한 것들을 활동하기를 희망한다. 그러나 산뜻함만으로는 충분하지 않다. 어떤 교수 활동을 할지 선택하는 주된 기준은 '학생들이 그 활동을 하는 동안 무엇을 배울 수 있는가?'여야 한다. 즉, 교수 활동을 선택하는 첫 번째 단계는 학습목표가 무엇인지 확인하는 것이다. 어떤 유형의 활동이 적절한가는 학습목표의 특성에 따라 결정된다. 어떤 유형의 활동을 하여야 하는가는 학습 목표 유형이 학생들이 새로운 내용을 배우는 목표 유형인지, 학생들이 이미 배운 내용을 능숙하게 하는 것인지, 혹은 학생들이 어느 수준으로 성취했는지 교사에게 정보를 제공하기 위한 것인지에 따라 달라진다. 이 책에서는 교수 활동을 네 가지 유형으로 나누고자 한다.

1. 새로운 개념 및 기술 획득을 위한 학습 활동(Developmental Activity)
2. 이미 학습한 내용의 숙달을 위한 연습 활동(Practice Activity)

3. 이미 학습한 개념과 기술을 사용해서 문제 해결하는 응용 활동(Application Activity)
4. 학습 결과 수준을 알아보기 위한 평가 활동(Assessment Activity)

2 학습 활동

학습 활동은 새로운 내용을 가르치기 위한 활동들을 말한다. 학생들이 해당 활동을 수행하기 위해 목표 개념이나 기술(target concept or skill)을 이미 알고 있어야 한다면, 그 활동은 학습 활동이 아니다. 학습 활동에는 서로 다른 두 차원의 활동이 존재한다.

(1) 탐색형 학습 활동

탐색형 학습 활동(Exploratory Developmental Activities)의 목적은 개념이나 기술들의 일반화를 위한 기초를 형성할 수 있는 핵심 경험들을 제공하는 것이다. 때때로 학생들의 과거 생활 경험들은 이러한 일반화에 적절한 기초가 될 수 있다. 그러나 보통은 이러한 일반화를 위해 학생들에게 새로운 경험을 제공할 필요가 있다(적어도 일부 학생들을 위해서는). 이러한 필요성은 새로운 아이디어를 학습시키기 위해 교사에 의해 학생들의 경험이 활용되기 이전에, 학생들이 반드시 그러한 경험을 했어야 한다는, 명백한 사실에 근거한다.

(2) 강화형 학습 활동

강화형 혹은 통합형 학습 활동(Consolidating Developmental Activities)의 목적은 학생들이 패턴을 확인하고 관계를 인식하는 것을 돕고, 그러한 관계에 관해 가설을 세우고 검증하는 것을 돕고, 개념을 명료하게 이해하고, 절차를 학습하고, 그러한 패턴과 관계, 개념, 절차에 관해 의사소통하는데 필요한 용어와 기호를 배우는데 도움이 되는 활동을 말한다.

3 연습 활동

연습 활동은 학생들이 이미 배운 개념이나 기술의 사용을 보다 능숙하게 할 수 있도록 도와주는 활동을 말한다. 학습 활동에서는 이해 촉진 혹은 향상에 초점을 맞추지만, 연습 활동에서는 기술의 개발에 초점을 맞춘다. 일반적으로, 학생들은 연습 활동을 통해서는 새로운 내용을 학습하지 않는다. 그러나 연습 활동을 통해 학생들은 자신이 배운 것들에 대해 보다 능숙해질 수 있다. 적절한 연습 활동은 학습 결과가 보다 영구적인 것이 될 수 있도록 도움이 될 수 있다. 학습 활동처럼 연습 활동에도 서로 다른 두 가지 수준의 활동이 존재한다.

(1) 사고형 연습 활동

충분한 사고형(정확형) 연습 활동은 정확도에 초점을 맞춘다. 학생들에게 학습한 개념과의 관계에 대해 주의 깊게 사고할 수 있도록 충분한 시간이 주어지며, 각 절차 단계마다 신중하게 생각해 볼 수 있도록 충분한 시간이 주어진다. 학생에게 명료한 이해가 필요한 학습내용의 경우 다시 살펴볼 수 있는 시간이 허락될 수도 있다. 학생들은 '서두를 필요는 없어요, 하지만 올바로 알고 있는지 확인해 보세요'라는 말을 듣게 된다.

(2) 속도형 연습 활동

속도형 혹은 반복연습형 연습 활동은 빠른 대답에 초점을 맞춘다. 일부 교사들은 반복연습을 통해 일정 시간 내에 빠른 답을 요구하는 연습이 기억과 절차에 익숙해짐에 기여한다고 느끼고 있다. 반면에 일부 교사들은 빠른 속도로 반복 연습하는 것은 해당 수학적 지식을 이미 빨리 회상해 낼 수 있는 학생들이나 해당 절차를 빠르게 적용할 수 있는 학생들에게서만 답을 끌어낼 수 있을 뿐이라는 점을 지적한다. 이런 학생들은 분명히 속도형 반복 연습 활동이 필요없는 학생들이다. 즉, 빠르게 대답하지 못하는 학생들은 터무니없는 억측을 하게 만들거나 '저는 몰라요'라고 말하고 사고하기를 멈추는 결과를 가져온다.

우리는 속도형 반복 연습 활동이 긍정적인 효과보다 부정적인 효과가 전반적으로 더 크지 않은지 진지하게 생각해 보아야 한다. 몇몇 예외를 제외하고는 적절한 사고형 연습 활동으로 달성할 수 없는 결과를 속도형 반복 연습 활동으로 달성할 수 있는 경우는 거의 없다. 따라서 속도형 반복 연습 활동은 이 책에서는 거의 제시하지 않을 것이다.

4 응용 활동

응용 활동(Application activities)은 해당 개념과 기술을 배운 맥락과 다른 맥락에서 해당 개념과 기술을 사용하는 법을 배울 수 있도록 돕는 활동을 말한다. 응용 활동은 다양한 문제를 풀기 위해 학생들이 자신들이 이해하고 능숙해진 개념과 기술을 사용할 수 있는 기회를 제공한다. 응용 활동은 두 개의 범주로 나눌 수 있다.

(1) 교실 응용 활동

교실 응용 활동은 학생들이 이미 배운 지식과 기술들을 활용해서 새로운 지식과 기술들을 학습하도록 요구하는 교수 활동이다. 새로운 아이디어를 학습하기 위해 이미 알고 있는 아이디어(old ideas)를 응용하는 활동이 포함되어 있기 때문에, 동일한 활동이 한 주제에 관해서는 응용 활동이면서, 다른 주제에 대해서는 새로운 학습을 도모하는 학습 활동일 수 있다. 교실 활동에는 교과서 문제와 같은 인위적인 예들도 포함하는데, 이러한 문제들은 학생들이 최근에 배운 개념과 기술들을 사용하도록 요구한다. 이로 인해 교실 응용 활동과 연습 활동은 구분하는 것이 어려울 수 있다. 이 둘 간의 차이는 연습 활동은 전형적으로 학생들이 배운 방식 그대로 새로운 개념이나 기술을 사용하도록 요구하고, 교실 응용 활동에서 사용하는 인위적인 예들은 학습한 개념과 기술을 학습할 때와는 어느 정도 다른 방식으로 사용하도록 요구한다는 것이다.

(2) 실제 문제 응용 활동

실제 문제를 활용한 응용 활동에서 제시되는 문제는 학생들이 교실 밖에서 실제로 경험할 수 있는 문제들이다. 특정 개념이나 기술을 응용하는 실제 문제를 고안하기 위해서는 교사는 해당 개념이나 기술을 교실 밖에서(즉, 실생활에서) 실제 어떻게 사용하는지 먼저 확인해야 한다. 그런 후에 학생으로 하여금 정확히 그와 같은 방식으로 해당 개념이나 기술을 사용하도록 요구하는 활동을 고안해야 한다.

5 평가 활동

평가 활동은 학생들에게 관찰가능한 방법으로 자신들이 학습한 개념과 기술들의 수준(깊이)을 나타내도록 요구하는 활동이다.

(1) 타당도와 신뢰도

이 둘은 평가의 주요 아이디어다. 이 두 기준에 근거해서 특정 평가 활동을 선택하거나 개발한다. 첫 번째 중요 아이디어인 타당도에는 여러 유형의 타당도들이 존재하지만, 모두 해당 평가가 측정하고자 하는 것을 측정하고 있는지를 나타낸다. 두 번째 중요 아이디어인 신뢰도는 평가 결과가 신뢰할 수 있는지, 일관성이 있는지를 말해준다. 타당도처럼 신뢰도에도 다양한 유형의 신뢰도가 존재한다. 그러나 이들 모두 평가 결과가 안정적인지, 일관성이 있는지, 신뢰성이 있는지를 나타낸다. 우리들은 항상 평가가 타당하고 신뢰성이 있기를 희망한다. 평가가 타당하지 못하다면, 산출된 정보는 의미가 없다. 신뢰성이 없다면, 산출된 정보는 신뢰할 수 없다.

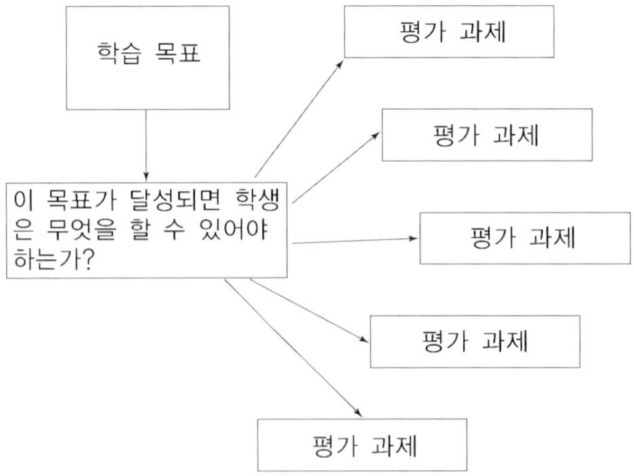

(2) 평가 과제

학습이 일어나면, 학생들이 학습 결과로서 할 수 있는 과제들이 존재한다. 학습 결과로서 요구되는 과제는 관찰 가능하여야 한다. 학생이 해당 과제를 수행할 수 있는지 관찰하여 결정할 수 있다면, 이들 과제는 평가 과제라 할 수 있다. 아이들의 평가 과제 수행 성공은 학생의 학습 목표 달성 여부를 나타낸다. 각 학습 목표에 대하여 많은 잠재적인 평가 과제들이 존재할 수 있다.

여기서 생각해 볼 평가 과제는 객관적인 평가 과제, 주관적인 평가 과제, 수행 평가 과제, 세 가지다.

(3) 객관적/주관적 평가 과제

일반적인 믿음과 달리, 어떤 과제가 객관적인가, 주관적인가는 학생들에게 요구되는 사고의 유형에 의해 결정되지 않는다. 오히려, 이 둘은 평가 과제 평가자에게 무엇이 요구되는가에 따라 구별한다. 평가자에게 학생의 반응에 대한 가치 판단을 요구하지 않는 경우, 평가 과제는 객관적이다. 평가 과제에 대한 반응은 맞거나 틀림, 혹은 기준에 맞거나 맞지 않음으로 평가한다. 객관적 평가 과제에서는 해당 반응이 얼마나 옳은지, 얼마나 수용 가능한지에 대한 판단을 평가자에게 요구하지 않는다.

객관적인 평가 과제의 예에는 진위형 검사 문항(true-false test item), 선다형 검사 문항(multiple-choice test item), 연결형 연습 문제(matching exercise), 단답형 문항(giving a short answer), 빈칸 채우기 문항(completing a statement with a missing word), 나열하기 문항(arranging a series of items in order), 문제 풀기(solving a problem), 결과 산출을 위해 기술 사용하기(using a skill to produce a result), 10 단위 모델을 사용해서 숫자 표현하기(representing a number with a base-10 model) 등이 있다. 이러한 평가 과제들은 평가자가 해당 반응이 올바른지 가치판단 없이 판단할 수 있으므로 객관적이다.

객관적 평가 과제에서는 학생으로 하여금 어떤 반응을 선택하거나 산출하도록 하여 평가한다. 학생의 반응은 맞거나 틀릴 수 있다. 이러한 과제들은 쉽거나 낮은 수준의 사고만을 요구하기 때문에 객관적인 과제인 것이 아니다. 정답을 얻기 위해 낮은 수준의 사고뿐만 아니라 높은 수준의 사고를 요구하는 객관적인 평가 과제를 설계하는 것도 가능하다. 학생의 반응이 옳은지 그른지 판단할 때 평가자에게 가치 판단을 요구하지 않기 때문에 객관적인 평가 과제인 것이다.

평가 과제가 반응의 질에 관해 가치 판단을 평가자에게 요구하는 경우, 주관적 평가 과제이다. 이 경우 학생의 반응은 다양한 수준의 정확도가 존재하고, 평가자는 반응이 얼마나 정확한지 평가하여야 한다. 주관적인 과제는 객관적인 과제보다 반드시 어려운 것은 아니며, 항상 복잡한 사고를 요구하는 것도 아니다. 주관적인 과제는 모든 수준의 사고(지식, 이해, 적용, 분석, 종합, 평가) 중 하나 이상을 요구할 수 있다. 평가 과제는 학생에게 무엇을 요구하기 때문이 아니라 평가자가 무엇을 요구하기 때문에 주관적이다. 평가자에게 학생 반응의 질에 대한 가치 판단을 요구하기 때문에 주관적이라고 한다.

주관적인 평가 과제의 예로는 어떤 진술이 옳은지, 틀린지 설명하기, 두 변인들 간의 관계에 대해 설명하기, 관계를 나타내는 그림 그리기, 복잡한 모양의 면적을 구하는 몇 가지 방법을 보여주기, 이론 증명을 완성하기, 평행사변형과 직사각형의 면적 구하는 공식이 왜 같은가 설명하기, 부분 점수가 주어질 수 있는 문제 풀기 등이 있다. 주관적인 과제들은 어렵거나 고차 수준의 사고를 요구하기 때문에 주관적인 것이 아니다. 주관적인 평가 과제들은 평가자가 가치 판단을 해야 하기 때문에 주관적이다. 평가자가 해야 할 일은 해당 과제가 주관적인지 판단하여야 한다.

(4) 수행 평가 과제

평가 과제 중 세 번째 범주는 수행 과제이다. 수행 과제는 객관적일 수도 있고 주관적일 수도 있다. 수행 과제는 일반적으로 연필과 종이를 가지고 하지 않는다. 수행 과제가 객관적이거나 주관적인 과제보다 보다 복잡한 사고를 요구하는 것은 아니지만, 수행 그 자체가 일반적으로 보다 복잡하다. 수행 과제는 일반적으로 이전에 배운 많은 개념들과 기술들의 통합 적용을 요구한다. 수행 평가 과제의 예로는 자료 모으기와 분석하기, 학생들 앞에서 이론 증명해 보이기, 프로젝트 결과물을 정리한 포스터 만들기, 가족 휴가를 위한 계획 세우기, 1000 칼로리 미만의 균형 잡힌 식단 짜기 등이 있다.

수행 과제는 학생들이 개념과 기술 들을 의미 있는 방식으로 적용할 수 있는 지를 확인할 수 있는 아주 좋은 방법이다. 수행 과제의 통합 특성 때문에 개념과 기술의 통합이 확고하게 이루어지지 않은 경우, 성공적인 수행을 하기가 어렵다. 학생이 수행 과제에 성공하지 못할 때, 실패의 구체적인 원인을 결정하기가 어렵다.

(5) 비전통적인 평가

사람들은 보통 평가하면, 교사가 중간고사나 쪽지 시험지를 나누어 주고 학생들이 문제를 푸는 모습을 떠올린다. 그러나 최근 평가 분야에서는 비전통적인 평가가 많이 제안되고 있다. 비전통적인 평가에서는 학생들의 학습의 깊이를 확인하기 위해 다양한 방법을 사용하는데, 주관적 / 객관적 평가와 수행 평가가 결합된 다양한 형태를 사용한다. 비전통적인 평가로 사용되는 평가 방법은 학생들에겐 검사나 시험으로 여겨지지 않으나 학생들의 학습을 드러나게 하는 평가인 경우가 많다.

다른 교수 활동과 구별되는 평가 활동의 주요 특징은 교사가 주의를 집중해야 한다는 것이다. 교사는 누가 알고 누가 모르는지 반드시 기록해야 한다. 교사는 각 학생들이 무엇을 알고 무엇을 모르는지 반드시 기록해야 하고, 각 학생들이 학습해야 하는 내용을 할 수 있는 맥락과 할 수 없는 맥락도 기록해야 한다. 이러한 정보는 학생들의 학습 수준을 분명하게 이해하는데 도움이 된다. 교사가 이러한 종류의 정보를 관찰하고 모은다면, 모든 교수 활동(학습 활동, 연습 활동 혹은 응용 활동)은 동시에 평가 활동이 될 수 있다.

(6) 다양한 평가 방법의 예

예를 들어 교사가 특정 학생이 세 자리 수 이상의 수를 더하는 방법을 이해하고 있는지 확인하려고 한다. 이 학생의 능력은 다양한 방법으로 평가할 수 있다. 교사는 이 학생에게 몇 개의 덧셈 문제로 이루어진 간단한 검사를 실시할 수 있다. 그리고 나서, 교사는 이 학생에게 세 자리 수 이상의 수들로 이루어진 몇 개의 다양한 예를 제시하고 이 학생에게 어떻게 더해야 하는지 방법을 설명하고 보여줄 것을 요구할 수 있다. 이 때 사용된 첫 번째 평가 방법은 객관적 과제다. 교사는 답이 맞았는지 확인하면 된다. 이 방법은 빠르고 적절하다. 그리고 교사가 사용한 두 번째 방법은 주관적 과제이다. 교사는 답이 맞는지에 초점을 맞추는 것이 아니라, 이 학생이 해당 절차를 이해하고 사용할 수 있는지에 관심이 있다. 이 평가 절차는 교사가 많은 시간을 할애해야 하고 학생의 이해에 대한 교사의 가치 판단을 요구한다.

다른 방법을 사용할 수도 있다. 교사는 학생에게 세 자리 수 이상의 수들을 더하도록 하는 프로젝트를 완수하도록 설계할 수 있다. 또는 학생들에게 두 명씩 짝을 지어 함께 연습하도록 하고, 교사는 교실을 돌아다니면서 해당 학생의 덧셈 연습을 관찰할 수도 있다.

이 두 방법 모두 해당 학생은 평가가 이루어지고 있다는 것을 모를 것이다. 첫 번째 방법은 수행 평가의 예이다. 보다 자연스러운 상황에서 덧셈을 하게 되는 것이다. 그러나 평가되고 있는 지식은 덧셈뿐만 아니라 다른 내용까지 포함된 과제에 통합된다. 따라서 학생이 프로젝트를 만족스럽게 완수하지 못하면, 통합된 여러 개념들과 기술들 중 어느 것이 문제인지 알 수 없을 수도 있다. 사용된 두 번째 방법은 아마도 검사도, 면담도, 프로젝트도 필요하지 않은, 가장 간단한 방법일 것이다. 오히려 교사는 단지 교실 내에서 일어나고 있는 일에 지속적으로 주의를 유지할 수 있다. 그러나 관찰을 통한 평가는 누가 무엇을 알고, 누가 무엇을 모르는지 확인하고 기록할 수 있도록 절차가 쉽고 분명하게 준비되어 있어야 한다.

우리는 세 자리 수 이상의 숫자들의 덧셈 학습에 대한 네 가지 서로 다른 평가 방법을 살펴보았다. 이 네 가지 평가 방법들 중 어떤 방법이든 교사가 어떤 정보를 발견하기를 바라는가에 따라 그 적절성이 달라질 수 있다.

6 참여 수준

교수 활동을 선택할 때 중요 고려점은 그 활동을 하는 동안 일어날 수 있는 학생의 참여 수준이다. 교사가 교수에 활용할 수 있는 시간은 항상 제한되어 있으며, 학생들 또한 한정된 학습 시간을 활용해야 한다. 따라서 학생들의 학습 참여(몰입)를 극대화하는 것이 바람직하다.

만약 교사가 10분 동안 가르치고, 학생이 그 시간 중 단 2분 동안만 집중했다면, 20% 수준의 몰입 수준을 보인 것이다. 우리는 더 나은 몰입이 일어나기를 희망한다. 만약 6명의 학생들이 차례대로 돌아가면서 한 사람이 게임에 참여하는 동안 다른 학생들은 참여를 요구받지 않는 게임이라면 학생들의 참여 수준은 16.7%이다. 이는 바람직하지 않다. 교사가 23명의 학생들 중 나머지 학생들은 기다리도록 하고 한 학생만 참여하도록 하는 활동을 한다면, 참여 수준은 4.2%의 통탄할 수준의 참여가 일어나게 된다.

학생들의 참여(몰입) 수준이 낮을 때, 실제 학습하는 시간이 적고, 행동 문제가 일어날 가능성이 증가하기 때문에 학생들은 덜 배우게 된다. 학생이나 학생들과 많은 시간을 보내는 사람들은 누구나 이들이 아무것도 하지 않은 채 남겨지는 것을 좋아하지 않는다는 것을 알고 있다. 또한 학생들과 학생들은 정신적으로 자극받기를 희망한다. 교사가 죽은 시간(dead time)을 허락한다면, 학생들이 참여하지 않는 시간 동안, 학생들은 무언가 할 일을 찾을 가능성이 높다. 교사들은 학생들의 이런 선택을 싫어할 것이다. 사실 문제 행동의 증가는 교사가 낮은 수준의 학생 참여를 요구하는 학습 활동의 사용에 따른 직접적인 결과인 경우가 많다.

아마도 여기서 다시 한 번 강조할 필요가 있을 듯하다. 학생들의 학습 참여 수준을 높이는 것은 주의집중 향상과 유지에 도움이 될 것이다. 그러나 무익한 활동에 대한 학생들의 참여 수준이 높은 것이 도움이 되지 않는다는 것을 교사는 유념할 필요가 있다. 우리가 노력해야하는 것은 학생들의 학습 목표 달성에 도움이 되는 활동인 유목적 활동에 대한 학생들의 참여 수준을 높이는 것이다.

모든 집단의 학생들을 100% 참여할 수 있도록 하는 것은 불가능하며, 한 학생을 100% 수준으로 학습 참여하도록 하는 것도 실질적으로 불가능하다. 그러나 교사는 학생들의 참여 수준을 높일 수 있는 것 또한 사실이다. 이를 위해 교사는 학생들의 학습 참여의 중요성을 인식하고, 학생들의 참여 수준을 높일 수 있도록 교수 절차를 수정(적응)해 나갈 수 있는 방법을 끊임없이 찾아야 한다. 저자들은 이 책에 제시된 모든 활동들이 학습에 효과적이라고 확신한다. 그러나 각 활동들의 학생들의 참여 기대 수준은 다양하다. 참여 수준이 유일한 고려사항은 아니나 중요사항이다. 따라서 제시된 활동들을 고려할 때, 참여수준 평가를 실시해 보아야 한다. 참여 수준이 높은가? 당신의 교수 상황에 적합할 정도로 충분히 높은가?

7 활동과 학습 자료들의 융통성 있는 사용

활동 기반 교수 체계를 개발하기 위해서는, 교사는 먼저 가르칠 내용 주제들(content topics)을 확인하고, 이 주제들에 맞는, 다양한 교수 활동을 개발하여야 한다. 각 주제에 맞는 활동들에는 학습 활동, 연습 활동, 응용 활동, 평가 활동들이 포함되어야 한다. 종이와 연필을 가지고 하는 활동, 신체적으로 활발한 활동이 이루어지는 활동, 학급 전체 활동, 소집단 활동, 개인별 혹은 파트너와 함께 짝을 지어 하는 활동들이 포함되어야 한다. 이러한 활동이 유연하게 사용될 수 있는 방법들을 교사가 생각한다면, 교사가 해야 할 일은 상당히 줄어들 수 있다. 효과적인 교수 활동이나 게임은 다른 내용 영역과 다른 수준에서도 사용되고 적용될 수 있기 때문에, 한 내용 주제에 잘 맞는 활동이나 게임을 다양한 내용 주제들에 맞도록 수정하여 사용할 수 있다. 교사가 학습에 적합한 학습 자료 세트를 발견하거나 개발하는데 시간과 노력을 들였다면, 그러한 학습 자료를 가지고 어떻게 다양하게 활동할 수 있는지 고민해보는 것이 필요하다. 이를 통해 하나의 학습 자료 세트를 다양한 교수적 필요에 따라 수정 사용할 수 있을 것이다.

연습 및 활동

1. 교사인 당신은 1학년 학생에게 다시 모으기(regrouping)가 있는 두 자리와 세 자리 덧셈을 가르치려고 한다. 학생들에게 덧셈 이외의 상황에서 다시 모으기(regrouping)에 대한 예비 경험을 제공할 수 있는, 탐색적 학습 활동을 제시하시오. 다시 모으기 과정에 대한 심상을 형성시키기 위해 활동에서 묶음 막대(bundled sticks)을 사용하시오. 예를 들어, 아래에 표시된 수는

2 tens **그리고** 6 ones

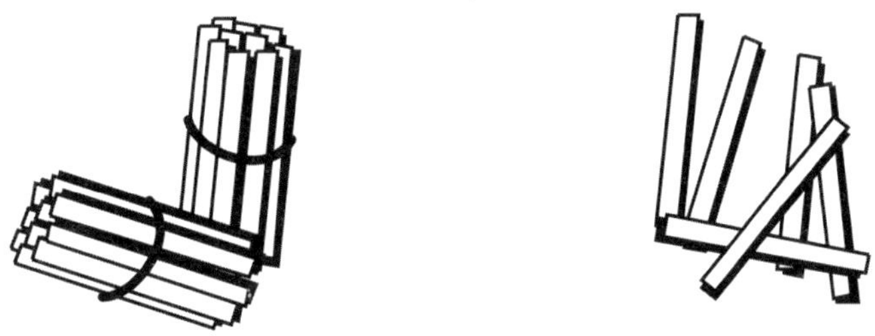

아래와 같이 표현한 수와 같은 수이다.

1 ten **그리고** 16 ones.

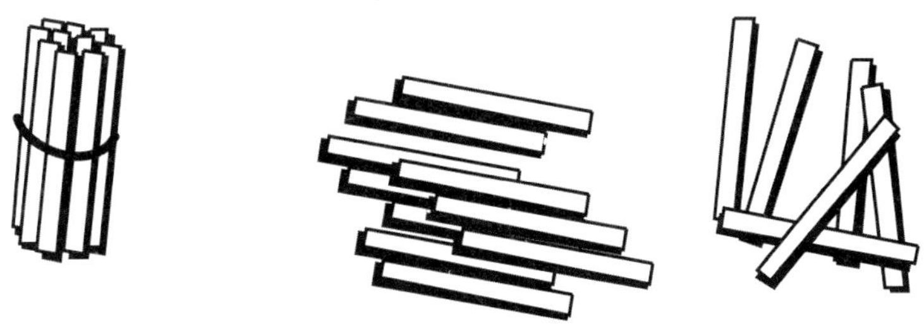

2. 당신은 통상적인 길이 단위(cm, m, km)를 3 학년 학생들에게 가르치는 측정 수업을 준비하고 있다. 수업 전에, 표준 단위(standard unit)의 필요성에 대해 학생들의 이해를 확립시키려고 한다. 우리에게 왜 길이에 관한 표준 단위가 필요한지, 학생들을 이해시킬 수 있는 탐색적 학습 활동을 작성하시오.

3. 다음은 직사각형 면적을 구하는 법을 가르치기 위해 계획된 교수 활동입니다. 다음 활동이 학습 활동(developmjental activity)인지, 연습 활동(practice activity)인지 판단하고, 그 이유를 설명하시오.

교실 벽에 색종이를 잘라 대략 20개의 직사각형을 전시한다. 각 직사각형의 가로, 세로 길이가 몇 cm인지 쓴다. 학생들은 파트너와 함께 짝을 이루어 활동한다. 두 명이 짝을 이룬 각 팀은 2 개의 직사각형을 골라 면적을 구해야 한다.

4. 교사들이 자신의 학생들의 학습 결과를 평가한다는 것은 학생들을 가르친 교사의 교수 결과를 평가하는 것이라는 말이 있다. 이 말에 대해 당신은 어떻게 생각하는지 기술하시오. 이 말이 맞는다면, 당신 수업에 평가 활동을 포함시키는 것이 중요한 이유를 설명하시오.

5. NCTM에서 1991년 제시한 'Professional Standards for Teaching Mathematics' 중 "기준 6: 교수 및 학습 분석"에서는 학생들이 무엇을 학습했고, 과제와 담화, 학습 환경이 학생들의 수학 지식과 기술, 성향(disposition)에 미치는 효과를 평가하기 위해, 학생들을 관찰하고 그들의 이야기를 듣고, 학생들에 관한 정보를 수집함으로써 수학 교사는 교수 및 학생에 대한 지속적인 분석을 하여야 한다. 이를 통해 …

- 모든 학생들이 심오하고 중요한 수학을 배울 수 있어야 하고, 수학에 대한 긍정적인 성향을 발달시켜나갈 수 있어야 한다.
- 학생들의 생각에 도전하고 확장시킬 수 있어야 한다.
- 가르치는 동안 활동들을 수정 혹은 변화시킬 수 있어야 한다.
- 장단기 계획을 만들 수 있어야 한다.
- 각 학생들의 학습에 대해 학생 자신뿐만 아니라 부모, 교육행정책임자에게 설명하고 보고할 수 있어야 한다.

당신 자신의 말로, 이 기준의 각 내용이 평가 활동에 대해 시사하는 바를 설명하시오.

6. 상업적으로 출판된 초등학교 수학 교재에서 수업 하나를 골라, 교사용 지침서 등에 제시된 수업 계획을 분석하시오. 진술된 학습 목표의 학습 달성에 기여하는 측면에서, 제시된 학습 계획을 학습, 연습, 적용, 평가 활동으로 분류하고 기술하시오.

7. 아래 게임은 어려운 기본 덧셈 진술(number facts) 학습을 위한 연습 활동이다.

카드 24 장 한 세트를 준비한다. 각 카드에는 답이 없는 어려운 기본 덧셈 진술이 적혀 있다. 카드를 두 학생들에게 주고 다음과 같은 게임을 하도록 한다. 카드를 뒤섞은 뒤에 딜러는 각 학생에게 4장씩 나누어주고 엎어 놓도록 한다. 딜러가 "시작"이라고 말하면, 각 학생들은 자신이 받은 카드를 답이 가장 작은 카드에서 큰 카드 순으로 카드를 정리한다. 처음으로 정리를 마친 학생이 맞게 정리한 경우, 1 점을 얻게 된다. 다른 학생이 정리 결과에 이의를 제기하면, 처음으로 정리한 학생은 자신의 답을 증명하여야 한다. 학생들은 모든 카드가 다 나누어 가질 때까지 이러한 절차를 반복한다. 가장 높은 점수를 기록한 학생이 승자가 된다.

이 게임을 삼각형의 면적 주제와 관련된 게임으로 수정하시오.

8. 아래 활동은 삼각형에 관해 가르치기 위한 학습 활동이다.

서로 모양이 다른 5 개의 삼각형을 제시하시오. 모든 도형이 삼각형임을 설명하시오. 학생들이 모든 삼각형이 어떤 점이 동일한지(공통점이 무엇인지) 교사에게 말해 보도록 한다(학생들의 답은 다양할 수 있다. 예를 들어, 어떤 학생은 모든 삼각형이 세 변을 갖고 있다고 할 것이고. 각 변들이 직선이라고도 할 수 있고, 모든 삼각형이 닫힌 도형(closed figure)이라고도 할 수 있다). 학생들이 모든 삼각형이 세 변을 갖고 있다면 답한다면, 학생들에게 동의하고, 아래와 같은 반례(counterexample)를 그려 제시하고, 이 도형도 삼각형인지, 왜 아닌지 묻는다. 삼각형이 갖는 다른 성질에 맞지 않는 반례를 학생들의 대답에 따라 반복적으로 제시한다.

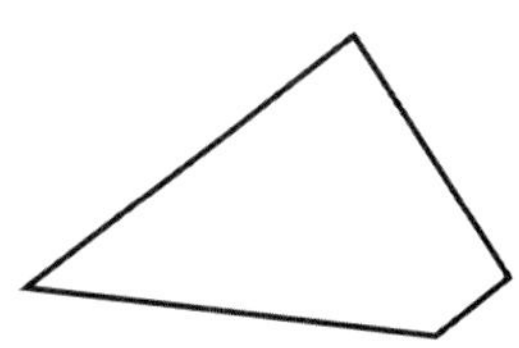

이 활동을 직사각형을 가르치기 위한 활동으로 수정하시오.

9. 학습 활동이나 게임을 제안하고 있는, Teaching Children Mathematics 잡지에 실린 최근 기사를 찾아, 제시된 활동이나 게임을 분석하여 학습 활동인지, 연습 혹은 응용, 평가 활동인지 판단하시오.

참고문헌 및 관련 자료

Baker, J. M., & Zigmond, N. (1990). Are regular education classes equipped to accommodate students with learning disabilities? *Exceptional Children*, 56, 515–526.

Bransford, J. D., Brown, A. L., & Cocking, R. R. (1999). *How people learn: Brain, mind, experience, and school.* Washington, DC: National Academy Press.

Clarke, D., & Clarke, B. (2003). Encouraging perseverance in elementary mathematics: A tale of two problems. *Teaching Children Mathematics*, 10, 204–209.

Dorward, J. (2002). Intuition and research: Are they compatible? *Teaching Children Mathematics*, 8, 329–332.

Kliman, M. (1999). Beyond helping with homework: Parents and children doing mathematics at home. *Teaching Children Mathematics*, 6, 140–146.

National Council of Teachers of Mathematics. (1989). *Curriculum and evaluation standards for school mathematics.* Reston, VA: Author.

National Council of Teachers of Mathematics. (1991). *Professional standards for teaching mathematics.* Reston, VA: Author.

National Council of Teachers of Mathematics. (2000). *Principles and standards for school mathematics.* Reston, VA: Author.

Popham, J., & Baker, E. (1970). *Systematic instruction.* Upper Saddle River, NJ: Prentice Hall.

웹 주소

www.ed.gov/pubs/EarlyMath/index.html A site targeted at parents. Good parental involvement ideas.

www.ed.gov/pubs/parents/Math/index.html What parents can do at home.

http://education.umn.edu/nceo/OnlinePubs/Synthesis28.htm
Alternative assessment for children with disabilities. Article with references.

www.nwrel.org/msec/mpm/developing.html Developing performance assessment tasks.

www.nwrel.org/msec/mpm/scoregrid.html Scoring guide for performance.

www.sedl.org/scimath/compass/v02n02/scored.html Scoring rubric for discussions.

http://mathforum.org/mathed/assessment.html Links to articles.

www.sedl.org/scimath/compass/v02n02/ Links to articles.

www.nap.edu/catalog/2235.html Measuring what counts.

www.nwrel.org/psc/bestofnw/singleprac.asp?id=74&phrase=mathematics
Report on a school that used a visual, hands-on approach.

www.learner.org/exhibits/dailymath/ Applications of math in daily life.

Chapter 2

교실 내 다양성: 다양한 개인별 요구

1. 교실 내 다양성이 존재하는 이유
2. 인종적, 언어적, 그리고 문화적 다양성
3. 선호하는 학습 양식
4. 지능의 종류
5. 낮은 인지 능력
6. 학습장애
7. 시각 또는 청각 장애
8. 신체장애

Chapter 2

교실 내 다양성: 다양한 개인별 요구

■ **학습원리**

수학 교육의 우수성은 모든 학생에 대한 평등한 높은 기대와 강력한 지원을 요구한다(NCTM, 2000, p.12).

■ **평가원리**

평가는 중요한 수학 학습을 지원하고 교사와 학생 모두에게 유용한 정보를 제공하여야 한다(NCTM, 2000, p.22).

1 교실 내 다양성이 존재하는 이유

(1) 도덕적/사회적 책임

미국은 건국 이전부터 평등을 핵심 가치로 생각한 나라다. 모든 사람이 평등하게 창조되었으며, 모든 사람에게 자신의 목표를 추구하고 자신의 잠재가능성을 실현할 수 있는 기회가 주어져야 한다는 생각은 평등이라는 핵심 가치의 도덕적 그리고 사회적 기초가 됐다. 이러한 도덕적 그리고 사회적 책임을 다하기 위해, 전문가들은 모든 학생들이 자신의 잠재 가능성을 실현할 수 있도록, 오랜 기간 수정을 통해 다양한 교수 방법을 개발해 왔다.

모든 아동 및 학생을 교육하는 도덕적 그리고 사회적 책임은 평등하고 우수한 지원 측면에서 여러 전문 교사 단체에서 지지하고 있는 입장이기도 한다(Council for Exceptional Children, National Association for the Education of Young Children[NAEYC], National Council of Teachers of Mathematics[NCTM]). 이들 단체뿐만 아니라 Interstate New Teacher Assessment and Support Consortium도 미국 공립학교에 재학하고 있는 다양한 학생 모집단의 요구를 만족시키기 위해 교사들이 보다 더 잘 준비할 수 있도록 우수한 교사 양성을 요구하고 있다.

(2) NCTM 기준

이 책에서 다양한 학생 모집단을 위한 수업 계획 세우기를 강조하고 있는 것은 이미 존재하고 있는 현실을 반영한 결과이다. 역사적으로 '정상' 교실('normal' classrooms)은 항상 다양성이 존재했다. 교실에서도 항상 다양한 능력을 가진 학생들이 존재해 왔다. 또한 발달의 완숙에 있어서도 항상 다양성이 존재했고, 학생들이 교실에 가져오는 경험들에도 항상 다양성이 존재해 왔다. 그리고 학생들의 흥미도 다양하고, 부모의 지원에도 다양성이 존재해 왔다. 학생들의 경제적 배경에도 다양성이 존재하며, 대부분 교실에서는 남녀학생들이 함께 공부한다.

20세기에는 이전과 다른 종류의 다양성이 증가하고 있는데, 인종적, 문화적, 종교적, 언어적 다양성이 그것들이다. NCTM에서 1989년에 출간한 Curriculum and Evaluation Standards for School Mathematics 서문에서, 저자들은 다양성이 존재하는 교실에서 모든 학생에게 수학을 가르치기의 필요성에 대해 다음과 같이 언급하고 있다.

> 과거 학교 모습 속에 존재했던 사회적 불평등은 더 이상 용인될 수 없다. 현재 통계 자료는 고등 수학을 공부하는 대부분의 학생들이 백인 남성이라는 것을 말해주고 있다. 여성들과 대부분의 소수집단 출신 학생들은 수학을 덜 공부하고 있으며, 과학과 공학을 활용하는 직업에 종사하는 비율은 아주 낮다. 여성들과 다양한 인종 집단 출신 학생들이 동일한 기회와 공평한 대우를 받는 사회를 만드는 것은 더 이상 논의의 여지가 없는 꼭 필요한 일이다. 수학은 우리 사회의 고용과 완전한 사회 참여에 중요한 필터(filter) 역할을 해왔기 때문이다. (p.4)

NCTM에서 2000년에 출판한 Principles and Standards for School Mathematics에서 저자들은 평등 원리(equity principle)에 대해 논의하면서 다음과 같이 지적하고 있다.

> 모든 학생들은 그들의 개인 특성, 배경, 신체적 장애에 관계없이 수학을 공부할 기회와 수학을 학습하는데 필요한 지원이 주어져야 한다. 평등은 모든 학생들이 동일한 교수를 받아야 한다는 것을 의미하지 않는다. 오히려 모든 학생들의 수학 수업에 대한 접근과 학업 성취를 촉진하는데 필요한 합리적이고 적절한 수정이 필요하다. (p.12)

(3) 통합을 지향하는 최근의 특수 교육 동향

장애학생에게 분리된 환경에서 특별한 서비스를 제공하는 것에서 일반학급에서 통합교육을 제공하려는 움직임이 지속적으로 있어 왔다(U.S. Department of Education, 1996 참고). 이제 더 이상은 장애학생들을 별도의 학급에 분리하여 배치하지 않는다. 이제 교사들은 교실에서 모든 종류의 다양성에 직면하게 될 것을 예상해야 한다. 이러한 새로운 유형의 다양성과 관련하여, 대처 방법에 관한 여러 논쟁이 있다(예를 들어, 구성주의, 협력학습, 민주주의 교실, 진단 및 처방적 교수, 직접 교수, 다감각 학습[holistic learning], 환원주의). 현재 사용되고 있는 교육 이론이나 실제로부터 최선의 실제를 모두 다 배워 익히는 것은 쉽지 않은 일이다. 교사들이 자신의 일을 하면서 직면하게 되는 여러 도전들에 직면에서 회의론에 빠지곤 한다는 사실은 이론적이고 이상적인 주장들보다는 진실로 실현 가능한 해법을 필요함을 말해주고 있다(Scruggs & Mastropieri, 1996). 교사들은 집단의 평균이나 중간 집단을 대상으로 가르치는 것으로는 오늘날 다양성이 존재하는 교실에서의 학생들의 요구에 만족스럽게 대응할 수 없다는 것을 차츰 이해하기 시작하고 있다.

학생들은 과거에는 좀처럼 고려하지 않았던 다양한 특성들을 많이 갖고 있다(Dunn & Dunn, 1992; Hall, 1980). 학습 양식, 선호하는 학습 방법, 선호하는 학습 결과 수행 방법 등이 그러하다. 많은 학생들은 적절한 수준으로 준비되지 못한 채 학교 수업에 참여하고, 어떤 학생들은 학교 학습에 필요한 교육과정 요구나 정규 교실에서 운영되는 시간 스케줄을 따라갈 수 없기도 하다. 과거에는 특별한 요구가 있는 이런 학생들은 다양한 이유로 정규 교육과정에 접근하는 것이 거부되곤 했다. 각 교과에서 요구되는 선수 기술을 갖추지 못했다는 이유 때문에 거부되기도 했고, 교육과정의 구조나 내용 때문에 거부되기도 했다(예를 들어, 교육과정의 인지 수준이나 요구 수준이 너무 높거나 교육과정 구조에 의해 가정되는 지식을 갖추고 있지 않거나, 교육과정이 요구하는 추상적 개념이나 분석적 기술을 모른다). 과거에 특수교사들은 이들 학생의 학습에 대한 책임을 전적으로 지고 있었다. 그러나 현재는 장애학생들의 학습에 대한 책임과 책무를 일반교육 교사가 지는 것으로 변해가고 있다.

(4) 법적 요구

특별한 요구가 있는 학생들을 일반 학급에 배치하기도 하지만, 두 연방 법률(Individuals with Disabilities Education Act[IDEA], Rehabilitation Act of 1973 Section 504)의 새로운 해석에 따라 일반학급 학생들 중에도 교수적 수정이 필요한 경우 새로 특별한 요구가 있는 학생으로 확인되기도 한다. IDEA에서는 법 규정에 적합 대상으로 특정 범주의 장애 학생을 나열하고 있다. 재활법 504조에는 보다 광범위한 장애인을 지원 대상으로 언급하고 있는데, 하나 이상의 주요 생활 활동들을 상당한 수준으로 제약하는 신체적 또는 정신적 장애가 있거나 과거에 있었거나 있는 것으로 간주할 수 있는 경우 등이 이에 해당한다. 재활법 504조에서는 신체 기능과 구조에 영향을 미치는 생리적 조건이나 기형, 손상이 있는 사람들을 모두 지원 대상으로 하는데, 신경학적 손상, 심혈관 장애, 소화기 장애, 감각 장애, 근육골격 관련 장애, 호흡기 장애, 생식 관련 장애, 림프계 혹은 혈관 관련 장애, 심리 장애(정신지체, 정서 혹은 행동 장애, 주의력결핍장애, 학습장애 등) 등이 모두 포함되어 있다. 재활법 504조는 IDEA에서 적합 대상자로 보지 않아 지원받지 못하거나 지원이 미흡한 사람들도 지원 대상으로 본다. 재활법에서 학교가 IDEA 적합 대상자와 동일한 권리를 이들에게도 보장할 것을 요구하고 있는데, 그 의도는 모든 영역에서 다양한 시민들에게 지원 서비스를 제공함으로써 차별을 예방하려는 것으로, 특히 일반 교육에서도 적용되어 오고 있다.

재활법에 의해 보다 많은 시민들이 보호 받고 있기 때문에, 학교는 모든 학생들에게 적절한 교육을 제공할 책임이 크다. 법원에서도 특별한 요구가 있는 학생들이 '최소제한환경'에서 학습할 권리가 있다는 것을 판결을 통해 확인해 주고 있다. 재활법의 적용은 일반학급에서 보다 다양한 학생들의 학습 요구를 만족시켜야 함을 의미한다.

2001년 No Child Left Behind(NCLB) 법률이 제정되었다. 이 법률은 1965년 제정된 Elementary and Secondary Education Act(ESEA)에 비해 보다 광법위한 개혁을 가져왔다. NCLB에서는 학습 결과에 대한 보다 강력한 책임을 요구하고 증명된 교육 방법 사용을 요구한다. 이러한 법적 요구에 따라, 2005년까지 모든 교실에서는 충분한 자격을 갖추고 담당 교육 영역에 전문성을 갖춘 교사가 수업을 담당하여야 한다. NCLB 법률은 모든 주에서 읽기와 수학에서 주단위 평가를 통해 일정 수준의 결과를 산출할 수 있는 계획을 수립하여야 하며, 학교별 실적과 향상 정도를 매년 보고하도록 하고 있다. 주요 과목을 담당하는 교사 자격과 수행 자료에 대한 정보는 낮은 학업 성취를 보이는 학생들과 다른 학생들간의 차이를 줄이기 위해 전반적인 성취와 향상 관련 정보와 함께 제공되고 있다. 이러한 법적 요구는 일반 학급의 모든 학생들의 요구를 학교가 만족시켜야 함을 의미한다.

이러한 법적 그리고 사법적 요구에 따라, 통합 교육과 주류화를 향한 움직임이 광범위하게 일어나고 있다. 특별한 요구가 있는 학생들은 일반 학급에 재배치되고, 일반학급에서 공부하고 있던 학생들 중에도 특별한 요구에 따라 교수적 수정이 필요한 학생으로 확인되는 경우가 늘고 있기 때문에, 교사들은 자신들의 학생들에게 무엇을 수행하도록 요구할 것인지 다시 생각해 보아야 하고, 그러한 교수 활동이 각 학생들의 발달적 학습과 행동 특성에 적절한지 돌아보아야 한다.

(5) 일반교사와 특수교사의 역할 변화

오늘날 일반교사와 특수교사 모두 특별한 요구가 있는 학생의 요구를 만족시킬 책임을 지고 있다. 이들은 모두 학생들의 요구가 만족될 수 있도록 함께 상의하고 협력하여야 한다. 특수교육 교사는 일반교사에게 필요한 정보를 갖고 있을 것이며, 학생의 개별화 교육계획(Individualized Education Plan, IEP) 작성에 참여하여야 한다. 보통, 학생의 어려움들은 특수교육 적합 대상자 평가(IDEA)를 통해 이미 확인되어 있는 경우가 많다. 또한 IEP에는 과거에 사용했던 교수 방법들이 기재되어 있을 수 있다. 그리고 일부 학생들에게 효과가 있었던 행동 중재 계획도 기재되어 있을 것이다. 이러한 계획들은 학생이 적절한 행동을 배우도록 하는데 도움이 될 것이다. IEP에는 해당 학생에게 더 나은 교육 서비스를 제공하기 위해 교사가 알아야 하는 행위와 조건, 제한 등에 관한 정보가 있을 수도 있다. 일반교육 교사는 특수교육 교사를 통해 자신의 학급에서 공부하고 있는 특별한 요구를 가진 학생들에 관한, 타당하고 적절한 모든 정보를 확보하여야 한다.

일반학급에는 재활법 504조의 지원 대상이 되는 학생들도 있을 수 있다. 이들 학생들을 위해서는 개별화교육계획(IEP)이 작성되어야 한다. 일반교육 교사는 재활법 504조의 지원 대상이 되는 학생들의 요구를 만족시키는 데 도움을 줄 수 있도록 법에 의해 책임자로 지명된 사람을 통해 이용 가능한 정보에 접근할 수 있다. 일반학급에서 공부하고 있는 모든 학생들에 대한 책임은 현재는 일반교육 교사에게 주어져 있기 때문에 효과적인 교육 프로그램 실시를 위해서는 협력이 필요하다. 일반교육 교사는 IDEA에 의해 확인된 학생이든, 재활법에 따른 지원 대상 학생이든 특별한 요구를 지닌 학생에 대한 서비스 지원 과정과 지원 담당자의 책임에 관해 보다 잘 이해하기 위해, 자신이 담당하고 있는 학생들을 위한 IEP 작성 회의에 반드시 참여하여야 하고, 교육적 의사결정을 위한 정보를 제공하여야 한다.

특수교육 교사 외 재활법 504조 이행 담당 책임자는 일반교육 교사에게 중요한 정보원이 될 수 있으며, 학생에 관한 다른 정보출처들도 많이 존재한다. 그러나 일반교육 교사는 교수 활동을 계획하고, 주어진 책무를 다하기 위해 향상 정도를 지속적으로 평가하기 위해, 학생에 관한 정보를 본인 스스로 수집할 필요가 있다.

2 인종적, 언어적, 그리고 문화적 다양성

초등학교 교사들은 점점 더 많이 인종적으로, 언어적으로, 그리고 문화적으로 다양한 학생 집단에 직면하고 있다. NAEYC(1999)에서는 다음과 같이 지적하고 있다.

> 부모와 교육자들, 아이들이 자신의 언어와 문화를 통해 자신이 사는 세상을 능동적으로 이해하려 한다는 것을 인식해야만 한다. 이런 이유로 학생들은 의미있는 맥락에서 지식들과 기술들을 가장 잘 학습할 수 있다. 학생들이 이미 알고 있는 것을 확인하고 그들의 선수학습 위에 새로운 학습을 시도하는 것은, 언어에 관계없이 모든 학생들의 학습에 도움이 되는 환경을 마련하는데 도움이 된다.
>
> NAEYC에서는 가정에서 사용하는 언어가 영어가 아닌 학생들을 교육하는데 충분한 훈련을 받지 못한, 어린 학생을 교육하는 교사들이 직면하는 어려움에 대한 입장을 발표한 적이 있다. 교사들이 학생의 언어와 문화에 익숙하지 않다 하여도, 교사들은 학생과 그들의 가족을 존중할 의무가 있다. 사회적 상호작용을 촉진하는 대화와 놀이, 프로젝트를 권장하고, 직접 경험은 유치원 단계에서 제2언어 학습을 촉진할 수 있는 최상의 방법이다. (p.1)

교수 설계를 위해 이 책에 제시된 여러 가지 권고 사항들은 인종적으로나 언어적으로,

혹은 문화적으로 다양한 학생 집단에 일부 효과적일 수 있다. NAEYC는 의미있는 맥락에서 지식과 기술을 학습하고, 선수 학습과 직접 경험, 사회적 상호작용에 근거해서 새로운 학습이 이루어져야 함을 요구하고 있다. 이 책에서도 저자들은 개념과 기술의 발달에 이러한 접근을 보다 강조할 것이다. 또한 개념과 기술의 학습은 유의미한 맥락에서 이루어져야 한고, 선수 학습에 근거해야 한다. 저자들은 또한 보다 많은 사회적 상호작용을 강조할 것이다.

아마도 인종적, 언어적, 그리고 문화적 다양성을 가진 학생 집단을 효과적으로 다루기 위해 이 책에서 제시하고 있는, 가장 중요한 고려 사항은 이들 학생들의 '직접 경험(firsthand experiences)'과 '과거 경험(prior experiences)'일 것이다. 교사는 문화적 다양성이 존재할 때, 학생들의 과거 경험이 서로 다를 것이라는 것을 염두에 두어야 한다. 개념이나 지식의 학습이 특정 과거 경험에 근거해서 이루어진다면, 모든 학생들이 관련 과거 경험을 갖고 있는지 확인할 수 있도록 탐색적 학습 활동(exploratory development)에 보다 많은 시간을 할애해야 한다.

3 선호하는 학습 양식

학습 양식 선호와 특별한 요구에 대한 설명은 이미 익숙할지 모르나, 간단히 살펴보는 것이 이 책을 통해 제시된 수정 과정이나 결과를 이해하는데 도움이 될 것이다. Sternberg(1998)에 따르면, 각 학생들은 나름의 학습 양식을 가지고 있어서 자신의 능력을, 선호하는 방법에 따라 사용한다. 모든 학생들은 선호하는 하나의 감각 입력 및 출력 양식을 갖고 있다. 어떤 학생들은 청각 입력이 우세하고, 이들은 보거나 실제 하는 것보다 듣는 것을 선호한다.

다른 학생들은 시각 입력이 우세한데, 이들은 듣기나 행하기보다 보기를 선호한다. 또 많은 학생들이 운동감각이나 촉각 입력 우세를 보이는데, 이들은 보기나 듣기, 말하기보다 실제 해보기를 선호한다. 선호하는 입력 및 출력 양식이 존재하지만, 모든 학생들은 자신이 선호하지 않는 양식에 대해서도 학습이 필요하다는 것을 교사들은 기억할 필요가 있다. 각 학생들이 자신의 장점과 선호 양식으로 활동할 수 있는 기회가 주어질 수 있도록 수업 활동 중에 다양한 입력 및 출력 양식들을 활용하여야 한다.

이러한 학생들의 학습양식 선호를 더 잘 이해하기 위해서, 다음의 활동들을 살펴보고자 한다. 모든 활동은 연습 활동으로, 관련 개념은 이미 적절히 학습된 것으로 가정했다. 이들 모든 활동들은 동일한 학습 목표 달성을 위한 것이며, 학습들이 사용하도록 요구되는 입력–출력 양식에 있어 차이가 있는 활동들이다.

(1) 청각 선호 학습자를 위한 활동

■ **목표**

학생은 수를 비교하고, 어떤 수가 큰지 판단할 수 있다.

■ **입력 – 출력 양식**

청각

■ **절차**

교사는 두 수를 소리 내어 읽어 준다. 학생들은 주의 깊게 듣고, 첫 번째 수와 두 번째 수 중 어느 수가 큰지 말한다.

(2) 시각 선호 학습자를 위한 활동

■ **목표**
학생은 수를 비교하고, 어떤 수가 큰지 판단할 수 있다.
■ **입력 – 출력 양식**
시각
■ **절차**
교사는 숫자가 하나씩 적힌 두 장의 카드를 들고 제시한다. 학생들은 어느 쪽 카드의 수가 큰지 지적한다.

(3) 촉각 선호 학습자를 위한 활동

아래 활동은 학생이 이미 동전과 지폐의 이름과 값어치를 알고 있다는 전제 하에 계획된 활동이다. 이 활동을 하기 전에 교사는 이러한 선수 학습이 이루어졌는지 확인하여야 한다.

■ **목표**
학생은 수를 비교하고, 어떤 수가 큰지 판단할 수 있다.
■ **입력 – 출력 양식**
촉각
■ **절차**
교사는 일 단위와 십 단위, 백 단위를 나타내기 위해 동전과 지폐를 사용한다. 두 수를 돈으로 표현한다. 각 수를 표현한 돈을 종이 가방에 넣는다. 학생들은 돈을 만져보고 어떤 수가 큰지 말한다.

(4) 운동감각 선호 학습자를 위한 활동

■ **목표**
학생은 십진법으로 표현된 수를 비교하고 어느 수가 큰지 판단할 수 있다.
■ **입력 – 출력 양식**
운동감각
■ **절차**
교사는 칠판에 30 cm 정도 수직선을 그린다. 그리고 나서 학생에게 두 장의 카드를 건네준다. 각 카드에는 하나의 소수가 적혀 있다. 학생은 칠판 앞으로 나가 수직선 위에 적절한 위치에 카드를 붙인다. 그리고 나서 어떤 소수가 큰지 말한다.

4 지능의 종류

학생의 지적 능력과 관련된 다른 종류의 다양성은 Gardner(1983)가 정리하여 제안한 다중지능이다(공간지능, 신체운동지능, 음악지능, 언어지능, 논리수학지능, 대인간지능, 개인성찰지능). 다양한 유형의 지능이 존재한다는 Gardner의 주장을 확장시켜 Levine(1996)은 평균적인 혹은 심지어 평균 미만의 학생들은 어떤 유형의 지능에 있어서는 다른 지능에 비해 평균 이상이라는 것을 발견했다. 따라서 각 개인의 지적 장점을 활용할 수 있는 학습 활동에 대한 선호가 존재한다.

일부 학생들은 자기 자신과 자신의 생각들을 음성과 문자 언어로 표현하는 것을 선호하고, 다른 학생들은 무언가를 그리는 것을 선호하기도 한다. 또 다른 학생들은 소리나 음의 높낮이, 톤을 통해 표현하는 것을 선호하고, 다른 학생들은 숫자나 추론을 통해 표현하기를 선호한다. 일부 학생은 자기 수양과 내적 변화에 초점을 맞추는 반면 일부 학생은 타인과 그들의 행위에 초점을 맞추기도 한다. 또한 많은 학생들은 자신이 학습할 세계의 시각적-공간적 측면에 초점을 맞추는 것을 선호한다. 언어지능만이 유일하게 존재하는 것처럼 교사들이 가르친다면, 많은 학생들의 장점을 무시하게 될 것이며, 자신의 실제 능력을 활용하지 못하게 될 것이다. 결국 많은 학생들은 교사들이 학생들의 뛰어난 측면을 인식하지 못함으로써, 멍청한 학생으로 인식되어질 가능성이 크다. 이들 학생들은 자신의 무능력(inability)이 아니라 교사의 무능력 때문에 평범한 학생으로 남거나 비참한 실패자의 운명을 살게 될 가능성이 크다.

5 낮은 인지 능력

학생들은 인지 능력에 있어 다양한 차이를 보인다. 낮은 인지 능력은 다양한 모습으로 나타날 수 있다. 예를 들어, 낮은 인지 능력을 가진 학생들은 언어 발달에 어려움을 보이거나(Polloway, Patton, & Serna, 2005), 낮은 어휘 수준, 추론의 어려움, 특히 추상적 개념 등에 어려움을 보인다. 이러한 학생들은 기억에 어려움을 보이기 때문에 정보 처리 용량이 작고 회상에 문제가 있다. 게다가 인지적 한계 때문에 읽기 또는 수학 같은 교과에서 어려움을 경험하곤 한다. 낮은 수준의 인지 능력을 가지고 학습하는 학생들에게 도움이 되는 교수방법들은 다음과 같다.

(1) 보다 많은 학습 활동을 활용하라

수업의 상당 부분을 학습 활동(developmental activities)에 할애하여야 한다. 학습 활동들은 학생들이 이미 알고 있는 것과 연결짓는 활동이어야 한다. 이러한 연결은 새로운 개념에 대한 이해와 새로 배운 내용에 대한 기억을 쉽게 한다. 이러한 연결은 학생으로 하여금 새로 배울 학습 내용이 자신이 이미 이해하고 있는 내용과 어떤 관계가 있는지 알 수 있게 하기 때문에, 새로 배우는 내용에 친숙함과 편안함을 느낄 수 있게 한다. 연결짓기를 통해 새로운 학습에 자신이 이미 배운 것을 더 쉽게 활용할 수 있게 한다.

학습 활동은 수학 아이디어에 대한 심상(mental image)을 제공하여야 한다. 이 심상은 학생으로 하여금 교사가 말하는 내용이 무엇인지 볼 수 있도록 해준다. 심상은 학생으로 하여금 세상이 존재하는 방식을 볼 수 있게 하기 때문에, 학생의 수학 이해에 도움이 된다. 심상은 구체적인 자료를 이용하기 어려운 경우에도, 구체적인 사고를 촉진한다.

학습 활동을 더 많이 활용함으로써, 개념 획득 후 유지가 향상되고, 문제 해결 능력이 향상되며, 필요한 연습 시간이 적게 필요하며, 결과적으로 학습 내용을 마스터하는데 필요한 전체 시간을 줄여준다. 학습 활동에 수업 시간을 더 많이 할애하는 것은 낮은 수준의 인지 능력을 가지고 학습하는 학생들뿐만 아니라 다른 모든 학생들의 학습에도 효과적이다.

(2) 학습 자료를 보다 작고, 감당할 수 있는 단위로 조직하라

낮은 수준의 인지 특성을 가진 학생들은 새로운 학습 자료를 많은 양보다는 작게 나누어 학습하는 것이 훨씬 더 쉽다. 게다가 교사가 지속적으로 학생의 작은 성공을 축하하고 격려한다면, 성공 분위기가 확립될 수 있다. 학생의 경험에 근거해서 자신이 학습할 수 있다는 확신이 들 때, 학생들은 더 많이 학습하기를 희망한다. 교사는 협력적인 학생과 더 많은 성공 경험을 할 수 있다. 성공은 다른 모든 학생들에게 뿐만아니라 인지 수준이 낮은 학생들에게도 또 다른 성공을 낳는 밑거름이 된다(Leverett & Diefendorf, 1992).

(3) 어휘를 평이하게 하거나 어휘 보조자료를 제공하라

낮은 인지 능력을 가진 학생들은 일반적으로 다른 학생들보다 한정된 어휘력을 보인다. 이에 따라 이 학생들은 지시를 이해하는데 어려움이 있다. 교사는 이들 학생을 위해 주어진 과제가 무엇인지 이해할 수 있도록 지시 사항을 수정할 필요가 있다. 수정을 할 때는 학생들이 이해하기 어려운 단어들을 제거해야 한다. 어려운 단어를 꼭 사용하여야 한다면, 추가 도움을 제공함으로서 이해 가능성을 높일 수 있다(Leverett & Diefendorf, 1992). 예를 들어, 가장자리 여백에 동일한 의미를 갖는 보다 평이한 단어를 제시하고 두 단어를 선으로 연결, 표시해 놓는 것은 도움이 된다.

읽기에 어려움을 경험하고 있는 학생들은 큰 글자로 인쇄한 글을 더 쉽게 읽을 수 있다. 또한 이들은 한 줄에 많은 글자가 인쇄된 경우보다 짧게 몇 줄로 나누어 인쇄한 글을 더 쉽게 읽을 수 있다. 따라서, 글로 지시문을 제시할 때는 큰 글자로 짧게 몇 줄로 나누어 제시할 때 낮은 수준의 인지 능력을 가진 학생들이 더 쉽게 이해할 수 있다.

다음의 예는 더 쉽게 이해할 수 있도록 수정한 예들이다.

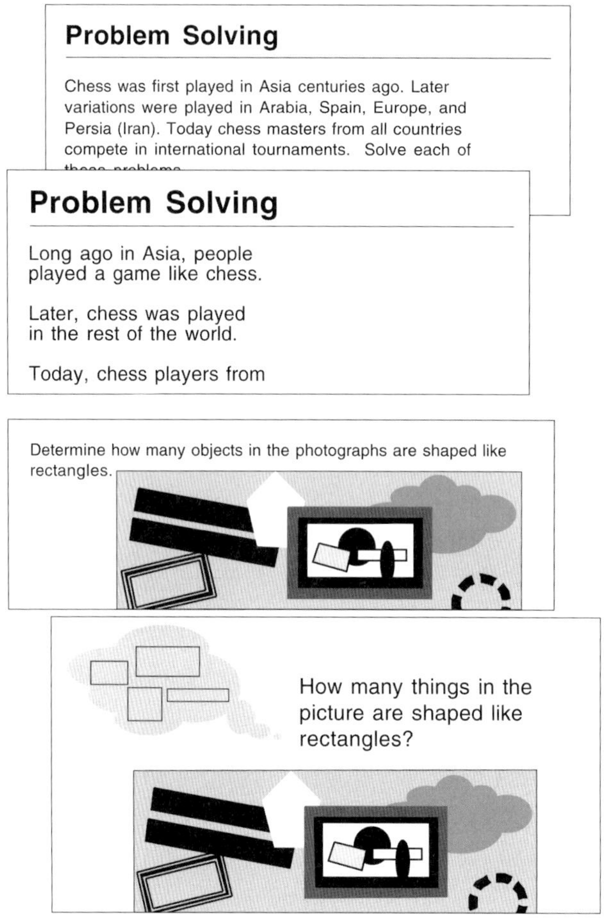

(4) 적절한 경우, 파트너와 함께 과제를 완성하도록 한다

낮은 수준의 인지 능력을 가진 학생들에게 보다 유능한 동료 학생과 함께 짝을 이루어 과제를 완성할 때 나타나는 자연스러운 논의는 개념을 명료하게 하고 기술을 향상시키는 데 도움이 된다(Slavin, 1988). 짝을 이룬 학생들이 모두 주어진 과제를 잘 하게 되면, 그 즉시 강화를 받을 수 있고, 낮은 인지 능력을 가진 학생이 실수를 한 경우, 보다 유능한 학생이 즉시 교정 도움을 제공할 수 있다. 낮은 인지 능력을 가진 학생에게 설명하는 과정을 통해 보다 유능한 학생은 보다 분명한 이해가 가능하다. 짝을 이루어 함께 공부하는 것은 다른 모든 학생들뿐만 아니라 낮은 인지 능력을 가진 학생의 학습 향상에 도움이 된다.

6 학습장애

학습장애가 있다는 것은 지능이 낮다는 것과는 다르다. 학습장애 학생들 중에는 높은 지능을 보이는 학생들도 있다. 심지어 영재학생 중에 학습장애를 가진 학생들도 존재한다.

학습장애 학생들은 어떤 영역에서는 유능하고, 다른 영역에서는 약하다. 이들의 주의집중, 지각, 인지, 기억 능력에 있어서의 다양성은 인상적이다. 학습장애 학생들은 장점과 약점들이 당혹케 하는 방식으로 조합된 경우도 있다. 일부 학생들은 주로 한 교과 영역에서 장애를 보이는 경우도 있지만, 학습장애 학생들은 다음과 같은 원인으로 여러 교과 영역에서 어려움을 나타낸다.

- **지각의 어려움**
  - 인물-배경 혼동: 책 등의 인쇄자료에서 중요한 세부 내용과 관련 없는 배경 자극을 구분하는데 어려움을 보인다.
  - 공간 인식의 어려움: 인쇄 자료든 실제 사물이든 자신과 사물간, 사물들간의 위치 관계 인식에 있어 어려움을 보인다.
  - 시각 및 청각 주의산만: 주어진 과제에 초점을 맞추고 관련 없는 시각 빛 청각 자극을 무시하기가 어렵다.
- **듣기 또는 주의집중의 어려움**

  어디에 주의 집중해야 하는지, 주의집중을 유지하고, 주의를 공유하고 변화시키고, 주의를 요구하는 다른 요구를 무시하거나 조정하는데 어려움을 보인다. 이러한 주의집중의 어려움은 주의력결핍장애(attention deficit disorder, ADD)나 주의력결핍과잉행동장애(attention−deficit/hyperactivity disorder, ADHD)가 있는 학생에게서도 나타난다.
- **기억의 어려움**

  기억을 위한 정보 조직이나 단기 기억 용량, 장기기억으로 정보를 저장하거나 장기기억으로부터 정보를 회상해내는데 어려움이 있다. 일부 학생들은 시각 기억에 특히 어려움이 있는데, 자신들이 본 것을 시각화하거나 다시 시각화하는데 어려움이 있다. 그러나 대부분은 청각 기억에 어려움을 보이는데, 자신이 들은 것을 기억하는 능력에 문제가 있는 경우가 많다.
- **사고 또는 이해의 어려움**

  추상화와 일반화, 개념화가 필요할 때 어려움을 보인다.

7 시각 또는 청각 장애

시각 또는 청각장애 학생은 전체 혹은 부분 감각 상실을 보일 수 있다. 이러한 장애로 인한 어려움들은 모든 교실과 교수 방법에서 공통적으로 나타날 수 있다(구두 혹은 문자 지시를 이해하기 어렵고, 시각 혹은 청각을 통해 제공되는 정보를 놓치기 쉽다). 해결방법은 명백하다. 지시나 제시되는 정보는 손상된 감각 채널을 통해서 제공되어서는 안된다. 시각 또는 청각장애 학생들은 앞에서 언급한 장애 등을 중복해서 가지고 있을 수도 있다.

8 신체장애

교사들은 교실에서 다른 신체장애를 가진 학생들을 발견하게 될 때, 놀라서는 안된다. 신체장애 학생들의 주된 관심사는 이동과 융통성이다. 신체장애는 학생이 특별한 장비 없이 다양한 과제를 수행하는 능력을 제한한다. 교사는 눈에 드러나는 신체장애 외에도 이들 학생들이 다른 학생들처럼 다양한 학습 문제, 다른 장애, 선호하는 학습 양식, 자신을 표현함에 있어 선호하는 방법 등이 있다는 것을 기억해야 한다.

요약

오늘날 교실에서 다양한 요구를 만족시키기 위해서는 학생들의 학습 특성 분석부터 시작해야 한다. 학생들의 학습 양식, 선호하는 감각 양식, 선호하는 능력, 장애, 흥미 등은 학생의 학습이 진보하기 위해서는 각 개인별로 정보수집하고 판단하여야 한다. 또한 교사들은 자신의 학습 및 교수 스타일과 선호하는 능력, 흥미를 확인해 보아야 한다. 또한 이러한 연장선에서 주 교육과정의 요구, 교과서의 요구, 개인별 수업 요구 등을 분석하여 수정 및 조정이 필요한지 판단하여야 한다. 특히, 학습장애와 주의력결핍장애라는 진단명을 가진 학생들이 많아지면서, 수업 요구를 반드시 분석하여 학업적으로 적절한 대안을 마련해야 한다.

이 책에서는 학생 개인별 요구와 선호를 만족시키기 위한 교수와, 정규교육과정 및 전통적인 교육 방법을 어떻게 잘 조화시킬 수 있는지에 대해 직접적으로 다루고 있다. 대부분의 교사들은 각 개별 학생이 아니라 전체 학급을 대상으로 계획을 세우려는 경향이 있다. 그러한 교사들에게 각 개별 학생들의 요구를 만족시키기 위한 수정 및 조정이 학급 계획 작성에서 제일 처음 단계로 이루어져야 한다. 예를 들어, 수업 중 일부는 운동감각 혹은 촉각 선호 학습자와 에너지가 넘치는 학생들의 요구를 만족시킬 수 있도록 자리에 앉아서 하는 활동보다는 움직임이 있는 활동으로 구성하는 것이 필요하다. 또는 각 개인별 선호나 장점을 사용할 수 있도록 교실 활동을 각 개인별 활동이나 집단 기반 활동으로 구성할 수도 있다. 이러한 수정은 특별한 욕구을 만족시키는데 도움이 되지만, 대부분의 학생들이나 평균적인 학습자에게 해가 되지는 않는다.

또 다른 수정 방법들은 특정 요구나 장애에 초점을 맞추고, 한 학생이 수업에 성공적으로 참여할 수 있도록 특정 문제를 해결하기 위한 특정 변화를 포함한다. 예를 들어, 청각장애 학생을 위해 음성 및 문자 지시를 모두 사용하는 수정 방법이 이에 해당한다. 다시 말하지만, 이러한 변화들은 다른 학생들에게 해가 되지 않는다.

다른 수정 방법들은 유사한 종류의 문제를 지닌 몇몇 학생들의 요구를 만족시키기는데 초점을 맞추는데, 이는 이들 학생들이 더 잘 수업에 참여하게 하는데 도움이 된다. 이러한 수정 방법들에는 공간 지각에 어려움이 있는 학생과 시야가 좁은 학생들의 학습에 도움이 되도록, 연습지의 부분 부분을 분리하는 방법도 있다. 이러한 수정 방법은 공간 능력이 장점인 학생에게도 도움이 되며, 전형적인 타입의 인쇄자료를 접했을 때 감각적으로 압도당하는 학생이나 낮은 인지 능력을 가진 학생들에게도 도움이 될 수 있다.

연습 및 활동

1. 1991년 NCTM에서 출판한 Professional Standards for Teaching Mathematics 144–155 페이지에 제시된 "기준 3: 학생을 수학 학습자로 인식하기(Knowing Students as Learners of Mathematics)"에 대한 논의 부분을 읽어보고, 이 책에서 이 기준과 관련해서 제안된 내용과 그 공통점과 차이점을 비교하시오.

2. 다음에 지시된 활동 2.01과 2.02를 살펴보시오. 이들 활동은 동일한 학습 목표를 갖고 있다(학생들은 수와 그에 해당하는 양을 정확히 연결할 수 있다).

   a. 어떤 활동이 시각 선호 학습자에게 보다 적절한가?
   b. 다른 활동은 어떤 학습 양식을 선호하는 학생에게 적절한가?
   c. 촉각 선호 학습자에게 적절한 활동이 될 수 있도록 활동을 수정하시오.

■ 활동 2.01 공을 몇 번 튀겼는가?

학생들에게 뒤돌아 앉아 교실 뒤편을 보도록 한다. 학생들에게 주의깊게 듣도록 한다. 농구공을 세 번 튀긴다. 학생들에게 공을 몇 번 튀겼는지 말해보도록 한다. 다른 수를 가지고 활동을 반복한다.

■ 활동 2.02 몇 개의 조각이 있는가?

학생들에게 OHP 화면을 보라고 말한다. 프로젝터 위에 세 개의 나무 조각을 올려놓는다. 몇 개의 조각이 보이는지 학생들에게 답해 보라고 한다. 다른 수를 가지고 활동을 반복한다.

3. 활동 2.03과 2.04를 살펴보시오. 이 두 활동은 모두 동일한 목표를 가지고 있다(학생들은 물체의 길이를 측정하기 위해 관습적인 단위를 사용할 수 있다).

   a. 어떤 활동이 운동감각 선호 학습자에게 적절한가?
   b. 어떤 활동이 청각 선호 학습자에게 적절한가?

■ **활동 2.03 길이가 얼마인가?**

모두 30 cm 길이의 대략 100개의 마분지 조각을 준비한다. 교실 앞에 놓인 상자 안에 조각을 놓아둔다. 학생들을 둘씩 짝을 짓는다. 짝과 함께 길이를 측정할 대상을 교실 공간 내에서 하나 정한다(예, 탁자, 책꽂이, 칠판, 교사 책상 등). 파트너와 함께 상자 안에서 충분히 조각을 가져가 측정하고자 하는 대상이 몇 개의 종이조각(길이가 30 cm)인지, 즉 몇 cm인지 측정하도록 한다.

■ **활동 2.04 길이가 얼마인가?**

가로 세로 모두 1 inch인 널빤지를 여섯 조각으로 자른다. 널빤지 조각들을 학생들에게 보여준다. 그리고 학생들에게 각 조각의 길이가 1 foot이라고 말한다. 학생들에게 당신의 책상이 얼마나 긴지 보고 들으라고 한다. 널빤지 조각을 끝에서 끝까지 이어서 나열한다. 학생들이 들을 수 있을 때 조각(foot)을 내려놓을 때 탁하고 소리 내어 내려놓는다. 학생들에게 책상의 길이가 얼마인지 묻는다.

4. 활동 2.05와 2.06을 살펴보시오. 이 두 활동은 모두 동일한 학습 목표를 가지고 있다. 어떤 활동이 청각장애 학생에게 더 적절한가?

■ **활동 2.05 나에게 분수를 주세요**

분수가 적힌 카드 묶음을 준비한다. 2 장의 카드에는 같은 분수가 적혀 있어야 한다. 각 카드에 적힌 분수들이 모두 적힌 카드도 준비한다. 각 학생에게 한 장의 카드를 준다. 한 학생에게는 분수 목록이 적힌 카드를 준다. 이 학생이 목록에서 하나의 분수를 임의로 선택하고, 이 분수와 동일한 분수를 찾도록 한다(예를 들어, 2분의 1과 동일한 분수를 나에게 주세요.). 동일한 분수를 학생 중 한 명이 앞으로 가져오면, 맞는지 학생에게 판단하도록 한다. 이 학생에게 다른 분수를 골라 활동을 반복하도록 한다. 다른 학생이 분수 목록에서 분수를 고르는 역할을 돌아가면서 해본다.

■ **활동 2.06 같은가? 다른가?**

분수가 표시된 카드 묶음을 준비한다. 두 장의 카드에는 동일한 분수가 적혀 있다. "이 두 분수는 똑같은가?"라고 칠판에 적는다. 두 장의 카드를 질문 밑에 붙인다. 질문을 읽고, 한 학생에게 답하도록 한다. 이 활동을 서로 같은 분수와 다른 분수를 가지고 반복해서 해본다.

5. 활동 2.07과 2.08을 살펴보시오. 이 두 활동은 모두 동일한 학습 목표를 갖고 있다. 어떤 활동이 낮은 수준의 인지 능력을 가진 학생에게 적절한가?

■ **활동 2.07 같은 모양이지만, 더 크게 그리기**

길이가 2배 되도록 아래 도형을 다시 그리시오.

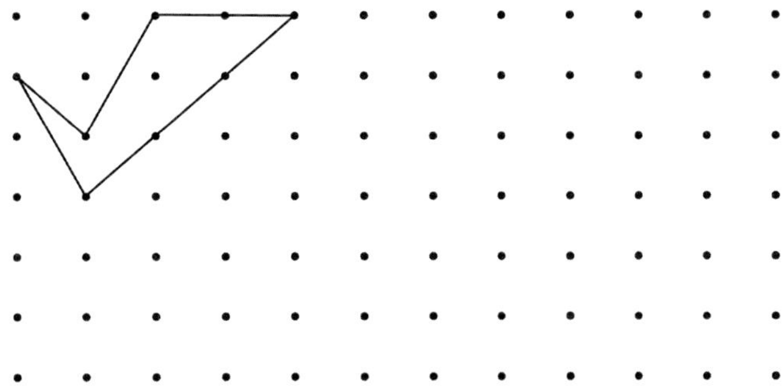

■ **활동 2.08 같은 모양이지만, 더 크게 그리기**

길이가 2배가 되도록 아래 도형을 다시 그리시오.

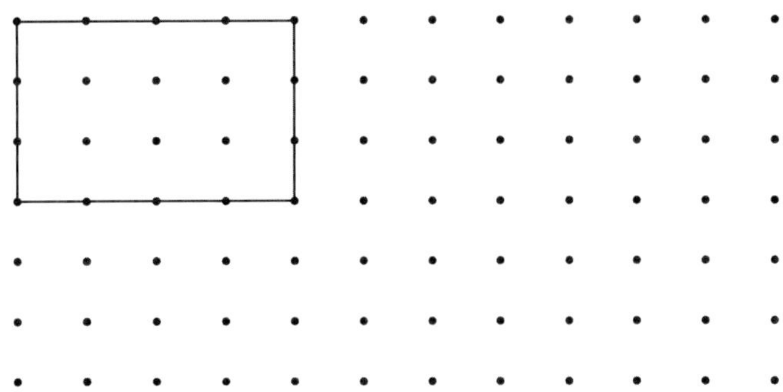

6. 활동 2.09와 2.10을 살펴보시오. 이 두 활동은 동일한 학습 목표를 갖고 있다. 어떤 활동이 시각장애 학생에게 더 적절한가?

■ **활동 2.09 가방에 무엇이 있나?**

종이 가방에 다양한 동전을 집어 놓아둔다(a penny, a nickel, a dime, a quarter). 학생에게 가방에서 보지 않고 25센트(the quarter)을 고르도록 한다. 어떻게 그 동전이 25센트인걸 알았는지 물어본다. 다른 동전을 고르도록 하여 활동을 반복한다.

■ **활동 2.10 무엇이 다른가?**

탁자 위에 다양한 동전을 올려놓는다(a penny, a nickel, a dime, a quarter). 학생에게 두 동전을 보게 하고 어떤 점이 다른지 물어본다. 다른 동전 쌍을 가지고 활동을 반복한다.

7. 활동 2.11과 2.12를 살펴보시오. 이 두 활동은 모두 동일한 목표를 가지고 있다. 어떤 활동이 운동감각 선호 학습자에게 더 적절한가?

■ **활동 2.11　나에게 분수를 주세요**

분수가 적힌 카드 묶음을 준비한다. 두 장의 카드마다 동일한 분수가 적혀 있다. 각 카드에 적혀 있는 분수 목록이 모두 적힌 카드도 준비한다. 각 학생에게 한 장의 카드를 나누어 준다. 한 학생에게는 분수 목록이 적힌 카드를 준다. 이 학생이 목록에서 하나의 분수를 고르게 하고 이 분수와 동일한 분수를 찾도록 한다(예, 2분의 1과 동일한 분수를 내게 주세요). 동일한 분수를 앞으로 가져 오면, 학생은 맞았는지 판단한다. 학생은 다른 분수를 골라 활동을 반복한다. 다른 학생이 분수 목록에서 분수를 고르는 역할을 돌아가면서 해본다.

■ **활동 2.12　같은가? 다른가?**

분수가 표시된 카드 묶음을 준비한다. 두 장의 카드에는 동일한 분수가 적혀 있다. "이 두 분수는 똑같은가?"라고 칠판에 적는다. 두 장의 카드를 질문 밑에 붙인다. 질문을 읽고 한 학생에게 답하도록 한다. 이 활동을 서로 같은 분수와 다른 분수를 가지고 반복해서 해본다.

8. 활동 2.13을 살펴보시오. 이 활동을 보다 많은 시각 입력을 제공할 수 있도록 수정하시오.

■ **활동 2.13　어떤 모양의 평행사변형인가?**

학생에게 평행사변형(parallelograms)이 무슨 도형인지 아는지 물어본다. 평행사변형의 특성에 대해 설명해 보도록 요구한다. 중요한 특성이 생략된 경우, 학생이 그러한 특성을 묘사할 수 있도록 안내하는 질문을 한다(예, "변은 곡선으로 되어 있나요?"라고 물어볼 수 있다).

9. 활동 2.14를 살펴보시오. 이 활동을 운동감각 선호 학습자에게 적절할 수 있도록 수정하시오.

■ **활동 2.14　더 큰가? 작은가?**

각각에 소수가 적힌 20장의 카드를 준비하시오. 또한 '더 큰'이라고 적힌 카드와 '더 작은'이라고 적힌 카드도 준비한다. 실을 사용하여 게시판을 두 공간으로 나눈다. 압정을 사용하여 '더 큰'이라고 적힌 카드를 둘로 나누어진 게시판 공간 중 한 쪽에 붙이고, '더 작은'이라고 적힌 카드는 다른 쪽 공간에 붙인다. 소수 카드들 중 하나를 두 공간을 나눈 중간 선 위에 붙인다. 그리고 다른 소수 하나가 적힌 카드를 골라 학생들에게 두 소수 중 어느 소수가 큰지 답하도록 한다. 정답에 해당하는 쪽에 압정을 사용해서 고정한다.

10. 1997년에 3/4월에 발행된 Journal of Learning Disabilities에 실린 다음 두 논문을 찾아 읽어보시오.

"Instructional Design in Mathematics for Students with Learning Disabilities," by Douglas Carnine, pp. 130–141.

"Mathematics Instruction for Elementary Students with Learning Disabilities," by Carol A. Thornton, Cynthia W. Langrall, and Graham A. Jones, pp. 142–150.

이들 논문들에 대한 두 페이지 분량의 Reaction report를 작성하시오. 이 책에 제시된 아이디어들과 어떤 점이 같은지, 혹은 다르지 분석하시오.

참고문헌 및 관련 자료

Baroody, A. J. (1999). The development of basic counting, number, and arithmetic knowledge among children classified as mentally handicapped. In L. M. Glidden (Ed.), *International review of research in mental retardation* (pp. 51–103). New York: Academic Press.

Behrend, J. L. (2003). Learning-disabled students make sense of mathematics. *Teaching Children Mathematics*, 9, 269–273.

Bransford, J. D., Brown, A. L., & Cocking, R. R. (1999). *How people learn: Brain, mind, experience, and school*. Washington, DC: National Academy Press.

Carnine, D. (1997). Instructional design in mathematics for students with learning disabilities. *Journal of Learning Disabilities*, 30, 130–141.

Delquadri, J., Greenwood, C. R., Whorton, D., Carta, J. J., & Hall, R. V. (1986). Classwide peer tutoring. *Exceptional Children*, 52, 535–542.

Dunn, R., & Dunn, K. (1992). *Teaching elementary students through their learning styles*. Boston: Allyn & Bacon.

Gardner, H. (1983). *Frames of mind: The theory of multiple intelligences*. New York: Basic Books.

Griffin, S. A., Case, R., & Siegler, R. S. (1994). Rightstart: Providing the central conceptual prerequisites for first formal learning of arithmetic to students at risk for school failure. In K. McGilly (Ed.), *Classroom lessons: Integrating cognitive theory and classroom practice*(pp. 25–49). Cambridge: MIT Press.

Hall, R. J. (1980). Cognitive behavior modification and information processing skills of exceptional children. *Exceptional Education Quarterly*, 1, 9–15.

Lerner, J. W. (2000). *Learning disabilities: Theories, diagnosis, and teaching strategies*. Boston: Houghton Mifflin.

Leverett, R. G., & Diefendorf, A. O. (1992). Students with language deficiencies: Suggestions for frustrated teachers. *Teaching Exceptional Children*, 25(4), 30–35.

Levine, H. M. (1996). Accelerated schools: The background. In C. Finnan, E. P. St. John, J. McCarthy, & S. P. Slovacek (Eds.), *Accelerated schools in action: Lessons from the field*(pp. 3–23). Thousand Oaks, CA: Corwin Press.

Montis, K. K. (2000). Language development and concept flexibility in dyscalculia: A case study. *Journal for Research in Mathematics Education*, 31, 541–556.

National Association for the Education of Young Children. (1999). *Linguistic and cultural diversity–Building on America's strengths*. Retrieved from www.pbs.org/kcts/preciouschildren/diversity/read˙linguistic.html

National Council of Teachers of Mathematics. (1989). *Curriculum and evaluation standards for school mathematics*. Reston, VA: Author.

National Council of Teachers of Mathematics. (1991). *Professional standards for teaching mathematics*. Reston, VA: Author.

National Council of Teachers of Mathematics. (2000). *Principles and standards for school mathematics*. Reston, VA: Author.

Polloway, E. A., Patton, J. R., & Serna, L. (2005). *Strategies for teaching learners with special needs: Effective and reflective practices for all students* (8th ed.). Upper Saddle River, NJ: Merrill/Prentice Hall.

Scruggs, T. E., & Mastropieri, M. A. (1996). Teacher perceptions of mainstreaming/inclusion, 1958–1995: A research synthesis. *Exceptional Children*, 63(1), 59–74.

Silver, E. A., Strutchens, M. E., & Zawojewski, J. S. (1997). NAEP findings regarding race/ethnicity and gender: Affective issues, mathematics performance, and instructional context. In P. A. Kenney & E. A. Silver (Eds.), *Results from the Sixth Mathematics Assessment of the National Assessment of Educational Progress* (pp. 33–59). Reston, VA: National Council of Teachers of Mathematics.

Slavin, R. E. (1988, September). Synthesis of research on grouping in elementary and secondary schools. *Educational Leadership*, 67–77.

Steele, M. M. (2002). Strategies for helping students who have learning disabilities in mathematics. *Mathematics Teaching in the Middle School*, 8, 140–143.

Sternberg, R. (1998). *Thinking styles*. New York: Cambridge University Press. Thornton, C. A., Langrall, C. W., & Jones, G. A. (1997). Mathematics instruction for elementary students with learning disabilities. *Journal of Learning Disabilities*, 30, 142–150.

U.S. Department of Education. (1996). *Eighteenth annual report to Congress on the implementation of the Individuals with Disabilities Act*. Washington, DC: Author.

웹 주소

www.ldonline.org/ Your guide to LD OnLine.

www.ldonline.org/ld˙indepth/math˙skills Internal links to articles about math learning disabilities. The following links seemed interesting.

www.ldonline.org/ld˙indepth/math˙skills/garnett˙ldrp.html This article presents assessment guidelines and specific teaching considerations for increasing number–fact fluency in students with learning disabilities.

www.ldonline.org/ld˙indepth/math˙skills/adapt˙cld.html This article provides information on how to adapt and modify mathematics instruction to promote success and understanding in the areas of mathematical readiness, computation, and problem solving for students with math disabilities.

www.ldonline.org/ld˙indepth/math˙skills/coopmath.html This article discusses the components of cooperative learning and presents an example of how cooperative learning can be used to teach mathematics skills.

http://adhd.mentalhelp.net/ Good first site–symptoms, treatment, online resources, organizations, online support, research.

www.ldonline.org/ld˙indepth/add˙adhd/ael˙firststeps.html Article dealing with ADHD.

http://pages.cthome.net/cbristol/capd–mth.html Links to articles and other information on dyscalculia.

www.addclinic.com/ ADD; ADHD; obsessive––compulsive disorder, OCD; Tourette''s syndrome, TS.

www.ldonline.org/ld˙indepth/process˙deficit/living˙working.html Living and working with a central auditory processing disorder, or CAPD.

http://pages.cthome.net/cbristol/capd–lnk.html CAPD Web pages.

www.tsbvi.edu/math/ Teaching math to students who are visually impaired.

www.ldonline.org/ld˙indepth/process˙deficit/visual˙auditory.html#anchor520397 Visual and auditory processing disorders.

www.ldonline.org/ld˙indepth/process˙deficit/table˙deficits.html Table of processing deficits.

www.ncld.org/LDInfoZone/FactSheet˙Dyscalculia.pdf Dyscalculia–Learning disabilities in mathematics.

Chapter 3

수업 설계: 다양한 교실 요구를 만족시킬 수 있는 수업 창안하기

1. 활동들을 수업으로 결합하기
2. 전통적인 표준 수업의 특성
3. 다양한 학습 요구에 근거하여 수업 수정하기
4. 계획 과정과 '공식적인' 수업 계획
5. 계획 과정 및 교수 노트

Chapter 3

수업 설계: 다양한 교실 요구를 만족시킬 수 있는 수업 창안하기

■ **평등 원리**

수학교육의 우수성은 평등을 기반으로 한다-모든 학생에 대한 높은 기대와 강력한 지원. (National Council of Teachers of mathematics [NCTM], 2000, p. 12)

■ **교육과정 원리**

교육과정은 활동 모음 그 이상이어야 한다: 교육과정은 통일성이 있어야 하고, 중요한 수학에 초점을 맞추어야 하며, 전학년에 걸쳐 분명하게 표현되어야 한다. (NCTM, 2000, p. 14)

■ **교수 원리**

효과적인 수학 교육을 위해서는 학생들이 무엇을 알고 있고 무엇을 알아야 하는지에 대한 이해가 선행되어야 하며, 그런 후에 학생들이 잘 학습할 수 있도록 학생들에게 도전하고 지원하여야 하다. (NCTM, 2000, p. 16)

■ **학습 원리**

학생들이 선수 지식과 지신의 경험을 바탕으로 새로운 지식을 능동적으로 구축하면서 이해를 통해 수학을 학습하여야 한다. (NCTM, 2000, p. 20)

■ **평가 원리**

평가는 중요한 수학 학습을 지원하고, 교사와 학생 모두에게 유용한 정보를 제공하여야 한다. (NCTM, 2000, p.22)

1 활동들을 수업으로 결합하기

(1) 수업이란 무엇인가?

수업이란 일관된 방식으로 조직된 교수 및 학습 활동들의 상호 관련된 집합이다. 수업은 일반적으로 학습 목표를 달성하는데 필요한 교수학습 과정 중 일부를 달성하기 위해 설계된 수업 요소들로 구성되어 있다. 이 책에서는 수업이 다음과 같은 구성 요소로 이루어져 있다고 보고자 한다. 다른 구성 요소들도 포함될 수 있지만, 대부분의 수업은 다음과 같은 요소를 공통적으로 가지고 있다.

도입(Lesson Opener) 이 수업 부분에서는 학습할 개념이나 기술을 위한 관련 맥락을 제공하여야 한다. 도입 단계에서는 학생의 주의를 이끌어내고, 자연스럽게 수업에 집중하도록 안내하여야 한다.

전개(Development) 이 수업 부분에서는 학생들이 새로운 개념이나 기술을 배울 수 있도록 돕는 경험을 제공하여야 한다. 전개 단계는 학생들이 이미 알고 있는 것들에 기초해서 매끄럽게 진행되어야 한다. 이 단계에서 학생들은 알지 못하는 상태에서 새로운 내용을 알게 되는 상태로 진전하게 된다. 전개 단계를 거쳐 학생들은 독립 연습이 가능해야 한다.

학습 점검(Monitoring Learning) 이상적으로는 이 수업 부분은 다른 수업 부분들과 분리되지 않는다. 학생의 학습을 지속적으로 점검할 때, 교사는 누가 이해했고, 누가 이해하지 못했으며, 수업의 어느 부분이 이해되고 이해되지 않았는지 알 수 있다. 또한 무엇을 다시 가르쳐야 하는지, 무엇을 다른 방법으로 가르쳐야 하는지도 확인할 수 있다.

연습(Practice) 연습은 수업의 전개 단계에서 학습한 내용을 강화한다. 그러나 교사가 개념이나 기술에 대한 이해가 달성되었다는 것을 확인하기 전에는 해서는 안된다. 학생들이 아직 이해하지 못했다면, 연습 이전에 전개 단계에서의 수업이 더 필요하다.

(2) 전통적인 수업 계획

전통적으로 교사용 지도에 제시되어 있는 제안 사항들을 따라 개발된 수학 수업 계획을 먼저 살펴보고자 한다. 이 수업 계획은 매우 전통적인 수업 계획이다. 이 수업은 대부분의 교사들이 교재의 내용을 가르치는 방법에 따라 교과서의 특정 페이지를 가르치도록 계획된 것이다.

수업 목표

학생은 대칭 도형과 대칭 선을 확인할 수 있다.

■ **도입**

'우리는 합동인 도형을 확인하는 방법을 배웠습니다. 오늘은 대치인 도형을 확인하는 법을 배우려고 합니다'라고 말한다.

■ **전개**

여러가지 도형(원, 하트, 별 등)의 절반을 보여준다. 학생들에게 절반을 보고 어떤 도형의 절반인지 확인해 보도록 한다.

다음에, 학생들이 교재 첫 번째 예제에 집중하도록 안내한다. 학생들에게 삼각형의 두 절반이 합동이라는 것을 어떻게 알 수 있는지 물어본다. 삼각형이 점선을 따라 접었을 때, 삼각형의 두 절반이 정확하게 겹쳐짐을 지적한다. 이 둘은 합동이다.

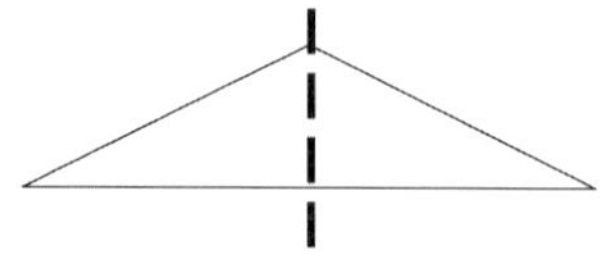

학생들에게 어떤 도형이 절반으로 나누어 접었을 때 정확하게 포개어지면, 그 도형은 대칭이라고 한다고 말해준다. 두 절반이 포개지는 선을 대칭선(line of symmetry)이라고 한다고 말해준다.

학생들에게 어떤 도형은 하나 이상의 대칭선을 갖는 경우가 있다고 말해준다. 학생들에게 두 번째 도형을 보도록 한다. 이 도형은 각 절반이 포개지도록 하는 방법이 두 가지 있다. 이 도형은 대칭선이 두 개 존재한다.

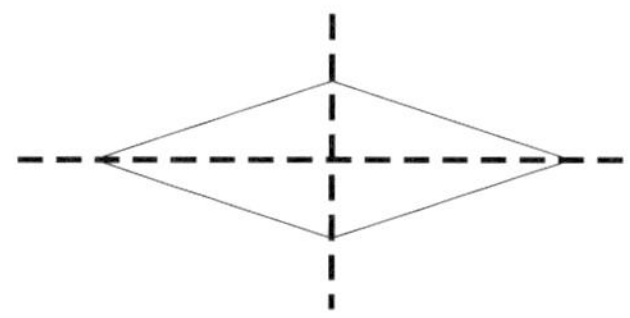

■ **학습 점검**

학생들로 하여금 교재에 제시된 이해 확인을 위한 예제를 풀도록 한다. 이 예제들에 대한 학생들의 답에 기초해서, 이해에 어려움이 있는 학생들을 확인한다.

■ **연습**

재교수를 통해 도움을 받을 수 있는 학생들에게 재교수용 연습지(Reteaching Worksheet)를 배부한다. 나머지 학생들에게는 익힘책에 실린 연습 과제를 풀어보도록 한다.

■ **종결**

수학 수업이 끝나면, 학생들에게 다음을 상기시킨다.

1. 대칭 도형은 두 반쪽이 정확하게 접히는 도형이다.
2. 대칭 도형의 접히는 선을 대칭 선(line of symmetry)이라고 부른다.

2 전통적인 표준 수업의 특성

앞에서 언급했듯이, 교사용 지도서의 제언을 따르는 전통적인 수업은 보통 좋은 수업이다. 전통적인 수업은 보통 두 가지 공통점이 존재한다. 첫째, 전통적인 수업은 교과서의 특정 페이지를 가르치기 위해 설계된 것이다. 둘째, 전통적인 수업은 평균적인 학생을 대상으로 한다. 평균적으로 전통적인 수업은 이러한 목적 달성에 도움이 된다. 물론 평균적인 틀(average mold)에 맞지 않는 소수의 학생들은 어려움을 경험한다. 보통 전통적인 수업들은 학생들에게 각자가 선호하는 다양한 학습 방법(diverse learning preferences)을 허락하지 않는다. 게다가, 전통적인 수업들은 보통 대부분의 학생들의 다양한 학습 요구를 고려하지 않는다.

3 다양한 학습 요구에 근거하여 수업 수정하기

모든 학생들의 학습 요구를 만족시킬 수 있도록, 기존의 전통적인 수업을 수정하고 이를 별도의 수업으로 제공하기 보다는, 대부분의 학습 양식 선호를 반영하고 대부분의 학습 요구에 맞춘 활동 유형들을 추가하여 기존 수업을 수정하고자 한다. 물론 이러한 수정이 이루어진 후에도, 어떤 학생들에게는 추가적인 수정이 더 필요할 것이다. 전통적인 수업 계획은 다음과 같은 다섯 가지 방법을 통해 수정될 수 있다.

첫째, 수업에서 새로운 개념이나 기술을 학습하는 부분을 늘린다. 이는 수업을 보다 효과적인 수업이 되게 하는데 가장 중요한 측면이다(수업 효과를 학생들의 개념 및 기술 학습으로 본다면). 보다 철저한 개념 및 기술의 학습은 여러 방법으로 달성될 수 있다. 이해는 실제 사물을 가지고 이루어진 개인적인 경험을 통해 발달되어야 한다. 이러한 경험은 학생들이 중요한 관계와 절차를 볼 수 있도록 설계되어야 한다. 학생들이 볼 수 있도록 돕기 위해, 학습해야 하는 개념들과 기술들에 관한, 유용한 심상(mental imagery)을 학생들에게 제공하여야 한다.

또한 배워야할 내용이 학생들이 이미 알고 있는 다른 내용들과 어떤 관계가 있는지 보고 이해할 수 있도록 도움으로써, 이해가 발달되어야 한다(Carpenter, 1986; Ginsburg, 1989). 이러한 상호 관계는 거의 지속적으로 강조되어야 한다. 교사가 학생이 무언가 새로운 내용을 이해할 수 있도록 도울 때면 언제나, '이 내용을 배우는데 도움이 되는, 우리가 이미 알고 있는 것들에게 대해 생각해보자'라는 접근이 공통적으로 사용되어야 한다. 이를 통해 학생들의 과거 학습을 떠올리고, 기억과 회상을 촉진할 수 있는, 보다 자연스럽고 많은 상호 관계들을 활용하여야 한다.

개념의 발달 과정에서, 다양한 예와 비예 들(examples and nonexamples)을 검토하여야 한다. 개념에 맞는 모든 예들의 경우, 학생들은 왜 예에 해당하는지 토론하여야 한다. 확인된 모든 비예에 대해서는, 왜 예에 해당하지 않는지 토론하여야 한다. '왜 그런지와 왜 아닌지' 질문(why and why-not questions)은 학습해야 하는 개념의 핵심 속성에 지속적으로 초점을 맞추도록 하는데 도움이 된다.

또한 학생들은 패턴들을 지속적으로 찾아보아야 하고, 이러한 패턴들로부터 개념과 절차를 일반화하는 법을 배워야 한다. 이렇게 일반화한 것이 맞는지 확인하기 위해 검증을 시도해 볼 수 있는 능력은 학생들의 자신감 발달에 도움이 된다.

개념 및 기술 학습을 위한 효과적인 교수방법들 중 하나는 실험실 접근(laboratory approach)이다.

1. 탐색하라(또는 실험하라). 이 단계에서, 학생들은 물리적 모델이나 그림 모델을 사용해서, 교사의 도움을 받아 어떤 주제를 탐색한다. 보통 학생이 다양한 결과들(답들)을 찾을 수 있도록 이 모델을 사용하도록 안내한다. 이 과정을 효과적으로 모델로서 제시할 수 있다면, 학생들은 그 결과들이 옳다고 믿을 것이다. 학생이 답이 어디서 얻어졌는지 볼 수 있기 때문에 상식에 근거해서 학생은 답이 옳은지 판단할 수 있다.
2. 결과들을 잘 조직하여 기록하다. 교사는 학생이 이 모델을 통해 얻은 결과들을 기록할 수 있도록 안내해야 한다. 이 기록은 교사가 학생들로 하여금 알아채기를 기대하는 패턴 재인(recognition of the patterns)을 촉진하는 방법으로 이루어져야 한다.
3. 패턴을 확인하라. 패턴은 학생들의 언어로 진술되어야 한다(이것을 할 때마다, 답은 …과 같았다). 이러한 패턴들은 모델을 사용하지 않고 결과(답)를 얻는 방법으로 제안될 것이다.

4. 물리적 모델이나 그림 모델 없이 결과 얻는 방법에 관한 가설을 세우기(일반화하기). "…와 같은 방법으로 답을 얻을 수 있다."
5. 가설을 검증하기(일반화). 가설을 세운 절차에 따라 예제를 완성한다. 결과가 맞는지 확인하기 위해 물리적 모델이나 그림 모델을 사용해서 예제를 다시 해결해본다.

이러한 교수 절차는 귀납적 과정(inductive process)이라고 하며, 학생들에게 아주 설득력이 있다. 학생들은 말 그대로 답이 어디서 왔는지 볼 수 있기 때문에, 믿을 수 있는 답을 얻는 방법을 발견한 것이다. 학생들은 이러한 절차가 작동하는 과정을 쭉 봤기 때문에 그 절차가 옳다고 믿을 것이다.

그러나 귀납적 교수(inductive teaching)를 사용할 때는 실제적인 위험이 하나 존재한다. 이러한 결과들이 일련의 예들을 활용한 경험으로부터 끌어낸 것이라는 점이 그것이다. 예들이 충분히 다양하지 않고, 몇몇 특수 사례에 해당한다면, 사용한 예들 내에서는 일관된 패턴을 얻을 수 있지만, 모든 예에는 일관되지 못한 패턴을 발견할 가능성이 있다. 특수한 사례로부터 얻어진 패턴은 특수한 몇몇 사례에는 맞는 절차이지만, 일반적으로는 맞지 않는 패턴일 가능성이 있다. 예를 들어 다음의 예에서 존재하는 패턴을 발견하는 경우를 생각해 보자.

$$\frac{1}{3}+\frac{1}{5}=\frac{8}{15},\ \frac{1}{3}+\frac{1}{6}=\frac{9}{18},\ \frac{1}{2}+\frac{1}{3}=\frac{5}{6},\ \frac{1}{4}+\frac{1}{3}=\frac{7}{12},\ \text{그리고}\ \frac{1}{5}+\frac{1}{2}=\frac{7}{10}$$

학생들은 제시된 모든 사례에서 답의 분자가 두 분수의 분모의 합이며, 분모는 두 분수의 곱이라는 것을 발견할 수 있다. 이러한 규칙은 단위 분수를 더할 때는 사실이지만, 단위 분수가 아닌, 다른 유형의 분수를 더할 때는 그렇지 않을 수 있다. 교수 과정에서 교사는 몇몇 특수한 사례를 바탕으로 일반화하는 것을 피해야 한다. 이는 학생들이 그렇게 일반화시킨 규칙을 부적절한 상황에서도 적용하는 경향이 있기 때문이다.

개념과 기술의 보다 충분한 발달을 위해서는 몇 가지 중요 사항을 달성하여야 한다. 학생들이 이미 알고 있는 다른 내용과의 상호연결을 강조할 때, 학습을 통해 보다 완전한 이해와 공통의 결과를 산출할 수 있다. 이러한 상호 관련짓기 때문에 학습 내용에 대한 기억이 더 향상된다. 기억의 향상은 복습과 연습에 필요한 많은 시간을 줄일 수 있다. 이러한 상호 관련짓기와 보다 나은 이해 때문에, 학생들은 자신들이 배운 내용을 문제 해결하는데 더 잘 적용할 수 있다.

둘째, 보다 많은 시각 입력 정보를 제공할 수 있도록 수업들을 수정하여야 한다. 대부분의 수업에서는 필요 이상의 청각 정보가 제공되고, 학생들은 거의 항상 보다 많은 시각 정보를 필요로 한다. 절차를 말로 설명하는 경우가 많지만, 학생들에게 그 절차를 시범 보여줄 필요가 있다. 교사들은 학생들에게 규칙을 이야기하고 지시를 하지만, 해당 규칙과 지시를 써서 보여주고, 시범보일 필요가 있다. 교사들은 학생들에게 직사각형이 무엇인지 말하지만, 학생들에게 무엇이 직사각형인지 보여줄 필요가 있다. 교사들은 뺄셈을 할 때 빌려오는 방법에 대해 설명하지만, 학생들은 10개의 1과 1개의 10을 교환하는 법을 볼 필요가 있다.

셋째, 수업에 보다 많은 신체(운동감각) 활동이 포함 되도록 수업을 수정하여야 한다.

학생들은 수동적인 존재가 아니다. 활동은 학생이라는 존재를 구성하는 통합 요소 중 하나다. 학생들은 만지작거리고, 몸부림치고, 움직인다. 학생들은 사물들과 능동적으로 상호작용하는 것을 좋아한다. 또한 학생들은 사물들을 가지고 무언가를 시도해보고 조작해보는 것을 좋아한다. 교사들은 학생들을 가만히 앉아 있게 하면서, 자기 자신을 지치게 만들 수도 있다. 가만히 앉아 듣는 것을 강조하는 수업은 학생들의 특성에 맞지 않는다. 반대로 운동감각적 학습 활동은 학생들을 움직이게 한다. 이러한 활동은 학습을 위해 움직이려는 학생들의 자연스러운 경향을 활용한다. 학생이 말썽을 일으키지 않고 자연스러운 행동을 할 수 있기 때문에 문제 행동이 거의 발생하지 않는다. 학생이 학습 활동에 신체적으로나 인지적으로 모두 참여하기 때문에 주의 문제가 감소한다. 운동감각적 학습 활동은 주의력결핍장애 학생이나 주의력결핍/과잉행동장애 학생들에게 특히 효과적이다.

넷째, 학생들과의 의사소통 혹은 학생들 간의 의사소통을 촉진할 수 있도록 수업을 수정하여야 한다. 교실은 교실 공동체로 보아야 한다. 이 공동체의 모든 구성원들은 수학에 관한 지적 교환의 일부이어야 한다(Baroody, 1996). 이들은 함께 아이디어를 탐색하여야 하고, 정보를 수집하고, 패턴을 찾고, 개념과 절차를 일반화하고, 일반화시킨 결과를 검증하고, 자신들의 경험에 근거해서 수정해 나가야 한다. 이 모두를 위해서는 학습 공동체 내의 지속적인 의사소통이 요구된다. 의사소통의 증가로 인한 이점들 중 하나는 학생들 입장에서 참여 수준이 높아진다는 것이다. 학습 활동은 학생들과 부모뿐만 아니라, 학생들과 교사, 학생들 간의 의사소통을 격려하고, 심지어 요구하도록 계획해야 한다(Escalante & Dirmann, 1990).

다섯째, 수업 내내 지속적으로 학습을 점검할 수 있도록 수업을 수정하여야 한다. 흔히 모든 수업이 완료된 후에 학습 결과를 점검한다. 사후에 학습에 대해 확인하게 되면, 교사는 해당 수업이 효과적이었는 지는 알 수 있다. 그러나 모든 학생 혹은 특정 학생만 학습 실패했다면, 모호한 아이디어를 분명하게 설명하고, 오류로 가득한 기술들을 수정하고, 잘못된 신념을 교정하기 위해 다음 수업까지 기다려야 한다. 그러나 다음 시간이 될 때까지, 모

호한 아이디어와 오류로 가득한 기술, 잘못된 신념은 여러 번 실행되고 적용돼서, 원상태로 돌리기가 더 어려워질 것이다. 오히려 교사는 학습이 일어나고 있는 동안, 학습을 점검하여야 한다. 수업의 한 가운데에서 무엇이 이해되고 이해되지 않았는지, 학생들이 무엇을 할 수 있는지 할 수 없는지, 누가 학습하고 있고 학습하고 있지 않는지 교사가 감을 잡을 수 있도록 학생들의 이해를 지속적으로 점검하여야 한다. 교사는 어떤 교수가 효과적인지 그렇지 않은지, 추가로 예를 제시해야하는지, 다른 접근법을 사용해야 하는지, 학생들이 흥미를 보이는지, 교수법이 작용하고 있는지 아니면 변화가 필요한지 알 수 있어야 한다.

요약하면, 다양성이 존재하는 교실에서 학습하는 모든 학생들에게 적합한 수업을 계획하기 위해서는 다음과 같은 수업 요소가 추가 포함되어야 한다.

- 새로운 개념과 기술 학습을 위한 활동 확대하기
- 시각 입력 늘리기
- 신체(운동감각) 활동 늘리기
- 학생 의사소통 늘리기
- 학습을 지속적으로 점검하기

이러한 방법들을 통해 수업을 수정함으로써, 다양한 학생들로 구성된 학습 집단에 적절한 수업을 제공할 수 있을 것이다. 그러나 일부 학생들의 특정 요구를 만족시키기 위해서는 추가 수정이 필요할 수도 있다는 점에 유의하여야 한다.

(1) 다양한 학습자를 위해 수정된 수업의 예

다음은 이미 앞에서 살펴본 대칭에 관한 전통적인 수업 계획을 수정한 것이다. 수정된 수업 계획을 살펴보면, 새로운 개념 및 기술 학습에 얼마나 많은 시간을 할애했는지 알 수 있을 것이다. 또한 시각 입력을 늘렸고, 신체 활동이 추가되고, 학생들과의 의사소통 및 학생들 간의 의사소통을 위한 기회를 늘렸고, 모든 중요 수업 활동이 이루어지는 동안 학습 점검한다는 것을 알 수 있을 것이다.

수업 목표

학생은 대칭 도형과 대칭 선을 재인할 수 있다.

■ 도입

대칭 도형을 대칭 선을 따라 절반으로 자른다. 그리고 각 도형의 절반들을 학생들에게 나누어 준다.

어떤 도형의 절반을 잘라서 각 학생에게 도형의 절반을 나누어주었음을 설명한다. 각 학생에게 자신이 들고 있는 절반과 동일한 도형의 절반을 들고 있는 다른 학생을 찾도록 한다. 두 반쪽이 정확히 일치할 때, 도형의 두 반쪽이 어떻다라고 말할 수 있는지 학생에게 묻는다. [필요하다면 과거에 배운 내용을 상기시킨다. 이 둘은 합동이다.] **이해 점검**. 이해하지 못했거나 어려움이 있는 학생을 확인한다. 이런 학생들에게 추가 도움을 제공한다.

다음과 같이 말한다. "우리는 합동인 도형이 어떠한지 이미 알고 있다. 오늘, 우리는 대칭인 도형을 확인하는 법을 배우려고 한다."

■ **전개**

종이 위에 문자가 크게 써져 있는 8장의 투사지를 준비한다. F와, O, S, Y 문자가 각각 두 장의 종이에 적혀 있는 종이를 준비한다. 학생들에게 이 문자들을 보여준다.

어떤 문자가 절반으로 잘랐을 때, 두 절반이 서로 정확하게 일치하는지 학생에게 물어본다. 학생들이 앞으로 나와 종이를 잘라보도록 한다.

자르기 전에 서로 일치하는지 어떻게 확인할 수 있는지 물어본다. [종이를 포개본다.] 두 절반이 정확히 일치하는지 확인하기 위해 두 반쪽을 포개본다. 학생들이 다른 문자들은 어떠한지 앞으로 나와 확인해 보게 한다.

학생들을 2명씩 짝을 짓는다. 절반을 잘라 놓았던 종이를 짝을 이룬 두 명의 학생들에게 나누어준다. 어떤 도형은 대칭이고 어떤 도형은 대칭이 아니다.

낮은 수준의 인지 기능을 가진 학생에게는 다음과 같은 도형을 잘라 나누어 준다.

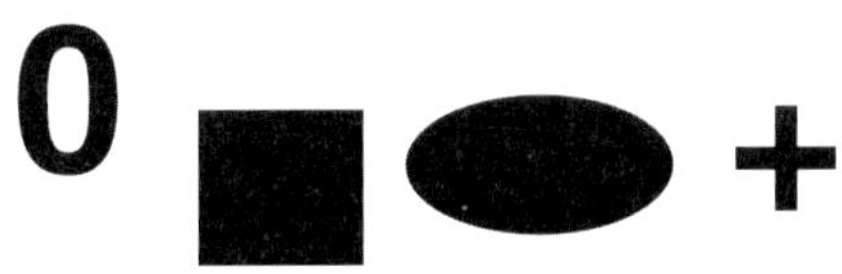

학생들에게 짝과 함께 자신이 가진 절반을 포개서, 두 절반이 일치하는지 확인해 보라고 말한다. 모든 학생이 확인을 끝마치면, 자신들이 확인한 결과를 말해 보도록 한다.

이해 점검. 어려움이 있는 학생들을 확인하고 추가 도움을 제공한다.

학생들에게 도형의 두 절반이 정확히 일치하도록 포개지면, 그 도형은 대칭(symmetric)이라고 말해준다. 칠판에 '대칭'이라고 쓴다. 학생들에게 도형이 포개지는 선을 대칭선(line of symmetry)이라고 한다고 말한다. 칠판에 '대칭 선'이라고 쓴다.

모든 학생에게 대칭 도형을 접어 보게 하고 서로에게 보여주게 한다. 대칭이 아닌 도형을 접어 보게 하고 서로에게 보여주게 한다. **이해 점검**. 이해하지 못한 학생을 확인하고, 처음 학습할 때 추가 도움을 제공한다.

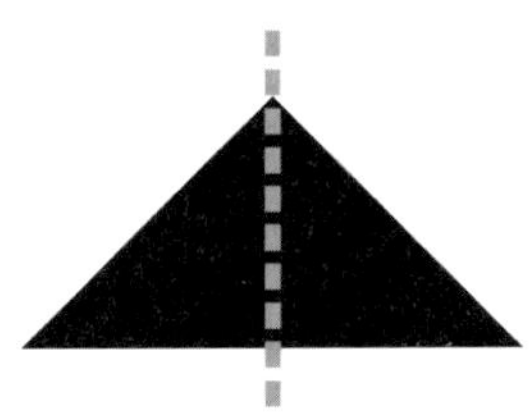

다음에는 학생들이 익힘책에 제시된 첫 번째 예에 주의집중하게 안내한다. 삼각형을 점선을 따라 포개면, 삼각형의 두 절반 각각이 정확히 일치함을 지적한다. 이 도형은 대칭이며, 점선은 대칭 선이다.

학생들에게 어떤 도형은 대칭 선이 두 개 이상 있다고 말한다. 학생들이 다음 도형에 주목하도록 한다. 이 도형은 두 반쪽이 정확히 포개질 수 있는 두 가지 방법이 있다. 이 도형은 두 개의 대칭선이 존재한다.

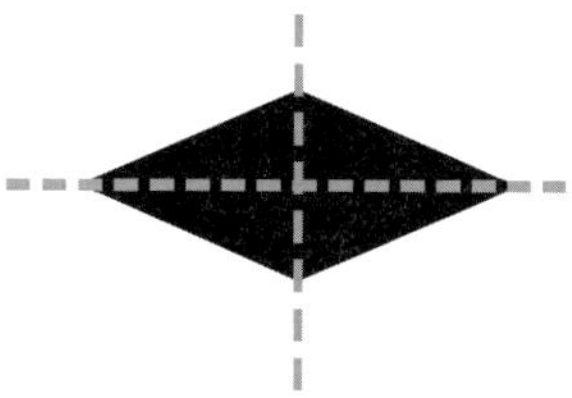

정사각형을 높이 들어 보여준다. 학생들이 정사각형도 몇 개의 대칭선이 갖고 있다고 말해준다. 한 학생을 앞으로 나오게 하여, 대칭 선을 중심으로 정사각형을 접게 한다. 다른 학생을 나오게 하여 다른 대칭 선을 찾아 접어 보도록 한다. 네 개의 대칭 선을 모두 찾을 때까지 활동을 계속한다.

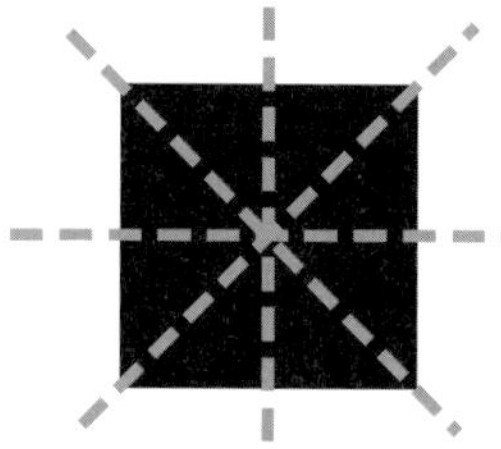

학생에게 다음과 같은 도형을 보여준다. 학생들로 하여금 앞으로 나와 도형을 접어보면서 대칭 선을 찾아보도록 한다. 이 도형에 대칭 선이 몇 개 있는지 물어본다. [3] 교과서에 제시된 세 번째 예를 사용해서, 가위를 사용해서 대칭 도형을 잘라 대칭임을 확인하는 방법을 시범 보인다. 두 학생을 앞으로 나오게 하여, 다른 대칭 도형을 두 반쪽이 포개지도록 잘라보게 한다.

학생들에게 교과서에 제시된 이해 점검 예제를 읽어 보도록 한다. **이해 점검**. 이해 점검 예제들에 대한 학생들의 반응에 기초해서, 이해에 어려움이 있는 학생을 확인한다.

■ **연습**

학생들을 둘씩 짝을 짓게 한다. 짝과 함께 익힘책에 제시된 연습 문제를 풀어보도록 한다. **이해 점검**. 어려움이 있는 학생과 그들의 짝에 주목한다. 어려움이 계속 되면, 도움을 제공하거나 다시 가르친다.

■ **종결**

수학 수업이 끝나면, 오늘 어떤 도형에 대해 배웠는지 묻는다. [대칭 도형] 도형이 대칭인지 어떻게 보여 줄 수 있는지 묻는다. [대칭 도형은 두 반쪽이 정확히 포개지도록 접을 수 있다.] 대칭 도형에서 두 반쪽이 포개지는 선을 무엇이라 하는지 묻는다. [대칭 선]

■ **추수활동**

학생들에게 부모님에게 대칭 도형이 무엇인지 설명해 보라고 말한다. 학생들에게 부모님의 도움을 받아 집에서 볼 수 있는 것들 중 대칭인 것들의 목록을 만들어 보도록 한다.

(2) 또 다른 수업 수정하기

이제 또 다른 수업을 수정해 보고자 한다. 이번 수업은 덧셈에서 다시모으기(regrouping)에 관한 수업이다. 우선 교사용 지도서에서 찾아볼 수 있는 제안들을 따르고 있는 전통적인 수업부터 살펴보고자 한다. 이전에 제시된 전통적인 수업처럼, 이 수업은 나쁜 수업이 아니다. 그러나 수업 목표에 해당하는 개념과 기술들에 대한 이해를 발달시키는데 적은 시간을 할애하고 있다.

수업 목표

학생은 두 자리 수와 한 자리 수 덧셈을 할 수 있고, 1을 10개씩 다시 모을 수 있다.

■ 도입

학생들에게 2+5, 6+7, 4+6, 5+7, 8+5, 5+4 의 답을 말해 보도록 한다. 2+5와 5+4의 답이 다른 덧셈의 답과 무엇이 다른지 묻는다. “덧셈을 할 때, 어떨 때는 10보다 작고, 어떨 때는 10보다 크다. 오늘은 1을 모아 십을 만드는 법에 대해 배우고자 한다”라고 말한다.

■ 전개

학생에게 교과서 맨 위에 적힌 문장을 읽게 한다. [두 집단을 합치면, 또다른 십 집단을 만들 수 있다.] 학생들에게 숫자 25과 7을 지적하게 한다. “첫번째 숫자에 1이 몇 개 있니? 두 번째 숫자에는 1이 몇 개 있니? 두 수에는 모두 몇 개의 1이 있니? 십을 구성할 정도로 충분한 1이 있니? 이 두 수에는 몇 개의 10이 있니? 몇 개의 1이 남았니?”라고 묻는다.

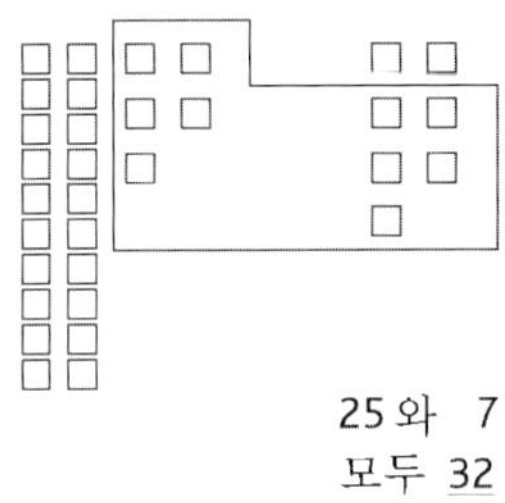

학생들에게 답란에 32이라고 적게 한다.

■ 이해 점검

학생들에게 익힘책에 이해 점검 예를 풀어보도록 한다. 학생의 반응에 기초해서, 이해에 어려움이 있는 학생을 확인한다.

■ 연습

재교수가 도움이 되는 학생에게 재교수용 자료(Reteaching worksheet)를 나누어준다. 나머지 학생들에게는 학생 익힘책에서 연습 예제를 풀어보도록 한다.

■ 종결

수학 시간이 끝나면, 덧셈 후에 10개 이상의 1이 있는 경우, 10개의 1을 가지고 또 다른 10을 만들어야 함을 인식시킨다.

(3) 다양한 집단의 학생들을 위한 수업 수정하기

위의 수업 계획을 수정할 때, 새로운 개념과 기술의 발달을 위한 학습 활동 시간을 늘려야 함에 유념해야 한다. 또한 교수의 강조점을 교과서의 특정 페이지를 가르치는 것에서 개념을 가르치는데 초점을 맞추어야 한다. 또한 시각 입력 정보와 운동감각 활동, 학생 의사소통, 이해 점검 요소를 늘렸다.

수업 목표

학생은 두 자리 숫자와 한 자리 숫자를 더할 수 있고, 10개의 1을 모아 10을 만들 수 있다.

■ **도입**

칠판에 25라고 쓴다. 한 학생을 앞으로 나오게 하여 십진법 블록 세트(base-10 blocks)를 이용해서 25를 표현해 보도록 한다. 그리고 블록들을 상자 안에 넣도록 한다. 다른 학생에게 "상자 안에 몇 개의 1이 있는가?", "상자 안에 몇 개의 10이 있는가?", 라고 묻는다. 학생들에게 주의 깊게 살펴보라고 한다. 상자 안에 한번에 하나씩 2개의 1을 집어 넣는다. "지금 상자 안에 표시된 수는 얼마인가? 몇 개의 10이 있는가? 몇 개의 1이 있는가?"라고 묻는다. 칠판에 25 + 2 = 27 이라는 덧셈 문장을 완성한다. 한 학생에게 상자 안을 들여다 보고, 답을 확인해 보라고 한다. 32 + 4 와 46 + 3 을 가지고 위 과정(덧셈 식은 수직으로 적어내려 가는 것만 빼고)을 반복한다.

$$\begin{array}{r} 32 \\ +\ 4 \\ \hline 36 \end{array} \qquad \begin{array}{r} 46 \\ +\ 3 \\ \hline 49 \end{array}$$

28 + 5 를 가지고 위 과정을 반복한다. 5개의 1을 상자 안에 넣은 후에, 상자 안에 얼마나 많은 10이 있는지 묻고, 답란에 2개의 10을 기록한다. 다음에 상자 안에 몇 개의 1이 있는지 묻고, 2개의 10 이후에 13개의 1을 기록한다.

$$\begin{array}{r} 28 \\ +\ 5 \\ \hline 213 \end{array}$$

학생들에게 답이 맞게 보이는지 묻는다. 무엇이 틀렸는지 묻는다. [2개의 100과 1개의 10, 3개의 1이 있는 것처럼 보여요.] 각 자리에는 하나의 단위만을 기록해야 함을 지적한다. 10 개 이상의 1를 갖고 있다면, 쓸 공간이 부족하다. **이해 점검**. 이러한 예들을 사용해서 모든 학생들이 십진법 블록 세트를 활용해서 숫자를 표현하는 법을 이해할 수 있도록 한다. 이해의 어려움을 보이는 학생들을 확인하고 추가 도움을 제공한다. "오늘 우리는 1의 자리에 쓰기엔 너무 많은 1을 갖고 있을 때, 10개의 1과 1개의 10을 교환한다는 것을 배울 것이다."라고 말한다.

■ **전개**

칠판에 43이라고 적고, 십의 자리와 일의 자리를 읽어 준다. 한 학생을 앞에 나오게 하여, 십진법 블록 세트(base-10 blocks)를 이용해서 43을 표현해 보도록 한다. 1개의 10을 들어 보인다. 1개의 10과 몇 개의 1을 바꿀 수 있는지 묻는다. 한 학생을 앞으로 나오게 하여 교환해 보도록 한다. 교환을 한 후에, "몇 개의 10이 있나요?", "몇 개의 1이 있나요?"라고 묻는다. 이러한 새로운 결과를 기록한다. 이것은 전과 양은 똑같지만 표현 방법을 달리한 것이라는 것을 지적한다. 64를 가지고 1개의 10과 10개의 1을 교환하면서, 이 과정을 반복한다.

tens	ones
4	3
3	13

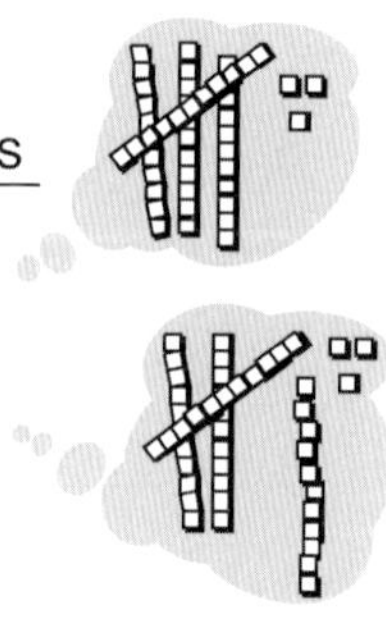

이해 점검. 모든 학생들이 교환 전후에 동일한 양을 표현하고 있음을 이해했는지 주의 깊게 관찰한다. 학생들이 양이 동일하다는 것을 볼 수 있도록 숫자를 표현한 두 가

지 방법을 나란히 제시하는 것이 도움이 될 수 있다.

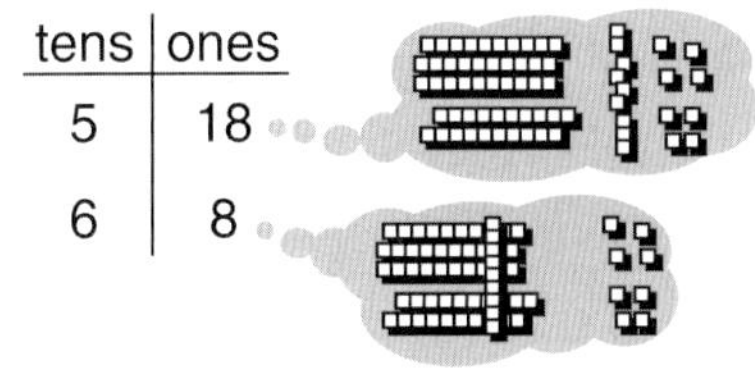

다음에 과정을 거꾸로 실행해 본다. 5개의 10과 18개의 1을 가지고 교환 과정을 시작해 본다. 10개의 1을 1개의 10과 교환하고, 그 숫자를 새로운 형식으로 기록한다. 몇 개의 10이 있는가? 몇 개의 1이 남았는가? 3개의 10과 13개의 1을 가지고 과정을 반복해 본다. 또한 4개의 10과 12개의 1을 가지고 과정을 반복해 본다.

칠판에 28 + 5 라고 적는다. 이 덧셈은 앞에서 본 예라는 것을 상기시킨다. 28에 5를 더할 때, 2개의 10과 13개의 1을 얻게 되었다는 것을 상기시킨다. 이 예를 칠판에 적고, 십의 자리와 1의 자리를 읽어 준다.

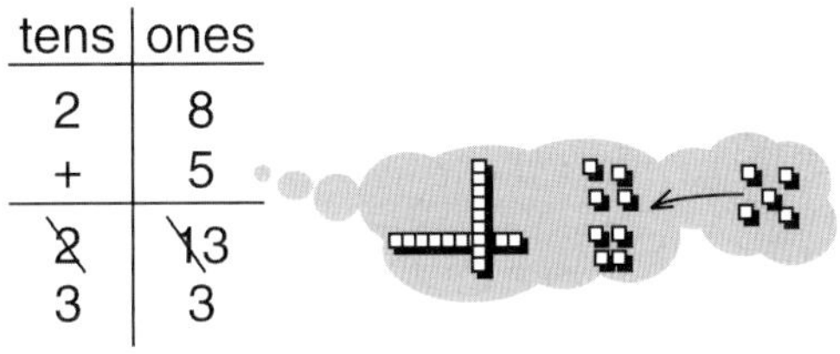

표준 형식으로 쓰여진 답을 얻기 위해 교환하는 방법에 대해 이제 안다는 것을 지적한다. 십진 블록 세트를 활용해서, 학생으로 하여금 10개의 1을 1개의 10과 교환하도록 하고, 그 결과를 기록하도록 한다. 46 + 5 와 39 + 6을 가지고 위 과정을 반복한다.

이해 점검. 모든 학생들이 이해했는지 주의 깊게 관찰한다.

학생들에게 교과서에 제시된 예제들을 풀게 한다. 교과서의 그림들은 학생들이 활용했던 것처럼 십진 블록을 이용해서 숫자를 표시한 것이라는 것을 지적한다. 또한 학생들이 교환하고자 하는 1들 주변 둘레에 선을 긋는다는 것을 지적한다.

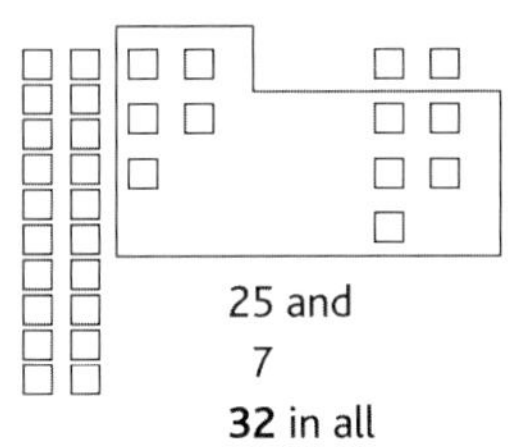

이해 점검. 모든 학생들이 10개의 1 주변에 선을 긋는 법과 답을 기록하는 법을 이해했는지 확인할 수 있도록 주의 깊게 관찰한다.

■ 연습

학생 익임책에서 연습 예제를 풀도록 한다. **이해 점검**. 어려움을 보이는 학생들을 관찰한다. 이들에게 개인적인 도움을 제공한다. 그림으로 표현한 십진 블록에 대해 어려움을 보이는, 낮은 인지 능력의 학생이 있다면, 실제 십진 블록 세트를 사용할 수 있도록 허락한다. 저시력 학생들이 있다면, 교과서 내용을 확대하여 제공하는 것이 도움이 될 수 있다.

■ 종결

수학 시간이 끝나면서, 오늘 배운 내용에 대해 학생들에게 물어본다.

■ 추수 활동

칠판에 34 + 8이라고 적고, 이 문제를 알림장에 베껴 적도록 한다. 이 문제를 집에 가져가 답을 어떻게 구하는지 부모님에게 설명해 보도록 한다.

4 계획 과정과 '공식적인' 수업 계획

앞의 두 수업 계획을 수정하고, 이후의 장들에 제시된 수업 계획을 수정할 때, 어떤 수업 구성 요소들을 포함하는 수업 형식(format)을 사용했다. 그러나 예비 교사들(practicing teachers)은 이 책에서 사용하고 있는 수업 요소들을 포함하는 또 다른 수업 형식을 가지고 수업 계획을 작성할 것을 요구받을 수도 있다. 또한 정규 교사(regular teacher)가 없는 경우 대체 교사(substitute teacher)를 활용한 수업 계획을 작성할 것을 요구받을 수도 있다. 이러한 수업 계획들은 교사 평가에서 중요한 역할을 할 수도 있다. 어떤 경우든, 일관된 수업 형식이 도움이 되며, 교사들은 수업 계획 요구에 따라야 한다.

이 책에서는 다섯 가지 수정 가이드라인을 제시하였다. 수업에서 새로운 개념이나 기술을 배는 학습 활동의 철저함과 충분함, 시각 이미지 사용의 확대, 보다 많은 운동감각(신체) 활동, 학생과의 의사소통 및 학생들 간의 의사소통의 확대(혹은 요구), 지속적인 학습 점검 등이 그것들이다. 저자들은 다섯 가지 수정 원리가 보다 다양한 학생들에게 효과적인 수업이 될 수 있도록 수업을 계획하거나 수정할 때 중요하다고 믿는다. 특정 수업 형식보다 더 중요한 것은 이러한 **계획 과정**이다. 그러나 독자들이 저자들이 강조하는 다섯 가지 수정 원리를 쉽게 볼 수 있도록, 일관성을 위해 책 전체에 걸쳐 동일한 수업 형식을 사용하고자 한다.

5 계획 과정 및 교수 노트

수정된 수업 계획이 아주 길고 자세하다는 점에 주목할 필요가 있다. 또한 저자들은 계획 과정도 매우 상세해야 한다고 믿는다. 철저한 준비를 위해서는 가르칠 개념과 기술로 일반화될 수 있는 패턴을 학생들이 재인할 수 있도록 매일매일 교수에서 사용할 예들을 계획하여야 한다. 또한 철저한 계획을 위해서는 학생들이 던질 질문과 어떤 반응이 적절할지에 대한 기대가 담겨 있어야 한다. 그리고 필요한 학습 자료가 무엇이고, 어떻게 사용할지도 결정하여야 하며, 교사가 어떤 질문을 하고, 학생들에게 어떤 활동을 요구할지, 누가 무엇을 배웠는지, 얼마나 학습 내용을 잘 이해했는지 확인할 수 있는 방법도 미리 검토하여야 한다. 또한 철저한 계획에서는 보다 많은 것들이 필요한데, 이로 인해 교사가 수업에서 무엇을 할지보다 철저하고 충분한 계획을 다 기록했다면, 아주 길고 상세한 수업 계획이 작성될 것이다.

이렇게 준비된 계획을 가지고 수업을 하려는 교사는 너무 상세한 사항들 사이에서 길을 잃고, 학생들이 아니라 작성된 수업 계획에 초점을 맞추다 수업을 끝내는 경우가 있을 수 있다. 교사의 초점이 학생들이 아닐 때, 바람직하지 않은 많은 결과들이 일어날 수 있는데, 학생들이 수업 내용을 이해하지 못했다는 사실에 대한 인식 실패에서부터 심각한 학생 행동 문제까지 많은 문제들이 발생할 수 있다. 따라서 수업을 철저하게 계획한 후에는 수업 계획을, 수업을 안내하기에 충분할 정도지만 교사의 학생들에 대한 집중을 방해하지 않을 정도로 상세하지는 않은, 간단한 교수 노트(teaching note)로 정리하여야 한다.

연습 및 활동

1. 출판된 초등학교 수학 프로그램에서 수업 하나를 고르시오. 학생들에게 시각적으로 정보를 제공하기 위해 저자가 포함시킨 수업 절차를 확인하시오. 추가적인 시각 정보 입력이 제공될 수 있는 방법을 설명하시오.

2. 출판된 초등학교 수학 프로그램에서 수업 하나를 고르시오. 수업 중 새로운 개념이나 기술을 배우기 위한 학습 활동을 확인하시오. 학습 활동 부분을 확대할 수 있는 방법을 설명하시오.

3. 출판된 초등학교 수학 프로그램에서 수업 하나를 고르시오. 학생 참여 방법을 확인하시오. 학생들을 신체 활동에 보다 더 참여시킬 수 있는 방법을 설명하시오.

4. 출판된 초등학교 수학 프로그램에서 수업 하나를 고르시오. 학생들끼리 서로 의사소통할 수 있는 기회와, 학습하고자 하는 개념이나 기술에 관해 교사와 학생들이 의사소통 할 수 있는 기회를 늘릴 수 있는 방법을 확인하시오.

5. 출판된 초등학교 수학 프로그램에서 수업 하나를 고르시오. 교사가 학습 점검해야하는 수업 부분을 확인하시오. 각각의 경우, 교사는 무엇을 확인해야만 하는가?

6. 출판된 초등학교 수학 프로그램에서 수업 하나를 고르시오. 선택한 수업을 새로운 개념이나 기술을 습득하기 위한 학습 활동을 확대하고, 보다 많은 시각 정보 입력을 늘리고, 보다 많은 신체 활동을 제공하고, 학생과의 의사소통 및 학생들간 의사소통 기회를 늘리고, 지속적인 학습 점검을 할 수 있도록 수정하시오.

7. 교사가 저시력 학생을 위해 교과서에 제시된 십진 블록 그림을 확대 복사하였다. 교사는 시각장애 학생을 위해 점자 정보를 그림에 추가하려고 한다. 그림에 점자 문장을 추가하는 몇 가지 방법들에 대해 나열하시오.

8. NCTM에서 1989년 출판한 Curriculum and Evaluation Standards for School Mathematics 17 페이지 가정 1을 읽으시오. 이 가정이 이번 장에서 제시한, 새로운 지식과 기술의 습득을 위한 학습 활동의 확대를 위한 수정 원리와 어떻게 관계가 있는가?

9. NCTM에서 1989년 출판한 Curriculum and Evaluation Standards for School Mathematics 26-28 페이지에 있는 "기준 2: 의사소통으로서의 수학(Standard 2: Mathematics as Communication)에 관한 논의를 읽으시오. 이 기준은 이 장에서 학생들과의 의사소통 및 학생들간의 의사소통을 확대하도록 수정해야 한다는 제안과 어떻게 관계가 있는가?

10. Rene S. Parmar와 John F. Cawley가 쓴 "Preparing Teachers to Teach Mathematics to Students with Learning Disabilities"를 찾아 읽으시오. 이 글은 Journal of Learning Disabilities(1997 March/April) 188-197 페이지에서 찾을 수 있다. 이 글의 내용과 이 장에 제시된 생각들과의 유사점과 차이점을 설명하는 한 페이지 분량의 리포트(reaction report)를 작성하시오.

참고문헌 및 관련 자료

Baroody A. J. (1996). An investigative approach to the mathematics instruction of children classified as learning disabled. In D. K. Reid, W. P. Hresko, & H. L. Swanson(Eds.), *Cognitive Approaches to learning disabilities*(pp. 545–615). Austin, TX: PRO–ED.

Carnine, D. (1997). Instruction design in mathematics for students with learning disabilities. *Journal of learning Disabilities*, 30(2), 134–141.

Carpenter, T. P. (1986). Conceptual knowledge as a foundation for procedural knowledge: Implications from research in the initial leaning of arithmetic. In J. Hiebert(Ed.), *Conceptual and procedural knowledge: The case of mathematics*(pp. 113–132). Hillsdale, NJ: Erlbaum.

Cawley, J. F., & Reines, R.(1996). Mathematics as communication. *Teaching Exceptional Children*, 28(2), 29–34.

Escalante, J., & Dirmann, J. (1990). *The Jaime Escalante Math Program*. Washington DC: National Education Association.

Ginsburg, H. P. (1989). *Children's arithmetic*(2nd ed.). Austin, TX: PRO–ED.

Hunter, R. (2004) *Madeline Hunter's mastery teaching: Increasing instructional effectiveness in elementary and secondary schools*(Updated ed.). Thousand Oaks, CA: Sage.

National Council of Teachers of Mathematics. (1989). *Curriculum and evaluation standards for school mathematics*. Reston, VA: Author.

National Council of Teachers of mathematics. (2000). *Principles and standards for school mathematics*. Reston, VA: Author.

Parmar, R. S., & Cawley, J. F. (1997). Preparing teachers to teach mathematics to students with learning disabilities. *Journal of Learning Disabilities*, 30, 188–197.

Stein, m,. & Davis, C. A. (2000). Direct instruction as a positive behavior support. *Beyond Behavior*, 10(1), 7–12.

Thomlinson, C. A. (1995). *How to differentiate instruction in mixed–ability classrooms*. Alexandria, VA: Association for Supervision and Curriculum Development.

Whitin, P., & Whitin, D. J. (2002). Promoting communication in the mathematics classsroom. *Teaching Children Mathematics*, 9, 205–211.

Zahoric, J. A, (1995). *Constructivist teaching*. Bloomington IN: Phi Delta Kappa Educational Foundation.

웹 주소

www.uni.edu/coe/inclusion/strategies/types˙adaptation.html Nine types of adaptations for successful inclusion.

www.nctm.org/standars Principles and standards for school mathematics.

http://nctm.org/about About NCTM.

www.mcrel.org/compendium/SubjectTopics.asp?subjectID=1 Math standards and topics.

www.mcrel.org/psc/bestofnw/singleprac.asp?id=74&phrase=mathematics Report on an exemplary school program that use a visual, hands–on approach.

http://teachers.net/lessons/ Lesson plans from teachers.

www.proteacher.cpm/100000.shtml Lesson plans for content areas.

Chapter 4

초기 수학: 아동기의 수학 학습

1. 공통된 오해
2. 어린 아동들의 특성
3. 분류 가르치기
4. 비교하기와 연속 배열하기 가르치기
5. 초기 기하 개념: 상대적 위치
6. 수업 수정하기

Chapter 4

초기 수학: 아동기의 수학 학습

■ **학습 원리**

학생들은 자신의 경험과 사전 지식을 통해 새로운 지식을 능동적으로 구성함으로써, 이해하면서 수학을 학습하여야 한다. (National Council of Teachers of Mathematics [NCTM], 2000, p.20)

■ **정수 기준**

공식적인 학교 교육을 받기 이전에도, 패턴과 함수, 정수에 관련 아동들의 초기 개념이 발달한다. (NCTM, 2000, p.91)

■ **기하 기준**

학생이 학교에 가져오는 기하와 공간 지식을 탐색과 조사, 논의를 통해 확대시켜야 한다. (NCTM, 2000, p.97)

■ **측정 기준**

아동은 사물을 보고, 만지거나 직접 비교함으로써 사물들의 속성에 대해 이해를 발달시켜야 한다. (NCTM, 2000, p.103)

■ **추론 및 증명 기준**

저학년 학생들을 위한 추론의 두 가지 중요 요소는 패턴 재인(pattern-recognition)과 분류 기술이다. (NCTM, 2000, p.128)

■ **의사소통 기준**

어린 시기에 학생들은 수학에 대해 말하고 쓸 수 있는 기회를 매일 가져야 한다. (NCTM, 2000, p.18).

■ **관련짓기 기준**

어린 아동들은 흔히 구체물을 이용하여 새로운 수학적 아이디어를 이미 알고 있는 수학적 아이디어와 관련짓는다. (NCTM, 2000, p.132)

1 공통된 오해

아동 발달에 대해 공부하지 못한 사람들은 아주 어린 아동들이 학습의 기초가 되는, 이미 배우 개념이나 기술 들을 가지고 있지 않다고 생각하는 경우가 많다. 그러나 사실은 그 반대이다(Baroody, 1987; Court, 1920). 유치원 취학전 아동들과 취학 아동들은 극적으로 빠른 지적 성장을 하고 있는 시기 중 말미에 해당하는 시기이다. 이들은 보통 아주 뛰어난 문제 해결자들이다. 이들은 새로운 경험을 이해하기 위해서 자신들의 과거 경험을 이용한다는 점에서 아주 직관적이다. 이들은 구체적인 사색가(concrete thinker)이며, 자신의 물리적 경험에 기초해 새로운 아이디어를 구축한다.

2 어린 아동들의 특성

어린 아동들은 탈맥락 보다는 맥락 속에서 새로운 것들에 대해 학습하기 때문에, 어린 시기의 수학 교육을 위한 최상의 접근은 자연스러운 맥락 속에서 수학적 아이디어를 제공하는 것이다. 예를 들어, 어린 아동이 일대일 대응에 대해 배우고자 한다면, 아동이 자연스럽게 일대일 대응을 볼 수 있는 맥락에서 일대일 대응이 검토되어야 한다. 어린 아동들은 가족과 함께 식사할 때, 한 사람마다 하나의 그릇을 놓는 것을 보았을 것이다(하나는 아빠 꺼, 하나는 엄마 꺼, 하나는 내 꺼). 어린 아동은 각 그릇마다 한 장의 냅킨이 놓여 있는 것을 보았을 것이다. 또는 다른 맥락에서, 아동들은 하나의 장난감과 하나의 인형을 일대일 대응시키는 경험을 했을 수도 있다.

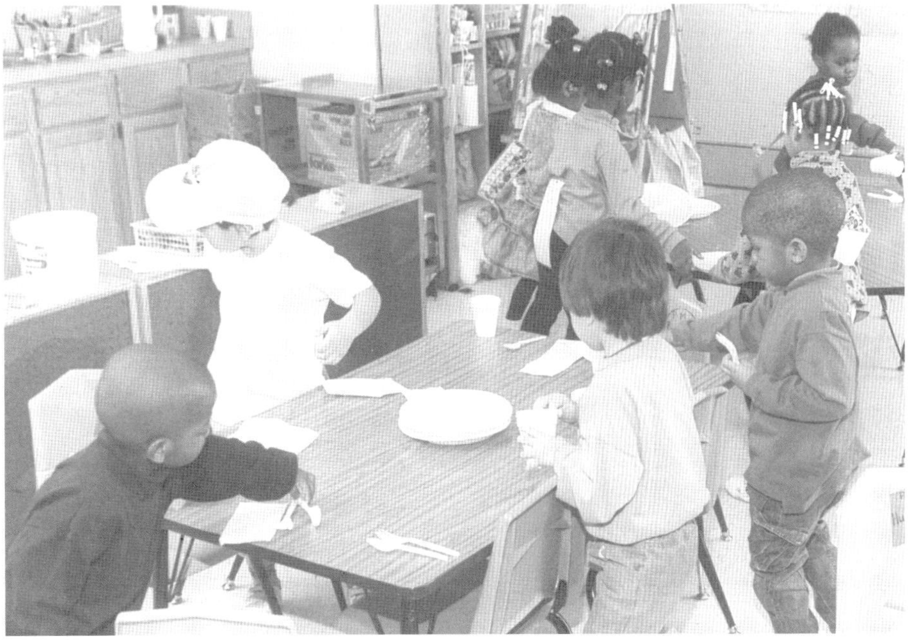

아동이 분명한 목적을 가지고 규칙에 따라 과제를 수행하지만, 교사에게는 전혀 의미가 없는 결과를 산출하는 상황이 흔히 나타난다. 예를 들어, 아동에게 기하학적 도형을 분류하고, 어떤 도형을 함께 묶을 수 있는지 물었다고 하자. (교사는 아동이 원은 원대로, 사각형은 사각형대로, 공통 속성을 가진 모양들을 모으기를 기대한다.) 그러나 어떤 아동은 교사의 기대와 달리 큰 삼각형과 작은 사각형을 묶어 분류할 것이다. 우리는 보통 두 도형이 함께 분류될 수 없다고 생각하지만, 이 아동은 이 두 도형을 보면서 나무를 떠올렸기 때문에 함께 묶어 분류했다.

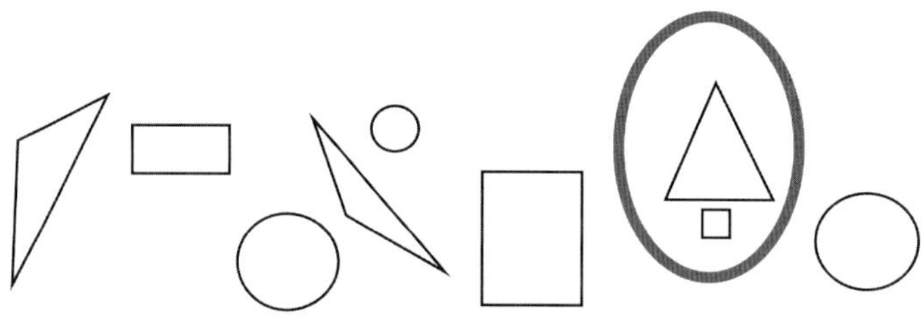

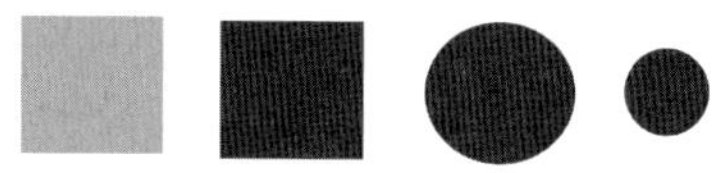

크거나 작은, 그리고 붉은 색이나 푸른색, 원이나 사각형 등의 속성을 가진 도형 집합을 보여주고, 서로 같은 도형을 고르라고 하면, 어린 아동 중에는 크고 붉은 사각형을 고른 후 크고 푸른 사각형을 고르고, 다음에 크고 푸른 원, 그 다음에 작고 푸른 원을 고를 수 있다.

이 아동이 도형들을 선택하는데 사용한 기준이 무엇인지 이해하기 어렵다. 그러나 어린 아동들 중에는 분류 기준이 일관되지 않은 경우가 흔하다. 예를 들어, 위의 예에서 첫 번째 도형을 택한 후 아동은 마지막에 택한 것과 동일한 도형을 택했을 수 있다. 첫 번째 도형은 큰 사각형(크고 붉은 사각형)을 택한 후, 다른 큰 사각형(크고 푸른 사각형)을 택했을 수 있다. 또한 크고 푸른 도형을 택한 후에 다른 크고 푸른 도형(크고 푸른 원)을 택한 것일 수 있다. 또한 푸른 원을 택한 후에 다른 푸른 원(작고 푸른 원)을 택한 것일 수 있다. 이 아동은 동일한 속성을 가진 도형들을 택했지만, 공통 속성은 계속해서 바꾸어 나간 것일 수 있다.

이런 경우들에서, 많은 교사들은 아동이 틀린 답을 했다고 결론내리곤 한다. 그러나 어린 아동들과 함께 대화해 보면, 답이 옳다고 가정하고 아동이 어떤 질문에 대답한 것인지 확인해 보는 것이 거의 항상 보다 더 생산적이다. 교사는 아동의 머리 속으로 들어가 아동이 어떻게 사고하는지 이해해 보려고 노력할 필요가 있다. 교사는 아동 자신이 내린 선택들에 대해 이야기해 보도록 격려해야 한다(Baroody, 1996). 아동이 그러한 도형들을 왜 함께 분류했는지 교사가 이해한다면, 아동의 사고가 도형들의 기학학적 속성들에 관심을 돌릴 수 있도록 질문을 재진술하는 것이 상대적으로 더 쉬워질 것이다. 교사가 어린 아동이 어떻게 사고하는지 이해하다면, 아이디어들에 관해 분명하고 효과적으로 의사소통하는 것이 보다 쉬워질 것이다.

어린 아동들에게 보다 성공적으로 수학을 가르치기 위해 교사들이 기억해야하는 사항

세 가지는 다음과 같다.

1. 새로운 아이디어들을 아동에게 친숙한 맥락에서 학습시킴으로서, 아동들의 경험에 기초해서 학습할 수 있도록 한다.
2. 아동이 자기 말로 수학에 대해 의사소통 할 수 있도록 격려한다.
3. 아동의 머리 속으로 들어가야 한다. 아동들이 어떻게 사고하는지 배워야 한다. 아동들이 생각하는 것처럼 생각하는 법을 배워야 한다.

3 분류 가르치기

개념 발달은 분류(classification)에 기초한다. 따라서 아동의 분류하기 기술 발달을 돕는 것은 어린 아동을 책임지고 있는 교사의 중요한 책무다. 아동이 분류하는 법을 배울 때, 아동들의 사고는 다음과 같은 질문에 먼저 초점을 맞추어야 한다: 여기에 포함된 사물들의 속성은 무엇인가? 다음에 초점이 두 번째 질문에 맞추어져야 한다: 다른 사물들은 왜 이 범주에 포함되지 않는가? 두 가지 질문을 고려하면서, 하나의 분류하기 예제를 살펴보고자 한다.

개에 대해서 생각하고 있다고 가정해 보자. 모든 개를 함께 모아놓는다면, 크고, 털이 짧고, 네 다리를 가진 검정 개가 짧은 꼬리와 뾰족한 귀, 우르렁 거리며 짖는 모습을 볼 수 있을 것이다. 또한 크고, 털이 길고, 네 다리를 가진 갈색 개가 길고 털이 많은 꼬리와 크고 헐렁헐렁한 귀와 강하게 짖는 소리를 내는 모습을 볼 수도 있을 것이다. 또한 작고 털이 짧고 네 다리를 가진 회색 개가 길고 야윈 꼬리와 뾰족한 귀, 높은 음으로 캥캥거리는 소리를 내는 모습을 보게 될 수도 있다. 이외에도 크고 중간 길이의 털과 네 다리, 길고 얇은 꼬리, 뾰족한 귀, 구슬픈 소리를 내는 하얀색 개를 보게 될 수도 있다. 이렇게 다양한 속성을 갖는 개들의 목록을 작성할 수 있을 것이다. 이런 속성을 갖는 동물들은 모두 개의 한 종류이다. 어떤 속성들이 개의 특성으로 볼 수 있는가? 어떤 속성을 모든 개들이 공통으로 갖고 있는가?

반대로 개라고 볼 수 없는 일부 동물에 대해 생각해 보자. 여기 조그맣고, 갈색이고, 길고 얇은 꼬리를 가진 원숭이가 있다. 이 동물은 왜 개로 분류할 수 없는가? 여기 크고, 털이 짧고, 네 다리를 가진 갈색 송아지가 큰 귀와 긴 꼬리를 보여주고 있다. 왜 송아지는 개로 분류할 수 없는가? 여기 조그맣고, 짧은 머리털과 네 다리, 길고 얇은 꼬리, 구슬피 울부짖는 고양이가 있다. 왜 이 동물은 개로 분류할 수 없는가? 이 동물들은 개가 아닌 예(비예, nonexample)에 해당한다. 개의 어떤 속성들이 이들 동물들에게는 없는가? 이들이 갖고 있는 속성들 중 어떤 속성들을 개가 갖고 있지 않는가? 왜 이 동물들은 개가 아닌가?

어떤 동물을 개로 분류할 수 있게 하는 핵심 속성은 무엇인가? 개의 핵심 속성들 중 원숭이에게는 나타나지 않는 속성은 무엇인가? 개는 네 다리를 갖고 있다. 개는 꼬리로 물건을 움켜지지 못한다. 이런 속성들이 개의 핵심 속성들이다. 개의 핵심 속성들 중 송아지에게는 나타나지 않는 속성들은 무엇인가? 개는 부드러운 패드를 덧댄 발이 있다. 개는 짖어댄다. 이러한 속성들은 개의 핵심 속성들이다. 개의 핵심 속성들 중 고양이에게는 나타나지 않는 속성들은 무엇인가? 개는 짖을 수 있다. 이 속성이 개의 핵심 속성이다.

분류할 때, 다양한 예들을 통해 이 범주에 무엇이 포함되는지 볼 수 있다. 반대로 다양한 비예들을 통해 이 범주에 포함되는 것들의 핵심 속성들을 볼 수 있다. 따라서 예와 비예(어떤 것이 왜 포함되고, 어떤 것이 왜 포함되지 않는지)를 모두 다루는 것이 중요하다.

어린 아동 대상 수학 교실에서 분류하기 학습을 위해 필요한 속성들은 개의 속성들보다는 보통 덜 복잡하다. 그러나 개나 고양이 등의 동물들이 그렇게 많은 속성들을 공유하고 있음에도 아동들은 개와 고양이의 차이에 대해 말하는 법을 배우지 못한다. 또한 분류도 할 수 없는 경우가 많다. 아동들은 지금까지 살아오는 동안 비공식적인 분류를 해왔다. 어린 아동을 위한 수학 교실에서의 아주 전형적인 분류 활동에 대해 생각해보고자 한다.

(1) 단순한 분류 활동

■ 활동 4.01 단추들과 소년들

단추가 달린 셔츠를 입고 있는 남자 아동들을 모두 교실 앞에 나오게 한다. 이 아동 집단의 속성에 대해 논의하게 한다. 이 집단의 아동들이 각각 다른데, 한 집단의 구성원인지 물어본다. [모두들 단추가 달린 셔츠를 입고 있다.]

이 집단에 속하지 않는 소년을 지적한다. "이 친구도 소년이다. 그런데 왜 이 집단에 속하지 않나요?"라고 말한다. [그는 단추가 달린 셔츠를 입고 있지 않아요.] 단추가 달린 셔츠를 입고 있는 소녀를 지적하고 왜 그녀가 이 집단에 속하지 않는지 묻는다. [그녀는 소년이 아니에요.]

(2) 이야기 관련 분류 활동

■ 활동 4.02 세 마리의 곰

플란넬 보드와 세 마리 곰 조각을 준비한다. 하나는 크게, 하나는 중간, 하나는 작게. 또한 대중소 크기로 자른 그릇, 스푼, 의자, 침대를 준비한다.

'Goldilocks과 세 마리 곰' 이야기를 아동들에게 읽어 준다.

아동들에게 이야기에서 어떤 곰들이 있는지 이야기해보도록 한다. 아빠 곰, 엄마 곰, 아기 곰이 언급되면, 플라넬 보드에 대중소 곰 조각을 붙이고, 이 세 마리 곰이 이야기에 나오는 곰들이라고 지적한다. 큰 토끼가 이 집합에 속하는지 묻는다. [아니오.]. 왜 속하지 왛나요? [곰이 아니에요.] Winnie-the-Pooh가 이 집합에 속하는지 묻는다. [아니오. Winnie-the-Pooh는 이야기 속에 나오지 않아요.]

모든 다른 조각들을 보여준다(그릇, 스푼, 의자, 침대). 어떤 물건이 아기 곰 것인지 묻는다. 모든 작은 크기의 조각들을 플란넬 보드에 붙인 다음에 왜 이 물건들이 선택됐는지 묻는다. [그것들은 모두 아기 곰 크기에요. 그것들은 작아요.]. 큰 침대

조각을 가르킨다. 이것이 이 집합에 속하는지 묻는다. 왜 그렇지 않은가? [그것은 커요. 그것은 아빠 곰의 침대에요.]
다른 물건 집합을 활용해서 분류하기 활동을 계속한다. 왜 그 집합에 속하는지 묻는다. 왜 다른 물건은 그 집합에 속하지 않는지 묻는다.

어린 아동을 위한 분류 활동은 앞의 활동들처럼 교사 주도로 이루어질 수도 있고, 학생 주도로 이루어질 수도 있다. 분류 활동은 개인별로 할 수도 있고, 파트너와 함께, 혹은 소집단별로, 아니면 전체 학급이 함께 할 수도 있다. 이 책에 담긴 분류 활동들은 다양한 활동 유형들이 모두 포함되어 있다.

4 비교하기와 연속 배열하기 가르치기

(1) 비교하기

사물들은 어떤 속성에 비추어 서로 관련지음으로써 비교될 수 있다. 예를 들어, 누가 더 빠른지 봄으로써 두 경주자를 비교한다면, 당신이 관심 있는 속성은 속도다. 어떤 연필이 더 긴지 비교한다면, 당신이 관심 있는 속성은 길이다. 연필은 길이보다 많은 속성들을 갖고 있다.

어떤 것들을 비교할 때, 비교는 다양한 속성들에 대해 이루어질 수 있다. 예를 들어, 남자 대학생이 두 여자 대학생을 비교할 때, 많은 속성들이 비교의 초점이 될 수 있고, 속성에 따라 비교의 결과가 달라질 수 있다. 어떤 여학생이 키가 더 클 수 있다. 이에 비해 다른 여학생은 더 예쁠 수 있다. 또 어떤 여학생은 더 똑똑할 수 있다(지능이 높은 수 있다). 다른 여학생은 나이가 더 많을 수 있다. 또한 어떤 여학생은 인기가 더 많을 수 있고, 다른 여학생은 더 부자일 수 있다. 또한 몸무게가 더 많을 수도 있고 더 많은 재능을 갖고 있을 수 있다. 이와 같이 비교에 사용되는 속성들 중 어떤 속성은 객관적인 반면(키, 나이, 몸무게 등은 가치 판단을 요구하지 않는다), 다른 속성들은 주관적이기도 한다(아름다움, 인기, 재능 등은 가치 판단을 요구한다). 지능이나 부의 비교는 비교를 어떻게 하느냐에 따라 객관적일 수도 있고, 주관적일 수도 있다.

아동들이 비교를 할 수 있기 전에, 먼저 비교하고자 하는 속성에 대한 감각이 아동에게 발달되어야 한다. 예를 들어, 길이에 대한 감각이 발달하기 전에는 어떤 사물이 더 긴지 결정할 수 없다. 비교할 수 있는 능력을 발달시키기 위한 교수는 실제적으로 비교하고자 하는 속성에 대한 감각을 발달시키는데 초점이 맞추어진다. 이러한 교수는 그러한 속성이 무엇인지, 아닌지에 초점을 맞추어 예와 비예를 사용하여야 한다. 크기 비교는 아동들에게 혼란을 줄 수 있는데, 다양한 서로 다른 종류의 크기(size)가 존재하기 때문이다(예, 길이, 면적, 부피, 질량, 무게 등).

교사가 "더 길다, 더 긴"라고 말할 때, 아동들은 흔히 "더 크다, 더 큰" 것을 생각한다.

따라서 분류하기를 가르칠 때, 두 가지 비교 예들을 모두 포함시켜야 한다.

위 두 번째 예는 아동에게 길이를 비교할 때, 그 뚜께는 관련이 없음을 이해하는데 도움이 된다. 또한 다음과 같은 예들도 포함시켜야 한다.

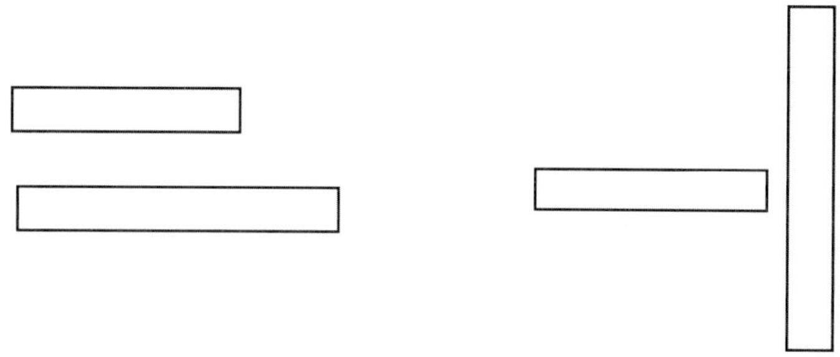

위 두 번째 예는 길이를 비교할 때, 방향은 관계가 없다는 것을 이해하는데 도움이 된다. 그리고 다음과 같은 예들도 포함시켜야 한다.

이 예들은 아동이 길이(length)와 색(color)의 차이를 이해하는데 도움이 된다. 다음의 예는 길이를 비교할 때, 면적(area)에 따른 큼(bigness)이 관계가 없다는 것을 이해하는데 도움이 된다.

또한 아동들은 길이 개념과 무게 개념을 구분할 수 있도록 가볍고 긴 물체와 무겁고 짧은 물체의 길이를 비교할 수 있도록 하여야 한다.

길이 속성에 대한 이해 발달에서 아동들이 학습하고자 하는 길이 속성과 혼동이 되는 다른 속성을 모두 배제시킬 수 있도록 충분히 다양한 예를 제공해야 한다는 것을 살펴보았다. 또한 앞에서 사용한 예들은 거친 비교(gross comparisons)에서 시작하고 있는데, 이는 이미 비교하고자 하는 속성을 이미 알고 있는 아동이 어떤 사물이 비교 속성을 더 갖고 있는지 쉽게 말할 수 있기 때문이다. 예를 들어, 아동이 어떤 아동이 더 키가 큰지 결정하기를 원한다면, 가장 키가 작은 아동과 가장 키가 큰 아동을 비교하는 활동부터 시작할 수 있다. 또는 다양한 가방들 중 무거운 가방을 결정하기 바란다면, 아주 무거운 가방과 아주 가벼운 가방을 비교하는 활동부터 해볼 수 있을 것이다.

아동이 분명하게 차이 나는 물건들을 가지고 거친 비교를 할 수 있게 되면, 보다 어려운 비교(보다 미세한 비교)를 해야 하는 예들을 사용할 수 있을 것이다. 이 때 사용하는 사물들은 비교히고자 하는 속성에 대해 거의 동일한 경우들일 것이다. 예를 들어, 사물들의 길이를 비교할 때, 사물들을 그 차이를 볼 수 있도록 나란히 배치할 필요가 있을 것이다. 또는 사물들의 무게를 비교하는 경우, 그 차이를 보기 위해 저울이 필요할 수도 있다.

(2) 두 가지 간단한 비교 활동

■ 활동 4.03 길고 짧은 구두

키가 가장 큰 아동과 가장 작은 아동, 그 중간 세 명의 아동을 고른다. 다섯 명 아동 모두에게 신발을 벗게 하고, 신발을 교실 앞에 놓아두게 한다. 가장 긴 신발과 짧은 신발을 들어 올려 1 미터 서로 떨어뜨려 놓는다. 어떤 신발이 긴지 물어본다. 다음에 대략 길이가 비슷한 신발을 두 개를 들어 보여준다. 어떤 신발이 짧은지 묻는다. 어떤 신발이 짧은지 확인하기 쉬우려면 어떻게 해야하는지 묻는다. [신발들을 서로 가까이 놓아 본다.]

■ 활동 4.04 양팔 뻗기

손을 최대한 가장 멀리 뻗는다. "내가 손을 얼마나 뻗을 수 있는지 보세요"라고 말한다. 모든 아동들이 일어나 최대한 손을 뻗어 보도록 한다.

한 아동에게 이 학급에서 가장 멀리 손을 뻗을 수 있는 아동이 누구인지 추측해 보게 한다. 지목 받은 아동을 앞에 나오게 하여, 모든 아동에게 얼마나 손을 뻗을 수 있는지 보여준다. 두 번째 아동을 앞에 나오게 하여, 첫 번째 아동 앞에 서게 하고, 누가 더 손을 멀리 뻗을 수 있는지 볼 수 있게 한다.

다른 아동 중에 첫 번째 아동보다 더 멀리 손을 뻗을 수 있다고 생각하는 아동이 있다면, 앞에 나오게 하여, 아동들이 보고 비교하고 결정할 수 있게 한다.

(3) 연속 배열하기

연속 배열하기(Seriation)는 어떤 일관된 기준에 따라 사물들을 순서대로 배열하는 것을 말한다. 예를 들어, 단어들을 글자 수가 작은 것부터 순서대로 배열할 수 있다(다음 단어보다 글자 수가 적거나 똑같도록). 이 기준을 사용하여 다음 여섯 단어를 나열하면

0 3 10 11 17 90

다음과 같이 배열할 수 있다.

10 0 3 11 90 17

또는 다음과 같이도 배열할 수 있다.

10 0 3 90 11 17

수학에서 연속 배열하기는 보통 순서를 정하는 기준이 크기나 수가 나타내는 양과 같은 수학적 속성과 관련 있는 예제들과 관련이 있다. 즉, 연속 배열하기는 사실 비교의 연장이다. 비교가 두 개의 사물의 순서를 정하는 것이라면, 연속 배열하기는 두 개 이상의 사물들의 순서를 정하는 것이다.

연속 배열하기 과정은 일련의 비교라고 생각할 수 있다. 이는 연속 배열하기를 가르치는 가장 분명하고 생산적인 방법이다. 다음 활동들이 이러한 과정을 설명해 준다.

■ **활동 4.05 가장 큰 그 다음 가장 큰 그 다음 가장 큰**

키가 서로 다른 다섯 명의 아동들을 고른다. 그리고 교실 앞에 나오게 한다. 아동들에게 이 중 누가 가장 키가 큰지 확인하도록 한다. 이 아동을 다른 네 명 옆에 모두 서보게 하여 누가 가장 키가 큰지 확인해 보도록 한다. 즉, 이 아동의 키와 다른 아동들 각각과 키를 비교해 본다. 학급 전체가 가장 키가 큰 아동을 찾

아냈다고 확신하면, 가장 키가 큰 이 아동을 한 쪽에 서게 한다. 아동들에게 이 아동이 줄의 맨 앞이라고 말해준다. 동일한 과정을 거쳐 나머지 아동들 중에 가장 키가 큰 아동을 찾아본다. 이 아동을 첫 번째 아동 다음에 서게 한다.
이 과정을 반복하여 다섯 명의 아동들이 키가 따라 줄을 다 세운다.

위의 과정과 동일한 과정이 다음의 활동들에서도 사용될 것이다.

(4) 집단별 배열 활동

■ 활동 4.06 자보다 작은

자(yardstick)를 들어 올려 보인다. 학교 전체에게 모든 아동들에게 이 자보다 작은 막대를 내일까지 찾아오길 바란다고 말한다. 막대 가져오는 것을 잊어버린 아동들을 위해 여분의 막대를 준비하여야 한다.
4-5명의 아동으로 집단을 만든다. 집단끼리 가져온 막대를 비교하고 가장 긴 것이 어떤 것인지 확인하게 한다. 그리고 나서 남은 막대들 중 두 번째로 긴 막대를 찾기 위해 비교해보게 한다. 이 과정을 거쳐 자신들이 갖고 있는 막대들을 순서대로 배열해 보도록 한다.
각 집단별로 자신들이 배열한 결과를 다른 아동들에게 보여주도록 한다.
길이 비교에 적절한 용어들을 사용해서 질문을 한다: 길다, 짧다, 더 긴, 더 짧은, 가장 긴, 가장 짧은.

(5) 파트너와 함께 하는 배열 활동

■ 활동 4.07 위 그리고 아래

두 명의 아동이 함께 양팔 저울에 무게가 다른 물건을 놓고 실험을 해 보도록 한다. 실험을 위해 충분한 시간을 허락한 후에, 왜 한쪽은 내려가고 한 쪽은 올라가는지 물어본다. 아동들로 하여금 한쪽에 무거운 물건을, 다른 쪽에는 가벼운 물건을 준비하도록 한다. 저울 양쪽에 물건 하나씩을 올려놓으려고 한다고 말한다. 아동들로 하여금 어떤 물건이 내려가고 어떤 물건이 올라갈지 예상해 보도록 한다.
아동들에게 세 가지 물건을 주고 무게에 따라 가장 무거운 것부터 가장 가벼운 것까지 나열해 보도록 한다. 아동들이 확실히 이해했는지 그 과정을 점검한다.
아동들에게 학급 전체에 자신들이 무엇을 했는지 보여주고 설명해 보도록 한다.

(6) 개인별 배열 활동

▪활동 4.08 막대 배열하기

각 아동에게 색깔 수 막대 묶음을 나누어 준다.

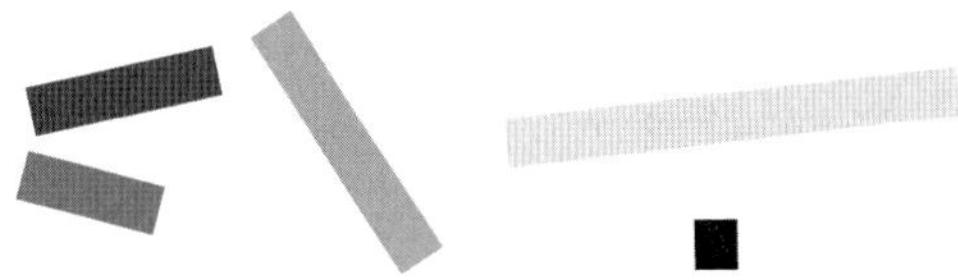

아동에게 막대들을 순서대로 배열할 수 있도록 비교해 보게 한다.

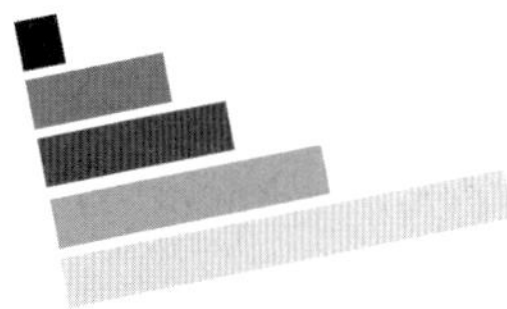

(7) 대응하기와 수 이전 비교

다른 유형의 비교에는 수와 관련된 초기 생각이 포함된다. 이러한 비교는 그 초점이 사물의 크기(size)가 아니라 어떤 집단이 더 많은 사물을 갖고 있는지에 맞추어진다. 한 집합의 사물들을 하나씩 다른 집합의 사물들과 대응시킴으로써 비교가 이루어진다. 집합들 중 한 집합의 사물들이 모두 제외되면, 다른 집합이 더 많은 사물을 가진 것이다. 이 유형의 비교 예를 두 가지 들고자 한다.

▪활동 4.09 보다 많은 혹은 적은

한 집단은 6명의 아동, 다른 집단은 7명의 아동으로 두 집단을 구성한다. 나머지 아동들에게 두 집단 중 어느 집단이 더 아동이 많은지 결정할 수 있는 방법에 대해 묻는다. 어떤 아동이 결정할 수 있는 방법을 제안하면, 그 방법이 효과가 있는지 시도해 본다. 아무도 다음 방법을 제안하지 않으면, 다음을 시범보인다.

한 집단에서 한 아동씩 손을 들게 한다. 차례대로 손을 들다보면 한 집단에 한 아동이 남을 것이다. 이 아동이 두 집단의 차이를 만드는 아동이라는 것을 지적한다. 여분의 아동이 있는 집단이 더 많은 아동을 갖고 있는 집단이다. 이 집단은 다른 집단보다 한 명이 더 많다. 다른 집단은 아동이 더 적다.

다른 집단 크기의 집단들을 가지고 이 활동을 반복한다.

■ **활동 4.10 새와 보금자리**

12 마리의 새들과 12개의 보금자리 조각을 만든다.

아동 손이 닿는 게시판에 7개의 보금자리 조각을 붙여 놓는다. 아동이 볼 수 있는 책상 위에 8개의 새 조각을 놓아 둔다. 아동에게 새와 보금자리 중에 어느 것이 더 많은지 물어본다.

아동으로 하여금 한 번에 하나씩 새를 보금자리에 겹쳐 놓도록 한다. 더 이상의 보금자리가 없을 때, 새가 더 많은지, 보금자리가 더 많은지 다시 묻는다.

다른 수의 새들과 보금자리들을 가지고 활동을 반복한다.

(8) 대응하기와 수 이전 배열하기

집합들의 사물들 수를 비교하기 위해 사용한 일대일 대응을 자연스럽게 확장하면 세 개의 집합들의 사물들 수에 따라 집합들을 순서대로 배열할 수 있다. 이를 위한 절차를 다음 활동에 제시하였다.

■ **활동 4.11 가장 많은 동전**

세 명의 아동을 선택한다. 각 아동에게 서로 다른 수의 동전을 준다. 세 아동에게 누가 가장 많은 동전을 갖고 있는지 묻는다. 자신이 가장 많은 동전을 갖고 있다고 생각하는 아동은 일대일 대응을 사용해서 다른 아동들보다 더 많은 동전을 갖고 있다는 것을 보여주어야 한다.

그런 후에 다른 두 아동에게 누가 더 많은 동전을 갖고 있는 묻는다. 일대일 대응을 사용하여 더 많은 동전을 갖고 있는 것을 보여주도록 한다.

아동들을 자신들이 갖고 있는 동전 수에 따라 순서대로 줄을 서게 한다.

5 초기 기하 개념: 상대적인 위치

상대적 위치 개념(위, 아래, 사이, 가깝다, 멀다, 안, 밖)은 공간 인식을 확립시키며, 기하 영역에서 많은 수학적 개념들의 기초를 제공한다. 상대적인 위치 개념과 어휘를 발달시키기 위해 효과적인 방법을 다음 활동들에 제시하였다. 첫째, 해당 개념이 본질적으로 존재하는 상황을 수립한다. 다음에, 개념과 어휘를 소개한다. 그런 후에 자연스러운 맥락에서 해당 어휘를 아동이 사용할 수 있게 한다(Tucker, Weaver, & Singleton, 2000).

(1) 위

■ 활동 4.12 위에는?

네 아동에게 미술 공작용 색판지를 나누어 준다. 한 아동을 노란색, 다른 아동은 초록색, 다른 두 아동은 오렌지색과 자주색을 나누어 준다. 네 아동에게 오른쪽과 같이 들고 있게 한다. 아동에게 자주색 종이를 오렌지색 위에 들고 있게 한다. 그리고 초록색 종이를 지적한다. 자주색 종이와 오렌지색 종이가 모두 초록색 종이 위에 있다고 말한다. 아동에게 어떤 색이 노란색 종이 위에 있는지 묻는다. 아동에게 종이를 다시 배열하도록 한다. 어떤 종이를 지적한다. 어떤 색의 종이들이 당신이 지적한 종이 보다 위에 있는지 묻는다. 다시 배열을 바꾸어 활동을 계속한다.

(2) 아래

■ 활동 4.13 아래 있는 색은?

네 아동에게 미술 공작용 색판지를 나누어 준다. 한 아동은 노란색, 다른 아동은 초록색, 다른 두 아동은 오렌지색과 자주색을 나누어준다. 아동들은 오른쪽과 같이 종이를 들고 있도록 한다. 아동에게 노란색 종이를 초록색 종이 아래 들고 있으라고 말한다. 초록색 종이를 가리킨다. 초록색 종이가 오렌지색 종이와 자주색 종이 아래 있다고 말해준다. 아동에게 어떤 색 종이가 자주색 종이 아래 있는지 묻는다. 아동에게 종이들을 다시 배열해 보도록 한다. 어떤 종이를 가리킨다. 어떤 색 종이들이 당신이 가리킨 종이 밑에 있는지 묻는다. 다른 배열을 가지고 활동을 반복한다.

(3) 위와 아래

■ 활동 4.14 위에 있는 것, 아래에 있는 것

네 아동에게 야구 모자, 신발, 그림, 컵, 책 같은 물건을 교실 앞으로 가져오게 한다. 아동들에게 이 물건들을 수직 배열하도록 한다. 아무 물건이나 이름을 말하고, 어떤 물건이 당신이 이름을 말한 물건 위와 아래에 있는지 아동에게 말하도록 한다.

(4) 사이

■ **활동 4.15 사이에 있는 물건**
아동들에게 야구 모자, 신발, 개, 나무, 책 같은 사물들의 그림을 오리도록 하고, 게시판에 수직으로 붙이도록 한다.
둘 사이에 다른 물건이 있는 그림들을 지적한다. 그리고 두 물건 사이의 물건 조각을 지적한다. 그림 조각의 물건 이름을 말하고, 아동에게 다른 두 물건 사이에 있다고 말한다. 다른 물건이 사이에 있는 두 물건 그림을 선택한다. 아동에게 두 물건 사이에 있는 물건 이름을 말해보도록 한다. 아동에게 물건들을 수평 배열하도록 하고, 위 활동을 반복한다.

■ **활동 4.16 사이에 있는 사람**
아동들이 휴식 시간이나 미술, 음악 수업을 위해 한 줄로 줄 섰을 때, 두 아동들의 이름을 말하고, 그들 사이에 있는 아동이 누구인지 묻는다.

(5) 가깝다/멀다

가깝다/멀다는 상대적인 용어이다. 어떤 사물이 다른 사물에 비해 우리 가까이에 있는지 멀리 있는지는 상대적이다. 예를 들어, 교실 내에서, 10 미터 떨어진 사람은 멀리 있다고 생각할 수 있겠지만, 축구장에서 이 정도 떨어져 있는 관객이라면 당신이 가까이 있다고 생각할 것이다. 이러한 상대적인 속성 때문이 가깝다 혹은 멀다라는 개념은 거의 항상 함께 다룬다. 흔히 아동들에게 두 개 이상의 사물들 중 어떤 것이 다른 물건들에 비해 가까운지 아니면 먼지 결정해 보도록 요구한다. 다음 활동들은 교사가 가깝다/멀다 개념을 발달시키는데 도움을 줄 수 있는 방법을 예시하고 있다.

■ **활동 4.17 가까이/멀리 있는 사람**
휴식 시간이나 미술, 음악 수업을 위해 한 줄로 아동들이 줄 섰을 때, 두 아동을 지목하고 손을 들도록 한다. 다른 아동에게 이 둘 중 가까이 있는 아동은 누구이고, 멀리 있는 아동은 누구인지 묻는다. 다른 아동들을 대상으로 활동을 반복한다.

■ **활동 4.18 탁자 위의 도형들**
세 가지 도형을 잘라 둔다: 사각형, 원, 삼각형. 탁자 위에 60cm 정도 서로 떨어져 있게 탁자 위에 한 줄로 배열한다. 아동 왼쪽에 있는 도형부터 확인한다. 처음에 지목한 도형에 가까이 있는 도형이 무엇인지 묻는다. 어떤 도형이 멀리 있는지 묻는다. 도형들을 다시 배열한 후 활동을 계속한다.

가운데 있는 도형을 아동 오른쪽으로 옮긴다. 전체 학급 아동들이 가운데 도형에 주목하도록 하고, 가운데 도형에 가까이 있는 도형과 멀리 있는 도형이 무엇인지 아동에게 물어본다.

(6) 안과 밖

■ 활동 4.19 상자 안에 있어요!

바닥에 테이프를 붙인다. 선으로부터 2m 정도 떨어지게 가로 30cm, 세로 40cm인 지붕이 열린 상자를 놓는다. 선 뒤에 서서 블록을 상자 안에 던진다. 아동에게 블록이 상자 안에 있다고 말한다. 블록을 다시 던지지만, 이번에는 상자 안에 들어가지 않는다. 아동에게 블록이 상자 밖에 있다고 말해준다.

블록 몇 개를 몇 번 던진다. 던질 때마다 아동에게 블록이 상자 안에 있는지, 밖에 있는지 묻는다.

아동으로 하여금 블록을 돌아가면서 던져 보게 한다. 던질 때마다 블록이 상자 안에 있는지, 밖에 있는지 학급 전체에 물어본다.

■ 활동 4.20 원 안에

대략 9명의 아동들이 손을 잡고 원을 그리도록 한다. 두 명의 아동은 원 안에 서 있도록 하고, 두 명은 원 밖에 서 있도록 한다. 학급 전체에게 누가 원 안에 있는지, 원 밖에 있는지 물어본다.

다른 아동들도 원을 그리도록 하고, 다른 아동들이 원 안과 밖에 서 있게 한다. 위 활동을 반복한다.

(7) 열림 / 닫힘

어린 아동들은 열린/닫힌 기하학적 생각이 발달하기 위해서는 안/밖의 개념을 거의 항상 사용한다. 문이 열려 있으면, 강아지가 집 밖으로 나갈 수 있다고 말하곤 한다. 강아지가 나갈 수 있느냐에 따라 담장이 열려 있거나 닫혀 있다고 말한다.

■활동 4.21 강아지가 나갈 수 있나?

열린? 혹은 닫힌?

(8) 직선 혹은 곡선

어떤 사물이 직선인지 확인하는, 간단하고 사용하기 쉬운, 세 가지 방법이 있다. 긴 끈, 시선, 종이 접은 선. 다음 활동들은 이들 방법들을 사용해서 직선 여부를 확인하고 있다.

■활동 4.22 끈으로 직선 확인하기

1 m 길이 끈을 탁자 위에 놓는다. 끈은 자연스럽게 구부러진 채로 놓는다. 아동에게 끈이 직선인지, 곡선이지 묻는다.

끈을 집어 들고, 양끝을 끈이 직선이 될 때까지 당긴다. 아동들에게 끈을 쫙 펴면 직선이라는 것을 말해 준다.

칠판에 60 cm 정도 길이의 선을 손으로 그린다. 이 선이 곡선인지 직선인지 묻는다. 쫙 핀 끈을 선 옆에 두고 직선인지 확인한다.

다른 선을 가지고 직선 여부를 확인해 본다.

■활동 4.22 직선 모서리 만들기

큰 종이에서 직선 모서리와 모퉁이를 잘라 오른쪽과 같은 모양의 종이를 만든다.

이 종이를 아동에게 보여준다. 직선 변이 없다는 것을 지적한다. 아동들에게 종이를 접어 직선 변을 만들 수 있다고 말해준다. 종이를 접고, 접은 모서리를 아동에게 보여준다. 쫙 편 끈을 활용해서 접은 모서리가 직

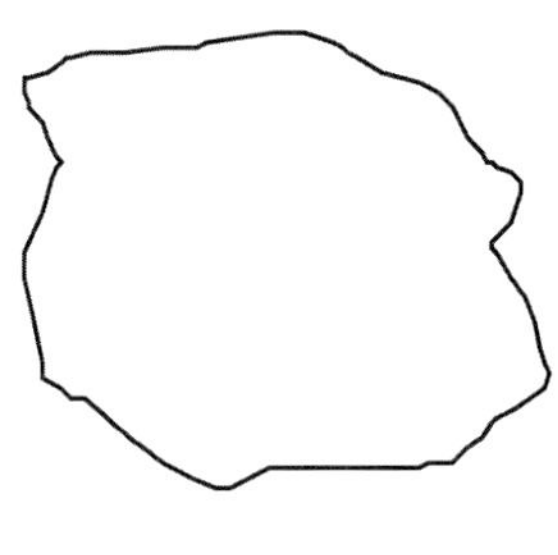

선인지 확인한다.
종이의 접은 모서리를 사용해서 다른 물건의 직선 연부를 확인한다.

■ **활동 4.24 직선처럼 보이는가**

세 블록을 직선 위치에 있지 않도록 탁자 위에 올려 놓는다.

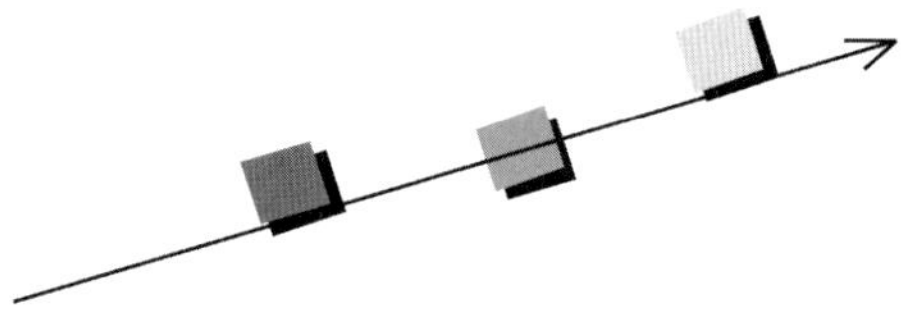

아동에게 블록을 이은 선을 보도록 한다. 가운데 블록이 다른 블록들을 이은 선에 있는지 아니면 선 밖에 있는지 묻는다. 다른 아동들도 보도록 한다.
가운데 블록은 선위에 위치하도록 천천히 옮기면서 블록 선을 아동이 보도록 한다.
세 블록 모두 선 위에 위치하면 멈치도록 한다. 다른 아동이 확인해 보게 한다.
쫙 편 끈을 사용해서 블록들이 직선 위에 위치하는지 확인한다. 그리고 종이를 접어 생긴 모서리 선을 활용해서 블록 선의 직선 여부를 확인하게 한다.
다섯 명의 아동들을 선 위에 서게 한다. 다른 아동이 그 선을 보고, 직선이 되도록 움직이게 한다.

6 수업 수정하기

다음 수업 계획은 유치원 수준의 교과서 교사용 지도서에서 제시하고 있는 제안들에 기초하고 있다. 이 수업 계획은 좋은 수업 계획이다. 그러나 교과서의 특정 페이지를 가르치는데 초점이 맞추어져 있고, 새로운 개념이나 기술을 배우기 위한 학습 활동이 적다. 이 수업 계획은 학습 활동 양을 늘리고, 시각 입력 정보와 신체 활동을 늘리며, 학생들과의 의사소통 및 학생들 간의 의사소통을 늘리고, 지속적인 학습 점검을 할 수 있도록 수정하였다. 이러한 수정은 실제로 대부분의 학생들에게 적절하다. 그러나 추가 요구가 있는 일부 학생들을 위해서는 추가적인 수업 수정이 필요할 것이다.

수업 목적

학생이 특정 위치(위, 아래, 사이)의 사물을 확인할 수 있다.

■ **도입**

아동에게 옷 색깔이나 눈 색깔(예, 갈색 눈) 같은 일정 기준에 따라 손을 들어 보도록 한다. 이 기준에 맞는 각 아동들은 머리 위로 손을 들고, 다른 손은 턱 밑에 두게 한다. 이 집단에 속한 아동들은 턱 밑 손의 손가락을 흔들도록 한다. 또한 머리 위 손의 손가락을 흔들도록 한다. 모든 아동들이 손을 들 수 있도록 기준을 바꾸어(예, 푸른 눈 등)

활동을 반복한다.

■ 전개

학급 전체가 수업 첫 페이지에 있는 첫 번째 예에 집중하게 한다. 고양이 한 마리가 탁자 위에 있고, 다른 고양이는 탁자 밑에 있다는 것을 지적한다. 아동으로 하여금 탁자 위에 있는 고양이 주변에 원을 그리도록 한다. 아동들에게 탁자 밑 고양이에 X를 표시하도록 한다. 아동들이 두 번째 페이지의 첫 번째 예에 집중하도록 한다. 노란색 장난감이 다른 장난감들 사이에 있음을 지적한다.

■ 학습 점검

아동에게 첫 번째 페이지에 있는 두 번째 예를 보도록 한다. 보이는 사물의 이름을 말해 보도록 하다. [개집 안에 개와, 개집 위에 고양이] 아동들에게 다른 동물 위에 있는 동물을 찾아 원을 그리도록 한다. 아동들에게 다른 동물 밑에 있는 동물을 찾아 X 표시를 하도록 한다. 아동들에게 첫 번째 페이지의 세 번째 예를 완성하도록 한다. 이해하지 못하는 아동에게 개인적인 도움을 제공한다. 두 번째 페이지에서, 나머지 두 예들에 있는 가운데 물건에 노란색으로 칠하게 한다. 이해하지 못하는 아동에게 개인적인 도움을 제공한다.

■ 연습

재교수가 도움이 되는 아동들에게 도형 재교수 자료(Shape Reteaching Worksheet)를 나누어준다. 나머지 학생들에게는 연습 예제를 풀어보도록 한다.

다양한 학습자들에게 적절하도록 수업을 수정하면 다음과 같다.

수업 목적

학생은 특정 위치(위, 아래, 사이)에 있는 사물을 확인할 수 있다.

■ 도입

발판 사다리와 세 개의 인형을 준비한다. 세 아동을 앞에 나오게 한다. 각 아동들에게 인형 한 개를 주고, 사다리 각 발판에 놓게 한다. 다른 아동들에게 어떤 인형이 가장 높이 있는지, 가장 낮게 있는지, 사다리 가운데 있는 인형은 어떤 인형인지 말해 보도록 한다.

다른 아동들과 함께 위 활동을 반복한다.

오늘 아동들에게 사물들이 어떻게 배열되어 있는지 묘사하기 위해 위, 아래, 사이라는 단어를 어떻게 사용하는지 배울 것이라고 말한다.

■ 전개

세 명의 아동을 새로 선택하여 인형을 사다리 발판에 놓게 한다. 얼마나 많은 아동들이 '위에'라는 단어를 들어 봤는지 물어 본다. 사다리에 가장 높이 있는 인형은 다른 인형들보다 위에 있다는 것을 설명한다. 다른 인형들 위에 있는 인형을 아동들로 하여금 확인해 보도록 한다. 인형을 다시 배치한다. 어떤 인형이 다른 인형들보다 위에 있는지 아동들에게 물어본다.

■ **학습 짐검**

이해에 어려움이 있어 보이는 아동들은 모두 기록해 둔다. 이들을 활동을 반복할 때 참여시킨다. 얼마나 많은 아동들이 '아래에'라는 단어를 들어 봤는지 물어 본다. 다른 인형들보다 아래에 있는 인형이 무엇인지 아동들에게 물어본다. 인형들을 새로 배치하고 어떤 인형이 다른 인형들보다 아래에 있는지 물어본다.

■ **학습 점검**

이해에 어려움이 있어 보이는 아동들은 모두 기록해 둔다. 이들을 활동을 반복할 때 참여시킨다. 가운데 있는 인형을 지적한다. 이 인형의 위치를 표현하는 단어를 아는 아동이 있는지 물어본다. 아동에게 대답할 수 있는 기회를 준 다음에, 인형이 다른 인형들 사이에 있다고 아동들에게 말해준다. 인형들을 다시 배치하고, 어떤 인형이 다른 인형들 사이에 있는지 물어본다.

탁자 위에 인형들을 나란히 놓는다. 인형들 중에 다른 인형들 위에 있는 것이 있는지 물어본다. [아니오.]. 인형들 중에 다른 인형들 아래에 있는 인형이 있는지 묻는다. [아니오.] 가운데 있는 인형이 다른 인형들 사이에 있음을 지적한다.

세 개의 서로 색깔이 다른 블록은 탁자 위에 선을 그대로 놓는다. 어떤 블록이 다른 블록 아래에 있는지 묻는다. [다른 블록 아래에 있는 블록은 없다.] 어떤 블록이 다른 블록들 사이에 있는지 묻는다.

■ **학습 점검**

일부 아동들은 사물을 수직 배열에서 수평 배열로 바꿀 때 혼란스러워 할 수 있다. 이해에 어려움이 있어 보이는 모든 아동들을 기록하고, 활동을 반복할 때 이들을 참여시킨다.

세 가지 사물을 게시판에 대각선으로 배열한다. 어떤 사물이 다른 사물들 사이에 있는지 묻는다.

두 아동을 선택하여 앞으로 나오게 한다. 이 둘 중 한 명은 탁자 위에 서게 하고, 한 명은 탁자 밑에 있게 한다. "누가 위에 있나요? 누가 아래에 있나요? 이 둘 사이에 누가 있나요?"

게시판에 네 개의 사물을 수직으로 배열한다. 어떤 사물이 다른 것들보다 위에 있는지 묻는다. 어떤 것이 다른 것들보다 아래에 있는가? 가장 위에 있는 것과 가장 아래 있는 것 사이에 두 개의 사물이 있음을 지적한다.

칠판에 세 개의 사물을 수직 배열로 그린다. 아동에게 다른 것들보다 위에 있는 사물에 동그라미를 그리게 한다. 다른 아동에게 다른 것들보다 가장 아래에 있는 사물에 X 표시를 하게 한다. 세 번째 아동에게 두 사물들 사이에 있는 사물을 지적하게 한다. 네 개의 사물을 가지고 이 활동을 반복한다. [사물들 사이에 두 개의 사물이 있다.] 두 개의 사물을 그리고, 아동에게 그 둘 사이에 사물을 하나 그리게 한다.

파트너와 짝을 이루어 활동하게 한다. 짝들에게 색이 다른 네 개의 블록을 준다. 한 명이 블록들을 수직으로 쌓아 올리게 한다. 다른 아동이 어떤 블록이 위에 있고, 밑에 있고, 두 블록들 사이에 있는지 말하게 한다.

■ **학습 점검**

어려움이 있는 아동을 기록해 놓는다. 필요하면 개인적인 도움을 제공한다.

■ **종결 및 추수 활동**

오늘 수업에서 사용법을 배운 세 단어가 무엇이었는지 말해줄 사람이 누구인지 묻는다. 서로 다른 아동들에게 자신의 말로 이 세 단어가 무엇을 뜻하는지 말해 보도록 한다. 아동들에게 교과서의 특정 페이지를 보도록 한다. 해당 페이지를 완수하는 법을 설명한다. 아동들에게 집에 가서 부모님에게 위에, 아래에, 사이에를 설명해 보도록 한다.

연습 및 활동

1. 어린 아동을 위한 분류 활동을 하나 기술하시오. 아동들에게 두 사물 집단을 구성하도록 한다. 하나는 어떤 특정 속성을 가진 친숙한 사물들로 구성하고, 다른 집단은 특정 속성이 없는 친숙한 사물들로 구성한다.

2. 활동 4.02와 같이 아이들에게 익숙한 이야기에 기초해서 분류 활동을 개발하시오.

3. 어린 아동들에게 친숙한 사물들을 사용해서 길이 비교에 관한 학습 활동을 개발하시오.

4. 어린 아동들에게 친숙한 사물들을 사용해서 연속 배열에 관한 연습 활동을 개발하시오.

5. 어린 아동들에게 친숙한 사물들로 구성된 두 집합의 크기를 비교하기 위해 일대일 대응을 사용하도록 하는, 파트너와 함께 하는 활동을 개발하시오.

6. 가깝다/멀다 개념을 학습하는데 도움을 줄 수 있는 야외 활동을 개발하시오(연습 활동이 아니라 학습활동임).

7. 이 장에 제시된 전통적인 수업 계획과 수정된 수업 계획에 대해 살펴보시오. 수업에서 가르치고자 하는 개념들의 학습 활동을 증가시키기 위해 수정된 계획 부분을 확인하시오.

8. 이 장에 제시된 전통적인 수업 계획과 수정된 수업 계획에 대해 살펴보시오. 수업에서 가르치고자 하는 개념들에 관한 학생들의 의사소통을 증가시키기 위해 수정된 수업 계획 부분을 확인하시오.

9. 이 장에 제시된 전통적인 수업 계획과 수정된 수업 계획에 대해 살펴보시오. 수업에서 가르치고자 하는 개념들에 관한 시각 입력 정보를 늘리기 위해 수정된 계획 부분을 확인하시오.

10. 이 장에 제시된 전통적인 수업 계획과 수정된 수업 계획에 대해 살펴보시오. 수업에서 신체 활동을 늘리기 위해 수정된 계획 부분을 확인하시오.

11. 열린/닫힌 개념을 가르치기 위한 완전한 수업 계획을 작성하시오. 학습 활동과 신체 활동에 가장 강조점을 두어 작성하여야 한다.

12. 다음 상황을 생각해 보시오: 교사가 어떤 어린 아동들에게 인형과 책, 야구공, 장난감 차, 축구공, 몇 개 인형 옷을 보여주었고, 그리고 나서 아동들에게 어떤 물건들을 함께 모을지 물었다. 교사는 아동들에게 인형과 인형 옷, 혹은 두 개의 공을 함께 모으기를 기대하였다. 그러나 교사는 한 아동이 야구공과 책, 장난감 책을 선택하는 것을 보고 놀랐다.
   a. 이 아동이 어떤 생각을 했다고 생각하는가? 이 아동이 그렇게 선택한 이유가 무엇이라고 생각하는가?
   b. 이 아동이 무슨 생각을 했는지 이해하기 위해서 교사는 어떤 추가 질문을 해야 하는가?

13. 다음 상황을 생각해 보시오: 교사는 세 가지 사물을 보여주었고, 아동들은 어떤 사물이 다른 것들과 어떤 차이가 있는지 결정하였다. 그러나 도넛과, 베이글, 당근을 보여주었을 때, 교사는 한 아동이 도넛이 다른 것들과 다르다라고 답했을 때 놀랐다.
   a. 이 아동은 어떤 생각을 했다고 생각하는가? 이 아동이 그렇게 생각한 이유가 무엇이라고 생각하는가?
   b. 이 아동의 생각을 이해하기 위해서는 교사는 어떤 추가 질문을 해야 하는가?

14. 당신은 유치원 아동 학급에서 분류하기를 가르치고 있다고 있다. 분류 기준을 제시한 후(예, 이 집단의 모든 사물은 모퉁이를 갖고 있다), 이 기준을 만족하는 사물들의 집합이 구성되면, 아동들은 다른 사물이 이 집합에 속하는지, 속하지 않는지 결정해야 한다. 이해했는지, 이해하지 못하는지 결정하기 위해 아동을 관찰할 수 있는 활동을 설계하시오.

참고문헌 및 관련 자료

Andrew, A. G. (1996). Developing spatial sense– A moving experience. *Traching Children Mathematics*, 2, 290–293

Baroody, A. J.(1987). *Children's mathematical thinking; A developmental framework for preschool, primary and special education teacher.* New York; Teachers College Press

Baroody, A. J.(1996). An investigative approach to the mathematics instruction of children classified as learning disabled. In D. K. Reid, W P. Hresko, &H. L. Swanson (Eds), *Cognitive approaches to learning disabilities*(pp.545–615). Austin, TX: PRO–ED

Bay–Willams, J. M. (2001). What is algebra in elementary school? *Teaching Children Mathicsemat*, 8, 196–200

Court, S. R. A. (1920). Numbers, time, and space in the first five years of a child's life. *Pedagoglcal Seminary*, 27, 71–89.

Dunn, R, & Dunn, K. (1922). *Teaching elementary students through their individual learning style: Practical approaches for grades* 3–6. Needham Heights, MA: Allyn & Bacon

Freed, J, & Parsons, L. (1997) *Right–brained children in a left–brained world; Unlocking the potential of your ADD child.* New York: Simon & Schuster

Griffin, S (2003). Laying the foundation for computation fluency in early childhood. *Teaching Children Mathematics*, 9,306–309

Linksman, R. (2000). The fine line between ADHD and kinesthetic learners. *Latitudes*, 1(6). Retrieved from www.latitudes.org/articles/learn01.html

National Council of Teachers of Mathmatics. (1989). *Curriculum and evaluation standards for school mathmatics.* Reston, VA: Author.

National Council of Techers of Mathmatics.(2002). *Principles and standards for school* Reston, VA:Author.

Tucker, B.F. Weaver, T. L., & Singleton, A.(2000). Relative concepts are whole–body concepts. *The Journal of Early Education and Family Review*, 8(1), 23–28.

Yackel, E., & Wheatly, G. H. (1990). Promoting visual imagery in young pupils. *Arithmetics Teacher*, 37, 52–58

웹 주소

http://ecap.crc.uiuc.edu/info/project.html The project approach

www.idonline.org/id`indepth/parenting/johnson`helping.html Help for parents of children with learning disabilities. Links, links, links

www.ericfacility.net/ericdigests/ed380308.html Making mathmatical connections in the early grades. ERIC Digest

www.circleofinclusion.org/english/expanding/links.html Excellent early childhood site with links and in other languages.

www.pbs.org/kcts/preciouschildren/diversity/read`linguistic.html Language and cultural diversity in early childhood

Chapter 5

자연수와 명수법(命數法): 수량 명명하기와 쓰기

1. 수 감각
2. 대수의 기초
3. 아이들이 이미 알고 있는 것에 근거해서 학습하기
4. 전반적인 상황
5. 한 자리 숫자
6. 두 자리 숫자
7. 세 자리 이상 숫자
8. 어림수
9. 수업 수정하기

Chapter 5

자연수와 명수법(命數法): 수량 명명하기와 쓰기

▪ **학습 원리**
학생들은 수학을 이해하면서 익혀야 한다. 이는 경험과 사전지식으로부터 적극적으로 새로운 지식을 구축하는 것을 말한다. (National Council of Teachers of Mathematics[NCTM], 2000, p. 20)

▪ **수와 연산 기준**
학생들은 숫자와 관련된 활동을 하면서 숫자에 대해 점차 유연하게 사고하게 되는데 이것이 수 감각의 특징이다. (NCTM, 2000, p. 80)

▪ **의사소통 기준**
모든 교실에서는 학습자들이 커뮤니티를 구축하여 학생들과 교사 간 수학적 아이디어를 교환할 뿐만 아니라 학생들 간 서로서로 수학적 아이디어를 교환하도록 한다(NCTM, 2000, p. 131)

▪ **결합 기준**
교사들은 학생들이 전개하는 수학적 아이디어들을 명시적으로 결합시켜야 한다(NCTM, 2000, p. 132)

▪ **표상 기준**
그들은 손가락, 자연 언어(natural language), 그림, 다이어그램, 신체적인 제스처, 상징 같은 물리적 대상을 사용한다. 학생들은 이러한 표상들, 다른 학생들, 교사와의 상호작용을 통해 수학적 아이디어에 관한 자신의 심상을 발달시킨다(NCTM, 2000, p. 136)

1 수 감각

전미수학교사협의회(National Council of Teachers of Mathematics: NCTM, 1989, 2000)의 기준에서는 수 감각 발달의 중요성을 강조하였다. “수 감각이란 숫자에 대한 직관으로 이러한 직관은 숫자가 일컫는, 모든 다양한 의미로부터 도출된다.” (NCTM, 1989, p.39). NCTM(1989)에서는 수 감각의 구성요소를 다섯 가지로 제시하였다: ① 수 의미 발달, ② 조작물(manipulatives)과의 관계 탐구, ③ 수의 상대적인 크기 이해, ④ 수 연산의 상대적인 효과와 관련된 직관 발달, ⑤ 일상적인 대상과 상황을 측정하기 위한 참조물(referents) 발달.

또한 <학교수학의 원리와 기준>(NCTM, 2000)에서도 수 이해의 중요성을 강조하였다. MCTM(2000)에서는 학생들이 관련짓기, 수 비교하기, 수 분해하기를 포함하여 융통성 있는 방식으로 수를 사용해야 한다고 제안하였다.

여러 다른 장에서도 수 감각 발달에 대한 제안을 찾아볼 수 있다. '수 감각 발달에 도움을 주는 교수'를 가리키는 심벌(symbol)을 왼쪽 여백에 둘 것이다. 이는 독자들이 다양한 주제 안에서, 그리고 여러 연령층에서, 수 감각이 발달된다는 것을 이해하는 데 도움을 주기 위함이다. 이 심벌을 볼 때, 교재에서 논의되는 내용이 수 감각 발달에 관한 것임을 상기하라.

2 대수의 기초

일반적으로 대수는 중학교에서 다뤄지는 주제지만, NCTM(2000)에서는 초등학생을 위한 대수 기준을 포함시켰다. 대수 기준(NCTM, 2000)에는 모든 학생들이 패턴, 관계 및 함수를 이해해야한다고 명시되어 있다; 대수 상징을 활용하는 수학적 상황(mathematical situations)과 구조를 설명하고 분석할 수 있다; 양적 관계를 설명하고 이해하기 위해 수학모델(mathematical models)을 사용할 수 있다; 다양한 상황에서 변화를 분석할 수 있다.

저자들은 이 책에 대수 교육과 관련된 장(chapter)을 따로 제시하지 않았다. 그렇지만 이 장을 비롯한 다른 몇몇 장에서 대수의 기초가 소개된다. 독자가 다양한 주제 안에서, 그리고 여러 연령층에서, 대수의 기초를 발전시키는 방법을 이해하는데 도움을 주기 위해 '대수의 기초 발달에 도움을 주는 교수'를 가리키는 심벌을 왼쪽 여백에 둘 것이다.

3 아이들이 이미 알고 있는 것에 근거해서 학습하기

숫자를 명명하고 숫자를 쓰는 것을 배우기 전에, 아이들은 이미 상당한 수 감각을 가지고 있을 것이다(Greenes, Schulman, & Spungin, 1993; NCTM, 1989). 이는 수와 관련된 새로운 학습의 기초로 활용될 수 있다. 좋은 교수는 사전지식을 너무나도 부드럽게 확립시켜 아이에게 전혀 새로울 것 같지 않다. 오히려 가르친 개념이나 기술은 단지 이미 알고 있던 것을 확장시켜 놓은 듯하다. 아이들은 이러한 가르침을 통해 더 많은 것을 더 빨리 익히기 때문에 사전지식에 기반을 둔 지도는 좋은 교수일 뿐만 아니라 효율적인 교수이다. 이처럼 좋은 지도이자 효율적인 교수는 또한 효과적인 교수이다. 왜냐하면 학습한 것을 더 잘 이해하고 기억하며, 더 수월하게 여러 장면에 응용할 가능성이 더 높기 때문이다.

수 개념을 다루기에 앞서, 우리는 아이들이 주위상황을 설명할 때 '수이전 양적 어휘(prenumber quantitative vocabulary)'를 사용하도록 격려할 것이다. 이를 테면, 그들은 일상적으로 수 '하나(one)'를 경험하면서 살아간다.

"나한테 쿠키 좀[몇 개] 있어. 넌 하나네."
"네 신발 한 짝은 여기 있는데, 나머지 하나는 어디 있니?"
"책상에 연필 몇 개 있을 거야. 하나 갖다 줄래?"
"더 이상 사탕은 안 돼. 이미 하나 먹었잖니."

아이들은 또한 더(more)에 대해 확실한 감각을 가지고 있으며 다년간 이 개념을 경험해 간다. 더(more)는 흔히 하나 더(one more)의 형태로 나타난다.

"나는 너보다 더 많아."
"동생이랑 나눠 가져라. 네가 동생보다 더 많잖니."
"당근 한 입만 더 먹으렴."
"책 한 권 더 읽어 줄게. 그런 다음 자러 가자."
"한 번 더 그러면, 혼날 줄 알아."
"괜찮아, 한 번 더 공을 칠 수 있어."

수이전 양적 어휘(prenumber quantitative vocabulary)와 관련된 다른 예들은 일대일 대응을 통해 진전될 수 있다. 아이들은 일대일 대응을 사용하여 수이전 양적어휘를 지속적으로 발전시킬 수 있다. 아래의 예시에서 볼 수 있듯이 수많은 상황에서 "~와 같은[만큼의] 수(as many as), ~보다 많은(more than), ~보다 적은(less than)"과 같은 표현을 활용할 수 있다.

"방에는 아이들(수)만큼 책상이 있다(as~many as~)."
"아이들(수)만큼 우유팩이 있다(as~ many as~)."
"나는 너보다 크레용이 더 많다(more~ than~)."
"요즈음 학교에는 여학생이 남학생보다 더 많다(more~ than~)."
"방에는 아이들(수)보다 의자가 더 많다(more~ than~)."

따라서 우리는 각각의 주제를 다룰 때 아이가 이미 알고 있는 것이 새로운 아이디어를 확립하는 데 기초가 된다고 보며, 이미 활용할 수 있는 지식을 확장시켜 새로운 아이디어에 포함시킬 수 있는 방법을 탐색한다.

학생들은 일상에서 자연스런 활동들을 설명하는 데 사용되는 언어와 교실에서 수학활동을 기술하는 데 사용되는 언어가 같다는 것을 관련지을 수 있어야 한다. 다음에 제시된 활동은 이러한 자연스러운 결합이 어떻게 이루어지는 지 보여준다.

■ **활동 5.01 M&Ms**

학생들에게 다음과 같이 지시한다.: "M&Ms 봉지를 하나씩 주면, 먼저 신중하게 여러 개를 선택하여 봉지 안에 넣으세요. 그 다음 숫자를 사용하지 말고 각자 가지고 있는 M&Ms에 대해 설명해 보세요. 이때 숫자를 사용하지 말고 말해보세요."

그다음 아래에서처럼 '수이전 양과 관련된 어휘(prenumber quantitative vocabulary)'를 사용하여 M&Ms에 대해 토의하게 한다.

"나는 다른 색깔보다 갈색 M&Ms를 더 많이(more) 가지고 있다."

"내가 가진 M&Ms는 빨강색과 노란색의 양이 같다(same amount)."

"내가 가진 M&Ms 중에서 몇 개(some)는 가장자리가 부서져 있다."

"내가 가진 M&Ms는 모두 초콜릿이다."

수학 개념을 발전시키기 위한 활동을 계획할 때 신중하게 음식을 선택하여 사용해야한다. 음식 알레르기가 있는 아이들이 늘어나고 있고, 아무래도 사탕은 치아 위생에 좋지 않으며, 불량식품이 만연하기 때문에 특히 주의해야 한다. M&M 활동은 학생들이 일상적으로 실세계를 설명할 때 사용하는 언어와 교실에서 수학세계를 설명할 때 사용하는 언어를 자연스럽게 연결시키는 데 유용하며 적용하기 쉽다. 예를 들면, M&M 대신 작은 장난감을 활용해도 되고, 오린 그림조각을 사용해도 된다.

학생들은 양의 관계를 설명하는데 숙달해야 더 세부적으로 주위 상황을 설명할 수 있고, 양의 개념을 사용하여 설명하는 것이 중요하다는 것을 알게 된다. 이러한 과정을 거치면서 학생들은 자연수를 이해하게 될 것이다.

4 전반적인 상황(The Big Picture)

숫자 쓰기(written expression)를 도입하기에 앞서, 아이들은 양의 값(quantitative value)에 대한 개념을 먼저 이해해야 한다. 유감스럽게도, 숫자 둘(two)을 주제로 수업을 진행할 때 교사들은 흔히 먼저 숫자 2를 칠판에 적어서 아이들에게 보여준 다음, 활동을 시작한다. 숫자 2를 써서 보여주기 전에 둘(two)의 예를 충분히 제공해야 한다. 예는 다음과 같다:

"나는 눈이 두 개(two)이다."
"나는 손이 두 개(two)이다."
"나는 귀가 두 개(two)이다."
"여기 책이 두 권(two)있다."
"여기 크레용이 두 자루(two) 있다."

이러한 예들은 아이들에게 양의 개념을 알려 준다.

교사는 아이들에게 둘(two)의 양(quantity)을 확인시켜 준 다음, 이를 표현하게 하여 지식을 강화시켜야한다. 예는 아래와 같다.

"크레용 두 자루를 보여주세요."
"손가락 두 개를 보여주세요."
"박수를 두 번 쳐 보세요."

아이가 "둘임(twoness)"에 관한 개념을 익힌 다음, 이를 양(quantity)으로 표현하게 한다. 이 때 완전히 이해하도록 부적절한 예를 포함시켜야 한다. 예는 아래와 같다.

"내 코가 두 개니?"
"내 발이 두 개니?"
"내 목이 두 개니?"
"내 손가락이 두 개니?"
"이 방 안에 책상이 두 개니?"

아이들은 이러한 "둘임(twoness)"의 개념을 충분히 발달시킨 다음, 이를 상징적으로 표기하는 방법을 익힐 수 있을 것이다. 특히 2로 표기할 때 사용되는 언어는 반드시 이 숫자가 표현되는 사례와 일치해야한다는 것을 명심해야 한다.

(1) 수 및 명수법(命數法) 발달(Development of Numbers and Numeration)

이 장에서 제시된 활동은 다음 세 가지 목적을 달성하는 데 필요한 아이들의 능력을 증진시킨다. 첫째, 명명된 수의 양을 알 수 있다. 둘째, 수 이름을 말할 수 있다. 셋째, 표준표기법을 사용하여 숫자를 정확하게 쓸 수 있다. 이와 관련된 여섯 가지 목표는 다음과 같다.

1. 양(사물의 일부 몇 개)을 보여주면, 양을 명명하는 수를 말할 수 있다.

2. 양을 보여주면, 양을 명명하는 수를 쓸 수 있다.
3. 수를 보여주면(써주면), 사물의 양을 그 수만큼 보여줄 수 있다.
4. 수를 보여주면, 그 수를 말할 수 있다.
5. 어떤 숫자를 말해주면, 그 양을 보여줄 수 있다.
6. 어떤 숫자를 말해주면, 그 양을 쓸 수 있다.

세기(counting)는 아이들의 숫자 지식 발달에 중요한 기술이다. 그러나 정확한 순서로 숫자를 말할 수 있는 능력이 세기 과정에 대한 이해를 보장해 주지는 않는다. 예를 들면, 아주 어린 아이는 기계적인 방식으로 1부터 5까지 말할 수 있다. 그러나 열쇠 3개가 하나의 열쇠고리에 묶여있는 것을 보여줬을 때 아이는 열쇠 3개를 만지작거리며 "1,2,3,4,5"라고 셀 수도 있다.

세기를 하면서 각 단위(unit)에 숫자를 배정하는 능력은 일내일 내응과 관련이 있다. 세기를 할 때 일대일대응을 활용하는 것이 중요하기 때문에 교사는 이 개념을 설명하기 위해 물리적으로/신체적으로(physically) 세는 것뿐만 아니라 말로(verbally) 세는 것도 함께 알려주어야 한다. 예를 들면, 연필을 셀 때 교사는 연필을 만지면서 숫자를 함께 세거나 아이들의 명수를 세는 동안 아이들의 어깨를 두드리면서 숫자를 함께 세어야 한다. 아이들이 일대일 대응 개념을 완전하게 이해한 다음에는, 학생들이 셀 때 교사는 각 학생 가까이에 서있는 것으로 충분할 것이다. 마지막으로 학생들이 세는 동안 교사는 단순히 각 학생을 가리키는 것만 하여도 될 것이다. 아이들에게는 단지 숫자를 듣고 들은 숫자를 그대로 열거하면서 암송하듯 말하는 대신 '무언가를 센다'는 것을 이해하는 것이 중요하다.

5 한 자리 숫자(One-Digit Numbers)

아이가 어떤 숫자에 붙이는 의미는 그 숫자와 연합시킨 심상(mental images)에 따라 달라진다. 어린 아이들은 그들 세계에 존재하는 사물의 심상에 대해 구체적으로 생각한다. 따라서 숫자 3 또는 임의의 숫자에 대한 심상이 추상적 상징이어서는 안 된다.

오히려 이러한 상(images)은 사물 세 개에 관한 것이어야 한다. 그리고 아이는 자주 그러한 사물 세 개를 어떤 특정한 배열 안에 늘어놓을 것이다.:

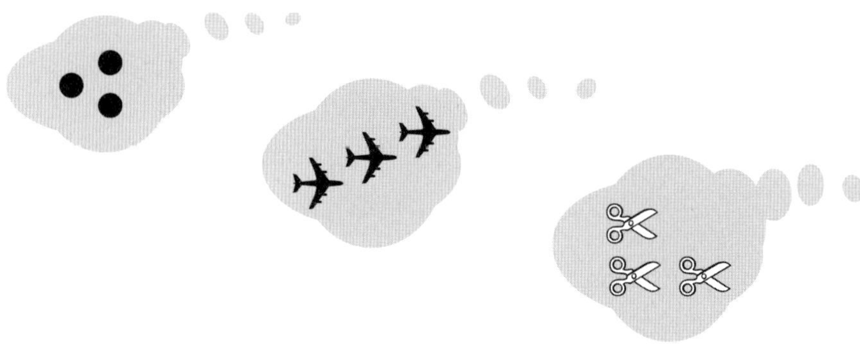

숫자에 관한 심상 확립을 목표로 삼을 때 심상 구축에 관한 문제를 인식하고 있어야한다. 다소 극단적인 예를 들어 이 문제를 설명하기위해 아래에 사물을 일렬로 배열하여 세 가지 숫자를 제시하였다. 한번 보고 해당되는 숫자를 즉각적으로 인식하는 것이 불가능하다.

심상을 "조직화하여(organize)" 사물들을 다시 배열한 다음, 그 숫자를 인식하는 것이 얼마나 더 쉬운지에 주목하라.

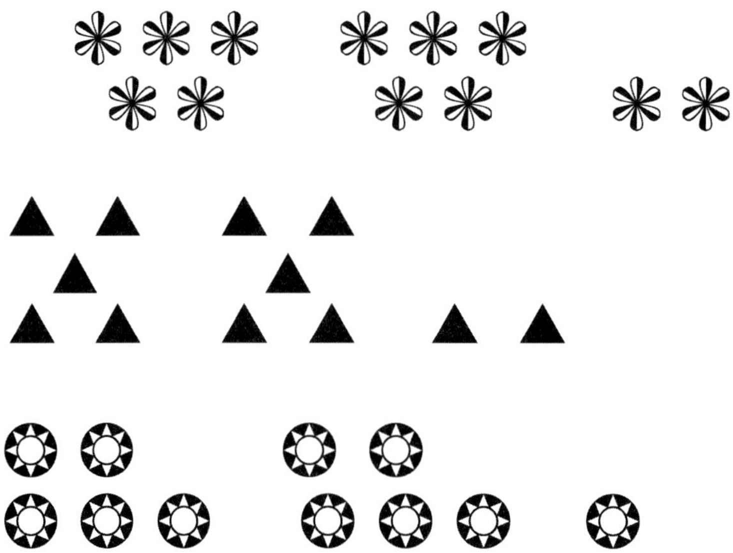

숫자 3 보다 큰 수를 나타내는 사물들의 선형배열은 피해야 한다. 수를 세지 않고 양을 인식하는데 도움이 되는 배열을 활용하라. 1부터 9까지 수를 가르칠 때, 다른 수를 도입하기 전에 각각의 수를 숙지할 수 있도록 충분히 시간을 투자하라. 즉, 1, 2, 3, 4, 0, 5, 6, 7, 8, 9의 순서로 한자리 수를 가르치는 경우, 3을 도입하기에 앞서 2를 익힐 수 있는 기회를 충분히 제공해야 한다. 이를테면, 숫자 일곱(seven)을 지도할 때 구체적인 예 또는 그림 예를 활용할 수 있다. 또한 일곱을 제시하면, 학생들은 일곱을 말로 표현해야 한다. 그다음 일곱을 익힐 수 있는 학습기회를 다양하게 제공해야 한다. 교사는 아이들이 일곱과 관련된 학습을 충분히 경험한 후에 숫자 7을 어떻게 쓰는지에 대한 표기법을 알려주어야 한다. 자연스럽게 전이(transition)되는 과정동안 교사는 구체적인 상황, 그림으로 제시한 상황 및 기호로 표기한 상황 등에서 특정한 수를 묘사할 때 동일한 언어를 구사해야 한다. 예를 들면, 교사는 "여기 책이 일곱 권 있네."라고 말하면서 책 일곱 권을 세며, 일곱을 설명할 수 있다. 그런 다음, 교사는 칠판에 "책 7권"이라고 쓰면서 "이건 책이 일곱 권이라고 쓴 거야."

이렇듯 교사가 일관된 방법으로 언어를 사용하는 것은 학생들이 세 가지 표현이 동일한 상황을 나타내고 있다는 것을 이해하는데 유용할 것이다.

교사는 학생들이 일곱의 개념을 충분히 이해하고 7을 익힌 후에, 다음 개념을 도입해야 한다. 교사는 새로운 개념 지도에 관심을 기울이며, 일곱의 개념을 가르칠 때와 마찬가지로 동일한 유형의 활동을 활용하도록 한다. 또다시 교사는 학생들이 이 새로운 개념을 무엇으로 파악하고 있는 지, 새로운 개념을 묘사할 때 그 수를 구두로 표현하는 방법을 알고 있는 지, 그 수를 만드는 방법을 아는 지, 그리고 그 수에 대응되는 숫자표기방법을 아는 지를 확인해 보아야 한다.

수 개념 학습은 아이들이 이미 알고 있는 것들과 결합될 때, 그리고 수에 관한 심상이 제공되는 경험으로부터 진전될 때 유의미하게 전개될 것이다. 예를 들면, '하나 더'라는 개념이 확립될 때 아이들은 7을 이해하며 "6에다 하나를 더 한 것"이 7임을 떠올릴 수 있다.

6을 다음과 같이 떠올릴 수 있다면

7을 6보다 하나 더 많다고 떠올릴 수 있다.

아이들은 그들이 이미 알고 있는 숫자들을 다양하게 조합하여 7이 된다는 것을 이해해야 한다.

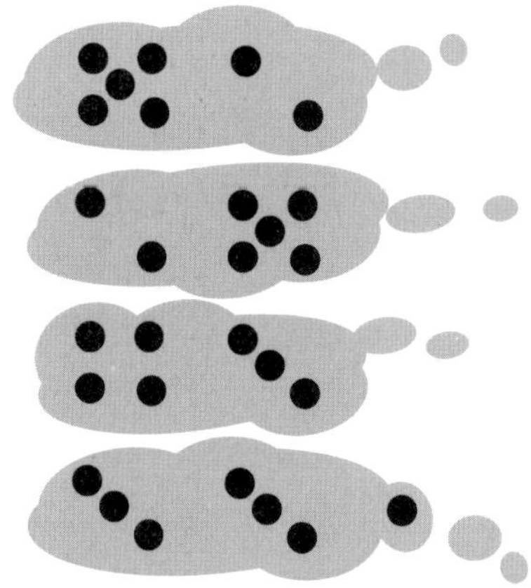

7은 5에다가 2를 더한 것이다.

7은 2에다가 5를 더한 것이다.

7은 4에다가 3을 더한 것이다.

7은 3에다가 3을 더하고 또 1을 더한 것이다.

도미노 패턴은 작은 숫자들에 대한 심상을 효율적이고 쉽게 회상하게 한다.

도미노를 활용한 효과적인 수업활동들은 실제로 무수히 많다. 아래에 제시된 두 가지 활동은 아이들이 숫자들을 조합하여 더 큰 숫자로 만드는 것을 학습하는 데 도움이 된다.

■ **활동 5.02 그림 도미노 게임(Domino Match)**

두세 명을 한 모둠으로 만들고 탁자위에 그림 도미노 패 윗면이 보이도록 놓는다. 한 아이가 패를 선택하고 선택한 패를 구석에 놓으면서 게임을 시작한다. 아이들은 선택한 패에 몇 개의 점들이 있는지 맞추려고 수를 센다. 그런 다음 차례로 돌아가면서 선택한 도미노 패에 있는 점의 개수와 동일한 개수만큼 점이 있는 다른 패를 찾는다. 더 이상 같은 개수만큼 점이 있는 도미노 패를 찾을 수 없을 때 다른 아이가 도미노 패 하나를 선택하고 다시 게임을 시작한다.

■ **활동 5.03 '하나 더' 게임(And One More)**

두세 명을 한 모둠으로 만들고 탁자위에 그림 도미노 패 윗면이 보이도록 놓는다. 한 아이가 패를 선택하고 선택한 패를 구석에 놓으면서 게임을 시작한다. 아이들은 선택한 패에 몇 개의 점들이 있는지 맞추려고 수를 센다. 그런 다음 차례로 돌아가면서 선택한 도미노 패에 있는 점의 개수보다 하나 더 점이 많은 다른 패를 찾는다. 하나 더 점이 많은 도미노 패를 더 이상 찾을 수 없을 때 다른 아이가 도미노 패 하나를 선택하고 다시 게임을 시작한다.

앞의 교수 단계에 맞춰 정확하게 활동을 전개하는 것이 중요하지는 않다. 각 숫자에 대한 표기법(숫자 쓰기)을 도입하여 가르치기 전에 학생들이 각 숫자에 충분히 주의를 집중하여 각 숫자의 의미를 완전하게 이해하는 것이 중요하다. '무언가 있음(something)'의 개념을 익힌 후 '아무것도 없음(nothing)'을 이해하는 것이 수월하기 때문에 여러 가지 숫자들을 가르친 다음에 영(zero)의 개념을 가르쳐야 한다.

다른 개념 발달의 경우와 마찬가지로 비예(nonexamples)를 활용하여 숫자를 익히게 하는 것은 수 감각 발달에 중요하다(Ehrenburg, 1981).

교사는 학생들이 특정 개념을 충분히 경험하게 한 후, 학습된 개념을 포함하지 않는 예들을 제공하여야 한다. 이는 학습된 개념의 예가 아닌 비예(nonexamples)에 초점을 둔 것이다. 점점 더 많은 숫자를 익히는 과정 동안, 이러한 비예들은 사전에 학습된 숫자들일 수도 있다. 이처럼 사전에 배운 숫자를 유의미하게 복습하는 것은 자연스레 그날그날 수학 수업의 일부가 된다.

구조화된 형식으로 새로이 학습된 개념 다음에 복습을 전개하여 수업을 계획하는 것은 장기파지(long-term retention)에 유용하다. 예를 들면, 학생들은 숫자 2를 배우고 나서 숫자 3을 익힌 다음, 숫자 2와 숫자 3에 초점을 두어 복습한다. 이러한 복습을 거친 후, 숫자 4를 익힌다. 숫자 3과 4에 초점을 맞추어 복습한 다음, 숫자 2, 3, 4를 복습한다. 1부터 9까지 학습할 때 이러한 형식으로 수업을 전개한다. 수학 수업이 복습에 치중된 것처럼 보일 수도 있지만, 이처럼 주요한 기초개념들을 지도하는데 더 많은 시간을 할애할수록 나중에 교정(remediation)하는 데 걸리는 시간은 단축된다. 다음은 교사가 넷(four)의 개념을 지도하는 활동이다.

■ **활동 5.04 네 개를 가지고 있어요.(I Have Four)**

여러 가지 학용품을 상자에 넣도록 한다. 단 각 학용품을 4개씩 준비한다(예: 연필 4개, 지우개 4개, 크레용 4박스, 풀 4개 등).

학생들에게 학용품 상자를 갖고 있다고 알려준다. 교사는 상자 안에 무엇이 있는지 알고 있지만, 학생들에게는 모르는 척하고서 “이 상자 안에 어떤 학용품이 들어있는지 정확하게 맞출 수 있게 도움을 주세요.”라는 식으로 요구한다.

첫째, 학생들의 도움을 받아 교사는 학생들과 함께 학용품을 각 종류별로 분류하여 모은다. 그다음, 같은 종류의 학용품이 몇 개인지 세어보고, 한 종류씩 넷까지 셀 때마다 “나는 ○○○를 네(개) 가지고 있어”라고 말한다. 종류별로 각 학용품을 세어본다음, 학생들과 함께 세어보도록 한다. 활동을 마무리 할 때 학용품을 종류별로 모아 놓은 묶음들(예, 지우개 4개, 연필 4개, 풀 4개 등)은 어떤 점이 비슷한지 물어본다.

■ **활동 5.05 옮기면서 세기(Move and Count)**

여러 가지 셀 수 있는 물건들(동전, 칩, 모조화폐 등)을 작은 비닐봉투에 넣도록 한다. 단 각 물건 당 네 개씩 준비한다. "봉투를 받자마자 물건들을 각 종류별로 분류해야 해요."라고 말한 다음, 학생별로 봉투를 하나씩을 나눠 준 후, 프로젝터(overhead projector)를 활용하여 '분류하기'에 대해 설명한다. 교사가 한쪽 편에 각 물건들을 종류별로 배열하는 것처럼, 학생들은 자신의 물건들을 종류별로 모아서 한쪽 편에 놓도록 한다. 이제 '옮기면서 세기'를 시작한다. 학생들은 물건을 세면서 다른 쪽[반대편]으로 각 물건을 밀어 놓도록 한다. 이러한 방식으로 각 물건들을 종류별로 개수를 세어본다. 단 각 물건은 종류별로 4개씩 구비되어 있어야 한다.

■ **활동 5.06 네 잎 클로버(Four-Leaf Clovers)**

줄기가 여러 개 있는 네잎 클로버를 그려서 학생들이 사용할 수 있도록 잎을 잘라 놓는다. 시간이 허용되는 경우에는 학생들이 직접 잎을 잘라도 된다. 오늘은 네 잎 클로버를 만들 거라고 학생들에게 알려준 다음, 네 잎 클로버를 본 사람이 있는 지 물어보고 네 잎 클로버가 어떤 모양인 지 짧게 토의하도록 한다. 이때 잎이 네 개라는 점을 강조한다. 프로젝터(overhead projector)를 활용하여 네 잎 클로버를 어떻게 만드는 지 설명한다. 네 잎 클로버를 만들 때마다 아이들과 함께 수세기를 한다. 네 잎 클로버를 만들 때는 잎이 몇 개가 있어야 하는 지 물어본다.

■ **활동 5.07 넷이거나 넷이 아니거나(Four or Not four)**

여러 가지 꽃을 그려 연습문제지(work sheet)를 만든다. 이때 꽃잎이 4개인 꽃, 꽃잎이 4개보다 적은 꽃, 꽃잎이 4개보다 많은 꽃을 여러 개 그려 넣는다.

프로젝터(overhead projector)를 활용하여 꽃을 보여주고 어떤 색을 칠할지 정한 다음, 함께 수세기를 한다. 이미 숫자 이름을 다 익혔더라도 넷(four)의 개념을 발달시키기 위해 정확하게 꽃잎이 네 개인 꽃과 그렇지 않은 꽃을 강조하면서 활동을 전개하도록 한다.

■ **활동 5.08 사이먼이 말하기를(Simon Says)**

넷(four) 개념을 활용하여 사이먼이 말하기 게임을 계획한다. 예를 들면, "사이먼이 말하기를 박수를 네 번 쳐라.", "사이먼이 말하기를 한 발로 네 번 뛰어라.", "사이먼이 말하기를 기침을 네 번 해라." 등.

게임규칙을 다시 확인하고 게임을 시작한다. 게임이 끝날 때 사이먼이 요구하는 것이 무엇인지 알고 있나 물어본다. 이때 학생들이 사이먼이 요구했던 특정한 움직임을 상기할 수 있도록 도와준다. 학생들이 "박수를 네 번 쳐라"와 같은 말에 반응할 때 그 말을 칠판에 쓴다. 이와 같은 방법으로 넷(four)과 관련된 지시문을 모두 칠판에 옮겨 쓴 다음, 한 학생이 칠판에 쓰여 있는 문장에서 "넷(four)"을 표현하기 위해 표기된 부분을 가리키도록 한다.

6 두 자리 숫자(Two-Digit Numbers)

앞서 한 자리 숫자의 지도 단계를 제시한 다음 두 자리 숫자의 지도 단계도 설명하였다. 도입단계에서는 숫자 쓰기를 지도하기 전에 양(quantities)에 초점을 두어 지도하는데 이때 이미 배운 숫자들(양)과 관련지어 가르친다.

우리는 아이가 숫자 쓰기를 익히기 전에 특정 숫자(수량)가 "무엇과 비슷한 지(looks like)" 먼저 터득하길 바란다. 이를 테면, 열 둘(twelve)에 대한 심상은 추상적인 상징(표기된 숫자 12)이 아니라 사물 12개이어야 한다. 그런데 10보다 큰 숫자일 때 아이는 많은 사물들을 그냥 "하나의 다발(a bunch)"로 본다. 세 종류의 묶음이 각각 사물 11개, 12개 또는 13개로 되어 있는 경우 사실상 어떤 것이 11개짜리, 12개짜리 혹은 13개짜리인지 분간할 수 없다.

아이가 열 둘(twelve)을 쉽게 식별할 수 있는 배열로 이해하도록 도와줌으로써 심상이 조직화(organization)될 수 있다(Schram, Feiman-Nemser, & Ball, 1990). 이러한 경우, 이미 알고 있는 양들(quantities)을 조합하여 새로운 숫자를 제시한다. 예를 들어, 다음과 같이 다양한 방식으로 열둘을 제시할 수 있다.:

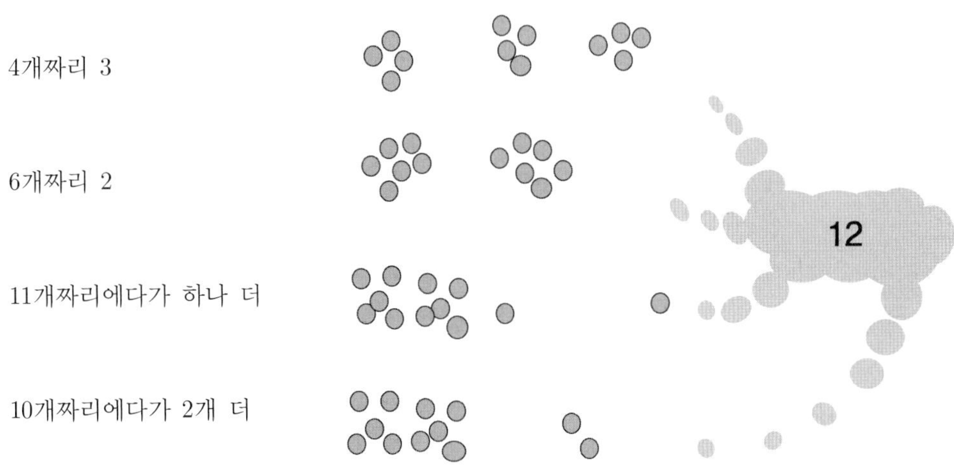

10보다 큰 숫자들은 십의 자리와 일의 자리의 조합으로 제시되기 때문에, 마지막에 제시한 열 둘(10개짜리와 2개 더)은 중요한 심상이다. 10-프레임(10-frame)은 특히 10에서 19까지의 숫자에 대한 심상을 구성하는데 효과적인 방식으로 아이가 십의 자리와 일의 자리 숫자를 이해하는데 유용하다.:

막대 묶음(bundled sticks)은 아이들이 두 자리 숫자들에 대한 심상을 발달시키는데 유용한 모델이다. 막대 12개가 한 더미로 있는 경우 그냥 막대 한 묶음으로 보일 수 있지만, 이를 10개짜리 묶음으로 묶어보면, 열둘을 '10개짜리에다가 2개 더'로 이해하는 데 수월해진다.:

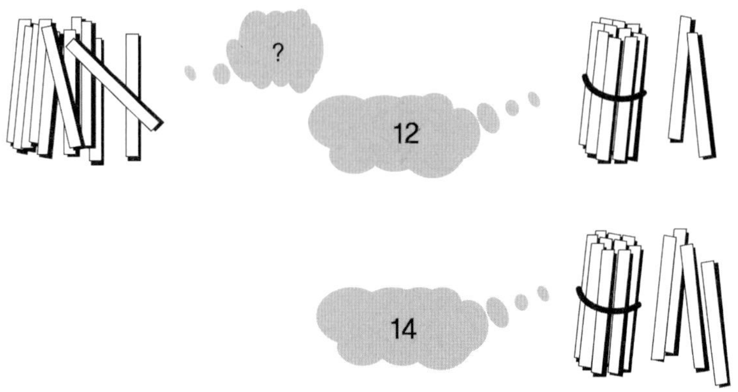

십진블록(base-10 block) 또한 두 자리 숫자를 익히는데 효과적인 모델이다. 십진블록은 크기가 작은 정육면체, 막대(길이가 긴 육면체), 평평한 모양의 육면체, 크기가 큰 정육면체로 구성되어 있다. 작은 정육면체들은 일의 자리를 뜻하고, 막대(rods)의 길이는 작은 정육면체 10개와 똑같으며, 막대는 십의 자리를 나타낸다. 평평한 모양의 육면체(flats)는 막대 10개와 같은데 백의 자리를 나타낸다. 큰 정육면체의 크기는 평평한 모양의 육면체 10개와 같으며 1000의 자리를 나타낸다.

십진블록을 도입할 때 교사는 학생들이 이미 알고 있는 한 자리 수 개념에 기반을 두어야 한다.

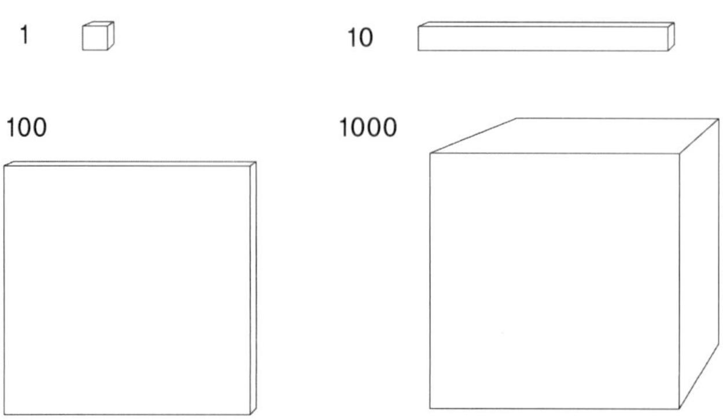

교사는 대개 한자리 수를 나타내는 작은 정육면체부터 시작한다. 그다음 아이들에게 막대를 보여주며 10의 자리-막대(10-rod)는 어떤 숫자를 뜻하는 지 물어본다. 이 막대 옆에 일의 자리 수-정육면체들(1-cubes)을 나란히 놓아주면, 아이들은 막대가 작은 정육면체 10개와 같은 양임을 이해할 수 있다.:

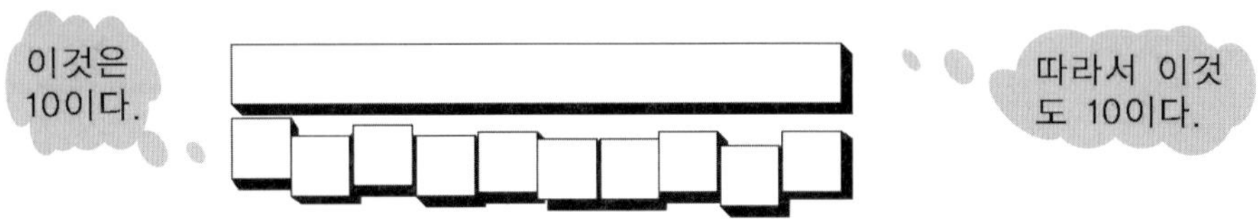

학생들은 10을 나타내는 데에는 두 가지 방식이 있다는 것을 알 수 있다.: 일의 자리-정육면체(1-cubes) 10개 또는 십의 자리-막대(10-rod) 1개. 이와 마찬가지로 다른 숫자들 또한 두 가지 방식으로 이해할 수 있다(예, 정육면체 12개 또는 막대 1개와 정육면체 2개).

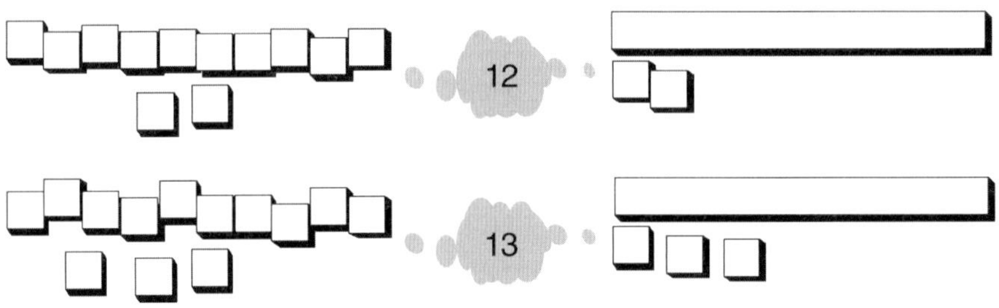

아이들은 숫자 10~19를 나타낼 때 십의 자리와 일의 자리를 활용하여 표현하는 경험을 많이 해야 한다. 각 예제에서 교사는 십의 자리와 일의 자리를 활용할 때 동일한 양을 보여주는 또 다른 방식을 강조하여 아이들이 숫자 10~19를 이해하게 한다. 그러나 아이들 또한 십의 자리와 일의 자리가 활용되는 경우 더 적절한 심상이 떠오르기 때문에 그 숫자가 더 쉽게 인식된다는 것을 이해해야 한다.

숫자 10~19를 십의 자리와 일의 자리로 떠올릴 때 숫자 쓰기를 도입해야 한다. 많은 아이들이 10, 11, 12 등 두 자리 숫자를 이미 쓸 수 있다 하더라도 교사가 실제로 '십의 자리 1개와 일의 자리 ○개'와 같은 형태로 보여주는 것은 중요하다.

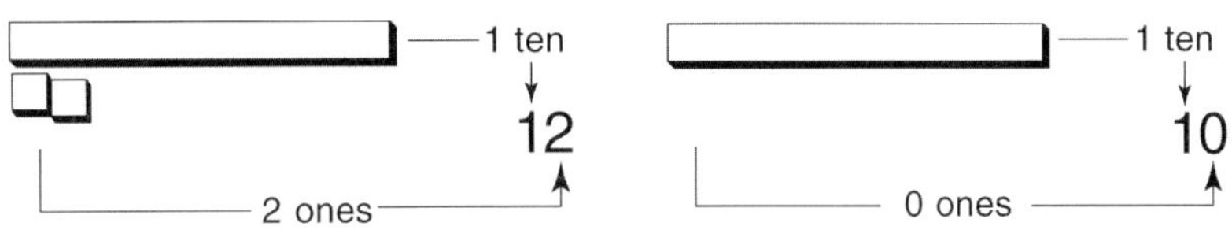

아이가 숫자 10~19를 십의 자리와 일의 자리로 떠올릴 때 계속해서 다른 두 자리 수를 이해하는 것이 수월해 진다. 열아홉은 10이 1개에다가 1이 9개이다. 19에다가 하나 더 있으면 20이니까, 20은 10에다가 1이 10개, 즉 십(자리)이 2개이고 일(자리)은 없다.

스물(이십)에다가 하나를 더하면 21이며, 숫자로 표기한 21은 십이 몇 개이고 일이 몇 개 인지 보여준다.

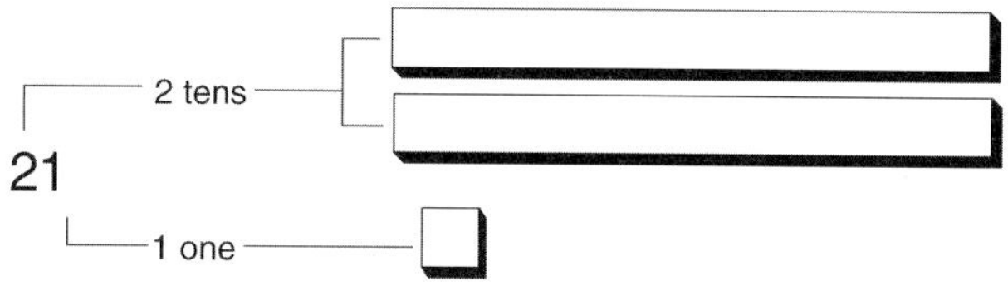

스물(이십)에다가 다섯을 더하면 25이며, 숫자로 표기한 25은 십이 몇 개이고 일이 몇 개 인지 보여준다.

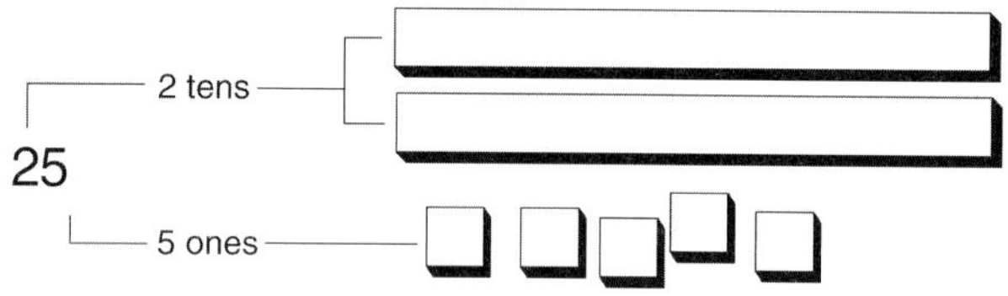

서른(삼십)은 십이 3개. 서른에다가 4를 더하면 34.

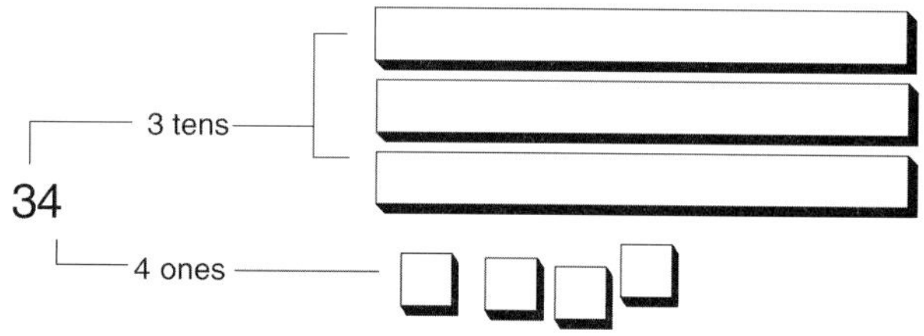

예순(육십)은 십이 6개이며, 예순에다가 3을 더하면 63.

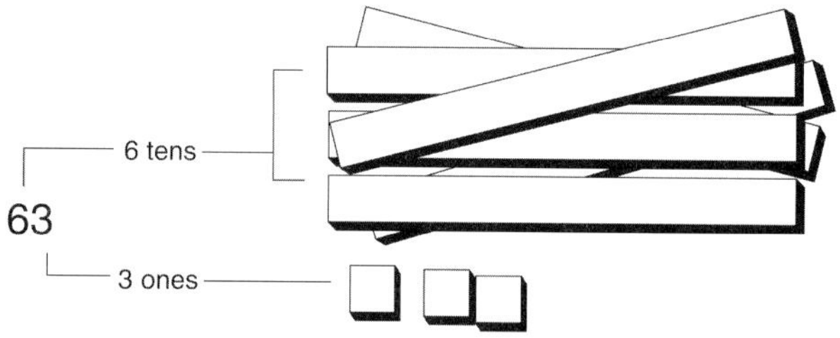

다음 활동들은 교사가 두 자리 수 개념을 어떻게 발전시킬 수 있는 지 보여준다.

■ **활동 5.09 묶음 만들기(Bundle Them up)**

학생들에게 나눠 줄 하드 아이스크림 막대(popsicle sticks)를 봉투에 넣어 준비한다. 이때 교사용으로는 막대 20개를 남겨둔다.

교사는 학생들에게 "내가 막대를 가지고 있는데 막대가 몇 개인지 알아야 해요."라고 말한다. 교사가 막대 20개를 셀 때 아이들도 함께 막대를 세도록 한다. 10까지 세고, 막대 10개를 고무 밴드로 묶는다. 그다음 막대묶음 안에 막대가 몇 개 있는지 물어본다. 똑같은 방법으로 10개짜리 묶음을 하나 더 만든다.

10개짜리 묶음이 모두 몇 개인 지 물어본다. ['2'라고 답함] 막대를 모두 합치면 20개니까, 십이 2개인 것은 20개와 똑같아야 함을 다시 한 번 알려준다. 고무 밴드를 풀어서 막대 12개를 센 다음, 막대 12개를 10개짜리 묶음을 만들어 10개짜리 1묶음과 막대 2개로 보여준다.

막대가 들어 있는 봉지를 학생들에게 나눠 준다. 모두 막대 15개를 세고 나서 나머지 막대는 옆에 놓도록 한 다음, 막대 15개를 10개짜리 묶음으로 묶어보게 한다. 막대가 모두 몇 개인 지 물어본다. ['15'라고 답함] 10개짜리 묶음이 몇 개인 지, 묶고 남은 나머지 막대가 몇 개인 지 물어본다. [10개짜리 묶음 1개와 막대 5개]
위와 같은 방법으로 10~19까지 가르친다.

■ **활동 5.10 교환해 보아요. (Let's Trade)**

십진블록(base-10 block) 세트에서 십의 자리-막대(10-rod) 1개와 일의 자리-정육면체(1-cubes) 19개를 봉투에 담아 학생들에게 나누어 준다. 이때 교사용으로는 십진블록 1세트를 남겨둔다.
정육면체 6개를 보여주고 몇 개 인지 물어본다. 그다음 정육면체 3개를 보여주고 몇 개인 지 물어보고, 정육면체 9개를 보여주고 몇 개인 지 물어본다. 필요하다면 정육면체 개수를 누군가가 세어보게 한다. 정육면체 10개를 보여주면 누군가가 정육면체 개수를 센다. 아이들의 이해를 돕기 위해 정육면체 10개를 십의 자리 막대 옆에 나란히 놓는다. 십의 자리-막대가 어떤 숫자를 뜻하는지 숫자이름을 물어본다. [열(ten)] 십의 자리-막대 1개는 정육면체 몇 개와 바꿀 수 있는 지 물어본다. [10] 정육면체 12개를 보여주고 십의 자리 막대와 바꿀 수 있는 지, 없는 지를 물어본다. 이때 12는 10에다가 2를 더한 것과 똑같다고 알려준다.
십진블록이 들어있는 봉투를 나눠준다. 모두가 정육면체 15개를 센 다음, 아이들이 일의 자리-정육면체 10개와 십의 자리-막대 1개를 교환하도록 한다. 15를 15개라고 하지 말고 15를 다르게 표현한다면, 어떻게 말해야 할 지 물어본다.
위에 제시한 활동을 되풀이하면서 10~19까지 가르친다.

■ **활동 5.11 같은 숫자끼리 짝지어 봐요. (Match)**

두 자리 숫자를 만들 수 있는 십진블록을 종이봉투에 넣은 다음, 각 숫자를 두세 가지 방식으로 보여주도록 한다. 예를 들어, 27은 일의 자리-정육면체 27개로, 십의 자리-막대 1개와 일의 자리-정육면체 17개로 그리고 십의 자리-막대 2개와 일의 자리-정육면체 7개로 나타낼 수 있다.
봉투를 나눠 준 다음, 아이들은 자신의 봉투에 있는 숫자를 살펴보고 봉지 바깥에 숫자를 기록하도록 한다.
그런 다음, 같은 숫자를 가진 학생들끼리 모둠을 만들어 보게 한다. 마지막으로 각 모둠은 구성원들이 가지고 있는 봉투 속의 숫자가 모두 같은 지 확인한다.
각 모둠은 급우들에게 같은 숫자를 다른 방식으로 표현하여 말하도록 한다.

■ **활동 5.12 보고 말해 봐요 (See and Say)**

학생 모둠 수에 맞춰 십의 자리-막대 9개와 일의 자리-정육면체 30개로 구성된 십진블록 세트를 준비하고, 교사용으로도 1세트를 준비한다.
2~3명 학생들이 한 모둠을 구성한 다음, 준비한 십진블록을 모둠별로 1세트씩 나눠 갖게 한다.
칠판에 23을 쓰고, 모둠별로 숫자를 표현할 때 가장 작은 십진블록을 어떻게 사용할 것인 지 추측해보게 한다. 모두가 이해했는지 확인하고 학생들이 십의 자리 2개와 일의 자리 3개로 23을 만들어 본다. 그다음 교사는 다른 두 자리 숫자를 몇 개 더 칠판에 써서 제시하고 모둠별로 동일한 활동을 되풀이하여 전개한다.

■ **활동 5.13 너무 많아요. (Too many)**

Dr. Seuss의 "Too Many Daves"는 McCave 부인에게 23명의 아들이 있었는데 아들 모두 이름이 Dave여서 벌어지는 이야기이다.

이 책을 활용하여 각 학생마다 남자아이 23명 있는 그림을 그리게 한 다음, 그림에서 남자아이 1명씩을 오리게 한다. 먼저 "Too Many Daves"를 읽고서 남자아이 10명씩 하나의 모둠으로 만들어 보게 하며 두 자리 숫자를 십의 자리와 일의 자리로 표현하도록 지도한다.

■ **활동 5.14 모리아의 생일 (Moria's Birthday)**

모리아의 생일(Moria's Birthday)은 Robert Munsch가 만든 학생용 책인데 숫자가 다양한 방식으로 사용되는 장면들이 포함되어 있다. 예를 들면, 파티에 초대할 사람 수, 파티용으로 주문한 피자 개수 및 파티용 선물 개수 등. 즉 사건, 갈등, 해결 등의 이야기 속에 여러 숫자가 다뤄진다. 책을 읽고 나서 동화 속에서 숫자가 어떻게 표현되는 지 토의하는데 특히 "얼마나[얼마만큼](how much)"을 강조하면서 활동을 전개하도록 한다.

7 세 자리 이상 숫자(Three or More Digits)

세 자리 이상 숫자의 도입과 전개는 아이들이 이미 습득한 두 자리 수에 관한 지식과 쉽게 연결될 수 있다. 아이가 기본단위를 이해할 수 있는 모델을 활용하여 두 자리 수의 심상을 확장시킬 수 있다: 십진블록(백의 자리 블록, 천의 자리 블록 추가); 장난감 돈(백 달러 지폐와 천 달러 지폐 추가).

아이들이 숫자이름이나 숫자쓰기를 익히기에 앞서 시각적으로 제시된 숫자들을 이해하는 것은 여전히 중요하다. 십진블록을 사용할 경우, 교사는 아이들이 십의 자리 블록 10개를 하나로 짜 맞추게 하여 더 큰 블록이 십의 자리 블록 10개의 양과 똑같다는 것을 보여 줄 수도 있다. 아이들이 합리적으로 100까지 셀 수 있는 경우, 또한 일의 자리 블록 100개를 조합하게 하여 더 큰 블록이 일의 자리 블록 100개의 양과 똑같다는 것을 보여 줄 수도 있다.

막대묶음을 활용하는 경우에는 10개짜리 묶음 10개를 합쳐서 더 큰 묶음으로 만들 수 있는데 여기서 더 큰 묶음의 양은 백이 된다. 그다음 더 큰 묶음이 막대 100개에 해당한다는 사실을 증명해 보이기 위해 막대를 낱개로 하나씩 세어 볼 수 있다.

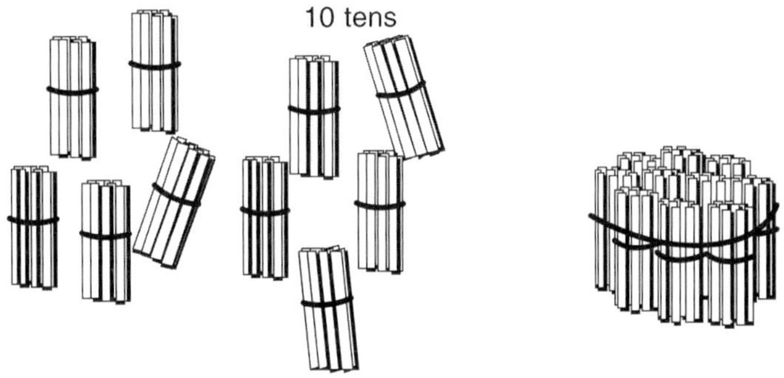

아이들은 기본단위 차원에서 이러한 새로운 숫자들을 시각화하여 생각할 수 있어야 한다. 아이는 오히려 247을 백의 자리 2, 십의 자리 4, 일의 자리 7로 생각해야 한다. 아이들은 이러한 숫자들을 재인(recognition)할 수 있고, 쓸 수 있으며, 읽거나 말할 수 있다. 이러한 형태로 세 자리 수나 네 자리 수를 제시할 때 아이들은 두 가지 다른 형태에서 똑같은 숫자로 다시 반응할 수 있어야 한다. 예를 들어 "247은 백의 자리 2, 십의 자리 4, 일의 자리 7이며, 백의 자리 2와 십의 자리 4와 일의 자리 7은 247이다"로 응답할 수 있어야 한다.

아이들이 이처럼 큰 숫자들을 활용하는 경우에는 표준표기법으로 쓰는 것뿐만 아니라 표준방식으로 읽는 것도 배워야 한다. 숫자 384를 "삼백 팔십 사(three hundred and eighty-four)"로 생각해서 읽고 쓰는 것이 좋다.

교사는 표준 언어를 사용하여 아이들을 격려하고 이끌어 가야 한다. 교사는 지속적으로 표준 수학 언어(standard mathematical language)를 사용하도록 해야 한다. 그렇지만 아이들이 여러 자릿수(multidigit whole numbers)를 읽고 쓸 때 때때로 "그리고(and)"가 나타나는 경우에 과민반응하지 말아야 한다. 지속적으로 표준 언어를 아이들에게 제공하고자 할 때 일반적으로 가장 생산적인 방식은 온화한 방법으로 교정한 다음, 더 중요한 것으로 전이시키는 것이다. 교사가 세 자리 숫자를 지도할 때 적용할 수 있는 활동단계는 다음과 같다.

■ 활동 5.15 막대개수가 너무 많아요, 묶음을 만들어요

막대 묶음을 사용하여 35를 만들어 보게 하는 활동으로 먼저 아이가 숫자 35에 맞춰 막대 35개를 상자 안에 넣도록 한다. 그다음 상자 안에는 10개짜리 묶음이 몇 개 있는지 물어본다. [3] 그리고 나서는 막대가 몇 개 남아 있는 지 물어본다. [5] 아이가 지켜보는 가운데 그 상자 안에다 막대를 3개 더 일부러 떨어뜨리고 나서, 그 상자 안에는 10개짜리 묶음이 몇 개 있는 지 물어본다. [3] 그런 다음 막대가 낱개로 몇 개 있는지 물어본다. [8] 그렇다면 상자 안에 들어 있는 막대가 모두 몇

개인 지 물어본다. [38]

또다시 그 상자 안에다 막대 5개를 더 떨어뜨리고 나서, 상자 안에는 10개짜리 묶음이 몇 개 있는 지 물어본다. [3] 그리고 나서 막대가 낱개로 몇 개 남아 있는 지 물어본다. [13] 이어서 우리가 새로운 숫자를 쓸 수 있으려면 먼저 무엇을 해야 할 지 물어본다. [바꾸기 활동 또는 새로운 묶음 만들기 활동] 상자 바깥쪽에 막대 10개를 가져다가 주고 고무 밴드로 묶어서 10개짜리 막대 묶음을 하나 만들도록 한다. 새로 만든 10개짜리 막대 묶음을 상자에 떨어뜨린 다음, 이제 상자 안에는 무엇이 들어 있는 지 물어본다. [10개짜리 묶음 4개와 막대 3]

위의 활동과 비슷한 예는 다음과 같다. 막대가 58개 들어 있는 상자를 준비한 다음, 그 상자에다가 막대를 6개 더 넣는다. 그렇게 하고서는 10개짜리 막대 묶음을 새로 만들도록 하고 이어서 숫자 이름을 말해 보도록 한다.

■ 활동 5.16 막대개수가 너무 많아요, 큰 묶음을 만들어요.

막대 묶음을 사용하여 85를 만들어 보게 하는 활동으로 먼저 아이가 85숫자만큼 막대 85개를 상자 안에 넣도록 한다. 그런 다음 상자 안에는 10개짜리 묶음이 몇 개 들어있는 지 물어본다. [8] 그리고 나서는 막대가 몇 개 남아 있는 지 물어본다. [5] 아이가 지켜보는 가운데 그 상자 안에서 막대 10개를 빼내어 치운 다음, 그 상자 안에는 10개짜리 묶음이 몇 개 있는 지 물어본다. [7] 그런 다음 막대가 낱개로 몇 개 있는 지 물어본다. [5] 그렇다면 상자 안에 들어 있는 막대가 모두 몇 개인 지 물어본다. [75]

다시금 그 상자 안에다 10개짜리 막대묶음을 5개 더 떨어뜨리고 나서, 상자 안에는 10개짜리 묶음이 몇 개 있는 지 물어본다. [12] 그리고 나서 막대가 낱개로 몇 개 남아 있는 지 물어본다. [5] 10개짜리 12개는 너무 많아서 숫자로 쓸 수 없을 정도라고 말해 준 다음, 상자에서 10개짜리 묶음 10개를 꺼내 고무 밴드로 묶어서 큰 묶음 하나로 만든다. 이러한 활동을 하는 동안 아이가 관심을 가지고 지켜보도록 한다. 그런 다음 큰 묶음 하나에는 막대가 100개 있다고 알려 주고 백은 10개짜리 묶음 10개와 똑같다고 말해 준다. 큰 묶음을 다시 상자에 집어넣고서 상자에는 무엇이 들어있는 지 물어본다. [백의 자리(100개짜리 묶음) 1과 십의 자리(10개짜리 묶음) 2와 일의 자리(막대 낱개) 5] 그다음에 교사는 이 숫자를 어떻게 쓰는 지 표기법을 학생들에게 알려주도록 한다.

위의 활동과 비슷한 예는 다음과 같다. 막대가 98개 들어 있는 상자를 준비한 다음, 그 상자 안에다가 10개짜리 막대 묶음을 6개 더 넣는다. 그런 다음 큰 막대 묶음을 새로 만들도록 하고 숫자이름을 말해 보도록 한다. 이때 숫자로 쓸 수 없을 정도로 10개짜리가 너무 많아서 큰 묶음을 만들어야 한다고 강조하도록 한다.

■ 활동 5.17 10개[100개]짜리로 교환해 보아요.

활동 5.15과 5.16에 제시된 절차에 따라 지도하되, 십진블록 외에 다른 학습도구를 사용하도록 한다. 낱개 10개를 십의 자리(10개짜리 묶음)로 바꾸기, 십의 자리(10개짜리 묶음) 10개를 백의 자리(100개짜리 묶음)로 바꾸기 등을 포함시켜 진행하도록 한다.

■ **활동 5.18 보고, 말하고, 보여주세요.**

4명씩 한 모둠으로 만든 다음, 각 모둠에게 십진블록을 한 세트씩 나눠준다. 블록으로 381을 만든 다음, 백의 자리(100개짜리 묶음), 십의 자리(10개짜리 묶음), 일의 자리(낱개)가 몇 개 있는 지 물어본다. 그리고 나서는 어떻게 숫자를 말해야하는 지 설명해 준다. ["삼백 팔십 일(three hundred eighty-one)"] 블록을 활용하여 526을 먼저 만든 다음, 그 숫자를 어떻게 말하는 지 알려준다. ["오백 이십 육(five hundred twenty-six)"] 이어서 블록으로 642를 만들어 보여준 다음, 아이에게 블록으로 제시한 숫자를 말해보게 한다.

상자 안에 354 숫자만큼 십진블록을 넣은 다음, 한 아이가 앞으로 나와 상자 안을 살펴보고 그 숫자를 말해보게 한다. 그리고 나서 각 모둠별로 블록을 사용하여 그 숫자(354)를 만들도록 한다. 모든 모둠이 '블록으로 숫자 만들기'를 마쳤을 때 상자에서 백의 자리(100개짜리 묶음) 3개를 꺼내서 보여준 다음, 모두가 백의 자리 블록을 3개 가지고 있는 지 물어본다. 이어서 십의 자리 블록 5개를 꺼내 보여주고 모두가 십의 자리 블록이 5개인 지 물어본 다음, 마지막으로 일의 자리 블록 4개를 상자에서 꺼내 보여주며 모두가 일의 자리 블록이 4개인 지 물어본다. 모두 함께 블록으로 만든 숫자를 말해보도록 한다. 위에 제시한 절차를 반복하여 269, 524, 915를 가르친다.

■ **활동 5.19 듣고, 보여주고, 써보아요.**

4명씩 한 모둠으로 만든 다음, 각 모둠에게 십진블록을 한 세트씩 나눠준다. 538을 종이에 쓴 다음, 한 아이가 대표로 급우들에게 그 숫자를 읽어 주게 한다.

각 모둠은 십진블럭을 사용하여 들은 숫자(538)를 만들어야 한다. 블록으로 숫자를 만들어 보여준 후에, 모둠은 그 숫자를 정확하게 쓰는 방법에 대해 합의한 다음, 모둠구성원 1명이 그 숫자를 써놓도록 한다.

모든 모둠이 합의를 거쳐 숫자를 다 썼을 때 쓴 숫자를 들어보도록 하여 각 모둠이 숫자를 보고 확인할 수 있게 한다. 위에 제시한 절차대로 219, 526, 645를 가르친다.

■ **활동 5.20 같은 양을 여러 가지로 표현해 보아요.**

백의 자리 (100개짜리)	십의 자리 (10개짜리)	일의 자리 (낱개)
6	4	5
6	3	15
5	13	15

위와 같은 십진도표를 만들어 칠판에 써 준 다음, 십진블록으로 645를 만들어보게 하고 십진도표에다 그 숫자를 기록하게 한다.

십의 자리(10개짜리) 1개를 일의 자리(낱개)로 바꾸게 한 다음, 십진도표에다가 자릿수별 숫자를 기록하게 한다. 이때 같은 양이지만 다른 방법으로 그 양을 나타낼 수 있다고 강조하여 일러준다.

이어서 백의 자리(100개짜리) 1개를 십의 자리(10개짜리)로 바꾸도록 한 다음, 마찬가지로 십진도표에다가 자릿수별 숫자를 기록하게 한다. 이를 확장시켜 645를 또 다른 방법으로 나타내 보도록 한다.

다른 숫자를 제시하여 위의 절차에 따라 지도한다.

8 어림수(Rounding Numbers)

반올림 개념을 익히는데 가장 효과적인 방법은 아이들이 수직선상에서 숫자를 시각화할 수 있도록 하는 것이다. 십 간격으로 진하게 표시하면, 아이들은 어떤 숫사가 십의 자리 숫자에 가까운 지 판단하기 쉽다. 예를 들어, 87을 가장 가까운 십의 자리 수로 반올림하고 싶은 경우 먼저 수직선을 그릴 때 십 단위 숫자를 다른 색으로 표시하도록 한다.

그런 다음 87의 위치를 수직선에 표시한다.:

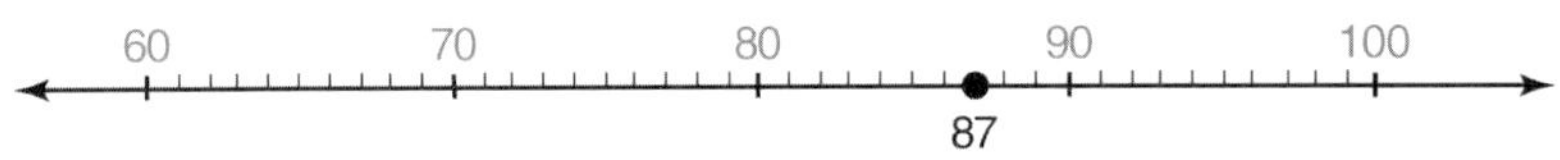

아이들은 87이 80과 90사이에 있지만 90에 더 가깝다는 것을 이해할 것이다. 즉 90이 가장 가까운 십의 자리 수이므로 87을 반올림하면 87의 어림수는 90이다.

이와 마찬가지로 32를 반올림하면 32의 어림수는 30이다.

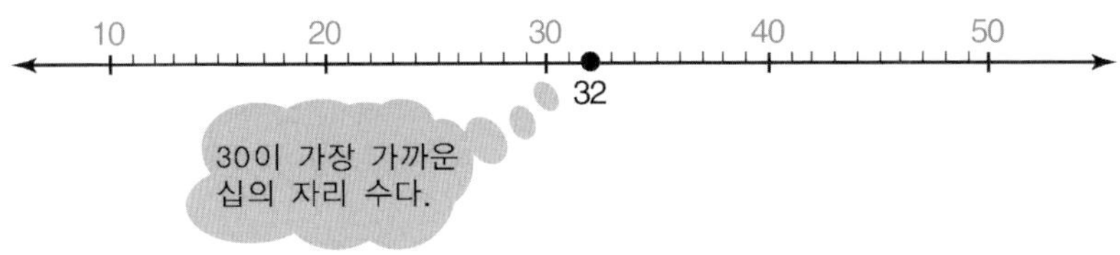

65는 정확하게 60과 70사이 정가운데에 위치한다.

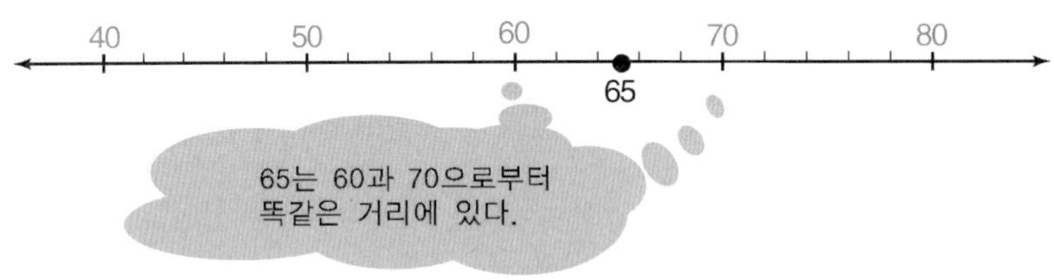

이런 경우 더 높은 숫자로 반올림하여 어림수를 구하는 것이 초등학교수준에서 가장 보편적이다.

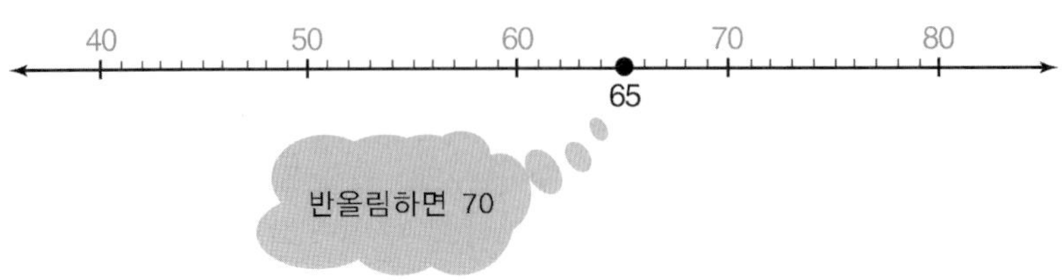

아이들은 다양한 예에 노출되면서 규칙을 일반화할 수도 있다. (일의 숫자가 5보다 크면 반올림하며 5보다 작으면 끝수를 버린다.) 그런데 이러한 규칙을 기계적으로 반복하여 제시하지 않는 것이 중요하다. 즉 예를 많이 보여주고 그 속에서 일반화된 규칙을 이끌어 내게 하는 것이 중요하다. 이상적으로는 아이들이 발견한 것들을 요약하여 스스로 규칙을 진술하도록 유도하는 것이 바람직하다. 이러한 과정을 거친 다음, 아이들은 규칙을 이해할 수 있을 것이다. 기억할 것을 시각화할 수 있고 이미 알고 있는 것과 연결시킬 수 있을 때 기억하기가 더 쉽기 때문에 규칙을 파지하는 데 훨씬 더 좋을 것이다. 교사가 어림수를 지도할 때 적용할 수 있는 활동단계는 다음과 같다.

■활동 5.21 누가 여자아이와 가장 가까이에 있나요?

교실 앞쪽에 의자 15개를 일렬로 나란히 놓는다. 3명의 여자아이를 앞으로 나오게 하여 1명은 3번째 의자에, 1명은 8번째 의자에, 1명은 13번째 의자에 앉힌다.

그다음 남자아이 1명을 앞으로 나오게 하여 비어 있는 아무 의자에 앉도록 한다. 어떤 여자아이가 남자아이와 가장 가까운 지 물어본다. 다른 남자아이들을 앞으로 나오게 하여 같은 활동을 반복한다.

그리고는 남자아이 3명을 의자에 앉히고서, 여자아이 1명을 앞으로 나오게 하여 빈 위자에 앉도록 한 다음, 어떤 남자아이가 가장 가까이에 있는 지 판단하게 한다. 다른 여자아이들을 앞으로 나오게 하여 같은 활동을 반복한다.

■활동 5.22 어떤 의자번호가 10의 자리숫자와 가장 가까이에 있나요?

교실 앞쪽에 의자 15개를 일렬로 나란히 놓는데 의자 등쪽이 아이들에게 보이도록 배치한다. 숫자 20을 3번째 의자의 등에 붙이고, 숫자 30을 13번째 의자 등쪽에다가 붙인다.

숫자 20이 붙어있는 의자를 가리키며, 이 의자번호가 20이라면 그 옆에 있는 의자번호는 어떤 숫자인지 물어본다. [21] 아이들이 다른 의자의 번호를 알아맞혀 보게 한다. 그리고는 아이 1명을 아무 의자에 앉히고서 그 의자(번호)의 숫자가 무엇인 지 물어본 다음, 20에 가까이 있는 지 또는 30에 가까운 지 물어본다. 아이가 의자번호 25인 자리에 앉는 경우, 20으로부터의 간격과 30으로부터의 간격이 모두 똑같다는 것에 합의하도록 한다.

다른 아이들을 앞으로 나오게 하여 같은 활동을 반복한다.

복도에 의자 25개를 일렬로 나란히 놓는다. 2번째 의자에다가 숫자 40을 붙이고, 12번째 의자 등에 숫자 50을 붙이고 나서, 22번째 의자에다가 숫자 60을 붙인 다음, 위에서 제시한 절차에 따라 활동을 전개한다.

■활동 5.23 가장 가까운 십 단위 숫자는 무엇인가요?

칠판에 수직선을 그리는데 십 단위 숫자는 색분필로 표시하고 나머지 숫자들은 표시하지 않는다. 수직선에서 빠진 숫자들을 카드로 만들어서 준비해 둔다. 준비한 숫자카드를 섞은 다음 아이들에게 나눠 준다.

아이들이 차례로 앞으로 나와 자신이 갖고 있는 숫자카드를 수직선에서 알맞은 위치에 붙이도록 한다. 수직선에다 숫자를 붙인 다음, 십의 자리 숫자에 가장 가까운 숫자들이 무엇인 지 말하게 한다.
다른 아이들에게도 같은 활동을 반복하여 실시한다.

9 수업 수정하기

이제 초등학교 1학년용 수업안을 살펴보고자 한다. 수업안은 전형적으로 교사용 지침서에 제안된 지도활동과 비슷하다. 수업안의 구성요소를 체계화하여 제시하면 다음과 같다. 목표(objective), 도입(lesson opener), 전개(development), 학습점검(monitoring learning), 연습(practice) 및 정리(closure).

수업 목표

학생들은 13부터 19까지의 숫자를 알고 쓸 수 있다.

■ **도입**

숫자 7부터 12까지 칠판에 적은 다음, 탁자 위에 셀 수 있는 물건을 20개 정도 올려놓는다. 교사가 아이에게 숫자 8을 가리켜 보여주면 아이는 그 숫자가 무엇인 지 말해보도록 한다. 또 다른 아이를 앞으로 나오게 해서 탁자에 있는 물건을 제시한 숫자만큼 가져오게 한다. 그리고 나서 다른 아이가 물건 개수가 정확히 8개인 지 점검하게 한다. 숫자 12에 대해서도 같은 과정을 반복한 다음, 오늘 학습할 내용은 13에서부터 19까지의 숫자들을 이해하고 써보는 것이라고 알려준다.

■ **전개**

학생들에게 하드 아이스크림 막대(popsicle sticks) 14개를 보여주면서 막대가 14개 있다고 알려준다. 학생들이 지켜보는 가운데 막대 10개를 세어보고, 고무 밴드로 묶어 10개짜리 막대묶음을 하나 만든다. 막대가 낱개로 4개 남아있는 것을 보여주고 14는 10에다가 4를 더한 수임을 말해준다. 자리값 도표(place-value chart)에 그 숫자를 기록하여 14를 어떻게 쓰는 지 설명하고 나서 도표 옆에 14를 쓰도록 한다.
이 과정을 반복하여 숫자 16과 19를 지도하도록 한다.
아이들이 교과서 교과 단원의 첫 장에 주목하도록 하고 첫 번째 예를 보도록 한다. 한 모둠에게는 점이 10개 있고 다른 모둠에게는 점이 5개 있다고 알려주고 숫자 15를 어떻게 쓰는 것인 지 보여준다.

■ **학습점검**

아이들이 교과 단원 첫 장에 있는 나머지 학습 예제들을 풀게 한다. 그동안 교사는 교실을 돌아다니며 아이들이 과제를 잘 수행하고 있는 지 관찰하여 누가 학습에 어려움을 보이는 지 파악하도록 한다.

■ **연습활동**

아이들이 교과 단원의 두 번째 장에 있는 연습문제를 풀게 한다. 과제를 잘 수행하지 못하는 학생들의 경우 반복학습용 연습문제(reteaching worksheet)를 풀게 한다.

■ **정리**

수업을 마칠 때 아이들이 주의를 기울이게 하여 오늘 학습한 내용을 상기시켜 준다. 즉 13부터 19까지의 숫자를 어떻게 이해하였으며 그리고 어떻게 썼는지 다시 한 번 알려준다.

(1) 다양한 학생 집단에게 수업 적합화하기

앞서 제시한 전형적인 수업안(lesson plan)을 모든 학습자에게 적합화하여 적용하기 위해서는 다음의 다섯 가지 목적이 성취되어야 한다.

1. 학습활동 양을 늘려라(Increase the amount of development). 개념들을 더 완전하게 발달시켜 "새로운" 숫자들과 이미 친숙한 숫자들을 더 확실하게 관련지을 수 있도록 한다.
2. 시각 정보를 더 풍부하게 제공하라(Provide more visual information). 본래의 수업도 시각 정보를 제공하는 데에 적절했지만, 시각 정보들을 더 풍부하게 활용하여 아이들이 숫자 개념에 대한 견고한 심상을 습득하도록 한다. 새로운 수학 개념이 도입될 때마다 아이들은 새로운 개념이 어떤 것과 닮았는지 시각적으로 보고 이해해야 한다.
3. 신체활동을 더 추가하라(Add more kinesthetic activity). 아이들은 자리에서 일어나 '행하는 수학(doing math)'에 참여해야 한다. 교사는 개념들을 제시할 때 적극적으로 보여주어야 한다. 그뿐만 아니라 아이들도 개념들을 보여줄 때 적극적으로 참여해야 한다. 능동적인 신체개입은 능동적인 지적개입을 촉진시킨다.
4. 아이들이 수학에 대하여 구어 의사소통을 더 많이 할 수 있도록 계획하라(Plan for more oral communication about mathematics from and among the children). 아이들이 질문하고 추측하도록 격려하여 논의하고 설명하도록 하라. 강의하는 대신 질문하라.
5. 학습을 지속적으로 점검하도록 계획하라(Plan for continual monitoring of learning). 교사는 수업이 전개되는 전 과정에 걸쳐 아이들이 얼마나 잘 학습하고 있는 지 인식해야 한다. 학습에 대한 지속적인 평가(assessment)를 통해 교사는 다음과 같은 사항들을 파악할 수 있다.: 누가 이해를 하는 지 아니면 누가 이해하지 못하는 지, 가르친 기술을 누가 활용할 수 있는 지 아니면 누가 활용하지 못하는지, 어떤 학생들을 보충수업에 참여시켜야 할 지, 어떤 내용을 다시 가르쳐야 할 지, 학습 내용을 다른 방법으로 가르쳐야 하는 경우는 언제인지.

이러한 적합화(adaptations)는 대부분의 학생들에게 적용될 수 있지만, 심각한 교육적 요구를 가진 학생들의 경우에는 더 심도 있는 교수 적합화(instructional adaptations)가 요구된다.

수업 목표

학생들은 13부터 19까지의 숫자를 알고 쓸 수 있다.

■ 도입

다음과 같이 3세트의 카드를 준비하도록 한다. 각 세트는 총 8장으로 구성되어 있고, 각 장은 5에서 12까지 숫자나 점이 표시되어 있다.

- 첫째 세트는 숫자가 5에서 12까지 각각 써져 있다.
- 둘째 세트는 점이 5개에서 12개까지 각각 그려져 있다.
- 셋째 세트는 둘째 세트와 같으나 점들이 5개 또는 10개 단위로 묶여서 표시되어 있다.

다음의 예를 참고하라.

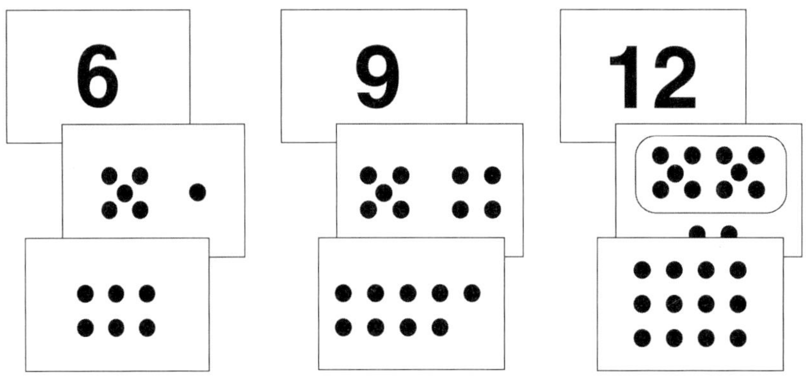

카드를 섞은 다음 아이들에게 나눠주고 카드의 숫자가 동일한 아이들끼리 모둠을 만들도록 한다. 모든 아이들이 짝을 다 이루면 카드에 무엇이 있는 지 설명하게 한다. [예를 들어, "내 카드에는 숫자 9가 있어요", "내 카드에는 점이 9개 있어요", "내 카드에는 점 5개와 점 4개가 있어요. 그것은 점 9개와 같아요"]

■ 이해 점검

모든 아이들이 그들의 짝을 찾는 방법을 이해하는 지 확실하게 관찰하도록 한다. 이해하지 못한 아이들에게 더 자세히 설명해준다.

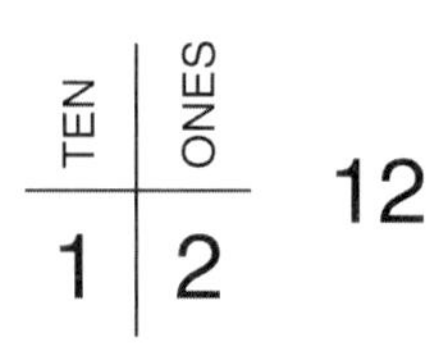

숫자 10, 11, 12의 경우, 자리값 도표(value-place chart)를 활용하여 10이상의 숫자를 어떻게 쓰는 지 보여준다.
오늘은 숫자 13에서 19까지 배울 거라고 아이들에게 알려준다.

■ 전개

아이들이 두세 명씩 짝을 이루도록 한다. 각 짝에게 아이스크림 막대 13개를 나눠주고 막대를 두 모둠으로 나누도록 한다. 각 모둠에는 막대들이 몇 개인 지 물어본다. 앞으로 나오게 해서 그들이 만든 조합을 기록하게 한다. 아이들이 만든 모든 조합들에 대해서 토의하도록 한다. [예를 들어, "열셋은 9에 4를 더한 것과 같다", "여섯에 7을 더해도 13이다", "열하나에 2를 더하면 13이다"] 토의에는 12에 하나를 더하는 것과 10에 3을 더하는 것을 포함시키도록 한다. 자리값 도표를 활용하여 숫자 13을 어떻게 쓰는 지 보여준다.

■ 이해 점검

아이들이 자신이 만들어낸 숫자 조합들에 대해 설명하는 동안 귀 귀울여 듣도록 한다. 그들이 이해하는 데 도움이 필요한 경우가 언제인지 질문을 유도해본다. 아이들이 결과를 기록할 수 있는 지 철저하게 관찰하도록 한다.

짝에게 막대 하나를 더 주고 (이제 그들은 14개를 가지고 있다.) 아이들이 가능한 한 많은 조합들을 만들어 보고 결과를 기록하고 이에 대해 논의하도록 한다. 숫자 14를 조합한 것 중에서 어떤 조합이 가장 많은 지 물어본다. 토의 중에 10+4와 13+1의 중요성을 강조하고 자리값 도표를 이용하여 숫자 14를 어떻게 쓰는 지 보여준다.

■ 이해 점검

교사는 교실 안을 돌아다니며 아이들의 토의를 주의깊게 관찰하고 듣는다. 그들이 이해하는 데 도움이 필요한 경우가 언제인지 질문을 유도해본다. 아이들이 결과를 기록할 수 있는 지 철저하게 관찰하도록 한다.

숫자 16에서 18까지 이 과정을 반복한다.

학생들이 교과서 교과 단원의 첫 장에 주목하도록 하고 첫번째 예를 보도록 한다. 한 모둠에게는 점이 10개 있고 다른 모둠에게는 점이 5개 있다고 알려준다. 한 아이가 칠판 앞으로 나오게 하여 자리값 도표 위에 그 숫자를 기록하게 한다. 다른 아이가 칠판 앞으로 나오게 하여 자리값 도표없이 숫자 15를 쓰도록 한다.

■ 학습 점검

아이들이 교과 단원 첫 장에 있는 나머지 학습 예제들을 풀게 한다. 그동안 교사는 교실 안을 돌아다니며 아이들이 과제를 잘 수행하고 있는 지 관찰하여 누가 학습에 어려움을 보이는 지 파악하도록 한다.

■ 연습

아이들이 짝을 이루어 교대로 교과 단원의 두번째 장에 있는 연습 문제를 풀게한다. 짝을 이룬 아이들이 모두 연습 예제를 수행한 후 서로의 결과를 비교하여 일치하는 지 확인한다. 결과가 다르면 서로 토의하여 하나의 답을 이끌어내게 한다.

■ 학습 점검

교사는 교실 안을 돌아다니며 아이들이 과제를 잘 수행하고 있는 지 살펴본다. 누가 과제를 푸는 데 어려움이 있는 지 파악하여 도와준다. 10개를 하나의 묶음으로 만드는 것을 강조하고 나머지가 몇 개 남았는지 세어보도록 한다.

■ **정리**

오늘 무엇을 배웠는지 아이들에게 물어보고 숫자 13부터 19까지 어떻게 쓰는 지에 대해서 물어본다.

■ **추후지도**

17개의 점이 인쇄된 종이를 아이들에게 나눠주고 집에 가서 그 종이를 이용하여 부모님께 그 숫자를 어떻게 쓰는 지를 보여주도록 한다.

연습 및 활동

1. 학교 수학의 교육과정과 평가기준(Curriculum and Evaluation Standards for School Mathematics) (NCTM, 1989)의 38-40쪽을 참조하여 "기준 6: 수감각과 명수법(Standard 6: Number Sense and Numeration)"을 읽어보도록 하라. 그리고 학교수학의 원리와 기준(Principles and Standards for School Mathematics) (NCTM, 2000)의 32-36쪽을 참조하여 수와 연산 기준(Number and Operations Standard)에서 논의부분을 읽어보도록 하라. 위의 기준들에 포함되어 있는 제안사항과 이 장에서 제안한 내용들을 서로 비교해보고 대조해 보시오

2. 이 장에 제시된 '수업 적합화하기'부분에 제안된 수업안을 살펴보도록 하라. 학교 수학의 교육과정과 평가기준(Curriculum and Evaluation Standards for School Mathematics) 중에서 기준 6의 제안을 실시하기 위해 제안된 계획 부분을 참조하여 관련활동들을 확인해 보시오

3. 이 장에 제시된 전형적인 수업안(lesson plan)과 적합화된 수업안을 살펴보도록 하라. 수 개념 발달을 증진시키기 위해 적합화된 수업안에서는 어떤 변화가 있는 지 확인해 보시오

4. 이 장에 제시된 전형적인 수업안과 적합화된 수업안을 살펴보도록 하라. 학생들이 수 개념에 대해 활발하게 의사소통하도록 지도하기 위해 적합화된 수업안에서는 어떤 변화가 있는 지 확인해 보시오

5. 이 장에 제시된 전형적인 수업안과 적합화된 수업안을 살펴보도록 하라. 시각 정보를 제공하기 위해 적합화된 수업안에서는 어떤 변화가 있는 지 확인해 보시오

6. 이 장에 제시된 전형적인 수업안과 적합화된 수업안을 살펴보도록 하라. 신체활동을 더 많이 제공하기 위해 적합화된 수업안에서는 어떤 변화가 있는 지 확인해 보시오

7. 100에 가장 가까운 어림수 지도 시 활용할 수 있는 교수 단계를 개발하여 보시오 단 교수 단계는 이 장에 제시된 것과 유사하게 개발되도록 한다.

8. 두 자리 수와 명수법을 가르치기 위한 교수 단계를 개발하여 보시오

9. 초등학생용으로 출판된 수학교과서에서 수와 명수법 주제와 관련된 수업을 선택하도록 하라.

a. 교사용 지침서에 제시되어 있는 지도 제안에 따라 수업안을 작성하라.
b. 개념(들) 또는 기술(들)을 발달시키는 수업 부분을 확인하라.
c. 활동을 추가하여 수업의 전개 부분을 확장시켜라. 학습된 개념들이나 기술들에 관한 심상을 확립하는 활동 또는 수업에서 배운 숫자들과 학생들에게 이미 친숙한 숫자들 간의 결합을 확립하는 활동.

10. 초등학생용으로 출판된 수학교과서에서 수와 명수법 주제와 관련된 수업을 선택하도록 하라.

a. 교사용 지침서에 제시되어 있는 지도 제안에 따라 수업안을 작성하라.
b. 가르칠 개념들 또는 가르칠 기술들에 관한 시각 정보를 제공하는 수업 부분을 확인하라.
c. 가르칠 개념들이나 기술들에 대해 시각 정보를 더 풍부하게 활용하는 활동을 추가하여 수업의 전개 부분을 확장시켜라.

11. 초등학생용으로 출판된 수학교과서에서 수와 명수법 주제와 관련된 수업을 선택하도록 하라.

a. 교사용 지침서에 제시되어 있는 지도 제안에 따라 수업안을 작성하라.
b. 수업에 포함되어 있는 신체활동을 확인하라.
c. 수업에 신체활동을 더 추가하라.

12. 초등학생용으로 출판된 수학교과서에서 수와 명수법 주제와 관련된 수업을 선택하도록 하라.

a. 교사용 지침서에 제시되어 있는 지도 제안에 따라 수업안을 작성하라.
b. 학생이 수업시간동안 배운 개념들이나 기술들에 대해 의사소통하는 내용이 포함되어 있는 수업 부분을 확인하라.
c. 학생들로부터 또는 학생들 간 의사소통이 활발하게 일어날 수 있는 기회를 늘려라.

13. 초등학생용으로 출판된 수학교과서에서 수와 명수법 주제와 관련된 수업을 선택하도록 하라.

a. 교사용 지침서에 제시되어 있는 지도 제안에 따라 수업안을 작성하라.
b. 학생들의 학습에 접근(assess)하도록 고안된 수업 부분을 확인하라.
c. 지속적인 평가(assessment)(학습 점검) 부분을 수업안에 추가하도록 하라.

14. 이 장에서 적합화된 수업안을 살펴보도록 하라. 구체적 조작물(manipulatives)을 다루는 데 어려움을 보이는 학생에게 적절한 수업을 제공하기 위해 수업안을 수정해 보라.

15. 이 장에서 적합화된 수업안을 살펴보도록 하라. 도형과 배경을 지각하는 데 어려움(figure-ground confusion)이 있는 학습장애 학생에게 적절한 수업을 제공하기 위해 수업안을 수정해 보라.

16. 이 장에서 적합화된 수업안을 살펴보도록 하라. 언어 이해가 제한적인 학생에게 적절한 수업을 제공하기 위해 수업안을 수정해 보라.

17. 100에 가장 가까운 어림수를 지도한다고 가정해 보시오

a. 100에 가장 가까운 어림수에 대한 학생들의 이해여부를 확인할 수 있는 객관식 검사문항을 만들어라.
b. 아이들이 100에 가장 가까운 어림수를 이해했는지, 이해하지 못했는지에 대해 살펴볼 수 있는 활동을 고안해보시오

참고문헌 및 관련 자료

Ehrenburg, S. D. (1981). Concept learning: How to make it happen in the classroom. *Educational Leadership*, 39(1), 36-43.

Fuson, K. C., Wearne, D., Hiebert, J. C., Murray, H. G., Human, P. G., Olivier, A. I., et al. (1997). Children''s conceptual structures for multidigit numbers and methods of multidigit addition and subtraction. *Journal for Research in Mathematics Education*, 28, 130-162.

Greenes, C., Schulman, L., & Spungin, R. (1993). Developing sense about numbers. *Arithmetic Teacher: Mathematics Education through the Middle Grades*, 40, 279-284.

Lubinski, C. A., & Otto, A. D. (2002). Meaningful mathematical representations and early algebraic reasoning. *Teaching Children Mathematics*, 9, 76–80.

National Council of Teachers of Mathematics. (1989). *Curriculum and evaluation standards for school mathematics*. Reston, VA: Author.

National Council of Teachers of Mathematics. (2000). *Principles and standards for school mathematics*. Reston, VA: Author.

Schram, P., Feiman-Nemser, S., & Ball, D. L. (1990). *Thinking about teaching subtraction with regrouping: A comparison of beginning and experienced teachers'' responses to textbooks*. (NCRTE Research Rep. 89–5). East Lansing: Michigan State University.

Sisul, J. S. (2002). Fostering flexibility with numbers in the primary grades. *Teaching Children Mathematics*, 9, 202–204.

Sowder, J. T. (1992). Making sense of numbers in school mathematics. In G. Leinhardt, R. Putman, & R. A. Hattrup (Eds.), *Analysis of arithmetic for mathematics teaching* (pp. 1–51). Hillsdale, NJ: Erlbaum.

Sztajn, P. (2002). Celebrating 100 with number sense. *Teaching Children Mathematics*, 9, 212–217.

Uy, F. L. (2003). The Chinese numeration system and place value. *Teaching Children Mathematics*, 9, 243–247.

Whitenack, J. W., Knipping, N., Loesing, J., Ok-Kyeong, K., & Beetsma, A. (2002). Starting off the school year with opportunities for all: Supporting first graders'' development of number sense. *Teaching Children Mathematics*, 9, 26–31.

웹 주소

www.sasked.gov.sk.ca/docs/elemath/numop.html A scope and sequence chart for numbers and operations.

www.teacherlink.org/content/math/interactive/probability/numbersense/numbersense/home.html Introduction to number sense.

http://edweb.tusd.k12.az.us/ekowalcz/numbersense/ Links to number-sense activities.

www.learnnc.org/index.nsf/doc/numsense0402-2?OpenDocument Developing number sense.

Chapter

6 덧셈과 뺄셈: 양의 결합과 분리

1. 연산 발달 개관
2. 정수의 덧셈 가르치기
3. 정수의 뺄셈 가르치기
4. 수업 수정하기
5. 덧셈과 뺄셈을 이용해서 문제 해결하는 법 가르치기

Chapter 6

덧셈과 뺄셈: 양의 결합과 분리

■ **평가 원리**

평가를 교실 수업의 통합된 일부로 만드는 것은 향상된 학생 학습과 관련이 있다. (National Council of Teachers of Mathematics [NCTM], 2000, p.22)

■ **수와 연산 기준**

상황을 직접 모델링하여 어린 학생들이 합치는 문제와 제거하는 문제를 해결할 때, 덧셈과 뺄셈의 이해는 발달될 수 있다. (NCTM, 2000, p.83)

■ **문제-해결 기준**

교사는 문제 해결을 통해 학생들의 수학적 개념에 대한 이해를 이끌어내고 확고히 할 수 있도록 학생 자신들의 답을 성찰하고, 설명하고, 정당화할 것을 요구하여야 한다. (NCTM, 2000, p.121)

■ **의사소통 기준**

교사는 학생들이 자신의 사고에 대해 설명할 것을 요구하여야 하며, 학생들이 동료 학생들의 말을 듣고, 그들과 이야기할 수 있는 기회를 많이 제공하여야 한다. (NCTM, 2000, p.130)

■ **표상 기준**

학생들의 사고 및 기록 방식에 대한 학급 전체 토론을 통해, 교사는 수의 덧셈 과정을 표현하는, 관습적인 방법에 대한 학생들의 이해의 기초를 제공할 수 있다. (NCTM, 2000, p.68)

1 연산 발달 개관

정수의 연산에 관해 가르칠 때, 교사는 서로 구분되는 세 가지 교수 과제들을 달성하여야 한다. 그러한 교수 과제들에는 연산의 의미, 기본 사실(basic facts), 그리고 알고리즘 발달시키기가 있다. 이 교수 과제들에 대해 보다 상세히 조사한 결과, 발달에 명확한 패턴이 있었다.

(1) 연산의 의미

연산의 의미를 가르칠 때, 교사는 아동이 두 가지를 달성할 수 있도록 안내하여야 한다. 첫째, 아동은 산술 연산과 일부 실제 세계에서의(물리적) 연산을 관련지어야 한다. 이러한 관련짓기는 해당 연산에 대한 모델의 기초를 제공하고, 연산에 대한 심상(mental image)을 수립하는 기초가 된다. 둘째, 아동은 답을 계산하기 위해 이용할 수 있는, 학생이 이미 알고 있는 기술들을 활용하는 방법을 배워야 한다. 연산의 의미가 이런 방식으로 확립되면, 연산의 의미 자체로 아동에게 특정 예들에 대한 답을 발견하는 방법을 제공한다.

(2) 기본 사실들

일부 사실들은 기억해야 하고, 다른 사실들은 단계적으로 계산 절차를 거쳐 답을 구해야 한다. 기본 사실들은 다른 것들을 계산하는데 필요한 것들이다. 기본 사실들은 나머지 사실들의 기초로서의 역할을 한다. 보통 아동들은 연산을 위한 쉬운 기본 사실들을 처음에 배우고 나서, 보다 더 어려운 기본 사실을 배우게 된다. 그러나 쉬운 기본 사실들이든 어려운 기본 사실들이든, 아동들이 할 수 있도록 안내해야할 세 가지 사항이 있다.

첫째, 아동들이 스스로 답을 발견하여야 한다. 연산의 의미는 쉬운 사실들에 대한 답을 발견하는데 적용할 수 있다. 그러나 숫자가 커짐에 따라, 연산의 의미를 적용하는데 사용하는 기술들은 아주 비효율적이다. 따라서 보다 효율적인 사고 전략들이 어려운 기본 사실들에 대한 답을 발견하는데 사용할 수 있도록 학습하여야 한다.

둘째, 아동들은 사실들 간에 존재하는 관계들에 대해 재인하여야 한다. 관계를 강조함으로써 얻는 이점이 두 가지 있다. 관계를 강조하는 것은 기억 유지 향상에 도움이 되는데, 이는 이미 알고 있는 다른 것들과 관계 지어 새로운 내용을 기억할 때 더 잘 기억되기 때문이다. 또한 이러한 관계들에 대한 재인은 기억해야할 양을 극적으로 줄여준다.

셋째, 아동들은 사실들을 헌신적으로 기억하여야 한다. 물론, 연산의 의미를 효과적으로 배운다면, 아동은 기본 사실에 대한 답을 계산하고 이해할 수 있다. 그러나 기본 사실들을 기억하는 것이 왜 중요할까? 기본 사실들은 계산을 통해 답을 구할 때 사용된다는 것에 유념해야 한다. 기본 사실들이 기억되어 있지 않다면, 계산 과정은 느리고, 수학 학습이 거의 멈출 정도로 지루할 것이다. 기본 사실들이 기억되어 있지 않다면, 아동들에게 "무력감(can't do)"이 자리잡게 될 것이다.

(3) 알고리즘(Algorithm)

알고리즘은 여러 자리 수의 예제를 해결하기 위해 따라야 하는 단계적인 계산 절차를 말한다. 알고리즘은 절차이기 때문에 절차를 기술한, 일련의 기계적인 규칙을 가르치는 방법에 의존하려는 유혹에 빠지기 쉽다. 기계적인 규칙의 암기는 전통적으로 산술 연산을 위한 알고리즘 학습의 주된 방법이었다. 규칙들은 일반화 진술들이고, 보통 중요하다. 그러나 효과적인 교사는 기계적인 규칙을 덜 강조한다. 규칙을 기계적으로 학습함으로써 발생하는 문제는 기계적인 규칙이 무의미한 규칙이라는 것이다. '기계적'이라는 단어는 "자동적으로, 지적인 주의집중 없이"를 의미한다.

기계적인 규칙은 또한 혼란을 줄 수 있다. 아동들은 흔히 규칙들을 약간 틀리게 학습하곤 한다. 기계적으로 기억한 규칙은 흔히 다른 기계적 규칙보다 살짝 다를 뿐이어서, 아동들이 뒤섞어 기억할 가능성이 높다. 또한 아동들은 규칙들을 잘못된 맥락에서 사용하는 경향이 있다. 또한 기억 유지도 잘 되지 않는다. 기계적인 규칙에 대해 집중적인 연습을 한 후에 교사가 보기엔 빠르게 규칙을 숙달한 것 같으나, 이러한 숙달은 연습이 끝나면, 곧바로 사라지곤 한다. 연습 후 주말이 지나면, 기억 유지가 거의 되지 않는 경우가 많다. 그리고 기계적 규칙을 배우면서 그 내용을 주의 깊게 살펴보면, 대부분의 내용들은 심지어 사실도 아니다. 공통적으로 가르치는 모든 기계적인 규칙들은 매우 좁은 특정 맥락에서만 사실이다. 결국, 상황이 변하면, 기계적으로 외운 규칙은 새로운 규칙으로 수정되어야 한다. 이는 또 다른 혼란을 가져온다. 아동은 다음과 같은 딜레마에 직면하게 된다. 이 규칙을 언제 사용해야하는가? 저 규칙은 언제 사용해야 하는가? 두 규칙들 중 어느 규칙이 옳은가?

기계적인 규칙을 가르치는 대신, 교사는 그 과정을 설명하는 빅 아이디어(big ideas)를 강조해야 한다(Thornton, Tucker, Dossey, & Bazik, 1983). 빅 아이디어는 끊임없이 되풀이해서 필요한 아이디어를 말한다. 빅 아이디어를 매번 떠올릴 때마다 이미 배운 내용을 확장하게 된다. 알고리즘은 효과적인 물리 혹은 그림 모델을 통해 가르쳐야 한다. 개념과 기술을 모델링함으로써, 아동들은 개념이나 기술은 어떤 것인지 볼 수 있고, 아동들이 분명한 심상을 발달시키는데 도움이 된다. 이러한 모델링은 알고리즘에 의미를 부여한다. 저자들은 아동들이 수학에서 규칙을 배워서는 안된다는 것을 주장하고 있는 것이 아니다. 유의미한 교수를 할 때, 아동들은 규칙도 학습한다. 그러나 아동들이 수학적 절차를 시각화할 수 있는 적절한 모델을 사용하면서, 아동들이 관찰한 패턴들로부터 규칙을 이끌어낸다. 규칙들은 일을 하는데 필요한 유용한 방법들에 대한 진술문일 뿐이다. 유의미한 규칙은 아동들에게 이해가 되며, 교사가 아동들에게 말해주었기 때문에 그대로 하는 것이 아니다.

이제 이러한 발달 순서를 살펴보고, 덧셈의 의미를 확립하는데 적용해 보고자 한다.

2 정수의 덧셈 가르치기

(1) 덧셈의 의미 발달시키기

아동들은 덧셈을 양들의 결합과 관련지을 필요가 있다. 아동들이 3 + 4 기호를 보고, 세 개의 사물과 네 개의 사물을 합치는 모습을 시각화할 수 있을 정도로, 이러한 관련짓기는 강해야 한다. 양들을 합치는 상황을 볼 때, 아동은 "저건 덧셈이야."라고 생각한다. 덧셈이 숙달되면, 아동은 사물들을 합치는 문제 상황을 보고, "이 문제를 풀기 위해 나는 덧셈을 사용할 수 있다."라고 생각할 것이다. 그러나 덧셈과 양들의 결합을 관련짓는 것만으로는 충분하지 않다. 이러한 양들이 결합된 후에, 아동들은 답을 발견하기 위해 세는 방법을 사용할 수 있다는 것을 이해해야만 한다. 다음 활동은 교사가 덧셈의 의미를 처음에 어떻게 발달시킬 수 있는지 보여주고 있다.

■ **활동 6.01 다함께**

칠판에 숫자 4를 적는다. 한 아동에게 당신 손에 많은 블록들을 올려놓도록 한다. 다른 아동에게 당신이 얼마나 많은 블록을 갖고 있는지 묻는다. 상자 안에 보이지 않도록 4개의 블록들을 놓는다. 아동들에게 상자 안에 얼마나 많은 블록들이 있는지 묻는다. 칠판에 숫자 2를 숫자 4 오른쪽 옆으로 대략 30cm 위치에 적는다. 한 아동에게 당신에게 2개의 블록을 달라고 한다. 다른 아동들에게 당신 손에 몇 개의 블록이 있는 묻는다.

이 2개의 블록들을 처음 넣었던 4개의 블록이 들어 있는 상자 안에 넣는다. 당신이 처음에 상장 안에 4개의 블록들을 넣고, 이번에 2개의 블록을 더 넣었음을 지적한다. 지금 상자 안에 몇 개의 블록이 있는지 말해줄 수 있는 아동이 있는지 묻는다. 아동에게 상자 안에 블록이 몇 개 있는지 세어보도록 한다.

다른 숫자들을 가지고 활동을 반복한다.

아동들에게 두 양을 함께 모으면, 더하는 것이라는 것을 말해준다.

위 첫 번째 활동은 수(number)와 숫자(numeral)를 적극적으로 관련짓는 다른 활동에서 시작하고 있다. 그런 후에 결합하기라는 물리적 연산을 소개하고, 덧셈에 대한 수학적 명칭을 소개하고 있다. + 기호를 소개하면서 이 때 특별한 노력을 기울지 않는다는 것에 주의할 필요가 있다. 소개가 금방 이루어졌는데, 이제 덧셈(양들의 결합) 모델을 제시하고, 새로운 용어인 더하기(add)를 소개하고자 한다. 아동들이 덧셈 모델을 보면, 적절한 수학언어를 사용해서 자신이 본 것을 말할 수 있어야 한다.

모델로 제시한 덧셈 → 구두 표현

다음 활동에서는, + 기호와 등호 기호가 소개되고, 덧셈에 대한 문자 표현을 사용하기 시작할 것이다.

모델로 제시한 덧셈 → 문자 표시

(2) + 기호를 소개하기 위한 활동

■ **활동 6.02 나에게 기호를 주세요**

칠판에 20 cm 간격을 두고 3 6을 나란히 적는다. 한 아동에서 탁자 위에 3개의 블록을 놓도록 한다. 다른 아동에게 탁자 위에 6개의 블록을 놓도록 한다. 아동들에게 당신이 하는 것을 잘 보도록 한다. 세 개의 블록들을 상자 안에 넣고 다음에 6개의 블록들을 상자 안에 넣는다. 상자 안은 보이지 않는다. 아동들에게 두 양들

을 함께 모을 때 무엇이라 말하는지 묻는다. [더하기]
아동들에게 두 수를 더했다는 것을 보여주기 위해 + 기호를 사용한다고 말해준다. + 기호를 가리키고, 이것이 더하기 기호라고 말해준다. 아동들에게 칠판에 쓰여진 수식을 "3 더하기 6"이라고 읽는다고 말해준다. 무슨 뜻인지 학생들에게 묻는다. [3과 6을 더했다.]
다른 숫자들을 가지고 활동을 반복한다.

(3) 등호 기호를 소개하는 활동

활동 6.03 이것과 같은 저것

두 블록 한 집합과 5블록을 모은 다른 집합을 탁자 위에 올려 놓는다. 한 아동에게 앞으로 나와, 각 집합의 블록들을 세보도록 한다. 그리고 센 결과를 숫자로 학급 전체에 말하도록 한다. 아동들에게 당신이 하는 것을 잘 보도록 한다. 보이지 않는 상자 안에 블록 2개를 넣고 다음에 5개의 블록을 넣는다. 아동들에게 두 양을 함께 모을 때 무엇이라고 하는지 묻는다. [더하기.] 아동에게 앞으로 나와 칠판에 더했음을 보여주기 위해 + 기호를 사용해서 덧셈을 적어보도록 한다.
다음에 한 아동에게 앞으로 나와 상자 안에 모두 몇 개의 블록들이 있는지 확인해 보도록 한다. 아동들에게 함께 모아놓은 결과, 얼마나 많은 블록들이 있는지 말할 때 등호 기호를 사용한다고 말해준다. 칠판 위에 $2 + 5 = 7$이라고 적는다. 수식 하나하나를 지적하면서 읽는다.
다른 숫자들을 가지고 활동을 반복한다. 다른 아동들에게 기호를 사용해서 적고, 또 다른 아동에게 쓰여진 것을 읽어보게 한다.

마지막으로 아동들은 구두 표현이든 문자 표시든 제시된 덧셈 예제를 모델로 제시하는 방법을 배워야 한다.

문자로 표시된 예(written example) → **모델로 표현**(modeled form)
구두로 표현된 예(spoken example) → **모델로 표현**(modeled form)

(4) 답을 찾는 과정을 소개하기 위한 활동들

■ **활동 6.04 나에게 합을 보여줘**

칠판에 $4 + 3$이라고 적는다. 한 아동에게 앞으로 나와, 블록들과 상자를 사용해서 이 덧셈을 보여주도록 한다. 아동이 4개의 블록을 상자 안에 넣고 나서 3개의 블록을 상자 안에 넣으면, 다른 아동들에게 상자 안에 모두 몇 개의 블록들이 있는지

어떻게 알 수 있는지 묻는다. [모두 세어본다.]

한 아동을 앞으로 나오게 하여 블록들을 세어보게 한다. 아동들에게 답을 어떻게 쓰는지 묻는다. [4 + 3이라고 적고, 옆에 = 7이라고 적는다.] 답을 기록하기 위해 = 기호를 사용한다.

다른 덧셈 예제를 가지고 활동을 반복한다.

아동들이 자기 힘으로 답을 계산하는 방법을 안다는 것을 지적해 준다.

■활동 6.05 나에게 합을 보여줘

몇 개의 블록들과 상자 한 개를 탁자 위에 올려 놓는다. 한 아동을 탁자 앞으로 나오게 한다. 아동에게 당신이 말하는 것을 주의 깊게 듣고, 블록들과 상자를 사용해서 덧셈을 표현해 보도록 한다. "2 더하기 3"이라고 천천히 말한다. 해당 아동이 어려워하면, 다른 아동이 답해보도록 한다.

아동이 블록들을 상자 안에 모두 넣으면, 상자 안에 모두 얼마나 많은 블록들이 있는지 확인하는 방법을 물어본다. [모두 세어본다.]

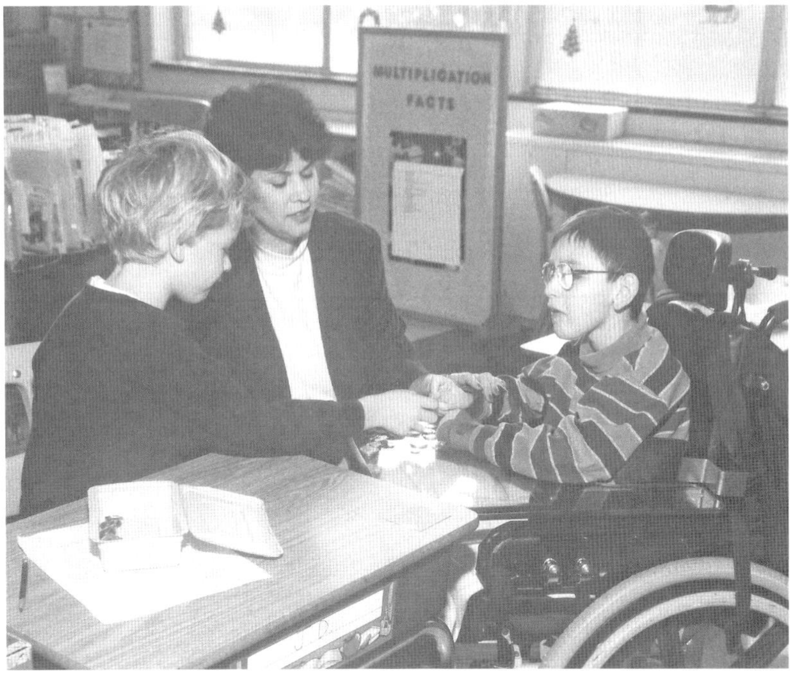

한 아동에게 상자 안에 몇 개가 있는지 세어보게 한다. 그리고 세어 본 결과를 말해보게 한다. "2 더하기 3 은 5이다." 다른 아동을 나오게 하여 칠판에 얻은 결과를 적게 한다.

다른 예제를 몇 개 가지고 활동을 반복한다. 아동들이 자기 혼자서 답을 구할 수 있는 방법을 알고 있다는 것을 다시 한 번 알려준다.

덧셈의 의미를 강화시키기 위해, 교사는 도시락 통, 연필, 야구 모자, 과자, 심지어 다른 아동들과 같이 아동들에게 친숙한 사물들을 활용해서 다양한 덧셈 예제들을 아동들이 접할 수 있는 기회를 제공해야 한다. 아동들은 적절한 용어를 사용해서 구두로 덧셈을 표현하고, + 기호와 = 기호를 사용해서 덧셈을 쓸 수 있어야 한다. 모든 예제들에서 아동들은 자기 스스로 답을 구할 수 있어야 하고, 교사는 이것이 쉽다는 것을 지속적으로 강조하여야 한다. 아동들은 답을 혼자서 구할 수 있다.

(5) 답을 찾는 과정을 보다 효율적으로 만들기

물론 연산의 의미는 답을 찾기 위해 필요한 세기(counting)에 의존한다. 예를 들어, 6 + 3 의 답을 구하기 위해서는, 다음과 같은 과정이 필요하다.

첫째, 6개의 사물들을 모두 센다.
다음에 3개의 사물을 모두 센다.
다음에 두 집합을 합친다.
마지막으로 얼마나 있는지 모든 사물들을 센다.

이 과정들은 많은 수 세기가 필요하다는 것을 알 수 있다. 이 과정을 빠르게 수행할 수 있는 무언가가 필요하다. 앞의 예에서, 함께 모아 놓은 9개의 사물들을 셀 때, 이미 센 사물들을 다시 세고 있다. 6개 사물의 집합을 다시 셀 필요가 없다. 이 집합에 이미 6개의 사물들이 있다는 것을 알고 있다. 따라서 이 집합에서 시작해서 다른 집합의 사물들을 하나씩 셀 수 있다.

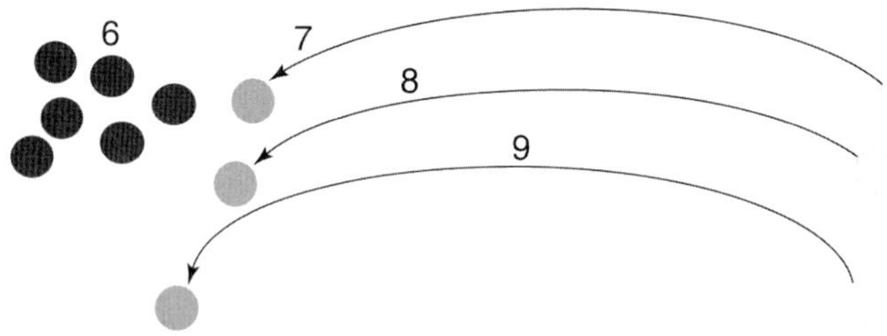

보다 큰 집합인 6부터 센다. 그리고 다른 집합의 사물들 중 하나를 더하면서 센다. 이제 7개가 있다. 또 하나를 더하면서 센다. 이제 8개가 있다. 마지막 사물을 더하면서 센다. 이제 9개가 있다. 상자 안에는 모두 9개가 있다. 계속 세기(count on)는 합을 구하기 위해 가장 큰 수부터 계속 세어나가는 과정이다. 보다 큰 집합을 다시 셀 필요가 없기 때문에 보다 빨리 효율적으로 답을 구할 수 있다.

(6) 쉬운 기본 덧셈 진술 학습하기

아동들이 기본 덧셈 진술문들(basic addition facts)을 배워감에 따라, 일차적인 초점은 보다 쉬운 기본 진술문 숙달에 맞추어야 한다(Thornton et al., 1983). 이러한 진술문들에는 합이 10 이하인 기본 진술문들이 포함된다. 아동들에게 답이 포함된 기본 진술문이 제시되어서는 안된다. 오히려 아동들이 스스로 답을 찾는 것이 중요하다. 아동들이 스스로 기본 진술문에 대한 답을 찾음으로써 얻는 이점들은 다음과 같다.

- 아동들이 답을 찾기 위해서 덧셈 연산의 의미를 사용하기 때문에, 그러한 답을 찾기 위한 과정은 연산의 의미를 강화한다.
- 아동들은 답을 구하기 위해 다른 사람에게 의존할 필요가 없다는 것을 깨닫는다. 아동들 혼자서 답을 구할 수 있고, 보다 자신감을 갖게 된다.
- 아동들은 자신들이 계산을 할 수 있기 때문에 그 답이 정확하다는 것을 안다.
- 답이 정확한지 의문이 든다면, 아동들은 답을 말해줄 다른 사람에게 의존할 필요가 없다. 자기 스스로 답을 확인해 볼 수 있다.
- 자신감이 향상됨에 따라 아동들은 기본 진술문들에 대해 "나는 할 수 있다"는 자신감을 발달시킨다. 이러한 긍정적인 접근은 다른 수학 개념과 기술 발달에도 영향을 미친다.

(7) 아동들이 기본 사실들을 발견하는데 도움을 주는 활동들

답을 발견하는 과정은 흥미로워야 한다. 다음 일련의 활동들은 사용가능한 다양한 방법들을 제시하고 있다.

■활동 6.06 사실 발견하기

아동들에게 두 명씩 짝을 짓도록 한다. 각 짝에서 10개의 연필이나 10개의 블록, 10개의 개구리 조각, 10개의 크레용과 같은 10개의 사물을 나누어준다.
돌아가면서 한 명이 먼저 10개 중 몇 개를 가져가게 하고, 다른 한 명이 나머지 사물들 중 몇 개를 가져가게 한다.
두 아동 모두 + 기호를 사용해서 덧셈식을 적게 한다. 그리고 나서 자신이 가지고 있는 사물들을 모두 합치고, 모두 합친 사물들이 몇 개 있는지 각자 계산해 보게 한다. 각자 = 기호와 자신이 계산한 답을 적는다. 그리고 나서 둘이 계산한 합이 맞는지 결과를 비교해 본다.
다른 덧셈을 가지고 활동을 반복한다.

■활동 6.07 나는 덧셈을 할 수 있어요

3-4 명의 아동들로 집단을 구성한다. 각 아동은 10 산가지(10 counter)를 갖고 있어야 한다. 각 집단은 숫자가 적힌 주사위를 갖고 있다. 첫 번째 주사위에는 4 5 6 4 5 6 이 적혀 있고, 두 번째 주사위에는 0 1 2 3 3 4 가 적혀 있다.
아동들은 차례대로 두 개의 주사위를 던진다. 각 주사위를 던지고, 산가지를 사용해서 두 개의 주사위에서 두 수의 합을 구한다. 답을 구한 후에, 종이 위에 기록한다.
모든 아동들이 활동을 끝내면, 그 결과를 비교하고 틀린 것이 있으면 수정한다.

■ **활동 6.08 손가락 가르기**

아동들을 두 명씩 짝을 이루게 한다. 각 짝에게 25 cm 길이의 색깔 끈을 나누어 준다.

한 아동은 손을 들어 손가락을 쩍 펴고 손바닥을 밖을 향한다. 다른 아동은 짝의 손가락 사이에 끈을 건다. 끈은 10개의 손가락을 두 집합으로 나눈다. 아동들은 덧셈 진술문을 확인하고 이를 종이에 기록한다.

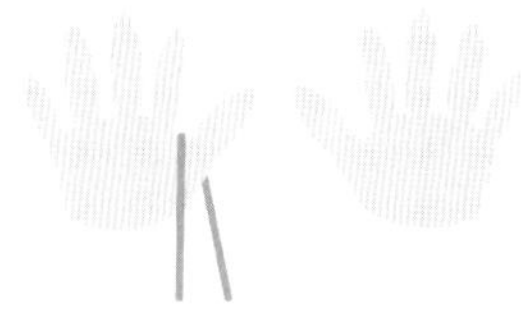

이 덧셈 진술문은 4 + 6 = 10 이다

합이 10인 다른 덧셈을 발견하기 위해 위 활동을 반복한다.

(8) 기본 덧셈 진술들 간의 관계를 발견하기

아동들이 일군의 쉬운 기본 덧셈 진술문들에 대한 답들을 발견할 수 있게 되면, 교사는 학급 전체가 이러한 진술문들을 누적하는 과정을 통해 정리된 리스트를 만들어 보도록 안내해야 한다. 쉬운 기본 덧셈 진술문들은 아동들이 그 패턴을 볼 수 있도록 다양한 많은 방법으로 조직되어야 한다. 아동들이 볼 수 있는 패턴들은 덧셈 진술문들 간에 존재하는 관계들을 아동들이 발견하게 하는데 도움이 된다.

예를 들어, 1을 더 하는 덧셈 진술문들 리스트를 만들어 볼 수 있다. 아동들을 어떤 수에 1을 더하면, 순서 상에 다음 수가 된다는 것을 보게 될 것이다. 0을 더하는 모든 진술문 리스트들을 만들어 보면, 아동들은 0을 더해도 그 수 그대로라는 것을 알게 될 것이다. 교사가 2 + 3 = 5이고 3 + 2 = 5, 5 + 1 = 6이고 1 + 5 = 6, 5 + 3 = 8이고 3 + 5 = 8이라는 것을 지적하면, 아동들은 앞 뒤 순서를 바꾸어도 더해도 답이 바뀌지 않는다는 것을 볼 수 있을 것이다. 아동들에게 답이 같은 덧셈 진술문들을 모아 리스트를 만들어 보도록 하면, 한 숫자를 표현하는 방법이 많다는 것을 발견할 수 있을 것이다. 예를 들어, 6 + 1, 4 + 3, 1 + 6, 2 + 5, 0 + 7, 5 + 2, 3 + 4, 7 + 0 등이 같은 숫자인 7을 표현한 서로 다른 방법들이다.

관계를 강조하는 것은 두 가지 이점이 있다. 첫째, 덧셈 진술문들간의 상호 관계는 아동들의 기억을 용이하게 한다. 그리고 덧셈 진술문들이 기억된 후에는, 이러한 상호 관계들은 기억 유지를 향상시킨다. 이미 알고 있는 것과 관련지어 기억하는 것이 항상 더 쉽다.

둘째, 관계를 강조하는 것은 본질적으로 학습할 정보 양을 줄여준다. 합이 10 이하인 덧셈을 쉬운 기본 덧셈이라고 할 때, 이러한 덧셈들은 다음 표와 같이 정리할 수 있다. 이 표에는 총 64개의 쉬운 덧셈이 존재한다. 학습할 덧셈이 많다.

+	0	1	2	3	4	5	6	7	8	9
0	0	1	2	3	4	5	6	7	8	9
1	1	2	3	4	5	6	7	8	9	10
2	2	3	4	5	6	7	8	9	10	
3	3	4	5	6	7	8	9	10		
4	4	5	6	7	8	9	10			
5	5	6	7	8	9	10				
6	6	7	8	9	10					
7	7	8	9	10						
8	8	9	10							
9	9	10								

그러나 19개의 덧셈이 0 더하기를 포함하고 있다. 덧셈들 간의 관계를 공부할 때, 0을 더하면, 답은 더하는 다른 수다라는 것을 이미 알고 있다. 19개의 덧셈들은 하나의 사실만 배우면 된다.

+	0	1	2	3	4	5	6	7	8	9
0	0	1	2	3	4	5	6	7	8	9
1	1	2	3	4	5	6	7	8	9	10
2	2	3	4	5	6	7	8	9	10	
3	3	4	5	6	7	8	9	10		
4	4	5	6	7	8	9	10			
5	5	6	7	8	9	10				
6	6	7	8	9	10					
7	7	8	9	10						
8	8	9	10							
9	9	10								

19개의 덧셈이지만, 하나의 사실만 배우면 된다.

1 + 0과 0 + 1 덧셈은 앞 표에 포함되어 있다. 1을 더하는 덧셈들은 17개가 있다. 패턴과 관계를 살펴보면, 아동들은 1을 더할 때, 수를 셀 때 다음 수에 해당하는 수가 답이라는 것을 이미 보았다. 따라서 17개의 덧셈들을 배우는 대신, 하나의 사실을 배우면 된다.

+	0	1	2	3	4	5	6	7	8	9
0	0	1	2	3	4	5	6	7	8	9
1	1	2	3	4	5	6	7	8	9	10
2	2	3	4	5	6	7	8	9	10	
3	3	4	5	6	7	8	9	10		
4	4	5	6	7	8	9	10			
5	5	6	7	8	9	10				
6	6	7	8	9	10					
7	7	8	9	10						
8	8	9	10							
9	9	10								

17개의
덧셈이지만,
하나의 사실만
배우면 된다.

이제 아동들은 앞 뒤 더하는 수들의 순서를 바꾸어도 답이 바뀌지 않는다는 것을 보았기 때문에, 6 + 3 과 3 + 6 은 함께 배울 수 있다, 즉 2개의 덧셈을 따로 배울 필요가 없다. 물론 이런 성질을 수학자들은 덧셈의 교환 법칙이라고 부른다. 유사하게 2 + 8 과 8 + 2 는 하나의 덧셈만 배우면 답을 구할 수 있다. 따라서 64개의 쉬운 기본 덧셈들 중 24개의 덧셈들은 교환 법칙에 따라 12개 덧셈만 학습하면 된다.

+	0	1	2	3	4	5	6	7	8	9
0	0	1	2	3	4	5	6	7	8	9
1	1	2	3	4	5	6	7	8	9	10
2	2	3	4	5	6	7	8	9	10	
3	3	4	5	6	7	8	9	10		
4	4	5	6	7	8	9	10			
5	5	6	7	8	9	10				
6	6	7	8	9	10					
7	7	8	9	10						
8	8	9	10							
9	9	10								

24개의 덧셈 중
12개만
배우면 된다.

네 번째 종류의 쉬운 기본 덧셈들은 같은 수를 더하는 것이다. 이런 경우는 4개가 있는데, 2 + 2, 3 + 3, 4 + 4, 5 + 5 덧셈들이다. 이 덧셈들은 각각의 덧셈을 배워야 한다. 하지만 아동들은 일반적으로 이들 덧셈들은 상대적으로 배우기 쉽다는 것을 발견할 것이다. 위에서 살펴본 몇 개의 관계들이 얼마나 암기 양을 줄여주는지 살펴보면 다음과 같다.

사실 그룹	사실의 숫자	배워야 할 것
0 더하기	19	1
1 더하기	17	1
교환적인 짝	24	12
배수	4	4
모든 쉬운 사실들	64	18

(9) 관계 탐색을 위한 활동

다음 활동들은 아동들이 덧셈 진술문들 간의 관계를 발견하고 패턴을 탐색하는데 도움이 되는 방법들을 설명하고 있다.

1) 더하기

▪활동 6.09 단지 하나 더

상자 하나와 10개의 블록이 필요하다.

아동들에게 상자가 비어 있다는 것을 보여준다. 상자를 탁자나 책상 위에 올려놓고, 모든 아동들이 볼 수 있게 한다. 아동들에게 주의 깊게 보고 들으라고 한다. 상자 안에 한 번에 하나씩 3개의 블록을 떨어뜨린다. 상자 안에 몇 개의 블록이 있는지 묻는다. 아동들에게 블록 1개를 더 떨어뜨릴 것이라고 말한다. 상자에 블록 한 개를 떨어뜨린다. 상자 안에 몇 개의 블록들이 있는지 묻는다. [4] 칠판에 3 + 1 = 4 라고 적는다.

다른 숫자(예, 6, 4, 9)를 가지고 이 활동을 반복한다. 각 경우, 그 결과를 기록한다. [6 + 1 = 7, 4 + 1 =5, 기타 등등]

15개의 블록을 상자 안에 넣는다. 아동들에게 상자 안에 15개의 블록이 있다고 말한다. 아동들에게 블록을 하나 더 넣을 것이라고 말하고 보게 한다. 상자 안에 몇 개의 블록이 있는지 물어본다. 15 + 1 = 16 이라고 적는다.

칠판에 11 + 1 = 이라고 적는다. 답이 얼마인지 묻는다. 아무도 모르면 블록과 상자를 이용해서 답을 구해보도록 한다. 아동들이 1을 더하면 수 세기할 때 다음 수가 답이라는 것을 일반화할 수 있을 때까지 다른 예들을 가지고 활동을 계속한다.

2) 0 더하기

■ **활동 6.10 빈 상자**

3-4명의 아동들로 집단을 구성한다. 각 집단에는 3개의 상자와 10개의 블록을 나누어준다.

칠판에 6이라고 쓴다. 각 집단의 한 아동이 상자들 중 하나에 몇 개의 블록을 넣는다. 6 오른쪽으로 15 cm 정도 되는 위치에 0이라고 적는다. 0을 가르치면서 각 집단의 다른 아동이 다른 상자에 많은 블록을 넣도록 한다.

두 숫자 사이에 + 기호를 적고, 두 숫자를 더하려고 한다고 아동들에게 말한다. 첫 번째 상자에 들어 있는 모든 블록들을 꺼내서 비우고, 두 번째 상자의 블록들은 세 번째 상자로 옮긴다. 모두 몇 개의 블록들이 있는지 묻는다. 모든 아동들이 답에 동의하는가?

0 + 8, 4 + 0, 0 + 9 를 가지고 위 활동을 반복한다. 7 + 0 = 이라고 칠판에 적은 다음, 답을 아는 사람이 있는지 묻는다. 0 + 13을 가지고 반복한다. "항상 옳은 것이 무엇인가?"라고 묻는다.

3) 순서를 바꾸어 더하기

■ **활동 6.11 숫자 쪼개기**

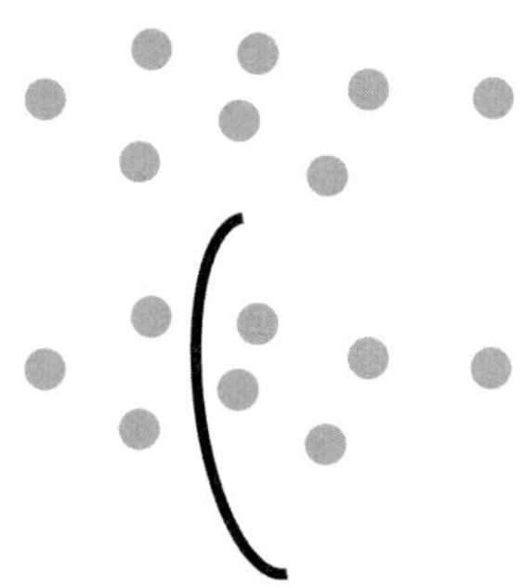

아동들을 둘씩 짝을 이루도록 한다. 각 짝마다 10개의 칩과 30 cm 길이의 끈을 나누어준다. 아동들 사이의 탁자에 몇 개의 칩을 놓게 한다(예를 들어, 탁자 위에 8개를 놓는다.). 그리고 나서 끈을 사용해서 칩들을 두 집단으로 나눈다.

아동들이 나누어진 두 부분을 더하면, 답은 전체 칩 개수가 됨을 볼 수 있게 돕는다. 아동들에게 끈과 칩으로 표현된 두 가진 덧셈을 적어보도록 한다.

[3 + 5 = 8 그리고 5 + 3 = 8]

아동들에게 다른 덧셈 쌍을 가지고 이 과정을 반복해 보도록 한다. 아동들에게 자신들이 발견한 덧셈 쌍을 보고하도록 한다.

칠판에 그러한 덧셈들을 기록한다. 아동들이 각 덧셈 쌍을 보고, 그 패턴을 설명해 보도록 한다. 숫자들의 앞 뒤 순서를 재배열하면 답은 어떻게 되는가? [변화가 없다.]

■ **활동 6.12 관계와 덧셈**

큰 카드에 두 가지 덧셈을 적어 놓는다. 각 덧셈 쌍은 앞에서 논의한 관계들 중 하나가 나타내야 한다. 한 개의 덧셈에는 답이 있고, 다른 덧셈에는 답이 없어야 한다.

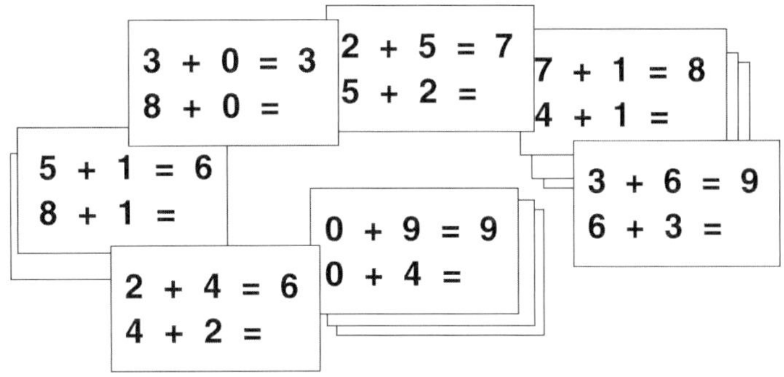

카드들을 아동들에게 나누어 준다. 아동들에게 첫 번째 덧셈에 대해 알고 있는 것이 두 번째 덧셈을 해결하는데 어떻게 도움이 되는지 설명해 보도록 한다.

(10) 쉬운 기본 덧셈 진술문 기억하기

쉬운 기본 덧셈들을 가지고 유용한 관계에 대해 살펴본 후에, 아동들이 그러한 덧셈 진술문들을 기억할 수 있도록 집중적이고 지속적인 노력이 필요하다. 암기를 목표로 연습 활동을 계획하면서 다음 8가지 원리를 유의하여야 한다.

1. 아동들은 목표가 덧셈 진술문들을 기억하는 것이라는 것을 분명히 인식하여야 한다. 아동들에게 기억하라고 분명하게 말해 주어야 한다(놀랍게도 아동들은 흔히 덧셈 진술문들을 기억하라는 말을 들은 적이 없다).
2. 활동들은 흥미롭고 재미있는 형식을 취해야 한다.
3. 활동들은 높은 수준의 학생 참여를 포함하고 있어야 한다. 기다리는 시간은 최소화하여야 한다. 덧셈 진술문들에 대해 생각하는 시간은 최대로 늘려야 한다.
4. 활동들은 언제든지 몇 개의 기억하지 못한 덧셈들에 초점을 맞추어야 한다.
5. 이미 기억하고 있는 덧셈 진술문들을 아직 기억하지 못한 덧셈들과 섞어 학습하여야 한다. 이는 기억 유지에 도움이 된다.
6. 아동이 답을 모른다면, 먼저 답을 계산해 보도록 해야 한다. 이는 아동에게 덧셈을 계산할 수 있는 시간이 주어져야 함을 의미한다.
7. 답을 계산하기 위해서, 아동은 답을 구하는데 도움이 되는, 자신이 이미 알고 있는 것들에 대해 생각해 보아야 한다. 이미 알고 있는 덧셈 진술문들 중에 도움이 되는 것은 없는가? 이미 알고 있는 관계들 중에 도움이 되는 것이 있는가? 수 세기(counting)는 마지막 방법으로 사용되어야 한다.
8. 속도가 아니라 정확성을 강조하여야 한다. 정확성이 중요하다. 속도는 상대적으로 덜 중요하다. 속도는 정확성과 자신감이 높아지면 빨라진다.

다음은 쉬운 기본 덧셈에 대한 기억을 바탕으로 문제를 해결할 때 사용할 수 있는 활동들이다.

■ 활동 6.13 오늘의 덧셈

오늘 배울 두 가지 덧셈 진술문들을 확인한다. 아동들에게 답을 구해 보도록 한다. 칠판 위에 덧셈을 적는다. 각 덧셈에 대한 답을 테이프를 붙여 가린다. 아동들에게 제시된 덧셈들을 기억하라고 말한다. 한 아동을 지명한다. 덧셈들 중 하나의 답을 물어본다. 그 아동이 답을 모르면 계산해 보도록 한다. 그리고 나서 그 덧셈을 기억하라고 말한다.

하루 종일, 이 덧셈들에 대한 답을 다른 아동들에게 물어본다. 아동들에게 오늘의 덧셈 진술문들을 쓰고, 적은 것을 주머니에 넣고 다니도록 한다.

■ 활동 6.14 쉬운 덧셈

0에서 9까지 적혀 있는 플래시 카드를 준비한다. 또한 다음 덧셈들이 적혀 있는 플래시 카드도 준비한다.

$0 + 1 =$	$1 + 0 =$	$1 + 1 =$	$2 + 1 =$
$1 + 2 =$	$3 + 1 =$	$1 + 3 =$	$4 + 1 =$
$1 + 4 =$	$5 + 1 =$	$1 + 5 =$	$6 + 1 =$
$1 + 6 =$	$7 + 1 =$	$1 + 7 =$	$8 + 1 =$
$1 + 8 =$	$9 + 1 =$	$1 + 9 =$	

한 아동을 부른다. 숫자들 중 하나를 보여준다. 이 아동에게 보여준 숫자보다 하나 더 많은 수를 말해보라고 한다. 아동이 하나 더 많은 숫자를 정확하게 말하면, 덧셈 플래시 카드와 교환해 준다.

■ 활동 6.15 오늘의 덧셈 쌍

오늘의 덧셈 4 가지를 확인한다. 이들은 다음과 같이 2개의 순서를 바꾼 덧셈 쌍으로 구성하여야 한다.

$$4 + 3 = 7,\ 3 + 4 = 7,\ 6 + 2 = 8,\ 2 + 6 = 8$$

아동들에게 이들 덧셈들이 서로 관련이 있는지 물어본다. 아동들에게 답을 구해 보도록 한다. 덧셈들을 칠판에 적는다. 각 덧셈의 답 부분을 테이프로 붙여 가린다. 아동들에게 이 덧셈들을 기억하라고 말한다. 한 아동을 부른다. 앞 뒤 순서를 바꾼 덧셈들 중 하나에 대한 답을 물어본다. 다른 쌍을 이룬 덧셈에 대한 답도 물어본다. 아동이 모르면, 답을 계산해 보도록 한다. 아동들에게 이 덧셈들간의 관계에 대해 상기시킨다. 아동에게 그 관계를 기억하라고 말한다.

하루 종일, 이 덧셈들에 대한 답을 다른 아동들에게 물어본다. 아동들에게 이 덧셈들을 적고, 적은 것을 주머니에 넣고 다니도록 한다.

■활동 6.16 하나 더

합이 8인 덧셈들이 적힌 플래시 카드들을 준비한다.

카드 하나를 보여준다. 아동에게 답을 해보도록 한다. 답하지 못하면, 해당 아동에게 계산해 보도록 한다.

그런 후에 하나 더 많은 덧셈의 답을 물어본다. 예를 들어, 아동에 4 + 2 = 에 대한 답을 말하면, "4 + 3의 답은?"이라고 물어본다. 아동이 3 + 5= 에 대한 답을 하면, "4 + 5의 답은?"이라고 물어본다. 4 + 3 = 에 답을 하면, "4 + 4의 답은?"이라고 물어본다.

(11) 어려운 기본 덧셈 가르치기

1) 어려운 기본 덧셈을 위한 사고 전략

어려운 기본 덧셈들에게 대해 배울 때(합이 11에서 18까지), 아동들은 수 세기를 통해 여전히 답을 구할 수 있을 것이다. 그러나 숫자가 커지면, 수 세기는 비효율적이고, 결과적으로 답은 얻는데 걸리는 시간도 오래 걸린다. 따라서 발달 단계 중 이 시점에서는, 답을 빠르고 정확하게 찾을 수 있는, 보다 효율적인 전략이 필요하다(Thornton et al., 1983). 다양한 덧셈 관련 전략들을 아동들에게 가르칠 수 있다. 목표는 이러한 덧셈 진술문들을 헌신적으로 기억하는 것이다. 일부 덧셈 관련 전략들은 기억에 도움이 되지만, 일부는 그렇지 않다. 성공적인 기억에 도움이 되는 전략들은 두 가지 공통 속성들을 가지고 있다.

첫째, 성공적인 전략들은 정신적 전략들이다. 이들 전략들은 일련의 빠르고 쉬운, 정신적 절차로 구성되어 있다. 이들 전략들은 수학 기호를 사용해서 기록할 수 있기는 하지만, 지필 전략(pencil-and-paper strategies)은 아니다. 이들 전략들은 기계적인 전략들도 아니다. 이들 전략들은 손가락이나 다른 물리적 재료들이 이들 전략을 위한 심상을 형성하는데 사용될 수는 있지만, 손가락이나 다른 물체들을 조작함으로 수행되지 않는다.

둘째 성공적인 전략들은 아동이 이미 기억하고 있는 덧셈을 활용해서 아직 기억하지 못한 덧셈들을 계산하는데 사용할 것을 요구한다. 아동들은 자신들이 알지 못하는 것을 계산하기 위해서 도움이 되는, 이미 자신이 알고 있는 것들에게 대해 끊임없이 생각해야만 한다. 아동들은 이미 알고 있는 것들에 기초해서 사고하는 감각을 가져야 한다. 새로운 지식들은 이미 존재하는 지식들과 가깝게 관련지어져야 하고, 이미 알고 있는 것들과 관련지어 새로운 내용을 기억하는 것이 훨씬 쉽다.

① 하나 더

어려운 기본 덧셈들을 위한 가장 간단한 사고 전략은 하나-더 전략이다. 이 사고 전략은 단순해서, 아동들이 사용하기 쉬운 전략이다. 모든 어려운 덧셈은 다른 덧셈보다 하나 더 많은 것으로 볼 수 있다. 다른 덧셈을 생각해보고, 하나 더 더해 본다.

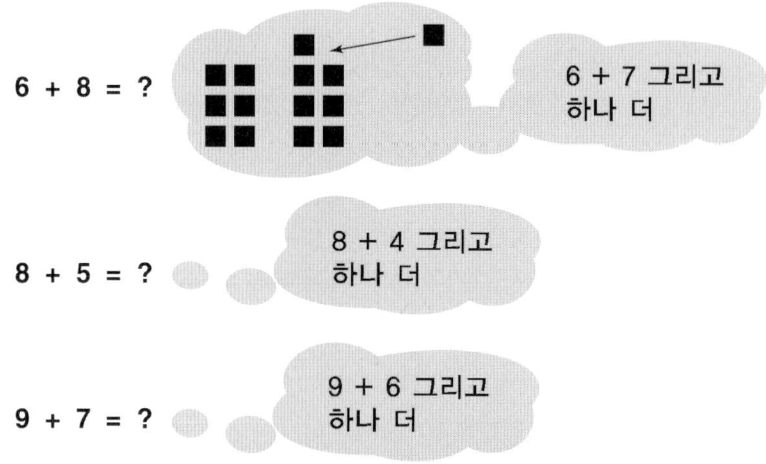

물론, 아동은 6 + 7을 알기 전까지는 하나-더 전략을 사용해서 6 + 8의 답을 구할 수 없다. 또한 8 + 4 의 답을 알기 전까지는 8 + 5 의 답을 구할 수 없다. 9 + 6에 대한 답을 알기 전까지는 9 + 7 에 대한 답을 알 수 없다.

이 전략은 교사가 한 아동을 가르치는 임상 상황에서 특히 효과적이다. 그러나 교실에서는 아동들마다 서로 다른 속도로 덧셈들을 배워나간다. 아동들은 덧셈 진술문들을 동일한 순서로 배워나가지 않는다. 한 아동은 6 + 8 = 14 라는 것을 알지만, 다른 아동은 이 덧셈을 모를 수 있다. 한 아동은 하나 더 전략을 사용해서 6 + 9 의 답을 구할 수 있지만, 다른 아동은 그렇지 못할 수 있다. 이 전략을 성공적으로 사용하기 위해서는, 교사가 아동이 이미 알고 있는 덧셈들이 무엇인지 정확하게 알아야 한다. 그래야 아동이 계산할 수 있는 덧셈이 무엇인지 알 수 있다. 한 아동을 대상으로는 이것이 가능하다. 그러나 교실 전체 아동들을 대상으로는 불가능하다. 하나-더 전략이 아동이 사용하기엔 가장 쉬운 전략이고, 이 전략이 각 아동에게 효과적으로 사용될 수 있지만, 학급 전체를 대상으로는 다루기가 쉽지 않은 전략이다.

② 두 배

연구자들(Thornton et al., 1983)은 두 수를 더하는 것(6 + 6, 8 + 8 등)이 다른 어려운 기본 덧셈보다 기억하기 쉽다는 것을 발견했다. 합리적으로는 두 수를 더한 결과(두 배)를 기억하고 다른 덧셈을 해결하는데 이를 활용해야 한다. 사실, 두 배 전략은 보다 효과적인 전략들 중 하나다.

이 사고 전략은 두 배부터 계속 세어 나갈 것을 요구한다. 해당 덧셈이 두 배보다 하나나 둘 더 많을 때 계속 수 세기가 용이하다. 그러나 해당 덧셈이 두 배보다 3 이상 더 많다면, 이 전략은 효과적이지 않다.

계속 수세기를 통해 더하는 것은 두 가지를 동시에 셀 것을 요구한다. 예를 들어 8 + 6 덧셈에 대한 답을 구하기 위해서는 8부터 세기 시작해서 9, 10, 11, 12, ... 계속 세어나가야 한다. 그러나 얼마나 더 세어야 하는가? 언제 세기를 멈춰야 하는가? 8부터 세면서 동시에 1부터 세어야 한다. 언제 멈춰야 하는지 모를 수 있다.

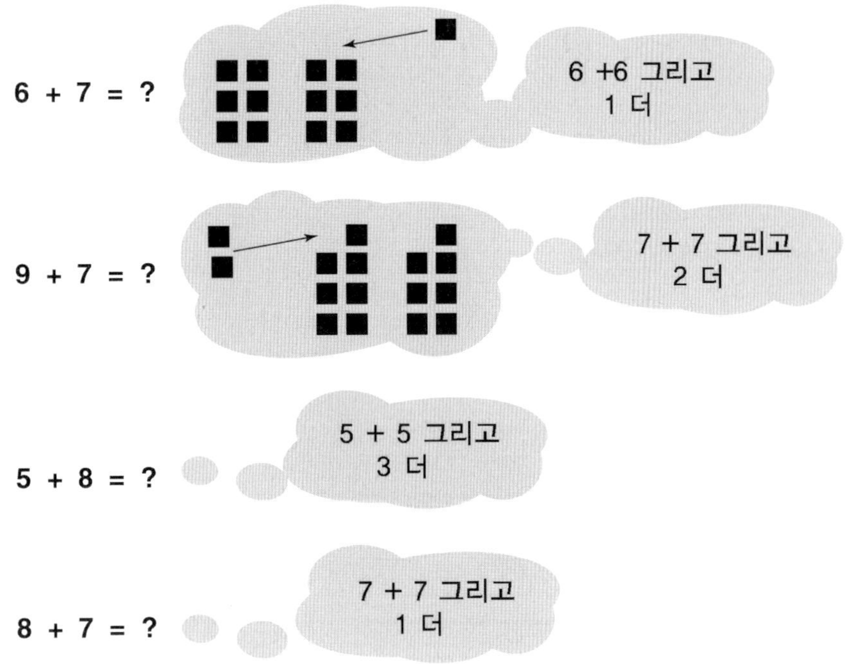

두 배 방법은 서로 다른 숫자에서부터 동시에 두 개의 수 세기를 하여야 하기 때문에, 해당 덧셈이 두 배보다 둘 이상 더 많으면, 머리속으로 이 과정을 수행하기가 어렵다. 아동들은 머리속으로 하나의 수 세기를 하면서, 다른 수 세기는 손가락을 이용한다. 손가락을 이용한 수 세기는 이 과정을 느리게 하고, 보다 기계적이 되게 한다. 문제와 그 답간의 정신적 연결은 어수선하다. 이 전략을 사용한 연습은 해당 덧셈이 두 배보다 둘 이상 많은 경우 기억에 효과적이지 않다.

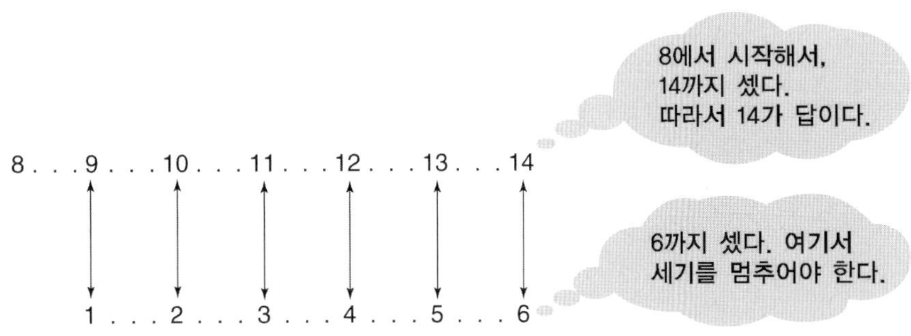

③ 십 만들기

효과적인 것으로 증명된 다른 전략은 10-만들기 전략이다. 이 전략은 합이 10인 기본 덧셈들은 보통 합이 10보다 큰 기본 덧셈들을 배우기 전에 학습한다는 사실에 근거하고 있다. 이 전략의 사용 목적은 정신적으로 양을 재배열하여 10개를 만들고 나머지를 확인하는 것이다. 이 전략은 10-프레임과 같은 보조도구를 사용해서 이 전략 사용을 위한 심상을 제공할 때 가르치기 더 쉽다.

8+6을 찾기 위해, 큰 수를 10칸의 틀 안에 배치하고 다른 수는 10칸의 틀 바깥쪽에 배치한다.

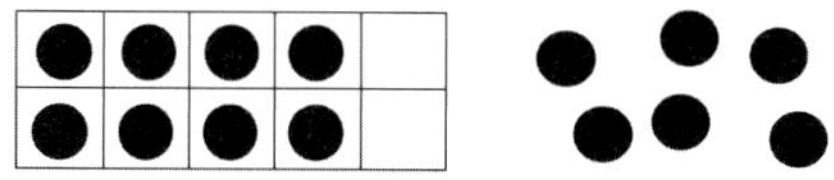

10칸의 틀을 채우기 위해 더 작은 수(6)의 일부를 사용한다.
당신은 그 답이 10+4라는 것을 알 수 있다. 따라서 8+6=14이다.

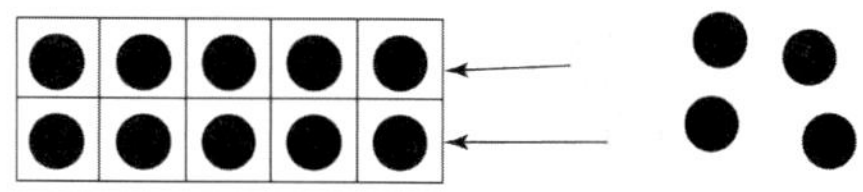

3+9를 찾기 위해, 10칸의 틀 안에 9를 배치하고, 10칸의 틀 바깥쪽에 3을 배치한다.

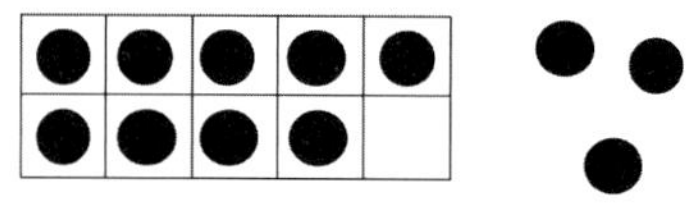

당신은 10칸의 틀을 채우기 위해 1개를 이동해야 한다.
10칸의 틀 바깥쪽에 2개가 남아있다. 그 답은 12이다. 따라서, 3+9=12이다.

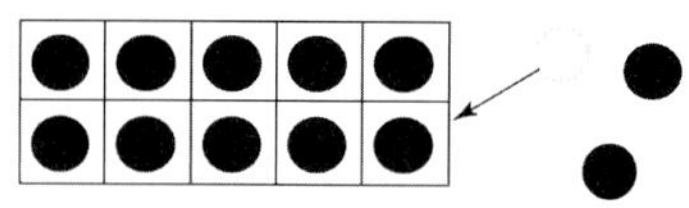

아동들은 10-프레임을 사용해서 이 전략 사용을 위한 심상이 확립될 때까지 연습하여야 한다. 그런 후에 아동들이 10-프레임을 어떻게 사용했는지 생각하는 것만으로 답을 얻을 수 있을 것이다. 예를 들어 8 + 7 덧셈의 답을 얻기 위해서는 다음과 같은 일련의 정신적 처리 과정이 필요하다.

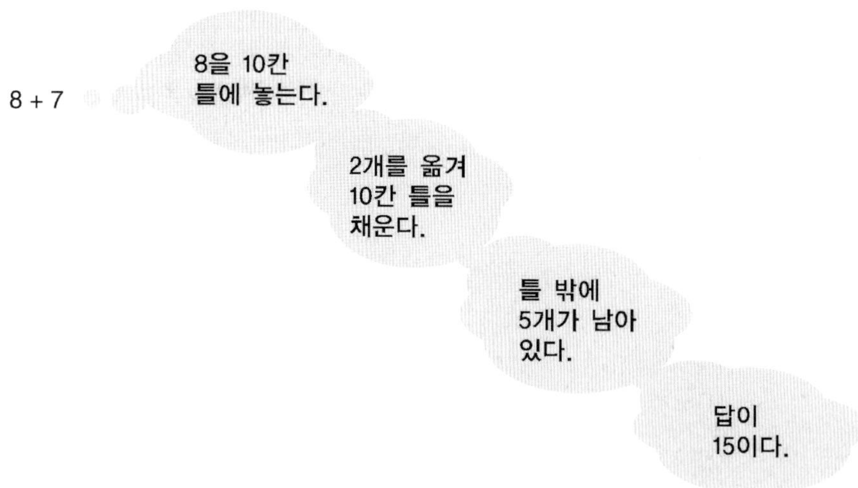

아동은 일련의 자기 주도 질문들을 통해 이 과정을 쉽게 학습할 수 있다. 7 + 9 의 답을 구하기 위해서는 다음과 같은 질문들에 답해보아야 한다.

어떤 수를 안에 배치할 것인가? [9]
얼마를 10-프레임 안에 옮겨야 하는가? [1]
밖에 얼마가 남아 있는가? [6]
답은 얼마인가? [16]

10-만들기 전략은 모든 어려운 기본 덧셈에 효과적인 일반 전략이다. 따라서, 아동들은 각 덧셈에 항상 이 전략을 사용할 수 있다. 이 전략은 덧셈 알고리즘에서 사용하는 다시-모으기 과정(regrouping process)과 비슷한 과정을 사용한다. 따라서 10-만들기 전략 학습은 나중에 덧셈 알고리즘 학습을 더 쉽게 해준다.

④ **전략의 선택**

교사들은 어떤 덧셈 관련 전략을 가르칠 지와 단일 전략 혹은 혼합 전략을 사용할지 결정하여야 한다. 일부 교사들은 단일 전략 사용이 아동들이 답을 찾는 속도를 향상시킨다고 하여 단일 전략 사용을 선호하기도 한다. 이는 기억을 촉진하기 때문이다. 일부 교사들은 각 덧셈에 적합한 전략을 다양한 전략들 중에서 아동이 선택하도록 하는 것을 선호하기도 한다.

2) 어려운 기본 덧셈 가르치기

아동들이 어려운 기본 덧셈에 대한 답을 구하기 위해 효율적인 전략 사용을 학습한 후에, 이러한 덧셈들에 대한 숙달을 위해 빠른 향상이 이루어져야 한다. 쉬운 덧셈들을 다루면서, 아동들은 어려운 덧셈들에 대한 답을 구하는 방법을 알아야 한다. 아동들은 어려운 덧셈들 간에 존재하는 관계들을 재인하고 사용하여야 하며, 헌신적으로 기억해야 한다.

아동들이 어려운 덧셈을 모를 때, “나는 모른다”라고 말하는 것은 받아들일 수 없다. 아동들은 답을 계산할 필요가 있다. 아동들이 계산을 효과적이고 빠르게 하기를 원하기 때문에 자신들이 배운 사고 전략을 사용하기를 격려한다(심지어 요구한다). 아동들은 이 시점에서 덧셈 진술문에 대한 답을 얻기 위해 1년 이상을 수 세기 방법을 사용해 왔다. 아동들은 시간이 오래 걸릴지라도, 수 세기를 편안해 한다. 결과적으로, 아동들은 수 세기가 편안하기 때문에 수 세기에 자동적으로 돌아간다. 따라서 교사는 아동들이 수 세기 대신 이 사고 전략을 사용할 수 있도록 지속적으로 안내해야 한다.

아동들이 덧셈에 대한 답을 모르면, 아동들은 답을 구하는데 도움이 되는, 자신이 이미 알고 있는 것들에 대해 생각할 필요가 있다. 아동들이 덧셈들 간의 관계에 대해 지속적으로 생각해 본다면, 결국 학습 양 줄이고, 자신들이 배운 것들에 대한 기억 유지는 향상될 것이다.

3) 어려운 기본 덧셈 기억하기

다음 일련의 활동들은 교사가 어려운 기본 덧셈들을 기억하는 것을 어떻게 도울 수 있는지 설명하고 있다.

■ **활동 6.17 도움이 되는 것을 알고 있는가?**

이 활동을 위해서는 덧셈 진술문들이 적힌 플래시 카드 세트가 필요하다. 이미 마스터한 덧셈들을 보여주는 카드들을 몇 개 선택한다. 아직 마스터하지 못한 덧셈들이 적혀 있는 카드들도 뽑아 함께 섞는다. 카드를 뒤섞는다.

아동에게 플래시 카드를 보여준다. 아동이 답을 말하면, 나머지 학생들에게 답이 맞았는지 확인하도록 한다. 아동이 답을 모르면, 관련 덧셈을 보여주고, 도움이 필요한지 물어본다.

예를 들어, 플래시 카드에 6 + 8 이라고 적혀 있다면, 아동이 8 + 6 의 답을 아는지 묻는다. 아동이 6 + 6을 아는가? 아동이 8 + 5를 아는가? 관련 덧셈들이 도움이 되지 않는다면, 아동이 사고 전략을 활용하여 답을 구하도록 안내한다.

■ **활동 6.18 같은 답 찾기**

답이 없는 덧셈이 적힌 커다란 카드들을 준비한다. 답이 같은 덧셈들을 쌍으로 제시한다. 아동들이 이미 알고 있는 덧셈들과 아직 모르는 덧셈들을 섞어 제시한다. 카드들을 뒤섞는다. 각 아동에게 카드 한 장을 나누어준다. 모든 아동들이 자신이 들고 있는 카드에 적힌 덧셈의 답과 답이 같은 카드를 들고 있는 짝을 찾도록 한다. 아동 수가 홀수라면, 모두 짝이 있도록 교사도 참여한다.

아동들이 짝과 함께 원을 이루어 서도록 한다. 아동들은 다른 아동들이 볼 수 있도록 카드를 들고 있어야 한다. 모두 제 짝을 찾았는지 아동들에게 확인해 보도록 한다. 카드를 모으고, 다시 뒤섞어 활동을 반복한다.

■ **활동 6.19 덧셈 전쟁**

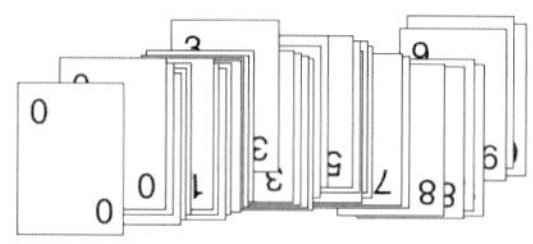

한 자리 숫자가 적혀 있는 카드들을 준비한다. 각 숫자마다 다섯 장의 카드를 만든다.

3-4 명의 아동들로 집단을 구성한다. 카드를 뒤섞고 탁자 위에 엎어서 놓는다.

각자 자기 순서가 되면 맨 위 카드 두 장을 가져온다. 각 아동은 자신의 카드 두 장을 뒤집어 보여주고, 그 합을 말한다. 합이 가장 큰 사람이 카드를 모두 갖는다. 모든 카드를 다 사용하면, 가장 많은 카드를 가진 아동이 승자가 된다.

합이나 누가 가장 합이 큰지에 대해 합의가 되지 않으면, 아동들은 계산기를 사용하여 누가 옳은지 확인한다.

■ **활동 6.20 11 만들기**

활동 6.19에서 사용한 카드를 사용한다. 3-4명의 아동들로 한 집단을 구성한다. 카드를 섞고 탁자 위에 뒤집어 놓는다. 탁자 위에 세 장의 카드를 뒤집어 펼쳐 놓는다. 한 명씩 돌아가면서, 맨 위의 카드 한 장을 가져와서, 탁자 위에 뒤집어서 놓는다. 그런 후에 탁자 위의 카드를 모두 살펴본다. 카드 2 장의 합이 11이 되면, 그 카드들을 가져온다. 다음 사람으로 순서가 넘어간다. 두 카드의 합이 11이 되는 카드를 발견할 수 없는 경우도, 다음 사람으로 순서가 넘어간다. 탁자 위에 펼쳐진 카드는 앞 사람이 합이 11인 카드들을 발견했느냐에 따라 늘 수도 있고 줄 수도 있다. 모든 카드를 다 사용하면, 가장 많은 카드를 가져온 아동이 승자가 된다.

■ **활동 6.21 12 만들기**

활동 6.19에서 사용했던 카드를 사용한다. 3-4명의 아동들로 한 집단을 만든다. 카드들을 뒤섞고 탁자 위에 뒤집어서 놓는다. 세 장의 카드를 뒤집어 탁자 위에 올려 놓는다.

활동 6.20의 절차를 따르지만, 합이 12가 되는 두 장의 카드를 가져오는 것으로 한다.

■ **활동 6.22 행운의 숫자에 집중**

활동 6.19에서 사용한 카드들에서 다음과 같은 20개의 카드들을 고른다:

3장의 4, 3장의 5, 4장의 6, 4장의 7, 3장의 8, 3장의 9.

2-4명의 아동들로 한 집단을 구성한다. 5장의 카드들을 4줄로 탁자 위에 뒤집어서 놓는다. 아동들에게 집중해서 합이 13인 숫자들을 찾도록 한다.

아동들은 돌아가면서, 자기 차례가 되면, 2 장의 카드를 뒤집는다. 합이 13이면, 카드를 가져오고 다음 사람으로 넘어간다. 합이 13이 아니면, 다시 뒤집어 놓고 다음 사람으로 넘어간다. 모든 카드를 다 가져가면, 가장 많은 카드를 가진 아동이 승자가 된다.

(12) 덧셈 알고리즘 가르치기

기본 덧셈 진술문들을 숙달한 후에는, 아동은 덧셈 알고리즘을 학습할 준비를 갖춘 것이다. 덧셈 알고리즘은 기본 덧셈들을 사용하여 모든 정수의 덧셈 예제들에 대한 답을 구할 수 있는 단계적 절차를 말한다. 이를 달리 말하면, 덧셈 알고리즘은 한 자리 이상의 숫자들의 덧셈을 하기 위해 사용하는 방법들이다. 알고리즘을 가르칠 때는 다음과 같은 점들을 고려해야 한다.

- 아동들이 무엇을 해야 하는지 볼 수 있게 하라. 연산 과정을 적절한 물리적 혹은 그림 모델을 사용해서 신중하게 설명하여야 한다. 덧셈을 할 때, 기본 단위(1, 10, 100 등)에 어떤 일이 일어나는지 볼 수 있는 모델을 사용하여야 한다.
- 기계적인 규칙은 덜 강조하라. 규칙을 학습하여야 하지만, 유의미해야 한다. 규칙들은 모델링 과정을 통해 얻어진 것이어야 한다.
- 빅 아이디어들을 강조하라. 빅 아이디어들은 과정들을 기술하는 중요한 일반화이다. 이들은 모델링 과정으로부터 도출되어야 한다.
- 글로 적은 알고리즘은 알고리즘을 모델로 제시했을 때 어떤 일이 일어났는지 간단히 기록한 것이어야 한다. 기록하는 모든 것은 실제 한 일과 대응되어야 한다.
- 사용하는 언어를 관찰하라. 사용하는 언어는 연산을 모델로 제시할 때 아동들이 보는 것을 기술해야 하며, 글로 쓴 것을 기술한 언어여서는 안된다.

1) 첫 번째 빅 아이디어

다음 세 활동들은 첫 번째 빅 아이디어를 소개하고 있다.

■ **활동 6.23 막대와 돌**

9개의 작은 막대와 9개의 작은 돌을 교실에 가져온다.

한 아동에게 앞에 나와 3개의 막대와 5개의 돌을 상자 안에 넣게 한다. 상자 안에 있는 것을 칠판에 기록한다.

3개의 막대 5개의 돌

다른 아동을 앞에 나오게 하여, 2개의 막대와 3개의 돌을 상자 안에 추가로 넣게 한다. 상자 안에 있는 것을 칠판에 기록힌다.

3개의 막대 5개의 돌
2개의 막대 3개의 돌

상자 안에 무엇이 있는지 묻는다. 어떻게 알 수 있는지 묻는다. 다른 개수의 막대와 돌 들을 가지고 활동을 반복한다.

■ **활동 6.24 장갑과 양말**

9개의 장갑과 9개의 양말을 교실에 가져온다.
한 아동을 앞에 나오게 하여 6개의 장갑과 1개의 양말을 상자 안에 넣게 한다. 상자 안에 있는 것을 칠판에 기록한다.

6개의 장갑 1개의 양말

다른 아동을 앞에 나오게 하여 3개의 장갑과 2개의 양말을 상자 안에 추가로 넣게 한다. 상자 안에 있는 것을 칠판에 기록한다.

6개의 장갑 1개의 양말
3개의 장갑 2개의 양말

상자 안에 무엇이 있는지 묻는다. 그것을 어떻게 알았는지 묻는다. 다른 개수의 장갑과 양말을 가지고 활동을 반복한다.

■ **활동 6.25 상자에 무엇이?**

아이스캔디 막대들과 10개 막대 묶음을 사용한다.
칠판에 26이라고 적는다.

26

한 아동을 앞으로 나오게 하여 묶음 막대를 사용하여 숫자를 보여주게 한다. 아동이 선택한 묶음 막대를 상자 안에 넣는다. 26 오른쪽 15 cm 위치에 53이라고 적는다.

26 53

한 아동을 앞으로 나오게 하여 묶음 막대를 사용하여 숫자를 표시해 보도록 한다. 아동이 표현한 묶음 막대를 상자 안에 넣는다. 두 숫자를 함께 상자 안에 넣었다는 것을 지적한다. 지금 한 것을 무엇이라고 하는지 묻는다. [더하기] 숫자들 사이에 + 기호를 적는다.

26 + 53

상자 안에 무엇이 있는지 묻는다. 어떻게 그것을 알았는지 묻는다.
다른 숫자를 가지고 활동을 반복한다. 세 자리 숫자들을 가지고 활동을 반복한다.

2) 항상 같은 단위끼리 더한다

앞에서 설명했던 경험에 비추어보면, 상자 안에 무엇이 있는지 결정하기 위해서 상자 안에 무엇을 넣었는지에 대해서 생각해야 한다는 것을 아동들은 분명히 알고 있다. 막대들과 돌들이 상자 안에 있다면, 상자 안에 얼마나 많은 막대와 돌들이 있는지 생각해야 한다. 장갑과 양말을 상자 안에 넣고, 추가로 장갑과 양말을 상자 안에 더 넣었다면, 상자 안에 무엇이 있는지 말하기 위해서는 상자 안에 장갑과 양말이 얼마나 있는지만 생각해야만 한다. 그리고 아동들은 이것을 어떻게 계산해 낼 수 있을까? 처음에 넣은 양말 수에 나중에 넣은 양말 수를 더하면 된다. 아동들에게 이 점을 지적할 필요가 없을 정도로 아동들은 분명하게 이 점을 알고 있다. 왜 아동들은 장갑 수와 양말 수를 더하지 않을까? 이 상황에서는 의미가 없기 때문이다.

26과 53을 더할 때, 이 숫자들의 기본 단위들을 아동들이 볼 수 있고, 두 숫자를 함께 합치는 것을 볼 수 있는 모델을 통해 표현하면, 아동들이 무슨 일이 일어나는지, 어떻게 돌아가는지 볼 수 있기 때문에 아동들은 답을 알 수 있다. 아동들은 얼마나 많은 10이 있는지, 얼마나 많은 1이 있는지만을 말하면 된다는 것을 볼 수 있다. 10개의 숫자와 1의 숫자를 더하는 경우는 없다. 이것은 말이 되지 않는다.

아동들이 모델을 사용해서 142 + 35를 더한다면, 아동들은 1과 3을 더하려 하지 않을 것이다. 그것은 말이 되지 않는다. 그러나 전형적으로 기계적인 규칙을 배운 경우, 아동들은 흔히 답을 구할 때, "항상 왼쪽부터 오른쪽으로 계산하고"와 "칸을 맞추어 계산한다"를 합쳐 다음과 같이 답을 계산할 수 있다.

$$\begin{array}{r} 142 \\ +\ 35 \\ \hline \end{array}$$

이것은 분명히 맞지 않다. 말이 되지 않는다. 적절한 모델을 사용해서 아동들이 여러 자리 덧셈을 할 때 어떻게 하고, 무슨 일이 일어나는지 볼 수 있으면, 아동들은 이러한 오류를 범하지 않는다. 아동들은 무엇에 무엇을 더해야 하는지 볼 수 있어야 한다(Tucker, 1989).

142 + 35 일의 자리를 더한다.
우리는 일의 자리가 몇 개 있는지 알아야 한다.

142 + 35 십의 자리를 더한다.
우리는 십의 자리가 몇 개 있는지 알아야 한다.

142 + 35 우리는 오직 한 개의 백의 자리를 가지고 있다.

1과 1을 더해야 한다. 10과 10을 더해야 한다. 항상 같은 단위끼리 더해야 한다. 이것이 덧셈 알고리즘에서 사용하는 첫 번째 빅 아이디어다. 이 빅 아이디어에 대해 살펴보자.

첫째, 같은 단위끼리의 덧셈은 지속적으로 발생하는 아이디어다. 소수를 어떻게 더하는가? 같은 단위끼리 더한다.

$$2.481+47.2=49.681$$

얼마나 많은 10이 있는지 알기 위해, 10의 개수를 10의 개수와 더한다. 같은 단위끼리 더해야 한다. 소수점을 기준으로 자리를 맞추지 않아도 된다는 것에 주목할 필요가 있다. 이러한 규칙은 심지어 옳지도 않은, 기계적인 규칙일 뿐이다.

왜 $\frac{2}{5}+\frac{1}{3}$ 덧셈보다 $\frac{2}{5}+\frac{1}{5}$ 덧셈이 더 쉬울까? $\frac{2}{5}+\frac{1}{5}$ 덧셈에서는 분수 단위(fractional unit)가 두 분수 모두 같기 때문이다. $\frac{2}{5}+\frac{1}{3}$ 덧셈에서는 분수 단위가 다르다. 같은 단위끼리 더해야 한다. 이 경우, 같은 단위를 공통 분모라고 부른다. 그러나 결국 동일한 빅 아이디어를 적용한 것이다.

대수에서 다항식을 더할 때, 다음과 같이 덧셈을 한다.

$$(2x+5y+4xy)+(7x+3xy)=9x+5y+7xy$$

왜 x끼리 함께 모아 더하는가? 왜 xy끼리 모아 더하는가? 왜 $5y$는 다른 것들과 함께 더하지 않는가? 같은 단위끼리 더하기 때문이다. 이 경우, 같은 단위를 같은 문자(like terms)라고 부른다. 하지만 결국 동일한 빅 아이디어를 적용하고 있다.

1학년 학생들에게 지적할 필요는 없지만, 항상 같은 단위끼리 더한다는 빅 아이디어는 배분 법칙을 적용한 것이다.

$$\begin{aligned} 23+42 &= (20+3)+(40+2) \\ &= 2\times10+3\times1+4\times10+2\times1 \\ &= 2\times10+4\times10+3\times1+2\times1 \\ &= [2+4]\times10+[3+2]\times1 \\ &= 6\times10+5\times1 \\ &= 65 \end{aligned}$$

3) 두 번째 큰 개념

덧셈 알고리즘의 기초가 되는 두 번째 빅 아이디어는 모델링 과정으로부터 얻어진 것이다. 먼저 한 숫자를 다양한 방법으로 이름 붙일 수 있다는 것을 경험해야 한다. 그런 후에 덧셈 딜레마를 만들어내고, 문제 해결을 위해 숫자들을 재명명하는 아동들의 이해를 사용해야 한다. 다음 활동들은 이를 어떻게 행하는지 보여주는 활동들이다.

■ **활동 6.26 같은 양과 새로운 이름**

묶음 막대를 사용해서 34를 표현한다. 칠판에 34를 적는다. 얼마나 많은 10과 1이 있는지 묻는다. 이를 칠판에 기록한다.

3개의 10과 4개의 1

아동들에게 주의깊게 보라고 한다. 그런 후에 묶음들 중 하나의 고무줄을 푼다. 아동들에게 당신이 지금 무엇을 했는지 묻는다. 당신은 어떤 막대를 추가했는가? [아니오] 어떤 막대라도 제거했는가? [아니오] 여전히 같은 숫자의 막대를 갖고 있는가? [예] 막대 숫자는 똑같지만, 막대들이 전과 똑같이 묶여 있는 것은 아니라는 것을 지적한다. 10을 표시하는 묶음들이 몇 개 있는가 묻는다. 묶여지지 않는 낱개의 막대들이 몇 개 있는지 물어본다. 그 결과를 기록한다.

3개의 10과 4개의 1
2개의 10과 14개의 1

다른 묶음 하나의 고무줄을 푼다. 이동들에게 지금 당신이 무엇을 했는지 뭇는다. 그 결과를 기록한다. 여전히 막대 숫자는 동일하지만, 동일한 숫자를 서로 다른 세 방법으로 표현할 수 있다는 것을 지적한다.

3개의 10과 4개의 1
2개의 10과 14개의 1
1개의 10과 24개의 1

다른 숫자를 가지고 활동을 반복한다.

10을 표시하는 두 묶음과 56개의 묶지 않은 낱개의 막대를 가지고 활동을 시작한다(2개의 10과 56개의 1). 묶지 않은 낱개의 막대들을 10 묶음으로 만들어 해당 숫자에 대한 새로운 표현방법을 찾아본다.

3개의 10과 46개의 1
4개의 10과 36개의 1
기타 등등

■활동 6.27 AKA

아동들에게 AKA가 무슨 뜻인지 아는지 묻는다. [Also Known As(다른 이름은 무엇이다)를 줄인 말이고, 누군가의 다른 이름을 말한다.] 칠판에 45라고 적는다. 아동들에게 45가 아주 많은 이름들을 갖고 있다고 말해 준다. 45 밑에 AKA 40 + 5라고 적는다. 아동들에게 연필과 종이를 준비해서 45의 다른 이름들을 적어보라고 한다. 아동들에게 자신들이 생각해 낸 다른 이름(AKA)를 동료 학생들과 공유해 보도록 한다. AKA에는 44 + 1, 43 + 2, 42 + 3, 10 + 35, 30 + 15, 등이 있을 수 있다. 필요하면, 아동들에게 10 묶음을 풀어 새로운 이름들을 만들 수 있다는 것을 상기시킨다.

■활동 6.28 쓸 자리가 부족하다

칠판에 54 + 28을 수직 배열로 적는다. 한 아동을 앞으로 나오게 하여 묶음 막대나 십진 블록 세트를 가지고 두 숫자들을 표현해 보도록 한다.

아동들에 이 숫자들을 상자 안에 넣도록 한다. 전체 아동들에게 상자 안에 무엇이 들어 있는지 말해 보도록 한다. 몇 개의 10이 있는가? [7]

$$\begin{array}{r} 54 \\ +28 \\ \hline \end{array}$$

이를 10의 자리 밑에 기록한다.

상자 안에 몇 개의 1이 있는지 묻는다. [12] 이를 일의 자리 밑에 기록한다. 7개의 10과 12개의 1이 있다는 것을 다시 말해준다. 칠판에 적힌 답을 지적한다. 7개의 10과 12개의 1이 있는 것처럼 보이는지 묻는다. [7개의 100과 1개의 10, 2개의 1이 있는 것처럼 보인다.]

$$\begin{array}{r} 54 \\ +28 \\ \hline 7 \end{array}$$

$$\begin{array}{r} 54 \\ +28 \\ \hline 712 \end{array}$$

무엇이 잘못됐는지 물어본다. [12개의 1을 적었는데, 12개의 1이 있는 것으로 보이지 않는다.] 지금 방이 있는데, 각 방마다 한 자리 숫자만 적을 수 있다고 말해 준다. 마지막 기록에서, 쓸 것이 너무 많다(쓸 자리가 부족하다). 이 문제를 해결하기 위해 무엇을 할 수 있는지 묻는다. [10개의 1과 1개의 10을 교환한다.] 아동들이 당신이 교환하는 것을 돕도록 한다. 교환 후에 무엇을 갖고 있는지 묻는다. 동일 숫자에 대한 다른 이름이라는 것을 말해준다.

다른 숫자들을 가지고 활동을 반복하다.

4) 쓸 자리가 부족하면(쓸 게 너무 많으면), 교환한다.

덧셈 알고리즘을 위한 두 번째 빅 아이디어는 "쓸 게 너무 많으면, 교환하라"이다. 이는 표준 방식으로 기록할 때 한 단위에 한 자리 숫자를 기록해야 한다는 것과 관련이 있다. 활동 6.28의 예에서, 십진 블록이나 막대를 사용하면, 답을 기록할 때 이런 문제가 발생하지 않는다. 따라서 교환할 필요도 없을 것이다.

tens	ones
5	4
+2	8
7	12

(13) 덧셈 알고리즘 사용하기

따라서 이 모델을 가지고 아동들이 학습하게 할 때, 덧셈 알고리즘 관련 두 가지 아이디어들을 유념해야 한다: 같은 단위끼리 더한다, 한 단위에 쓸 자리가 부족하면, 교환하라. 이것이 덧셈 알고리즘의 전부다. 아동들이 두 가지 아이디어들을 배우면, 아동들은 어떤 정수들도 더할 수 있다. 올림(다시 모으기, regrouping)이 없는 세 자리 수 덧셈이든, 일의 자리에서 10의 자리로의 올림이 있는 두 자리 수 덧셈이든 차이가 없다. 또한 10의 자리에서 100의 자리로의 올림이 있는 다섯 자리 수 덧셈이든, 더 큰 숫자들의 덧셈도 모두 할 수 있다. 그리고 앞에서 소수의 덧셈들에 대해서도 살펴보았듯이, 같은 단위끼리 더하고, 쓸 자리가 부족하면 교환할 수 있기 때문에 소수의 덧셈에도 적용할 수 있다.

(14) 덧셈 발달 순서 요약

덧셈 연산의 의미 확립	1. 덧셈과 양의 결합 관련짓기 2. 답을 구하기 위해 수 세기 사용하기 학습
쉬운 기본 덧셈 학습	1. 덧셈의 의미를 사용하여 답을 구하기 2. 덧셈들 간의 관계 발견하기 3. 쉬운 기본 덧셈들 기억하기
어려운 덧셈을 위한 사고 전략 특성	1. 정신 전략이다 2. 어려운 기본 덧셈에 대한 답을 찾기 위해 기억하고 있는 쉬운 덧셈을 활용한다.
어려운 기본 덧셈 학습	1. 사고 전략을 사용해서 답을 구한다. 2. 덧셈들 간의 도움이 되는 관계를 검토한다. 3. 덧셈들을 기억한다.
알고리즘 학습	1. 항상 같은 단위를 더한다. 2. 적을 게 많으면, 교환한다.

3 정수의 뺄셈 가르치기

정수의 뺄셈을 가르치는 순서는 덧셈과 유사하다. 우선 뺄셈과 물리 작용을 관련지음으로써 연산의 의미를 확립시켜야 한다. 두 가지 물리적 상황들이 뺄셈과 관련이 있다. 비교 뺄셈을 위한 상황과 제거 뺄셈을 위한 상황이 존재한다.

(1) 뺄셈의 의미 발달시키기

1) 비교 뺄셈

먼저 비교를 위한 뺄셈(comparison subtraction)에 대해 살펴보고자 한다. 두 가지 양을 가지고 시작하고, 그 차이를 알기 위해 두 양을 비교한다.

▪활동 6.29 나머지

두 집단을 만든다. 한 집단은 5명, 다른 집단은 9명으로 구성한다. 두 집단을 교실 양쪽 편에 서있게 한다.

두 집단의 구성원이 같은 명 수인지 물어본다. 어느 집단이 더 많은 아동이 있는지 묻는다. 얼마나 더 많은 아동이 있다고 추측하는지 물어본다. 몇 명이 대답하면, 작은 쪽 집단의 아동들이 반대편 아동들과 짝을 이루어 한 명씩 손을 들게 한다. 손을 들지 않은 남은 학생들 수가 두 집단의 차이라는 점을 지적한다. 차이는 네 명이다.

■활동 6.30 그래서 차이는?

아동들에게 네 개의 신발 집단과 10개의 양말 집단을 보여준다.

신발과 양말이 동일한 개수인지 묻는다. 신발이나 양말 중 더 많은 것이 무엇인지 묻는다. 아동들을 앞으로 나오게 하여, 신발이 다 없어질 때까지 양말과 신발을 짝을 맞추어본다.

남은 양말 개수가 차이라는 것을 지적한다. 차이는 6개의 양말이다. 아동들에서 지금 본 것은 뺄셈의 한 종류라는 것을 말해 준다. 칠판에 뺄셈 문장을 적는다. 문장에 제시된 각 기호를 설명해준다.

차이를 알아보기 위해 사용한 과정은 일대일 대응이다. 아동들은 특정 뺄셈 예제에 대한 답을 구하기 위해 이러한 대응 과정을 사용하는 법을 쉽게 배울 수 있다. 다음 두 활동들은 비교 뺄셈에서 아동이 답을 구하도록 어떻게 안내하는지를 설명하고 있다.

■활동 6.31 차이를 구하기 위해 비교하기

칠판에 8 - 3 이라고 적는다. 아동들에게 8과 3의 차이에 대해 알아보고자 한다고 말해 준다.

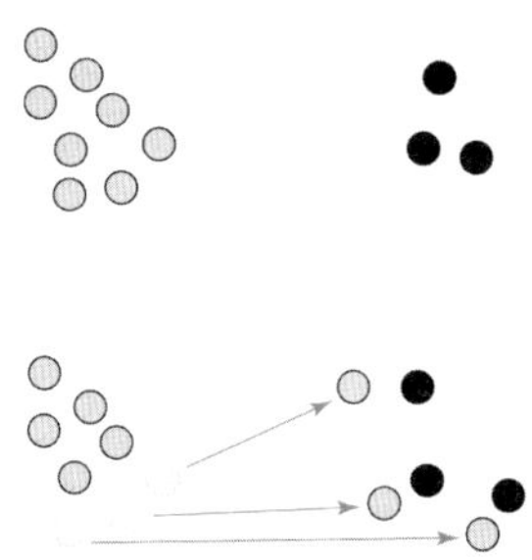

두 숫자를 보여주기 위해 칩(counters)을 사용한다. 첫 번째 숫자의 칩과 두 번째 숫자의 칩을 대응시켜 차이가 5라는 것을 보여준다. 그 답을 칠판에 기록한다.

다른 예를 가지고 활동을 반복한다. 때때로 한 아동에게 문제를 적어 보도록 한다. 또는 한 아동에게 칩을 가지고 두 숫자를 표현해 보도록 하거나 대응시켜 보도록 한다. 혹은 답을 적어 보도록 한다. 아니면 전체 과정을 아동이 수행해 보도록 한다.

■활동 6.32 돌리고 비교하기

돌림판을 만든다. 종이 클립의 한 쪽 끝을 펴서, 지시 화살표로 사용한다. 연필 끝으로 클립을 걸고 누른 채 돌린다. 클립이 지시하는 숫자를 확인한다.

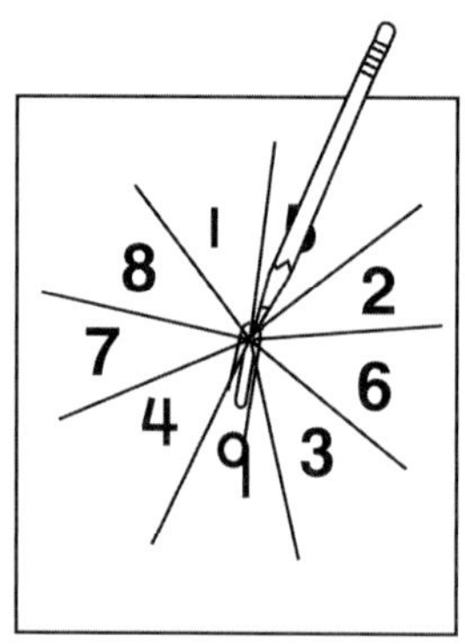

아동들에게 2 명씩 짝을 이루도록 한다. 짝과 함께 돌림판을 돌려 짝을 이룬 각 아동마다 숫자를 정하고, 칩으로 표현해 보도록 한다. 아동들에게 차이를 알아보기 위해 칩을 대응해 보도록 한다. 각 예를 뺄셈 문장으로 적게 한다. 즉, 짝마다 결과를 기록한다.

2) 제거 뺄셈

아동들이 뺄셈과 관련지울 수 있는 두 번째 물리적 상황에 대해 살펴보자. 이 상황은 하나의 숫자에서 시작해서, 일부를 제하고 남아 있는 것을 확인한다(Page, 1994). 다음 활동들은 제거 뺄셈(take-away subtraction)을 설명하는 활동들이다.

■ 활동 6.33 나에게 4를 주세요

아동들에게 7개의 장난감 차를 보여준다. 칠판에 7을 적는다. 아동들에게 몇 개의 차를 다른 곳에서 치우려고 한다고 말한다. 한 아동을 앞에 나오게 한다. 아동에게 "나에게 4개의 차를 주세요."라고 말한다. 칠판에 7 옆 오른쪽에 4를 적는다.

아동에게 4개의 차를 제거하라고 말한다. 그대로 하면, 아동들에게 어떤 수에서 일부분을 제거하면 뺄셈이라고 부른다고 말한다. 두 숫자 사이에 - 기호를 적는다. 아동들에게 이 뺄셈 식을 "7 빼기 4"라고 읽는다라고 말해 준다.

뺄셈에 대한 답은 남은 숫자라는 것을 설명한다. 4개의 장난감을 제거한 후, 몇 개의 자동차가 남았는지 묻는다. 칠판에 그 답을 적고, 뺄셈 문장을 읽어 준다. "7 빼기 4는 3이다(3과 같다)."

다른 숫자들을 가지고 활동을 반복한다. 다른 개수의 차를 가지고 활동을 시작한다. 아동들에게 얼마나 많은 차를 제거할지 결정하게 한다.

■ 활동 6.34 그것은 가방 안에 있다.

아동들에게 2명씩 짝을 이루도록 한다. 각 짝에게 종이 가방과 10개의 크레용, 연필과 종이를 나누어 준다. 돌아가면서 활동을 한다.

첫 번째 아동이 종이 가방에 몇 개의 크레용을 넣는다. 아동은 가방 안에 몇 개의 크레용이 있는지 종이 위에 숫자를 적는다(예, 8).

$$8$$

두 번째 아동은 가방에서 몇 개의 크레용을 꺼낸다. 그리고 몇 개의 크레용을 꺼냈는지 기록한다.

$$8 - 3$$

첫 번째 아동이 가방에 남아 있는 크레용 개수를 세보고, 뺄셈 문장을 완성한다.

$$8 - 3 = 5$$

아동들은 적어도 10개의 뺄셈 예제를 생성할 때까지 활동을 계속한다.

두 가지 종류의 뺄셈이 있다는 것을 살펴 보았다. 아동들은 비교와 제거 뺄셈에 모두 익숙해져야 하고, 두 가지 모두 뺄셈과 관련지울 수 있어야 한다. 문제를 풀 때 두 가지 종류의 상황에 모두 접할 수 있도록 해야 한다. 아동들은 이 상황에서 뺄셈을 사용할 수 있다는 것을 인식할 수 있어야 한다. 그러나 뺄셈의 의미가 확립되면, 제거 뺄셈이 정수의 뺄셈 발달에서 거의 배타적으로 많이 사용된다.

(2) 쉬운 기본 뺄셈 발달시키기

아동들은 쉬운 기본 뺄셈들에 대한 답을 구할 수 있어야 한다. 뺄셈의 의미에 대한 아동들의 이해가 이를 가능하게 한다. 활동 6.34와 같은 활동들은 이 목적에 적합한 활동들이다. 아동들이 쉬운 기본 뺄셈들에 대해 알아감에 따라, 뺄셈 결과들이 일정한 조직된 형식으로 모아져야 한다. 뺄셈 진술물들이 조직됨에 따라, 교사들은 뺄셈들 간에 존재하는 관계들을 아동들이 발견하도록 안내하여야 한다.

아동들은 자기 자신에서 자기 자신을 뺄 때, 그 답은 0이라는 것을 알아채야 한다. 이러한 경우가 쉬운 기본 뺄셈들 중 10 가지가 있는데, 아동들이 이 관계를 알고 나면, 하나만 기억하면 된다. 아동들은 또한 어떤 숫자에서 0을 빼면 답은 그대로(원래 숫자)라는 것을 알아채야 한다. 이러한 경우도 10가지가 존재하는 데 한 가지 사실만 기억하면 된다. 또한 어떤 숫자에서 1을 빼면, 수를 세어 갈 때 바로 이전 숫자라는 것도 알아야 한다. 이런 경우도 10가지 있는데, 역시 하나의 사실만 기억하면 된다. 이러한 관계들의 인식은 기억해야하는 양을 줄이는 효과가 있다.

아동이 이미 알고 있는 것들과 관련지어 생각하면서 발견할 수 있는 또 다른 관계들이 존재한다. 또한 이미 알고 있는 것들과 관련지어 학습 내용을 더 쉽게 기억할 수 있다. 모든 뺄셈들은 다른 덧셈과 관련이 있다. 즉,

$$8 - 2 = 6 \quad 5 - 1 = 4 \quad 10 - 7 = 3 \quad 9 - 3 = 6$$
$$6 + 2 = 8 \quad 4 + 1 = 5 \quad 3 + 7 = 10 \quad 6 + 3 = 9$$

모든 뺄셈은 다른 뺄셈과 관련이 있다. 예를 들어

$$5 - 2 = 3 \quad 8 - 1 = 7 \quad 10 - 6 = 4 \quad 7 - 2 = 5$$
$$5 - 3 = 2 \quad 8 - 7 = 1 \quad 10 - 4 = 6 \quad 7 - 5 = 2$$

아동들은 이러한 관계들이 실제 상황에서 무엇을 의미하는지 볼 필요가 있다. 관계들을 발견하게 되면, 아동들은 이러한 관계들에 대한 물리적 표현을 함께 경험해야 한다. 다음 활동들은 이것이 어떻게 달성될 수 있는지 보여준다.

■ 활동 6.35 나에게 보여줘: 전부 제거하기

아동들이 3 - 3, 7 - 7, 2 - 2, 9 - 9와 같은 뺄셈의 답을 0이라는 것을 알게 되면, 이들 뺄셈들을 칩을 활용해서 보여준다. 몇 가지 예를 보여준다.

5개로 시작한다. 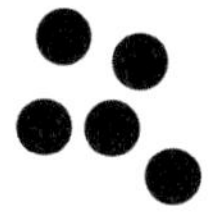 5개를 제거한다. 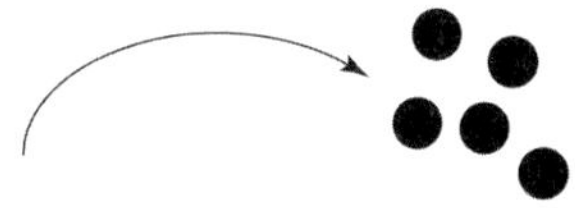

그런 후에 이 생각을 일반화하기 위해, 탁자 위에서 소량의 칩을 올려 놓는다. 모든 칩들을 제거하면 몇 개가 남는지 묻는다. [0] 52가 있었다면 어떻게 되는가 묻는다. 52 - 52 의 답은 얼마인가?
24가 있었다면? 124가 있었다면?

■ **활동 6.36 나에 보여줘: 0 빼기**

아동들이 3 - 0, 7 - 0, 2 - 0, 9 - 0 같은 뺄셈들이 처음 숫자를 답으로 갖는다는 것을 알게 됨에 따라, 칩들을 가지고 뺄셈들을 보여준다. 몇 가지 예들을 보여준다.

5개로 시작한다.  한 장의 종이로 그것들을 덮는다. 

그런 후에 이 생각을 일반화하기 위해, 소량의 칩을 탁자 위에 올려 놓는다. 이것을 종이로 덮는다. 종이 위에서 손을 흔들어 보인다. 그리고 몇 개를 제거했는지 묻는다. 종이 밑에 57개의 칩이 있었다면, 몇 개가 남았는지 묻는다. [57]. 57 - 0 에 대한 답은 얼마인가? 29 - 0에 대한 답은 얼마인가? 247개의 칩이 있었다면 답은 얼마인가?

■ **활동 6.37 나에게 보여줘: 관련 뺄셈과 덧셈**

아동들이 3 - 1 = 2 이고 2 + 1 = 3, 7 - 4 =3 이고 3 + 4 = 7, 9 - 5 = 4 이고 4 + 5 = 9, 즉 덧셈과 뺄셈들 간에 관계가 있다는 것을 알게 됨에 따라, 칩을 활용해서 다음을 보여준다. 몇 가지 예들을 보여준다.

만약, 8개로 시작해서 3개를 없앴다면, 5개가 남아 있다. 8 - 3 = 5이다.

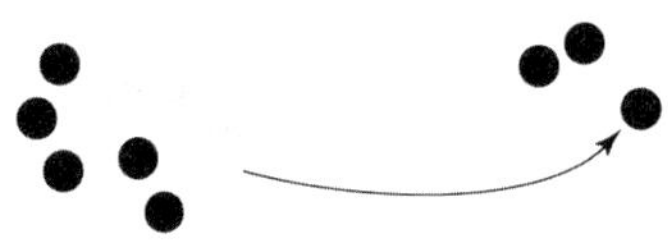

그 다음에, 만약 남아 있는 5개에 다시 3개를 되돌려 놓으면, 8개를 가지고 있다. 5 + 3 = 8이다.

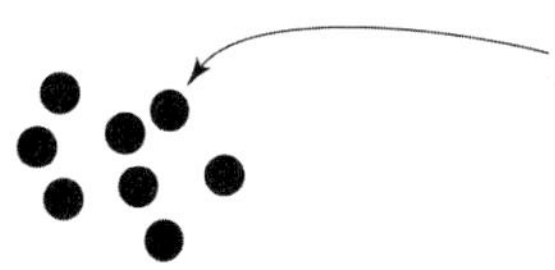

그런 후에 일반화하기 위해 소량의 칩을 탁자 위에 올려놓는다. 아동들에게 51개의 칩이 있다고 생각해 보라고 말한다. 이들 중 3개를 남기고 모두 제거한다. 몇 개가 남았는지 묻는다. [3] 제거한 칩들을 다시 놓는다. 몇 개가 있는지 묻는다. [51]. 128 - 54 = 74 라고 칠판에 적는다. 아동들이 이 뺄셈식은 128에서 54를 제거하면 74가 남는다는 것을 의미한다는 것을 말해준다. 74 개가 남아 있는 상황에서 54개를 다시 돌려 놓으면 몇 개가 되는지 묻는다. [128]

■ 활동 6.38 나에게 보여줘: 관련 뺄셈들

아동들이 3 - 1 = 2 이고 3 - 2 =1, 7 - 4 = 3 이고 7 - 3 = 4, 9 - 5 = 4 이고 9 - 4 =5, 즉 관련 뺄셈들이 존재함을 알게 됨에 따라, 칩들을 활용해서 이러한 관계들을 보여준다. 몇 가지 예들을 보여준다.

여덟 개의 토큰을 제시한다. 세 개 모임과 다섯 개 모임으로 분리하기 위해 토큰들 사이에 긴 뜨개실 한 가닥을 놓아둔다.

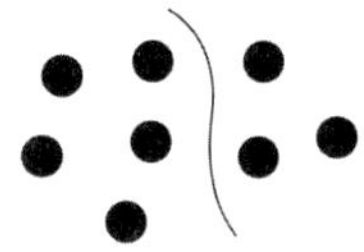

당신이 세 개 토큰 모임을 가져갔다면, 당신은 다섯 개 모임이 남아 있다는 것을 학생들에게 보여준다. 8-3=5이다.

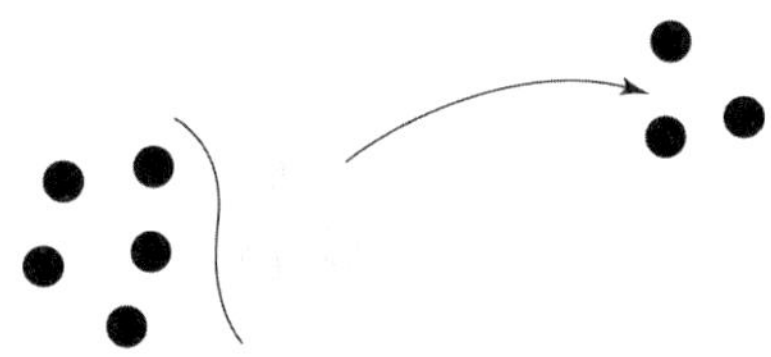

다른 한편으로, 만약 당신이 다섯 개 토큰 모임을 가져갔다면 세 개 모임이 남는다. 8-5=3이다.

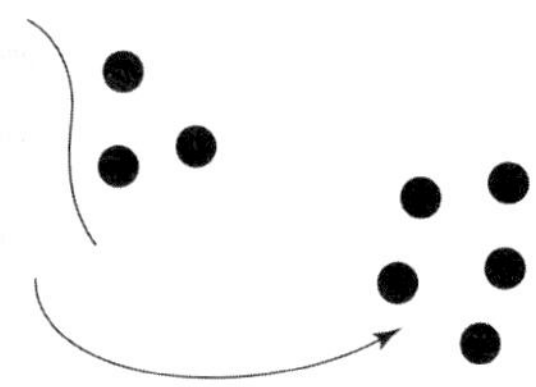

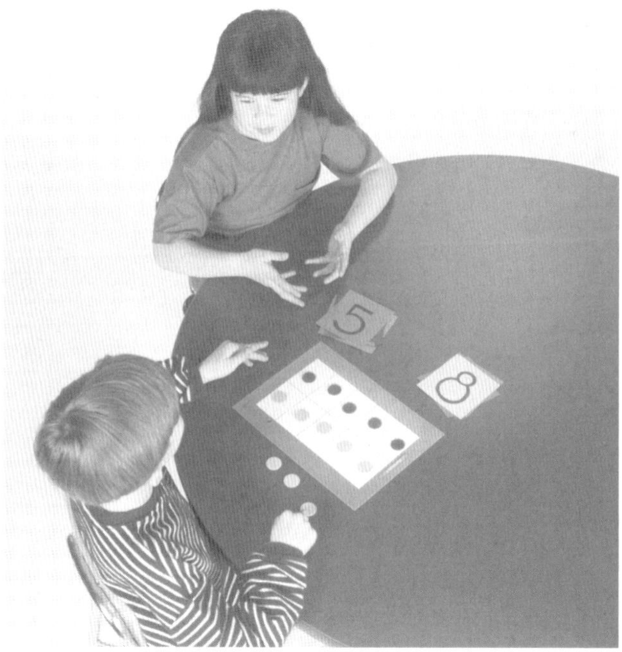

도움이 되는 이러한 관계들을 발견한 후에, 아동들은 쉬운 기본 뺄셈들을 기억할 준비가 된 것이다. 이러한 관계들에 대해 생각해 보는 것을 강조하는 기억 활동들을 몇 가지 제시하면 다음과 같다.

■활동 6.39 관련 뺄셈 쌍들

카드 위에 관련 뺄셈 쌍들이 적혀 있는 큰 카드들을 준비한다. 하나의 뺄셈에는 답이 적혀 있으나, 다른 뺄셈에는 답을 적지 않는다.

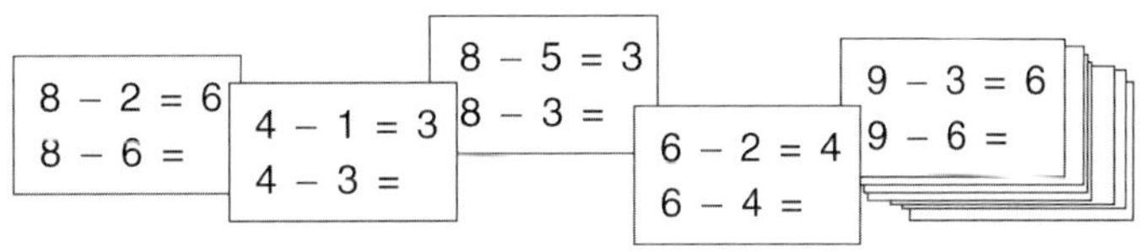

한 번에 한 장의 카드를 보여준다. 아동들에게 답이 없는 뺄셈에 대한 답을 말해 보게 한다. 첫 번째 뺄셈의 답이 두 번째 뺄셈의 답을 구하는데 어떻게 도움이 됐는지 물어본다. 답을 구하지 못하면, 첫 번째 답이 답을 계산하는데 도움이 될 수 있다는 것을 말해준다.

필요하다면, 칩을 활용해서 관련 뺄셈들을 보여준다(활동 6.38 참조)

■활동 6.40 함께 모으고, 분리하기

다음 뺄셈들이 적혀 있는 플래시 카드를 준비하다

8 − 3 =	5 − 2 =	9 − 6 =	6 − 3 =
4 − 2 =	7 − 5 =	8 − 4 =	6 − 4 =
7 − 4 =	8 − 6 =	9 − 4 =	9 − 2 =

칠판에 다음 덧셈들을 적는다.

2 + 2 = 4	3 + 2 = 5	3 + 3 = 6	1 + 4 = 6
2 + 5 = 7	3 + 4 = 7	5 + 3 = 8	4 + 4 = 8
2 + 6 = 8	3 + 6 = 9	5 + 4 = 9	7 + 2 = 9

플래시 카드를 보여준다. 아동이 답을 하든 하지 않든, 칠판에 적힌 덧셈들 중 뺄셈 답을 구하는데 도움이 되는 덧셈이 있었는지 물어본다. 칩들을 사용해서 필요하면 관련 뺄셈과 덧셈을 보여준다(활동 6.37 참조).

■활동 6.41 필요하면 살짝 보기

특정 뺄셈(예, 9 − 4 등)을 기억하기 어려워하는 아동이 있다면, 작은 종이를 접어 밖에 문제를 적고, 안에 답을 적어서 아동 책상에 붙여 놓는다.

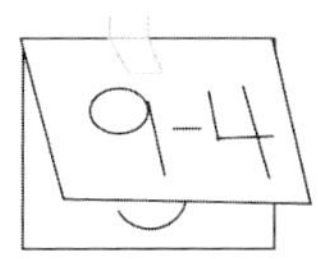

아동들이 특정 뺄셈에 관해 질문 받을 때마다, 아동들은 이 답을 기억하려고 노력

한다. 아동이 기억하지 못하면, 답이 적힌 종이 안쪽을 볼 수 있게 한다. 아동에게 답을 기억하라고 매번 말해주고, "9 - 4가 얼마지?"라고 묻는다.

▪활동 6.42 뺄셈 만들기

한 자리 수가 적혀 있는 20장의 카드를 준비한다. 0에서 9까지 2장씩 적혀 있어야 한다. - 기호와 = 기호가 적히 7장의 카드도 준비한다.

아동에게 카드를 나누어주고, 아동으로 하여금 가능한 한 많이 뺄셈들을 만들어 보도록 한다.

7 − 5 = 2   3 − 2 = 1

▪활동 6.43 목록 완성하기

답이 없는 4개의 뺄셈 목록을 준비한다. 교실 여기저기에 답이 적힌 카드를 붙여놓는다.

세 명의 아동들로 집단을 구성한다. 각 집단에게 목록을 준다. 목록에 있는 모든 뺄셈들에 대한 답을 찾도록 하고, 답을 교사에게 가져오게 한다. 답 카드는 충분히 복사하여 붙여 놓아야 한다.

아동들이 뺄셈 목록에 대한 답을 가져옴에 따라, 아동들에게 어떤 문제가 대한 답을 가져온 것인지 교사에게 말하도록 한다.

(3) 어려운 기본 뺄셈 발달시키기

1) 어려운 기본 뺄셈을 위한 사고 전략

어려운 기본 뺄셈(피감수가 11에서 18까지)에 대한 답은 수 세기를 통해 구할 수 있다. 그러나 숫자가 커지면, 수 세기는 비효율적이고 느리다. 이 시점에서 어려운 기본 뺄셈에 대한 답을 빠르고 정확하게 구할 수 있도록 보다 효율적인 전략을 배워야 한다.

우리의 목표는 이러한 어려운 기본 뺄셈들을 헌신적으로 기억하는 것이며, 성공적으로 기억하는데 도움이 되는 전략들은 두 가지 특성을 갖고 있다. 이러한 전략들은 정신적 전략들이며, 아동들이 이미 기억하고 있는 것들을 활용해서 기억하지 못한 것들을 계산할 것을 요구한다. 아동들은 자신들이 알지 못하는 것을 계산하기 위해서 도움이 되는, 자신들이 이미 알고 있는 것들에 대해 지속적으로 생각해야 한다. 아동들은 자신들이 이미 알고 있는 것들에 기초해서 학습해야 한다. 새로운 지식은 이미 알고 있는 지식과 가깝게 관련지어야 하고, 이미 알고 있는 것들과 관련지어 새로운 내용을 기억하는 것이 항상 보다 더 쉽다.

2) 관련 덧셈을 생각하라.

전에 사용했던 어려운 기본 뺄셈을 위한 사고 전략들 중 두 가지는 특히 성공적이었다. 첫 번째 전략은 수학자들이 가장 사랑하는 전략으로, 관련 덧셈에 대해 생각해 보는 것이다.

이 전략은 덧셈과 뺄셈의 역관계에 기초한 것으로, 뺄셈을 덧셈을 이용하여 정의 내린다: a − b = c 이 때 c 는 c + b = a 인 특정 c이다. 따라서 a − b = ? 에 대한 답을 구하고자 하면, b에 얼마를 더하면 합이 a(? + b = a)가 되는가를 생각해 보면 된다.

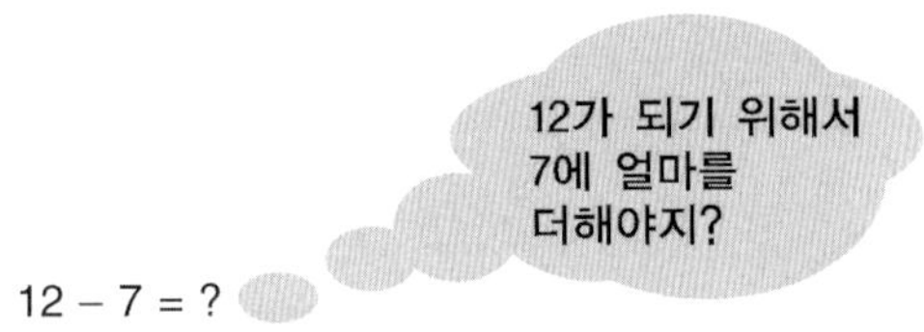

이것은 좋은 전략이다. 이 전략은 수학적으로 강력하다. 이 전략은 보편적으로 적용되는 전략이다. 즉, 모든 어려운 기본 뺄셈에서 효과가 있다. 그러나 어려운 뺄셈에 대한 답을 찾는 전략으로서 한 가지 흠이 있다. 이 전략을 사용해서 12 − 7 = 5라는 뺄셈의 납을 찾기 위해서는 아동이 5 + 7 = 12라는 덧셈을 이미 알고 있어야 한다. 17 − 9 = 8이라는 것을 알기 위해서는 아동은 8 + 9 = 17이라는 것을 이미 알고 있어야 한다. 이 전략은 아동이 어려운 기본 덧셈을 이미 알고 있을 것을 요구한다. 불행히도 어려운 뺄셈 숙달에 어려움이 있는 아동들은 흔히 어려운 기본 덧셈 숙달에도 어려움을 경험한다. 이 전략은 이들 아동들에게는 작동하지 않는다.

3) 10에서 빼기

어려운 기본 뺄셈에 대한 답을 구하는데 성공적인 것으로 증명된 두 번째 전략은 피감수가 10인 뺄셈에 대해 이미 알고 있을 것을 요구한다(10 − 5, 10 − 7, 10 − 4 등). 이 전략은 13에서 19까지의 숫자들은 '10과 약간'으로 생각할 수 있다는 사실을 이용한다.

이 전략은 어려운 덧셈을 위한 사고 전략에서 제안했던 10 만들기 전략과 역관계에 있다. 10에서 어떤 수를 빼는 것은 쉽기 때문에, 어려운 기본 뺄셈에 대한 답을 구할 때, 10에서 빼기를 활용하도록 하여야 한다. 10-프레임은 10에서 빼기 사고 전략에 대한 이해와 심상을 형성하는데 효과적인 도구이다. 예를 들어, 13 − 7에 대한 답을 구하고 있다고 가정하다. 13을 표현하기 위해 10-프레임을 먼저 사용하면 다음과 같다.

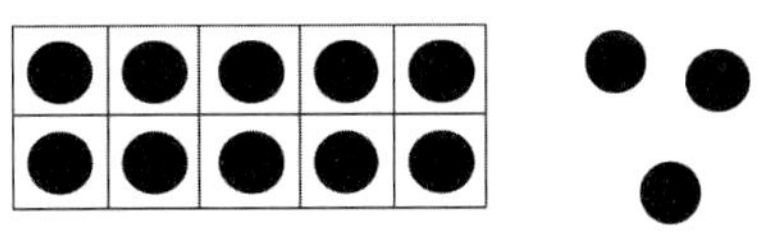

7을 뺄 때, 10-프레임에서 7개의 칩을 뺀다.

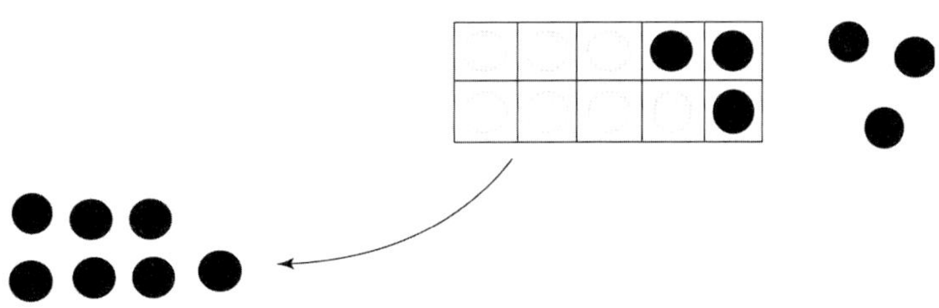

10-프레임에 3개의 칩이 남아 있다. 다 합치면 3 + 3 즉 6개의 칩이 남아 있다. 따라 13 - 7 = 6이다. 또한 14 - 8에 대한 답을 구하고자 한다.

14로 시작한다.

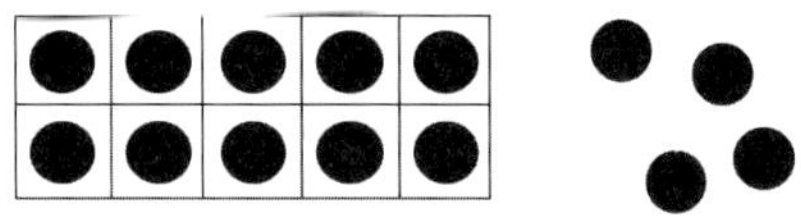

10칸의 틀에서 8개를 가져간다.

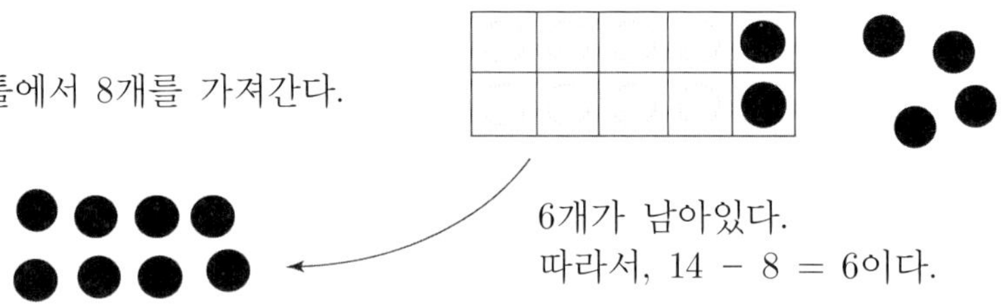

6개가 남아있다.
따라서, 14 - 8 = 6이다.

위 과정을 단계별로 기록하면 다음과 같다.

$$\begin{array}{r}13\\ \underline{-7}\end{array} \longrightarrow \begin{array}{r}10+3\\ \underline{-7\quad\;\;}\end{array} \longrightarrow \begin{array}{r}10+3\\ \underline{-7\quad\;\;}\\ 3\end{array} \longrightarrow \begin{array}{r}10+3\\ \underline{-7\quad\;\;}\\ 3+3=6\end{array}$$

이 과정에 대한 심상이 발달할 수 있도록 10-프레임을 활용하면서 충분한 시간을 보낸 다음에는 다른 보조도구를 사용해서 이 과정에 대해 생각해 볼 수 있도록 해야 한다. 0이 한쪽 구석에 적혀 있는 카드를 준비한다. 아동으로 하여금 피감수의 한 부분을 가리고 생각해 보도록 한다.

문제를 기록한다. 10에서 뺀다. 그 다음, 5를 더한다.

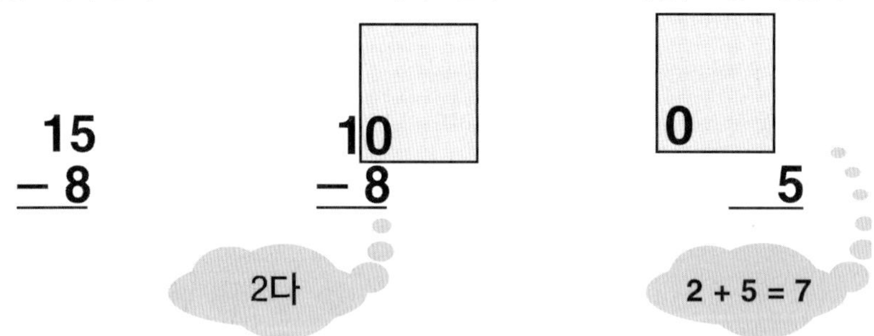

10에서 빼기 전략은 가르치기 쉽다. 그리고 모든 어려운 기본 뺄셈들에 사용할 수 있는 보편적 전략이다. 그리고 아동들에게 쉬운 뺄셈들만을 미리 알고 있기를 요구한다.

(4) 뺄셈 알고리즘 가르치기

기본 뺄셈을 마스터한 후에는, 아동들은 뺄셈 알고리즘을 배울 준비가 된 것이다. 뺄셈 알고리즘은 모든 정수의 뺄셈에 대한 답을 구하기 위해 기본 뺄셈을 사용할 수 있는, 단계적 과정이다. 알고리즘을 가르칠 때, 다음과 같은 사항들을 고려하여야 한다.

- 아동들이 무엇을 해야 하는지 볼 수 있게 하라. 뺄셈 연산 과정을 적절한 물리적 혹은 그림 모델을 사용해서 신중하게 설명하여야 한다. 뺄셈을 할 때, 기본 단위(1, 10, 100 등)에 어떤 일이 일어나는지 볼 수 있는 모델을 사용하여야 한다.
- 기계적인 규칙은 덜 강조하라. 규칙을 학습하여야 하지만, 유의미해야 한다. 규칙들은 모델링 과정을 통해 얻어진 것이어야 한다.
- 빅 아이디어들을 강조하라. 빅 아이디어들은 과정들을 기술하는 중요한 일반화이다. 이들은 모델링 과정으로부터 도출되어야 한다.
- 글로 적은 알고리즘은 알고리즘을 모델로 제시했을 때 어떤 일이 일어났는지 간단히 기록한 것이어야 한다. 기록하는 모든 것은 실제 한 일과 대응되어야 한다.
- 사용하는 언어를 관찰하라. 사용하는 언어는 연산을 모델로 제시할 때 아동들이 보는 것을 기술해야 하며, 글로 쓴 것을 기술한 언어여서는 안된다.

1) 첫 번째 빅 아이디어

다음 활동은 뺄셈 알고리즘의 기초가 되는 두 가지 빅 아이디어들 중 첫 번째 빅 아이디어를 소개하고 있다.

■ 활동 6.44 상자 안에 무엇이 남았나?

칠판에 74라고 적는다. 한 아동을 앞으로 나오게 하여 십진 블록 세트를 활용하여 74를 표현해 보도록 한다. 이것을 상자 안에 넣는다. 74 오른쪽에 - 31을 적는다. 이것이 무엇을 의미하는지 묻는다. [74에서 31을 제거한다.]

한 아동을 앞으로 나오게 하여 상자 안에서 31을 제거하도록 한다. 상자 안에 얼마나 많은 10이 있는가? [4] 그것을 어떻게 알았는지 묻는다. 얼마나 많은 1이 상자 안에 남았는가? [3] 그것을 어떻게 알았는지 묻는다. 칠판에 답을 기록한다.

다른 예를 가지고 위 과정을 반복한다. 그러나 다시 모으기 혹은 내림(regrouping)이 없는 예는 사용하지 않는다. 세 자리 숫자를 가지고 활동을 해본다. 예들을 가로로 기록하고 일부는 세로로 적어본다.

항상 같은 단위끼리 뺀다. 아동들은 10의 개수에서 1의 개수를 빼서도 안되고, 100의 개수에서 10의 개수를 빼서도 안된다. 실제 빼는 과정을 본다면, 말이 안되는 일이다. 아동들에게 두 자리 그리고 세 자리 숫자를 어떻게 빼는지를 말해줄 필요는 없다. 아동들은 상식으로 이미 알고 있다. 백 단위끼리 뺀다. 일 단위끼리 뺀다. 그리고 10 단위끼리 뺀다. 이렇듯 항상 같은 단위끼리 빼야 한다. 이것이 뺄셈 알고리즘에서 사용하는 첫 번째 빅 아이디어다.

2) 두 번째 빅 아이디어

두 번째 빅 아이디어는 첫 번째 아디어처럼 자연스럽게 이해가 된다. 아동들이 딜레마에 직면할 수 있는 예제를 제시하고, 아동들에게 어떻게 딜레마를 해결할지 말해보도록 한다. 활동 6.45는 이를 소개하고 있으며, 활동 6.44의 후속 활동이다.

■ 활동 6.45 문제가 무엇인가? 어떻게 해결하지?

칠판에 75라고 적는다. 한 아동을 앞으로 나오게 하여, 십진 블록 세트를 활용해서 75를 표현해보게 한다. 이를 상자 안에 넣는다. 75 밑에 -27이라고 적는다. 이것이 무엇을 의미하는지 묻는다. [75에서 27을 제거한다.]

한 아동을 앞으로 나오게 하여 상자 안에서 27을 제거하게 한다. 아동이 그대로 할 수 없으면, 문제가 무엇인지 묻는다. [1이 충분하게 많지 않아요.] 다른 아동에게 해보라고 한다. 어떻게 더 많은 1을 얻을 수 있는지 묻는다. [1개의 10과 10개의 1을 교환한다.] 아동에게 그와 같이 교환을 해보도록 한다.

아동들에게 교환 후에 당신이 무엇을 갖고 있는지 말해 보도록 한다. 현재, 얼마나 많은 10이 존재하는가? 얼마나 많은 1이 존재하는가? 교환 결과를 기록한다.

$$\begin{array}{r} {\scriptstyle 6\;15} \\ \not{7}\not{5} \\ -\,27 \\ \hline \end{array}$$

아동들에게 7을 제거할 정도로 충분한 1이 있는지 묻는다.

뺄셈을 완성하고, 각 단계를 완료할 때마다 기록한다.

다른 예들을 가지고 이 과정을 반복한다. 세 자리 수 예를 사용한다. 결과를 수직 배열로 기록한다. 충분한 1이 없는 예와 충분한 10이 없는 예를 제시한다. 충분히 없을 때, 교환하면 문제가 해결된다는 면에서 이전 예제들과 차이가 없다는 것을 강조한다.

아동들에게 이 과정을 모델로 제시하게 하고 기록하도록 한다.

충분히 많지 않으면 교환하라. 뺄셈 알고리즘의 기초가 되는 두 번째 빅 아이디어는 “충분히 있지 않으면, 교환하라”이다.

3) 뺄셈 알고리즘의 사용

뺄셈 과정을 모델로 표현해본 아동들의 경험으로부터, 뺄셈 알고리즘을 사용할 때 두 가지만 필요하다는 것을 보여줄 수 있다(같은 단위끼리 뺀다 그리고 충분하지 않으면, 교환한다.). 이것이 뺄셈 알고리즘의 전부다. 아동들이 이 두 가지를 할 수 있게 되면, 정수의 뺄셈 예제들을 모두 해결할 수 있다. 내림이 없는 세 자리 수 뺄셈이든 10의 자리에서 1의 자리로의 내림이 필요한 두 자리 수 뺄셈이든, 100의 자리에서 10의 자리로의 내림이 있는 다섯 자리 수 뺄셈이든 혹은 어떤 정수들 간의 뺄셈이든 차이가 없다. 항상 같은 단위끼리 빼고, 충분하지 않을 때는 교환을 하면 된다. 그리고 앞에서 소수의 뺄셈도 살펴보았듯이 소수의 경우도, 동일하게 같은 단위끼리 빼고 충분하지 않으면 교환하면 답을 구할 수 있기 때문에 새로울 것이 없다.

(5) 뺄셈 발달 순서 요약

연산의 의미 확립	1. 뺄셈과 비교하기 혹은 제거하기를 관련짓기 2. 답을 구하기 위해 수세기 사용법 배우기
쉬운 기본 뺄셈 발달시키기	1. 뺄셈의 의미를 사용해서 답 구하기 2. 뺄셈들간의 관계 발견하기 3. 뺄셈 진술문들 기억하기
어려운 기본 뺄셈들을 위한 사고전략	1. 정신적 전략들이다 2. 어려운 뺄셈들의 답을 구하기 위해 기억하고 있는 쉬운 뺄셈들을 활용한다.
어려운 기본 뺄셈 발달시키기	1. 사고 전략들을 사용하여 답 구하기 2. 뺄셈들간의 관계 검토하기 3. 뺄셈들을 기억하기
알고리즘 발달시키기	1. 항상 같은 단위끼리 뺀다 2. 충분하지 않다면, 교환하라.

4 수업 수정하기

이제 뺄셈에 관한 다른 수업을 수정하고자 한다. 먼저 출판된 프로그램 중 교사용 지도서에서 제안하고 있는 제안들에 근거해서 작성된 전통적인 수업 계획을 살펴보려고 한다. 이 수업 계획은 분명 좋은 수업 계획이다. 그러나 그 초점은 교과서의 특정 페이지를 가르치는데 맞추어져 있다. 이 수업은 다양성이 존재하는 교실 내의 학습 요구를 보다 효과적으로 만족시키기 위해 수정될 것이다.

수업 목표

학생은 피감수가 1부터 6까지인 뺄셈 문장을 만들 수 있다.

■ **도입**

네 개의 칩과 두 개의 상자를 보여준다. 아동들에게 한 개의 상자에 몇 개의 칩을 넣고 다른 상자에 남은 칩을 넣으려고 한다고 말한다. "한 상자에 3개의 칩을 넣었다면, 다른 상자에 몇 개의 칩이 있을까?" "한 상자에 두 개의 칩을 넣었다면, 다른 상자에 몇 개의 칩이 있을까?" 아동들에게 뺄셈 문장 만들기를 해보려고 한다고 말한다.

■ **전개**

OHP 위에 푸른 호수가 그려진 투명지를 올려놓는다. 호수 위에 네 마리 물고기 조각을 올려놓는다. 호수에서 물고기 한 마리를 끄집어낸다. 호수에 몇 마리의 물고기가 남아 있는지 묻는다. 칠판 위에 4 - 1 = 3이라고 뺄셈 문장을 적는다.

아동들에게 다른 예를 가지고 활동하는 것을 보게 한다. 호수 위에 3 마리 물고기를 놓고, 그 중 2 마리를 제거한다. 당신이 한 일을 뺄셈 문장으로 적어 보라고 한다. 칠판에 뺄셈 문장을 적는다.

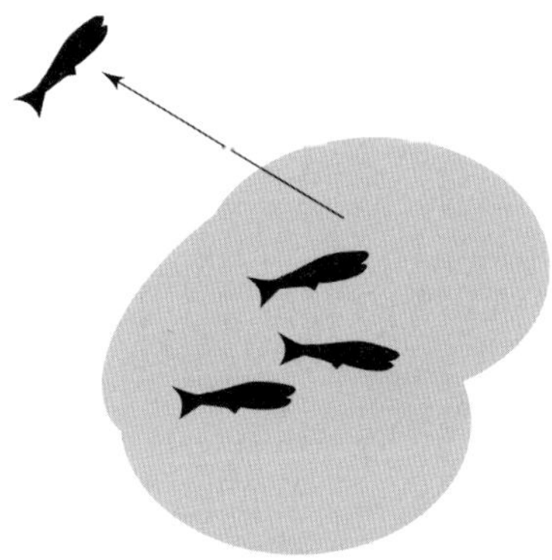

■ **학습 점검**

모든 아동들에게 이해 점검을 위한 예제를 풀도록 한다. 이해하지 못하는 아동을 확인할 수 있도록 관찰한다.

■ **연습**

이해 점검 예제에서 어려움을 보인 아동들에게 재교수용 자료를 완성하도록 한다. 나머지 아동들은 연습 페이지에 있는 예제들은 호수 작업 매트와 물고기 조각을 가지고 풀어 보도록 한다.

■ **종결**

수업 시간 마지막에, 물고기 칩을 사용해서 뺄셈 문장을 만들어 보았다는 것을 지적한다.

수정된 수업계획은 새로운 개념과 기술 학습에 필요한 활동 양을 늘렸다. 또한 교과서의 특정 페이지를 가르치는 데에서 개념을 가르치는 데 초점을 변화시켰다. 또한 시각 입력 정보를 늘렸고, 신체 활동과 학생 의사소통, 학습 점검 활동을 늘렸다. 이러한 수정을 통해 기존 수업을 거의 대부분의 학생들에게 적절한 수업이 될 수 있도록 하였다는 것을 기억하여야 한다. 그러나 특별한 요구를 가진 일부 학생들의 경우 추가적인 수업 수정이 필요할 수 있다.

수업 목표

학생은 피감수가 1에서 6인 뺄셈 문장을 만들 수 있다.

■ **도입**

네 개의 칩과 상자 하나를 보여준다. 아동들에게 몇 개의 칩을 상자 안에 넣으려고 한다고 말해 준다. 한 아동을 앞으로 나오게 하여 도와 달라고 한다. 학급 전체에 상자 안에 몇 개를 넣을지 물어본다. 도움을 주기로 한 아동에게 상자 안에 학생들이 이야기한 수만큼 칩을 넣도록 한다. 나머지 칩을 보여주지 않고, 몇 개의 칩이 남았는지 물어본다. 도움을 주기로 한 아동에게 답이 맞는지 확인해 보도록 한다. 상자 안에 몇 개의 칩이 있는지 묻는다. 두 번째 아동을 나오게 하여 칠판 위에 숫자들을 적게 한다. 아동들에게 상자에서 몇 개의 칩을 제거하려고 한다고 말한다. 몇 개를 제거할지 물어본다. 하나의 숫자에서 출발해서 몇 개를 제거하는 상황에서 어떤 연산을 사용할 수 있는지 묻는다. [뺄셈] 얼마를 빼야 하는지 묻는다. 도움을 주기로 한 아동에게 칠판에 적도록 한다. 상자 안에 몇 개의 칩이 남았는지 물어본다. 첫 번째 아동에게 상자 안을 보고 답을 확인해 보도록 한다. 두 번째 아동에게 답을 기록하게 한다. **이해 점검**. 이 활동을 하는 동안 아동들을 주의 깊게 관찰한다. 이해하지 못하는 아동들에게 직접 질문을 한다. 필요한 추가 설명이나 추가 예제를 제공한다.

■ 이해 점검

뺄셈 진술문을 가로 형식으로 적을 때, 이것을 뺄셈 문장이라고 부른다는 것을 설명한다. 학교 전체에 오늘 뺄셈 문장을 만드는 것에 대해 배울 것이라고 말한다.

■ 전개

학급 전체가 게시판에 주목하도록 한다. (학생들이 등교하기 전에, 게시판에 세 마리 새 조각을 붙여놓는다.) 한 아동을 앞으로 나오게 하여 두 마리 새를 제거하도록 한다. 처음에 몇 마리의 새가 있었는지 물어본다. 몇 마리의 새를 떼어냈는지 물어본다. 몇 마리가 남았는지 물어본다. 다른 아동을 앞으로 나오게 하여, 뺄셈 문장을 적게 한다. **이해 점검**. 이 활동을 하면서 아동들을 주의 깊게 관찰한다.

교실 앞에 6개의 의자를 한 줄로 놓는다. 6명의 아동들을 앞으로 나오게 하여 앉게 한다. 네 명의 아동이 일어나 교실 뒤편으로 가게 한다. 처음에 몇 명의 아동들이 있었는지 묻는다. 교실 뒤로 몇 명의 아동들이 갔는지 묻는다. 몇 명의 아동들이 남았는지 묻는다. 한 아동을 앞으로 나오게 하여 뺄셈 문장을 적도록 한다. **이해 점검**. 이 활동을 하는 동안 아동들을 주의 깊게 관찰한다.

■ 이해 점검

OHP 위에 푸른 호수가 그려진 투명지를 올려놓는다. 아동들에게 6마리의 물고기들을 갖고 있다고 말한다. 몇 마리의 물고기를 호수 위에 놓을지 묻는다. 한 아동을 앞으로 나오게 하여 도와 달라고 한다. 이 아동이 호수에서 낚시를 하려고 한다고 말한다. 아동들에게 이 아동이 몇 마리 물고기를 낚을지 물어본다. 도움을 주기로 한 아동에게 호수에서 아동들이 말한 수만큼 물고기를 제거하도록 한다. 몇 마리의 물고기가 호수에 남았는지 물어본다. 처음에 몇 마리가 있었는지 물어본다. 몇 마리를 호수에서 낚았는지 묻는다. 다른 아동을 앞으로 나오게 하여 칠판에 뺄셈 문장을 적도록 한다.

물고기 조각을 사용해서 다른 예제를 완성해 본다. 단, 모든 아동들에게 자리에 앉아 종이 위에 뺄셈 문장을 적어보도록 한다. **이해 점검**. 교실을 돌아 다니면서 아동들의 활동을 확인한다. 필요하면 추가 설명을 제공한다.

아동들이 이해 점검 예제을 풀어 보도록 한다. 아동들에게 호수 작업 매트와 물고기 칩을 사용해서 예제를 풀어 보도록 한다. **이해 점검**. 교실을 돌아다니면서 아동들의 활동을 확인한다. 필요하면 추가 설명을 제공한다.

■ 연습

아동들에게 두 명씩 짝을 이루게 하고, 호수 작업 매트와 물고기 칩을 사용하여 연습 페이지에 있는 처음 4개의 예제들을 풀어보도록 한다.

■ **종결**

수학 수입 끝 무렵에 학생들이 오늘 무엇을 했는지 물어본다. 어떻게 하는지 배운 것을 물어본다. 해바라기 씨를 가지고 하나 이상의 예제를 풀어본다. 아동들에게 뺄셈 문장이 무엇인지 말해보게 한다.

■ **추수 활동**

각 아동에게 6개의 해바라기 씨가 들어 있는지 작은 플라스틱 가방을 준다. 아동들에게 해바라기 씨를 가져가서 오늘 배운 것을 부모님께 설명하는데 사용하도록 말해준다.

5 덧셈과 뺄셈을 이용해서 문제 해결하는 법 가르치기

문제 해결은 초등학교 수학 교육과정에서 가장 우선순위를 두고 있는 주제다. NCTM Curriculum and Evaluation standards for School Mathematics(1989)에 기술되어 있는 것처럼,

> 문제 해결은 수학 교육과정의 핵심이어야 한다. 따라서 문제 해결은 모든 수학 활동의 주된 목표이다. 문제 해결은 구분된 주제는 아니며, 모든 프로그램에 녹아들어 있고, 학습해야 하는 개념과 기술 들의 맥락을 제공하는 과정이어야 한다. (p.23)

문제 해결을 위한 덧셈과 뺄셈을 활용하는 능력의 발달 과정에서 초기 시기는 연산의 의미가 발달해야하는 시기다. 산술 연산이 실제 물리 세계에서의 작용과 관련이 있을 때, 아동은 문제 상황을 더 잘 볼 수 있고, 해답을 찾기 위해 덧셈 혹은 뺄셈이 필요한지 더 잘 결정할 수 있다.

문제의 본질은 어떤 양을 제거하는 것이라면, 아동들은 상황을 보고 답을 구하기 위해 뺄셈을 사용해야 한다는 것을 알아야 한다. 문제 상황의 본질이 양을 결합하는 것이고, 전체 양이 얼마인지 답을 구해야하는 것이라면, 아동은 문제 상황을 보고, 답을 구하기 위해 덧셈을 사용해야 한다는 것을 알아야 한다. 문제의 본질이 두 양들을 비교하고, 어떤 것이 더 많은지를 결정하는 것이라면, 아동은 상황을 보고, 뺄셈이 필요하다는 것을 알아야 한다.

(1) 문장제 문제(word problems)를 상황으로 번역하기

문제가 문장제 문제로 제시되면, 아동들은 '그리고'나 '-의'와 같은 핵심 단어를 찾아보도록 가르쳐서는 안되며, 오히려 문제가 묘사하고 있는 상황에 대해 생각해 보도록 해야 하며, 양과 관련에서 무슨 일이 일어나고 있는지 생각해 보도록 가르쳐야 한다. 아동들은 자신들이 보기에 문제에서 일어나고 있는 물리적 작용(혹은 연산)이 무엇인지 생각해 보

아야 한다. 많은 아동들이 문장제 문제를 풀 수 없는 이유는 문장제 문제(한 무리의 단어들)를 상황으로 변환시키는 것을 배우지 못했기 때문이다. 아동들이 문제 해결에 필요한 수학적 이해나 능력이 부족하기 때문이 아니다. 대부분의 경우, 상황을 '볼 수 있다'면, 해법은 오히려 간단하다.

때때로 아동들이 한 무리의 단어들을 상황으로 변환할 수 있도록 특별한 도움이 제공되어야 한다. 성공적인 것으로 증명된 방법들 중에는 문제 각색(dramatization of the problem), 문제 모델링(modeling the problem), 짝과 함께 하기(partnering), 집단 설명(group explanation)이 있다. 이러한 방법들을 다음 활동에서 소개하고 있다.

▪활동 6.46 해보기

아동들로 집단을 구성한다. 각 집단에 문장제 문제를 나누어 준다. 각 집단에 다른 아동들 앞에서 자신들이 받은 문제를 어떻게 실행해 볼지 계획해 보도록 한다. 각 집단이 준비가 되면, 받은 문제를 실제로 실행해 보고, 답해야만 하는 질문이 무엇인지 물어본다. 다른 아동들은 답이 무엇인지 계산해 본다. 교사는 일부 아동들을 첫 번째 시범을 보인도록 준비시킨다.

▪활동 6.47 실제 재료들을 가지고 시범 보이기

아동들로 집단을 구성한다. 각 집단에게 문장제 문제를 나누어 준다. 각 집단에게 나머지 아동들에게 자신들이 받은 문제 상황을 보여주기 위해서 칩과 상자 같은 재료들을 어떻게 사용할지 계획해 보게 한다. 각 집단들이 준비가 되면, 각 집단은 자신들의 문제를 보여주고, 어떤 질문에 답해야 하는지 물어본다. 다른 아동들은 답이 무엇인지 생각해본다. 교사가 먼저 시범을 보인다.

▪활동 6.48 파트너는 할 수 있다.

아동들로 하여금 2명씩 짝을 이루게 한다. 각 짝에게 문장제 문제를 준다. 아동들에게 문제에 대해 논의하도록 하고, 문제 상황에서 무슨 일이 일어나고 있는지 어떻게 설명할지 동의해 보라고 한다. 각 짝들이 준비가 되면, 교사는 아동들에게 가서, 문제에 대해 설명해 보도록 한다. 무슨 일이 일어나고 있는가? 무엇을 알아내야 하는가?

▪활동 6.49 교사는 바보

아동들에게 문장제 문제를 보라고 한다. 아동들에게 당신은 이 문제가 이해가 가지 않는다고 말한다. 당신은 무엇을 해야 되는지 모른다. 아동들에게 이 문제에 대해 설명해 보도록 한다. 수학을 가장 못하는 아동도 참여시키려고 노력한다. 바보인 척 한다. 정말 멍청한 질문도 한다. 마음 편히 재미있게 연기한다.

(2) 아동들이 관심을 갖고 있는 것들을 사용한다.

당신이 관심이 없는 문제를 어떤 친구가 당신에게 이야기했다고 가정하자. 이런 일이 일어나면, 그 친구는 그게 문제겠지만, 당신은 관심이 없기 때문에 당신에겐 그건 문제가 아니다. "문제"는 당신이 해답을 얻길 바라지 않는 한 문제가 아니다. 당신은 친구와 잘 지내기 위해 친구의 문제 해결을 도울 수 있다. 그러나 쉽게 지루해 지고 말 것이다. 그러나 무언가 당신에게 중요한 것이라면, 당신은 곧바로 문제에 직면해 당신에게 중요한 것들을 실행할 것이다.

아동들도 똑같다는 것을 기억하라. 답을 구하는 것에 관심이 없다면, 해법을 찾는 것의 우선순위는 낮다. 아동들이 관심 있는 그 밖의 것들이 아동의 주의를 끌게 될 것이다. 그러나 아동들이 참여 수준을 높일 수 있는 무언가가 존재한다.

(3) 아동들에게 실제적인 것들을 사용한다.

아동들이 일상 생활 속에서 직면하게 되는 문제들을 학습 상황에서도 경험하는 것이 중요하다. 아동들이 경험하는 문제들은 아동들에게 친숙한 사물들과 자연스러운 상황에서 접하게 되는 사물들이 포함된 수 관련 상황들이어야 한다. 아동들이 농촌 지역의 아동들이라면, 닭이나 소에 관한 문제들이 의미가 있을 것이다. 아동들이 도시 지역 아동들이라면, 택시 관련 수학 문제 상황들이 더 의미 있고, 흥미로울 것이다.

교사는 어떤 사물이 학급 아동 전체에게 공통 경험으로 공유하고 있는지 확인해야 하며, 각 아동들의 실제 세계에서 접할 수 있는 사물들 관련 문제들을 제시해야 한다. 해당 사물들에 대해 모르는 아동들이 있다면, 어떤 아동들이 전문가가 돼서, 그것들에 대해 설명해 줄 수 있을 것이다. 이러한 방법으로 사려 깊은 교사는 어느 시점에서는 모든 아동들이 다른 아동들로부터 전문가로 인정받을 수 있도록 환경을 조정할 수 있을 것이다.

(4) 혼합 문제 예제를 사용한다

다양한 문제에 문제 해결이 녹아들어 있는 것이 중요하다. 아동이 덧셈 단원에 포함된 문제를 덧셈을 이용해서 풀 수 있는 것만으로는 충분하지 않다. 아동은 언제 덧셈을 사용하고 언제 덧셈을 사용하지 않는지 결정할 수 있어야 한다. 덧셈에 관한 단원에서, 아동은 덧셈 문제 예제뿐만 아니라 덧셈 문제가 아닌 예들도 접해야 한다. 아동은 문제 상황에 대해 생각해 보고, 덧셈을 할지, 뺄셈을 할지, 둘 다 아닌지 결정할 수 있어야 한다. 이는 문제 상황들이 효과적으로 혼합된 형태로 제공하려는 의도적인 노력이 있을 때 가능하다.

■ 활동 6.50 무슨 일이 일어나고 있는가? 나는 무엇을 해야 하는가?

OHP 필름 위에 문장제 문제 몇 개를 준비한다. 각 아동별로 한쪽에는 커다란 + 기호가 적혀 있고, 한쪽에는 커다랗게 - 기호가 적혀 있는 한 장의 카드를 준비한다. 그리고 마지막으로 각 아동별로 세 장의 '무슨 일이?' 카드를 준비하는데, 한 장에는 '함께 모으기'라고 적혀 있고, 한 장에는 '제거하기'라고 적혀 있고, 한 장에는 '비교하기'라고 적혀 있다. 각 아동별로 네 장의 카드를 나누어준다.
OHP를 사용해서 문장제 문제 하나를 보여준다. 무슨 일이 일어나고 있는지 물어본다. 아동들은 이 문제에 대해 '무슨 일이?' 카드 세 장 중 한 장의 카드를 들어올린다. 이것에 대해 이야기해 본다. 함께 모아야 하는가 아니면, 일정 양을 제거해야 하는가? 아니면 어디서 제거해야 하는가? 무엇과 무엇을 비교하는 것인가?
그런 후에 아동들은 무엇을 할지 보여주기 위해 + 혹은 - 기호를 들어 보여준다.
어려움이 있는 아동들을 관찰한다. 필요하다면 명백하게 하기 위해 여분의 논의를 하거나 개인적인 도움을 제공한다.

(5) 상황을 산술 문장으로 번역하기

문제 상황과 관련된 숫자가 포함된 문장을 적어 보는 것에 강조점을 두어야 한다 (Parmar & Cawley, 1991). 물론 이것은 연산의 의미를 가르칠 때 이미 했던 수업 내용의 단순한 확장이다. 이를 위한 훌륭한 활동은 다음과 같다.

▪활동 6.51 헤드라인

아동들에게 신문을 보여준다. 신문에서 2-3개 기사를 보여준다. 각 기사 제목을 지적한다. 몇 자 안되지만, 헤드라인이 무슨 이야기인지에 대해 설명해 준다고 설명한다.

> 빌리는 학교에 10개의 장난감 차를 가져왔다. 빌리는 장난감들 중 4개를 친구인 벤에게 갖고 놀라고 주었다. 빌리는 이제 6개의 장난감 차를 가지고 있다.

위 이야기를 OHP를 통해 보여준다. 이 이야기에 대해 이야기해 본다. 빌리의 장난감 차들 중 일부는 제거되었기 때문에, 뺄셈을 이용해서 이 상황을 적을 수 있다.
이 이야기를 뺄셈 문장으로 적으면 10 - 4 = 6 이다
다른 이야기를 가지고 이 과정을 반복한다. 이야기 위에 덧셈 문장을 헤드라인으로 적어본다.
아동들에게 몇 가지 수 이야기를 준다. 아동들에게 짝과 함께 각 이야기 위에 헤드라인을 적어 보도록 한다.
아동들에게 몇 개 헤드라인을 준다. 아동들에게 짝과 함께 각 헤드라인에 맞는 이야기를 각색해 보도록 한다.

연습 및 활동

1. 앞에 제시된 뺄셈 관련 수업 계획 두 가지를 비교하시오.
   a. 보다 많은 신체 활동을 제공하기 위해 수정된 부분을 확인하시오.
   b. 학생들과의 의사소통 기회를 늘리기 위해 수정된 부분을 확인하시오.
   c. 학생들 간의 의사소통 기회를 늘리기 위해 수정된 부분을 확인하시오.

2. 활동 6.38을 중증 시각장애 학생에게 사용할 수 있도록 수정하시오.

3. 출판된 초등학교 수학 교과서에서 정수의 덧셈이나 뺄셈 관련 수업을 하나 고르시오.
   a. 교사용 지도서에 제시된 제안들에 맞추어 수업 계획을 작성하시오.
   b. 개념이나 기술을 발달시키기 위한 학습 활동 부분을 확인하시오.
   c. 가르치는 개념이나 기술을 위한 심상을 형성시킬 수 있는 활동을 추가하거나 수업에서 가르치는 숫자들과 학생들이 이미 알고 있는 숫자들의 관계를 확립시키는 활동을 추가함으로써 학습 활동이 늘어날 수 있도록 수업을 수정하시오.

4. 출판된 초등학교 수학교과서에서 정수의 덧셈이나 뺄셈 관련 수업 하나를 고르시오.
   a. 교사용 지도서에서 제시하고 있는 제안들에 맞추어 수업 계획을 작성하시오.
   b. 가르치는 개념과 기술에 관한 시각 정보를 제공하는 부분을 확인하시오.
   c. 가르치는 개념이나 기술에 대한 시각 정보를 더 많이 제공하는 활동을 추가하여 수업을 수정하시오.

5. 출판된 초등학교 수학 교과서에서 정수의 덧셈 혹은 뺄셈 관련 수업을 고르시오.
   a. 교사용 지도서에서 제시하고 있는 제안들에 맞추어 수업 계획을 작성하시오.
   b. 수업에 포함된 신체 활동을 확인하시오.
   c. 신체 활동을 늘릴 수 있도록 수업을 수정하시오.

6. 출판된 초등학교 수학 교과서에서 정수의 덧셈 혹은 뺄셈 관련 수업을 고르시오.
   a. 교사용 지도서에서 제시하고 있는 제안들에 맞추어 수업 계획을 작성하시오.
   b. 수업에서 가르치는 개념이나 기술에 관해 학생들과 의사소통하고 학생들 간의 의사소통 기회를 제공하는 수업 부분을 확인하시오.
   c. 학생들과의 의사소통 및 학생들 간의 의사소통 기회를 늘릴 수 있도록 수업을 수정하시오.

7. 출판된 초등학교 수학 교과서에서 정수의 덧셈 혹은 뺄셈 관련 수업을 고르시오.

a. 교사용 지도서에서 제시하고 있는 제안들에 맞추어 수업 계획을 작성하시오.

b. 학생들의 학습을 평가하는 부분을 확인하시오.

c. 학습 점검(지속적인 평가)을 추가하여 수업을 수정하시오.

8. 이 장의 수정된 수업 계획을 공부하시오. 조작물을 부순 경력이 있는 학생들에게 보다 적절한 수업이 될 수 있도록 추가로 수정을 하시오.

9. 이 장의 수정된 수업 계획을 공부하시오. 배경-인물 간 혼동을 경험하고 있는 학습장애 학생에게 보다 적절한 수업이 될 수 있도록 추가로 수정을 하시오.

10. 이 장의 수정된 수업 계획을 공부하시오. 영어 이해에 한계가 있는 학생에게 보다 적절한 수업이 될 수 있도록 추가로 수정을 하시오.

11. 어려운 뺄셈들이 보다 쉬운 뺄셈으로 변화시킬 수 있도록 사용할 수 있는, 재미있는 활동의 예는 다음과 같다. 두 숫자 간의 차이가 답이라고 생각한다면, 차이를 수직선에 표시할 수 있다.

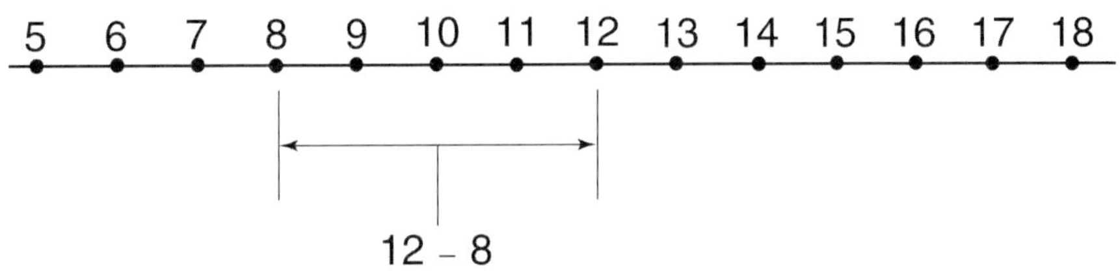

두 숫자에 2를 더한다면, 표시된 공간은 수직선에서 오른쪽을 옮겨지지만, 떨어진 거리는 동일하다.

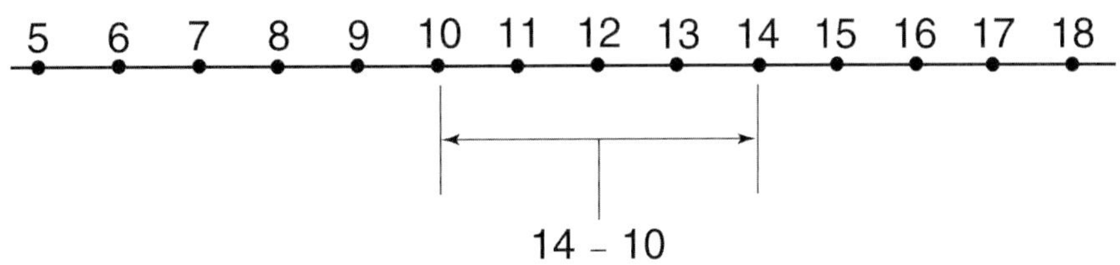

두 숫자에 같은 수를 더하더라도, 그 차이는 변하지 않는다. 그 차이가 같지만, 두 번째 뺄셈이 훨씬 쉽다.

a. 동일한 더하기 과정을 통해 15-8을 보다 쉬운 뺄셈으로 바꾸시오.

b. 어려운 기본 뺄셈들에 대한 답을 구하기 위해 이 전략을 사용해서 학생들을 가르치는 활동을 만들어 보시오.

12. 10에서-빼기 사고 전략을 가르치기 위한 과정을 변형시켜, 다음 그림과 같이 L-모양 카드를 사용해 본다. 10에서 뺀 후에, 전체 과정을 마치기 전에 일의 자리의 차이를 기록한다.

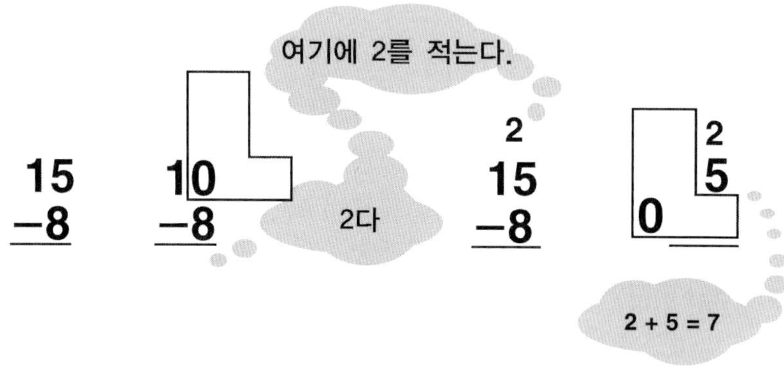

왜 이 과정이 단기 기억에 문제가 있는 학생들에게 도움이 되는지 설명하시오.

13. 1989년 NCTM에서 출판한 Curriculum and Evaluation Standards for School Mathematics 20-21 페이지에 실려 있는 "Summary of Changes in Content and Emphasis in K-4 Mathematics"를 읽으시오. 이 글에서 제안하고 있는 변화와 이 장의 교수 제안들이 어떻게 관련이 있는지 설명하시오.

14. 2000년에 NCTM에서 출판한 Principles and Standards for School Mathematics 32-36, 78-88 페이지에 실려 있는 수와 연산 기준(Number and Operations Standards) 관련 부분을 읽으시오. 이 기준들과 이 장의 교수 제안들이 어떻게 관련이 있는지 설명하시오.

15. Teaching Chidren Mathematics 1999년 5월호에 실린 "Teaching and Learning Creatively: Using Children's Narratives(저자 LoCiero, LaCruz, and Fuson)을 읽으시오. 덧셈과 뺄셈을 이용해서 문제 해결하는 법을 학생들에게 가르치는 것에 관하여 이 글과 이 장의 내용이 어떻게 관련이 있는지 설명하시오.

16. 다음 덧셈 결과는 Rober Ashlock이 쓴 Error Patterns in Computation: Using Error Patterns to Improve Instruction에 제시되어 있는 오류 패턴(error pattern)이다.

$$\begin{array}{r} 8\ 4 \\ +\ 5\ 6 \\ \hline 1310 \end{array} \qquad \begin{array}{r} 35 \\ +\ 72 \\ \hline 107 \end{array} \qquad \begin{array}{r} 6\ 9 \\ +\ 2\ 8 \\ \hline 817 \end{array} \qquad \begin{array}{r} 1\ 8 \\ +\ 9\ 7 \\ \hline 1015 \end{array}$$

a. 학생이 보이고 있는 오류 패턴은 어떤 오류 패턴인가? 왜 학생은 부정확한 답을 일관되게 산출하고 있는가?

b. 이 학생의 오류 패턴을 수정하기 위해 미니 수업을 계획하시오.

참고문헌 및 관련 자료

Ashlock, R. B., (2002). *Error patterns in computation: Using error patterns to improve instruction* (8th ed.). Upper Saddle River, NJ: Prentice Hall.

Bishop, J. W., Otto, A. D., & Lubinski, C. A. (2001). Promoting algebraic reasoning using students' thinking. *Mathematics Teaching in the Middle School*, 6, 508–514.

Fernandez, M. L., & Anhalt, C. O. (2001). Transition toward algebra. *Mathematics Teaching in the Middle School*, 7, 236–241.

Huinker, D., Freckman, J. L., & Steinmeyer, M. B. (2003). Subtraction strategies from children's thinking: Moving toward fluency with greater numbers. *Teaching Children Mathematics*, 9, 347–353.

Isaacs, A. C., & Carroll, W. M. (1999). Strategies for basic-facts instruction. *Teaching Children Mathematics*, S, 508–51S.

Kamii, C., & Lewis, B. (2003). Single-digit subtraction with fluency. *Teaching Children Mathematics*, 10, 230–236.

LoCicero, A. M., LaCruz, Y., & Fuson, K. C. (1999). Teaching and learning creatively: Using children's narratives. *Teaching Children Mathematics*, 5, 544–547.

Martinez, J. G. R. (2002). Building conceptual bridges from arithmetic to algebra. *Mathematics Teaching in the Middle School*, 7, 326–331.

National Council of Teachers of Mathematics. (1989). *Curriculum and evaluation standards for school mathematics*. Reston, VA: Author.

National Council of Teachers of Mathematics. (2000). *Principles and standards for school mathm atics*. Reston, VA: Author.

Page, A. (1994). Helping children understand subtraction. *Teaching Children Mathematics*, 1, 140–143.

Parmar, R. S., & Cawley, J. F. (1991). Challenging the routines and passivity that characterize arithmetic instruction for children with mild handicaps. *Remedial and Special Education*, 12(S), 23–32, 43.

Postlewait, Ie. B., Adams, M. R., & Shih, J. C. (2003). Promoting meaningful mastery of addition and subtraction. *Teaching Children Mathematics*, 9,3S4–357.

Thornton, C. A., Tucker, B. F., Dossey, J. A., & Bazik, E. F. (1983). *Teaching mathematics to children with special needs*. Menlo Park, CA: Addison-Wesley.

Tucker, B. F. (1981). Give and take: Getting ready to regroup. *The Arithmetic Teacher*, 28(8), 24–26.

Tucker, B. F. (1989). Seeing addition: A diagnosis/remediation case study. *The Arithmetic Teacher*, 36(S), 10–n.

Whitenack, J. W., Knipping, N., Novinger, S., & Underwood, G. (2001). Second graders circumvent addition and subtraction difficulties. *Teaching Children Mathematics*, 8, 228–233.

웹 주소

www.proteacher.com/I00009.shtml Lesson plans on addition and subtraction, by teachers. (교사에 의한, 덧셈과 뺄셈에 관한 수업 계획들)

http://mathforum.org/ Math forum links to math discussions and ideas. (수학 토론과 아이디어에 대한 수학 포럼 링크)

www.sasked.gov.sk.ca/docs/elemath /numop.html A scope and sequence chart for numbers and operations.(수와 연산에 대한 범위와 순서 도표.)

Chapter 7

정수의 곱셈과 나눗셈: 같은 크기의 집단을 합치기와 주어진 양을 같은 크기의 집단으로 나누기

1. 정수의 곱셈 가르치기
2. 정수의 나눗셈 가르치기
3. 곱셈과 나눗셈을 활용해서 문제 해결하기

Chapter 7 정수의 곱셈과 나눗셈: 같은 크기의 집단을 합치기와 주어진 양을 같은 크기의 집단으로 나누기

▪ **수와 연산 기준**

곱셈 문제를 그림이나 도해, 구체물을 활용해서 모델링하는 것은 학생들이 어떤 요인(factors)과 그 산출물(products)이 다양한 맥락에서 무엇을 표현하는지 학습하는데 도움이 된다(NCTM, 2000, p.151).

▪ **대수학 기준**

3-5학년에서, 학생들은 덧셈과 비교하여 곱셈의 교환성(commutativity), 연합성(associativity), 배분성(distributivity) 같은 특성에 대해 조사할 수 있어야 한다(NCTM, 2000, p.160).

▪ **문제 해결 기준**

토론 내용을 경청함으로서 교사는 학생들의 이해를 평가할 수 있다(NCTM, 2000, p.187).

▪ **표상 기준**

표상(representations)은 학생들이 자신의 사고를 조직하는데 도움을 준다. 표상 방법을 학생들이 사용함으로써, 수학적 아이디어들이 보다 구체적이고 숙고 가능한 것이 될 수 있게 하는데 도움이 된다(NCTM, 2000, p.68).

1 정수의 곱셈 가르치기

정수의 곱셈을 가르칠 때 적용할 수 있는 발달 순서에 대해 알아보고자 한다. 덧셈과 뺄셈을 가르칠 때처럼 교사는 먼저 곱셈의 의미를 확실히 이해시켜야 한다.

(1) 곱셈의 의미 발달시키기

학생들은 곱셈을 '같은 크기의 양을 결합하는 것'과 관련지을 필요가 있다. 이러한 연결 짓기가 확고하여 학생들은 3×4 라는 기호를 보았을 때, 4개의 물체로 이루어진 세 개의 집단이 합쳐진 모습을 시각적으로 떠올릴 수 있어야 한다. 학생들이 동일한 양들이 결합되는 상황을 보면, "저것은 곱셈이야"라고 생각할 수 있어야 한다. 곱셈을 마스터하게 되면, 학생들은 동일한 양들을 결합시키는 문제 상황을 보게 되면, “나는 이 문제를 곱셈을 이용해서 해결할 수 있어”라고 생각하게 된다.

수 세기(Counting): 학생들은 동일한 양들을 결합시킨 후, 얼마나 많은 양이 있는지 알기 위해 하나하나 세어나갈 수 있다는 것을 깨달아야 한다.

4개로 이루어진 세 집단을 결합시키면

합친 것을 다 세어보면 12다. 즉 3×4=12.

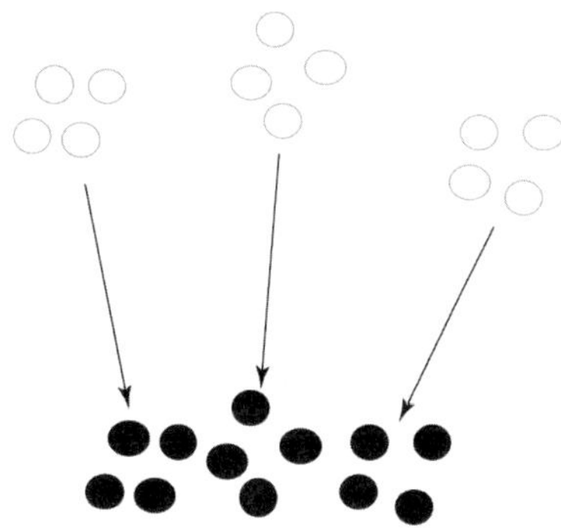

덧셈: 너무 많은 물체를 세는 것는 짜증나는 일이고 시간이 많이 걸리기 때문에, 학생들이 답을 얻기 위해 덧셈을 이용할 수 있다는 것을 이해할 수 있도록 안내할 필요가 있다.

4개로 이루어진 3 집단이 있다

두 집단을 합치자.
즉, 4+4

나머지 집단도 더하자
즉, 4+4+4

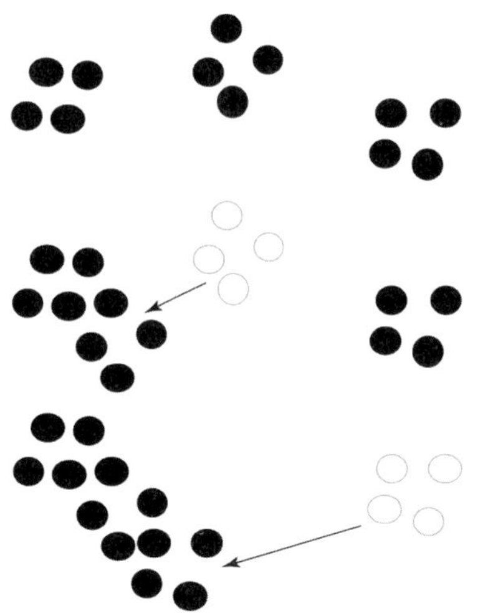

수 세기와 덧셈을 모두 가르치기: 우리는 곱셈 예에 대한 해답을 두 가지 방법으로 이해할 수 있다. 첫 번째 방법은 답을 얻기 위해 하나 하나 세어보는 것이고, 두 번째 방법은 더하는 것이다. 학생들이 간단한 덧셈에 이미 능숙해졌다면, 덧셈을 통해 곱셈 문제의 해답을 얻는 것은 아주 쉽고 빠를 것이다. 이 두 방법 모두 유용하나, 학생들이 가장 효율적인 방법을 사용하도록 격려할 필요가 있다.

교사는 실제 사물이나 자료를 가지고 곱셈 연산을 소개하여야 한다. 이 소개 단계에서는 학생들이 이미 이해하고 있거나 사용하고 있는 개념이나 언어를 사용하여야 한다. 이러한 자연스러운 상황에서 교사는 새로운 수학 용어와 해당 용어의 표시법을 소개하여야 한다.

다음 활동에서는 곱셈을 동일한 크기의 집단들에 대한 물리적 작용으로 소개하고 있다. 그리고 '곱하기(times)'라는 기호와 함께 곱셈 관련 언어를 소개한다. 마지막으로는 곱셈 기록법을 사용하기 시작한다.

■ 활동 7.01 여러 다발을 하나로 합치기

크기가 같은 25개의 작은 막대를 준비한다.

고무줄을 사용하여 학생에게 5개 막대씩 3묶음으로 묶도록 한다. 그리고 세 묶음 막대들을 상자 안에 넣도록 한다. 상자 안에 무엇이 있는지 칠판에 적는다. [5개 막대를 묶은 세 개의 뭉치] 상자 안에 얼마나 많은 막대가 있는지 어떻게 알 수 있는지 물어본다. [세어 본다]

세 개의 뭉치를 합쳤다는 점을 지적한다. 사물들을 함께 합칠 때 어떤 연산을 사용하는지 묻는다. [덧셈]. 얼마나 많은 막대가 있는지 알아내는데 덧셈을 어떻게 활용하는지 보여준다. [먼저 두 뭉치 막대를 상자 안에 넣었으니까, 5+5이고, 다른 뭉치를 하나 더 넣었으니까, 5+5+5] 학생들이 수세기와 덧셈 두 방법을 모두 사용해서 상자 안에 막대가 얼마나 있는지 알아보도록 한다. 그 답을 쓰도록 한다. [5개의 막대가 세 뭉치 있으니까 답은 15] 다른 숫자를 가지고 활동을 반복한다.

■ 활동 7.02 내 주머니 속에 돈이 얼마?

30 페니(pennies)를 준비한다. 4 명의 학생을 앞으로 나오게 한 후 각 학생에게 6 페니씩 준다. 학생들은 받은 동전들을 자신의 주머니 속에 넣는다. 전체 학생들에게 네 학생들의 주머니(네 개의 주머니)에 몇 페니가 있는지 확인하는 방법을 생각해 보도록 한다. [주머니에서 모든 동전을 꺼내, 합친 다음, 세본다. 혹은 더해 본다] 학생들이 두 가지 방법으로 모두 답을 찾아보도록 한다. 다른 수를 가지고 활동을 반복한다.

■ 활동 7.03 말하는 방법

6명의 학생들을 교실 앞으로 나오도록 한 후, 각 학생이 4개의 블록을 고르도록 한다. 그런 후에 한 학생으로 하여금 4명의 학생이 블록을 고르면, 한 번에 한 명씩 4개의 블록을 받아 종이 가방에 넣도록 한다.

전체 학생들에게 어떤 일이 일어났는지 물어본다. [4개의 블록을 가방에 6번 넣었어요.] 학생에게 종이 가방 안에 몇 개의 블록이 들어 있는지 알아보도록 한다. 그리고 칠판에 "Four, 6 times = 24"라고 적는다.

다른 예를 가지고 활동을 해보고(예, 7, 3 times), 칠판 위에 적어본다. 그런 후에 'Four, 6 times'를 '6 times 4'라고 말한다는 것을 설명한다. 다른 예를 들고, 어떻게 말하는지 물어본다. [3 times 7]

마지막으로 곱셈 기호 [×]를 소개하고, 제시된 예를 이 기호로 어떻게 표현하는지 보여준다. [6×4=24, 3×7=21] 학생에게 각 예를 어떻게 읽는지 말해준다. [6 times

4 equeals 24, 3 times 7 equals 21]
블록과 종이 가방을 가지고 다른 예로 활동을 해본다. 학생들이 곱셈 관련 언어와 기호를 사용해서 말하고 쓰고 읽도록 한다.

■활동 7.04 곱셈 만들기

두 개의 돌림판을 준비한다. 하나는 2-9까지의 수가 적힌 돌림판이고, 집단의 크기를 결정하는데 사용한다. 또한 다른 돌림판은 2-4까지의 수가 적혀 있으며, 집단의 수를 결정하는데 사용한다.

집단 크기

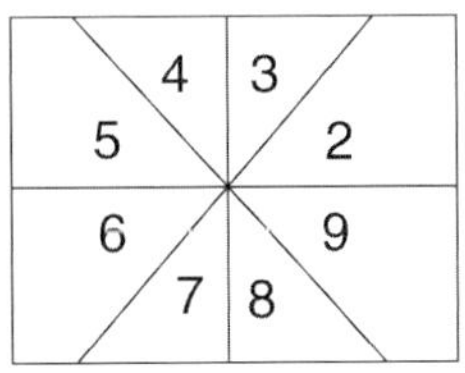

집단 수

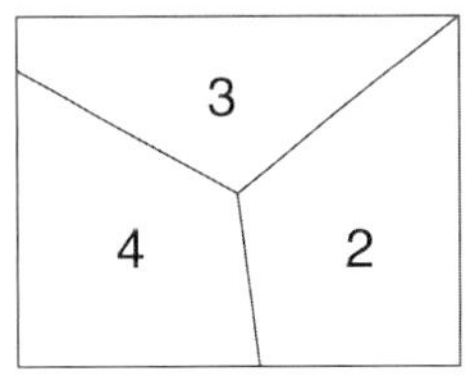

학생에게 집단 크기를 결정하는 돌림판을 돌리도록 하고 다른 학생에게 집단 수를 결정하는 돌림판을 돌리도록 한다. 학생들에게 나온 집단 크기와 수 대로 집단을 합친 후 전체 수를 계산해 보도록 한다. 그리고 자신이 행한 과정을 적절한 곱셈 언어를 사용해서 표현해 보도록 한다. 자신이 산출한 결과를 적절한 곱셈 기호를 사용해서 써보도록 한다.
답을 구하기 위해서, 학생들이 가장 효율적인 방법을 사용하도록 격려한다.

(2) 쉬운 기본 곱셈 진술(Multiplication Facts) 학습하기

곱셈의 의미를 확고하게 이해시키기 위해서는, 교사는 학생들에게 친숙한 사물을 활용해서 다양한 곱셈 예들을 학생들이 접할 수 있도록 해야 한다. 또한 학생들은 적절한 용어를 사용해서 곱셈을 구두로 표현하고, 'times' 기호와 'equal' 기호를 사용해서 곱셈을 식으로도 표현할 수 있어야 한다. 모든 예에서, 학생들이 자신이 직접 답을 구하고, 곱셈 활용이 얼마나 쉬운지를 지속적으로 강조하여야 한다. 학생들은 자기 스스로 답을 구할 수 있을 것이다. 이를 어떻게 성취할 수 있는지 보여주는 세 가지 교수 활동의 예는 다음과 같다.

■활동 7.05 얼마나 많은 종이가 필요한가?

학생들에게 한 사람당 5장의 종이가 필요한 미술 활동을 하려고 한다고 말한다. 전체 학생들에게 4 명의 학생들이 활동을 하는데 필요한 종이가 몇 장인지 물어본다. 종이를 나누어 주고, 답을 확인해 보도록 한다.

■활동 7.06 이 게임을 하기 위해 필요한 것은?

카드를 준비한다. 카드에 문자 하나가 적혀 있다. 카드를 뒤섞은 다음에 세 명의 학생에게 각각 7장의 카드를 나누어 준다. 학생들은 자신의 카드를 이용해서 할 수 있는 한 가장 긴 단어를 써야 한다. 그러나 단어를 쓰기 전에, 다른 학생이 동의한다면 세 장까지 카드를 다른 학생과 바꿀 수 있다. 카드를 바꾼 후에는 카드에 적힌 글자로 가장 긴 단어를 만든 학생이 게임에서 승자가 된다.

학생들에게 이 게임에서 얼마나 많은 카드가 필요한지 알아보도록 한다. 4명 혹은 5명의 게임 선수가 있다면 몇 장의 카드가 필요한가?

■ **활동 7.07 충분한 우유가 있는가?**

한 학생에게 교실에 몇 명의 학생들이 있는 지 세어 보도록 한다. 그리고 나서 모든 학생들이 우유 하나를 마실 수 있도록 충분한 우유 팩를 준비하려고 한다. 얼마나 많은 우유 팩이 필요한가?

학생들에게 한 사람이 떨어뜨리지 않고 4개의 우유 팩을 운반할 수 있다고 말한다. 4명의 학생을 앞에 나오게 한다. 모든 학생들에게 이 4 학생이 각각 4개의 우유팩을 가져온다면 우유가 전체 학생이 마실 수 있을 정도로 충분한지 물어본다. 5명이 간다면? 혹은 6명이 간다면?

이렇게 문제를 해결하는 것은 여러 번의 덧셈을 많이 해야 한다는 점에 주목해야 한다. 가능한 한 문제 해결 속도를 높여야 한다. 이를 달성할 수 있는 한 방법은 해당 문제에 도움이 되는 이미 해본 적이 있는 곱셈에 대해 생각해 보도록 하는 것이다. 몇몇 관련이 있는 곱셈들은 함께 하거나 순차적으로 하게 된다. 예를 들어, 3×6의 답은 6+6+6 덧셈을 통해 구할 수 있는데, 이를 구하고 나면 4×6은 구하기 쉽다.

$$4 \times 6 = \underbrace{6 + 6 + 6}_{} + 6$$

(6 + 6 + 6) — 나는 이 답이 18이라는 것을 안다
따라서 4×6의 답은

$$4 \times 6 = 18 + 6$$
$$= 24$$

학생들이 해결해야 하는 모든 문제들에 대해서, 해결에 도움이 되는, 자신이 이미 알고 있는 것이 무엇인지 먼저 생각해 보아야 함을 교사는 지속적으로 강조하여야 한다.

(3) 간단한 기본 곱셈 진술들(Multiplication Facts) 간의 관계 발견하기

곱셈의 의미가 확립되고, 학생들이 자기 힘으로 답을 찾는데 자신감이 생기게 되면, 보다 간단한 기본 곱셈 진술에 초점을 맞추어야 한다. 이 단계에서의 목표는 학생들이 이러한 곱셈 진술을 기억할 수 있도록 하는 것이다. 어떤 곱셈 진술문들이 간단한 진술로 볼 수 있는지는 교육 프로그램마다 다르지만, 어떤 곱셈 진술이 포함되든, 다른 진술보다 더 쉽다는 느낌이 존재한다. 논의를 위해, 저자들은 0-3까지의 배수로만 이루어진 곱셈 진술을 쉬운 진술로 보고자 한다. 이런 경우 64 가지 쉬운 기본 곱셈 진술을 얻을 수 있다.

이러한 간단한 곱셈에 초점을 맞추면서, 학생들은 자기 힘으로 그 답을 구하고, 곱셈 진술간에 존재하는, 도움이 될 만한 관계를 발견하여야 한다. 특히, 교사는 학생들이 다음 네 가지 관계를 발견할 수 있도록 안내하여야 한다.

첫째, 학생들이 곱하는 수 중 하나가 0 인 경우, 어떤 수를 곱해도 그 답은 항상 0이라는 것을 인식할 수 있어야 한다.

X	0	1	2	3	4	5	6	7	8	9
0	0	0	0	0	0	0	0	0	0	0
1	0	1	2	3	4	5	6	7	8	9
2	0	2	4	6	8	10	12	14	16	18
3	0	3	6	9	12	15	18	21	24	27
4	0	4	8	12						
5	0	5	10	15						
6	0	6	12	18						
7	0	7	14	21						
8	0	8	16	24						
9	0	9	18	27						

$0 \times 4 = 0$ $0 \times 7 = 0$ $6 \times 0 = 0$

$9 \times 0 = 0$ $0 \times 3 = 0$ $4 \times 0 = 0$

$0 \times 8 = 0$ $1 \times 0 = 0$

승수(multiplier)나 피승수(multiplicand)가 0인 곱셈 진술문은 19개가 있다. 64개의 간단한 기본 곱셈 진술문들 중 19개는 이러한 관계에 근거하여 하나의 사실만을 배우면 끝이다.

두 번째 중요한 관계는 다음에 분명하게 나타나 있다.

$1 \times 4 = 4$ $1 \times 7 = 7$ $6 \times 1 = 1$

$9 \times 1 = 9$ $1 \times 3 = 3$ $4 \times 1 = 4$

$1 \times 8 = 8$ $1 \times 1 = 1$

곱하는 수 중 하나가 1인 곱셈 진술물은 모두 19개가 있다. 이 경우 1 이외의 곱한 수가 답이 된다. 물론 $0 \times 1 = 0$, $1 \times 0 = 0$은 두 번째 관계뿐만 아니라 첫 번째 관계에 의해서도 답은 0이므로, 첫 번째 관계에서 이미 다루었다. 따라서 17개의 곱셈 진술문들이 새로 배워야 하는 곱셈 진술문으로 볼 수 있다. 이들 17개의 진술문들도 역시 하나의 사실만 배우면 된다.

세 번째 관계는 다음에 제시된 진술문 쌍을 통해 학생들이 이해할 수 있을 것이다.

$3 \times 4 = 12$ 그리고 $4 \times 3 = 12$

$9 \times 2 = 18$ 그리고 $2 \times 9 = 18$

$4 \times 5 = 20$ 그리고 $5 \times 4 = 20$

$4 \times 8 = 32$ 그리고 $8 \times 4 = 32$

학생들은 이러한 진술문 쌍을 통해 곱하는 수의 순서를 바꾸어도 그 답이 바뀌지 않는다는 것을 확인할 수 있어야 한다. 이러한 교환 법칙은 5×6의 답이 6×5의 답이라는 것을 말해 준다. 3×9 의 답이 9×3의 답과 같고, 8×74의 답은 74×8의 답과 같다.

네 번째 중요한 관계는 다음 진술문 쌍으로부터 확인할 수 있다. 이 관계는 곱셈 진술문과 덧셈 진술문 간의 관계이다.

$2 \times 4 = 8$ 그리고 $4 + 4 = 8$

$2 \times 9 = 18$ 그리고 $9 + 9 = 18$

$2 \times 5 = 10$ 그리고 $5 + 5 = 10$

$2 \times 8 = 16$ 그리고 $8 + 8 = 16$

어떤 수에 2를 곱하는 것은 어떤 수를 두 번 더하는 것과 같다. 이러한 사실은 곱셈의 의미로부터 얻을 수 있는 직접적인 결과이다. 이러한 관계를 인식하는 학생들은 덧셈 진술문 관련에서 이미 배우고 기억했던 것으로 새로 배울 것이 없다는 것을 깨닫게 될 것이다. 또한 곱하는 수들의 순서를 바꾸어도 답은 바뀌지 않으므로, 즉 $4 \times 2 = 2 \times 4$이므로, 4×2 도 4를 두 번 더한 값이 답이다. 따라서 0 또는 1과 관련하여 다룬 곱셈 진술문들 중 언급하지 않은 것 중 네 번째 관계에 의해 설명되는 사실은 15개이다. 학생들이 곱셈이 덧셈과 어떤 관계가 있는지 알고 있다면, 이미 알고 있는 곱셈 진술문들은 15개이다. 이 15개의 진술문 역시 새로 배울 필요가 없다.

0 또는 1, 2를 곱할 때의 곱셈 진술문 규칙에 해당하지 않는 12개의 진술문들(교환법칙을 적용한다면 6개의 진술문 쌍)이 존재한다. 12개의 진술문은 곱하는 수의 순서를 바꾸어도 답은 바뀌지 않는다는 사실을 학생들이 알고 있다면 6개의 진술문에 대해서만 배우면 충분하다. 따라서 64개의 간단한 기본 곱셈 진술문들 중 지금까지 아직 논의하지 않은 진술문은 $3 \times 3 = 9$ 하나뿐이다. 이제 하나의 곱셈 진술문만을 배우면 된다. 지금까지 4 가지 관계를 통해 배울 수 있는 곱셈 진술문들의 수를 정리하면 다음과 같다.

곱셈 진술 집단	곱셈 진술문 수	배워야할 내용
× 0	19	1
× 1	17	1
× 2	15	0
교환	12	6
3×3	1	1
합계	64	9

관계를 강조하는 것은 학생에게 많은 도움이 된다. 64개의 간단한 기본 곱셈 진술문들을 9개의 사실만을 배움으로서 마스터할 수 있다. 이는 64개의 진술문을 모두 기억하는 학생 수가 늘어나고 기억의 속도가 빨라질 것임을 의미한다. 그러나 보다 중요한 것은 학생들이 이미 기억하고 있는 곱셈 진술문의 장기 기억도 향상될 것이라는 것이다. 이미 알고 있는 것과 관련지어 새로 배울 내용을 기억하는 것이 훨씬 쉽다는 것을 잊지 말아야 한다.

(5) 간단한 기본 곱셈 진술문들을 기억하기

학생들이 곱셈 진술문들 간의 관계를 이해한 후에는, 간단한 기본 곱셈 진술문들을 기억하여야 한다. 학생들이 간단한 기본 곱셈 진술들을 기억하는데 도움이 되는 교수 활동들은 다음과 같은 특성을 갖고 있어야 한다. 이들 특성들은 6장에서 이미 제시한 덧셈에 관한 8가지 특성과 동일하다.

1. 학생들은 곱셈 진술문을 기억해야 한다는 목표를 분명히 인식하고 있어야 한다. 학생들에게 곱셈 진술문을 기억하라고 말한다.
2. 활동은 재미있게 구성하여야 한다.
3. 활동은 높은 수준의 참여를 포함하여야 한다. 기다리는 시간을 최소화하고, 사고하는 시간을 극대화하여야 한다.
4. 활동은 주어진 시간에 기억하지 못한 몇 개 소수의 곱셈 진술문에 초점을 맞추어야 한다.
5. 이미 기억한 곱셈 진술문들을 기억하지 못한 목표 진술문과 뒤섞어 활동하도록 한다. 이는 기억 유지에 도움이 된다.
6. 학생이 답을 알지 못하면, 답이 무엇인지 알아내야 한다. 답을 알아 낼 수 있도록 충분한 시간을 주어야 한다. "어떻게 답을 알아냈니?"라고 물어 추측하여 답하는 것을 막아야 한다.
7. 답을 알아내기 위해, 학생은 답을 찾아내는데 도움이 되는, 자신이 이미 알고 있는 것들에 대해 생각해 보아야 한다. 내가 이미 알고 있는 다른 사실들 중 어느 것이 도움이 되는가? 내 알고 있는 관계 중 어느 것이 도움이 되는가? 수세기 또는 더하기는 마지막 수단으로 사용되어야 한다.
8. 속도가 아니라 정확성이 강조되어야 한다. 정확성이 가장 중요하다. 속도는 상대적으로 덜 중요하다. 속도는 정확성과 자신감이 높아지면, 향상될 것이다.

다음은 이러한 특성을 갖춘 기억을 위한 활동들의 예들이다.

■ 활동 7.08　2 곱하기와 두 번 더하기

한 학생을 앞에 나오게 한 후, 2 × 6를 보여준다. 학생이 6개의 사물이 2배 있으므로 각각을 합치려 하면 "6+6을 계산하는 것과 같은데"라고 말한다. 2 × 4를 보여주면서 이 과정을 다시 반복하다. 학생이 4개의 사물이 2 배 있음을 보이면서 각각을 합치려하면, "4+4를 구한 것과 같은데"라고 말한다. 학생들이 2를 곱하는 곱셈이 곱하는 다른 수를 두 번 더하는 것과 같다는 것을 알 수 있도록 다른 예들을 반복해서 해본다.

그리고 나서 2를 곱하는 곱셈의 답을 구할 때, 곱하는 다른 수를 한 번 더 더하는 방법에 대해 생각해 보라고 한다. 학생들이 이미 답을 알고 있다는 것을 강조한다.

▪활동 7.09 2 번, 그리고 한번 더

한 학생을 앞으로 나오게 하고, 3 × 6를 보여준다. 학생에게 6개로 이루어진 3개의 집단을 보여준 다음, 먼저 두 집단을 합치는 것부터 시작하도록 한다. 6개로 이루어진 2 개의 집단을 합쳤음을 지적한다. 이는 6 + 6 임을 지적한다. 또한 2 × 6 으로도 표현할 수 있음을 지적한다. 또한 6이 하나 더 있음을 지적한다. 3개의 6은 2개의 6과 1개의 6과 같음을 지적한다. 이를 칠판에 적는다.

$$3 \times 6 = 2 \times 6 + 6$$

학생들에게 2가 포함된 곱셈에 대해서는 이미 알고 있음을 강조하고, 2 × 6을 구한 다음에 6을 한 번 더해야 함을 말해준다.

3을 곱하는, 다음과 같은 곱셈을 가지고 활동을 반복한다.

$$3 \times 7,\ 3 \times 5,\ 3 \times 9,\ 3 \times 4,\ 3 \times 8,\ 3 \times 3$$

▪활동 7.10 오늘 배울 곱셈 규칙

학생들이 배워야 하는 두 개의 곱셈 진술문을 확인하라. 학생들에게 종이에 답을 찾아 적고, 관련 곱셈 진술문을 적도록 한다. 학생들에게 두 곱셈 진술문을 기억하도록 한다. 학생에게 즉시 답해보도록 한다. 학생들에게 다시 두 곱셈 진술문을 기억하라고 말한다. 학교 수업이 끝나기 전까지 그 날 내로 여러 번 학생들에게 곱셈 진술에 대한 답을 요구해 본다. 매번 학생들에게 기억해 보라고 말한다. 그 날 막바지에 학생과 함께 집에 두 곱셈 진술문이 적힌 종이를 들여 함께 보낸다. 이를 활용해 부모에게 자신의 자녀에게 두 곱셈 진술문에 대한 답을 요구하도록 부탁한다는 설명도 함께 보낸다.

▪활동 7.11 나의 짝 찾기

답이 없는 곱셈 진술만 적힌 카드나, 답만 적힌 카드를 준비한다.

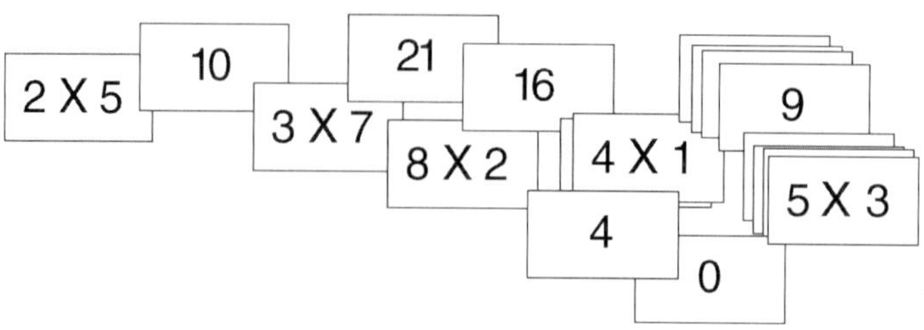

각 학생들에게 한 장의 카드를 나누어 준다. 학생들은 곱셈 진술문을 완성할 수 있도록 자신의 짝을 찾는다. 전체 학생 수가 홀수이면 교사도 활동에 참여한다.

모든 학생들이 볼 수 있도록 곱셈을 완성한 학생끼리 선다. 한 학생으로 하여금 모든 학생들 답을 확인하도록 한다. 서로 자신의 파트너를 잘 찾았는가?
교사는 자신이 강조하고자 하는 곱셈 진술을 여러 가지 만들 수 있다. 또한 학생들이 이미 알고 있는 곱셈 진술문도 복습을 위해 포함시켜야 한다. 카드를 다시 섞은 후에 학생들에게 나누어 주고 자신의 짝을 찾는 활동을 다시 해본다.

■ 활동 7.12 둥글게 둥글게

답이 없는 곱셈 진술이 적힌 카드를 준비한다.

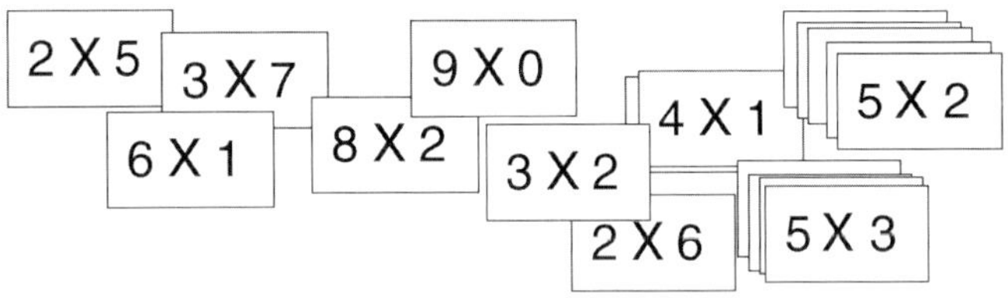

카드를 교실 바닥에 둥굴게 내려 놓는다.
학생들에게 원을 둥굴게 돌면서, 다음 노래를 부르도록 한다.

Marching, marching, 'round we go,
Not too fast and not too slow.
We won't run and we won't hop.
We're alomost there. It's time to stop.

노래가 끝나면, 답과 함께 카드를 집어 올린다. 곱셈 진술문의 답을 알고 있는 학생은 손을 높이 든다. 이 활동을 여러 번 반복한다.

■ 활동 7.13 나와 같은 답 찾기

답이 없는 곱셈 진술문이 적힌 카드를 준비한다. 답이 같은 카드가 몇 개 있도록 준비한다.

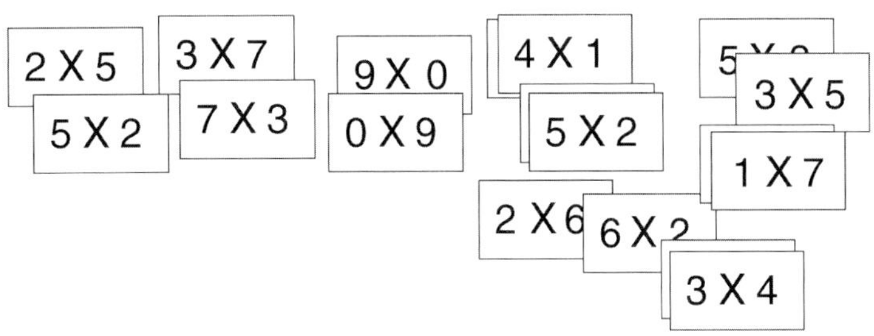

각 학생에게 카드 한 장씩 나누어 준다. 학생들에게 답이 같은 카드를 갖고 있는 학생들이 집단을 이루도록 한다.
집단별로 모든 학생들이 카드에 적힌 곱셈 진술문을 볼 수 있도록 모여 선다. 한 학생에게 모든 집단이 정확히 모였는지 확인하도록 한다. 모든 학생들이 자기 집단을 잘 찾았는가?
카드를 섞고, 학생들에게 다시 나누어준다면, 새로운 집단을 찾아보도록 한다.

(6) 어려운 기본 곱셈 진술문 학습하기

어려운 기본 곱셈 진술물 학습을 위한 사고 전략 어려운 기본 곱셈 진술을 학습하는 동안(예를 들어, 곱하는 수가 3보다 큰 곱셈), 답을 여전히 수세기나 더하기를 통해 구할 수 있다. 그러나 숫자가 커지면, 수세기와 더하기는 비효율적이고 결과적으로 풀이 속도가 느릴 수밖에 없다. 학습 과정에서 이 시점에서는 답을 정확하고 빠르게 답을 구하는데 필요한 보다 효율적인 전략이 필요하다.

목표는 어려운 기본 곱셈 진술문들을 집중적으로 기억하는 것이다. 앞에서 어려운 기본 덧셈 진술문 학습 전략에 관한 논의에서 설명했듯이 어떤 전략은 기억에 도움이 되지만, 어떤 전략은 그렇지 않다. 앞에서 제시했던 성공적인 전략의 두 가지 특성을 다시 한번 살펴보고자 한다.

성공적인 전략은 사고 전략(mental strategies)이다. 성공적인 전략들은 일련의 빠르고 쉬운 사고 과정으로 구성되어 있다. 이들 전략들은 종이와 연필을 사용하는 전략도 아니고, 손가락이나 다른 사물을 이용하는 전략도 아니다. 또한 성공적인 전략들은 학생에게 기억하지 못한 곱셈 진술문을 이해하기 위해 이미 기억하고 있는 사실을 이용할 것을 요구한다. 학생은 자신이 알지 못하는 것을 이해하는데 도움이 되는, 이미 알고 있는 것들에 대해 끊임없이 생각해야 한다. 학생은 자신이 이미 알고 있는 것을 바탕으로 새로운 것을 학습한다. 새로운 지식은 기존 지식과 가깝게 관련이 있어야 하고, 이미 알고 있는 것과 관련이 있을 때 기억하기가 더 쉽다.

하나 더 전략(One more): 어려운 기본 곱셈 진술문을 학습하는 가장 간단한 사고 전략은 하나 더 전략이다. 이 사고 전략은 아주 단순해서, 학생들이 사용하기 쉬운 전략이다. 모든 어려운 기본 곱셈 진술문들은 이 전략을 사용해서 발견할 수 있다. 6 × 8의 답을 찾으려고 할 때, 8이 6개 있다는 것은 5개의 8와 8이 하나 더 있는 것과 같다는 것을 생각할 수 있다. 6 × 8을 아래와 같이 8개의 점이 6 열로 나열된 것으로 시각화할 수 있다.

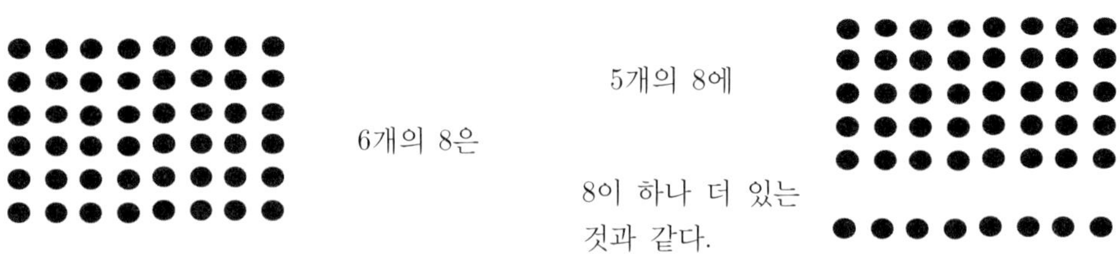

5개의 8이 모인 것이 몇 개인지 이미 안다면, 거기다 8을 한 번 더 더하기만 하면 답을 구할 수 있다. 다음과 같은 생각을 거쳐 6 × 8의 답을 구할 수 있다.

어려운 기본 곱셈 진술문의 답을 찾기 위해 하나 더 전략을 사용하기 위해서는 다른 곱셈 진술문을 알아야 한다. 예를 들어, 6 × 8을 구하기 위해서는, 5 × 8 의 답을 이미 알고 있어야 한다. 또한 7 × 9 의 답을 구하기 위해서는 6 × 9 의 답을 이미 알고 있어야 한다. 5 × 7 의 답을 구하기 위해서는 이미 4 × 7 의 답을 알고 있어야 하고, 6 × 6 의 답을 구하기 위해서는 이미 5 × 6 의 답을 알고 있어야 한다.

6 X 8, 은
5개의 8에 8이 하나 더
그럼 40 + 8.
따라서 6 X 8 = 48.

4 X 7, 은
3개의 7에 7이 하나 더
그럼 21 + 7.
따라서 4 X 7 = 28.

5 X 9, 은
4개의 9에 9가 하나 더
그럼 36 + 9.
따라서 5 X 9 = 45.

교과서에서는 주의 깊게 계획한 순서대로 어려운 곱셈 진술문들을 학습할 수 있도록 하나 더 전략을 자주 사용한다. 교과서 저자들은 이전에 어떤 곱셈 진술문을 배웠는지 알고 새로운 곱셈 진술문을 거기에 기반을 두고 배울 수 있도록 교재를 구성한다. 그러나 실제로는 교과서에서 배우는 순서대로 학생들은 곱셈 진술문들을 기억하지 않는다. 학생들은 보통 어떤 곱셈 진술문은 기억하고 있고 어떤 것은 기억하지 못한다. 결과적으로 어느 시점에서 학생들은 다양한 조합의 곱셈 진술문들을 기억하고 있고, 그 이외의 곱셈 진술문들은 기억하고 있지 못하다.

학생이 6×8의 답을 구해야 할 때, 학생이 5×8을 이미 알고 있는지 확신할 수 없다. 학생이 7×9의 답을 구하기를 원할 때, 6×9를 모르고 있을 수도 있다. 물론 일부 학생들은 필요한 선수 지식을 갖고 있을 수도 있다. 하나 더 전략이 효과적인 전략이긴 하지만, 특히 한 학생만을 가르치고 있을 때는 더욱 그러하겠지만(그 학생이 어떤 곱셈 진술문들을 기억하고 있는 지 알 수 있으므로), 전체 학생을 대상으로는, 각 학생들이 어떤 곱셈 진술문을 기억하고 있는지 추적하기가 어렵기 때문에 유효하지 않을 수 있다. 전체 학생을 대상으로 보다 효과적인 다른 사고 전략에 대해 다음에서 살펴보고자 한다.

부분-곱셈 전략(partial-Products Strategy): 어려운 기본 곱셈 진술문을 학습하는 다른 사고 전략 중 전체 학생을 대상으로 보다 성공적인 것으로 증명된 전략은 부분-곱셈 전략이다. 하나 더 전략은 부분-곱셈 전략의 특별한 경우에 해당한다. 이 전략에 대한 가장 간단한 설명은 우리가 모르는 '큰' 곱셈을 우리가 아는 보다 '작은' 곱셈으로 쪼개는 것이다. 예를 들어 우리가 6×7의 답을 모른다고 가정하자. 6×7을 7개의 도형이 6 줄이

나열된 다음 그림으로 시각화하자. 이를 두 부분으로 나누어 답을 구하고 두 부분의 답을 합하려고 한다.

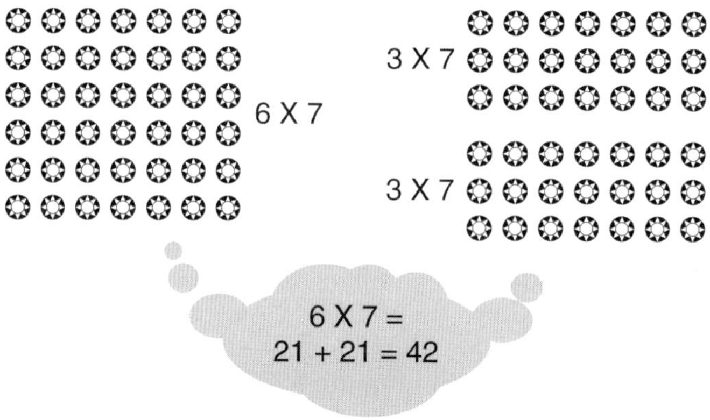

이 전략을 사용한 다른 예를 들면

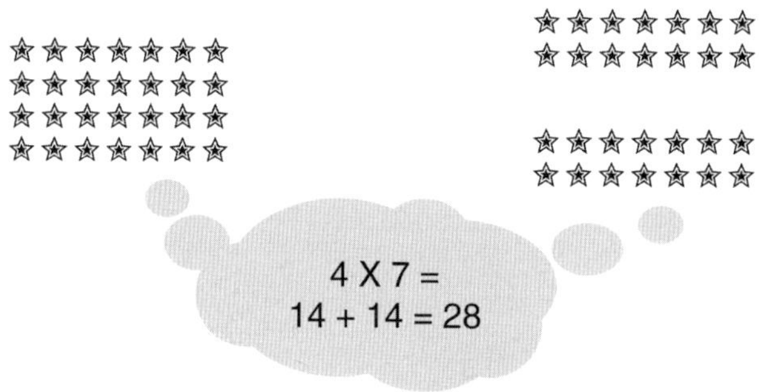

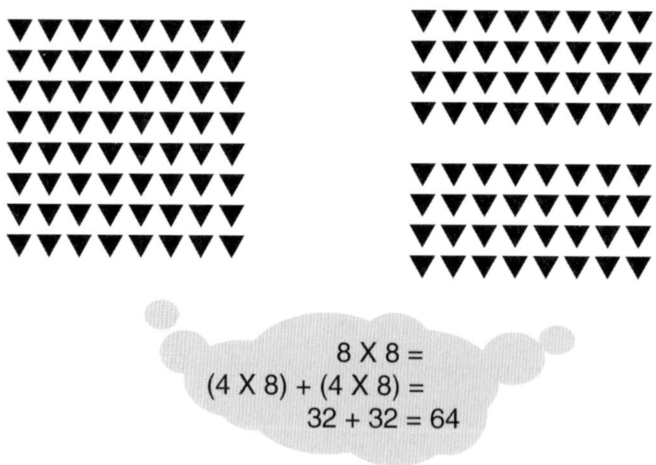

이 전략의 성공은 학생들이 답을 구하는데 필요하고, 이미 알고 있는, 쉬운 곱셈 진술문에 대해 생각할 수 있는가에 달려 있다. 이러한 방식의 사고는 훌륭한 문제 해결 행동이며, 학생들이 곱셈 진술문들에 대해 공부할 때 설사 도움이 되지 않는다 하여도 이러한 사고를 할 수 있기를 저자들은 원한다.

부분-곱셈 전략을 사용하는 교사는 학생들이 이 사고 패턴을 사용할 수 있게 하는데 상당한 시간과 노력이 필요하다는 것을 발견하게 된다. 그러나 학생들이 이 전략을 능숙하게 사용할 수 있게 되면, 답을 훨씬 빨리 구할 수 있게 되며, 곱셈 진술문들도 훨씬 빨리 마스터할 수 있다. 이 전략은 어려운 기본 곱셈 진술문 학습에도 도움이 되고, 여러 자리 수 곱셈(multidigit multiplication)에서 사용하게 되는, 부분 곱셈(partial product) 개념을 소개하는 의미도 있다. 즉, 사고 전략 학습에 시간을 할애하기는 하였으나, 전반적인 목표 달성은 더 빨라질 것이다.

사고 전략의 사용: 학생들이 어려운 기본 곱셈 진술문에 대한 답을 구하는데 효율적인 전략을 사용하는 법을 배운 다음에는, 곱셈 진술문을 마스터하는 속도가 더 빨라질 수 있다. 쉬운 곱셈 진술문을 가지고, 학생들은 어려운 곱셈 진술문의 답을 알아낼 수 있어야 한다. 학생들은 어려운 곱셈 진술문들 간의 관계를 인식하고 이용할 필요가 있다. 그리고 학생들은 어려운 곱셈 진술문들을 열심히 기억해야만 한다.

학생들이 어려운 곱셈 진술문을 알지 못할 때, "난 모르겠어"라고 말할 수 없다. 학생들은 답을 알아내야만 한다. 학생들이 답을 효율적으로 빠르게 알아내기를 바라기 때문에 이미 배운 사고 전략을 사용할 것을 격려해야 한다. 학생들은 이 시점에서 곱셈 진술문의 답을 구하기 위해 1년 이상 사용해 왔던 덧셈을 이용할 수 있다. 덧셈을 반복하는 것은 시간은 걸리지만 학생에게 익숙한 방법이다. 학생들이 덧셈을 통한 해결이 익숙하고 편하기 때문에 덧셈을 여러 번하는 방법으로 자동적으로 돌아갈 가능성이 있다. 따라서 교사는 학생들에게 익숙한 방법 대신 사고 전략을 사용하도록 학생을 이끌어 나가야 한다.

학생이 어려운 기본 곱셈 진술문에 대한 답을 알지 못하면, 자신이 알지 못하는 곱셈에 대한 답을 구하는데 도움이 되는, 이미 알고 있는 사실에 대해 생각해 볼 필요가 있다. 학생들이 곱셈 진술문들 간의 관계에 대해 지속적으로 생각한다면, 몇 가지를 이해함으로써 경제적으로 학습을 끝마칠 수 있고 배운 내용에 대한 기억 유지도 더 잘 될 것이다.

(7) 어려운 기본 곱셈 진술문 기억하기

다음의 활동들은 자신들이 답을 구하고자 하는 곱셈 문제를, 이미 알고 있는 것을 통해 해결할 수 있도록 도와줄 수 있는 활동이다.

▪활동 7.14 6 쪼개기

3 곱하기와 관련된 진술문들을 복습하면서 활동을 시작한다. $3 \times 4 = 12$, $3 \times 5 = 15$, $3 \times 6 = 18$, $3 \times 7 = 21$, $3 \times 8 = 24$, $3 \times 9 = 27$. 다음에 6을 곱하는 곱셈을 어떻게 3을 곱하는 곱셈으로 쪼갤 수 있는지 보여준다.

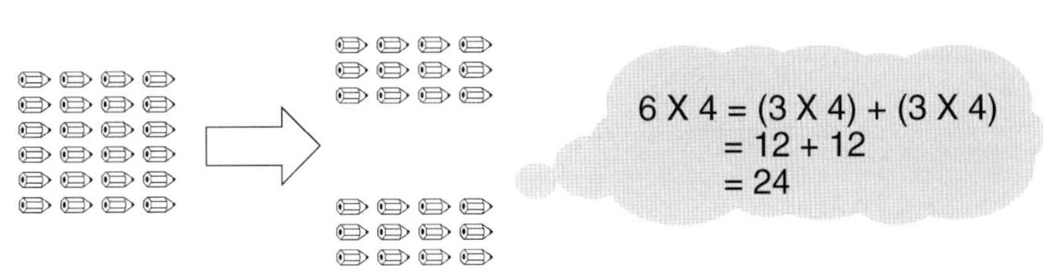

학생들이 6을 가지고 연습한 후에는, 이 방법을 6이 들어간 다른 곱셈에도 적용해 보도록 한다.

$$6 \times 8 = 24 + 24 = 48,\ 6 \times 7 = 21 + 21 = 42 \cdots$$

■활동 7.15 36 대 24

한 자리 수 숫자가 적혀있는 카드 50장을 준비한다. 0에서 9까지의 숫자들 중 하나가 5개의 카드에 적혀 있다. 이 게임은 두 학생이 참여한다.

카드 전체를 섞은 다음에, 학생들 사이에 놓인 탁자 위에 내려놓는다. 학생들은 자기 차례가 되면 한 장의 카드를 뒤집어 탁자 위에 내려 놓는다. 이 때 한 학생은 그 곱이 36이 되는 숫자가 적힌 카드 두 장을 찾고, 다른 학생은 그 곱이 24가 되는 숫자가 적힌 두 장의 카드를 찾는다. 모든 카드를 다 뒤집을 때까지, 두 학생들은 36 혹은 24가 되는 두 장의 카드를 찾아 자신 앞에 가져다 놓는다.

모든 카드가 다 소모되면, 게임이 끝나고, 더 많은 카드 쌍을 발견한 학생이 승자가 된다. 대부분의 카드는 선택받지 못한 채 탁자 위에 남아 있을 것이다.

■활동 7.16 내 답 찾기

활동 7.15에서 처럼 숫자가 적힌 50장의 카드를 준비한다. 이 게임에는 세 명의 학생들이 참여한다.

카드 전체를 섞고, 탁자 위에 뒤집어서 올려놓는다. 맨 위에 있는 카드를 뒤집는다. 학생들은 서로 돌아가면서 한 장씩 카드를 뒤집고, 첫 번째 학생은 두 수의 곱이 63, 48, 49가 되는 두 장의 카드를 찾고, 두 번째 학생은 두 수의 곱이 81, 56, 36이 되는 두 장의 카드를 찾고, 세 번째 학생은 두 수의 곱이 81, 56, 32가 되는 두 장의 카드를 찾는다. 제 차례가 되면 새로운 카드는 뒤집고, 탁자에 널려 있는 카드들 중 원하는 카드가 있는 경우 카드를 자기 쪽으로 가져간다.

모든 카드를 다 뒤집으면, 게임이 끝난다. 가장 많은 카드 쌍을 찾아낸 학생이 승자가 된다. 대부분의 카드는 사용되지 않고 탁자 위에 남아 있을 것이다.

■활동 7.17 어떤 것은 쉽고 어떤 것은 어렵고

활동 7.15처럼 숫자가 적힌 카드를 50장 준비한다.

활동 7.16에서처럼 활동을 하되, 두 숫자의 곱이 첫 번째 학생은 12, 16, 56, 두 번째 학생은 8, 36, 48, 세 번째 학생은 6, 25, 42가 되는 카드 두 장을 찾도록 한다.

■활동 7.18 줄서기

답이 없는 곱셈 진술문을 보여주는, 큰 플래시 카드들을 준비한다. 최근에 강조하고 잇는 곱셈 진술문을 적어놓는다. 모든 학생들이 이미 알고 있는 곱셈 진술문도 포함시킨다. 전체 카드를 섞은 후에, 각 학생에게 하나의 카드를 나누어 준다.

전체 학생을 두 집단으로 나눈다. 한 집단은 교실 한쪽으로 모이게 하고, 다른 집단은 그 반대 쪽에 모이게 한다. 두 집단 모두 자신들이 갖고 있는 카드에 적힌 곱셈의 답에 따라 큰 답부터 순서대로 줄을 서도록 한다. 서로 상의하고 도와주는 것은 허락한다. 두 집단 모두 줄을 서면, 자신의 카드를 다른 학생들이 볼 수 있도록 들어 보이도록 한다. 각 집단은 다른 집단의 답과 줄 선 순서를 확인한다.
카드를 모으고, 다시 섞은 다음, 활동을 반복한다.

■ **활동 7.19 거리 청소부**
곱셈 진술문의 답 목록 5개를 준비한다. 각 목록에는 7 개의 답이 적혀 있다. 또한 목록에 있는 답이 정답인 곱셈 진술문이 적힌 카드를 준비한다. 이 카드에는 답은 적혀 있지 않다. 답 목록에 있는 답이 정답인 곱셈 진술문이 적힌 카드는 반드시 준비하여야 하며, 아울러 답 목록에 답이 없는 곱셈 진술문이 적힌 카드도 함께 준비한다. 곱셈 진술문이 적힌 카드는 교실 벽 여기저기에 테이프로 붙여놓는다. 학생들을 5개의 팀으로 나누고 각 팀에게 7개의 답이 적힌 목록을 하나씩 준다. 그리고 각 팀은 답 목록에 있는 모든 답에 해당하는 곱셈 진술문을 벽에 붙어 있는 카드 중에 찾으라고 말한다.
가장 먼저 답 목록에 맞는 7개의 카드를 찾은 팀이 승자가 된다.

(8) 곱셈 연산 가르치기

기본적인 곱셈 진술문들을 마스터하면, 학생들은 곱셈 연산을 시작할 준비가 된 것이다. 곱셈 연산은 기본 곱셈 진술문을 사용해서 정수 곱셈 문제를 해결하는 단계적 과정이다. 여러 자리 수 곱셈을 해결하는데 곱셈 연산을 사용한다. 연산(algorithm)을 가르치는 것과 관련된 몇 가지 원리들을 앞에서 언급하였다. 이들 원리들을 다시 살펴보고자 한다.

- 연산을 어떻게 하는지 학생들이 보게 한다. 적절한 물리적 모델이나 그림 모델을 사용해서 연산을 주의 깊게 설명한다. 곱셈을 할 때 기본 단위(1, 10, 100 등)에 어떤 일이 일어나는지 학생들이 볼 수 있도록 모델을 사용하여야 한다.
- 기계적인 규칙 적용을 덜 강조하라. 규칙에 따라 곱셈 문제를 해결할 수 있으나, 규칙 및 그 적용은 유의미해야 한다. 해결 과정 모델로부터 끌어낸 것이어야 한다.
- 빅 아이디어(big ideas)를 강조하라. 절차를 설명하는 중요한 일반원리가 존재한다. 이 또한 해결 과정 모델로부터 끌어낸 것이어야 한다.
- 곱셈 연산은 모델로 만들어 제시할 때, 어떤 일이 일어나는지 기록한 것이 곱셈 연산 기록이 되도록 한다. 교사가 써서 제시하는 모든 연산은 실제 연산 과정에서 행하는 무언가에 대응해야 한다.
- 수업 중에 사용하는 언어를 검토하라. 학생들은 교사들이 쓴 내용을 묘사하는 언어가 아니라 연산을 모델로 만들어 설명할 때 학생들이 본 것을 묘사하는 언어를 사용하여야 한다.

(9) 첫 번째 빅 아이디어

10 곱하기: 곱셈 연산의 기초를 형성하는 첫 번째 빅 아이디어는 10 곱하기(multiplication by 10)이다. 학생들이 10을 곱하는 것이 아주 쉽다는 것을 발견하는 것이 중요하다. 아래와 같이 10을 어떤 수에 곱하는 것을 흔히 볼 수 있다.

$$
\begin{array}{r}
236 \\
\times \ 10 \\
\hline
000 \\
236 \\
\hline
2360
\end{array}
$$

학생들이 이렇게 계산한다는 것은 연산을 기계적으로 가르쳤다는 것을 의미하며, 학생이 첫 번째 빅 아이디어를 배운 적이 없다는 것을 알 수 있다. 대부분의 성인들과 첫 번째 빅 아이디어를 배운 학생들은 어떤 수에 10을 곱하면, "0을 붙이기"만 하면 된다는 것을 안다. 그러나 교사는 학생에게 이러한 규칙을 무의미하게 가르쳐서는 안된다. 이 규칙을 유의미하게 가르치기 위해서는 학생이 주어진 수를 1, 10, 100 같은 기본 단위를 활용해서 볼 수 있는 모델이 필요하다. 이를 위해 막대 묶음을 먼저 사용해 보고자 한다.

먼저 21을 막대 묶음으로 표현하면 다음과 같다.

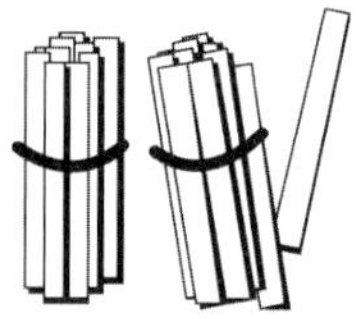

21의 열 배(21 곱하기 10)를 막대 묶음으로 다음과 같이 표현한다. 칠판에 10 × 21이라고 적는다

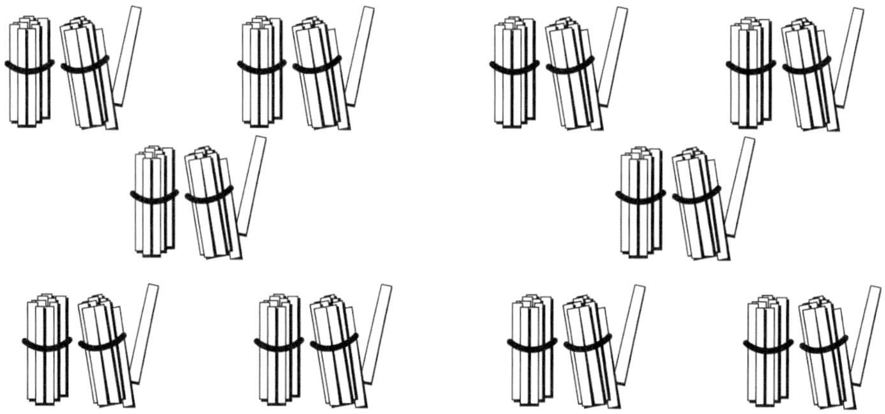

다음에 모든 10을 모으고 다음에 모든 1을 모은다.

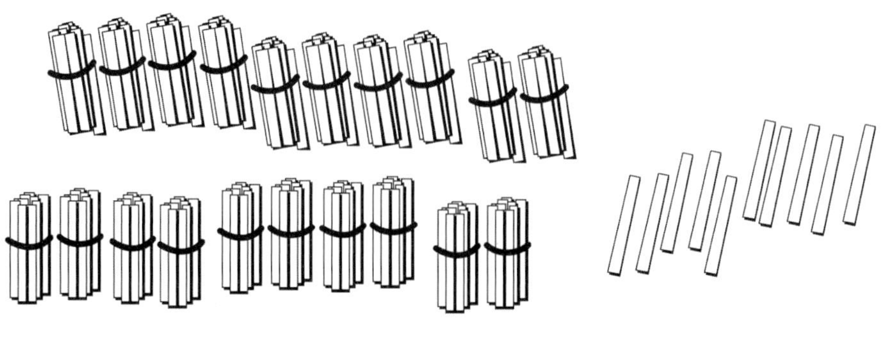

마지막으로 10을 모아 100을 만들고, 1을 모아 10을 만든다.

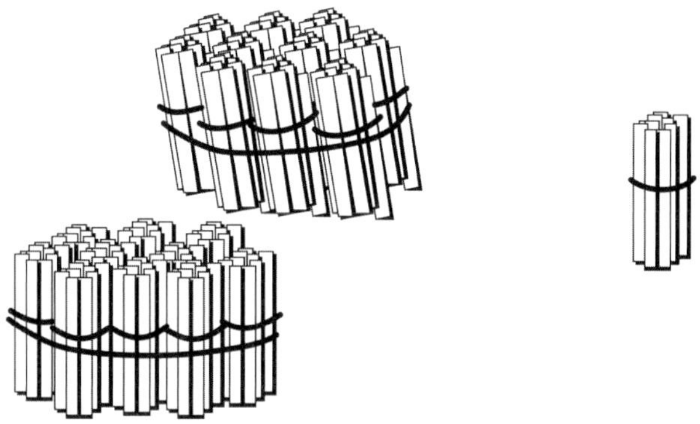

결과는 칠판에 적는다: 10 × 21 =210.

다양한 곱셈 예들을 가지고 이러한 과정을 반복한다. 그리고 칠판에 그 결과를 적는다. 예를 들어,

$$\begin{aligned} 10 \times 21 &= 210 \\ 12 \times 10 &= 120 \\ 10 \times 36 &= 360 \\ 42 \times 10 &= 420 \\ 10 \times 8 &= 80 \end{aligned}$$

답을 얻기 위해 막대 묶음과 같은 모델을 사용하여 여러 가지 예들의 답을 구할 때, 학생들에게 어떤 패턴이 있는지 물어보아야 한다. 학생들은 이러한 모델을 사용하지 않고 답을 어떻게 얻는지 알 수 있을까? 답을 얻기 위해 0을 써넣으면 된다는 사실을 누군가가 제안하면, 다른 예(10 × 18)를 칠판에 적고 답이 무엇인지 물어본다. 학생이 대답하면 그 답을 기록하고, 위에 제시된 모델을 활용해서 학생의 답이 맞는지 확인해 본다.

이러한 모델을 활용한 경험을 통해 학생들은 10을 곱하는 것이 쉬운 일며, 단지 10을 곱하는 다른 수에 0을 덧붙이면 된다는 것을 분명하게 이해할 수 있다. 이 다음 단계는 10 곱하기 아이디어를 다음과 같이 확장하는 것이다.

30 × 7 = 10 × 3 × 7

(10 × 3) — 30이다.

(3 × 7) — 3 × 7 은 기본 곱셈으로 알고 있고, 여기에 10을 곱한다.
답은 10 × 21 = 210

이와 유사하게, 50 × 9 = 10 × 5 × 9 = 10 × 45 = 450 이다. 여기서도 기본 곱셈(5 × 9)과 10 곱하기 규칙을 적용했다. 다른 예로는 4 × 60 = 4 × 6 × 10 = 240 이 있다. 이 또한 기본 곱셈(4 × 6)과 10 곱하기 규칙을 알면 해결할 수 있다. 이 외에도 70 × 8, 80 × 6, 7 × 20, 40 × 3, 5 × 80 모두 기본 곱셈 결과에 10 곱하기 규칙을 적용하여 답을 구할 수 있는 것이다.

30 × 70 에 대한 답은 10 곱하기 규칙을 더 확장하여 구할 수 있다.

$$30 \times 70 = \overbrace{10 \times 3}^{30} \times \overbrace{10 \times 7}^{70} = 10 \times 10 \times 3 \times 7 = 2100$$

이 경우도, 기본 곱셈(3 × 7)과 10을 두 번 곱하기 규칙으로 답을 구할 수 있다. 10을 곱할 때마다 0을 추가하면 된다. 유사한 다음 예에서도 기본 곱셈과 두 번 10 곱하기를 통해 답을 구할 수 있다.

$40 \times 30 = 4 \times 3 \times 10 \times 10 = 1200$
$20 \times 90 = 2 \times 9 \times 10 \times 10 = 1800$
$50 \times 70 = 5 \times 7 \times 10 \times 10 = 3500$
$80 \times 50 = 8 \times 5 \times 10 \times 10 = 4000$

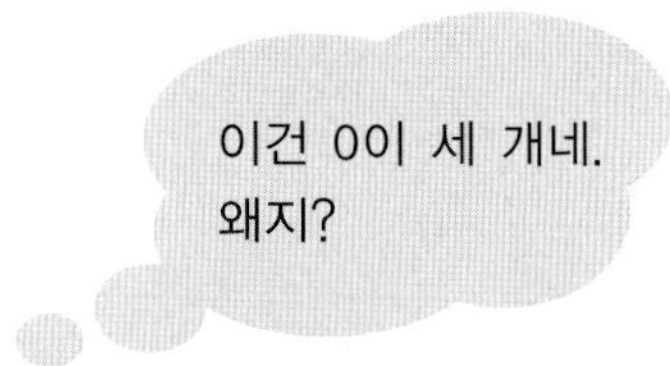

10 곱하기 규칙을 마지막으로 한 번 더 확장할 필요가 있다. $100 = 10 \times 10$ 이고 $1000 = 10 \times 10 \times 10$, 그리고 $600 = 6 \times 10 \times 10$, 그리고 $4000 = 4 \times 10 \times 10 \times 10$ 이기 때문에, 다음을 알 수 있다.

$7 \times 600 = 7 \times 6 \times 10 \times 10 = 4200$ (기본 곱셈과 두 번의 10 곱하기)
$70 \times 600 = 7 \times 6 \times 10 \times 10 \times 10 = 42000$ (기본 곱셈과 세 번의 10 곱하기)
$4000 \times 30 = 4 \times 3 \times 10 \times 10 \times 10 \times 10 = 120{,}000$ (기본 곱셈과 네 번의 10 곱하기)

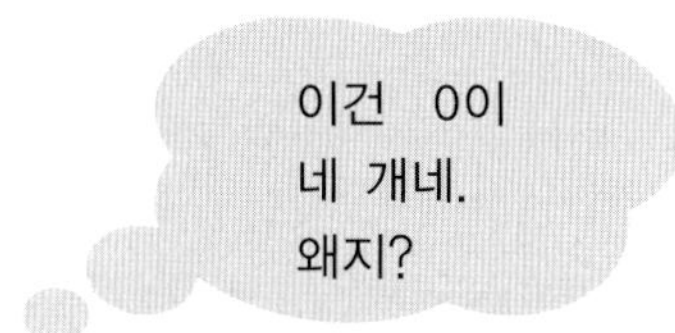

$60 \times 500 = 6 \times 5 \times 10 \times 10 \times 10 = 30{,}000$ (기본 곱셈과 세 번의 10 곱하기)

10 곱하기 규칙과 이 규칙의 확장을 단계적으로 배운 후에는, 학생들은 다양한 경험을 통해 이를 연습하고 자신의 현재 수준의 이해를 적용할 필요가 있다. 다음 활동은 이 규칙을 연습할 수 있는 방법들이 포함되어 있다.

■ **활동 7.20 쉬운 10**

활동 7.15에서처럼 숫자가 적힌 카드 50장을 준비한다. 그리고 1, 10, 100이 적인 돌림판을 준비한다. 3 명 혹은 4명의 학생들이 게임에 참여한다. 모든 학생들은 0 점에서 게임을 시작한다. 각자 자기 순서가 되면, 학생은 카드를 한 장 뒤집고, 돌림판을 한 번 돌린다. 그리고 두 수의 곱을 자신의 점수에 더한다. 각 학생들은 다른 학생들의 계산을 확인하여야 한다. 각 학생에게 10번의 순서가 다 돌아가면, 게임

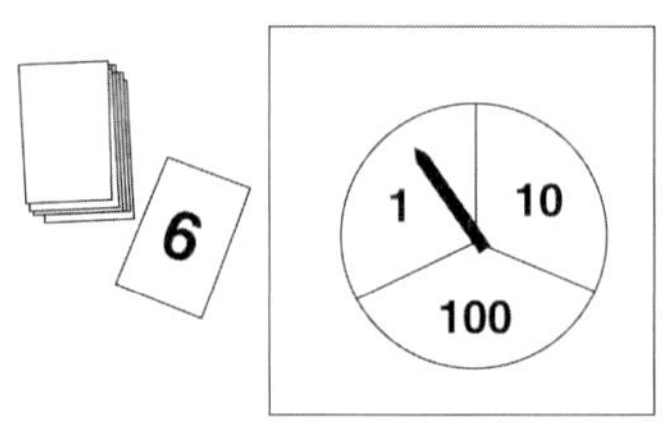

을 멈추고 가장 높은 점수의 학생이 승자가 된다.

■ **활동 7.21 상자 안에 주사위 던지기**

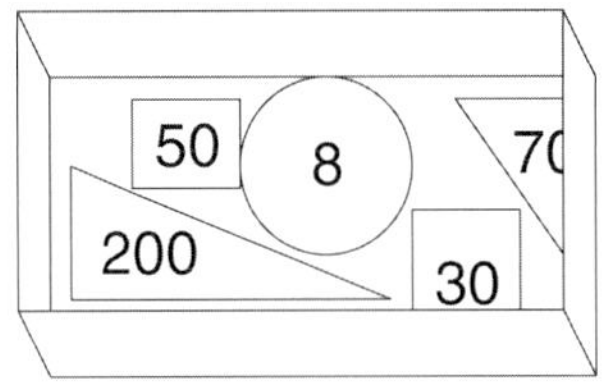

상자 안 밑바닥에 다음과 같은 모양을 그려 놓는다. 그리고 각 모양에 5, 30, 4, 200, 70, 8이라고 적는다. 또한 4, 5, 6, 7, 8, 9 라고 적힌 주사위를 준비한다. 상자를 한 쪽 벽면에 붙여 놓고, 마스킹 테이프를 이용하여 벽으로부터 2 m 거리에 선을 긋는다.
몇 명의 학생들이 게임에 참여한다. 참여 학생은 선에서 상자 속으로 주사위를 던진다. 주사위가 한 군데 도형에 안착하면, 학생의 점수는 도형에 적힌 숫자와 주사위 상의 숫자를 곱한 값이다. 주사위가 어떤 도형도 건드리지 않는다면, 주사위 상의 숫자만을 점수로 한다. 주사위가 두 개 이상의 도형을 건드린다면, 그 중 가장 큰 수와 주사위 상의 숫자의 곱을 점수로 한다. 각 학생이 5번 던진 후에 가장 높은 점수를 가진 학생을 승자로 한다.

■ **활동 7.22 바로 이거야!!!**

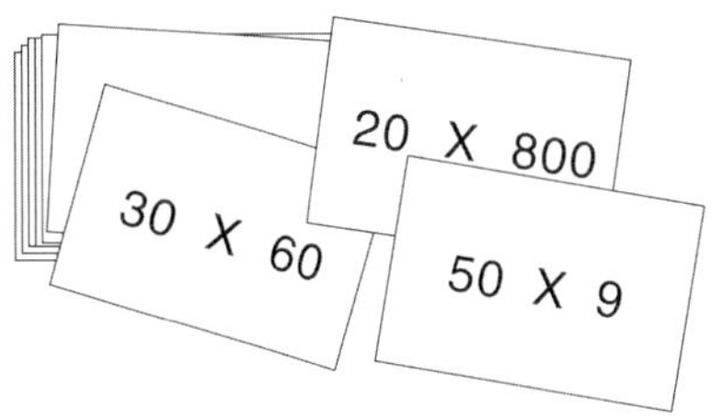

6 × 80, 200 × 4, 30 × 60, 800 × 70, 300 × 200, 90 × 80, 600 × 6 과 같은 곱셈 문제가 적인 30장의 카드를 준비한다. 두 학생이 게임에 참여한다. 카드를 섞고 학생들 사이에 뒤집어 놓는다. 학생들은 자기 차례에 한 장의 카드를 뽑는다. 동시에 2 장의 카드를 탁자 위에 펼쳐 놓는다. 학생들은 어떤 카드가 그 답이 가장 큰지 판단한다. 카드를 만지면서 "바로 이거야!"라고 먼저 말한 학생이 그 카드를 가져온다. 모든 카드를 다 뒤집으면, 가장 많은 카드를 가지고 있는 학생이 게임의 승자다.
학생들은 기본 곱셈과 10을 몇 번 곱해야하는가라는 문제에 대해 언제든 논의와 이의 제기가 가능하다.

(10) 두 번째 빅 아이디어

부분 곱셈(Partial Products): 곱셈 연산의 기초가 되는 두 번째 빅 아이디어는 모델링 과정에서 얻어진 것이다. 두 번째 빅 아이디어는 어려운 기본 곱셈 진술문들을 가지고 작업할 때 초기에 사용되었다. 부분으로 나누어 곱하기가 그것이다. 답을 알지 못하는 어려운 기본 곱셈의 답을 구하는 과정에서 쉬운 곱셈으로 나누어 구하는 것이다. 예를 들어, 8 × 7 은 4 × 7 + 4 × 7로 쪼갤 수 있다.

8 × 7

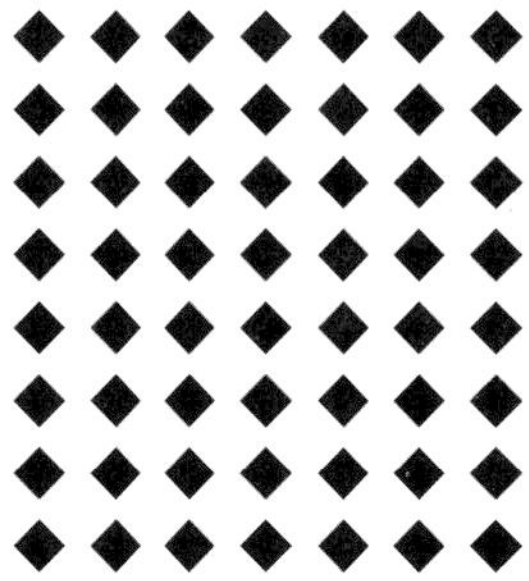

4 × 7 + 4 × 7

한 자리 숫자와 두 자리 숫자를 곱하는 경우, 답을 찾기 어려운 곱셈을 두 부분으로 나누어(부분 곱셈) 답을 구할 수 있다. 즉, 12 × 7 은 다음과 같이 나눌 수 있다.

12 × 7

10 × 7 + 2 × 7

그리고 10 × 7 = 70, 2 × 7 = 14 이기 때문에 12 × 7 = 70 + 14 =84 이다. 동일한 방법으로 36 × 4 = 30 × 4 + 6 × 4

30 × 4

6 × 4

30 × 4 는 기본 곱셈과 10 곱하기 규칙 한 번 적용으로 구할 수 있고, 6 × 4는 기본 곱셈이다. 따라서 36 × 4를 두 개의 쉬운 곱셈으로 나누면

$$36 \times 4 = 30 \times 4 + 6 \times 4 = 120 + 24 = 144$$

직사각형의 넓이를 배울 때, 이러한 곱셈 모델을 면적 모델로 활용할 수 있다. 직사각형의 가로 세로 길이가 각각 8, 3 일 때, 이 직사각형의 면적은 8 × 3 = 24 이다.

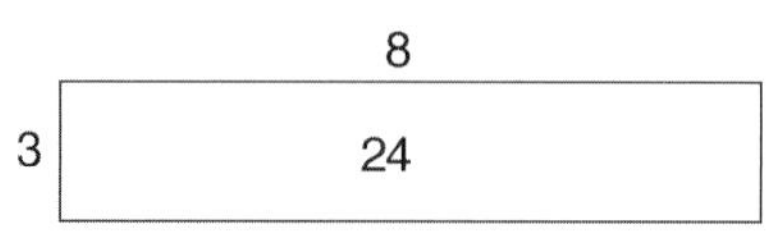

동일한 방법으로, 36 × 4는 가로 세로 36, 4 인 직사각형으로 표현할 수 있다. 이 직사각형의 면적은 36 × 4 의 답과 같다.

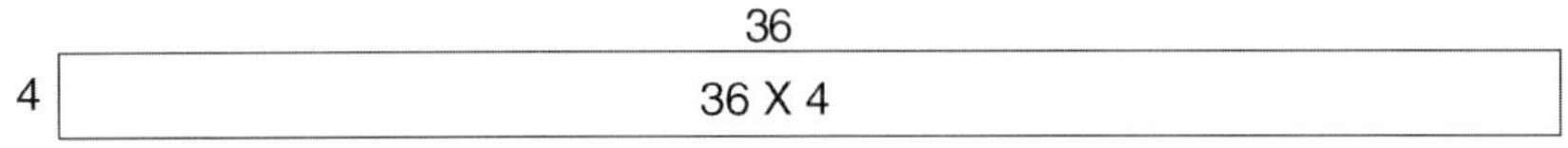

이 직사각형을 두 조각으로 나누면, 두 개의 '부분 곱셈(partial products)'를 표현할 수 있다.

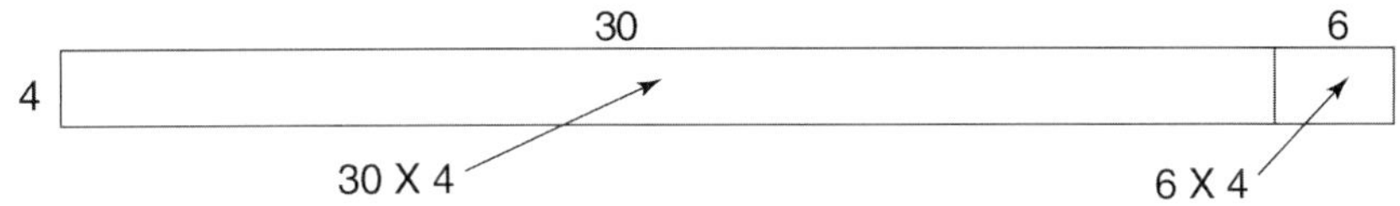

이 경우, 기본 곱셈과 10 곱하기 규칙을 적용하여 답을 구할 수 있다. 53 × 8에 동일한 절차를 적용하면, 53 × 8 = 50 × 8 + 3 × 8 이 된다. 이 또한 기본 곱셈과 10 곱하기 규칙으로 간단히 해결할 수 있다.

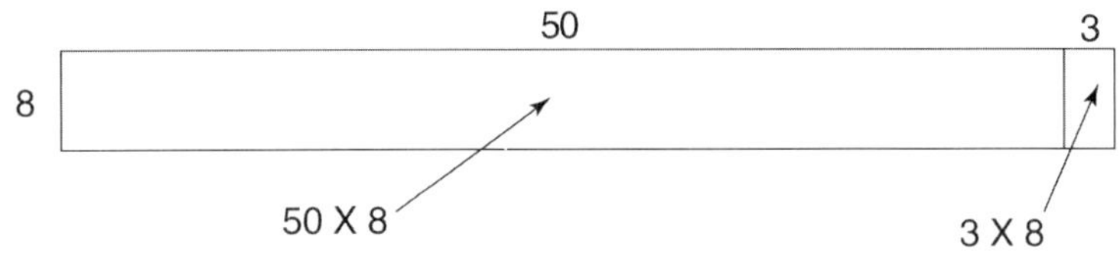

부분적으로 곱하기는 29 × 70 과 같은 곱셈을 부분으로 나누어 곱하는 예에도 적용된다.

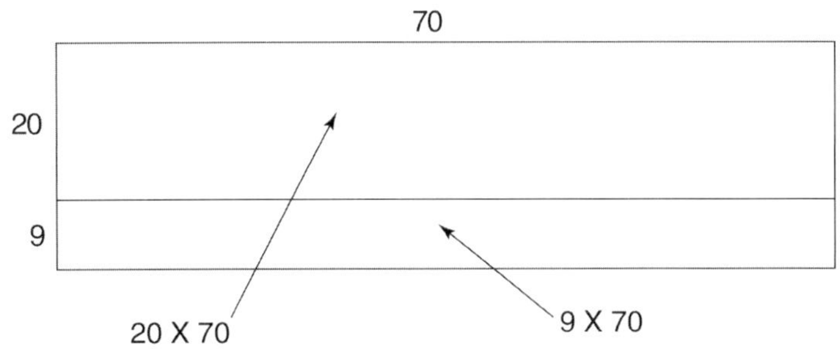

20 × 70 은 기본 곱셈과 10 곱하기 규칙 두 번 적용으로 구할 수 있지만, 9 × 70 은 기본 곱셈과 10 곱하기 규칙 한 번 적용으로 구할 수 있다.

두 개의 여러 자리 수 숫자를 곱할 때, 부분적으로 곱하기를 통해 간단히 답을 구할 수 있다(기본 곱셈과 10 곱하기 활용). 예를 들어, 35 × 46 과 179 × 38 의 경우를 살펴보자.

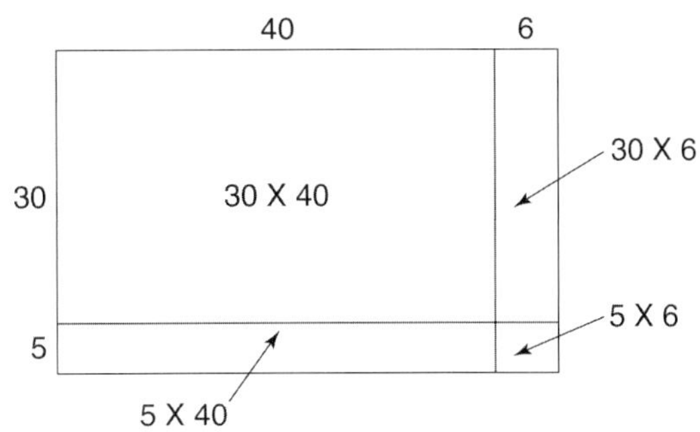

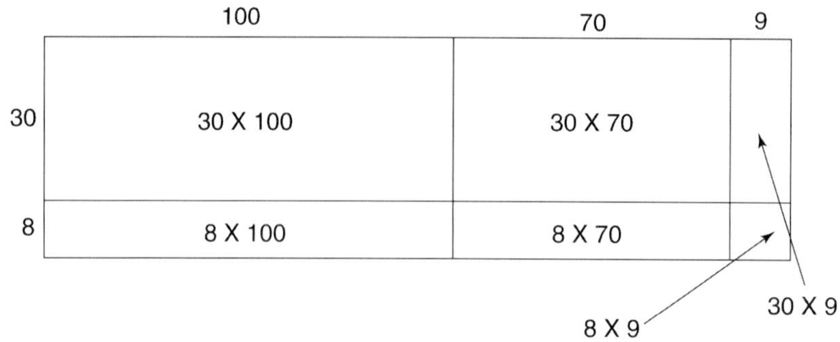

모든 정수의 곱셈 문제들에서, 숫자가 크든 작든 관계 없이 부분으로 나누어 곱하기는 기본 곱셈과 10 곱하기 규칙 적용만으로 답을 구할 수 있도록 해준다. 부분으로 나누어 곱한 후에는, 전체 곱셈의 답을 구하기 위해 더하여야 한다. 여러 자리 숫자의 곱셈 연산은 쉬운 방법 몇 가지를 차근차근 적용하는 것으로 구성된다.

세 자리 수를 다른 세 자리 수와 곱할 때, 9번의 부분으로 나누어 곱하기를 해야 한다. 두 개의 4 자리 수 곱셈을 하는 경우, 16번의 부분으로 나누어 곱하기를 해야 한다. 이렇게 여러 번 나누어 곱한 것을 계속 추적해서 합산하는 것은 어려운 일이다. 따라서 곱셈 연산 기록을 간략히 하기 위해서 덧셈에서처럼 수를 다시 모으는 작업(regrouping)이 필요하다. 54 × 7 곱셈을 가지고 이를 설명하면 다음과 같다.

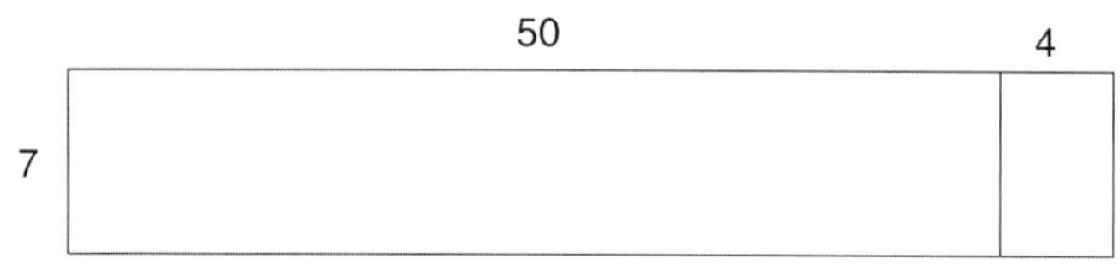

부분으로 나누어 곱할 수 있는 것은 따로따로 곱하고, 전체 답 378을 얻기 위해 각각의 답을 더한다.

$$\begin{array}{r}50\\ \times 7\\ \hline 350\end{array}\qquad\begin{array}{r}4\\ \times 7\\ \hline 28\end{array}\qquad\begin{array}{r}350\\ +28\\ \hline 378\end{array}$$

또는 두 번의 곱셈을 하고, 다시 모으기를 통해 답을 구할 수 있다. 먼저 7 곱하기 4를 하면 28이다. 10이 2개, 1이 8개, 8을 일의 자리에 기록하고, 20을 기억하고 있다.

$$\begin{array}{r}\overset{2}{5}4\\ \times 7\\ \hline 8\end{array}$$

다음에 7 곱하기 50을 한다. 10이 7 × 5개이고(7 × 5 × 10)은 10이 35 개 있는 것과 같다. 이미 10은 두 개(2 × 10) 갖고 있으므로 이를 합치면 10이 37개가 된다. 따라서 100이 3개, 10이 7개 있는 것과 같다.

$$\begin{array}{r}\overset{2}{5}4\\ \times 7\\ \hline 378\end{array}$$

다시 모으기(Regrouping)를 유사하게 사용해서 3 × 486 곱셈도 할 수 있다.

먼저, 3 곱하기 6을 한다. 답은 18이다. 10이 1개, 1이 8개이다. 1이 8개 있다는 것을 일의 자리에 적고, 10이 1개라는 것을 기억해 둔다.

$$\begin{array}{r}4\overset{1}{8}6\\ \times 3\\ \hline 8\end{array}$$

다음에는 8개의 10에 3을 곱한다. 답은 10이 24개이다. 10이 1개 이미 있으므로 이를 합치면 10이 25개 혹은 100이 2개, 10이 5개이다. 10이 5개 임을 10의 자리에 기록한다. 100이 2개 있음을 기억한다.

$$\begin{array}{r} {\scriptstyle 2\,1} \\ 486 \\ \times 3 \\ \hline 58 \end{array}$$

마지막으로 4개의 100에 3을 곱한다. 답은 100이 12개이다. 이미 100이 2개 있으므로, 합치면 100이 14개이거나 1000이 1개, 100이 4개이다. 이를 기록한다.

$$\begin{array}{r} {\scriptstyle 2\,1} \\ 486 \\ \times \;\; 3 \\ \hline 1458 \end{array}$$

학생이 54 × 7 = 378 이라는 알아내기 위해 다시 모으기(regrouping)를 사용할 수 있다면, 54 × 70도 10 곱하기가 있다는 점 말고는 구하는 절차가 똑같다. 학생이 다시 모으기를 사용해서 483 × 6 = 2898 이라는 것을 알 수 있다면, 483 × 600 도 구할 수 있다(10 곱하기를 두 번해야 한다는 점이 다르다). 342 × 90 곱셈을 한다면 다음과 같은 절차를 거치게 된다.

나는 9와 10을 곱하기를 할 것이다. 어느 것이든 먼저 곱할 수 있지만, 10을 먼저 곱할 것이다. 답을 구하기 위해서는 피승수에 0을 하나 붙이면 된다는 것을 안다. 그대로 0을 붙인다.

$$\begin{array}{r} 342 \\ \times 90 \\ \hline 0 \end{array}$$

다음에는 9 곱하기를 2에 할 것이다. 10이 1개 1이 8개 있다. 1이 8개 인 것을 일의 자리에 기록하고, 10이 1 개인 것을 기억하자.

$$\begin{array}{r} {\scriptstyle 1} \\ 342 \\ \times 90 \\ \hline 80 \end{array}$$

4개의 10에 9를 곱하자. 답은 10이 36개다. 그러나 10을 1개 이미 갖고 있으므로 합치면 10이 37개이다. 따라서 100이 3개, 10이 7개다.

$$\begin{array}{r} {\scriptstyle 3\,1} \\ 342 \\ \times 90 \\ \hline 780 \end{array}$$

자, 이제 3개의 100에 9를 곱하자. 답은 100이 27개이다. 그러나 100 3개를 이미 갖고 있으므로 합치면 100은 30개이다. 이는 1000이 3개, 100이 0개와 같다.

$$\begin{array}{r} {\scriptstyle 3\,1} \\ 342 \\ \times 90 \\ \hline 30780 \end{array}$$

유사한 방법으로 264 × 400도 구할 수 있다.

10을 2번 곱해야 한다. 먼저 이를 하자. 2개의 0을 덧붙여야 한다.

$$\begin{array}{r} 264 \\ \times 400 \\ \hline 00 \end{array}$$

그리고 나서 264에 4를 곱하자.

$$\begin{array}{r} {\scriptstyle 2\,1} \\ 264 \\ \times \;\; 400 \\ \hline 105600 \end{array}$$

모든 정수의 곱셈 문제도 효율적인 연산을 통해 해결할 수 있다. 예를 들어 316 × 274의 경우

먼저 4를 곱한다

$$\begin{array}{r} 316 \\ \times 274 \\ \hline 1264 \end{array}$$

다음에 70을 곱한다.

$$\begin{array}{r} 316 \\ \times\ 274 \\ \hline 1264 \\ 22120 \end{array}$$

다음에 200을 곱한다

$$\begin{array}{r} 316 \\ \times\ 274 \\ \hline 1264 \\ 22120 \\ 63200 \end{array}$$

마지막으로 각각의 부분으로 나누어 곱한 것을 합한다.

$$\begin{array}{r} 316 \\ \times\ 274 \\ \hline 1264 \\ 22120 \\ 63200 \\ \hline 86584 \end{array}$$

다음 활동은 교사가 부분 곱셈(partial products)을 어떻게 소개하고 학생으로 하여금 사용하게 하는지를 보여준다.

▪활동 7.23 문제 조각

투명 슬라이드에 모눈종이 모양을 그려 이를 이용해서 다양한 곱셈을 표현해 본다. 예를 들어, 다음은 8 × 23을 표현한 것인데, 투명 슬라이드 중간에 실을 걸쳐 놓으면 곱셈을 두 부분으로 나눌 수 있다.

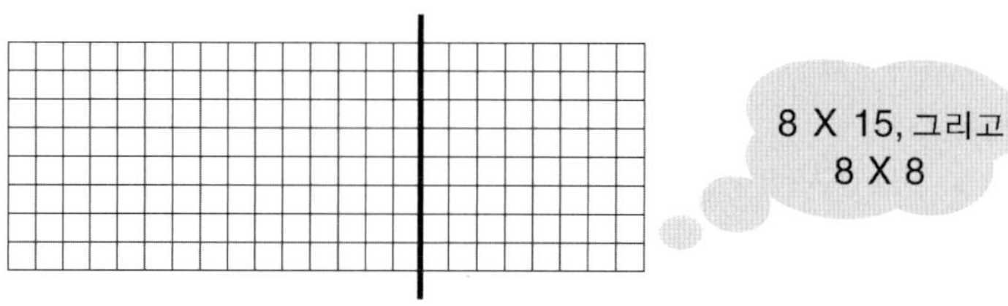

실을 다른 위치에 놓아 곱셈을 다른 부분으로 나누어 본다.

▪활동 7.24 쉬운 10 이용하기

이 활동은 활동 7.23에 이어서 할 수 있는 활동이다. 투명 슬라이드에 모눈종이 모양을 그려 다른 곱셈 예를 표현해 본다. 예를 들어 7 × 27. 투명 슬라이드 중간에 실을 놓아 곱셈을 두 부분으로 나누어 본다. 학생에게 나눈 두 부분을 각각 곱셈으로 말해보도록 한다.

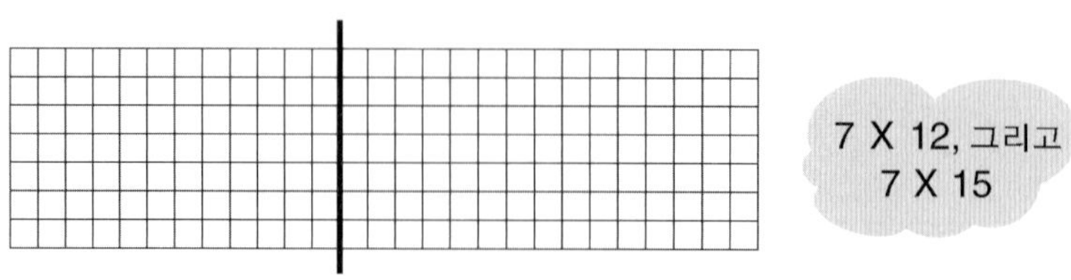

그리고 나서 실을 움직여 모든 10이 한 조각이 될 수 있도록 한다. 학생들에게 두

부분을 곱셈으로 표현해 보도록 한다.

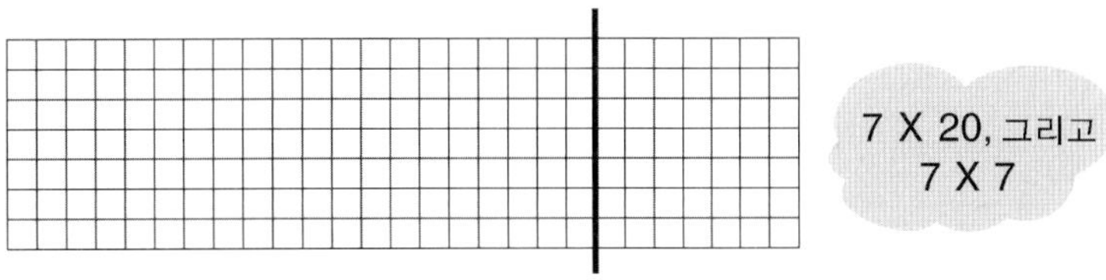

주어진 곱셈(7 × 27)을 7 × 12와 7 × 15로 나누어 계산하는 것과 7 × 20 과 7 × 7로 나누어 계산하는 것 중 어느 것이 더 쉬운지 학생들에게 물어본다. 다른 곱셈 예를 가지고 활동을 반복해 본다.

▪활동 7.25 조각을 합치기

세 장의 카드를 한 세트로 준비한다. 각 세트 중 한 카드는 두 자리 수와 한 자리 수 곱셈이 적혀 있고, 다른 카드들에는 이 곱셈을 부분으로 나누었을 때 각각의 부분 곱셈이 적혀 있다.

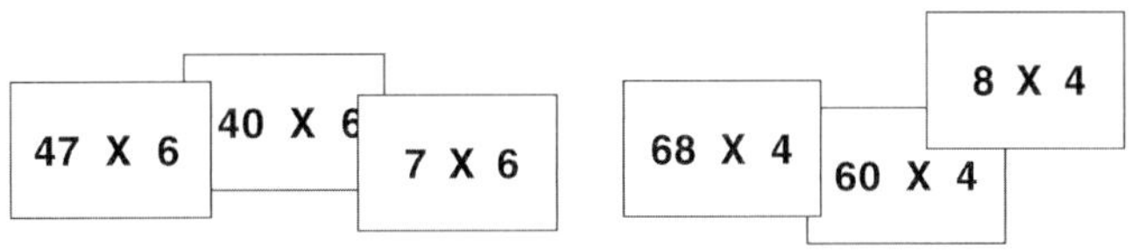

카드를 학생들에게 나누어 주고, 학생들은 부분 곱셈 관계에 있는 카드를 들고 있는 학생을 찾도록 한다. 세 장의 카드가 모두 모이면, 두 부분 곱셈의 답을 구하고 둘을 더하여 전체 곱셈의 답을 구한다.

(11) 곱셈 연산 이용하기

곱셈 연산이 기초하고 있는, 두 가지 빅 아이디어(10을 곱하기와 부분 곱셈)를 살펴보았다. 10을 곱하기는 쉽다. 그리고 부분 곱셈(partial products)을 이용하여 전체 곱셈 연산을 기본 곱셈과 10 곱하기, 다시 모아 더하기(addition with regrouping)를 포함하는 일련의 쉬운 해결 방법으로 전환할 수 있다.

NCTM에서 출판한 *Curriculum and Evaluation standards for School Mathematics*에는 연필을 들고 종이에 복잡한 계산을 하는 활동의 중요성이 감소하고 있는 활동이라고 지적하고 있다. 또한 계산기의 이용 가능성과 사용에 대해서도 다음과 같이 언급하면서, 그에 따라 학생들에게 정수의 계산에 대해 어떻게 가르쳐야 하는지에 대해 언급하고 있다.

> 계산기를 신중하게 사용하는 것은 학생들의 학습의 질뿐만 아니라 교육과정의 질을 높이는데 도움이 된다. 계산기가 기본적인 지식을 배울 필요성이나 정신적으로 계산하고 합리적인 수준에서 지필 계산을 해야하는 필요성을 부정하는 것은 아니다. 교실에서 지금까지 경험한 바로는 어린 학생들은 계산기에 대해 상식적인 관점을 갖고 있으며, 다른 방법으로 계산하는 것이 더 적절할 때, 계산기에 의존하지 않고 계산할 수 있는 것의 중요성에 대해서도 인식하고 있다. 그러나 계산기의 이용 가능성은 계산을 수행할 수 있는 다양한 방법에 대한 교사들의 관점을 넓히고, 복잡한 지필 계산을 덜 강조하도록 하는데 도움을 준다.

이 책의 저자들은 이러한 생각에 완전히 동의한다. 따라서 곱셈 연산의 기초로서 두 가지 빅 아이디어(10 곱하기와 부분 곱셈)을 가르칠 때, 목표는 높은 수준의 연산 기술을 개발하는 것이 아니다. 오히려 연산에 대한 높은 수준의 이해를 개발하고, 큰 수의 곱셈을 어떻게 간단하게 해결할 수 있는가에 대한 높은 수준의 이해를 개발하는 것이 목표가 되어야 한다. 실제로, 학생들이 2794 × 2836의 답을 구하기 위해 곱셈 연산하는 법을 알아야 하지만, 이를 위한 하나의 연습 활동 이상의 많은 가정학습 과제는 필요 없다고 생각한다. 오히려 학생들이 어려운 곱셈 문제를 정신적으로 어림잡을 수 있도록 부분 곱셈에 대해 생각하고, 계산기를 이용해서 어림 짐직한 값을 정확하게 확인하도록 해야 한다고 생각한다.

다음 활동은 학생들이 부분 곱셈에 대해 생각할 수 있도록 하는 두 가지 어림짐작 게임들이다. 이런 종류의 사고를 격려하기 위해서, 교사는 게임의 승자로 하여금 어떻게 그렇게 빨리 훌륭하게 어림 짐작을 해낼 수 있었는지, 다른 학생에게 설명하도록 해야 한다.

■ **활동 7.26 뒤섞기**

곱셈 예제들이 적힌 30장의 카드 세트를 준비한다. 일부 곱셈에는 일의 자리 수가, 일부 곱셈에는 두 자리 수, 세 자리 수, 네 자리 수가 각각 포함되어 있다.

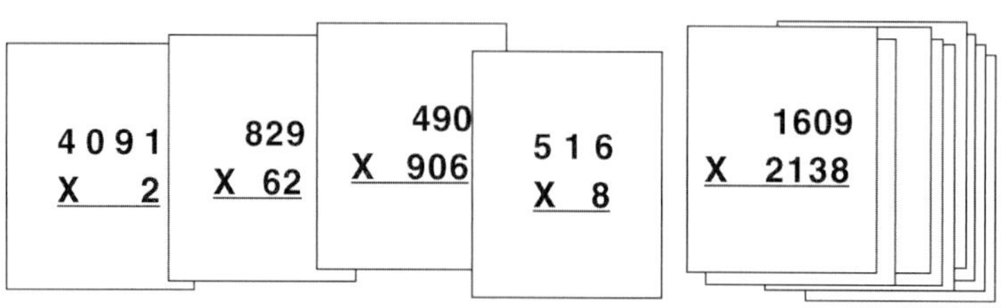

학생 두 명이 짝을 이루어 4명의 학생이 활동에 참여한다. 카드를 섞는다. 학생들

은 돌아가면서 카드를 나누어 주는 역할(딜러)을 맡는다. 딜러는 각 학생에게 5장의 카드를 나누어 주고 자신 앞에 엎어 놓도록 한다. 딜러가 '시작'이라고 말하면, 학생들은 자신의 카드들을 답이 가장 작은 것부터 큰 것 순으로 정리한다. 가장 먼저 정리를 끝낸 학생이 나오면, 모든 학생이 하던 활동을 멈춘다. 모든 학생들이 카드 순서에 동의하면, 그 학생은 1 점을 얻는다.

답 순서에 대해 동의가 이루어지지 않으면, 학생은 자신의 답과 카드 나열 순서에 대해 학생들에게 설명하여야 한다. 결국 합의가 되지 않으면, 계산기를 사용해서 답을 확인하도록 한다.

학생들 중 5점을 먼저 얻는 학생이 나올 때까지 게임을 진행한다. 5점을 얻는 학생이 승자가 된다.

▪활동 7.27 어림짐작

활동 7.26에서처럼 카드 세트를 준비한다. 두 명씩 짝을 이루어 4 명의 학생이 게임에 참여한다. 카드를 섞고 탁자 위에 뒤집어 올려 놓는다.

하나의 카드를 뒤집어 공개한다. 모든 학생들은 그 즉시 어림짐작으로 대략의 답을 쓴다. 풀이 과정을 써 곱셈 문제를 계산해서는 안된다. 머리 속으로 어림짐작만 해야 한다. 모든 학생이 답하면, 계산기를 사용해서 정확한 답을 구한다. 가장 근사한 답을 말한 학생이 1점을 얻는다.

어떤 답이 답에 가장 가까운지 동의가 이루어지지 않는 경우, 이의를 제기한 학생은 그 이유를 학생들에게 설명하도록 한다. 그래도 동의가 이루어지지 않으면, 계산기를 사용해서 곱셈의 답과 학생들이 어림짐작한 답의 차이를 계산하여 가장 근사치를 말한 사람을 확인한다.

학생들 중 10점을 먼저 획득한 학생이 나올 때까지 게임을 진행한다. 이 학생이 승자가 된다.

(12) 곱셈 발달 순서 요약

곱셈 연산의 의미 확립	1. 곱셈을 동일 크기의 집단을 결합시키기와 관련 짓기 2. 답을 구하기 위해 덧셈을 이용하는 방법 배우기
쉬운 기본 곱셈 진술문 학습	1. 곱셈의 의미를 활용해서 답 구하기 2. 곱셈 진술문들 간의 관계를 발견하기 3. 곱셈 진술문들을 기억하기
어려운 곱셈 진술문 학습을 위한 사고 전략의 특성	1. 사고 전략이다 2. 어려운 곱셈 진술문의 답을 구하기 위해 기억하고 있는 곱셈 진술문을 활용한다.
어려운 기본 곱셈 진술문 학습	1. 사고 전략을 활용하여 답 구하기 2. 곱셈 진술문들 간의 관계를 검토하기 3. 곱셈 진술문들 기억하기
연산 학습하기	1. 10 곱하기 2. 부분 곱셈 활용하기

(13) 수업 수정하기

4학년 학생을 대상으로 하는 곱셈 수업을 수정하려고 한다. 앞 장에서처럼, 먼저 교사용 지도서 등에 제시되어 있을 만한, 전통적인 수업에서 시작한다. 이 수업 또한 훌륭한 수업이라는 것을 잊지 말아야 한다. 그러나 이러한 전통적인 수업 계획은 교과서의 특정 내용을 가르치는데 초점이 맞추어져 있다. 이 수업 계획에서 새로운 내용을 학습하는 학습 활동은 하나의 예를 가지고 상세하게 설명하는 부분으로 구성되어 있고, 많은 연습 예제들이 제시되어 있다. 이러한 수업 계획이 모든 학생들에게 적절한 수업이 될 수 있도록 수정하기 위해서는 교사는 모든 학생이 새로운 개념과 기술을 학습할 수 있도록 해야 하는 것이 가장 중요하다.

수업 목표

학생은 두 자리 수와 한 자리 수 곱셈을 할 수 있다.

■ 도입

학생들에게 다음 곱셈의 답을 구해 보도록 한다.

$$10 \times 5 \quad 31 \times 3 \quad 7 \times 34$$
$$2 \times 18 \quad 42 \times 3 \quad 26 \times 2$$

학생들에게 곱셈을 사용해서 방 안에 사람들이 몇 명이 있는지 어림잡아 본 적이 있는지 물어본다. 예를 들어, 가로 세로 각각 10줄, 5줄을 곱함으로써, 어림짐작을 했을 수도 있다. 두 자리 수와 한 자리수 곱셈을 이해하는데 이러한 어림짐작이 도움이 되는 이유를 설명한다.

■ 전개

전체 학생들에게 교재 맨 앞 페이지에 제시된 곱셈 예 4 × 34에 주목하도록 한다. 34가 30과 40 사이에 있고, 따라서 4 × 34 의 답이 4 × 30과 4 × 40의 중간이 있을 것임을 지적한다. 4 × 30 의 답이 얼마인지 묻는다. [120] 4 × 40 의 답이 얼마인지 묻는다. [160] 따라서 4 × 34 의 답은 120과 160 사이에 존재한다.
10 단위를 나타내는 블록를 사용해서 곱셈 예(4 × 34)를 표현한 그림을 가리킨다. 1 단위를 먼저 곱한다. 십의 자리에 1, 일의 자리에 6을 기록한다. 다시 이름붙이는 두 번째 그림을 가리킨다. 10의 자리 곱셈을 한다. 여분의 10 단위를 더한다. 10의 자리에 적는다. 답이 합리적인지 물어본다. 답이 120과 160 사이에 있는가?

■ 학습 점검

학생들에게 곱셈 예들을 이해했는 지 확인할 수 있는 활동을 하도록 한다. 곱하기 전에 여분의 10을 10의 자리 수와 먼저 더하지 않는지 살펴본다.

■ 연습

학생들에게 교재 두 번째 페이지에 있는 연습 문제를 풀어 보도록 한다. 곱셈 예들을 이해했는지 확인하는 과제에서 어려움을 보였던 학생들에게는 연습 문제 대신에 다시 학습 내용을 가르치는 자료(worksheet)를 제공할 수도 있다.

이 수업은 다양성이 존재하는 교실의 다양한 요구를 만족시키기 위해 보다 효과적인 수업이 될 수 있도록 수정될 수 있다. 수정된 수업 계획에는 보다 많은 학습 활동을 포함시켰다. 초점을 교재에 있는 내용을 가르치는 것에서 개념을 가르치는데 맞추도록 변화를 준 것에 주목하기를 바란다. 또한 시각 입력과, 운동감각을 수반하는 활동, 학생들 간의 의사소통, 학습의 지속적인 점검 요소들을 많이 추가하였다.

수업 목표

학생들은 두 자리 수와 한 자리 수 곱셈을 할 수 있다.

■ 도입

두 장씩 쌍을 지은 카드들을 준비한다. 두 장의 카드 중 한 장은 30 × 7 같은 곱셈 예제가 적혀 있고, 다른 카드에는 곱셈에 대한 답이 적혀 있다.

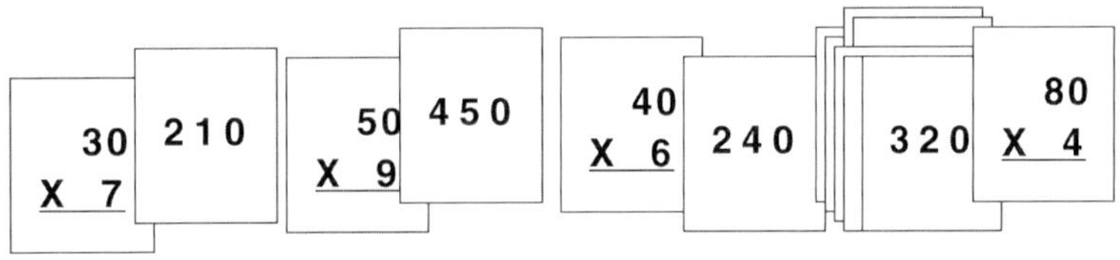

카드를 섞고 학생들에게 한 장의 카드를 나누어 준다. 학생들의 수가 홀수라면 교사도 한 장의 카드를 받고 활동에 참여한다. 학생들에게 자신의 짝을 찾도록 한다. 짝을 찾으면, 몇 명의 학생들에게 정답을 어떻게 구했는지 말해 보도록 한다.

이해 점검. 활동 중 학생을 주의깊게 관찰한다. 자신의 짝을 찾을 수 없는 학생에게는 직접적으로 안내하는 질문을 한다(예, 10이 몇 개 있니? 그런 10을 몇 배 곱해야 하지?) 칠판에 4 × 90을 적는다. 이 곱셈은 쉬운 곱셈이라는 것을 지적한다. 4 × 93을 칠판에 적고, 모든 학생들에게 이들 숫자를 곱하는 것 역시 쉽다는 것을 오늘 배우게 될 것이라고 말한다.

■ 전개

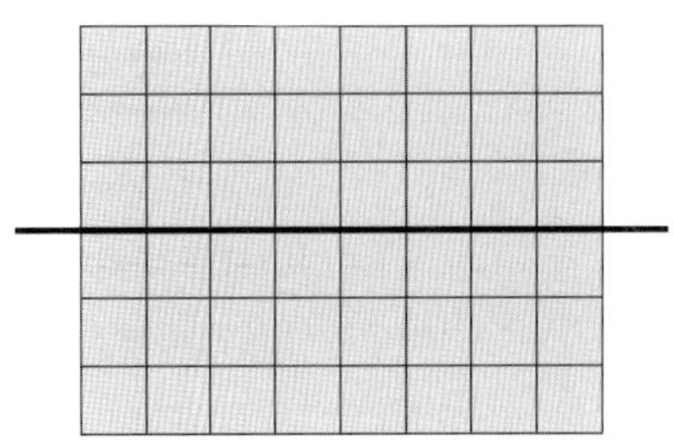

가로 세로 6 × 8 모양의 바둑판 그림을 보여준다. 6 × 8을 두 부분으로 나누기 위해 중간에 선을 하나 그린다.

6 × 8 은 3 × 8 + 3 × 8 과 같다.

이해 점검. 활동 중 학생을 주의깊게 관찰한다. 학생이 이해하지 못하는 것 같으면, 그림 모델에 두 개의 부분 곱셈(partial products)을 나타내는 부분을 보여주며 설명해 준다.

다음에 똑같은 그림 모델을 사용해서 6 × 14가 6 × 10 + 6 × 4와 같음을 보여준다.

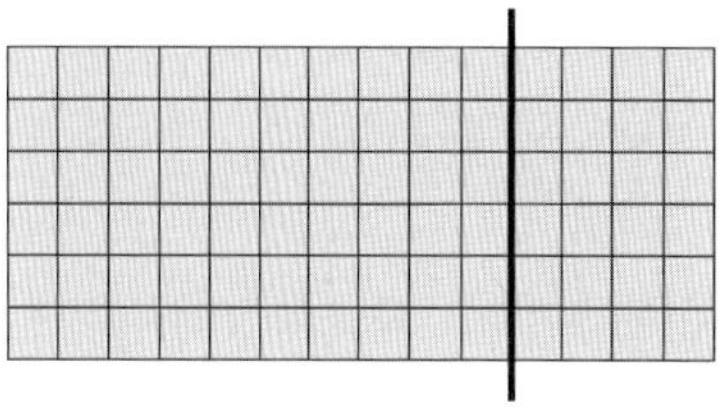

다음에 4 × 24 가 4 × 20 + 4 × 8 과 같음을 보여준다.

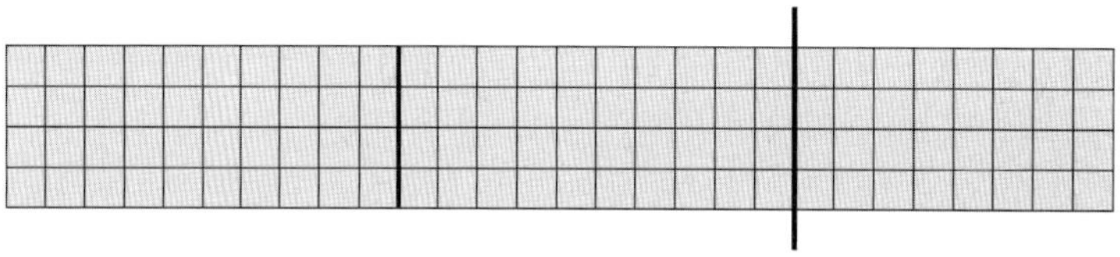

이해 점검. 학생들이 이해했는지 학생을 지속적으로 관찰한다. 필요하다면 추가로 예들을 제시한다.

다음에 10을 나타내는 블록 모델을 사용해서 유사한 예를 보여준다. 4 × 36 은 6개의 1이 4배이고, 3개의 10이 4배인 경우라는 것을 보여준다.

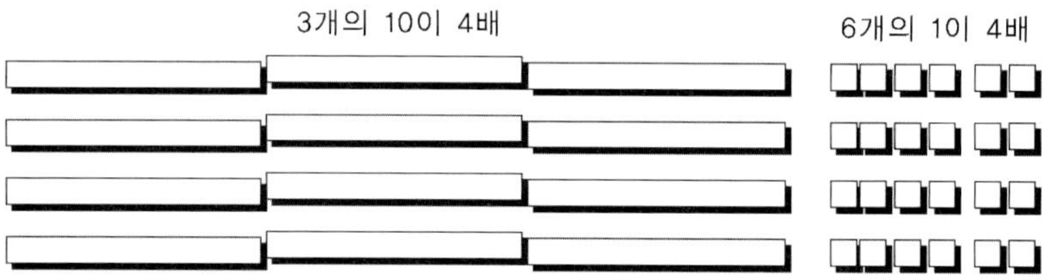

주어진 곱셈 문제(4 × 36)의 답을 구하기 위해서는 두 개의 곱셈(4 × 30 과 4 × 6)으로 나누어 계산하면 쉽게 계산할 수 있는데, 좌우 두 부분이 두 곱셈을 나타내고 있음임을 설명한다. 학생들에게 이 두 부분 곱셈을 하고 그 합을 구하여 답을 구하도록 한다.

이해 점검. 학생들이 확실히 이해했는지 살펴본다.

또한 10을 나타내는 블록을 사용해서 6 × 43을 보여준다.

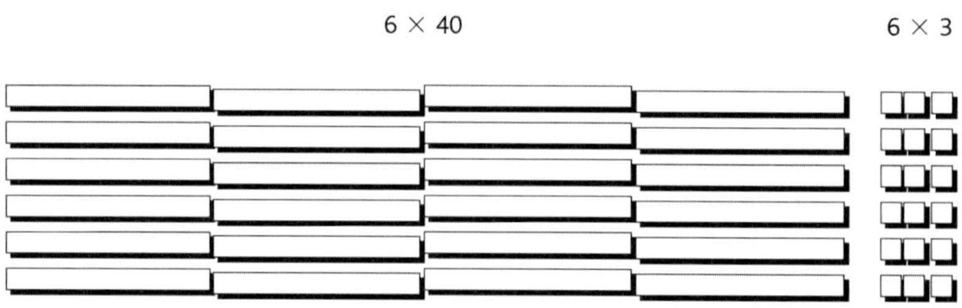

다시 한 번, 학생들로 하여금 부분 곱셈들의 답을 구하고 그 합을 구해 답을 구하도록 한다. 학생들에게 두 부분 곱셈을 구할 필요가 있지만, 꼭 두 부분 곱셈을 따로 적을 필요가 없다는 것을 말해준다. 10 단위를 나타내는 블록을 사용해서 두 부분 곱셈을 표현해 보고, 다시 모으기(regrouping)를 사용하는 방법을 설명한다. 학생들이 모델을 이용해서 글로 쓴 단계 단계들의 관계를 볼 수 있도록 각 단계를 반드시 기록하도록 한다.

4 × 36을 보여주고 칠판에 세로로 적는다.

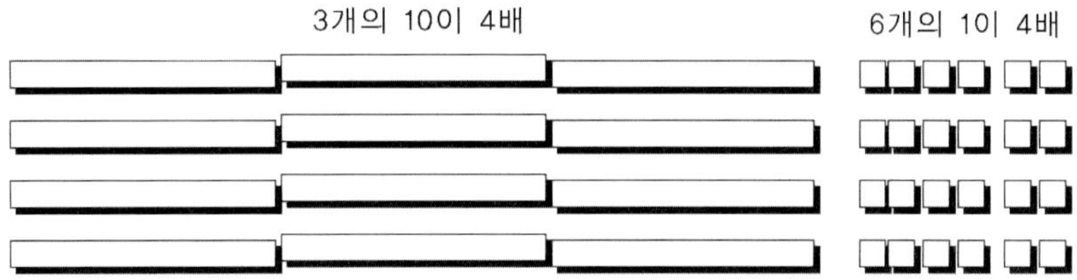

몇 개의 10과 몇 개의 1이 있다는 것을 지적한다. 먼저 얼마나 많은 1이 있는지 생각해 본다. 6개의 1이 있고, 4를 곱하려 한다. 그럼 24이고, 덧셈의 관계에 대해 배운 대로, 쓸 게 너무 많은 경우, 교환을 하여야 한다. 20 개의 1을 2개의 10과 바꾼다.

이해 점검. 학생들이 이해하지 못했다면, 덧셈에서 다시 모으기를 간단히 복습할 수도 있다.

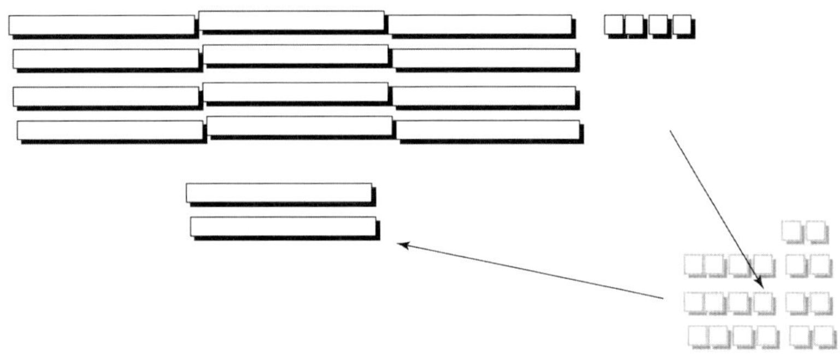

교환을 한 후에는 1이 4개 있다. 일의 자리에 4를 기록하고 2개의 10이 있다는 것을 기억해 둔다.

$$\begin{array}{r} {}^{2}\\ 36 \\ \times\ 4 \\ \hline 4 \end{array}$$

다음에 10이 몇 개 있는지 생각해 보자. 3개의 10이 있고, 4를 곱하려 한다. 답은 12다. 교환의 결과 2 개의 10이 더 있었으므로 10은 14개이다. 너무 쓸 게 많은 10을 100과 교환하여야 한다.

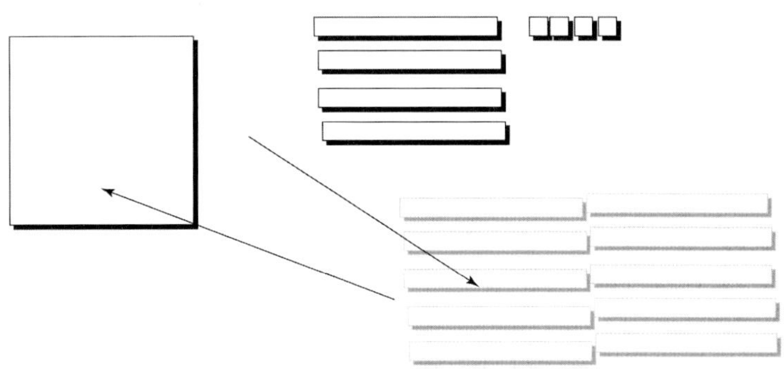

4개의 10이 남는다. 십의 자리에 4를 기록하고 교환한 결과 100이 1개 인 것을 기록한다.

$$\begin{array}{r} {}^{2}\\ 36 \\ \times\ 4 \\ \hline 144 \end{array}$$

10을 나타내는 블록을 사용해서 6 × 43 곱셈을 보여준다.

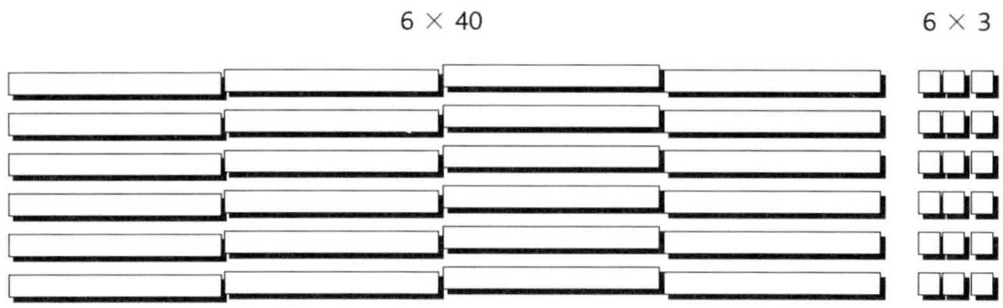

18개의 1이 있다. 쓸게 너무 많으므로, 교환을 하여야 한다.

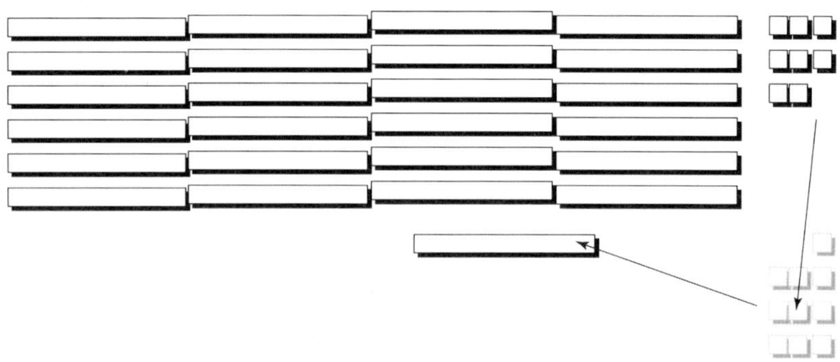

교환 후에 8개의 1이 남고 10이 1개이다. 8을 일의 자리에 기록하고 남은 10, 1개는 기억해 둔다.

$$\begin{array}{r} {}^{1}\\ 43 \\ \times 6 \\ \hline 8 \end{array}$$

이해 점검. 학생들에게 우리가 쓴 것은 우리가 본 것을 단지 기록한 것뿐이라는 것을 깨닫도록 해야 한다.

6 × 4는 24이고 24개의 10이 있다. 여분의 10이 1개 있었으므로 10은 25개다. 쓸 게 너무 많으므로, 거래를 해야 한다.

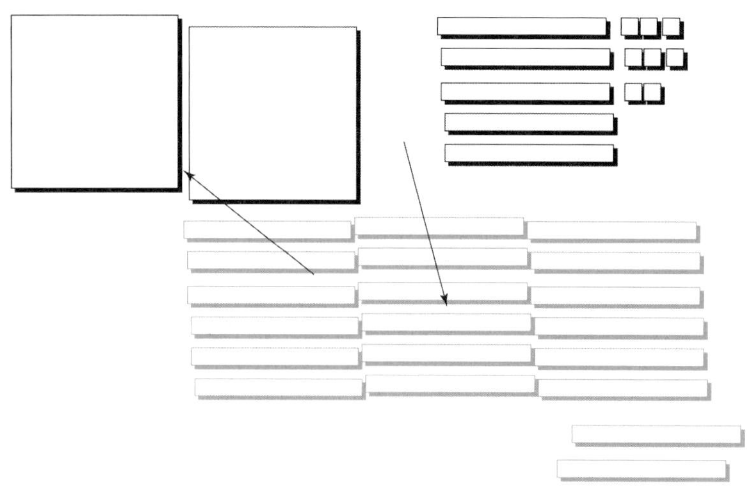

교환 후에 이미 기록한 8개의 1과, 2개의 100과 5개의 10이 존재하므로, 이를 십의 자리와 백의 자리에 기록한다.

$$\begin{array}{r} {}^{1}\\ 43 \\ \times 6 \\ \hline 258 \end{array}$$

■ **연습**

학생들에게 짝과 함께 연습 예제 10, 13, 17을 구해보도록 한다.

■ 종결

학생들에게 오늘 배운 내용이 무엇인지 물어본다. 곱셈 예제가 하나 적힌 종이를 나누어 준다. 학생들에게 이 곱셈 예제를 집에 가져가서, 부모님에게 어떻게 하는지 보여주도록 한다.

2 정수의 나눗셈 가르치기

덧셈이나 뺄셈, 곱셈에서처럼 동일한 발달 순서가 정수의 나눗셈 교수에 사용된다. 다른 연산들처럼, 나눗셈 교수의 가장 중요한 과제는 나눗셈의 의미를 확립하는 것이다.

(1) 나눗셈의 의미 학습하기

나눗셈에 대해 접근하는 여러 가지 방법들이 존재한다. 나눗셈을 초등학교 수준에서 소개할 때는 어떤 양을 동일한 크기의 부분으로 나누는 것으로 생각하는 것이 보통이다. 따라서 학생들이 나눗셈을 어떤 양을 동일한 크기의 부분들로 나누는 것과 연결 짓도록 하여야 한다. 이러한 연결은 아주 강력하게 이루어져야 하며, 12 ÷ 4 기호를 보면, 12개의 물체로 이루어진 한 집단을 동일한 크기의 작은 집단으로 나누는 모습을 떠올릴 수 있어야 한다. 학생들이 어떤 양을 동일한 크기의 부분들로 나누는 상황을 보면, "이건 나눗셈이야"라고 생각할 수 있어야 한다. 나눗셈을 마스터하고 나면, 학생들은 어떤 양을 동일한 크기의 부분으로 나누는 문제 상황에 놓이면, "나는 나눗셈을 활용해서 이 문제를 풀 수 있어"라고 생각할 수 있을 것이다.

어떤 양을 동일한 크기의 부분들로 나눌 때는 두 가지 종류의 나눗셈이 있는데, 첫 번째가 측정을 위한 나누기(measurement division)이고 두 번째는 분할을 위한 나누기(partition division)이다. 이 둘의 차이를 이해하는 가장 좋은 방법은 그 예를 생각해 보는 것이다.

(2) 측정 나눗셈

칩을 사용해서 하는 게임을 가정에서 보자. 20개의 칩이 있고, 이를 모두 게임에 사용해야 한다. 각 게임 참여자들이 4개의 칩을 사용해야 한다면, 몇 명의 게임 참여자가 있어야 하는가? 이 질문에 답하기 위해서는 한 사람을 위해 4개의 칩을 따로 떼어 두고, 다른 사람을 위해 또 4개의 칩을 따로 떼어 놓는다. 이렇게 계속 하면 모든 칩을 쓰게 된다. 그리고 4개의 칩을 몇 사람에게 나누어 줄 수 있는지 셀 수 있다. 4개의 칩이 모인 다섯 집단이 있기 때문에, 5명에게 나누어 줄 수 있다는 것을 알 수 있다.

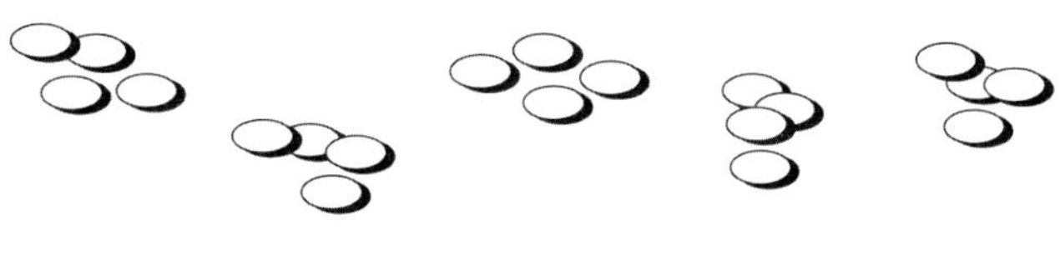

이 예에서 몇 개의 칩이 있었는지, 집단의 크기가 얼마인지 알고 있다. 이를 나눗셈으로 표현하면 20 ÷ 4 = 5 이다.

20 ÷ 4 = 5

처음 주어진 양 집단의 크기 집단의 수

이러한 나눗셈을 측정 나눗셈이라고 한다. 측정 나눗셈에서는 처음에 어떤 수가 있고 (beginning number), 집단의 크기(size of the groups)가 있고, 이에 따라 집단의 수(number of groups)를 구해야 한다.

(3) 분할 나눗셈(Partition Division)

이제 다른 종류의 나눗셈을 생각해 보자. 칩을 가지고 하는, 다른 종류의 게임을 생각해 보다. 이 게임에서도 20개의 칩이 있고, 모두 게임에 사용된다. 그러나 이번에는 네 명의 게임 참여자들이 있고 각 참여자들은 동일한 수의 칩을 받아야 한다. 이 경우, 우리는 칩을 4개의 집단으로 나누어야 한다는 것(한 사람이 한 집단의 칩을 가진다)을 알지만, 몇 개의 칩을 각 집단에 나누어야 하는지는 알지 못한다. 각 참여자들이 몇 개의 칩을 가져야 하는지 답을 구하기 위해서는 네 명의 게임 참여자에게 한 사람에게 한 개의 칩을 나누어 주고 다음 사람에게 한 개의 칩을 나누어 보면 답을 알 수 있다. 이렇게 모든 칩을 다 사용할 때까지 칩을 나누어 준다. 그러면 4명의 게임 참여자들이 몇 개의 칩을 갖고 있는 셀 수 있다.

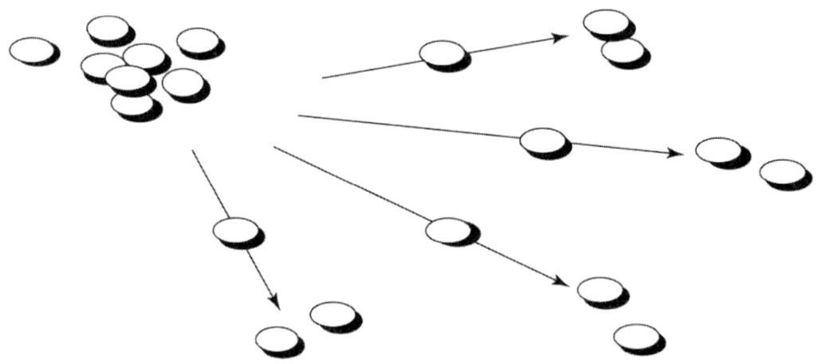

이 예에서 처음에 몇 개의 칩이 있는지 알고 있고, 몇 개의 집단이 있는지 알고 있었다. 그리고 각 집단이 몇 개의 칩을 가지게 되는지 답을 구했다. 이러한 나눗셈을 식으로 표현하면 20 ÷ 4 = 5 이다.

20 ÷ 4 = 5

처음 주어진 수 집단의 수 집단의 크기

이런 종류의 나눗셈을 분할 나눗셈이라고 한다. 분할 나눗셈에서는 얼마의 양이 있는지와 집단의 수는 알고 있고, 이것을 이용해서 각 집단에 몇 개가 있는지 답을 구해야 한다

(Moyer, 2000; Tucker, 1973).

(4) 측정 나눗셈과 분할 나눗셈 모두 가르치기

두 종류의 나눗셈은 같은 것 같지만, 실제로는 세 가지 측면에서 다르다. 첫째, 알고 있는 정보가 다르다. 측정 나눗셈에서는 집단의 크기를 알고 있지만, 분할 나눗셈에서는 집단의 수를 알고 있다. 둘째 구해야 하는 답이 다르다. 측정 나눗셈에서는 집단의 수를 구해야 하고, 분할 나눗셈에서는 집단의 크기를 구해야 한다. 셋째, 답을 구하는 절차가 다르다. 측정 나눗셈에서는 같은 양을 제거 혹은 빼야 하고 분할 나눗셈에서는 대상을 동일하게 분배하거나 나누어주어야 한다.

학생들은 두 종류의 나눗셈 문제를 모두 접하게 되므로, 나눗셈 연산의 의미를 배우면서 두 종류의 나눗셈 모두를 접하는 것이 중요하다. 다음 활동들은 교사가 학생들이 나눗셈의 의미를 이해할 수 있도록 하는데 도움이 되는 활동들이다. 여기 제시된 활동들은 분할 나눗셈만을 예로 들고 있다. 측정 나눗셈의 경우는 유사한 활동이 독자를 위한 연습 문항으로 남겨 놓았다.

■ 활동 7.28 똑같이 공유하기

투명필름을 OHP 위에 올려 놓는다. 한쪽 구석에 24개의 건포도를 올려 놓는다. 투명 필름 위에 8 cm 크기의 원을 네개 그린다.

네 명의 학생에게 건포도를 똑같이 나누어 주려고 한다고 설명한다. 학생들에게 각 학생의 건포도를 4개의 원들 중 하나에 놓으려고 한다고 말한다.

학생들이 어떻게 나눌 것인지 물어본다. 학생들의 지시에 따라 4개의 원에 똑같은 건포도가 놓일 때까지 그대로 따라 한다. 학생들의 지시대로 했는데도 건포도가 4개의 원에 똑같이 나누어지지 않는다면, 학생들에게 왜 이런 일이 일어났는지 생각해 보도록 한다. 네 개의 원(집단)이 똑같은 건포도(크기)를 갖게 되면, 칠판 위에 "나누기"라고 적는다. 어떤 사물들을 크기가 같은 집단들로 나누는 것을 나눗셈이라고 부른다고 설명해 준다.

이 활동을 36개의 건포도를 가지고 다시 해 본다.

■ 활동 7.29 똑같이 나누면서 쓰기

활동 7.28의 절차를 따른다. 그러나 처음 두 예에 대해서 이를 나눗셈 문장으로 써본다. $24 \div 4 = 6$이라고 쓰고, 24가 처음 주어진 수(24개의 건포도)이고 4가 집단의 크기(네 명의 학생이 있다)이고 6이 각 집단에 있는 사물의 수(각 학생들은 6개의 건포도를 갖고 있다)라는 것을 설명한다. 또한 나눗셈 기호를 설명하고 나눗셈 문장을 어떻게 읽는지 시범 보인다.

세 번째 예에 대해서는 학생들에게 나눗셈 문장을 읽어 보도록 한다. 나머지 예들에서는 학생들이 나눗셈 문장이 무엇인지 교사에게 말해 보도록 하고, 다른 학생에게는 나눗셈 문장을 써보도록 한다.

■ **활동 7.30 나눗셈 실행하기**

12 ÷ 3 = 4라고 칠판에 적는다. 학생들에게 이 나눗셈 문장이 무엇을 의미하는지 생각해 보도록 한다. 12를 가리킨다. 이 숫자가 무엇을 의미하는지 묻는다. [처음 주어진 사물의 개수이다] 나눗셈 기호를 가리킨다. 이 기호가 무슨 뜻인지 물어본다. [12를 똑같은 집단으로 나누라는 뜻이다] 12 개의 사물을 가지고 이 나눗셈 문장이 하라는 대로 행한다.

다음에는 27 ÷ 3 = 이라고 적는다. 이번에는 전체 나눗셈 문장이 다 적혀 있지 않다는 것을 설명한다. 우리가 무엇을 아는지 묻는다. [27개의 물건이 주어졌고, 이를 3개의 집단으로 나누어야 한다] 27개의 사물을 가지고 각 집단이 몇 개의 사물을 갖게 되는지 확인하기 위해 나눗셈을 실행한다. 다 끝나면, 나눗셈 문장을 완성한다. 다른 예(15 ÷ 5, 24 ÷ 6, 35 ÷ 7)를 가지고 이 활동을 반복해 본다.

■ **활동 7.31 실행하기**

4개의 답이 없는 나눗셈 문제들이 적힌 목록들을 준비한다. 이 목록들은 서로 다르지만, 동일한 나눗셈이 두 목록에 실려 있어야 한다. 2-3 명으로 집단을 구성한다. 각 집단에게는 하나의 목록과 구체물 세트를 준다. 가능하면 각 집단에 다른 집단과는 다른 구체물을 제공한다. 예를 들어, 한 집단에는 작은 돌을, 다른 집단에는 블록을, 또 다른 집단에게는 연필을 준다.

각 집단은 자신들이 받은 구체물을 가지고 자신들이 받은 목록에 있는 나눗셈들에 대한 답을 구해 본다. 모든 문제를 다 풀면, 답에 대해 말해 보도록 한다. 답을 다 들으면, 같은 나눗셈 문제에 대해 답을 푼 학생이 있는지 물어본다. 같은 답을 얻었는가?

(5) 쉬운 기본 나눗셈 진술문 학습하기

나눗셈의 의미를 강화하기 위해서, 교사는 친숙한 사물을 활용하여 광범위한 나눗셈 예제들을 학생들이 접할 수 있도록 하여야 한다. 학생들이 나눗셈을 구두로 기술하기 위해 적절한 용어를 사용하여야 하며, 나눗셈 문장을 쓸 때 나눗셈 기호와 등호 기호를 사용하여야 한다. 각 나눗셈 문제 예제들에서, 자기 스스로 답을 생각해 보아야 하며, 교사는 나눗셈이 얼마나 쉬운지 지속적으로 말해 주어야 한다. 교사는 학생들이 자기 힘으로 답을 구할 수 있다는 것을 강조하여야 한다.

(6) 쉬운 기본 나눗셈 진술문들간의 관계 발견하기

나눗셈의 의미가 확립되고, 학생들이 자신의 힘으로 확신을 가지고 답을 구할 수 있게 된 후에는, 보다 쉬운 기본 나눗셈 진술문 학습에 초점을 맞추어야 한다. 논의를 위해, 1–5까지의 제수(divisor)로만 이루어진 나눗셈 진술문들을 쉬운 나눗셈으로 보고자 한다. 이 경우 50개의 쉬운 기본 나눗셈 진술문들이 있다.

이러한 나눗셈들을 살펴보고 조직하고 재조직하면서, 학생들이 이들간의 관계를 가능한 많이 발견하도록 유도하여 한다. 많은 관계들을 배움으로써, 기억해야하는 양을 효과적으로 줄일 수 있다. 또한 관계를 앎으로써, 기억해야 하는 나눗셈 진술문들에 대한 기억 유지가 향상된다. 이미 알고 있는 것과 관련해서 새로운 것을 기억하는 것이 훨씬 더 쉽다. 교사가 확실히 강조해야하는 관계들에는 다음 다섯 가지가 있다.

1. 0을 어떤 수로 나누든 그 답은 항상 0이다. 50개의 쉬운 나눗셈 진술문들 중 5개에 이에 해당한다. 따라서 5개의 나눗셈 진술문들은 하나의 사실만 기억하면 된다.
2. 어떤 수든 1로 나누면, 답은 그 자신이다. 게다가 0 ÷ 1을 포함해서 50개 중 9개가 이러한 경우에 해당된다. 따라서 9개의 나눗셈 진술문들은 하나의 사실만 기억하면 된다.
3. 어떤 수를 자기 자신으로 나누면, 답은 항상 1이다. 1 ÷ 1 포함해서 4개의 진술문들이 이에 해당한디. 4개의 진술문들은 하나의 사실만 기억하면 해결된다.
4. 서로 관련된 쌍을 이룬 나눗셈 진술문들이 존재한다.

   6 ÷ 2 = 3 과 6 ÷ 3 = 2　　　8 ÷ 2 = 4 와 8 ÷ 4 = 2
   10 ÷ 2 = 5 와 10 ÷ 5 = 2　　12 ÷ 4 = 3 과 12 ÷ 3 = 4
   15 ÷ 3 = 5 와 15 ÷ 5 = 3　　20 ÷ 4 = 5 와 20 ÷ 5 = 4

   쌍을 이룬 각 나눗셈 진술문들은 동일한 피제수(dividend)를 갖고 있다. 첫 번째 나눗셈 진술문의 제수(divisor)와 몫(quotient)이 쌍을 이룬 다른 나눗셈 진술문의 몫과 제수라는 점이 다르다. 쌍을 이룬 두 개의 나눗셈 진술문들은 함께 학습해야 한다. 쌍을 이룬 두 개의 진술문들은 그 중 하나만 배우면 된다. 따라서 12개의 진술문들 중 6개만 배우면 된다.
5. 모든 나눗셈 진술문은 곱셈 진술문과 관련이 있다. 예를 들어 다음을 보면

   12 ÷ 2 = 6 과 6 × 2 = 12　　18 ÷ 3 = 6 과 6 × 3 = 18
   21 ÷ 3 = 7 과 7 × 3 = 21　　24 ÷ 4 = 6 과 6 × 4 = 24
   30 ÷ 5 = 6 과 6 × 5 = 30　　36 ÷ 4 = 9 과 9 × 4 = 36

   이러한 관계를 발견하게 되면, 학생들은 이러한 관계를 사용해서 대상을 하나하나 세지 않고 나눗셈 진술문에 대한 답을 구할 수 있다. 그러나 이는 학생들이 관련 곱셈 진술문들을 이미 알고 있는 경우에 가능하다.

(7) 쉬운 기본 나눗셈 진술문들을 기억하기

학생들이 쉬운 기본 나눗셈 진술문들 간의 관계에 익숙해지면, 그 즉시 학생들이 이러한 나눗셈 진술문들을 기억할 수 있도록 해야 한다. 학생들이 쉬운 기본 나눗셈 진술문들을 기억할 수 있도록 안내할 수 있는 교수 활동들은 아래와 같은 특성들을 갖고 있다. 다음 8 가지 특성들은 곱셈과 관련해 언급한 특성들과 같다.

1. 학생들은 나눗셈 진술문을 기억해야 한다는 것을 인식하고 있어야 한다.
2. 활동은 재미있게 구성하여야 한다.
3. 활동은 높은 수준의 참여를 포함하여야 한다.
4. 활동은 주어진 시간에 기억하지 못한 몇 개 소수의 나눗셈 진술문에 초점을 맞추어야 한다.
5. 이미 기억한 나눗셈 진술문들을 기억하지 못한 목표 진술문과 뒤섞어 활동하도록 한다. 이는 기억 유지에 도움이 된다.
6. 학생들에게 자신이 알지 못하는 나눗셈 진술문들에 대해 충분히 생각하고 답을 구해볼 수 있는 시간이 주어져야 한다.
7. 답을 알아내기 위해, 학생은 답을 찾아내는데 도움이 되는, 자신이 이미 알고 있는 것들에 대해 생각해 보아야 한다. 내가 이미 알고 있는 다른 사실들 중 어느 것이 도움이 되는가? 내 알고 있는 관계 중 어느 것이 도움이 되는가?
8. 속도가 아니라 정확성이 강조되어야 한다.

다음의 기억 활동들은 이러한 8가지 특성을 모두 갖추고 있다.

■활동 7.32 1이 중요하다!

다음 문제들을 칠판에 적는다.

$4 \div 1 = \qquad 8 \div 1 = \qquad 3 \div 1 =$

학생들에게 답을 생각해 보도록 한다. 학생들에게 문제와 답에 어떤 패턴이 있는 물어본다. 학생들이 어떤 패턴을 확실하게 인식하면, 그 패턴을 활용해서 다음 예제들에 대한 답을 구해보도록 한다.

$7 \div 1 = \qquad 5 \div 1 = \qquad 6 \div 1 =$

칠판을 지우고 다음 예제들을 써본다.

$3 \div 3 = \qquad 9 \div 9 = \qquad 7 \div 7 =$

학생들에게 답을 생각해 보도록 한다. 학생들에게 문제와 답에 어떤 패턴이 있는지 물어본다. 학생들이 어떤 패턴을 확실하게 인식하면, 그 패턴을 활용해서 다음 예제들에 대한 답을 구해 보도록 한다.

$2 \div 2 = \qquad 8 \div 8 = \qquad 5 \div 5 =$

마지막으로 방금 살펴본 두 종류의 나눗셈을 혼합한 문제들이 적힌 플래시 카드를 준비한다. 플래시 카드를 보여준다. 한 학생에게 답을 요구한다. 다른 학생에게 답이 맞는지 물어본다. 학생들이 어떻게 답을 알았는지 물어본다. 어떤 패턴을 사용했는가?

■활동 7.33 서로 관련있는 나눗셈들

칠판에 다음 나눗셈 문제들을 적는다.

15 ÷ 3 = 20 ÷ 5 = 6 ÷ 3 =

15 ÷ 5 = 20 ÷ 4 = 6 ÷ 2 =

학생들에게 답을 생각해 보도록 한다. 문제와 답에 어떤 패턴이 있는지 물어본다. 학생들이 어떤 패턴을 확신하게 되면, 다음 나눗셈 식을 칠판에 적는다.

8 ÷ 2 = 4 10 ÷ 5 = 2 12 ÷ 3 = 4

15 ÷ 5 = 3 6 ÷ 2 = 3 20 ÷ 4 = 5

6 ÷ 3 =, 8 ÷ 4 =, 10 ÷ 2 =, 12 ÷ 4 =, 15 ÷ 3 =, 20 ÷ 5 = 이 적힌 플래시 카드를 준비한다. 카드를 보여준다. 한 학생에게 답을 말해보도록 한다. 칠판에 있는 나눗셈들 중 어떤 것이 답을 구하는데 도움이 됐는지 물어본다.

■활동 7.34 줄서기

답이 없는, 쉬운 기본 나눗셈 진술문들이 적힌 큰 카드를 준비한다. 각 학생들에게 카드 한 장씩 나누어 준다. 전체 학생을 두 집단으로 나눈다. 한 집단은 교실 한 편에 서고, 다른 집단은 반대쪽에 서도록 한다.

학생들에게 문제에 대한 답에 따라 작은 값에서 큰 값 순으로 줄을 서도록 한다. 서로 상의할 수 있도록 허락한다. 어려움이 있으면 도움이 되는 나눗셈 진술문들 간의 관계에 대해 생각해 보도록 말해준다.

학생들이 모두 줄을 서면, 다른 집단의 학생들이 줄을 잘 섰는지, 답을 확인해 볼 수 있도록 카드를 들어 보여주도록 한다. 다른 집단의 학생들 중 어떤 학생이 반대편이 줄을 잘못 섰다고 생각하면, 그 지적에 대해 왜 그렇게 줄을 섰는지 설명하고 올바른 답과 순서를 확인한다.

■활동 7.35 문제와 답

대략 25쌍의 카드를 준비한다. 각 카드 쌍 중 한 카드에는 답이 없는, 쉬운 기본 나눗셈이 적혀 있고, 다른 카드에는 그 답이 적혀 있다.

2-3 명으로 한 집단을 구성한다. 카드를 섞고 탁자 위에 뒤집어서 올려 놓는다. 각 학생들에게 3장의 카드를 나누어 주고 게임을 시작한다. 학생들은 게임이 시작되면, 한 장을 가져와서 자신이 갖고 있는 문제 카드와 답 카드 들 중 서로 맞는 것이 있으면 따로 내려 놓는다. 다른 학생들이 두 카드가 맞는지 확인한다. 틀린 경우, 잘못 대응시킨 카드를 다시 짝을 찾아야 한다.

모든 카드가 다 사용될 때까지 게임을 계속한다. 더 많은 카드 쌍을 찾은 학생이 승자가 된다.

(8) 어려운 기본 나눗셈 진술문들 학습하기

어려운 기본 나눗셈 진술문들 학습을 위한 사고 전략. 보다 어려운 기본 나눗셈에 대해 학습하기 전에, 학생들은 답을 알아내는데 필요한 효율적인 사고 전략을 배워야만 한다. 가장 효과적인 전략들은 두 가지 속성을 갖고 있는데, 하나는 사고 전략(mental strategies)

이라는 것이고, 두 번째는 학생들이 기억하지 못한 나눗셈 진술문들을 이해하기 위해 이미 기억하고 있는 사실을 이용할 것을 요구한다는 점이다. 예를 들어, 학생들이 48 ÷ 6 의 답을 구해야한다면

48 ÷ 6 = ?

나는 48을 6으로 나눌 수 없다. 하지만 30을 6으로 나눌 수 있다. 48을 30과 18로 나눈 다음에 각각을 6으로 나누자.

30 ÷ 6 = 5

18 ÷ 6 = 3

그리고 나서 두 부분 나눗셈 결과를 더해서 전체 몫을 구하자. 답은 8

48 ÷ 6 = 8

학생들이 56 ÷ 8 의 답을 알지 못하면, 56을 먼저 두 개의 수로 쪼개고 부분 나눗셈(partial quotients)을 이용해서 답을 구해 보라고 한다.

56 ÷ 8 = ?

나는 56을 8로 나눌 수 없다. 하지만 40은 8로 나눌 수 있다. 56을 40과 16으로 쪼갠 다음에 각각을 8로 나누자

40 ÷ 8 = 5

16 ÷ 8 = 2

다음에 2개의 부분 나눗셈을 계산한 결과를 더해서 전체 몫을 구하자. 답은 7

56 ÷ 8 = 7

같은 방법으로 28 ÷ 7 의 답을 구할 수 있다. 28을 14 + 14로 쪼개고, 각각을 7로 나눈 후, 두 개의 부분 나눗셈 결과를 계산해서 전체 몫을 구하면 답은 4이다. 이 전략 사용은 나중에 배울 나눗셈 연산(algorithm)을 배우는 기초가 된다. 그러나 부분 나눗셈(partial quotients)은 기본 나눗셈 진술문들을 가르치는 교과서에서 보통 언급되어 있지 않다.

관련 곱셈 진술문에 대해 생각하기. 초등학교 수학교육 교과서에서 가장 공통적으로 가르치는 전략은 기본 진술문들 간의 관계들 중 하나에 연유한다. 어려운 기본 나눗셈 진술문들을 학습할 수 있도록 가장 공통적으로 가르치는 사고 전략은 "관련된 곱셈에 대해 생각해 보라"다. 예를 들어 36 ÷ 9의 답을 구하기 위해 "9에다 얼마를 곱하면 36이 되지?"라고 생각해 본다.

72 ÷ 8 의 답을 모른다면, 역시 관련 곱셈에 대해 생각해 보도록 한다. "8에 얼마를 곱하면, 72가 되지?" 9 × 8 = 72 이므로, 72 ÷ 8 = 9 라는 것을 알 수 있다.

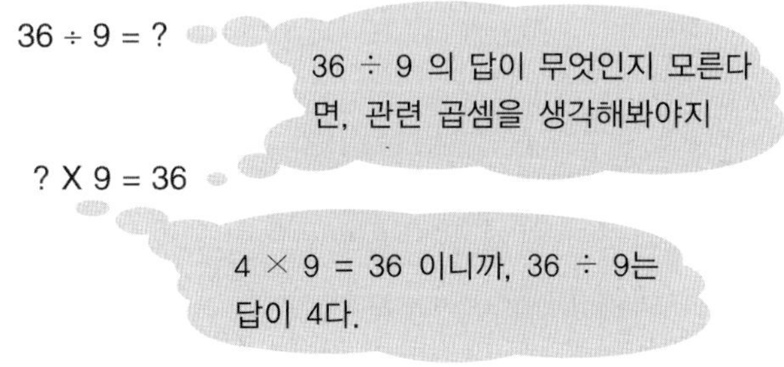

이 전략은 나눗셈과 곱셈 간의 관계에 익숙하고 나눗셈 문제의 답을 구하는데 이 전략을 사용하기 전에 관련 곱셈을 마스터했다면, 아주 효과적인 전략이다.

교정 노트. 어려운 기본 나눗셈 진술문에 대한 답을 구할 때 관련 곱셈 진술문을 이용하는데 어려움이 있는 학생들은 어려운 기본 곱셈 진술문들을 마스터하지 못했기 때문에 그러한 어려움을 보인다. 학생들은 모르는 사실을 이용할 수는 없다.

어려운 기본 나눗셈 진술문들 가르치기. 어려운 기본 나눗셈 진술문들에 대한 답을 빠르고 정확하게 찾을 수 있는 효율적인 사고 전략을 학습하게 되면, 학생들이 어려운 기본 나눗셈들을 마스터하는 것은 더 쉬워진다. 교사들은 어려운 나눗셈에 적용할 수 있다는 것을 학생들이 확실하게 인식할 수 있도록 쉬운 나눗셈 진술문들을 배우면서 발견한 관계들을 다시 복습할 필요가 있다. 그리고 학생들은 그러한 진술문들을 기억하기 위해 노력하여야 한다.

(9) 나눗셈 연산 가르치기

기본 나눗셈 진술문들이 마스터되면, 나눗셈 연산을 아주 빠르게 실행하는 것이 가능해진다. 그러나 이를 빠르게 성공하기 위해서는 다른 연산에서도 제시한 것처럼 다음 원리들의 적용이 필요하다.

- 연산을 어떻게 하는지 학생들이 보게 한다. 적절한 물리적 모델이나 그림 모델을 사용해서 연산을 주의 깊게 설명한다. 연산을 할 때 기본 단위(1, 10, 100 등)에 어떤 일이 일어나는지 학생들이 볼 수 있도록 모델을 사용하여야 한다.
- 기계적인 규칙 적용을 덜 강조하라. 규칙에 따라 나눗셈 문제를 해결할 수 있으나, 규칙 및 그 적용은 유의미해야 한다. 해결 과정 모델로부터 끌어낸 것이어야 한다.
- 빅 아이디어(big ideas)를 강조하라. 절차를 설명하는 중요한 일반원리가 존재한다. 이 또한 해결 과정 모델로부터 끌어낸 것이어야 한다.
- 연산은 모델로 만들어 제시할 때, 어떤 일이 일어나는지 기록한 것이 연산 기록이 되도록 한다. 교사가 써서 제시하는 모든 연산은 실제 연산 과정에서 행하는 무언가에 대응해야 한다.
- 수업 중에 사용하는 언어를 검토하라. 학생들은 교사들이 쓴 내용을 묘사하는 언어가 아니라 연산을 모델로 만들어 설명할 때 학생들이 본 것을 묘사하는 언어를 사용하여야 한다.

나눗셈 연산은 측정 나눗셈을 이용하여 학습할 수 있지만, 여러 가지 이유로 학습에 어려움이 있을 수 있다(Tucker, 1973). 결과적으로, 1980년 초반 이후 교과서 저자들은 거의 예외 없이 나눗셈 연산을 발달시키기 위해 분할 나눗셈을 사용해 왔다. 이 책에서도 분할 나눗셈을 활용하고 있다. 나눗셈 연산을 분명하게 이해하고 의미를 부여하기 위해 이 책에서는 구체적인 모델을 사용해서 설명하였다. 다음에는 나눗셈의 기초가 되는 두 가지 빅 아이디어에 대해 살펴보고자 한다.

첫 번째 빅 아이디어. 48 ÷ 4를 생각해보자. 48을 쪼개어 4개의 똑같은 부분으로 나누려고 한다. 이를 위해 막대 묶음을 사용해서 48을 표현해보자.

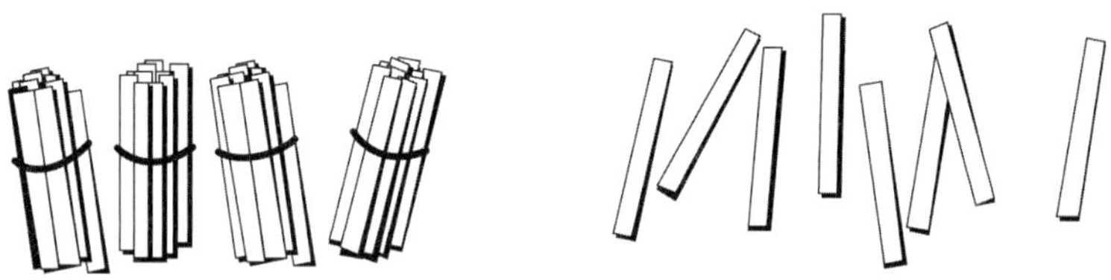

다음에 칠판에 나눗셈 문제를 적어보자.

$$4\overline{)48}$$

48를 4개의 똑같은 부분으로 쪼개려고 하므로, 4 개의 임의의 장소를 가정하고 10부터 나누어 본다.

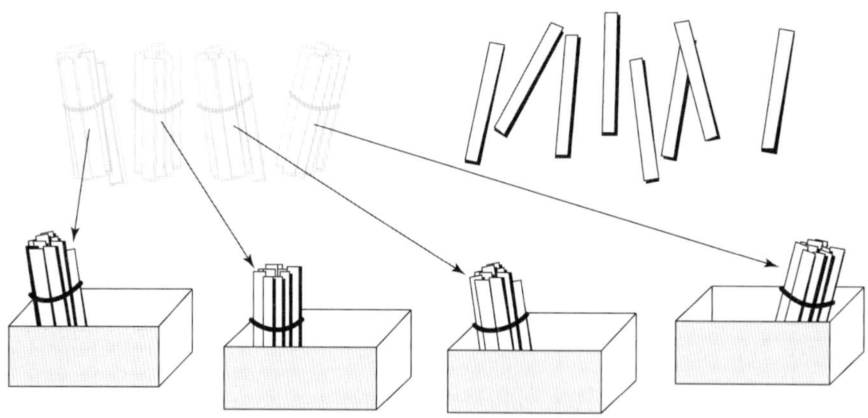

1개의 10이 각각의 상자에 담겨 있다는 것을 기록한다.

$$\begin{array}{r} 1 \\ 4\overline{)48} \end{array}$$

그리고 나서 4개의 10을 원래 수로부터 제거했음을 기록한다. 빼기를 한 후에 나누어줄 8개의 1을 적는다.

$$\begin{array}{r} 1 \\ 4\overline{)48} \\ \underline{-4} \\ 8 \end{array}$$

다음에 8개의 1을 4 상자에 나누어 본다. 각 상자마다 2개의 1이 있다는 것을 알 수 있다.

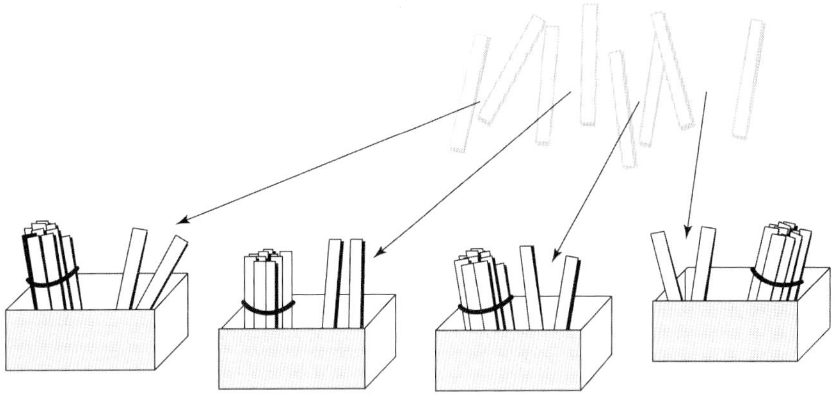

$$\begin{array}{r} 12 \\ 4\overline{)48} \\ -4 \\ \hline 8 \\ -8 \\ \hline 0 \end{array}$$

마지막으로 2개의 1이 각 동일한 집단에 있다는 것을 기록하고, 8 개의 1을 남은 숫자 중에서 빼고, 더 이상 나누어줄 수가 없으므로 0을 기록한다. 4개의 동일한 부분집단 내에 1개의 10과 2개의 1이 있다는 것을 알 수 있다.

나눗셈 연산을 포함하는 모든 연산을 성공적으로 가르치는 방법은 학생들이 글로 쓴 연산(algorithm)이 해당 모델에서 한 것을 순서대로 기록한 것이라는 것을 이해하도록 하는 것이다. 이를 위해 교사는 한 번에 한 단계씩 과정을 모델화하여 설명하여야 하고, 각 단계는 실행 후 바로 기록하여야 한다. 639 ÷ 3 예를 살펴보자. 이번에는 해결 과정을 설명하기위해 10을 나타내는 블록 모델을 사용하려고 한다. 나눗셈 문제를 쓰고, 639를 이 블록 모델을 사용해서 표현해 보면 다음과 같다.

$3\overline{)639}$

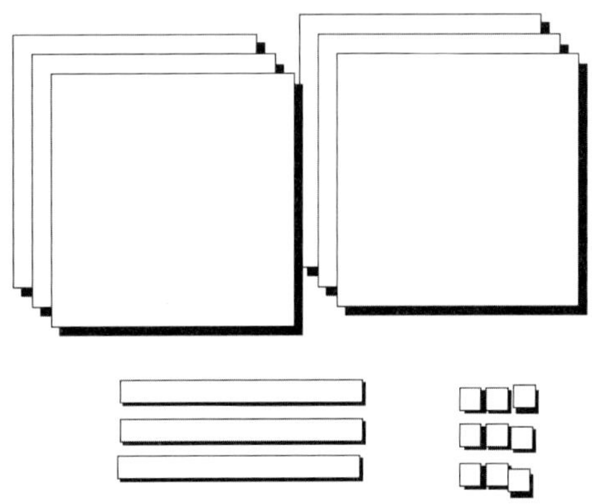

다음에 3개의 동일한 부분 집합을 배치할 3곳의 장소를 지정한다.

먼저 100 단위를 나눈다. 6개의 100이 있으므로 3 곳 각각에 2개의 100을 배치할 수 있다.

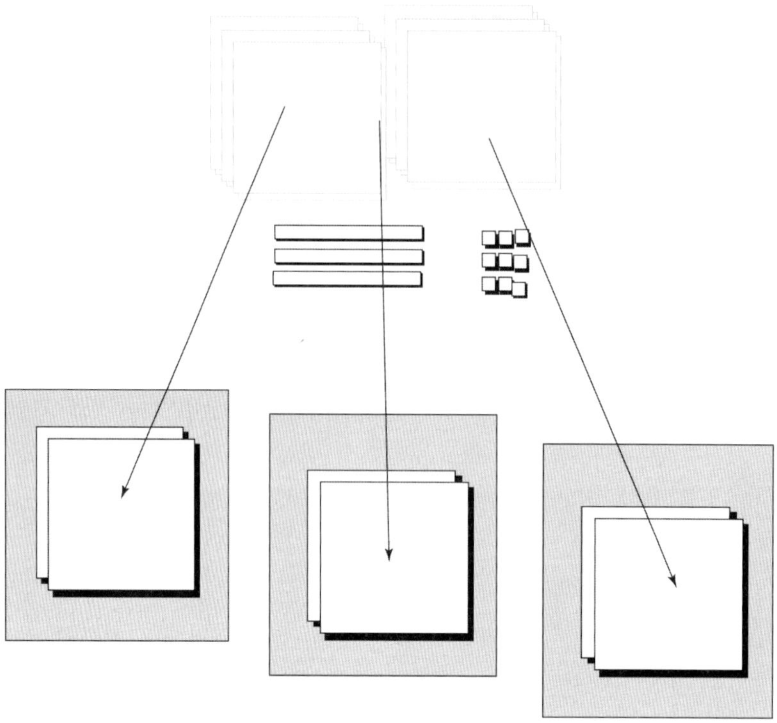

처음 수(639)에서 6개의 100을 제거하였으므로, 이를 기록한다. 제거한 후에, 3개의 10과 9개의 1이 남았으므로 이를 기록한다.

$$\begin{array}{r} 2 \\ 3\overline{)639} \\ \underline{-600} \\ 39 \end{array}$$

다음에 10 단위를 나누어준다. 3개의 10이 있으므로, 3 곳의 장소에 1개의 10을 배치할 수 있다.

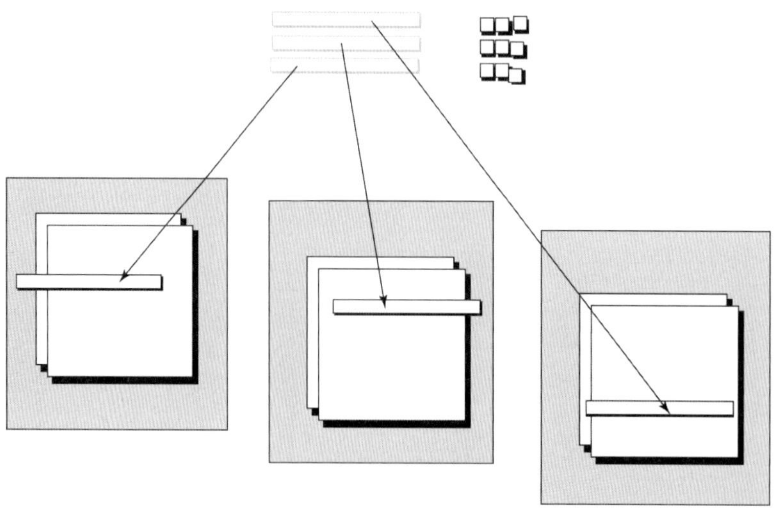

남은 숫자에서 3개의 10을 제거하였으므로, 이를 기록한다. 나눌어줄 9개의 1이 남았으므로 이를 기록한다.

$$\begin{array}{r} 21 \\ 3\overline{)639} \\ \underline{-6} \\ 39 \\ \underline{-3} \\ 9 \end{array}$$

마지막으로 9개의 1을 나눈어 준다. 3곳에의 장소에 각각 3개의 1이 놓여있다.

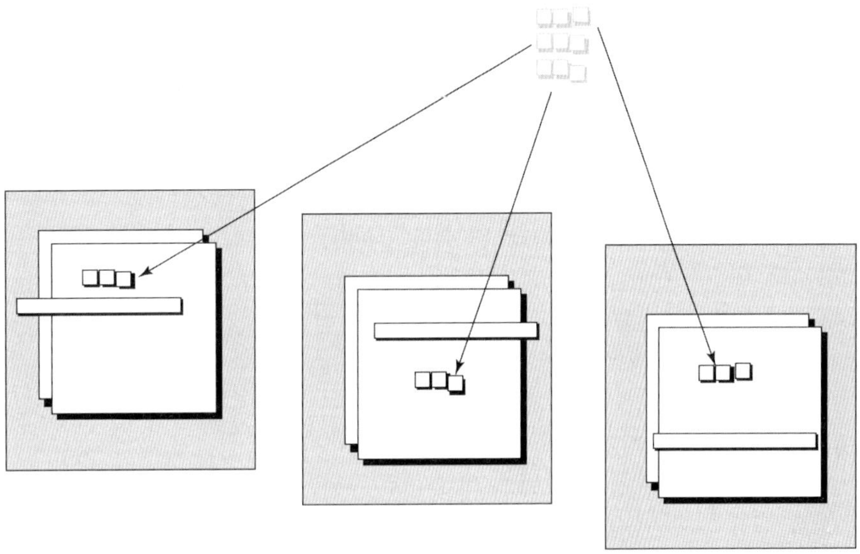

동일한 부분 집합 각각에 3개의 1이 놓여 있으므로 이를 기록한다. 이 단계에서 9개의 1을 분배하였으므로 남은 숫자에서 제거된 것을 기록한다. 더 이상 분배할 것이 없으므로 0을 적는다.

$$\begin{array}{r} 213 \\ 3\overline{)639} \\ \underline{-6} \\ 39 \\ \underline{-3} \\ 9 \\ \underline{-9} \\ 0 \end{array}$$

3개의 동일한 부분 집단에는 2개의 100과 1개의 10, 3개의 1이 놓였다. 이 나눗셈 문제에 대한 답은 213이다.

한 번에 한 단위(unit)를 나눈다. 앞의 두 가지 예에서, 나눗셈 연산의 기초가 되는 첫 번째 빅 아이디어를 볼 수 있었다: 한 번에 한 단위를 나눈다. 실제로 해야 할 일은 어려운 기본 나눗셈 진술문을 단순화하기 위해 배웠던 부분 나눗셈(partial quotients)을 같은 방식으로 사용하는 것이다.

(10) 두 번째 빅 아이디어

나눗셈 연산을 위한 두 번째 빅 아이디어는 나눗셈 예를 모델화하는 것에 연유한다. 92 ÷ 4를 예로 들어 보자. 먼저, 나눗셈 문제를 적고, 10을 나타내는 블록을 사용해서 92를 표현해 보자.

$4\overline{)92}$

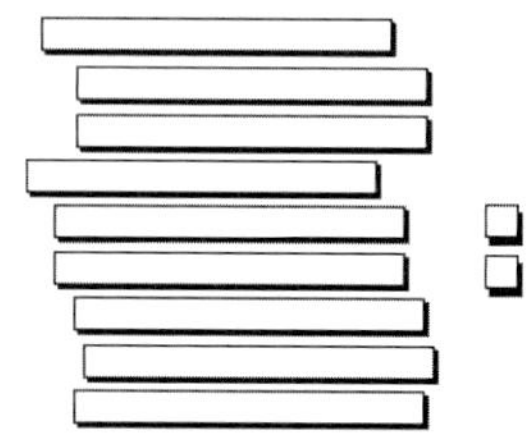

4개의 동일한 부분 집단을 나타내기 위해 임의의 4 곳을 지정한다.

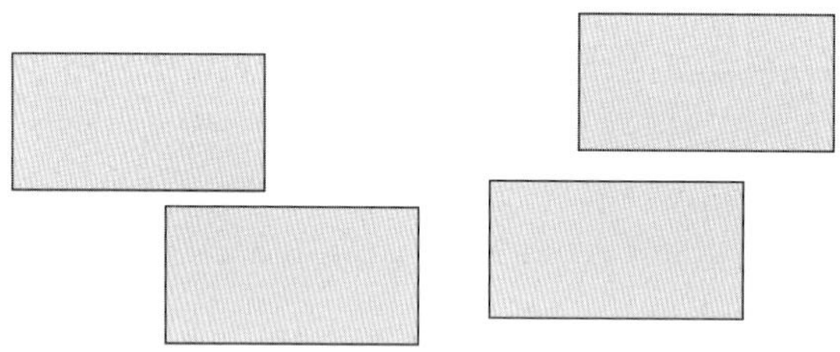

먼저 10단위부터 분배하면서 나눗셈을 시작한다. 9개의 10이 있기 때문에 4 곳 장소마다 2개의 10을 놓을 수 있다. 그리고 1개의 10이 남아 있다.

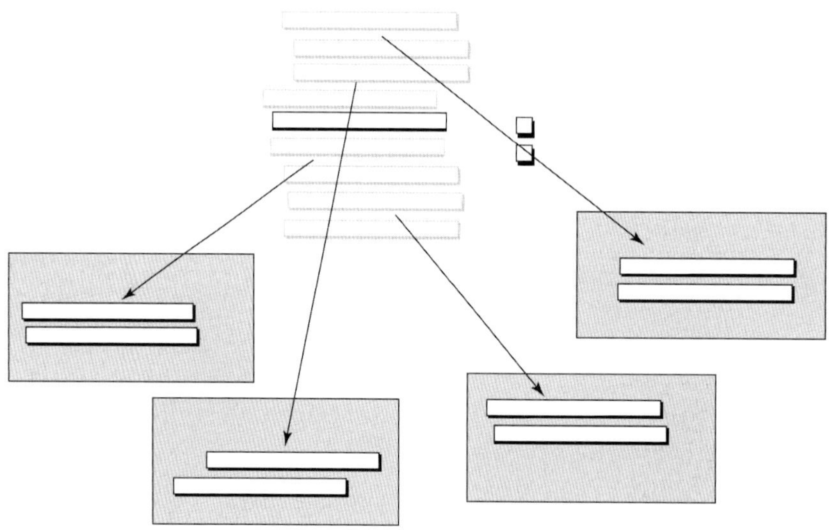

4개의 동일한 부분 집단에 2개의 10이 놓여 있다. 처음 숫자로부터 8개의 10을 제거했고, 1개의 10과 2개의 1이 남아 있다.

$$\begin{array}{r} 2 \\ 4\overline{)92} \\ \underline{-8} \\ 12 \end{array}$$

전에 본적이 없는 나눗셈 문제에 직면에 있다. 배분할 수 있는 1개의 10을 어떻게 처리해야 하는가? 몇 개가 남았든, 작은 단위로 이를 교환할 수 있다. 이 경우 남은 1개의 10을 10개의 1과 교환할 수 있다.

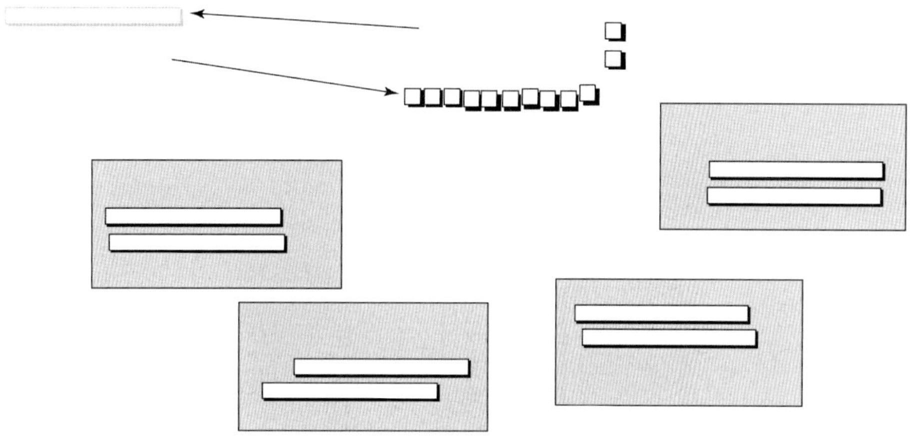

교환하기 전에, 1개의 10과 2개의 1을 갖고 있다. 교환 후에는 12개의 1을 갖고 있다.

$$\begin{array}{r} 2 \\ 4\overline{)92} \\ \underline{-8} \\ 12 \end{array}$$

이 기호(braket)는 교환이 완료되었음을 표시한다

12개의 1은 4개의 동일한 부분 집단으로 분배할 수 있다. 4개의 동일한 부분 집단에는 3개의 1이 놓였다.

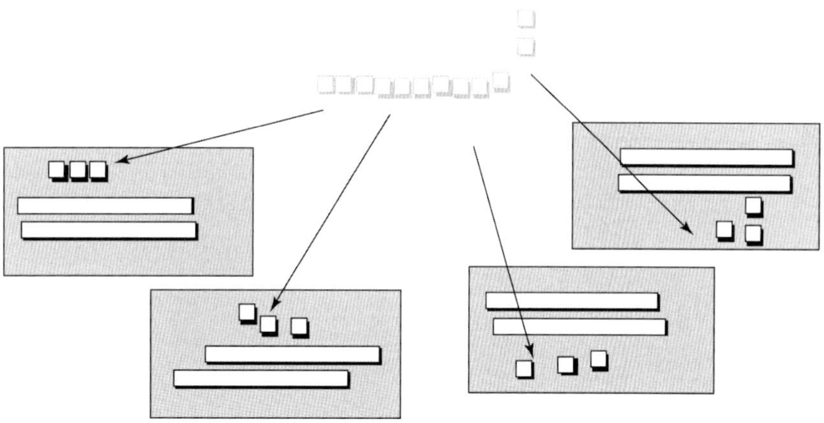

각 장소에 놓여 있는 3개의 1을 기록한다. 이 단계에서 남은 수 중 12를 제거했다. 이 빼기를 기록하고 남은 것이 없으므로 0을 기록한다.

$$\begin{array}{r} 23 \\ 4\overline{)92} \\ \underline{-8} \\ 12 \\ \underline{-12} \\ 0 \end{array}$$

이 나눗셈 문제에 대한 답은 23이다.

나머지는 작은 단위와 교환하라. 앞의 예에서 나눗셈 연산의 기초가 되는 두 번째 빅 아이디어를 설명하였다: 나머지를 작은 단위와 교환하라. 다음의 예에서 다시 한 번 두 번째 빅 아이디어를 사용하여 문제 해결해 보고자 한다. 625 ÷ 5를 칠판에 적고, 블록을 사용하여 625를 표현해 본다. 먼저 100 단위를 5 개의 동일한 부분 집단으로 배분해 본다.

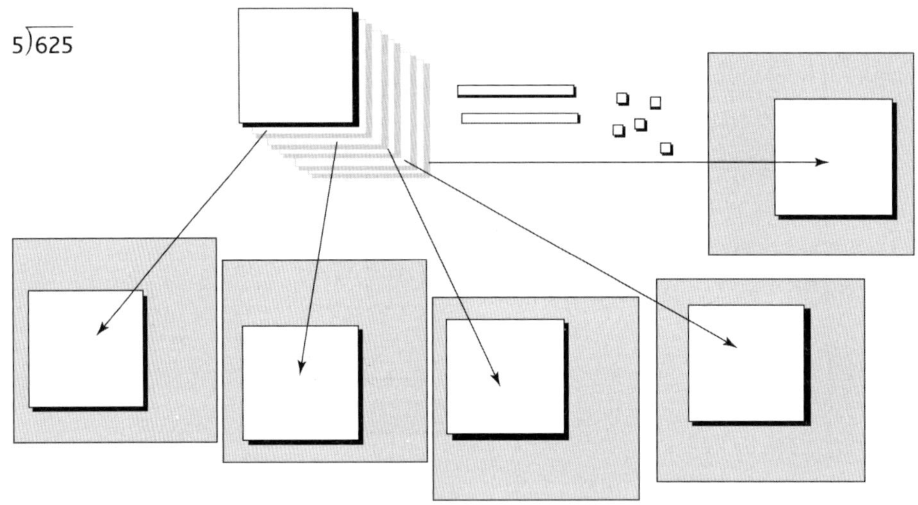

이 단계에서 5개의 100이 처음 숫자에서 제거되었다. 이 빼기를 기록한 후에는 1개의 100과 2개의 10, 5개의 10이 남게 된다.

$$\begin{array}{r} 1 \\ 5\overline{)625} \\ \underline{-5} \\ 125 \end{array}$$

남아 있는 1개의 100을 10 단위와 교환한다. 그러면 12개의 10이 남는다.

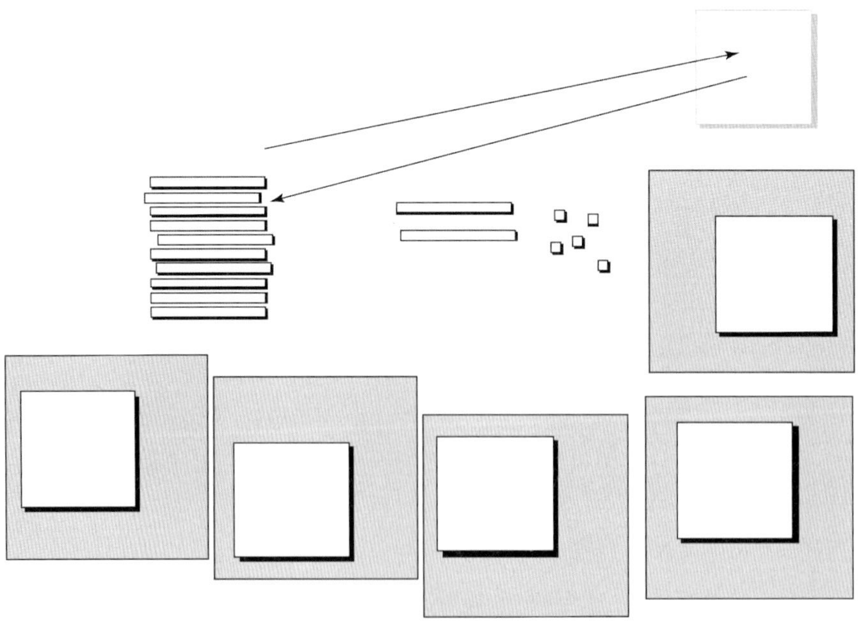

이제 12개의 10을 5 곳에 배분하면, 5개의 동일한 부분 집단에는 2개의 10이 존재하고, 나누어 주어야 하는 2개의 10이 남는다.

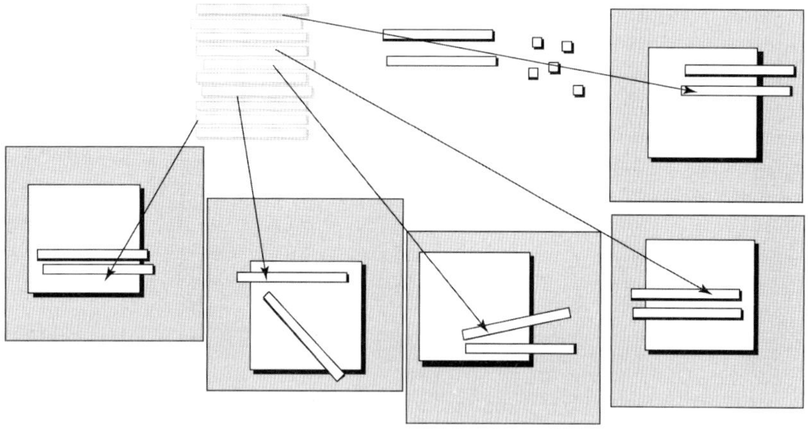

각 동일한 부분 집단에 놓인 2개의 10을 기록한다. 이 난계에서 남은 숫자 중 10개의 10이 제거 되었다. 이 빼기를 기록하고 나누어 주어야 하는 수는 이제 2개의 10과 5개의 1이다.

$$\begin{array}{r} 12 \\ 5\overline{)625} \\ -5 \\ \hline 125 \\ -10 \\ \hline 25 \end{array}$$

나머지 2개의 10을 20개의 1과 교환한다. 25개의 1을 배분해 본다.

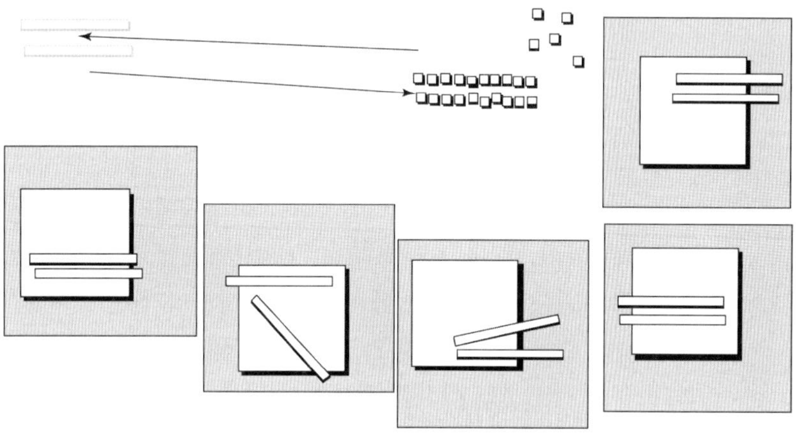

각 동일한 부분 집단에 있는 5개의 1이 놓여 있다.

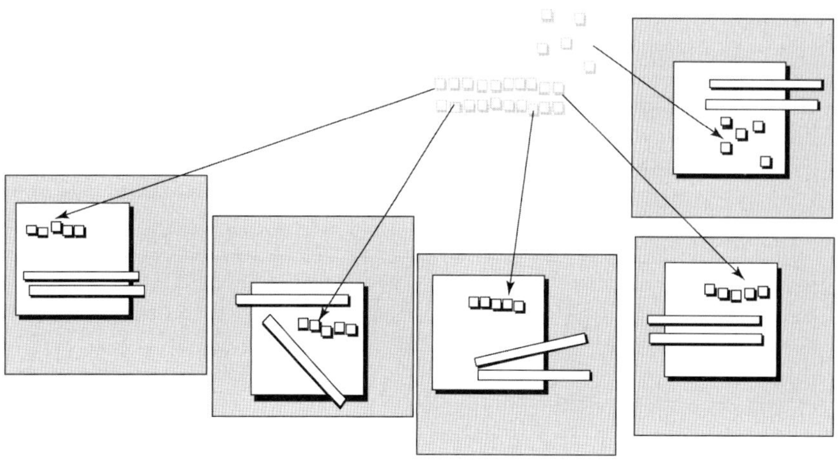

마지막으로 이 과정을 기록한다. 5개 각 장소에 5개의 1이 놓여 있으므로 이를 기록한다. 이 단계에서 25개의 1이 제거되었으므로, 이 빼기를 기록한다. 나머지가 없으므로 0을 기록한다. 625 ÷ 5 =125 이다.

```
   125
5)625
 -5
  125
 -10
   25
  -25
    0
```

(11) 나눗셈 연산 사용하기

나눗셈 연산의 기초가 되는 두 빅 아이디어들은 나눗셈 예제들을 모델로 설명하는 과정에 연유한 것들이다: 한 번에 하나의 단위를 나눈다, 나머지를 작은 단위와 교환한다. 어떤 숫자이든, 두 가지 빅 아이디어를 활용하여 나눗셈 연산을 실행할 수 있다.

지금까지 살펴본 모든 나눗셈 문제들은 제수(divisor)가 일의 자리였다. 학생들이 보다 큰 수의 제수를 가지고 지필 계산을 할 수 있기를 바란다면, 보다 많은 시간을 부분 나눗셈(partial quotients)을 어림잡는 법을 가르쳐야 한다. 그러나 2 자리 수 이상의 제수가 있는 나눗셈 문제를 가지고 지필 계산 연습을 많이 한다고 해서 도움이 되는 것은 아니다. 계산기가 이용가능하다면, 학생들에게 나눗셈 문제을 가지고 복잡한 지필 계산하는 법을 가르칠 필요가 없을 것이다. 이 시간을 학생들에게 보다 유용한, 수많은 것들을 배우는데 사용하는 것이 더 나을 것이다.

NCTM 표준에 담긴 정신에 따르면, 학생들이 연산이 어떻게 작동하는지 이해하는 것이 여러 자리 수의 제수가 포함된 긴 나눗셈 문제를 능숙하게 해결할 수 있는 것보다 더 중요하다. 또한 학생들이 연산의 기초에 해당하는 원리들을 이용해서 빠르고 정확하게 어림잡을 수 있는 능력을 키우는 것이 더 중요하다. 답을 어림짐작하는 것이 적절한지, 아니면 계산기를 이용해서 정확한 답을 얻는 것이 적절한지, 혹은 지필 계산을 하는 것이 적절한지 현명하게 판단할 수 있는 능력을 키우는 것이 더 중요하다.

다음 활동들은 교사가 첫 번째 빅 아이디어(한 번에 한 단위를 나누라)를 어떻게 소개할 수 있는지 보여주는 활동들이다. 처음 예들은 모두 동일한 목표를 갖고 있다.

▪활동 7.36 돌과 블록

약 20개의 작은 돌을 준비한다. 18개의 작은 돌을 12개의 나무 블록과 함께 상자 안에 담아 놓는다. 칠판에 "18개의 돌과 12개의 블록들이라고 적는다. 6명의 학생들을 교실 앞에 나오게 한다. 전체 학생들에게 돌과 나무 블록들을 6명 모두 똑같이 나누어 가지려 한다고 말해준다. 그리고 모든 학생이 똑같이 돌과 블록을 가지려면 어떻게 해야하는지 전체 학생들에게 물어본다.

다른 학생에게 지시해 보도록 요청한다. 들을 대로 해본다. "이렇게 하면 될까?" "지금 나는 무엇을 해야 할까?" "다 끝냈니?"라고 물어본다.

나누기가 끝나면, 20개의 돌과 15개의 블록을 가지고 5명이 다시 활동을 해본다.

■ **활동 7.37　단추와 리본**

돌과 블록 대신에 단추와 리본을 사용해서 활동 7.36에 제시된 활동을 해본다.

■ **활동 7.38　고정나사, 볼트, 나사못**

세 가지 다른 종류의 사물(고정나사, 볼트, 나사못)을 가지고 활동 7.36에 제시된 활동을 해본다.

■ **활동 7.39　10원 동전과 1원 동전**

9개의 10원 동전과 6개의 1원 동전을 6 사람이 똑같이 나누어 갖는다.

나누고 나서 그 결과를 나눗셈으로 진술한다. 10원을 처음에 똑같이 나누고, 다음에 1원을 똑같이 나누도록 지적한다.

다음 활동은 교사가 어떻게 두 번째 빅 아이디어를 소개할 수 있는지 보여주는 활동들이다. 먼저 제시된 몇 개의 활동들은 동일한 목표를 갖고 있다.

■ **활동 7.40　달걀 더 많이**

7개의 달걀 상자를 준비한다. 각 공간마다 하나의 블록을 놓아 달걀 상자를 채운다(달걀 상자에는 12개의 달걀을 담을 수 있는 12개의 공간이 있다). 가득 찬 7개의 달걀 상자와 6개의 달걀을 탁자 위에 올려놓는다. 블록이 달걀을 의미한다고 설명한다. 칠판에 7개의 상자와 6개의 달걀이라고 적는다. 학생들에게 달걀을 3개의 동일한 부분 집단으로 나누려고 한다고 말한다.

상자에서 시작한다. 각 상자에 몇 개의 달걀이 있는지 묻는다. [12] 얼마나 많은 상자가 3개의 동일한 부분 집단 각각에 놓이게 되는지 묻는다. [2] 그대로 한다. 그리고 나서 나머지 상자에 있는 달걀들을 어떻게 해야하는지 묻는다. [상자에서 꺼낸다] 얼마나 많은 달걀을 배분해야 하는지 묻는다. [12 + 6 = 18] 얼마나 많은 달걀들이 3개의 동일한 부분 집단에 놓이게 되는지 묻는다. [달걀 6개]

칠판에 마지막 결과를 적는다. 각 부분 집단은 2개의 상자와 6개의 달걀을 갖고 있다.

■ **활동 7.41　구슬 공유하기**

12개 구슬끈을 준비한다. 각 구슬끈에는 7개의 구슬이 이어져 있다.

12개의 구슬끈을 구슬 1개와 함께 탁자 위에 올려 놓는다. 학생들에게 각 끈에 7개의 구슬이 묶여 있다는 것을 알려준다. 구슬을 5 집단에게 똑같이 나누어 주라고 말한다.

구술끈을 먼저 나눈다. 남은 2개의 구슬끈은 끈을 푼다. 남은 15개의 구슬을 나눈다.

■ 활동 7.42 더 많은 10원과 1원

9개의 10원과 6개의 1원 동전을 4명이 공유하려고 한다.

결과를 나눗셈으로 기록한다. 처음에 10원 동전을 어떻게 나누고, 남은 10원 동전을 1원 동전과 어떻게 교환했는지, 마지막으로 16개의 1원 동전을 어떻게 나누었는지 설명해 보도록 한다.

다음 활동은 교사가 나눗셈 답을 어림잡기 위해 나눗셈 원리를 학생들이 사용할 수 있도록 격려할 수 있는 방법을 소개하고 있다.

■ 활동 7.43 최고의 어림짐작

칠판에 $12\overline{)384}$ 라고 적는다. 학생들에게 답이 얼마인지 추측해 보고 종이에 적어보라고 말한다.

모든 학생들이 자신의 추측을 종이에 다 적으면, 이 예제를 가지고 활동을 시작한다. 각 부분에 100이 몇 개 있는가? [12개의 부분이 있으나, 3개의 100이 있다. 100을 3개의 부분으로 나눌 수 없다] 3 개의 100으로 무엇을 해야하는지 묻는다. [30개의 10으로 교환한다. 이제 38개의 10을 갖고 있다]

각 부분에 몇 개의 10을 배분을 할 수 있는지 묻는다. [3개의 10] 3개의 10으로 추측한 사람이 있는지 묻는다.

이 예제를 다 끝낼 때까지 지속한다. 누구의 추측이 답에 가장 가까운지 결정한다.

다른 예를 가지고 이 활동을 반복한다.

■ 활동 7.44 어림짐작

나눗셈 문제가 적힌 카드를 준비한다. 일부는 한 자리 수 제수가 포함된 문제이고, 일부는 두 자리 수 제수가 포함된 문제들이다. 2-3명의 학생들을 한 집단으로 구성한다. 카드를 섞고 탁자 위에 뒤집어 올려 놓는다.

각 학생은 돌아가면서 자기 순서에 한 장의 카드를 뒤집어 모두에게 보여준다. 학생들은 답을 어림잡고, 어림짐작한 것을 종이에 적는다. 그런 후에 계산기를 사용해서 답을 구한다. 학생들 중 가장 답에 가까운 어림짐작을 한 학생이 1 점을 얻는다. 동점이 있다면, 모두 점수를 얻는다. 가장 근사치를 말한 학생은 어떻게 어림짐작을 했는지 설명한다.

모든 카드를 다 사용하면, 가장 높은 점수를 획득한 학생이 승자가 된다.

(12) 수업 수정하기

4학년 대상 나눗셈 수업을 수정해 보자. 전에처럼 출판된 교과서나 교사용 지도서에서 발견할 수 있는 제안들을 따르고 있는 전통적인 수업 계획부터 살펴 보고자 한다. 이 수업

계획은 훌륭한 수업 계획이라는 것을 알아둘 필요가 있다. 앞에서 살펴보았듯이 초점이 교재 내용을 가르치는 것이고, 하나의 예제를 자세하게 설명하고, 주로 연습 활동으로 구성되어 있다는 특징이 있다.

수업 목표

학생들은 나눗셈 계산을 단계마다 기록할 수 있다.

■ **도입**

학생들에게 다음 나눗셈의 답을 구해 보도록 한다.

$30 \div 3 \qquad 60 \div 3 \qquad 80 \div 4 \qquad 40 \div 2$

학생들에게 26개 동전을 3 집단으로 동일하게 배분하도록 한다. 각 집단에는 몇 개의 동전이 있겠는가? 몇 개가 남는가?

■ **학습 활동**

전체 학생들의 주의를 교재 첫 페이지에 있는 예제에 집중시킨다. 42 센트(4개의 dimes과 2 pennies)를 세 집단으로 동일하게 나누도록 한다. 교재의 그림을 참고하도록 한다. 10 센트 동전(dime)을 먼저 배분한다. 하나의 10 센트 동전을 각 집단에 배분하면 1개의 10센트 동전이 남는다. 교재에 글로 적힌 단계를 지적한다.

다음 그림은 10 센트 동전을 1 센트 동전과 교환하는 그림이다. 배분해야할 12개의 1 센트 동전들이 있다. 4개의 1센트 동전을 각 집단에 배분한다. 교재에 글로 적은 단계를 지적한다.

학생들에게 글로 쓴 나눗셈(written division)이 나눗셈 연산의 각 단계를 글로 기록한 것이라는 것을 이해하는지 물어본다.

■ **학습 점검**

학생들이 이해 점검 예제를 풀어보도록 한다.

■ **연습**

학생들에게 교재 두 번째 페이지에 있는 연습 문항들을 풀어보도록 한다. 이해 점검 예제에 어려움을 보인 학생들은 연습 문항 대신에 복습 자료를 줄 수도 있다.

■ **종결**

학생들이 나눗셈 기록에 대해 무엇을 배웠는지 물어본다.

다음은 이 수업을 다양성이 존재하는 교실에서 다양한 학습 요구를 만족시킬 수 있는, 보다 효과적인 수업이 될 수 있도록 수정한 예이다. 학습 활동 양을 늘렸고, 시각 입력과 운동 감각 활동, 학생들 간의 의사소통을 확대하였다. 또한 학습 점검을 보다 통합적인 수업 요소로 구성하였다. 이러한 수정은 거의 모든 학생들에게 적절한 수업이 되는데 도움이 된다. 그러나 보다 많고 강한 요구를 가진 일부 학생들의 경우 추가 교수적 수정이 필요할 것이다.

수업 목표

학생은 나눗셈 계산의 각 단계를 기록할 수 있다.

▪도입

모든 학생들에게 충분히 돌아갈 수 있도록 다음 나눗셈 예제들 각각을 넉넉하게 복사한다.

30 ÷ 3	40 ÷ 2	40 ÷ 4	50 ÷ 5
60 ÷ 2	60 ÷ 3	60 ÷ 6	80 ÷ 2
80 ÷ 4	80 ÷ 8	90 ÷ 3	90 ÷ 9

10, 20, 30, 40을 여러 장의 종이에 적는다. 벽에 몇 장씩 붙인다. 학생들에게 벽에 붙어 있는 숫자들이 답이라고 말해준다. 학생들에게 자신이 받은 문제의 답에 해당하는 숫자 옆에 서 있도록 한다.

이해 점검. 학생들이 이 활동을 하는 동안 확실하게 이해했는지 관찰한다. 도움이 필요하면 도움을 제공한다. 오늘 두 자리 수 나눗셈에 대해 배우고, 각 나눗셈 연산 단계들을 어떻게 기록하는지 배울 것이라는 것을 설명한다.

▪학습 활동

학생들에게 6개의 구슬을 묶어 만든 구슬끈 7개와 끈이 묶이지 않은 구슬 9개를 학생들에게 보여준다. 학생들에게 구슬들을 3개의 부분으로 동일하게 어떻게 나눌 수 있는지 학생들에게 물어본다. 아래와 같이 이 상황을 기록한다. 3개의 부분 집단에 2개의 구슬끈을 배분한다. 각 부분 집단에 2개의 구슬끈이 놓여있다는 것을 기록하고, 처음 구슬 개수에서 6개의 구슬끈을 뺀다.

구슬끈	낱개 구슬
2	
7	9
-6	
1	9

남은 구슬끈을 어떻게 할지 묻는다. [구슬을 끈에서 분리한다] 이 결과를 기록한다.

이해 점검. 각 단계에서 이해하지 못한 학생이 있는지 확인한다. 추가 설명을 제공한다.

구슬끈	낱개 구슬
2	
7	9
-6	
~~1~~	~~9~~
	15

15개의 구슬을 배분한다. 각 부분 집단에 있는 수를 기록하고, 배분한 구슬을 뺀다.

구슬끈	낱개 구슬
2	5
7	9
-6	
~~1~~	~~9~~
	15
	-15
	0

달걀을 나타내기 위해 블록을 사용한다. 학생들에게 5개의 달걀 상자와 8개의 달걀을 보여준다. 학생들에게 달걀들을 4개의 부분 집단으로 동일하게 배분하려고 한다고 말한다. 앞의 예제에 제시된 단계를 따른다. 아래와 같은 표를 그려 단계를 기록한다.

상자	달걀
5	8

이해 점검. 각 단계에서 이해하지 못한 학생들이 있는지 살펴본다. 필요한 경우 추가 설명을 제공한다. 일부 학생에게 각 달걀 상자에 12개의 달걀이 담겨 있다는 것을 환기시킬 필요가 있다.

학생들에게 75 센트(7개의 10세트 동전과 5개의 1페니 동전)를 보여준다. 이 돈을 5개의 부분 집단으로 동일하게 나누려고 한다고 말한다. 앞의 두 예에서 했던 것과 동일한 절차에 따라 동일하게 나눈다.

이를 표로 아래와 같이 단계들을 기록한다.

DIMES	PENNIES
7	5

이해 점검. 이해하지 못하는 학생들이 있는지 지속적으로 살펴본다. 필요한 도움을 제공한다.

학생들에게 동전 예를 다시 살펴보고자 한다고 말한다. 하지만 이번에는 그 과정을 조금 다르게 기록하려고 한다. 10센트 동전 하나는 10개의 1페니 동전과 같으므로, 10센트와 1페니를 10과 1로 생각할 수 있다. 표준 나눗셈을 기호를 사용해서 나눗셈 문제을 기술하고 각 단계를 기록한다.

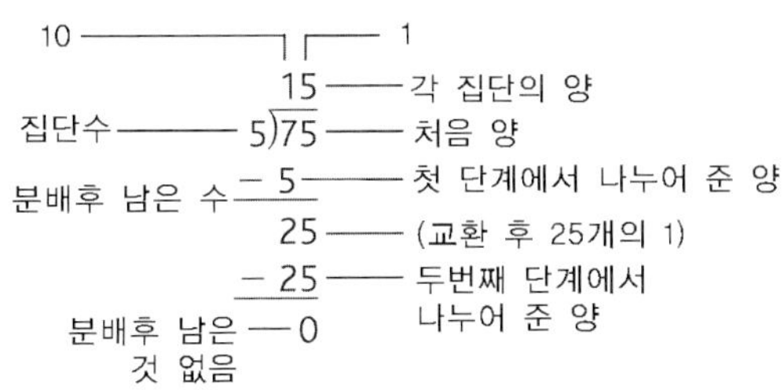

이해 점검. 학생들이 위에 기록한 것들이 나눗셈 연산 과정에서 무엇을 했는지 기록한 것이라는 것을 확실히 이해했는지 확인한다.

전체 학생들의 주의를 교재 첫 번째 페이지에 집중하게 한다. 42 센트(4개의 10센트 동전과 2개의 1페니 동전)를 3개의 부분 집단으로 동일하게 배분한다. 10 센트 동전을 먼저 배분한다. 각 부분 집단에는 1개의 10센트 동전이 놓여 있고, 1개의 10센트 동전이 남아 있다. 교재에 이 과정을 기록한 부분을 지적한다.

다음 그림에는 10센트 동전 1개와 10개의 1페니 동전을 교환하고 있다. 이제 12개의 1페니 동전들을 배분해야 한다. 4개의 1페니 동전들이 각 부분 집단에 놓여 있다. 교재에서 이 단계를 기록한 부분을 지적한다.

이해 점검. 학생들이 나눗셈 연산 과정을 기록한 것이 각 단계를 기록한 것이라는 것을 이해했는지 물어본다.

학생 4명씩 집단들을 구성한다. 각 집단에 8개의 10센트 동전과 16개의 1페니 동전을 나누어 준다. 칠판에 $7\overline{)84}$ 나눗셈 예제를 기록하고, 각 집단에 속한 학생들에게 10센트 동전과 1페니 동전을 사용해서 이 나눗셈 문제에 대한 예제를 풀어보도록 한다. 학생들에게 교사가 시범 보인 대로 나눗셈 연산 과정을 단계별로 기록하도록 한다.

이해 점검. 학생들 사이를 돌아다니면서 학생들이 어떻게 하고 있는 지 살펴본다. 학생들에게 어려움이 있으면, 그들을 도울 수 있는 질문을 하여 안내한다. 나눗셈 연산 과정을 단계마다 기록하는 것을 강조한다.

■ **연습**

모든 집단이 활동을 끝마치면, 학생들에게 연습을 위해 이해 확인 예제를 풀어보도록 한다.

이해 점검. 교실을 돌아다니면서 학생의 풀이를 살펴본다. 실수나 오개념이 발견되면, 이를 수정해 준다. 일부 학생들에게 재교수가 필요하면, 집단을 구성하여 필요한 개념과 기술을 다시 가르친다.

■ **종결**

나눗셈 문제 하나를 골라, 자원자를 받아 앞에 나와 풀어보도록 한다. 학생에게 10센트 동전과 1페니 동전을 배분해 보도록 한다. 다른 학생에게 연산 과정에서 한 일을 단계마다 기록해 보도록 한다.

■ **사후활동**

나눗셈 문제 하나를 숙제로 내준다. 학생들에게 이 나눗셈 문제를 어떻게 푸는지, 어떻게 각 단계를 기록하는지 부모님께 설명해 보라고 말한다.

3 곱셈과 나눗셈을 활용해서 문제 해결하기

곱셈과 나눗셈이 포함된 문제를 해결할 수 있는 능력은 각 연산의 의미를 확립하는 방식에서 시작된다. 문제의 핵심이 몇 개의 동일한 크기의 양들을 합치는 것이라면, 학생들은 이 상황을 보고, 곱셈을 이용해서 답을 구할 수 있다는 것을 알 수 있을 것이다. 문제의 핵심이 어떤 양을 부분들로 동일하게 나누는 것이라면, 학생들은 이 상황을 보고, 나눗셈을 활용해서 문제를 풀 수 있다는 것을 알 수 있을 것이다. 학생들은 먼저 어떤 문제 상황인지 분석하고 어떤 물리적 행위가 일어나고 있는지 판단하고 이 물리적 행위를 적절한 연산과 관련지어야 한다.

덧셈과 뺄셈을 사용해서 문제를 해결하는 법을 가르친 6장에서 언급했던 것들이 곱셈과 나눗셈을 활용해서 문제 해결하는 법을 가르칠 때도 적용될 수 있다. 학생들은 자신들이 관심을 갖고 있고, 자신들에게 친숙한 사물들과 관련된 문제를 경험해야 한다. 또한 각 연산을 언제 활용할 수 있고, 언제 활용할 수 없는지 판단해야만 하는 혼합 예제(mixed examples)와 비예(nonexamples)를 경험해야 한다. 마지막으로 문장제 문제를 해결할 때, 학생들이 핵심 단어(key word)가 아니라 주어진 문제 상황에서 어떤 일이 일어나고 있는지에 초점을 맞추도록 안내해야 한다.

연습 및 활동

1. 이 장에 제시된 두 곱셈 수업 계획을 비교하시오.

a. 보다 많은 학습 활동을 위해 수정된 부분을 확인하시오.
b. 보다 많은 운동감각 활동을 제공하기 위해 수정된 부분을 확인하시오.
c. 학생들과의 의사소통 기회를 늘리기 위해 수정된 부분을 확인하시오.
d. 학생들간의 의사소통 기회를 늘리기 위해 수정된 부분을 확인하시오.

2. 수정된 곱셈 수업 계획에 따라 가르치려고 한다. 그런데 당신 교실에 중증 시각장애학생이 함께 공부하고 있다. 이 학생에게 적합한 수업이 될 수 있도록 추가로 수업 계획을 수정하시오.

3. 활동 7.28에서 7.31까지 측정 나눗셈을 학습하고 사용할 수 있도록 수정하시오.

4. 이 장에서 쉬운 기본 나눗셈들 간의 관계를 발견하는 내용 중 관계 4를 학생들이 이해할 수 있도록 물리적 모델을 사용하는 교수 활동을 개발하시오.

5. 이 장에서 쉬운 기본 나눗셈들 간의 관계를 발견하는 내용 중 관계 5를 학생들이 이해할 수 있도록 물리적 모델을 사용하는 교수 활동을 개발하시오.

6. 이 장에서 '한 번에 한 단위를 나누라'는 내용에서 제시된 단계에 따라. 852 ÷ 3을 1 달러, 10달러, 100 달러를 사용해서 해결하는 교수 활동을 개발하시오.

7. 보다 운동감각을 많이 활용하는 수업이 될 수 있도록 활동 7.28을 수정하시오.

8. 두 자리 수와 한 자리 수 곱셈에 대한, 운동감각을 많이 활용하는 연습 활동을 개발하시오.

9. 두 자리 수와 한 자리 수 나눗셈에 대한, 운동감각을 많이 활용하는 연습 활동을 개발하시오.

10. 이 책에서 빅 아이디어라고 부른, 모든 일반 원리의 직접적인 근거는 실수 집합의 연산 속성들이다. 어떤 속성이 부분 곱셈(partial products)이라는 빅 아이디어의 근거가 되는가?

11. 측정 나눗셈 개념을 학습할 수 있는 활동을 7.28에서 7.30까지의 활동들을 참고하여 개발하시오.

12. 나눗셈 문제에 대한 답을 구하기 위해 관련 곱셈에 대해 생각해 보도록 격려할 수 있는 활동 7.33과 유사한 활동을 개발하시오.

13. 이 책에서 빅 아이디어라고 언급한 모든 일반 원리는 실수 집합에서의 연산 속성들에 근거한다. 나눗셈은 덧셈에 대하여 오른쪽으로부터 배분이 가능하다[(12+3)÷3=12÷3+3÷3]. 이 속성에 따라 한 번에 한 단위를 나누는 것이 어떻게 가능한지 설명하시오.

14. Tucker가 1973년 Arithmetic Teacher(20권 8호)에 실은 '나눗셈 연산(Division Algorithm)'이라는 글을 찾아 읽으시오. 이 글에서 두 종류의 나눗셈(분할 나눗셈과 측정 나눗셈)을 확인하시오.

15. 출판된 초등학교 수학 교과서 중에 정수의 곱셈이나 나눗셈을 다룬 단원 하나를 고른다.

    a. 교사용 지도서에 있는 교수 제안점을 고려하여 수업 계획을 작성한다.
    b. 가르칠 개념과 기술에 대한 시각 정보를 제공하는 수업 부분을 확인한다.
    c. 가르칠 개념과 기술에 대해 보다 많은 시각 정보를 제공하는 활동을 추가하여 수업을 수정하시오.

16. 출판된 초등학교 수학 교과서 중에 정수의 곱셈이나 나눗셈에 관한 수업을 고르시오.
    a. 교사용 지도서에 있는 교수 제안점을 고려하여 수업 계획을 작성한다.
    b. 수업 계획에 포함된 모든 운동감각 활동을 확인한다.
    c. 수업에 보다 많은 운동감각 활동을 추가한다.

17. 출판된 초등학교 수학 교과서에서 정수의 곱셈이나 나눗셈에 관한 수업을 고르시오.

a. 교사용 지도서에 있는 교수 제안점을 고려하여 수업 계획을 작성한다.
b. 가르칠 개념과 기술들에 관한 학생들의 의사소통을 포함하는 수업 부분을 확인한다.
c. 수업에 대한 학생과의 의사소통이나 학생간의 의사소통 기회를 늘릴 수 있도록 수업을 수정하시오.

18. 출판된 초등학교 수학 교과서에서 정수의 곱셈이나 나눗셈에 관한 수업을 고르시오.

a. 교사용 지도서에 있는 교수 제안점을 고려하여 수업 계획을 작성한다.
b. 학생들의 학습을 평가할 수 있는 수업 부분을 확인한다.
c. 수업 계획에 보다 지속적인 평가(학습 점검)을 할 수 있도록 활동을 추가하시오.

19. 이 장에 수록된 수정된 곱셈 수업 계획을 살펴보고, 이 수정된 수업이 여러 단계의 연산 과정이 필요한 과제(multistep tasks)를 해결하는 법을 기억하는데 어려움이 있는 학생들의 요구를 어떻게 만족시킬 수 있는지 설명하시오.

20. 이 장에 수록된 수정된 나눗셈 수업 계획을 살펴보고, 상박(upper-arm)에 장애가 있는 학생에게 보다 적절한 수업이 될 수 있도록 추가적으로 수업을 수정하시오.

21. 이 장에 수록된 수정된 곱셈 수업 계획을 살펴보고, 제한된 시야를 가진 학생에게 보다 적절한 수업이 될 수 있도록 추가적으로 수업을 수정하시오.

22. 1999년 David H. Allsopp가 Teaching Exceptional Children(11/12월호)에 실은 "Using Modeling, Manupulatives, and Mnemonics with Eighth-Grade Students"라는 제목의 글을 찾아 읽으시오.

a. 이 글에 담긴 교수 제안점들은 이 책의 내용과 일치하는가? 혹은 상반되는가?
b. 이 글에서 제안하고 있는 내용들 중 이 책의 내용과 상반되는 내용이 있다면, 당신은 어떤 접근을 선택하겠는가? 그 이유는 무엇인가?

23. NCTM에서 1989년 출판한 Curriculum and Evaluation Standards for School Mathematics에서 "기준 7: 정수 연산의 개념(Standard 7: Concepts of Whole Number Operations), pp.41-43" 관련 논의를 읽어 보시오. 이 장의 교수 제안점들을 기준 7과 관련시켜 보시오.

24. 다음 곱셈 결과는 Robert Ashlock(2002)이 쓴 책 Error patterns in computation: Using Error Patterns to Improve Instruction 에 실린 에러 패턴들 중 하나이다.

$$
\begin{array}{cccc}
\overset{1}{14} & \overset{3}{34} & \overset{5}{47} & \overset{4}{68} \\
\underline{\times 4} & \underline{\times 9} & \underline{\times 8} & \underline{\times 5} \\
86 & 546 & 726 & 500
\end{array}
$$

a. 이 학생은 어떤 에러 패턴을 보이고 있는가? 왜 이 학생은 부정확한 답을 산출하고 있는가?

b. 이 학생의 에러 패턴을 교정하기 위한 짧은 수업을 계획하시오.

25. 다음 나눗셈 결과는 Robert Ashlock(2002)이 쓴 책 Error patterns in computation: Using Error Patterns to Improve Instruction 에 실린 에러 패턴들 중 하나이다.

$$
\begin{array}{rrrr}
33 & 24 & 69 & 37 \\
2\overline{)66} & 4\overline{)168} & 3\overline{)288} & 5\overline{)365} \\
\underline{60} & \underline{160} & \underline{270} & \underline{350} \\
6 & 8 & 18 & 15 \\
\underline{6} & \underline{8} & \underline{18} & \underline{15}
\end{array}
$$

a. 이 학생은 어떤 에러 패턴을 보이고 있는가? 왜 이 학생은 부정확한 답을 산출하고 있는가?

b. 이 학생의 에러 패턴을 교정하기 위한 짧은 수업을 계획하시오.

참고문헌 및 관련 자료

Allsopp, D. H. (1999). Using modeling, manupulatives, and mnemonies with eighth-grade children. *Teaching Exceptional Children*, 32, 74-81.

Ashlock, R. B. (2002). *Error patterns in computation: Using error patterns to improve instruction* (8th ed.). Upper Saddle River, NJ: Prentice Hall.

Fuson, K. C. (2003). Toward computational fluency in multidigit multiplication and division. *Teaching Children Mathematics*, 9, 300-305.

Graeber, A. O., & Cambell, P. F. (1993). Misconceptions about multiplication and division. *Arithmetic Teacher*, 40, 408-411.

Moyer, P. (2000). A remainder of one: Exploring partitive division. *Teaching Children Mathematics*, 6, 517-521.

National Council of Teachers of Mathematics (1989). *Curriculum and evaluation standards for school mathematics*. Reston, VA: Author.

National Council of Teachers of Mathematics (2000). *Principles and standards for school mathematics*. Reston, VA: Author.

Tucker, B. F. (1973). The division algorithm. *The Arithmetic Teacher*, 20(8), 639-646.

Tucker, B. F., Singleton, A. H., & Weaver, T. L. (2002). Partial quotients: An optional thinking strategy for hard division facts. *The Illinois Mathematics Teacher*, 53(1), 23-30.

Wickett, M. S. (2003). Discussion as a vehicle for demonstrating computational fluency in multiplication. *Teaching Children Mathematics*, 9, 318-321.

웹 주소

www.proteacher.com/100009.shtml(교사들이 작성한 곱셈 및 나눗셈 수업 계획이 올려져 있다.)
http://mathforum.org(수학 관련 토론 및 아이디어에 대한 수학 포럼)
www.sasked.gov.sk.ca/docs/elemath/numop.html(수와 연산을 위한 영역 및 계열 차트)

Chapter 8

분수: 1보다 작은 단위로 배우기

1. 분수 정의하기
2. 분수 단위
3. 집합으로서의 분수
4. 동치 분수
5. 실험적 접근법 이용
6. 분수의 비교
7. 분수의 덧셈
8. 분수의 뺄셈
9. 최소 공통 분모
10. 덧셈과 뺄셈 활동
11. 가분수와 대분수
12. 분수의 곱셈
13. 분수의 나눗셈
14. 곱셈과 나눗셈 활동
15. 수업 수정하기
16. 분수를 이용하여 문제해결하기

Chapter 8 분수: 1보다 작은 단위로 배우기

■ 교수 원리

학생들은 새로운 생각들을 선지식에 연결시켜서 학습하기 때문에, 교사들은 학생들이 이미 알고 있는 것이 무엇인지 이해해야만 한다. (National Council of Teachers of Mathematics [NCTM], 2000, p. 18)

■ 수와 연산 기준

분수의 다양한 의미와 모형의 연구를 통해 학생들은 어떻게 분수가 각각에 연결되고, 전체 단위와 연결되는지 그리고 어떻게 표현되는지에 대해 분수를 비교하는 편리한 방법을 얻게 될 것이다. (NCTM, 2000, p. 149)

■ 추론과 증명 기준

3-5학년에서, 학생들은 교환, 결합, 분배법칙과 같은 성질을 탐구할 수 있다. (NCTM, 2000, p. 192)

■ 문제-해결 기준

교사들은 학생들에게 학생 자신이 만든 일반화를 수정하고, 확장하고, 갱신할 수 있는 기회를 주어야한다. (NCTM, 2000, p. 187)

■ 의사소통 기준

적절하게 만든 질문(Well-posed questions)은 학생의 사고를 이끌어내고, 확장하며, 학생의 사고에 도전할 수 있으며, 동시에 교사에게는 학생의 이해에 접근할 수 있는 기회를 준다. (NCTM, 2000, p. 197)

1 분수 정의하기

분수를 설명하는 데에는 3가지 방법이 있다. 다시 말해서, 분수에는 3가지 구별되는 의미가 있다. 예를 들어, $\frac{2}{3}$는 2를 3으로 나눈 것으로 설명할 수 있다.

2에서 시작한다고 가정하자.

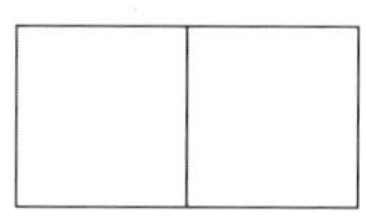

이제, 2를 3으로 나눠보자. 즉, 2를 똑같은 크기의 3부분으로 나눈다.

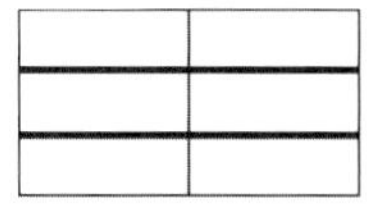

3개의 똑같은 부분 중 1개(칠해진 부분)는 $\frac{2}{3}$이다. 이는 2를 3으로 나눈 것이다.

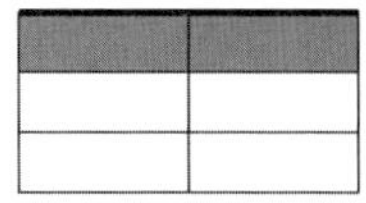

분수 $\frac{2}{3}$는 비교의 한 종류인 비(ratio)로 설명할 수도 있다. 2와 3을 비교하려 한다고 가정한다. 비는 2대 3이고, 이는 $\frac{2}{3}$로 쓸 수 있다. 2는 3과 비교했을 때, $\frac{2}{3}$만큼의 크기라고 말할 수 있다.

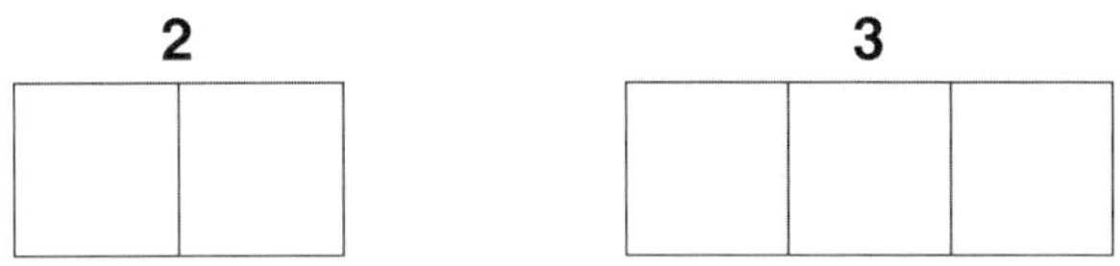

결국 분수 $\frac{2}{3}$는 똑같은 부분 3개 중 2개의 부분으로 설명할 수 있다. 만일 1과 같은 부분(양)을 똑같은 부분 3개로 나눈다면, 3개의 똑같은 부분 중 2개는 $\frac{2}{3}$로 쓰일 것이다.

칠해진 부분은 $\frac{2}{3}$와 같다.

마지막 설명은 학생들이 분수를 처음 학습할 때 전형적으로 이용된다.

(1) 분수의 3가지 측면

학생들은 수(numbers)에 대한 3가지 목표를 성취할 수 있어야 한다(Thornton, Tucker, Dossey, & Bazik, 1983). 우선, 학생들은 수로 명명된 양을 확인할 수 있어야 한다. 그 양이 얼마 만큼인지 보여줄 수 있어야 한다. 다음으로, 수로 명명할 수 있어야 하고, 이를 말할 수 있어야 한다. 마지막으로, 명료하게 숫자로 의사소통할 수 있는 표준 수학기호를 사용하여 수를 분명하게 쓸 수 있어야 한다. 실제로 이러한 목표는 학생들이 달성할 수 있어야 하는 6가지 과업을 함축하고 있다. 이는 정수일 때와 마찬가지로 분수일 때에도 적용된다.

1. 학생에게 어떤 분수 양을 보여준다면, 양을 명명하는 그 수(분수)를 말할 수 있어야 한다.
2. 학생에게 어떤 분수 양을 보여준다면, 양을 명명하는 그 수(분수)를 쓸 수 있어야 한다.

3. 학생은 수(분수)를 보고, 그 분수의 양을 보여줄 수 있어야 한다.
4. 학생은 수(분수)를 보고, 그 수(분수)를 말할 수 있어야 한다.
5. 학생은 수(분수)를 들으면, 그 분수의 양을 보여줄 수 있어야 한다.
6. 학생은 수(분수)를 들으면, 그 수(분수)를 쓸 수 있어야 한다.

학생들이 분수로 이러한 과업을 수행할 수 있기를 바라기 때문에, 분수를 가르치는 것은 이러한 능력을 분명하게 가르칠 수 있도록 설계되어야만 한다.

2 분수 단위

분수는 학생들에게 매우 일찍(유치원 혹은 1학년) 소개된다. 이렇게 분수를 일찍 마주할 때에는 보통 제한적인 내용을 다루지만, 이는 나중에 이러한 주제에 대해 보다 공식적인 교수(formal treatment)를 할 때 중요한 기초작업이 된다. 보통 시작 단계에서 학생들에게는 $\frac{1}{2}$와 $\frac{1}{3}$ 정도만 소개된다. 이 수준에서 3가지 큰 강조점은, 똑같은 부분으로 나눠진다는 것, 아래 숫자(분모)는 부분이 얼마나 되는지를 말해주는 것, 위의 숫자(분자)는 똑같이 나눠진 부분 중 고려하는 것을 나타낸다는 것이다.

똑같은 크기의 부분은 분수 단위이다. 분수가 $\frac{1}{3}$이라면, 분수 단위는 3분의 1이다. 분자가 1이기 때문에, 우리는 이러한 분수 단위(3분의 1) 중 하나를 고려하게 된다. 분자가 1인 분수는 하나의 분수 단위로 명명되기 때문에 단위분수라고 부른다. $\frac{1}{2}$에 대해 배울 때, 학생들은 대상이 2개의 똑같은 부분으로 쪼개지는 많은 예시들을 살펴볼 필요가 있다. 대상은 정확히 반으로 잘려야 한다. 학생들은 2개의 부분보다 더 많이 잘리는 반례, 또 대상이 똑같은 크기가 아닌 부분으로 잘리는 반례도 살펴보아야 한다. 대상은 3등분으로도 잘려야 한다. 학생들은 3개의 똑같은 부분보다 많이, 혹은 적게 잘리는 반례, 또 똑같은 크기가 아닌 부분으로 잘리는 반례도 살펴보아야 한다.

학생들은 분수를 찾기와, 분수 이름을 말하기, 분수 쓰기에 대해 배워야만 한다. 다음 활동은 분수 $\frac{1}{2}$을 가르칠 수 있는 방법을 예시로 나타낸 것이다. 다른 분수를 가르치기 위해 유사한 활동을 개발하는 것은 연습문제로 독자들에게 남겨둔다.

■ **활동 8.01 공평하게 나누기**

학급에 사과 두 개와 칼 하나를 갖고 간다. 교사는 또한 세 장의 종이와, 1피트(30.48cm) 길이의 실 세 줄, 가위 하나를 준비한다.

사과 하나를 들고 사과를 두 쪽으로 나누려 한다고 말한다. 사과를 서로 다른 크기의 두 쪽으로 자른 후, 두 명의 학생을 학급 앞으로 나오게 한다. 두 아이에게 각각 사과를 한 쪽씩 주고, 학급 전체가 볼 수 있게 들고 있도록 한다. 그리고 두 사람이 공평한 양을 갖고 있는지를 물어본다. [아니요.] 왜 아닌지를 물어본다. [하나는 양이 더 많고, 다른 하나는 그만큼이 안 돼요. 두 쪽이 서로 같지 않아요. 같은 크기가 아니에요.] 두 번째 사과를 집어 들고, 학생들에게 두 아이가 공평한 양을 가지려면 어떻게 해야 할지를 물어본다. [사과를 같은 크기의 두 쪽으로 잘라요.] 두 번째 사과를 같은 크기의 두 쪽으로 자르고 두 아이 각자에게 한 쪽씩 준다. 둘 다 공평한 양을 가졌는지 물어본다. [네.] 칠판에 $\frac{1}{2}$라고 적는다. 학생들에게 이것이 바로 분수라고 말한다. 이것이 바로 2분의 1이다. 위에 있는 숫자를 가리킨 후 밑에 있는 숫자를 가리킨다. 학생들에게 2는 같은 크기를 가진 두 부분을 의미하는 것이라고 말한다. 그리고 같은 크기로 잘린 사과 두 쪽을 보여준다. 한 쪽 사과를 들어 올리며 이것이 사과의 2분의 1이라고 말한다.

서로 다른 크기로 잘린 사과 두 쪽을 보여준다. 학생들에게 잘린 사과의 크기가 같은지를 물어본다. [아니요.] 크기가 다른 한 쪽을 들어 올리며 사과 크기가 서로 다르기 때문에, 이것은 사과의 2분의 1이 아니라고 말한다.

이러한 활동을 실 세 줄을 사용해서 반복한다. 실 한 줄을 같은 길이로 나누어 2분의 1을 설명한다. 두 번째 실을 서로 다른 두 부분으로 나누어 2분의 1이 아닌 경우를 설명한다. 세 번째 실을 같은 길이로 세 부분으로 나누어, 2분의 1이 아닌 또 다른 경우를 설명한다. 각각 2분의 1이 아닌 경우에, 학생들에게 왜 2분의 1이 아닌지를 물어본다. 세 장의 종이를 이용하여 이 활동을 반복한다.

■ **활동 8.02 절반씩을 합치기**

여러 도형들을 준비한다. 각 도형들을 같은 크기의 두 조각으로 나눈다. 모든 학생에게 부족하지 않도록 충분한 도형을 준비하도록 유의한다.

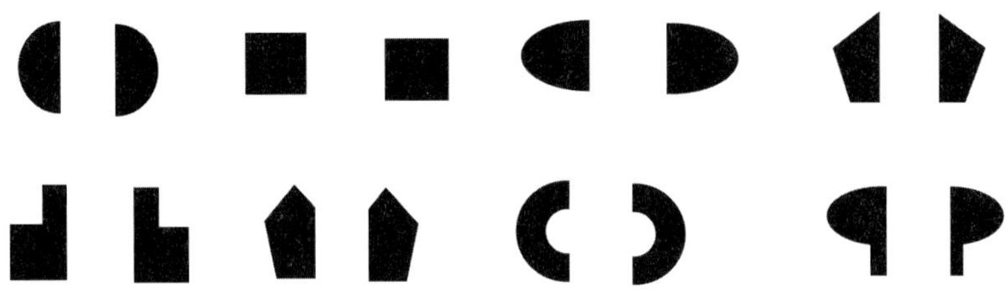

학생들 각자에게 도형을 한 조각씩 준다. 만약 학생 수가 홀수라면, 교사가 한 조각을 가지고 활동에 참여하여 짝이 없는 학생이 없도록 한다. 학생들에게 각자 한 도형의 2분의 1을 갖고 있는 것이라고 말한다. 학생들이 전부 자기 짝을 찾았을 때, 학생들이 두 조각을 합쳐서 전체 도형이 어떤 모양인지 보게 한다.

칠판에 $\frac{1}{2}$이라고 적는다. 학급에 이것이 2분의 1을 표기하는 방법임을 다시 한 번 알려준다. 분모를 가리킨다. 이 숫자가 의미하는 것이 무엇인지 학생들에게 물어본다. [같은 크기를 가진 두 부분이요.]

■ **활동 8.03 절반과 절반이 아닌 것**

활동 8.02에서 쓰였던 것과 같은 여러 개의 도형을 준비한다. 몇몇은 같은 크기의 두 조각으로 자르고, 몇몇은 서로 다른 크기의 두 조각으로 자른다. 나머지는 세 조각으로 자른다. 실 한 줄을 사용해서 게시판을 두 부분으로 나눈다. 분수 $\frac{1}{2}$을 보여주는 카드를 게시판 한 부분 중앙에 놓는다.

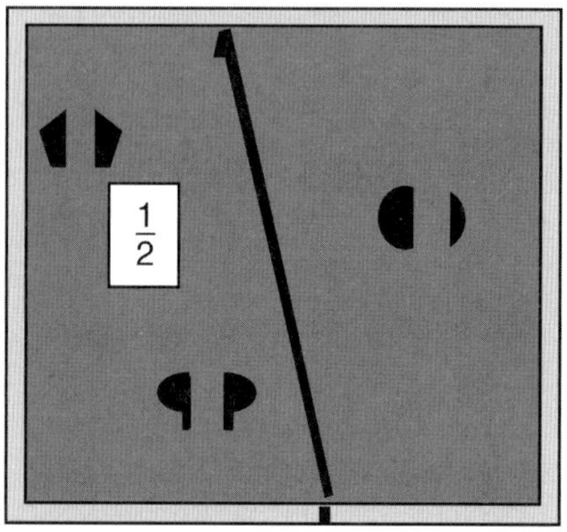

학생들에게 각 도형의 조각들을 보여주고, 도형이 절반으로 잘렸는지를 정하도록 한다. 만약 절반으로 잘린 것이라면, 그 두 조각을 분수 $\frac{1}{2}$이라는 카드를 붙인 쪽 게시판에 두도록 한다. 학생들이 도형이 절반으로 잘린 것이 아니라고 정하면, 그 도형을 게시판 다른 쪽에 두도록 한다.

■ **활동 8.04 분수 표기**

활동 8.02에서 쓰였던 것과 같은 여러 개의 도형을 준비한다. 몇몇은 같은 크기의 두 조각으로 자르고, 몇몇은 서로 다른 크기의 두 조각으로 자른다. 나머지는 세 조각으로 자른다. 각 도형의 조각들을 칠판에 나란히 붙인다.

학생들에게 각 도형의 조각들을 보여준다. 학생들에게 어느 도형이 절반으로 잘렸는지를 정하게 한다. 학생들이 도형이 절반으로 잘렸다고 정하면, 한 아이를 앞으로 나오게 하여 그 도형 조각 아래에 $\frac{1}{2}$이라고 적게 한다. 분수 $\left(\frac{1}{2}\right)$와 도형 절반 중 한 조각을 화살표로 연결한다.

(1) 단위분수를 넘어서

학생들이 단위분수(보통 $\frac{1}{2}$, $\frac{1}{3}$, $\frac{1}{4}$)에 대한 초기경험을 하고 나면, 분수 개념이 분자가 1이 아닌 분수까지 포함할 수 있을 정도로 일반화된다. 이는 보통 2학년 말에 이뤄진다. 각 부분은 같은 크기로 나눠져야 한다는 개념을 재차 깨닫게 되면서, 학생들은 같은 부분의 개수를 나타내는 분자와 부분의 총수를 나타내는 분모를 표기하는 방법을 배우게 된다.

예를 들어서, 한 도형이 네 개의 같은 부분으로 나눠져 있고 그 중 세 개의 부분을 칠했다면, 칠한 부분이 나타내는 것은 분수 $\frac{3}{4}$이다.

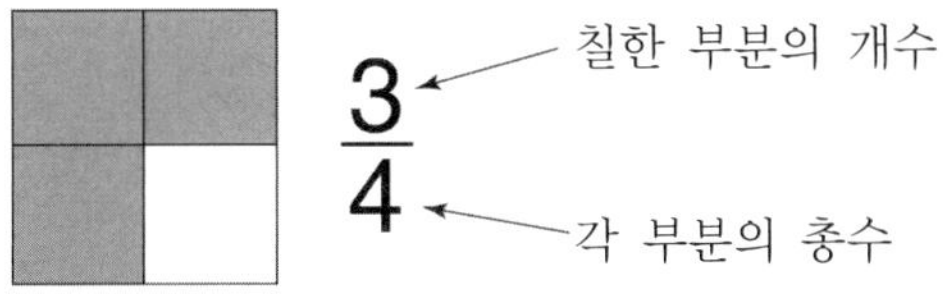

다시 말해서만, 학생들은 분수의 양을 보여줄 수 있고, 적절한 분수 용어를 사용하여 분수의 양을 명명하며, 적절한 분수 용어로 분수를 표기할 수 있게 되어야 한다.

■활동 8.05 분수 명명하기

분수의 양을 나타내는 그림이 그려진 카드를 준비한다.

그림을 학생들에게 보여주고, 한 명씩 불러내서 그림에서 색칠된 부분에 대한 분수 이름을 붙이게 한다. 분수 이름이 무엇인지에 대해 어떻게 말할 수 있는지 물어본다.

■활동 8.06 분수 찾기

학생들에게 여러 종류의 원형 분수(fraction circles)들을 보여준다.

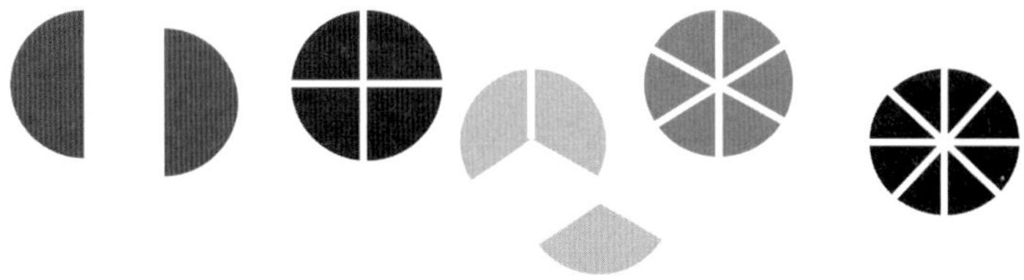

칠판에 $\frac{2}{3}$ 라고 적는다. 셋으로 나눠진 원을 가리킨다. 세 조각 중 두 조각을 집어 들고 학생들에게 이것이 원의 3분의 2라고 말한다.

칠판에 다른 분수를 적고 학생들을 앞으로 불러내서 주어진 원들을 이용해 분수를 표현해 보라고 한다.

■활동 8.07 분수 짝 맞추기

짝 맞춘 카드를 여러 개 준비한다. 짝을 이룬 각 카드 중 한 장의 카드는 분수를 그림으로 나타낸 것이어야 한다. 다른 한 장은 분수를 나타낸 것이어야 한다.

카드를 섞고 학생들 각자에게 한 장씩 나눠준다. 학생의 수가 홀수라면, 교사가 카드 한 장을 갖고 활동에 참여하여 짝이 없는 학생이 없도록 한다.

한 쪽은 분수를, 다른 한 쪽은 그 분수를 표현한 그림을 갖게 해서 학생들이 짝을 찾게 한다.

모든 학생들이 짝을 찾았을 때, 올바르게 찾았는지 다른 학생들이 볼 수 있도록 카드를 들고 있게 한다.

■활동 8.08 둥글게 둥글게(Round We go)

분수를 그림으로 나타낸 카드와 분수를 표시한 카드를 바닥에 원을 이루도록 놓는다. 학생들에게 이 노래를 부르면서 원을 돌게 한다.

간다, 간다, 둥글게 둥글게,	Marching, marching, 'round we go,
너무 빠르지도, 너무 느리지도 않게.	Not too fast and not too slow.
달리지도, 깡충 뛰지도 않을 거야.	I won't run and I won't hop.
거의 다 왔다. 이제는 스톱.	I'm almost there. It's time to stop.

"스톱(stop)"이라고 말할 때, 각 학생들은 놓인 카드 중 한 장 옆에 서 있게 한다. 그런 다음 교사가 분수 하나를 말하면, 그 분수를 표시한 카드 또는 그 분수를 그림으로 나타낸 카드 옆에 서 있는 학생들은 손을 들게 한다.

3 집합으로서의 분수(Fractions of a Set)

분수는 여러 개의 도형의 일부를 명명하는 것에 사용되기도 한다. 예를 들어, 다음 그림에 있는 여러 개의 원들을 살펴보자.

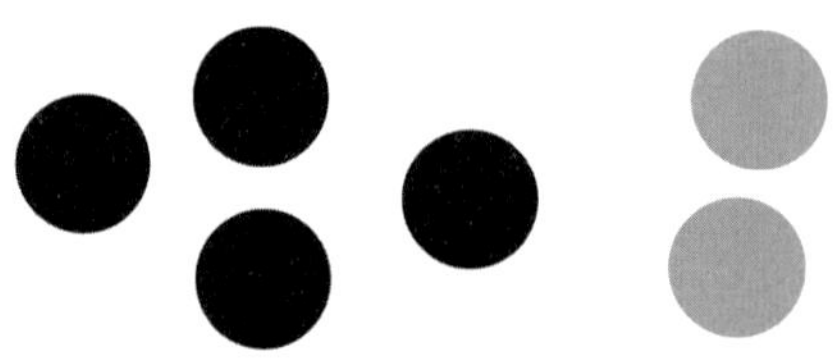

여섯 개의 원 중 네 개의 원이 검은 색이므로, 검은 색으로 이루어진 원들을 분수 $\frac{4}{6}$이라 명명할 수 있다. 원들을 둘 씩 짝지음으로써 또 다른 분수를 찾아낼 수 있다.

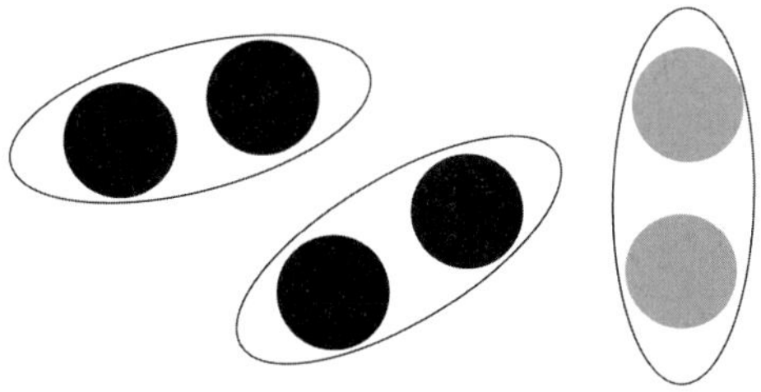

세 묶음 중 두 묶음이 검은 색이므로, $\frac{2}{3}$가 검은 원들을 나타내는 또 다른 분수이다.

이제 아래의 도형들을 살펴보자. 다섯 개의 도형 중 세 개의 도형이 사각형이므로, 도형 중 $\frac{3}{5}$은 사각형이라고 할 수 있다.

하지만, 모든 도형들이 같은 크기인 것은 아니다. 이것이 분수로 한 도형의 부분을 나타낼 때와 여러 도형의 일부를 나타낼 때 간의 중요한 차이점이다. 영역으로서의 분수를 말할 때, 모든 부분들은 같은 크기여야 한다. 하지만, 집합으로서의 분수를 말할 때, 모든 부분들은 같은 수의 대상을 갖고 있어야 한다.

아래에 있는 여러 사람들을 살펴보면, 남자들은 여자들과 같은 크기가 아님에도 불구하고, 이 집합에서 절반은 남자다. 여자와 같은 수로 남자가 있는 것이다.

4 동치 분수

두 개의 다른 분수가 같은 양을 나타낼 때, 그 분수들은 같은 것이다. 이를 동치분수라고 한다. 세로선에 의해 크기가 같은 두 부분으로 나뉜 정사각형을 생각해보자. 칠한 부분은 이 정사각형의 $\frac{1}{2}$이다.

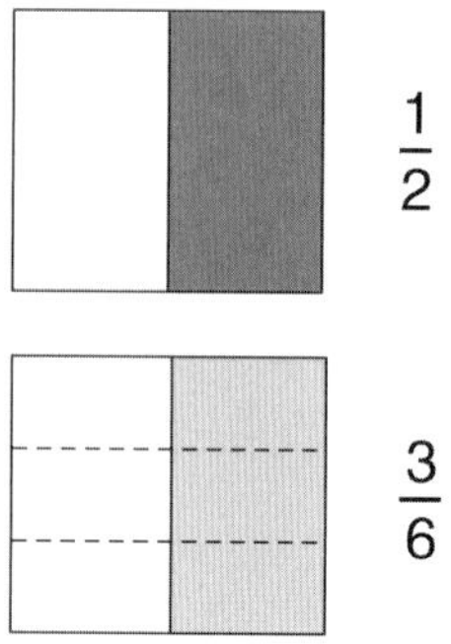

가로선을 이용해 이 정사각형을 크기가 같은 세 부분으로 나눈다고 가정해보자. 원래 있던 두 부분이 다시 크기가 같은 세 부분으로 나누어져, 같은 크기로 여섯 부분이 된 것을 알 수 있다. 그 여섯 부분 중 세 부분이 색칠되어 있으므로, 정사각형에서 색칠된 부분을 가리키는 또 다른 명칭은 $\frac{3}{6}$이다. 분수 $\frac{1}{2}$과 $\frac{3}{6}$은 같은 것이다. 이들은 동치분수이다. $\frac{2}{3}=\frac{6}{9}$, $\frac{3}{4}=\frac{6}{8}$, $\frac{2}{5}=\frac{4}{10}$와 같은 다른 쌍의 동치분수들을 나타내기 위해 다음에 이와 비슷한 과정을 보여준다.

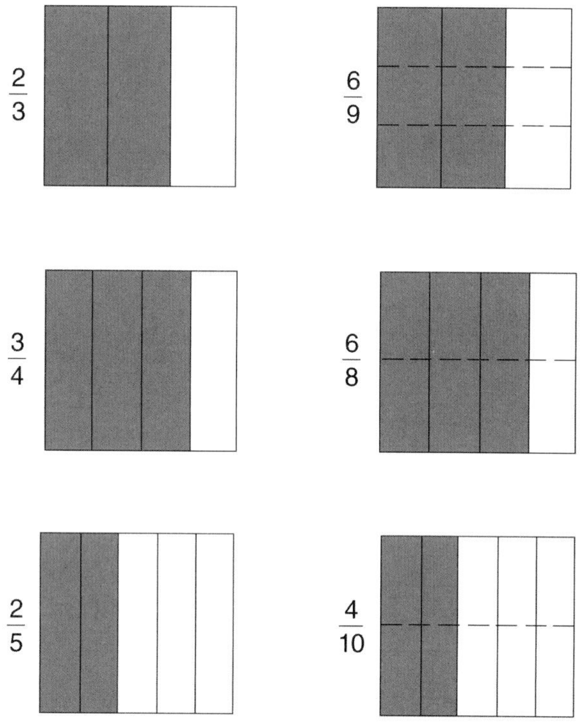

집합으로서의 분수(Fractions of sets) 또한 동치분수 개념을 발달시키는 데 사용될 수 있다. 예를 들어, 다음 도형들 중, 18개 중 12개는 오각형이다. 오각형으로 이루어진 도형 집단을 명명하는 분수 중 하나는 $\frac{12}{18}$이다.

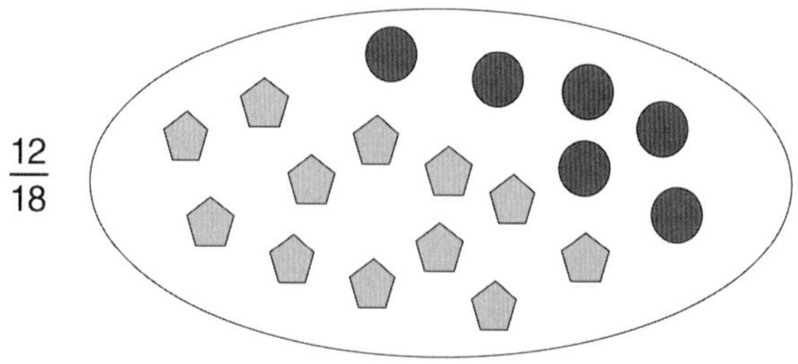

대상을 묶음으로써, 집합의 같은 부분을 명명하는 또 다른 분수를 발견할 수 있다.

$\frac{2}{3}$

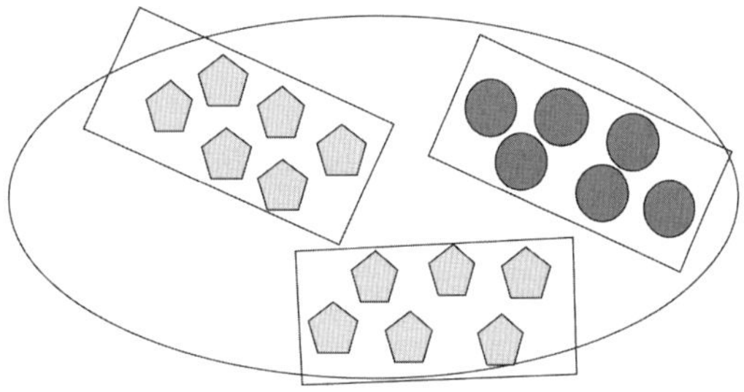

$\frac{4}{6}$

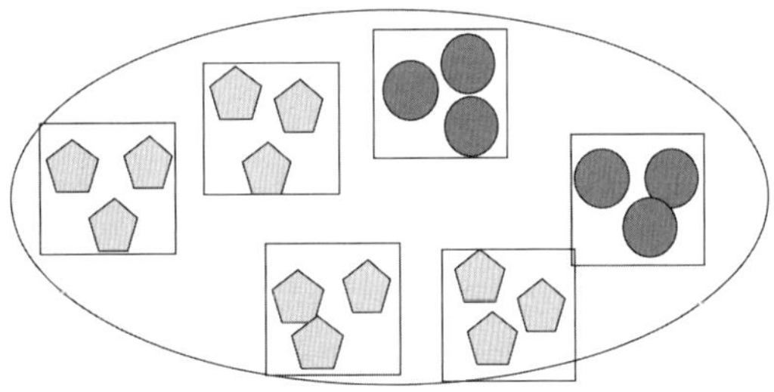

$\frac{6}{9}$

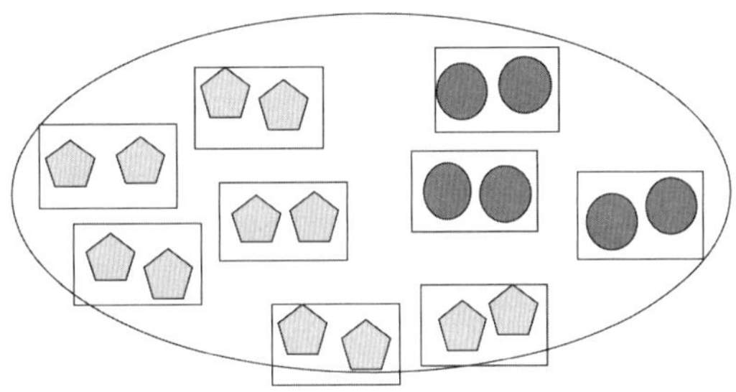

5 실험적 접근법 이용(Using the Laboratory Approach)

동치분수를 가르치는 효과적인 방법 중 하나로 3장에서 설명한 실험적 접근법의 이용을 들 수 있다. 실험적 접근법에서 동치분수 개념을 상기하면서, 학생들은 다음과 같은 일련의 단계를 겪게 될 것이다:

1. 탐구(혹은 실험)한다. 이 단계에서는, 여러 가지 결과(답)에 도달할 수 있도록 물리적 혹은 그림 모형을 사용한다. 학생들이 어디서 답이 도출되었는지를 볼 수 있기 때문에, 학생들은 상식적으로 답이 맞았는지 틀렸는지를 알 수 있다.
2. 결과를 체계적인 기록으로 남겨둔다. 학생이 패턴을 인식하기 쉽도록 결과를 기록한다.
3. 패턴을 인식한다. 학생들은 모형을 사용하지 않고 결과(답)에 도달하는 방법을 암시하는 패턴을 인식한다.
4. 어떻게 하면 모형 없이 결과에 도달할 수 있을지에 대해 가설을 세운다(혹은 일반화한다). 자신만의 용어를 사용하여, 학생들은 올바른 결과를 도출할 방법을 말할 것이다.
5. 가설(개괄적 발언)을 시험한다. 가설대로 하여 결과를 도출해본다. 그런 후 같은 사례를 모형을 사용하여 해결해 봄으로써 가설이 올바른 결과를 도출했는지를 확인한다.

다음으로, 동치분수 개념을 발전시키는 데 실험적 접근법이 어떻게 사용될 수 있을지를 살펴보면 다음과 같다.

1. 탐구한다. 정사각형 분수(fraction squares)를 사용하여 같은 분수의 양을 나타내는 새로운 이름을 찾아낸다.
2. 각 결과를 기록한다.

$\frac{1}{2}=\frac{2}{4}$

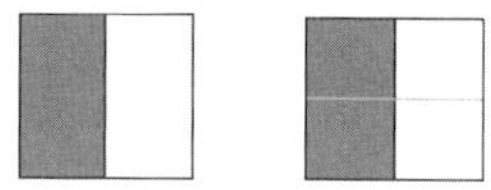

$\frac{2}{3}=\frac{4}{6}$

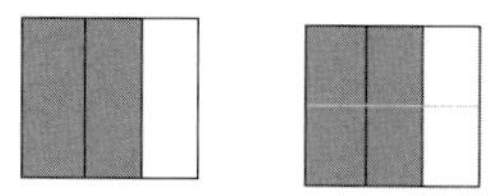

$\frac{3}{4}=\frac{9}{12}$

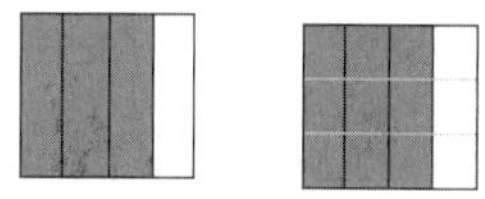

$\frac{1}{2}=\frac{3}{6}$

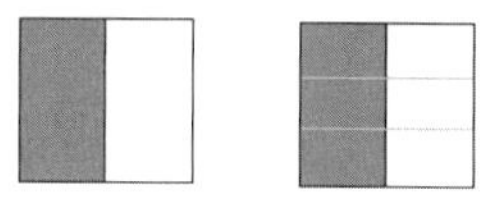

$\frac{4}{5}=\frac{16}{20}$

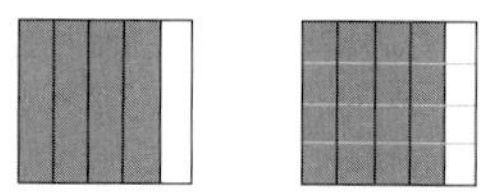

$\frac{3}{5}=\frac{6}{10}$

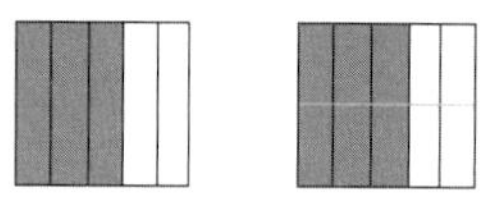

3. 동일한 두 분수 간의 관계 사이의 패턴을 인식한다. 학생들은 "두 번째 분수에서 위아래 숫자 둘 다 더 크다."는 것을 알게 된다. 교사는 $\frac{3}{5}=\frac{6}{10}$을 가리키면서 "얼마만큼 더 큰가요?"라고 물으면서 학생들이 위아래 숫자 모두 두 배만큼 크다는 것을 알게 되기를 기대한다. 분자에 2가 곱해졌으며 분모에도 2가 곱해졌다.

   다른 예로, $\frac{3}{4}=\frac{9}{12}$의 경우에는 두 번째 분수의 숫자가 세 배 크다. 분자와 분모 모두 3이 곱해져 동치분수가 된 것이다.

   또 다른 예로, $\frac{4}{5}=\frac{16}{20}$이 있다. 분자와 분모 모두에 4가 곱해진 것이다. 가로선이 각 부분을 네 개의 작은 부분으로 나눈 것을 가리킨다. 그래서, 모두 합하면 작은 부분의 네 배만큼 있게 된다. 가로선은 또한 모든 색칠된 부분을 네 개의 작은 부분으로 나누고 있는데, 색칠된 부분 또한 작은 부분의 네 배만큼 있게 된다.

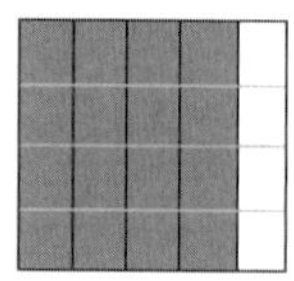

$$\frac{4}{5} \times 4 = \frac{\quad}{20}$$

$$\frac{4 \times 4}{5 \times 4} = \frac{16}{20}$$

4. 패턴을 일반화한다. 학생들이 다른 사례들에서도 같은 패턴을 발견하도록 돕는다.

$$\frac{1 \times 2}{2 \times 2} = \frac{2}{4} \qquad \frac{2 \times 2}{3 \times 2} = \frac{4}{6}$$

$$\frac{3 \times 3}{4 \times 3} = \frac{9}{12} \qquad \frac{1 \times 3}{2 \times 3} = \frac{3}{6}$$

$$\frac{3 \times 2}{5 \times 2} = \frac{6}{10}$$

학생들에게 어느 경우에나 적용될 수 있는지 묻는다. 분자와 분모를 같은 수로 곱하면 언제나 동치분수를 구할 수 있을까?

5. 일반화한 것을 확인한다. $\frac{3}{4}$과 같은 분수 하나를 적는다. 어떻게 해야 동치분수를 얻을 수 있는지 묻는다. [분자와 분모를 같은 수로 곱해요.] 동치분수를 구하기 위해 이를 행한다. 그런 후 모형을 사용하여 결과를 확인한다. 예컨대, 동치분수를 얻기 위해 분자와 분모에 4를 곱했다면, 그 결과는 다음과 같을 것이다.

$$\frac{3 \times 4}{4 \times 4} = \frac{12}{16}$$

결과를 확인하기 위해, $\frac{3}{4}$을 표현한 그림에서 시작한다. 같은 네 부분을 16개로 만들기 위해, 원래의 각 부분을 다시 네 조각으로 자른다. 이렇게 하면, 정사각형의 색칠된 부분이 16개 중 12개임을 볼 수 있다.

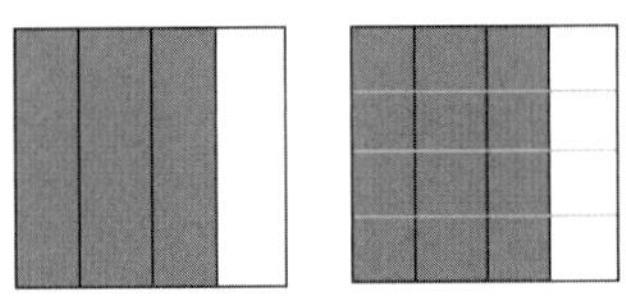

그래서 분자와 분모에 4를 곱함으로써 올바른 결과를 도출해냈다는 것을 볼 수 있다. 이러한 생각을 자연스럽게 확장하면 특정한 분모를 가진 동치분수를 찾아낼 수 있다. 예를 들어, $\frac{2}{3}$와 같으면서 분모가 15인 분수를 찾고자 하는 경우이다. 이를 가르치기 위한 교수 활동을 개발해내는 것은 연습 과제로 독자에게 남겨두고자 한다.

6 분수의 비교

분수를 비교하는 능력은 네 단계를 거쳐 발달된다. 첫 번째 단계에서, 분자가 같은 분수들을 비교하게 되는 데, 이 때 분수 단위에 대한 강한 심적 이미지(mental imagery)의 발달에도 추가적으로 주의를 기울여야 한다. 이러한 심적 이미지와 함께, 분모가 크면 더 많은 부분들로 나눠진 것이라는 인식도 심어주어야 한다. 그리고 대상이 더 많은 부분들로 쪼개진다면, 각 부분은 더 작아진다. 자연스럽게 첫 번째는 $\frac{1}{2}$, $\frac{1}{3}$, $\frac{1}{4}$, $\frac{1}{5}$, $\frac{1}{7}$, $\frac{1}{15}$와 같은 단위분수를 비교하는 것이다. 학생들이 단위분수를 정확하게 비교할 수 있게 되고 나면, 두 번째 단계에서는 같은 분자를 가진 비단위분수(nonunit fraction)의 비교를 다룬다. 예컨대, $\frac{2}{7}$와 $\frac{2}{4}$를 비교해 볼 수 있다. 세 번째 단계에서는 $\frac{5}{8}$와 $\frac{7}{8}$과 같이 분모가 같은 분수들을 비교하는 것을 다룬다. 마지막으로, 네 번째 단계에서는 학생들에게 분자와 분모 모두 다른 분수를 비교하는 것을 다룬다. 이 마지막 단계에서 학생들은 비교에 있어서 매우 중요한 개념 하나를 마주하며, 그 개념을 사용하는 방법을 익혀야한다: 같은 단위로 비교하라(Compare like units).

다음의 활동은 어떻게 교사가 분수를 비교하기 위한 학생들의 능력을 발달시킬 수 있는지를 보여준다.

▪활동 8.09 크고 작은 조각들

학생들에게 초콜릿을 좋아하는지 묻는다. 초코바 하나를 다른 두 사람과 같이 먹을지, 아니면 다른 세 사람과 같이 먹을지를 묻는다. 왜 그렇게 대답했는지 묻는다. 차이점은 무엇인가? 학생들에게 가로 2인치 세로 6인치의 직사각형 모양 종이 두 장을 보여준다. 학생들에게 두 장의 종이를 초코바 두 개라고 상상해보라고 한다. 다른 두 사람과 같이 먹기 위해 어떻게 첫 번째 "초코바"를 잘라야 할지를 전체학생이 대답하게 한다. [서로 같은 세 조각으로 잘라야 해요.] 다른 세 사람과 같이 먹기 위해 어떻게 두 번째 초코바를 잘라야 할지를 전체학생이 대답하게 한다. [서로 같은 네 조각으로 잘라야 해요.] 각 "초코바" 한 조각씩을 들어 학급에서 비교할 수 있게 보여준다. 더 큰 조각이 $\frac{1}{3}$이고 더 작은 조각이 $\frac{1}{4}$임을 알려준다.

분모를 가리키고 학생들에게 분모가 클수록, 초코바가 더 많은 조각으로 잘렸음을 상기시킨다. 그래서 각 조각이 더 작아진 것이다.

$\frac{1}{3}$과 $\frac{1}{4}$을 칠판에 적고, 어떤 것이 더 많은 것인지 묻는다.

▪활동 8.10 더 크고 작은 조각들

학급에 원형 분수(fraction circles) 여러 개를 보여준다.

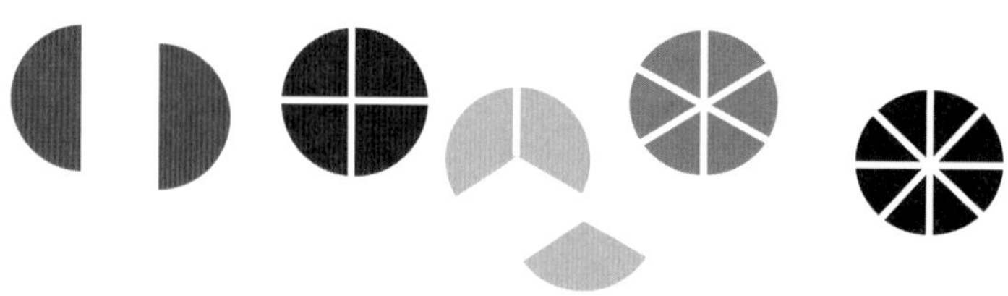

칠판에 $\frac{1}{6}$과 $\frac{1}{4}$을 적는다.

어떤 것이 더 큰지 묻는다. 두 학생을 앞으로 나오게 하여 각 분수를 나타내는 원 조각을 찾게 한다. 어떤 것이 더 큰지를 확인하기 위해 두 학생이 집어든 조각을 비교하게 한다. 다른 쌍의 단위분수를 이용하여 활동을 반복한다.

더 큰 분모가 더 작은 조각을 나타내는 것임을 다시 한 번 강조한다.

■활동 8.11 세 조각이 세 조각보다 많을 때

두 사람이 각각 초코바를 한 개씩 갖고 있다고 상상해보자. 한 명은 초코바를 네 개의 균등한 조각으로 자른다. 다른 한 명은 초코바를 여섯 개의 균등한 조각으로 자른다. 둘 다 세 조각씩을 줄 생각이 있다고 가정할 때, 누가 더 많은 초코바를 주는 것일까? 왜 그러한가?

$\frac{3}{4}$와 $\frac{3}{6}$ 중 어느 것이 더 많은가?

학급에 원형 분수(fraction circles) 여러 개를 보여준다.

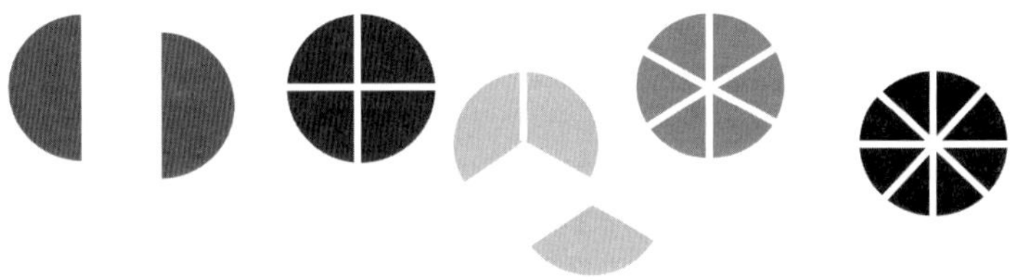

칠판에 $\frac{3}{4}$과 $\frac{3}{6}$을 적는다.

어느 것이 더 큰지를 묻는다. 두 명의 학생을 앞으로 나오게 하여 각 분수를 나타내는 도형 조각을 찾게 한다. 어느 분수가 더 큰지 확인하기 위해 학생들이 도형 조각을 비교하게 한다. 다른 쌍의 분수를 이용하여 활동을 반복한다. 예를 들어, $\frac{2}{3}$와 $\frac{2}{6}$, $\frac{4}{6}$와 $\frac{4}{5}$, 혹은 $\frac{5}{8}$와 $\frac{5}{9}$를 이용할 수 있다.

더 큰 분모가 더 작은 조각을 의미함을 재차 강조한다.

■활동 8.12 같은 단위를 가진 분수

학급에 원형 분수(fraction circles) 여러 개를 보여준다.

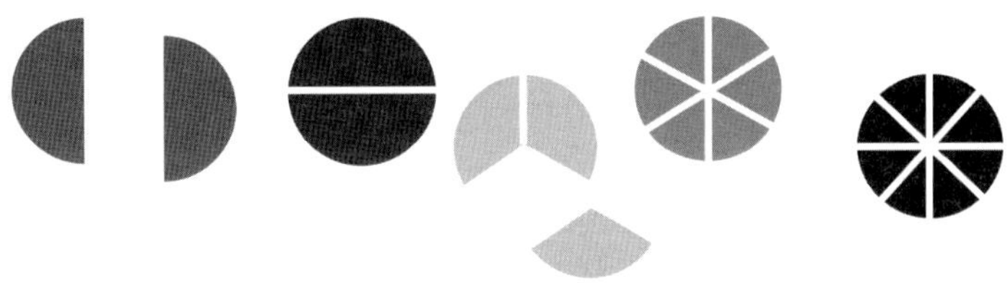

$\frac{5}{6}$와 $\frac{3}{6}$을 칠판에 적는다.

어느 것이 더 큰지를 묻는다. 두 명의 학생을 앞으로 나오게 한 후 원형 분수(fraction circles)를 이용하여 두 분수를 보여준다. 같은 분모를 가진 다른 쌍의 분수를 이용하여 활동을 반복한다. 예를 들어, $\frac{3}{4}$과 $\frac{1}{4}$, $\frac{3}{8}$과 $\frac{5}{8}$, 혹은 $\frac{7}{9}$과 $\frac{8}{9}$을 이용할 수 있다.
분모가 같으므로 분수 단위가 같음을 재차 강조한다. 분자는 얼마나 많은 수의 단위가 있는지를 말해준다. 분수 $\frac{8}{9}$은 $\frac{7}{9}$보다 큰데 그것은 단위 8개가 단위 7개보다는 많기 때문이다.

■ **활동 8.13 같은 단위 알아가기**

"7피트"와 "97인치"를 칠판에 적는다. 그 밑에, "23야드"와 "31야드"를 적는다. 위쪽에 적힌 두 길이를 가리킨 후 어느 것이 더 긴지를 묻는다. 그런 다음 아래쪽에 적힌 두 길이를 가리킨 후 어느 것이 더 긴지를 묻는다.
왜 두 번째로 물어본 길이들이 비교하기 더 쉬웠는지를 묻는다. [단위가 같아서요.]
"달걀 84개"와 "달걀 76개"를 칠판에 적는다. 그 밑에, "달걀 71개"와 "달걀 12개들이 6상자"를 적는다. 위쪽에 적힌 두 수량을 가리킨 후 어느 것이 더 많은지를 묻는다. 그런 다음 밑쪽에 적힌 두 수량을 가리킨 후 어느 것이 더 많은지를 묻는다.
왜 첫 번째로 물어본 달걀 수가 비교하기 더 쉬웠는지를 묻는다. [단위가 같아서요.]
수량을 비교할 때는 언제나 같은 단위끼리 비교하는 것이 보다 쉬움을 설명한다.
$\frac{5}{8}$과 $\frac{3}{8}$을 칠판에 적는다. 그 밑에, $\frac{3}{4}$과 $\frac{7}{9}$을 적는다. 위쪽에 적힌 두 분수를 가리킨 후 어느 것이 더 큰지를 묻는다. 그런 다음 아래쪽에 적힌 두 분수를 가리킨 후 어느 것이 더 큰지를 묻는다.
왜 첫 번째로 물어본 분수들이 비교하기 더 쉬웠는지를 묻는다. [단위가 같아서요.]
언제나 단위가 서로 같을 때 양의 비교가 더 쉬워진다.
"13인치"와 "1피트"를 칠판에 적는다. 몇 인치가 1피트인지를 묻는다. 1피트에 표시를 하고 그 위에 12인치라고 적는다. 같은 단위를 사용하여 다시 적었을 때 길이 비교가 훨씬 쉬워짐을 알려준다.
$\frac{2}{3}$과 $\frac{3}{4}$을 칠판에 적는다. 학생들에게 이 분수들이 같은 단위를 갖도록 다시 적는 방법을 보여줄 것임을 설명한다. 두 분수를 나타낸 그림을 슬라이드로 보여준다.

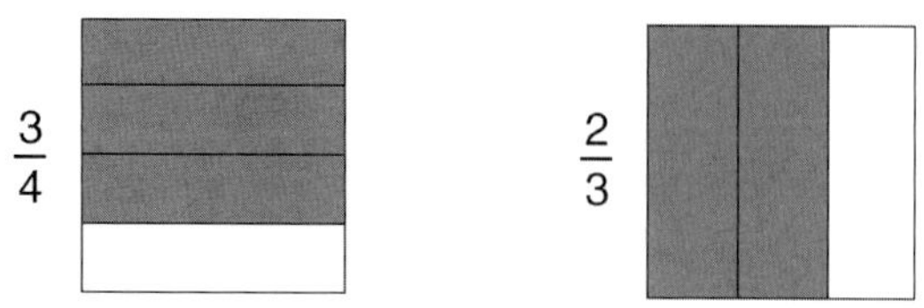

두 분수에서 같은 크기의 조각을 얻기 위해 조각을 자르려 한다는 것을 학생들에게 말한다. 첫 번째 분수를 세로로 균등하게 세 부분으로 자르고 두 번째 분수를 가로로 균등하게 네 부분으로 잘라서 모두 같은 크기로 나눠지게 할 수 있다. 이를 슬라이드에서 행한다.
이를 행한 후, 분수에 새로 이름을 붙인다.

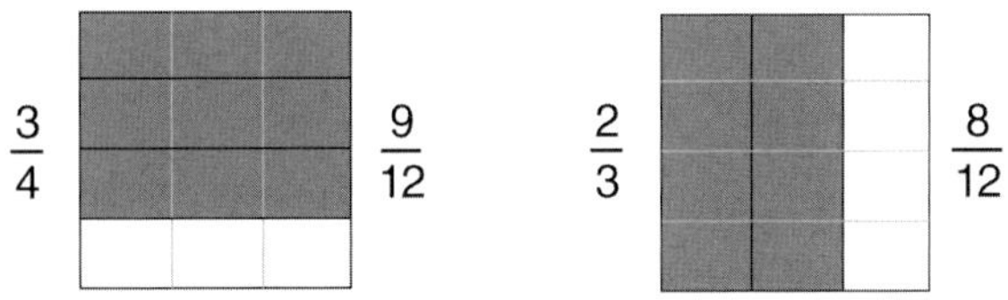

학생들에게 새로 붙인 분수 이름을 보고 어느 분수가 더 큰지를 정해보게 한다. [분수 3/4이 분수 2/3보다 더 커요.]

분자와 분모를 같은 수로 곱함으로써 분수에 새 이름을 붙일 수 있다는 것을 학생들에게 보여준다.

$$\frac{3 \times 3}{4 \times 3} = \frac{9}{12} \qquad \frac{2 \times 4}{3 \times 4} = \frac{8}{12}$$

교차 곱셈은 분수를 비교하는 방법으로 보통 초등학생들이 배우는 것이다. 이는 빠르고 사용하기 쉽다. 하지만 대부분 단순 암기식 방법으로 배우기 때문에 일반적으로 오랫동안 머리에 담아 두질 못한다. 교차 곱셈은 다음과 같이 이루어진다.

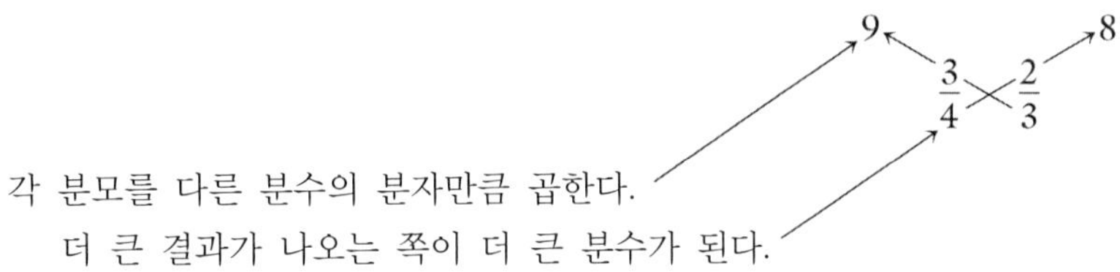

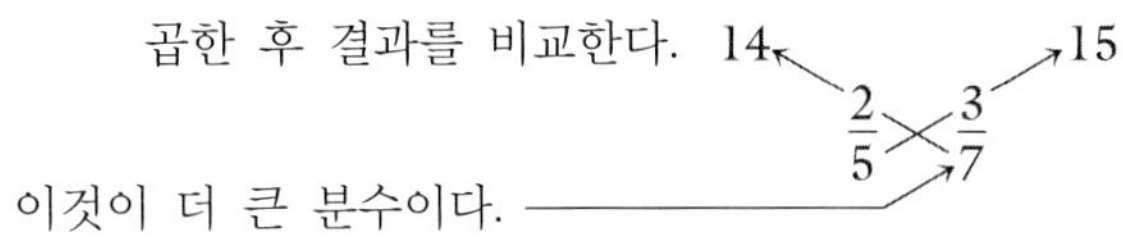

어떻게 하면 교차 곱셈을 학생들에게 의미 있게 가르칠 수 있을지 생각해보자. $\frac{2}{5}$와 $\frac{3}{7}$을 비교하려면, 분수를 같은 단위(같은 분모)로 바꾸어야 한다는 것은 알고 있다.

$$\frac{2 \times 7}{5 \times 7} = \frac{14}{35} \qquad \frac{3 \times 5}{7 \times 5} = \frac{15}{35}$$

교차 곱셈 방법은 같은 분수 단위를 갖도록 바꾼 분수의 분자를 알려준다.

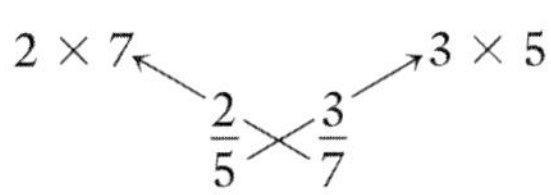

재명명한 분수의 단위가 같기 때문에, 실제 비교하게 되는 것은 분자(얼마나 많은 수의 단위가 있는지를 알려주는 것)이다. 분모가 같은지를 알 필요는 있지만, 실제 그 분모를 계산할 필요는 없다. 교차 곱셈을 사용하면, 재명명한 분수의 분자만을 찾아낼 수 있다.

7 분수의 덧셈

정수의 경우를 상기해 보면, 덧셈에는 두 개의 큰 개념이 있었다. 첫 번째 개념은: 항상 같은 단위끼리 더하라는 것이다. 같은 개념이 분수의 덧셈에도 적용된다. 같은 단위(같은 분모)를 가진 분수의 덧셈은 쉽다. 학생들에게 같은 단위를 가진 분수를 더하는 것이 얼마나 쉬운지를 알려주는 가장 효과적인 방법은 정사각형 분수(fraction squares)같은 물리적 모형을 사용하는 것이다. 예를 들어, $\frac{3}{8}$과 $\frac{2}{8}$을 더하려 한다고 가정해보자. 두 분수를 도형 조각으로 표현하여 조각들을 합친다. "이것들" 세 개와 "이것들" 두 개가 있게 된다. 다 합쳐, "이것들" 다섯 개가 있게 된다. "이것들" 전체는 여덟 개이므로, $\frac{3}{8}+\frac{2}{8}=\frac{5}{8}$이다.

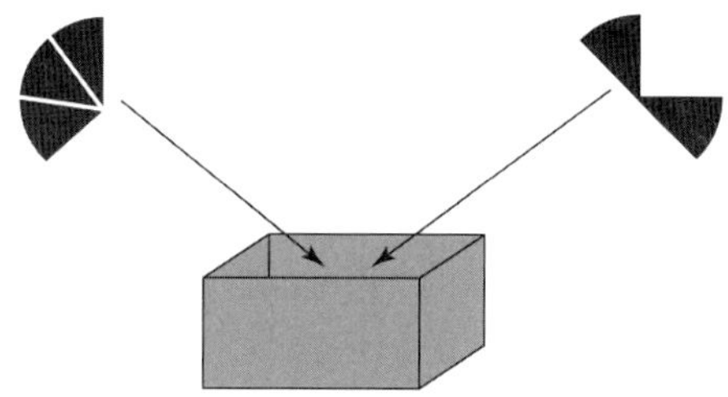

같은 단위(같은 분수)를 더할 때, 다 합쳐서 몇 개의 단위를 갖고 있는지만 생각하면 된다. $\frac{4}{7}+\frac{2}{7}$이라면, 일곱 중 4에 덧붙여 일곱 중 2가 있는 것이다. 다 합쳐, 일곱 중 6이 있게 된다.

같은 분수의 덧셈은 학생들이 분수 단위 덧셈을 시각화 할 수 있도록 물리적 모형을 사용하면 쉽게 할 수 있다. 만약 분수가 같은 분수 단위(동분모)가 아니라면, 분수 단위가 같도록 분수를 재명명할 수 있다는 것을 학생들이 이해하도록 도와야 한다. 이는, 공통분모를 갖는 동치분수로 바꾸는 것이다. 이전에 동치분수에 관하여 한 활동들로 학생들에게 필요한 이해와 기술은 갖추어졌겠지만, 학생들이 기억한다고 단정하기보다는 교사가 현명하게 주요 개념들을 다시 알려주는 편이 좋다. 분수 $\frac{3}{4}$과 $\frac{2}{3}$를 더하는 것은 분수 단위가 같지 않기 때문에 쉽지 않다. 두 분수를 같은 분모를 갖도록 재명명한다면, 이 경우 12가 분모가 될 것이고, 덧셈은 같은 단위를 더하는 것이기에 쉬워질 것이다:

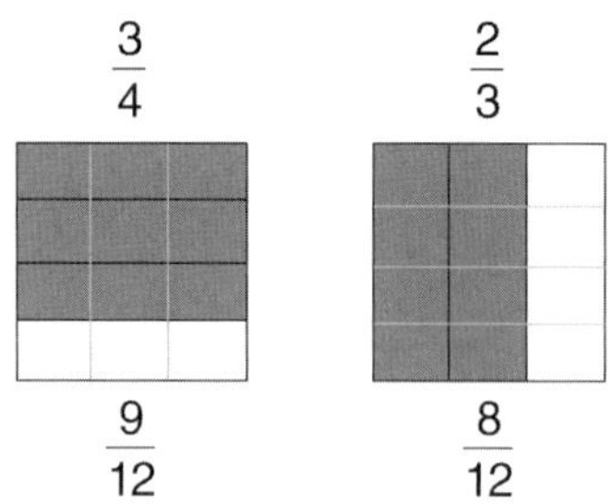

분수를 재명명하는 데 있어 같은 방법을 사용한다면, 공통분모를 사용하여 원래 주어진 분수를 빠르게 재명명하는 것이 쉽게 가능하다. 정사각형 분수(fraction squares) 모형을 이용하여 여러 예제를 해결하는 것을 보고, 결과를 검토한 후, 학생들은 모든 상황에서 주어진 두 분수를 곱함으로써 덧셈을 위한 공통분모를 찾아낼 수 있음을 알아차렸을 것이다.

문제에서 5 × 8을 공통분모로 사용할 수 있다.

$$\frac{2}{5} + \frac{3}{8}$$

첫 번째 분수에서, 분모에 8을 곱했으므로, 분자 또한 8을 곱해야 한다.

$$\frac{2 \times 8}{5 \times 8} + \frac{}{5 \times 8}$$

두 번째 분수에서, 분모에 5을 곱했으므로, 분자 또한 5를 곱해야 한다.

$$\frac{2 \times 8}{5 \times 8} + \frac{5 \times 3}{5 \times 8}$$

이렇게 공통분모를 얻는 방법은 단순할 뿐 아니라 그림으로 묘사된 정사각형 분수(fraction squares) 모형을 사용하여 쉽게 정의할 수 있다. 모형을 사용함으로써, 학생들은 서로 다른 분수의 덧셈을 빠르게 터득할 수 있다. 그렇지만 일부 교사들은 이러한 방법을 좋지 않게 생각하는데, 두 분모의 곱이 언제나 공통분모가 되지만, 언제나 최소 공통분모가 되지는 않기 때문이다.

대부분의 교사들은 초등학생이었을 때 서로 다른 분수를 더할 때 최소 공통분모를 먼저 찾아야 한다고 배웠다. 서로 다른 분수의 덧셈에는 최소 공통분모를 이용해야 한다고 본인들이 교육받은 내용에 확신을 갖고 있는 것이다. 이는 당연하게도 사실이 아니다. 실제로, 분수의 덧셈은 보통 다음과 같은 대수로 정의된다:

$$\frac{a}{b} + \frac{c}{d} = \frac{ad + bc}{bd}$$

그렇다면, 최소 공통분모 찾는 방법을 학생들에게 가르치는 것은 아무런 가치도 없는 일인가? 물론 최소 공통분모는 가치가 있고, 교사는 여전히 학생들에게 최소 공통분모 찾는 방법을 가르쳐야 한다. 그렇지만 실제 학생들에게는 서로 다른 분수를 더하는 것보다 최소 공통분모를 찾는 것이 더 어렵다. 이 장에서는 먼저 학생들에게 분수의 덧셈을 주지시키고, 나중에 같은 주제로 최소 공통분모에 초점을 맞추어 다시 논의하기를 권한다.

8 분수의 뺄셈

분수의 뺄셈에 대한 이해는 분수의 덧셈에 대한 이해와 아주 유사하다. 같은 분모를 가진 분수의 뺄셈은 같은 분수의 덧셈을 배운 직후에 배우게 된다. 덧셈에서와 마찬가지로, 같은 분수의 뺄셈 또한 물리적 모형을 사용했을 때 가장 효과적으로 가르칠 수 있다. 피감수를 나타낼 분수 조각을 고르고, 감수를 나타내는 조각들을 빼내어, 남은 도형 조각들이 답을 나타냄을 알게 된다. 분수 뺄셈 방법이 정수 뺄셈 방법과 같음을 지적하는 것도 좋다. 주어진 숫자에서, 숫자 하나를 빼고, 남은 숫자가 무엇인지 살펴본다.

서로 다른 분수의 덧셈을 배운 직후, 학생들은 서로 다른 분수의 뺄셈을 배우게 된다. 뺄셈에서 첫 번째 큰 개념은, 항상 같은 단위끼리 빼라는 것으로, 분수의 뺄셈에서도 그대로 적용된다. 그렇기 때문에, 서로 다른 분수를 뺄셈하기 위해서는 주어진 두 분수를 같은 분수 단위(공통분모)를 갖도록 재명명하여야 한다. 덧셈에서와 마찬가지로, 두 분모의 곱이 공통분모가 됨을 정사각형 분수(fraction squares) 모형을 사용하여 완벽하게 보여줄 수 있다. 일단 두 분수를 공통분모를 갖도록 재명명하면, 학생들은 동분모 뺄셈 능력을 쉽게 적용할 수 있다.

$$\frac{a}{b}-\frac{c}{d}=\frac{ad}{bd}-\frac{bc}{bd}=\frac{ad-bc}{bd}$$

9 최소 공통 분모

이제 최소 공통분모를 살펴보자. 수학적으로, 두 분수의 최소 공통분모는 두 분모의 최소공배수이다. 최소공배수를 찾으려면 두 단계를 거쳐야 한다. 먼저, 각 분모를 소인수분해해야 한다. 그런 후 첫 번째 분모의 인수이면서 두 번째 분모의 인수이기도 한 숫자 중 가장 작은 숫자를 찾는다. 이는 가르치기 복잡한 과정이며 대부분의 학생들이 머리에 담아 두지 못한다.

그렇지만 덜 수학적인 방법을 사용하여 실제로 위의 과정을 단순화할 수 있다. 먼저, 학생들이 분모의 곱은 언제나 공통-분모가 되지만, 가끔 더 작은 숫자를 지닌 다른 공통분모가 존재함을 깨닫게 돕는다.

$\frac{1}{2}+\frac{1}{4}=\frac{4}{8}+\frac{2}{8}=\frac{6}{8}$은 이렇게도 할 수 있다: $\frac{1}{2}+\frac{1}{4}=\frac{2}{4}+\frac{1}{4}=\frac{3}{4}$

$\frac{5}{6}+\frac{3}{4}=\frac{20}{24}+\frac{18}{24}=\frac{38}{24}$은 이렇게도 할 수 있다: $\frac{5}{6}+\frac{3}{4}=\frac{10}{12}+\frac{9}{12}=\frac{19}{12}$

다음으로, 정수의 계산에서 보통 작은 숫자의 계산이 더 쉬운 것처럼 분수의 계산 또한 더 작은 분모를 사용하면 더 쉬워질 수 있다는 것을 학생들이 이해하도록 도와야 한다. 분모의 곱이 큰 숫자인 몇 가지 사례를 비교함으로써 이를 행할 수 있다.

$$\frac{5}{12}+\frac{7}{8}$$

12 × 8을 사용할 때 → $\frac{40}{96}+\frac{84}{96}$

더 작은 공통분모를 사용할 때 → $\frac{10}{24}+\frac{21}{24}$

다음 단계는 최소 공통분모를 찾는 방법을 발견하는 것이다. 주어진 두 분수 각각에서, 학생들은 모든 가능한 동치 분수에 대한 분모를 생각해 보아야 한다. 동치분수는 분모와 분자에 같은 수를 곱하여 얻는다. 가능한 숫자를 고려하기 위해 2, 3, 4, 5, ...를 곱한다. 이를 주어진 두 분수 모두에 행한다. 예컨대, $\frac{2}{3}$와 $\frac{3}{5}$을 생각해보자.

$\frac{2}{3} = \frac{2 \times 2}{3 \times 2} = \frac{4}{6}$ $\quad \frac{2}{3} = \frac{2 \times 3}{3 \times 3} = \frac{6}{9}$ $\quad \frac{2}{3} = \frac{2 \times 4}{3 \times 4} = \frac{8}{12}$ $\quad \frac{2}{3} = \frac{2 \times 5}{3 \times 5} = \frac{10}{15}$

$\frac{3}{5} = \frac{3 \times 2}{5 \times 2} = \frac{6}{10}$ $\quad \frac{3}{5} = \frac{3 \times 3}{5 \times 3} = \frac{9}{15}$ $\quad \frac{3}{5} = \frac{3 \times 4}{5 \times 4} = \frac{12}{20}$ $\quad \frac{3}{5} = \frac{3 \times 5}{5 \times 5} = \frac{15}{25}$

이렇게 하여 주어진 두 분수와 동치분수인 분모의 목록을 만들 수 있다. 두 목록 모두에 존재하는 가능한 분모에 동그라미를 친다. 이것이 가능한 공통분모들이다.

$\frac{2}{3}$ 3 6 9 12 (15) 18 21 24 27 (30) 33 36 39 42 (45). . .

$\frac{3}{5}$ 5 10 (15) 20 25 (30) 35 40 (45) 50 55 60 65 70 75 . . .

두 목록 모두에 존재하는 가장 작은 숫자가 바로 최소 공통분모이다. $\frac{2}{3}$와 $\frac{3}{5}$의 최소 공통분모는 15이다.

$\frac{5}{6}$와 $\frac{3}{8}$의 최소 공통분모를 찾고자 한다고 가정해보자.

$\frac{5}{6}$ 6 12 18 (24) 30 36 42 (48) 54 60 66 (72) 78 84 90 . . .

$\frac{3}{8}$ 8 16 (24) 32 40 (48) 56 64 (72) 80 88 96 104 112 120 . .

$\frac{5}{6}$와 $\frac{3}{8}$의 최소 공통분모는 24이다.

10 덧셈과 뺄셈 활동

다음에 소개된 일련의 활동들은 분수의 덧셈과 뺄셈을 학습시킬 수 있는 방법들이다.

■ 활동 8.14 막대기에 이름 붙이기

이 활동에서는 퀴즈네어 막대(ETA/Cuisenaire, Vernon Hills, IL)같은 색칠된 숫자 막대기나 더 오래된 색-인수 막대(the older Colour-Factor system rods)(1960년대에 시튼 폴록이 고안해낸 것)를 사용한다. 막대기들 중 아무 것이나 하나 고른 후 길이를 1로 정한다.

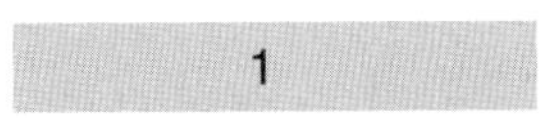

그런 다음, 모든 다른 막대기의 분수 이름을 찾는다.

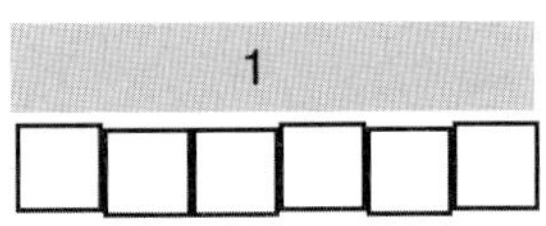

이 막대 각각은 $\frac{1}{6}$이다.

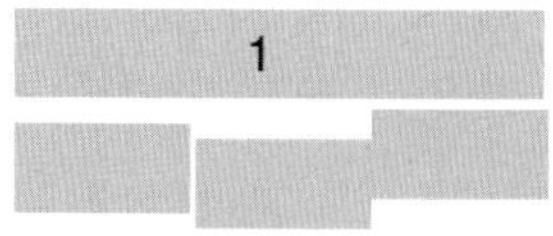

이 막대 각각은 $\frac{1}{3}$이다.

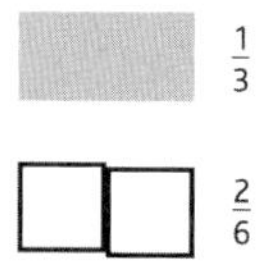

학생들이 몇 몇 막대에 하나 이상의 이름을 찾을 수 있는지를 본다.

■ **활동 8.15 주고 받기**

커다란 정육면체를 준비하여 두 면에는 $\frac{1}{8}$이라 적고, 다른 두 면에는 $\frac{2}{8}$, 또 다른 두 면에는 $\frac{3}{8}$이라 적는다. 8등분한 원 세 개도 준비한다.

학생 세 명을 한 모둠으로 하여 책상에 둘러앉게 한다. 8등분한 원을 학생에게 각자 하나씩 주고, 분수가 적힌 정육면체를 모둠에게 보여준다.

학생들은 차례로 돌아가며 게임을 한다. 각 게임에서 순서가 된 학생은 정육면체를 던지고 윗면에 나타난 분수를 가져간다. 처음 학생부터 왼쪽으로 계속 진행한다. 모든 학생들은 각 게임을 마친 후 각자가 가진 분수를 적게 한다.

게임에 참여한 학생은 다른 학생들이 적은 것을 확인해야 한다. 분수를 잘못 적은 학생이 있다면, 다른 학생들이 왜 그것이 틀린지 설명해주어야 한다. 원 조각이 떨어지면, 그 학생은 게임이 끝난 것이지만 다른 학생들을 확인하는 것은 계속해야 한다. 모든 학생이 세 번의 기회를 가진 후, 가장 큰 분수를 가진 학생이 승자가 된다.

■ **활동 8.16 상자 안에 있는 분수는 어떤 것일까? – 덧셈**

짝활동으로, 학생들은 원형 분수(fraction circles) 여러 개를 갖고 있어야 한다.

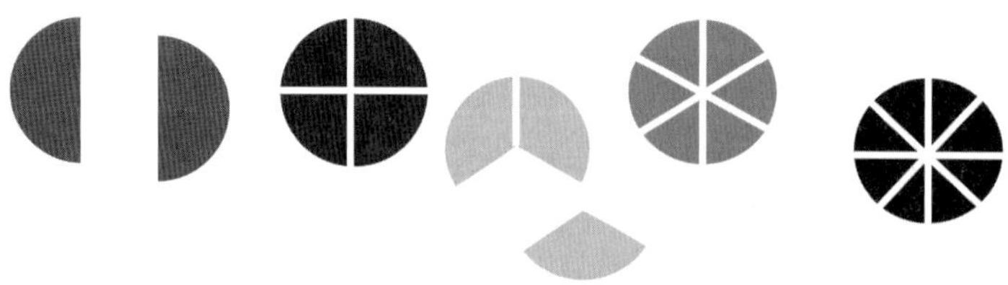

학생들에게 상자 한 개와 분모가 같은 분수들의 덧셈 예를 보여주는 카드들 또한 주어야 한다.

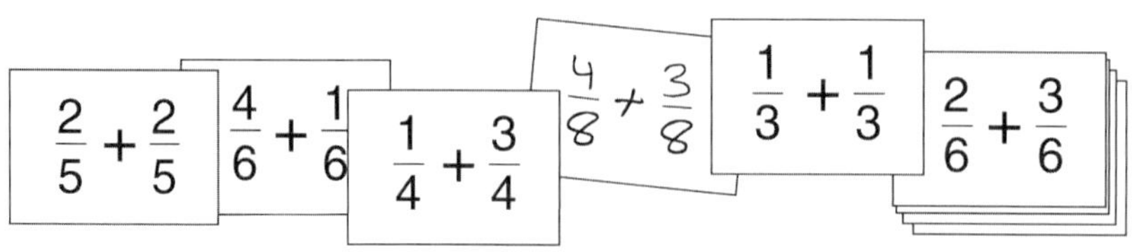

카드를 고른 뒤, 한 학생이 첫 번째 분수를 나타내는 분수파이를 상자 안에 넣어야 한다. 다른 학생은 두 번째 분수를 나타내는 분수파이를 상자 안에 넣어야 한다. 그런 후 두 학생이 각자가 생각하는 정답을 적는다. 마지막으로, 학생들이 상자 안을 보고 자신들의 답을 확인한다.

■ 활동 8.17 상자 안에 있는 분수는 어떤 것일까? - 뺄셈

짝활동으로, 학생들은 원형 분수(fraction circles) 여러 개를 갖고 있어야 한다.

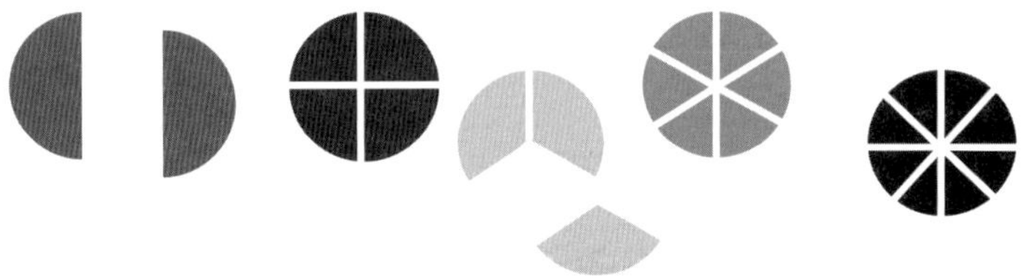

학생들에게 상자 한 개와 분모가 같은 분수들의 뺄셈 예를 보여주는 카드들 또한 주어야 한다.

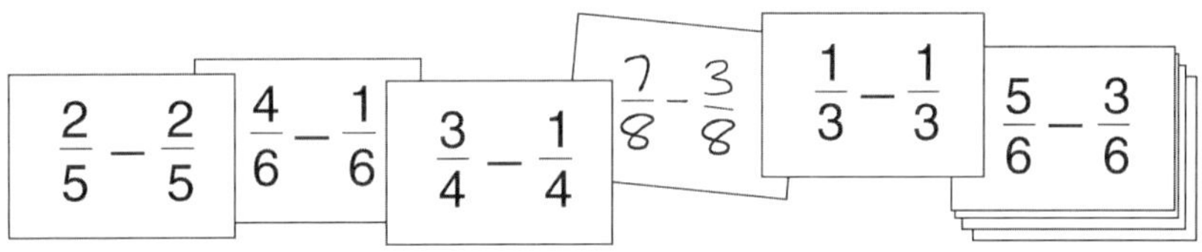

카드를 고른 뒤, 한 학생이 첫 번째 분수를 나타내는 분수파이를 상자 안에 넣어야 한다. 다른 학생은 두 번째 분수를 나타내는 분수파이를 상자 밖으로 빼내야 한다. 그런 다음 두 학생이 각자가 생각하는 정답을 적는다. 마지막으로, 학생들이 상자 안을 보고 자신들의 답을 확인한다.

■ 활동 8.18 예측

짝활동으로, 학생들은 원형 분수(fraction circles) 여러 개를 갖고 있어야 한다.

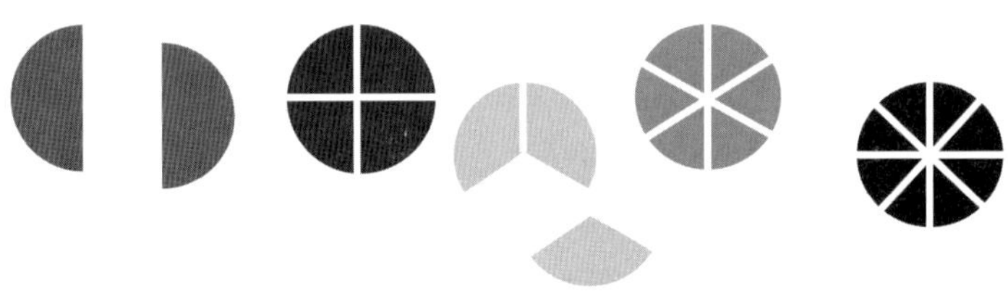

학생들에게 상자 한 개와 활동 8.16과 8.17에서 사용한 카드들을 섞어서 주어야 한다.

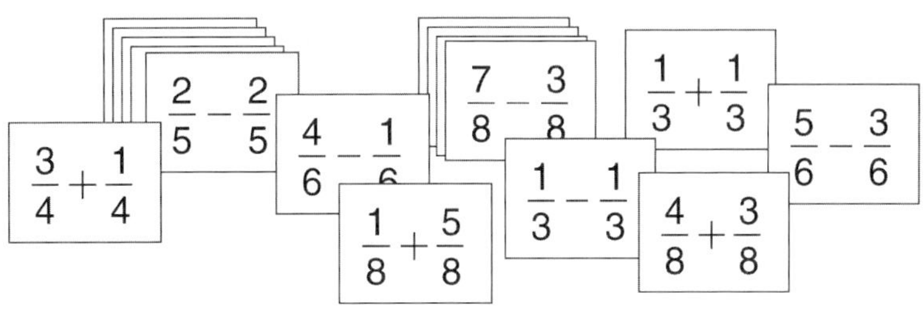

카드를 고른 뒤, 두 학생은 각자가 생각하는 정답을 적어야 한다. 그런 다음 학생들이 분수파이를 사용하여 자신들의 답을 확인한다.

■ 활동 8.19 같은 크기를 가진 단위

서로 다른 분수를 나타내는 정사각형 분수(fraction squares)를 보여주는 슬라이드를 몇 쌍 준비한다. 한 사각형은 세로로, 다른 하나는 가로로 나눈다.

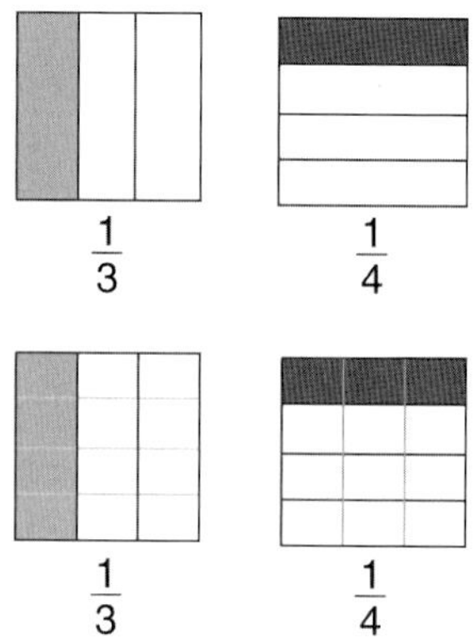

예를 들어, 한 슬라이드가 $\frac{1}{3}$과 $\frac{1}{4}$을 보여준다고 가정해보자.

$\frac{1}{3}+\frac{1}{4}$을 칠판에 적고 슬라이드를 보여준다.

두 분수를 더할 수 있도록 두 사각형을 같은 조각(같은 단위)으로 나누고 싶다고 말한다. 모든 조각이 같은 크기를 갖게 하려면 어떻게 잘라야 할지를 묻는다. [첫 번째 도형을 세로로 균등하게 네 부분으로 자르고 두 번째 도형을 가로로 균등하게 세 부분으로 잘라요.]

새로 붙인 분수 이름을 이용하여 덧셈을 적는다. 여전히 같은 양을 더하고 있다는 것을 강조한다.

$$\frac{1}{3}+\frac{1}{4}=\frac{4}{12}+\frac{3}{12}$$

몇 가지 다른 문제를 들어 이러한 과정을 반복한다. 각 문제를 해결한 다음, 이전 문제 밑에 새로운 결과를 적는다.

학생들에게 새로운 분모(공통분모)를 얻기 위해 모든 문제에서 어떻게 해야 할지 알겠느냐고 묻는다. [새로운 분모는 주어진 두 분모의 곱이에요.]

■ 활동 8.20 Answer Hunt(정답 사냥)

모든 학생들에게 충분한 정도의 분모가 다른 분수들의 덧셈이나 뺄셈 카드를 준비한다.

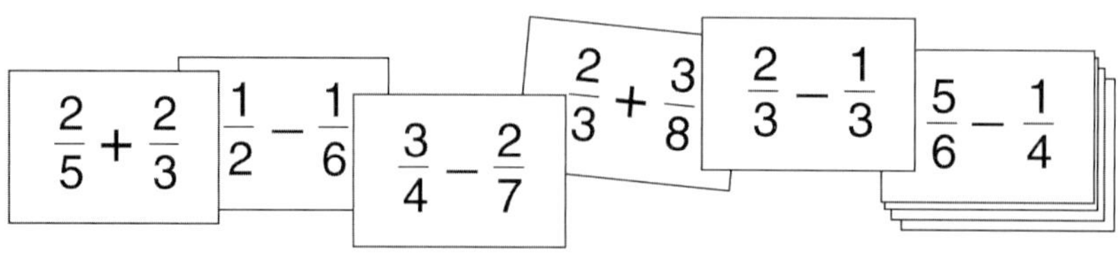

또한 모든 덧셈과 뺄셈 예시에 대한 답이 적힌 카드를 준비한다. 교실 벽에 답지 카드를 붙인다.

덧셈과 뺄셈 카드를 학생에게 건네주고 그 문제에 대한 답을 찾도록 한다.

11 가분수와 대분수

분모보다 분자가 더 큰 분수를 가분수(improper fraction)라고 하며, 가분수는 1보다 크다. 가분수(假分數)라고는 하지만 이러한 분수가 틀린 것(improper)을 의미하는 것은 아니다. 사실, 가분수가 상응하는 대분수보다 더 간단한 형태로 간주되기 때문에, 수학자들은 일반적으로 대분수보다 가분수를 사용하는 것을 선호한다. 하지만, 대분수가 가분수보다 더 좋은 상황이 있다. 예를 들어, 옷감 가게에 가서 점원에게 옷감의 $\frac{17}{4}$야드를 사고 싶다고 말한다면, 점원은 아마도 미쳤다고 생각할 것이다. 또한 어떤 물품의 몇 조각의 가격을 나타내는 가격표가 $\frac{874}{100}$달러라면, 고객은 아마도 당황해 할 것이다.

가분수와 대분수를 처음 마주할 때, 학생들은 같은 양을 명명하는 두 가지 방법만을 배운다. 활동은 주어진 가분수와 동등한 대분수를 찾는 것과 주어진 대분수와 동등한 가분수를 찾는 것에 초점을 둔다. 물리적 모델 혹은 그림 모형 모두 개념과 기능을 발달시키는데 효과적으로 사용될 수 있다. 원형 분수(fraction circles)를 이용하여, $1+\frac{2}{6}=\frac{8}{6}$을 보여줄 수 있다.

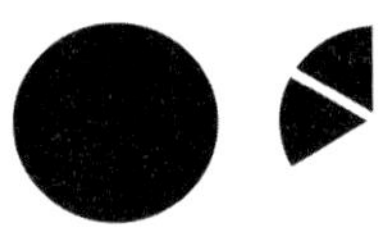

1과 $\frac{2}{6}$는 $\frac{8}{6}$과 같은 양이다.

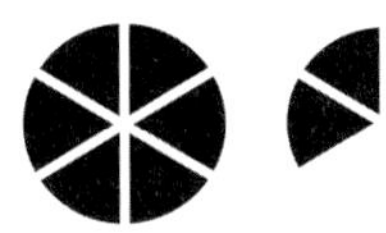

그리고, 정사각형 그림 분수를 사용하여, $1+\frac{3}{4}=\frac{7}{4}$을 보여줄 수 있다.

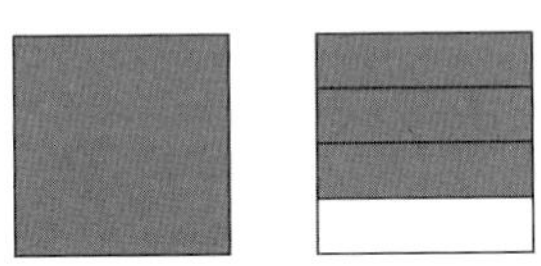

1과 $\frac{3}{4}$은 $\frac{7}{4}$와 같은 양이다.

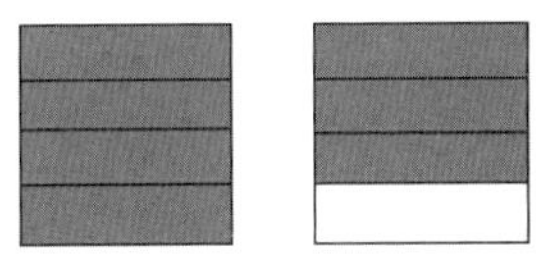

분수를 1로 다시 명명하는 단계를 기록하면, 모형을 사용하지 않고도 다음과 같은 단계를 살펴볼 수 있다:

$$1 + \frac{3}{4} = \frac{4}{4} + \frac{3}{4} = \frac{7}{4}$$

이 분수의 다른 이름은 1이다.

어떤 대분수를 가분수로 바꿀 때에 이와 같은 과정으로 할 수 있다.

$$1\frac{5}{8}=\frac{8}{8}+\frac{5}{8}=\frac{13}{8} \qquad 3\frac{2}{3}=\frac{3}{3}+\frac{3}{3}+\frac{3}{3}+\frac{2}{3}=\frac{11}{3}$$

그리고 가분수를 대분수로 바꿀 때 이와 비슷한 과정으로 할 수 있다.

$$\frac{14}{9}=\frac{9}{9}+\frac{5}{9}=1\frac{5}{9} \qquad \frac{18}{7}=\frac{7}{7}+\frac{7}{7}+\frac{4}{7}=2\frac{4}{7}$$

대분수의 덧셈과 뺄셈은 거의 정수의 덧셈 및 뺄셈과 동일하다. 각 연산에서, 절차는 똑같은 두 개의 큰 개념에 기반한다. 우선, 더할 때는 항상 같은 단위끼리 더한다:

$$\begin{array}{r} 14\frac{1}{5} \\ +\ 32\frac{3}{5} \\ \hline 46\frac{4}{5} \end{array}$$

10자리끼리 더한다 / $\frac{1}{5}$ 단위끼리 더한다

1의 자리끼리 더한다

또한 덧셈에 대한 두 번째 큰 개념을 적용한다. 진분수의 형태로 쓰기에 수가 클 때에는, 교환하라:

$$\begin{array}{r} ^{1} \\ 14\frac{4}{5} \\ +\ 32\frac{3}{5} \\ \hline \frac{2}{5} \end{array}$$

총 $\frac{1}{5}$이 7개 있다. 이는 5개의 $\frac{1}{5}$과 2개의 $\frac{1}{5}$이 있는 것과 같다. 5개의 $\frac{1}{5}$을 1로 교환하고, $\frac{2}{5}$만 기록한다.

$$\begin{array}{r} ^{1} \\ 14\frac{4}{5} \\ +\ 32\frac{3}{5} \\ \hline 7\frac{2}{5} \end{array}$$

교환한 1을 포함하면, 1의 자리는 7이 된다.

$$\begin{array}{r} ^{1} \\ 14\frac{4}{5} \\ +\ 32\frac{3}{5} \\ \hline 47\frac{2}{5} \end{array}$$

그리고, 10의 자리는 4가 된다.

뺄셈을 할 때에는, 항상 같은 단위끼리 뺀다.

$$\begin{array}{r} 57\frac{3}{5} \\ -\ 32\frac{1}{5} \\ \hline 25\frac{2}{5} \end{array}$$

10자리끼리 뺀다 / $\frac{1}{5}$ 단위끼리 뺀다

1의 자리끼리 뺀다

또한 뺄셈의 두 번째 큰 개념을 적용한다. 뺄 값이 충분하지 않으면, 교환하라.

$$\begin{array}{r} ^{6}\ \ ^{7}\ \ \\ 4\cancel{7}\frac{\cancel{2}}{5} \\ -\ 21\frac{4}{5} \\ \hline \end{array}$$

4개의 $\frac{1}{5}$을 빼야 하는데, 뺄 값이 충분하지 않아서 $\frac{1}{5}$을 더 얻기 위해 1을 교환한다. 교환을 해서, 5개의 $\frac{1}{5}$을 얻을 수 있다. 교환을 기록해둔다.

$$\begin{array}{r} 4\overset{6}{\not{7}}\frac{\overset{7}{\not{2}}}{5} \\ -\ 21\frac{4}{5} \\ \hline \frac{3}{5} \end{array}$$

4개의 $\frac{1}{5}$을 빼면, 3개의 $\frac{1}{5}$이 남는다.

$$\begin{array}{r} 4\overset{6}{\not{7}}\frac{\overset{7}{\not{2}}}{5} \\ -\ 21\frac{4}{5} \\ \hline 25\frac{3}{5} \end{array}$$

그런 후 일의 자리 1과 십의 자리 2를 뺀다.

교정 노트(A Remediation Note). 아래의 틀린 계산은 대분수 뺄셈을 하는 학생들 사이에서 가장 흔하게 나타나는 오류 유형이 무엇인지를 보여준다.

$$\begin{array}{r} 4\overset{6}{\not{7}}\frac{\overset{12}{\not{2}}}{5} \\ -\ 21\frac{4}{5} \\ \hline 25\frac{8}{5} \end{array}$$

이 오류 유형에서, 학생은 정수의 뺄셈 절차처럼 분자에 10을 기계적으로 빌려왔다. 이 학생은 분모가 얼마만큼의 조각을 교환할 수 있는지 나타낸다는 것을 이해해야만 한다. 이 학생들에게는 모델로 이를 보여주어야 한다.

12 분수의 곱셈

분수의 곱셈을 모델링하는 세 가지 다른 접근법이 전문적인 문헌에 나타났다. 이러한 접근법 중 2가지는 효과적인 것으로 증명되어 왔는데, 이는 합리적으로 사용하기 쉬우며 학생들에게 유의미하다. 세 번째 접근법은 사용하기는 쉽지만 학생들에게 유의미하지 않으며, 답에 대한 이유가 이해되지 않는다. 세 가지 접근법 모두를 살펴보고 이 접근이 효과적으로 사용되기 전에 학생들이 이미 이해해야만 하는 것이 무엇인지 논의하여보자.

$\frac{1}{2} \times \frac{2}{3}$

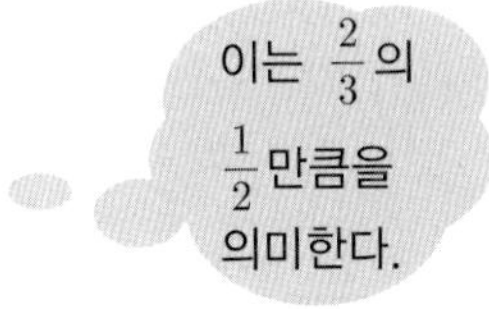

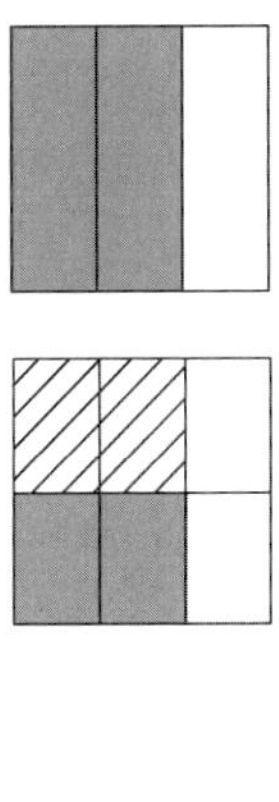

교사는 학생들이 이를 이해할 것으로 기대해서는 안된다. 학생들이 곱셈에서 "의"라는 단어를 연관 짓는 것을 돕기 위해, 정수의 곱셈 예시로 시작할 수 있다. 예를 들어, 5개의 묶음을 보인다. 그리고 5 × 3 이라고 쓴다. 7인치 조각 종이를 보여준다. 그리고는 이 조각 4개를 한 줄로 길게 이어 붙여 보여준다. 총 길이가 얼마인지 묻고 "4개의 조각"라고 쓴다. 4×7이라고 쓴다. "달걀" 3 상자를 보여준다. 3 × 12로 쓰고, "3개의 상자"로 쓴다.

학생들이 "의"라는 단어와 곱셈 간의 관계에 익숙해지고 나서, 이러한 방법이 시도되어야 한다. $\frac{2}{3}$의 $\frac{1}{2}$을 구하기 위해, $\frac{2}{3}$부터 시작해야 한다. 정사각형 분수를 사용하여 시작 분수를 나타낸다. 칠한 부분은 $\frac{2}{3}$를 나타낸다.

이제 이 분수의 $\frac{1}{2}$을 찾아보자. 똑같은 크기로 이등분하는 가로선을 그려서 정사각형의 칠한 부분의 절반을 구할 수 있다. 그러면 처음 분수의 $\frac{1}{2}$을 새로 나타낼 수 있다.

정사각형은 이제 6개의 똑같은 부분으로 나뉘어 있다. 새로 나타낸 부분은 똑같은 6개 부분 중 2개, 즉 $\frac{2}{6}$이다.

$\frac{2}{3}$의 $\frac{1}{2}$은 $\frac{2}{6}$이다

$$\frac{1}{2} \times \frac{2}{3} = \frac{2}{6}$$

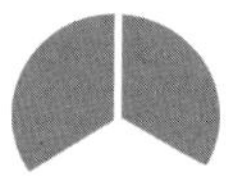

이것이 바로 물리적 모형을 사용했을 때 우리가 기대했던 것이다. 원형 분수(fraction circles)를 이용하여 $\frac{2}{3}$를 나타냈다면, 이러한 조각 2개가 필요했을 것이다. 물론, 이러한 두 조각의 절반은 이러한 조각($\frac{1}{3}$) 중 하나이고, $\frac{1}{3} = \frac{2}{6}$이다.

다른 예시에서, $\frac{2}{5} \times \frac{3}{4}$을 모형화할 수 있다. $\frac{3}{4}$의 $\frac{2}{5}$를 구하기 전에, $\frac{3}{4}$을 우선 구해야 한다. $\frac{3}{4}$을 나타내기 위해 정사각형 분수(fraction square)를 사용한다. 정사각형에 가로선을 그어 4등분한다. 칠한 부분은 정사각형의 $\frac{3}{4}$이다.

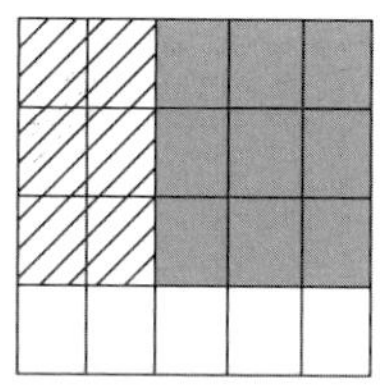

이제 정사각형에 세로선을 그어서 5등분한다. 분수 $\frac{3}{4}$의 $\frac{2}{5}$을 새로 나타낼 수 있다.

$\frac{3}{4}$의 $\frac{2}{5}$는 $\frac{6}{20}$이다

$$\frac{2}{5} \times \frac{3}{4} = \frac{6}{20}$$

분수의 곱셈 모델링을 위한 두 번째 방법은 정수의 곱셈에서 이미 보았던 넓이 모형을 사용하는 것이다. 직사각형의 넓이는 가로와 세로의 곱과 같다는 것을 떠올려보자.

이 모형에서, 한 변의 길이와 다른 변의 길이의 곱은 넓이와 같다.

$3 \times 4 = 12$

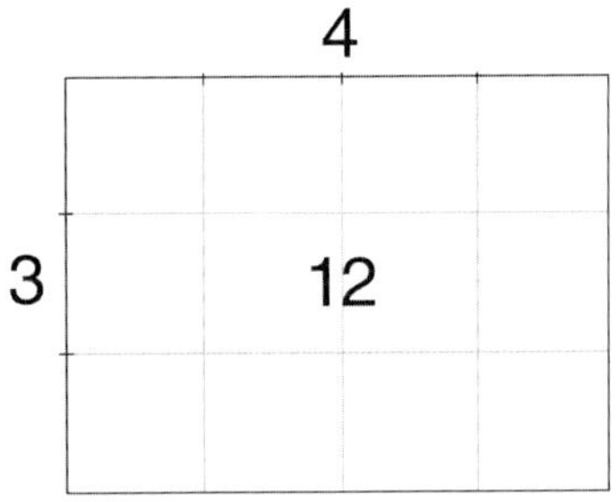

이제, $\frac{1}{2} \times \frac{2}{3}$의 답을 구한다고 가정해보자. 직사각형의 세로가 $\frac{1}{2}$이고, 가로가 $\frac{2}{3}$라고 한다면, 직사각형의 넓이는 $\frac{1}{2} \times \frac{2}{3}$이 될 것이다. 단위 정사각형(각 변의 길이가 1인 정사각형)으로 시작해보자. 단위 정사각형의 넓이 또한 1이다. 이 정사각형의 한 변을 3등분한 뒤, $\frac{2}{3}$가 되는 부분에 진하게 표시하였다.

다음으로, 인접한 변을 2등분한다. 이 변에서 $\frac{1}{2}$되는 부분에 진하게 표시한다. 정사각형을 더 세분화하고 직사각형의 가로의 $\frac{2}{3}$와 세로의 $\frac{1}{2}$되는 부분에 칠한다. 칠한 직사각형의 넓이는 $\frac{1}{2} \times \frac{2}{3}$이다. 칠한 직사각형의 넓이는 또한 단위 정사각형을 6등분한 것 중의 2개이므로, $\frac{1}{2} \times \frac{2}{3}$와 $\frac{2}{6}$는 같은 넓이를 나타내는 2개의 이름이고, 반드시 같은 값이어야 한다. 그러므로, $\frac{1}{2} \times \frac{2}{3} = \frac{2}{6}$이다.

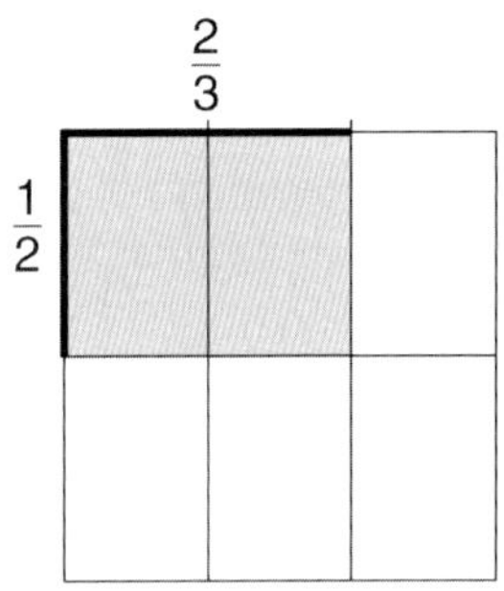

이제, 넓이 모형을 사용하는 두 번째 예시를 살펴보자. $\frac{4}{5}$와 $\frac{2}{3}$의 답을 구하기 위해, 단위 정사각형에서 시작해서 한 변의 $\frac{4}{5}$와 다른 변의 $\frac{2}{3}$를 보여준다.

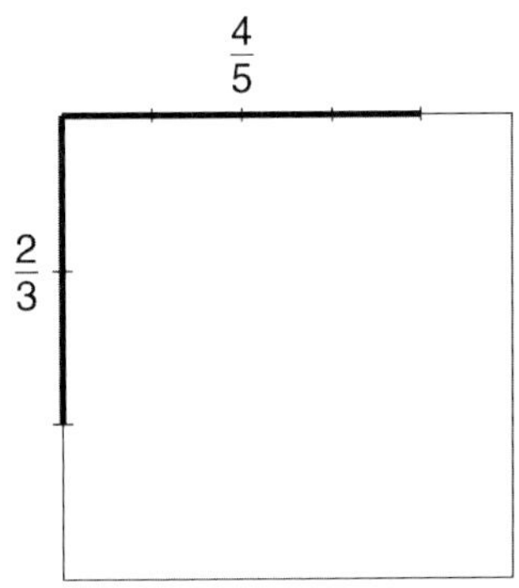

정사각형을 더 세분화하고 직사각형 한 변의 $\frac{4}{5}$와 다른 변의 $\frac{2}{3}$가 되는 지점을 칠한다.

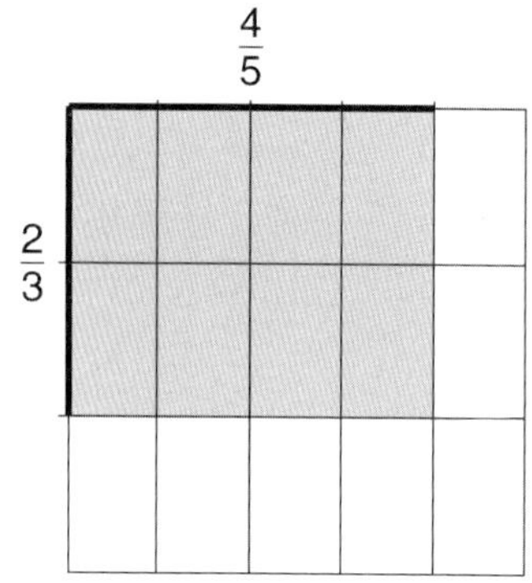

이 직사각형의 넓이는 $\frac{4}{5}\times\frac{2}{3}$이다. 넓이는 $\frac{8}{15}$이다. 그러므로 $\frac{4}{5}\times\frac{2}{3}=\frac{8}{15}$이다.

이렇게 분수 곱셈을 모델링하는 방법은 학생들이 넓이 개념을 사용하도록 한다. 학생들이 이 방법을 이해하기를 기대하기 전에, 교사는 학생이 직사각형의 넓이와 직사각형의 가로와 세로의 곱이 같다는 것을 알고 있는지 확인하여야 한다.

분수 곱셈을 모델링하기 위한 세 번째 방법은 어떤 경우에는 추천할 수도 있겠지만, 이 방법은 그다지 추천할만하지는 않다. 왜냐하면 이 방법은 매우 빠르고, 쉽지만 분수 곱셈을 위한 유의미한 방법은 아니다. $\frac{3}{4}\times\frac{2}{3}$의 답을 구한다고 가정해보자. 이 접근에서는 분수 중 하나를 보여주는 정사각형 분수에 해치 마크(hatch marks)를 사용함으로써 시작한다.

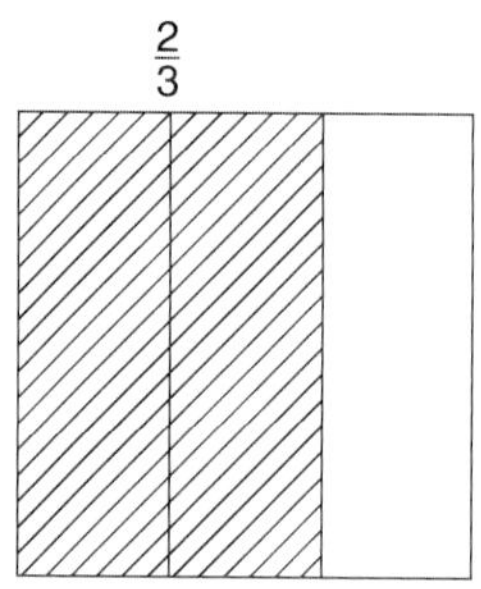

그리고 나서, 다른 분수를 보여주기 위해 정사각형을 가로로 나눈다. 이 분수의 해치 마크(hatch marks)는 다른 방향으로 사선을 그렸다. 사선이 서로 겹치는 정사각형의 부분이 곱셈의 답이다. 그러므로, $\frac{3}{4}\times\frac{2}{3}=\frac{6}{12}$이다.

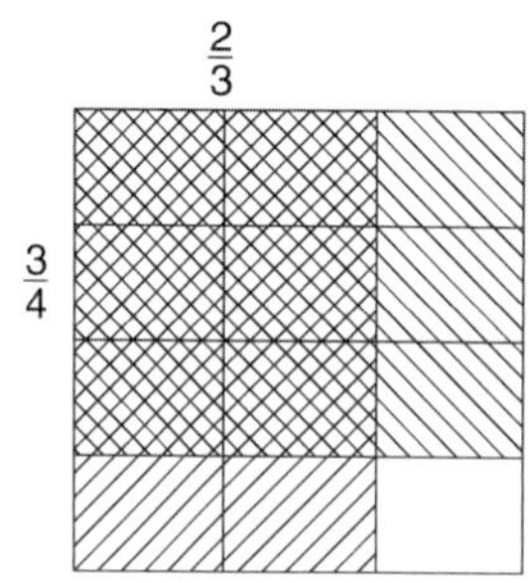

이 과정은 정답을 이끌어낸다. 이 방법은 빠르고, 비교적 사용하기 쉽지만 학생들이 사선이 서로 겹치는 부분이 왜 정답인지 이해하지 못하기 때문에 의미 있는 방법은 아니다. 답인 이유가 사선이 서로 겹치는 것이기 때문에 아무런 의미가 없다. 이는 사선이 겹치지 않는 부분이 정답이라고 말하는 것과 다를 게 없다. 이 예제에서 이 또한 답이라고 주장할지 모른다.

학생들에게 사선이 서로 겹쳐 있는 부분이 정답이 되는 진짜 이유는 교사가 그렇게 말하기 때문일 것이다. 그래서 이러한 방법으로, 그림 그리는 것을 포함하는 암기 규칙을 만들어 사용해 왔다. 이 방법이 여전히 어떤 교사 자료에 나타날지라도, 연구에서는 효과적이지 않다는 것이 확인되었다.

처음 제시했던 두 방법은 모두 효과적이다. 두 방법 모두 학생에게 의미 있고, 분수 곱셈의 효과적인 모델링을 제공한다. 이 방법들은 과정이 답을 이해할 수 있도록 하기 때문에 학생들이 정답이라고 믿는 답을 보여준다.

13 분수의 나눗셈

분수의 나눗셈은 느리게 발달하는 주제이다. 때로 발달은 몇 가지 특별한 경우에서 나온 일련의 예시(예를 들어, $\frac{8}{9}\div 4$, $2\div\frac{1}{3}$, $\frac{3}{4}\div\frac{1}{8}$)에 근거하고 과징적 절치는 이러한 특별한 경우들로부터 일반화된다.

$\frac{8}{9}\div 4$에서, $\frac{8}{9}$로 시작하여 이를 4개의 똑같은 부분으로 나눠보자.

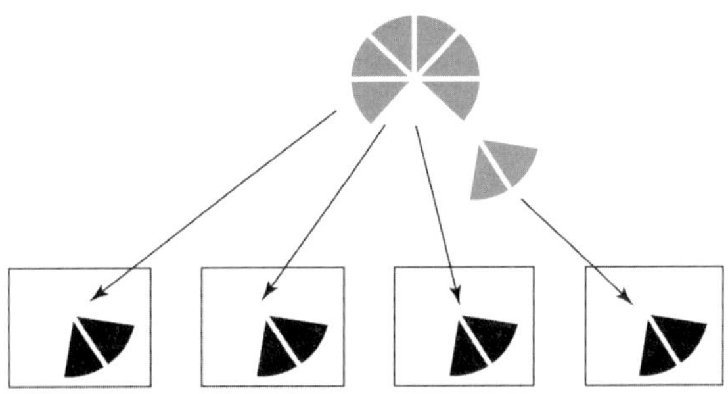

$\frac{8}{9}\div 4=\frac{2}{9}$

$2\div\frac{1}{3}$에서, 2로 시작해서 $\frac{1}{3}$이 2에 몇 번 포함되는지 보자. $\frac{1}{3}$은 2에 6번 포함된다. 그러므로, $2\div\frac{1}{3}=6$이다.

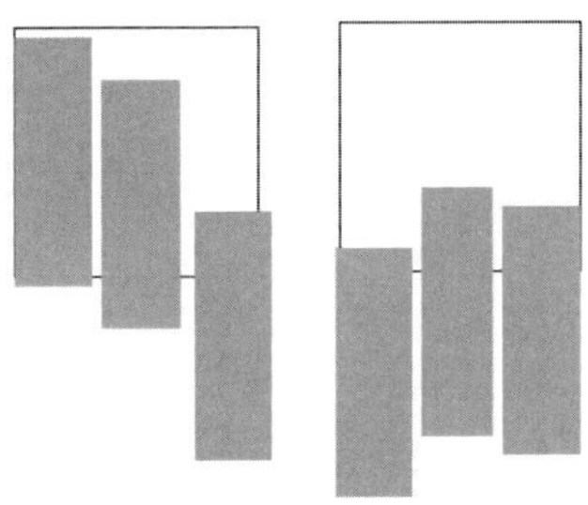

$\frac{3}{4}\div\frac{1}{8}$에서, $\frac{3}{4}$에서 시작해서 $\frac{1}{8}$이 $\frac{3}{4}$이 몇 번 포함되는지 보자. 분수 $\frac{1}{8}$은 $\frac{3}{4}$에 6번 포함된다. 그러므로, $\frac{3}{4}\div\frac{1}{8}=6$이다.

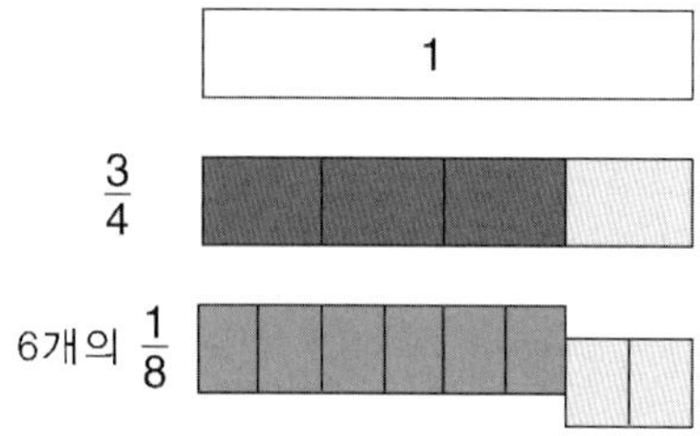

조합의 적절한 예들을 살펴본 것처럼 보이지만, 실제로 특별한 경우를 갖는 예시들이 있는데 다음과 같다. 모든 예시에서, 정수를 분수로 나누고 정수답을 얻거나 분수를 분수로 나누어서 정수답을 얻거나, 분수를 정수로 나누어서도 "동일한" 답을 얻었다. 가장 흔하게 나타나는 경우는 기술하지 않았다. 이러한 예시에서, 분수 답을 얻기 위해 분수를 분수로 나누지는 않았다. 많은 수학 교육자들이 이러한 마지막 유형을 모델화하기 어렵다고 생각하기 때문에 발달에서 이러한 가장 흔한 유형의 분수 나눗셈은 거의 시도하지 않았다. 대신, 분수의 나눗셈에 대한 계산 규칙은 더 쉬운 특정 상황으로부터 일반화되었다. 3장에서 언급했듯이, 특정 상황으로부터의 일반화는 좋은 수학이 아니기에 피해야 할 것이다.

분수의 답을 얻기 위해 분수를 분수로 나누어야 할 때 예시를 포함한 발달 단계를 살펴보자. 모델링 과정을 확고히 하기 위해 더 간단한 예시에서 시작하여 계산 규칙을 일반화하기 전에 모든 유형의 예를 다루고자 한다.

맨 처음 할 일은 사용하게 될 분할의 종류, 즉 분할 측정을 검토해보는 것이다. 8 ÷ 2에 대한 답을 구하려고 한다면, 2가 8에 몇 번 포함되는지 구해야만 한다.

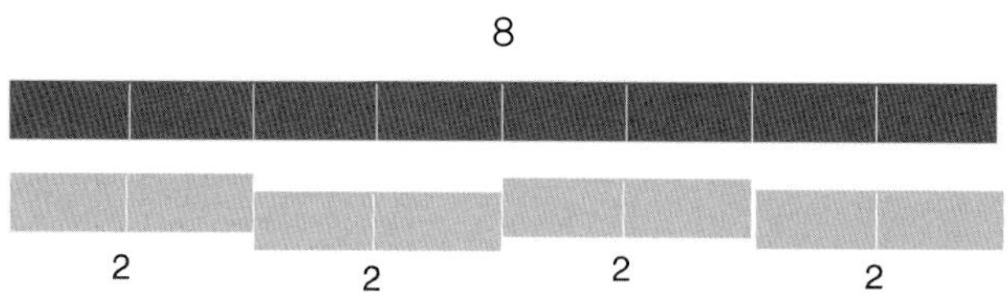

8에 2가 4번 들어가서, 8 ÷ 2 = 4이다.

같은 유형의 분할을 사용함으로써, 그리고 분수-분할 예시의 답을 구하기 위해 같은 모델링 절차를 따라감으로써 계속 진행하게 된다(Nowlin, 1996). 매우 쉬운 예시에서부터 더 어려운 모형으로 진행한다.

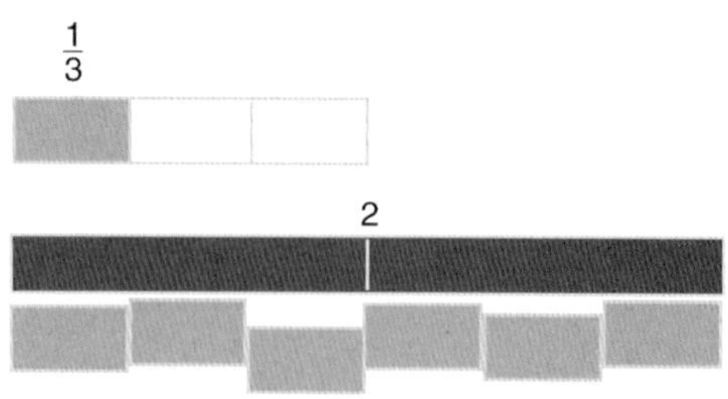

그러므로, $2 \div \frac{1}{3} = 6$이다.

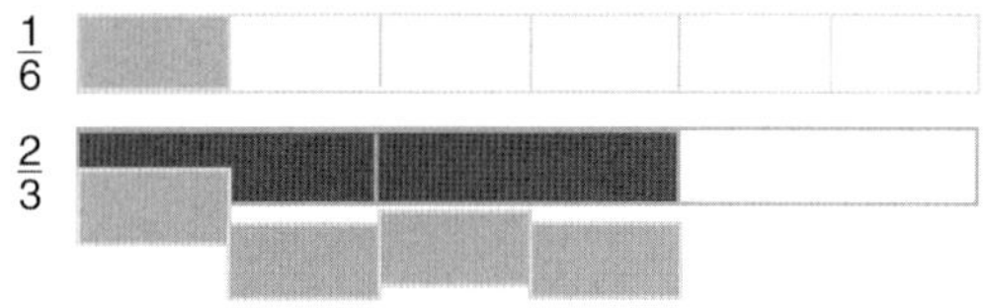

그러므로, $\frac{2}{3} \div \frac{1}{6} = 4$이다.

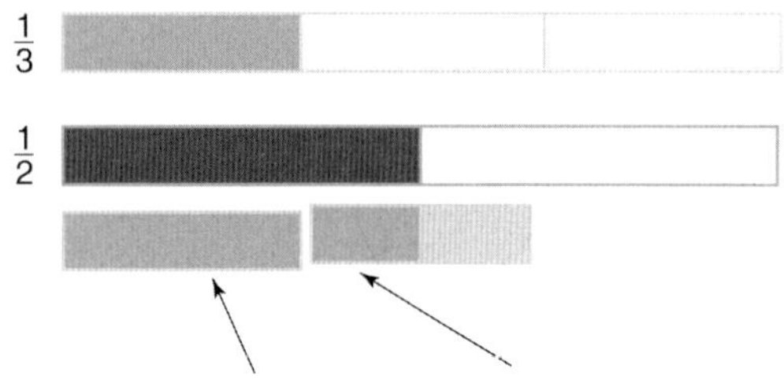

여기 하나의 $\frac{1}{3}$과 또 다른 $\frac{1}{3}$의 절반이 있고,

그래서 $\frac{1}{3}$은 $\frac{1}{2}$에 $1\frac{1}{2}$ 포함된다.

그러므로, $\frac{1}{2} \div \frac{1}{3} = 1\frac{1}{2}$이다.

$\frac{3}{4}$은 $\frac{1}{2}$에 몇 번 포함되는가?

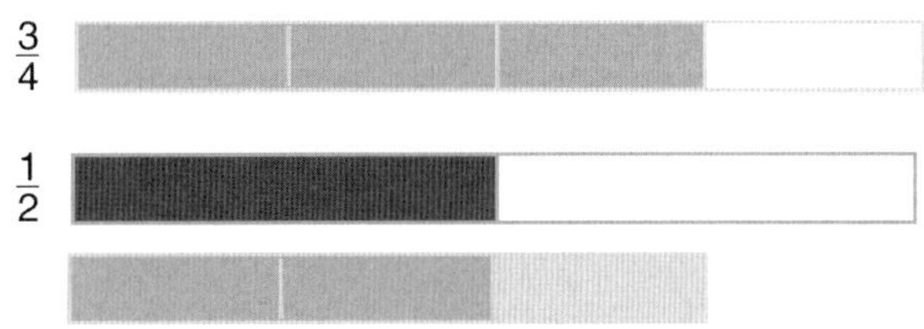

$\frac{3}{4}$은 $\frac{1}{2}$에 1보다 더 적게 포함된다.

$\frac{3}{4}$의 어떤 분수가 $\frac{1}{2}$에 포함되는가? $\frac{3}{4}$의 $\frac{2}{3}$만이 $\frac{1}{2}$에 포함된다.

그러므로, $\frac{1}{2} \div \frac{3}{4} = \frac{2}{3}$이다.

$\frac{2}{3}$에 $\frac{4}{5}$가 몇 번 포함되는가?

$\frac{4}{5}$의 $\frac{5}{6}$만이 $\frac{2}{3}$에 포함된다.

그러므로, $\frac{2}{3} \div \frac{4}{5} = \frac{5}{6}$이다.

이제 분수의 나눗셈 예시에서 답을 얻기 위해 어떻게 모형을 사용할지 살펴보았고, 계산 규칙을 발견하기 위해 결과를 사용할 수 있다. 나눗셈 예시 옆에 관련 있는 곱셈 예시들을 적어서, 학생들이 패턴을 인식하도록 도와줄 수 있다. 예를 들어, 다음의 쌍들을 사용할 수 있다. 각 쌍에서 나눗셈 답을 구하기 위해 논의된 모델링 절차를 사용할 수 있고 곱셈 답을 얻기 위해 분수를 곱하기 위한, 이전에 배운 능력들을 학생들이 사용하도록 할 수 있다.

$$\frac{2}{3} \div \frac{4}{5} = \frac{5}{6} \qquad \frac{2}{3} \times \frac{5}{4} = \frac{5}{6}$$

$$\frac{2}{5} \div \frac{1}{3} = \frac{6}{5} \qquad \frac{2}{5} \times \frac{3}{1} = \frac{6}{5}$$

$$\frac{3}{8} \div \frac{1}{5} = \frac{15}{8} \qquad \frac{3}{8} \times \frac{5}{1} = \frac{15}{8}$$

$$\frac{5}{6} \div \frac{5}{8} = \frac{4}{3} \qquad \frac{5}{6} \times \frac{8}{5} = \frac{40}{30} = \frac{4}{3}$$

학생들은 각 쌍의 두 예시가 답이 같다는 것과 각 쌍의 두 예시에서 첫 번째 분수가 같다는 것을 알아차렸을 것이다. 또한 각 쌍에서, 첫 예시는 나눗셈이고 다른 예시는 곱셈이라는 것과, 곱셈 예시에서 두 번째 수는 나눗셈 예시에서의 두 번째 수의 역수라는 것을 알게 될 것이다.

이러한 패턴을 관찰한 후, 학생들은 제수를 역수로 바꾸고 나눗셈을 곱셈으로 바꿈으로써 나눗셈의 답을 발견하는 일반화에 쉽게 도달할 수 있다. (물론, 이는 우리가 모두 배운 규칙이다: 제수의 역수를 곱해라.)

흥미란 점에서, 이제 수학적으로 타당하고 사용하기 쉬운 분수 나눗셈을 위한 절차를 논의해보자. 이는 초등학교 수학 교육과정에서 거의 포함되지 않지만 대수학에서는 표준적 절차이다. 이 과정을 이해하는 것은 학생들의 나눗셈 비교에 대한 이해에 달려있다.

12명 아이들의 그룹과 4명 아이들의 그룹을 비교하는 한 가지 방법은 나누는 것이다. $12 \div 4 = 3$이기 때문에, 더 큰 그룹은 더 작은 그룹의 3배라는 것을 알게 된다. 그룹을 뒤집어서 4명 아이들의 그룹과 12명 아이들의 그룹을 비교한다면, $4 \div 12 = \frac{1}{3}$이 된다. 이는 더 작은 그룹이 더 큰 그룹보다 $\frac{1}{3}$만큼 크다는 것을 알려준다.

달걀을 비교한다고 가정해보자. 한 그룹에는 8개의 달걀이 있고, 다른 그룹에는 달걀 12개들이 두 상자가 있다. 이 두 숫자를 $8 \div 4 = 2$ 같이 나누고 한 그룹이 다른 그룹보다 4배 크다고 할 수는 없다. 비교의 큰 개념을 기억해야만 한다. 항상 같은 단위를 비교하라. 같은 단위가 양쪽에 사용될 수 있도록 두 양을 다시 명명한다면, 나눠서 비교할 수 있다. 달걀 12개들이 두 상자를 달걀 24개로 다시 명명할 필요가 있다. 이제 쉽게 달걀 8개와 달걀 24개를 비교할 수 있다. $8 \div 24 = \frac{1}{3}$이기 때문에, 달걀 8개는 달걀 24개의 $\frac{1}{3}$만큼 많다고 말할 수 있다.

$$\frac{2}{3} \div \frac{4}{5} = \frac{10}{15} \div \frac{12}{15}$$

이제 단위가 같은 두 분수 $\frac{10}{15}$와 $\frac{12}{15}$를 비교해보자. 같은 분수 단위의 10과 12를 비교해보자. 비교는 10대 12, 혹은 $\frac{10}{12}$이다. 그러므로, $\frac{2}{3} \div \frac{4}{5} = \frac{10}{12} = \frac{5}{6}$이다.

과정을 간단히 언급하기 위해, 공통분모를 지닌 분수를 다시 쓰고 두 분자를 비교한다. 이 과정은 대수학에서 복잡한 분수의 단순화로 나타난다. 대수학의 문맥에서, 다음과 같이 볼 수 있다.

$$\frac{\frac{2}{3}}{\frac{4}{5}} = \frac{\frac{2 \times 5}{3 \times 5}}{\frac{4 \times 3}{5 \times 3}} = \frac{\frac{10}{15}}{\frac{12}{15}} = \frac{\frac{10}{\cancel{15}} \times \cancel{15}}{\frac{12}{\cancel{15}} \times \cancel{15}} = \frac{\frac{10}{1}}{\frac{12}{1}} = \frac{10}{12}$$

14 곱셈과 나눗셈 활동

다음 일련의 활동들은 교사가 분수의 곱셈과 나눗셈을 발달시킬 수 있는 방법들을 보여준다.

■활동 8.21 상자 안에 있는 분수는 어떤 것일까? - 곱셈

칠판에 분수를 쓰고, 분수 파이(원형 분수)를 이용하여 학생들이 그 분수를 나타내는 분수 조각을 선택하고 상자에 분수조각을 넣도록 한다. 다른 학생이 앞으로 나와서 같은 분수를 나타내는 분수 파이를 상자에 넣도록 한다. 그리고는 세 번째 학생이 같은 일을 하게 한다.

학급의 학생들에게 상자 안에 분수를 몇 번 넣었는지 물어본다. 분수를 상자에 3번 넣었으므로, 상자 속의 분수는 원래 분수의 3배이다. 상자에 어떤 분수가 있는지 물어본다.

다른 예시로 활동을 반복한다.

■활동 8.22 가로와 세로 길이의 곱은 넓이

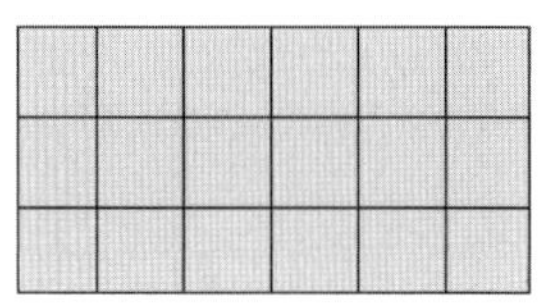

학생들에게 직사각형을 정사각형으로 나누는 것을 보여준다. 직사각형의 가로와 세로가 무엇인지 묻는다. 넓이가 얼마인지 묻는다. 세로의 길이가 정사각형 한 열의 수와 같다는 것을 지적하고, 가로의 길이는 열의 수와 같다는 것을 지적한다. 넓이는 열의 수와 각 열의 정사각형 수의 곱이다. 3 × 6

주어진 가로와 세로 길이를 지닌 직사각형을 보여준다. 각 넓이의 결과를 쓴다

$(5 \times 2,\ 5 \times n,\ a \times 4,\ \frac{4}{5} \times \frac{1}{2})$.

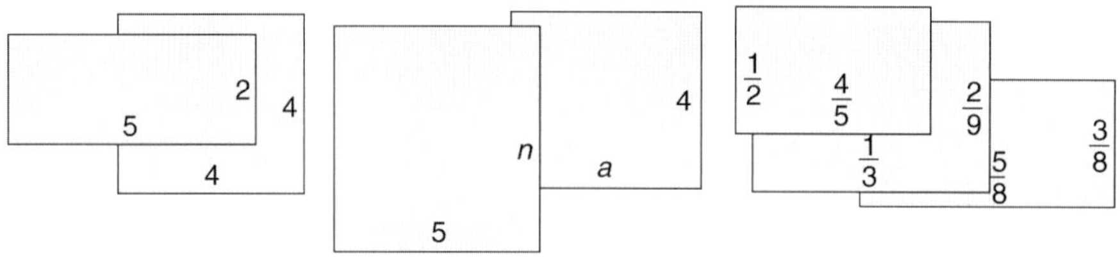

■ **활동 8.23 넓이의 두 가지 이름**

다음과 같이 세분화된 변을 지닌 단위 정사각형을 보여준다. 각 변이 몇 부분으로 나뉘어졌는지 물어본다.

보여준 각 변에서 분수 길이를 표시한다. 각 변에 어떤 분수가 표시되었는지 물어본다. 분수 길이를 적는다.

정사각형을 더 나누고 표시된 변을 지닌 직사각형을 칠한다. 학생들에게 넓이를 구하기 위해 가로와 세로를 곱했다는 것을 상기시킨다. $\frac{2}{3} \times \frac{1}{2}$을 쓴다. 칠한 직사각형의 넓이가 이것이라는 것을 언급한다.

정사각형이 몇 부분으로 나뉠 수 있는지 물어본다. 몇 부분이 칠해졌는지 물어본다. 정사각형의 칠해진 부분의 분수 이름은 무엇인가?

이제 색칠한 직사각형의 2가지 이름, $\frac{2}{3} \times \frac{1}{2}$ 혹은 $\frac{2}{6}$를 얻었고, 이 둘의 값은 같아야만 한다: $\frac{2}{3} \times \frac{1}{2} = \frac{2}{6}$.

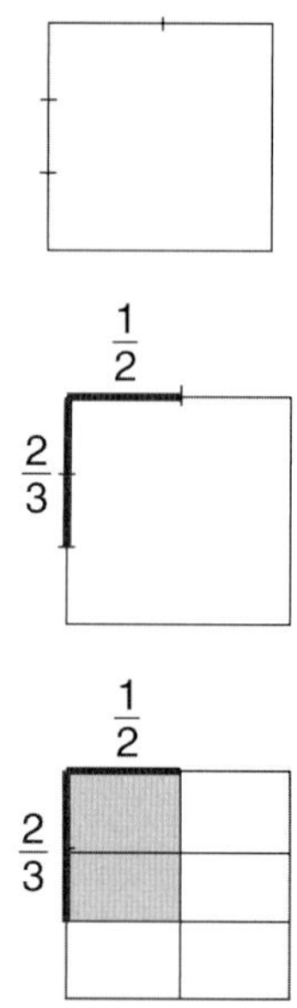

이 과정을 다른 여러 예들로 반복한다. 모든 결과를 기록한다.

■ **활동 8.24 짝을 맞춰보세요**

한 카드에는 분수의 곱셈 예가, 다른 카드에는 이에 대한 답을 보여주는 카드 쌍을 준비한다.

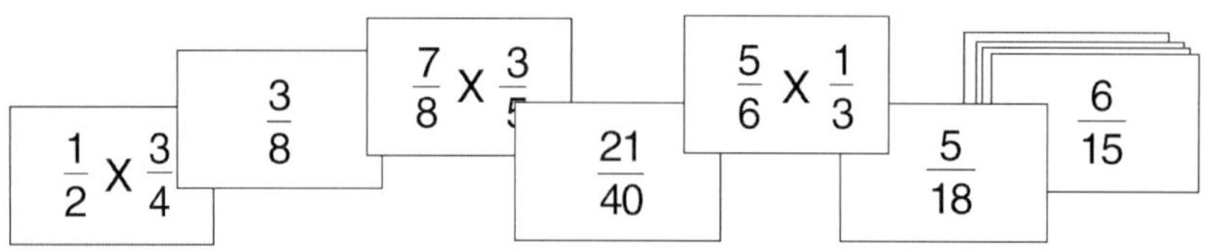

학생들에게 카드를 나눠준다. 학생 수가 홀수라면, 교사가 카드를 가지고 모든 학생이 짝을 이루도록 참여한다. 학생들이 자신의 짝을 찾도록 한다. 짝은 문제를 가지고 있어야만 하며 답과 맞아야 한다.

모두 짝을 찾았으면, 모든 학생들이 보고 답을 확인할 수 있도록 짝이 카드를 들고 있게 한다.

카드를 모으고, 섞고, 활동을 반복한다.

■ **활동 8.25 분수로 측정하기**

길이가 있고 색이 있는 종이 조각을 준비하고, 표시된 라벨을 붙여둔다. 각각의 녹색 조각은 5장을 만든다.

빨간 종이	라벨	녹색 종이	라벨
6인치	6인치	2인치	2인치
8인치	8인치		
4인치	4인치	8인치	8인치
30cm	1	10cm	$\frac{1}{3}$
15cm	$\frac{1}{2}$	6cm	$\frac{1}{5}$
10cm	$\frac{1}{3}$	20cm	$\frac{2}{3}$

학생들에게 6인치 빨간색 조각을 2인치 녹색 조각을 단위로 사용하여 어떻게 측정할 수 있는지 보여준다. 녹색 조각 3개와 빨간색 조각의 길이가 같다는 것을 보여준다. 학생들이 8인치 빨간색 조각을 2인치 녹색 조각을 이용하여 측정하도록 한다. 학생들이 4인치 빨간색 조각을 8인치 녹색 조각으로 측정하도록 한다. 학생들이 녹색 조각에 어떤 분수가 있는지 볼 수 있도록 녹색 조각을 접는다.

또한 1이라는 라벨을 지닌 빨간색 종이를 녹색 $\frac{1}{3}$을 이용하여 측정한다. 빨간색 $\frac{1}{2}$을 녹색 $\frac{1}{5}$로 측정하고, 빨간색 $\frac{1}{3}$을 녹색 $\frac{2}{3}$로 측정한다.

■ **활동 8.26 측정에 의해 나누기**

일련의 분수 조각을 만들고 조각에 표시한다. 각 분수 조각을 똑같이 여러 개 만든다. 조각을 주의 깊게 측정하고, 다음 길이를 사용한다.

$\frac{1}{2}$	15cm	$\frac{1}{3}$	10cm	$\frac{2}{3}$	20cm
$\frac{1}{4}$	7.5cm	$\frac{3}{4}$	22.5cm	$\frac{1}{5}$	6cm
$\frac{2}{5}$	12cm	$\frac{3}{5}$	18cm	$\frac{4}{5}$	24cm
$\frac{1}{6}$	5cm	$\frac{5}{6}$	25cm		

또한 12인치 종이 조각과 4인치 조각 3개를 준비한다. 정수 나눗셈에서 시작한다. 12 ÷ 4를 칠판에 쓴다. 측정으로 나눗셈의 답을 어떻게 구할 수 있는지 보여준다. 3개의 4가 12에 포함되기 때문에 12 ÷ 4 = 3임을 안다는 것을 보여준다.

4개의 $\frac{1}{6}$ 조각이 $\frac{2}{3}$에 포함되기 때문에, $\frac{2}{3} \div \frac{1}{6} = 4$임을 안다는 것을 보여주기 위해 분수 조각을 사용한다.

$\frac{1}{2} \div \frac{1}{5} = 2\frac{1}{2}$임을 보여주고, $\frac{1}{2} \div \frac{3}{4} = \frac{2}{3}$임을 보여준다.

학생들이 앞으로 나와서 여러 예들의 답을 구하도록 한다.

▪활동 8.27 관련된 곱셈과 나눗셈

활동 8.26의 절차에 따라 여러 분수의 나눗셈 예들의 답을 구해본다. 예시를 답과 함께 기록해두고 학생들이 다음에 제시된 나눗셈 예시와 관련된 곱셈 예시에 대한 답을 구하도록 한다.

$$\frac{1}{2} \div \frac{3}{4} = \frac{2}{3} \qquad \frac{1}{2} \times \frac{4}{3} = \frac{2}{3}$$

$$\frac{1}{3} \div \frac{1}{5} = \frac{5}{3} \qquad \frac{1}{3} \times \frac{5}{1} = \frac{5}{3}$$

나눗셈 예시와 관련된 곱셈 예시에서 답이 같다는 것을 언급한다. 나누지 않고도 나눗셈에서 어떻게 이러한 답을 얻었는지 물어본다. [관련된 곱셈을 할 수도 있다.] 학생들이 관련된 곱셈을 함으로써 나눗셈에 대한 답을 구하도록 한다. 답을 확인하기 위해 분수 조각을 이용하여 나눈다.

▪활동 8.28 세 가지를 찾아라

세 장의 카드 세트를 준비한다. 한 카드는 나눗셈 예시를 보여주고, 두 번째는 관련된 곱셈 예시를 보여주고, 세 번째는 답을 보여준다. 카드는 2명의 학생이 사용하기에 충분하여야 하고, 예시로서 여분의 카드가 필요하다. 카드를 섞고 벽에 붙인다.

카드 한 장을 가리킨다. 나눗셈 카드 중 하나를 선택한다. 벽에서 떼어내고 모두 볼 수 있도록 들어올린다. 학생들에게 관련된 곱셈 예시가 있는 카드가 있다고 말해준다. 학생들이 그 카드를 찾는 것을 도울 수 있게 한다. 그리고 정답 또한 벽 어딘가에 붙어 있다고 말해주고 찾는 것을 도울 수 있게 한다.

모든 학생이 짝을 이룰 수 있게 한다. 각각 짝을 이루어 나눗셈 카드를 찾고 벽에서 떼어내게 한다. 다 했으면, 곱셈 카드를 찾고 나눗셈 카드에 대한 정답을 찾도록 말해준다.

모두 마쳤을 때, 짝이 카드를 나머지 학생들에게 보여주게 한다. 모두 정답을 찾았는지 학생들이 결정하게 한다.

■ **활동 8.29 쉬운 방법으로 나누기**

학생들이 분수의 나눗셈과 관련된 곱셈에 대해 배웠던 것을 상기한다. 학생들이 나눗셈을 곱셈으로 바꾸기 위한 규칙을 말로 나타낼 수 있도록 도와준다. (규칙은 "제수를 뒤집고 곱한다"와 같은 내용일 것이지만, 가능한 한 학생 자신의 언어를 사용하도록 해야 한다)

그 규칙을 나눗셈 예에 사용하게 한다.

한 학생을 선택하여 앞으로 나와서 규칙을 사용하여 다른 예시를 설명하게 한다. 계속해서 그 규칙이 얼마나 쉬운지 강조하게 한다.

학생들이 짝과 그룹을 짓게 한다. 나눗셈 예시를 칠판에 적는다. 각 학생들이 규칙을 사용해서 문제의 답을 구하게 한다. 그리고 학생들이 짝과 답을 확인할 수 있게 한다. 학생들이 답에 동의하지 못한다면, 누가 옳은지 알아내야만 한다.

분수를 나누기 위해서 그 방법이 얼마나 쉬운지 계속 강조한다.

15 수업 수정하기

이제 교사용 지도서에 나타나는 제안에 근거한 전통적 수업으로부터 시작하여 또 다른 수업을 고려해보자. 동치분수를 가르치는 이 수업은 4학년 교과서에 나오는 수업과 유사하다.

수업 목표

학생들은 분수 모형을 사용하여 동치분수를 쓸 수 있다.

■ **도입**

학생들이 칠해진 부분을 분수로 말하도록 한다.

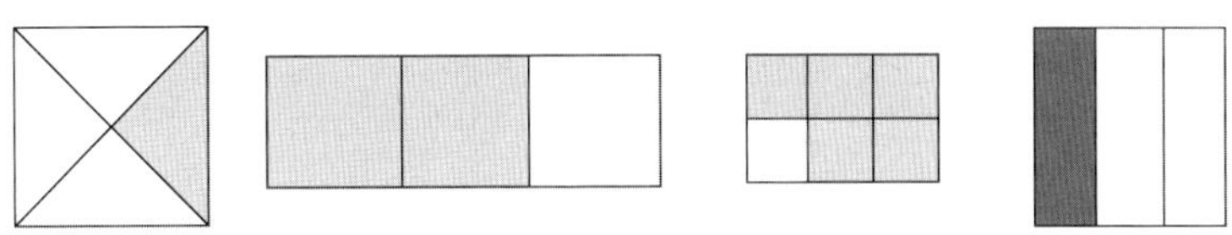

학생들에게 같은 수를 명명하는 많은 방법이 있다는 것을 보여준다. 10은 15-5, 또는 8+2와 같은 숫자이다. 학생들이 가능한 많이 다른 방법을 사용해서 숫자 10을 나타내도록 한다.

■ **전개**

첫 페이지의 예제에 학생들이 주의를 기울이도록 한다. 그림에서 학생은 $\frac{1}{6}$인 분수파이 2개를 $\frac{1}{3}$인 분수파이 1개 위에 놓는다는 것을 언급한다. 2개의 $\frac{1}{6}$은 정확히 $\frac{1}{3}$위에 꼭 맞아서 2개의 $\frac{1}{6}$은 $\frac{1}{3}$과 같은 양이라는 것에 주의를 기울이도록 한다. $\frac{2}{6}=\frac{1}{3}$라고 쓴다.

학생들이 페이지의 두 번째 그림을 보도록 한다. $\frac{1}{8}$ 6개가 정확히 $\frac{1}{4}$ 3개와 같다는 것을 지적한다. 옳은 분수식을 만들기 위해 빈칸에는 어떤 숫자가 들어가야 하는지 물어본다.

■ **학습 점검**

학생들이 페이지 아래에 있는 학습 확인(Checking Learning) 부분에 있는 3개의 예제를 풀도록 한다. 이해하지 못한 학생들을 확인한다.

■ **연습**

두 번째 페이지에 있는 연습 문제를 풀도록 한다. 만약 어려움이 있다면, 분수 조각 그림을 봐야한다는 것을 상기시킨다. 학습 확인(Checking Learning) 부분의 문제에 어려움이 있는 학생들에게는 반복연습지(Reteaching Worksheet)를 풀게 한다.

■ **마무리**

수학 시간이 끝날 때, 오늘 동치분수를 구하기 위해 어떻게 분수 모델을 사용하는지에 대해 배웠다는 것을 상기시킨다. 학생들에게 나눠준 문제들을 마저 완성해오는 것이 숙제라고 말해준다.

다음은 수업의 학습 활동을 확장시킨 수정된 계획이다. 이 수업은 시각적인 투입을 더 제공하고, 더 운동 감각적이며, 학생들에게 서로 간 의사소통의 기회를 더 많이 준다. 학습은 수업시간 내내 자주 관찰될 것이다. 이렇게 수정된 부분은 대부분의 학생들에게는 더 적합한 수업이 된다. 하지만, 도움이 많이 필요한 학생에게는 수업계획을 더 수정하여야 할 것이다.

수업 목표

학생들은 분수 모형을 사용하여 동치분수를 쓸 수 있다.

■ **도입**

학생들이 칠해진 부분을 분수로 말하게 한다.

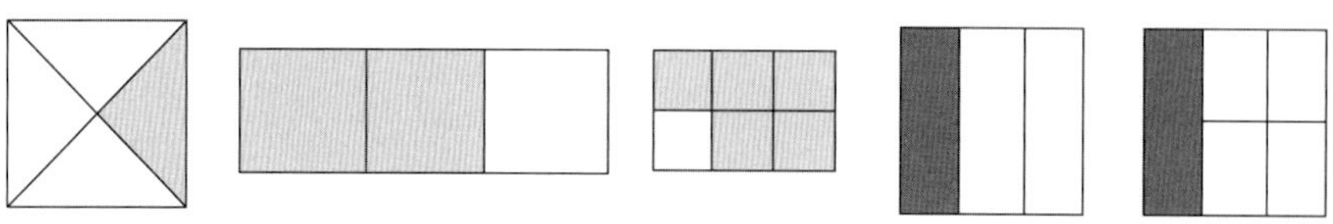

마지막 2개의 예제에 학생들이 주의를 기울이게 한다. 어떻게 두 그림이 관련되는지를 아는지 물어본다. [같은 양이 칠해졌어요.] 아무도 같은 양이 칠해졌는지 모른다면, 학생들에게 한 그림의 칠해진 부분을 직접 다른 그림의 칠해진 부분 위에 올려놓으면 무엇이 보이는지 물어본다. [두 그림이 정확히 꼭 들어맞아요.]
학생들이 두 그림에 같은 양이 칠해졌다는 것을 인식하고 난 후에, 두 분수가 같은 양을 다르게 명명한 것이라는 것을 말해준다. 두 개의 수가 같은 양을 명명할 때는, 그 두 수가 같다는 것이다.

이해 점검. 이해했다는 것이 나타나지 않으면, 준비된 $\frac{1}{2}$과 $\frac{2}{4}$를 OHP용 슬라이드를 이용하여 예시를 보여준다. 두 분수에서 정확히 같은 양이 칠해졌다는 것을 학생들이 보도록 하기 위해 투명 슬라이드 한 장을 다른 슬라이드 위에 놓는다.
오늘 수업에서, 학생들이 크기가 같은 분수를 구하기 위해 이 개념을 어떻게 사용하는지에 대해 배울 것임을 설명한다.

■ 전개

칠판에 다음 분수의 그림 모형을 붙인다. 아래처럼 10인치 정도 간격을 둔다.

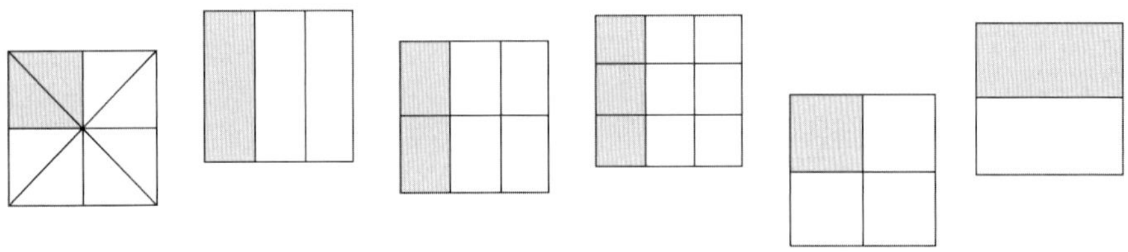

처음 분수를 가리킨다. 어떤 학생에게 분수의 이름을 물어본다. 그런 후 칠판에서 그림 아래에 분수를 쓰도록 한다. 누가 같은 양이 칠해진 또 다른 분수를 찾을 수 있는지 물어본다. 분수의 이름을 말하고 그림 아래에 쓰도록 한다. "이 두 분수가 같은 양을 명명하고 있기 때문에, 이 두 분수에 대해 뭐라고 말할 수 있을까?"라고 묻는다. [둘은 같아요.] $\frac{2}{8}=\frac{1}{4}$라고 쓴다.

■ 수업

학습의 첫 페이지의 예제에 학생들이 주의를 기울이게 한다. 그림에서 학생은 $\frac{1}{6}$인 분수파이 2개를 $\frac{1}{3}$인 분수파이 1개 위에 놓는다는 것을 언급한다. 2개의 $\frac{1}{6}$은 정확히 $\frac{1}{3}$ 위에 꼭 맞아서 2개의 $\frac{1}{6}$은 $\frac{1}{3}$과 같은 양이라는 것에 주의를 기울이게 한다. $\frac{2}{6}=\frac{1}{3}$이라고 쓴다.
모든 동치분수가 짝을 이루고 같은 값으로 확인될 때까지 계속 이 과정을 반복한다.
이해 점검. 수학 부진학생에게는 특별히 관심을 기울이도록 한다. 결과 토론시, 이러한 학생들이 적극적으로 참여하게 한다.
분수의 모델을 나타내는 카드를 나눠준다. 모든 분수 양은 2개의 카드에 나타나야만 하고, 각 그림은 같은 양을 나타내는 서로 다른 분수이여야 한다. 각 학생이 같은 양을

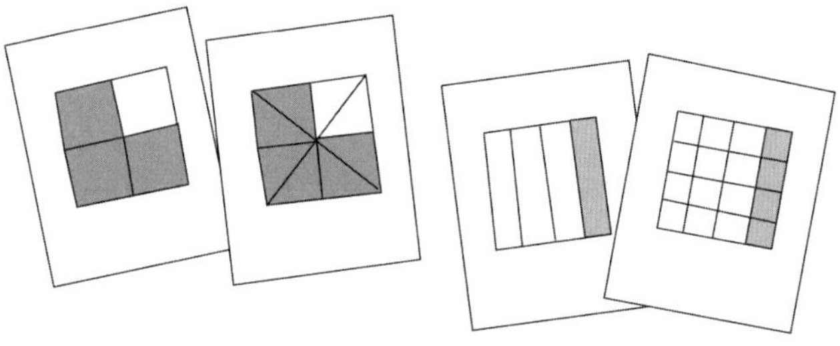

나타낸 그림을 지니고 있는 다른 학생을 찾도록 한다. 학생들이 이해하는지에 관해 모니터링한다. 같은 양이 칠해진 다른 그림 찾기를 어려워하는 학생이 누구인지 파악한다. 필요하다면 개별적인 도움을 주도록 한다. 학생들이 정확히 짝을 이루면, 따로따로 한 쌍씩 불러서 칠판에 식을 적고 분수의 값이 같다는 것을 말하게 한다. 학생들의 이해를 모니터링하고, 어려움을 겪는 학생들에게는 도움을 주어서 당황하지 않고 이 활동을 끝낼 수 있도록 도움을 주도록 한다. 교과서 첫 페이지에 있는 그림을 보도록 한다. 이 그림은 아이들이 분수파이를 사용하여 우리가 지금까지 했던 것을 보여준다는 것을 언급한다. 두 번째 그림에서 6개의 $\frac{1}{8}$은 3개의 $\frac{1}{4}$에 정확히 들어맞는다는 것에 주목하라고 알려준다. 옳은 분수식을 만들기 위해 빈칸에는 어떤 숫자가 들어가야 하는지 물어본다.

$$\frac{3}{4} = \frac{\square}{8}$$

학생이 짝을 이루도록 한다. 페이지 아래에 있는 학습 확인(Checking Learning) 부분에 있는 3개의 예제를 풀도록 한다. 다 풀고 나면, 짝과 답을 비교하게 한다. 답이 같지 않다면, 그 답을 논의하고 정답이 무엇인지 함께 해결하게 한다.

이해 점검. 교실을 돌아보면서 학생들이 제대로 수행하는지 관찰한다. 이해하지 못한 학생을 확인하고 필요하다면 도움을 준다.

■ **연습**

학생들이 두 번째 페이지에 있는 연습문제 2, 3, 7, 9번을 짝과 함께 계속해서 풀게 한다. 어떤 연습문제도 어려움이 생긴다면 그림이 도움을 줄 수 있다는 것을 상기시킨다.

■ **마무리**

문제를 완성하는데 충분한 시간을 주고 나서 학생들에게 동치분수에 대해 오늘 배운 것이 무엇이었는지 물어본다. "두 분수가 같은 양을 말한다는 것을 어떻게 말할 수 있겠니? 두 분수가 같은 양을 말한다면, 두 분수에 대해 무엇이라고 말하면 좋을까?"

■ **후속활동**

여분의 연습 활동지를 나누어준다. 학생들이 집에 가서 활동지를 풀고 연습문제 6번을 어떻게 푸는지 부모님에게 보여주게 한다.

16 분수를 이용하여 문제해결하기

분수를 이용하여 문제를 해결하는 것과 정수를 이용하여 문제를 해결하는 것은 약간 다르다. 정수로 명명하는 양이든 분수로 명명하는 양이든 양이 어떻게 되는지 여전히 시각화하는 것이 필요하다. 하나의 양은 측정될 수 있고, 분리될 수도 있다. 하나의 양 이상이 있다면, 그 양들은 결합되거나 비교될 수 있다.

분리될 수 있는 하나의 양에서 시작한다고 가정해보자. 문제를 해결하는 데에 아마도 뺄셈이 사용될 수 있을 것이다. 양이 동일한 크기의 묶음으로 분리되었을 때, 나눗셈이 사용될 수 있을 것이다.

혹은, 하나의 양 이상에서 시작할 수도 있다. 이러한 양들이 결합된다면, 문제를 해결하는데 아마 덧셈이 사용될 수 있을 것이다. 양들이 동일한 크기로 결합되었을 때, 곱셈이 사용될 수 있을 것이다. 차이를 구하기 위해 양을 비교한다면, 뺄셈이 사용될 수 있을 것이다. 하나의 양이 다른 양보다 몇 배나 더 큰지를 구하기 위해 비교하는 것이라면, 나눗셈이 사용될 수 있을 것이다.

(1) 문제해결 전략

물론, 많은 문제들은 복잡하고, 해결책에 도달하는데 일련의 단계가 필요할 것이다. 이러한 연속적인 단계는 심지어 다른 연산을 필요로 할지도 모른다. 이러한 복잡성 때문에 1980년대부터 대부분 오로지 문장제 문제해결에 관심을 기울였던 것에서 문제 해결 전략에 대한 큰 관심으로 문제해결의 강조점이 변화한 것을 볼 수 있었다. 이러한 전략들은 사실상 복잡한 문제 해결을 위한 대처 전략들이다. 또한 이 전략들은 문제해결에 착수하는 방법이고 문제해결 패턴이다. 사실 전략은 문제해결을 위한 큰 아이디어이다.

거의 모든 초등학교 수학 프로그램에서 포함하고 있는 하나의 문제해결 전략은 문제의 부분 풀기 혹은 문제를 더 쉬운 부분으로 나누기이다. 많은 프로그램에서 나타나는 또 다른 전략은 거꾸로 풀기이다.

이러한 두 전략을 모두 사용하는 예제를 살펴보도록 하자. 문제를 더 쉬운 부분으로 나누고 이 부분은 한 번에 한 단계씩 풀었으나, 마지막 단계에서 시작하여 거꾸로 풀었다:

> 어느 날 베쓰는 학교에 아몬드를 가져와서 3명의 친구들과 나누어 먹으려고 한다. 베쓰는 첫 번째 친구에게 얼마만큼의 아몬드를 먹고 싶은지 물었다. 베쓰의 친구는 3개라고 하였고, 베쓰는 3개를 주었다. 두 번째 친구는 남은 아몬드의 $\frac{1}{3}$을 줄 수 있는지 물었고, 베쓰는 그 만큼을 주었다. 베쓰의 세 번째 친구는 남은 아몬드의 절반을 달라고 하였고, 베쓰는 그만큼 주었다. 베쓰는 남은 아몬드 5개를 먹었다. 베쓰가 학교에 가져온 아몬드는 모두 몇 개인가?

마지막 단계부터 시작한다.

> 베쓰의 세 번째 친구는 남은 아몬드의 절반을 달라고 하였고, 베쓰는 그만큼 주었다. 베쓰는 남은 아몬드 5개를 먹었다.

베쓰는 절반을 주고 5개가 남았다. 이것은 베쓰가 준만큼 남았다는 의미이다. 베쓰는 5개를 주었을 것이다. 그래서 그 전에 아몬드 10개를 가지고 있어야만 했을 것이다. 이제, 이전 단계로 돌아가 보자.

> 두 번째 친구는 남은 아몬드의 $\frac{1}{3}$을 줄 수 있는지 물어서, 베쓰는 그만큼을 주었다.

이 단계에서, 베쓰는 친구에게 $\frac{1}{3}$을 주어서 $\frac{2}{3}$가 남았을 것이다. $\frac{1}{3}$은 $\frac{2}{3}$의 절반 만큼이기 때문에, 베쓰는 가진 것의 절반만큼을 주었을 것이다. 이 단계 끝에서 베쓰는 아몬드 10개를 가졌다는 것을 기억하시오 베쓰는 두 번째 친구에게 아몬드 5개를 줘야만 했을 것이다. 이는 주기 전에 베쓰는 아몬드 15개를 가지고 있었다는 의미이다. 이제, 첫 번째 친구에게 나눠 주었던 단계로 올라가보자.

> 베쓰는 첫 번째 친구에게 얼마만큼의 아몬드를 먹고 싶은지 물었다. 베쓰의 친구는 3개라고 하였고, 베쓰는 3개를 주었다.

베쓰는 친구에게 3개의 아몬드를 주고 15개가 남았다. 3개의 아몬드를 주기 전에, 베쓰는 18개의 아몬드를 가지고 있어야만 했다. 이 숫자가 학교에 아몬드를 가지고 온 수이다.

대부분 초등학교 수학 프로그램에서 나타나는 또 다른 전략은 그림이나 표를 사용하기이다. 다음 예제에서, 이 전략과 이전에 언급했던 전략(문제를 더 쉬운 부분으로 나누기) 중 하나를 결합하여 사용하는 예를 보여줄 것이다.

> Spiffey는 중학교 미술교사인데, 학생들이 교실의 한 벽면을 칠하도록 계획하였다. 먼저 벽면을 3개의 똑같은 크기의 구역으로 나누었다. 그런 후, 처음 구역을 3개의 같은 크기를 지닌 부분으로 나누고 각각 빨간색, 하얀색, 파란색을 칠하였다. 두 번째 구역은 2개의 같은 크기를 지닌 부분으로 나누고 한쪽은 녹색, 다른 쪽은 노란색을 칠하였다. 마지막으로, 세 번째 구역은 4개의 똑같은 크기로 나누고 각각 파란색, 빨간색, 녹색, 노란색으로 칠하였다. 페인트칠을 모두 다 마쳤을 때, 벽에 칠해진 각 색깔은 어떤 분수를 나타내는가?

이 문제를 단순화하기 위해서, 벽의 한 구역씩 생각해본다. 문제를 시각화하기 위해, 벽의 각 구역을 그림으로 그린다. 처음 구역은 다음과 같다.

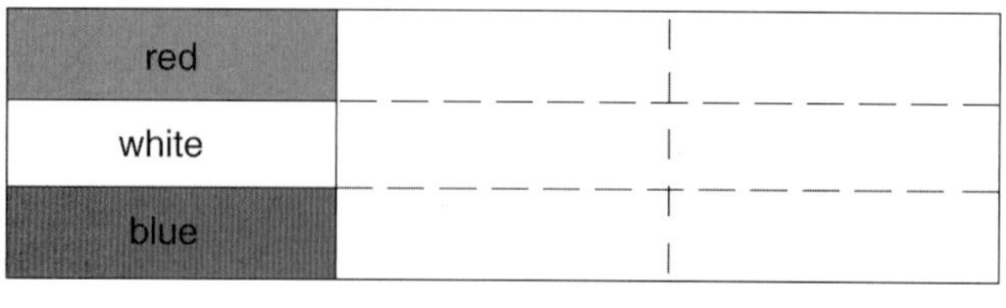

벽의 $\frac{1}{9}$이 빨간색, 벽의 $\frac{1}{9}$이 하얀색, 벽의 $\frac{1}{9}$이 파란색이라는 것을 쉽게 볼 수 있다.

이제 두 번째 구역을 살펴보자.

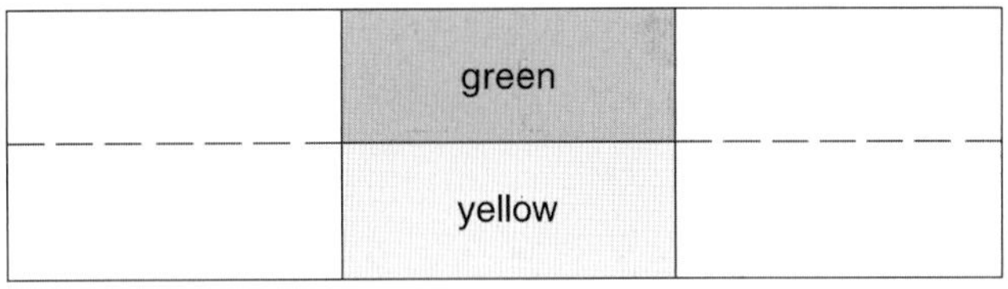

이 구역의 그림을 살펴봄으로써 벽의 $\frac{1}{6}$이 녹색, 벽의 $\frac{1}{6}$이 노란색으로 칠해졌다는 것을 볼 수 있다. 다음으로, 벽의 세 번째 구역을 생각해보자.

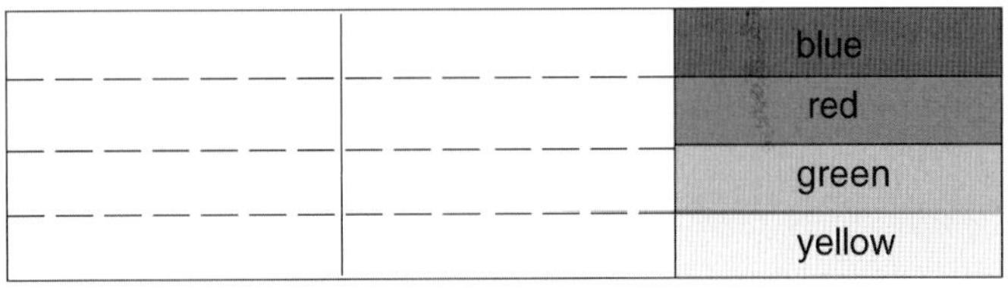

그림에서도 볼 수 있듯이 이 구역에서는 벽의 $\frac{1}{12}$이 파란색, 벽의 $\frac{1}{12}$이 빨간색, 벽의 $\frac{1}{12}$이 녹색, 벽의 $\frac{1}{12}$이 노란색으로 칠해졌다.

문제를 해결하기 위해 마지막으로 해야 할 일은 빨간색, 파란색, 녹색, 노란색 부분끼리 모두 모아 더하는 것이다. 어떤 부분도 빠뜨리지 않기 위해서 학생들이 흔히 배우는 또 다른 전략(표 그리기)을 사용할 것이다.

색	구역		
	1	2	3
빨간색	$\frac{1}{9}$		$\frac{1}{12}$
하얀색	$\frac{1}{9}$		
파란색	$\frac{1}{9}$		$\frac{1}{12}$
녹색		$\frac{1}{6}$	$\frac{1}{12}$
노란색		$\frac{1}{6}$	$\frac{1}{12}$

빨간색으로 칠해진 벽면은? $\frac{1}{9}+\frac{1}{12}=\frac{4}{36}+\frac{3}{36}=\frac{7}{36}$

하얀색으로 칠해진 벽면은? $\frac{1}{9}$

파란색으로 칠해진 벽면은? $\frac{1}{9}+\frac{1}{12}=\frac{4}{36}+\frac{3}{36}=\frac{7}{36}$

녹색으로 칠해진 벽면은? $\frac{1}{6}+\frac{1}{12}=\frac{2}{12}+\frac{1}{12}=\frac{3}{12}=\frac{1}{4}$

노란색으로 칠해진 벽면은? $\frac{1}{6}+\frac{1}{12}=\frac{2}{12}+\frac{1}{12}=\frac{3}{12}=\frac{1}{4}$

연습 및 활동

1. $\frac{3}{4}$의 개념 형성을 위해 활동 8.01에서 8.03까지의 활동을 수정하시오.

2. 이 장에서 기술된 첫 번째 동치 분수 과정을 사용하여 주어진 분수와 동치인 분수를 찾는 학습 활동을 개발하시오.

3. 이 장에서 기술된 두 번째 동치 분수 과정(대상을 그룹화하기)을 사용하여 주어진 분수와 동치인 분수를 찾는 학습 활동을 개발하여 보시오.

4. 주어진 분수와 동치 분수의 특정 분모를 어떻게 구하는지 가르칠 수 있는 활동을 개발하여 보시오. 이 활동은 정사각형 분수 그림 모형을 사용하여야 한다.

5. 초등학교 수학 교과서 시리즈에서 분수나 대분수 내용을 선택하시오.

   a. 교사용 지도서에 제시되어 있는 내용을 따라 학습 계획을 써보시오.
   b. 가르쳐야 할 개념 혹은 기술에 대한 시각적 정보를 제공하는 수업의 부분을 확인하시오.
   c. 가르쳐야 할 개념 혹은 기술에 대한 시각적 정보를 더 제공하는 활동을 추가하여 수업을 확장하시오.

6. 초등학교 수학 교과서 시리즈에서 분수나 대분수 내용을 선택하시오.

   a. 교사용 지도서에 제시되어 있는 내용을 따라 학습 계획을 써보시오.
   b. 운동감각적인 활동을 확인하고, 있다면 수업에 포함시키시오.
   c. 더 운동감각적인 활동을 추가하시오.

7. 초등학교 수학 교과서 시리즈에서 분수나 대분수 내용을 선택하시오.

   a. 교사용 지도서에 제시되어 있는 내용을 따라 학습 계획을 써보시오.
   b. 수업에서 가르칠 개념 혹은 기술에 대한 학생들의 의사소통을 포함하는 수업의 부분을 확인하시오.
   c. 수업에서 학생들 간의 의사소통 기회를 더 주시오.

8. 초등학교 수학 교과서 시리즈에서 분수나 대분수 내용을 선택하시오.

   a. 교사용 지도서에 제시되어 있는 내용을 따라 학습 계획을 써보시오.
   b. 학생들의 학습을 평가하도록 계획된 수업 부분을 확인하시오.
   c. 수업 계획에 대한 계속적인 평가(학습의 모니터링)를 추가하시오.

9. 이 장에서 수정된 수업 계획을 살펴보시오. 촉각형(tactile) 학습자에게 더 적합한 학습 계획이 되도록 변화시키시오.

10. 이 장에서 수정된 수업 계획을 살펴보시오. 전경-배경에 혼란을 겪는 학습장애를 지닌 학생들에게 더 적합한 학습 계획이 되도록 변화시켜 보시오.

11. 이 장에서 수정된 수업 계획을 살펴보시오. 주의집중 결핍 장애를 지닌 학생들에게 더 적합한 학습 계획이 되도록 변화시켜 보시오.

12. 이 장에서, 분모가 다른 분수의 덧셈 과정은 공통분모를 찾는 것을 포함하는 것으로 나타났다. 분모가 다른 분수의 덧셈을 위한 과정을 가르치기 위해 실험적 접근법을 사용하여 수업을 개발하시오.

13. 분수의 곱셈을 발달시키기 위해 실험적 접근법을 사용한 수업을 개발하시오. 분수의 곱셈을 모델화하기 위해 "분수의 분수" 접근을 사용하시오.

14. 분수의 곱셈을 가르치기 위해 실험적 접근법을 사용하여 수업을 개발하시오. 분수 곱셈을 모델화하기 위해 넓이 모델을 사용하시오.

15. 다음 주어진 문제를 고려해보시오. 문제를 쉬운 부분으로 쪼개기 위해 거꾸로 풀기 전략을 사용하시오. 그런 후, 친구들에게 어떻게 이 문제를 풀었는지 설명해보시오.

    어느 날 베쓰는 학교에 아몬드를 가져와서 5명의 친구들과 나누어 먹었다. 첫 번째 친구에게는 아몬드의 $\frac{1}{4}$을 주었다. 두 번째 친구에게는 8개를 주었다. 세 번째 친구에게는 남은 아몬드의 절반을 주었고, 네 번째 친구에게는 3개를 주었다. 베쓰는 다섯 번째 친구에게 남은 아몬드의 절반을 주어서 4개의 아몬드가 남았다. 베쓰가 학교에 가져온 아몬드는 모두 몇 개인가?

16. 문제해결 전략 부분에 제시된 문제를 다시 읽어보시오. 색맹인 학생을 위한 문제로 바꾸어보시오. 문제를 바꾸고 나서도 학생에게 같은 문제 해결 단계가 요구되도록 해야 한다.

17. NCTM에서 1989년에 출판된 <학교 수학에서 교육과정과 평가 기준>의 57-59쪽에 있는 "기준 12: 분수와 소수"의 논의를 읽어보시오.

18. 다음 분수 나눗셈 결과는 2002년 Robert Ashlock의 <Error Patterns in Computation: Using Error Patterns to Improve Instruction>책과 관련된 오류 패턴과 같은 예시를 보여준다.

$$\frac{6}{8} \div \frac{3}{8} = \frac{2}{1} \qquad \frac{4}{9} \div \frac{2}{3} = \frac{2}{3} \qquad \frac{9}{17} \div \frac{3}{4} = \frac{3}{4} \qquad \frac{7}{2} \div \frac{2}{5} = \frac{3}{2}$$

a. 이 학생들의 오류 패턴은 무엇인가? 틀린 답을 쓴 원인은 무엇인가?
b. 이 학생들의 오류 패턴을 교정하기 위한 간단한 수업을 계획하시오.

19. 연습문제 18번에 제시된 오류 유형은 거의 정확해 보인다. 다음 식에서 기술된 절차는 언제나 정답이 된다. 이 과정이 옳다는 것을 증명하기 위해 분수의 곱셈을 사용하시오.

$$\frac{a}{b} \div \frac{c}{d} = \frac{a \div c}{b \div d}$$

20. 출판된 수학 교과서 시리즈에서 다시그룹짓기(regrouping)를 하여 대분수의 뺄셈을 가르치는 수업 내용을 찾아보시오.

a. 어떤 학생이 수업목표를 달성했는지 결정할 수 있도록 관찰할 수 있는 학습 활동을 기술하시오.
b. 수업목표에 도달한 개별 학생을 어떻게 확인할 수 있는가?

참고문헌 및 관련 자료

Ashlock, R. B. (2002). *Error patterns in computation: Using error patterns to improve instruction* (8th ed.) Upper Saddle River, NJ: Prentice Hall.

Mack, N. K. (1990). Learning fractions with understanding: Building on informal knowledge. *Journal for Research in Mathematics Education*, 2, 16-32.

National Council of Teachers of Mathematics. (1989). *Curriculum and evaluation standards for school mathematics*. Reston, VA: Author.

National Council of Teachers of Mathematics. (2000). *Principles and standards for school mathematics*. Reston, VA: Author.

Nowlin, D. (1996). Division with fractions. *Mathematics Teaching in the Middle School*, 2, 116-119.

Thornton, C. A., Tucker, B. F., Dossey, J. A., & Bazik, E. F. (1983). *Teaching mathematics to children with special needs*. Menlo Park, CA: Addison-Wesley.

Tucker, B. F. (1989). Three methods for modeling multiplication of fractions. *Virginia Mathematics Teacher*, 15(2), 7-9. (Reprinted from *The Illinois Mathematics Teacher*, 37(4), 7-12.

Wu, Z. (2001). Multiplying fractions. *Teaching Children Mathematics*, 8, 174-177.

웹 주소

www.eduplace.com/math/mathsteps/3/b/index.html Developing the concept of fraction addition.

http://mathforum.org/ Math forum links to math discussions and ideas.

www.ed.gov/databases/ERIC'Digests/ed433184.html Resources for teaching fractions.

http://teachers.net/lessons/posts262.html Fractions of a set.

http://teachers.net/lessons/posts/17.html Fractions of a region

proteacher.com/100014.shtml Lesson plans, by teachers, on fractions, decimals, and ratios.

http://mathforum.org/paths/fractions/ Links to fraction sites and lessons.

www.newton.mec.edu/Angier/DimSum/Equiv.%20Fraction%20Lesson.html A good lesson plan for discussion and adaptation.

Chapter 9

소수와 백분율: 1보다 작은 십진법 단위를 공부하고 100분의 1을 공통분모로 사용하기

1. 소수
2. 소수를 위한 자릿값
3. 소수 비교하기
4. 소수의 덧셈 및 뺄셈
5. 소수의 곱셈
6. 소수의 나눗셈
7. 곱셈 및 나눗셈 활동들
8. 또 다른 분수 비교하는 방법
9. 백분율 정의하기
10. 수업 수정하기
11. 소수를 이용하여 문제 해결하기

Chapter 9 소수와 백분율: 1보다 작은 십진법 단위를 공부하고 100분의 1을 공통분모로 사용하기

■ 수 및 연산 기준

분수와 소수는 무엇인가? 어떻게 표기 되는가? 그리고 정수와는 어떤 관계가 있는가? 등 분수 및 소수에 대한 학생들의 개념적 이해가 발달하는데 초점이 모아져야 한다.(National Council of Teachers of Mathematics[NCTM], 2000, p. 152)

교사는 학생들이 자리값에 대한 확고한 이해를 기반으로 정수의 덧셈과 뺄셈에 대한 이해를 소수에 확장할 수 있도록 도와야 한다.(NCTM, 2000, p. 218)

■ 문제해결 기준

문제해결에 대한 학습은 학생들을 도와, 예를 들어, 패턴 찾기, 더 단순한 문제 해결하기, 표 만들기, 그리고 역방향으로 계산하기 등과 같은 수많은 문제해결 발견법에 익숙하게 해준다. (NCTM, 2000, p. 218)

■ 의사소통 기준

중학교 수학교사들은 학생들이 자신의 생각을 공유하고 이해할 때까지 명확한 설명을 요구하도록 권장되는 의사소통이 풍부한 학급을 만들려 노력해야 한다.(NCTM, 2000, p. 271)

■ 연계 기준

학생들은 왜 그런 생각을 하게 됐지? 그것이 왜 타당하지? 이러한 문제를 전에 어디서 봤지? 이 생각들이 어떻게 관련되어 있지? 이 문제에 대해 다른 방법으로 생각해 본 사람은 없나? 오늘 공부한 부분이 이전에 학습했던 부분과 어떻게 관련되어 있지? 등과 같은 질문에 답할 때 생각들을 연계시키는 방식을 보여야 한다.(NCTM, 2000, p. 274)

1 소수

소수는 분수로, 그리고 때때로 혼합수로 생각될 수 있다. 소수는 십진법의 자연수 단위와 항상 같은 분모를 지닌 분수나 혼합수이다. 자연수의 십진법 단위는 1 단위, 10 단위, 100 단위, 1000 단위, 10000 단위 등등을 말한다. 소수 단위는 10분의 1, 100분의 1, 1000분의 1, 10000분의 1 등등을 일컫는다. 숫자 1은 1보다 크거나 같은 소수 단위들을 위한 분모로 생각될 수 있다. 우리가 소수로 할 수 있는 것을 통제하는 성질들은 우리가 자연수 및 소수를 사용하는 것을 결정하는 성질들과 같다.

이전에 고려했던 다른 수들과 마찬가지로 우리는 학생들이 적절한 용어를 사용하여 소수의 양을 인식하고 명명하며, 적절한 모형을 이용하여 소수의 양을 보여주고, 그리고 적절한 표기법으로 소수를 쓰게 하고 싶다. 이러한 학습목표는 소수에 대한 효과적인 모형이 있어야 함을 요구한다. 소수 모형이 갖춰야 하는 최소한의 조건은 기본 단위들을 대표하는 능력이다. 이는 선택된 모형이 10분의 1, 100분의 1, 1000분의 1 등은 물론 1 단위, 10 단위, 100 단위, 혹은 적어도 현재 수업에서 활용되고 있는 단위들을 대표할 수 있어야 함을 의미한다.

십진법 블록 세트(base−10 block set)는 이러한 설명에 맞는 모형이다. 큰 정육면체가 1을, 직육면체들(각각이 큰 정육면체의 1/10인)은 1/10을 대표한다. 막대기들(각각이 직육면체의 1/10, 큰 정육면체의 1/100인)은 1/100을 나타내고, 작은 정육면체들(각각이 막대기의 1/10, 직육면체의 1/100, 큰 정육면체의 1/1000인)은 1/1000을 의미한다. 다음의 그림은 십진법 블록들을 사용하여 소수 1.324를 보여주고 있다:

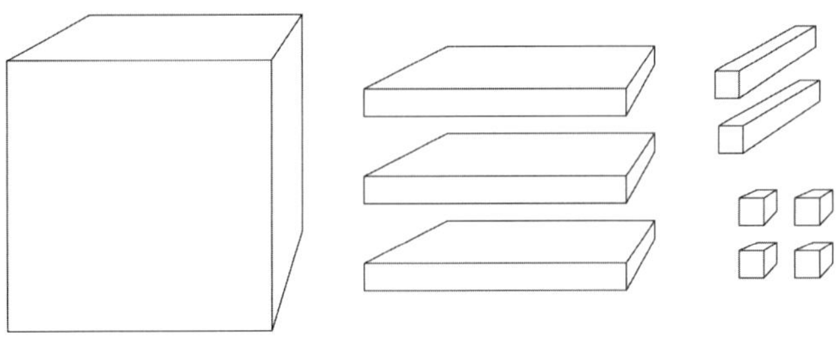

또 다른 모형으로는 소수 정사각형 모형(decimal square model)이 있다. 이는 출력해서 사용하기 쉬운 이차원 모형으로 흔히 교과서에서 사용된다. 정사각형은 1을 나타낸다. 이 정사각형을 10개의 동일한 크기의 긴 조각으로 자른다면 각각의 긴 조각은 1/10을 대표한다. 긴 조각을 10개의 동일한 크기의 정사각형으로 자른다면 각각의 작은 정사각형은 1/100을 나타낸다. 때때로 큰 정사각형은 100개의 작은 정사각형으로 나뉘고, 나뉜 정사각형의 일부를 어두운 색으로 칠해 소수를 보여주기도 한다.

소수 2.47이 두 가지 모형으로 다음에 제시되어 있다.

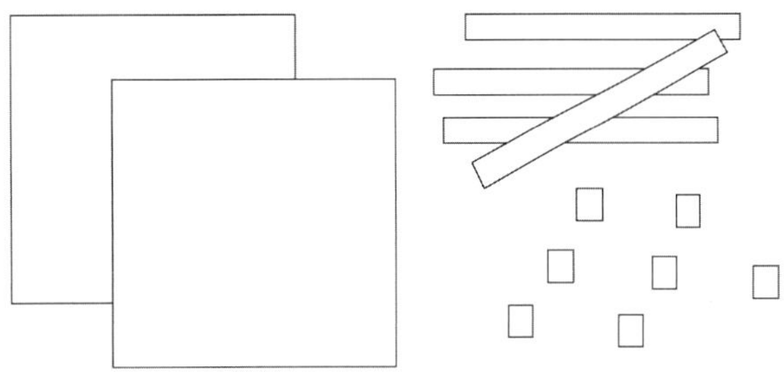

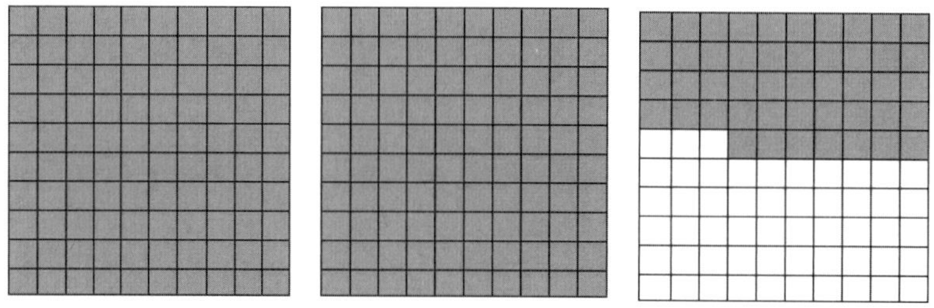

때때로 사용되는 또 다른 모형으로는 거리-길이 모형(metric-length model)이 있다. 1미터는 1을, 10센티미터는 1/10을, 1센티미터는 1/100을, 1밀리미터는 1/1000을 나타낸다. 이 모형은 교수환경에서는 종종 유용하지 않다. 교수환경에서는 다른 모형들 중 한 가지가 변함없이 더 효과적이다.

화폐 모형(money model)은 소수를 대표하기 위해 빈번하게 활용되는 또 다른 모형이다. 1달러, 10달러, 그리고 100달러 지폐로 1 단위, 10 단위, 100 단위를 나타내면서, 이 모형은 또한 10센트짜리 동전으로 1/10을, 1센트짜리 동전으로 1/100을 보여준다. 다양한 화폐 종류들이 섞이고 분리되고 비교될 수 있으므로 이 모형은 다양한 주제의 소수를 가르칠 때 유용하다.

우리가 언급할 마지막 모형은 주머니 차트(pocket chart)로, 이는 교사가 자릿값을 강조할 때 유용하다. 이 모형은 비교적 추상적이고 어쩌면 소수를 도입하는 초기에는 사용되지 말아야 할지도 모른다. 소수는 다양한 자리에 위치한 표시로 표현되고 이 위치들과 연계된 단위들은 다음과 같이 확인가능하다.

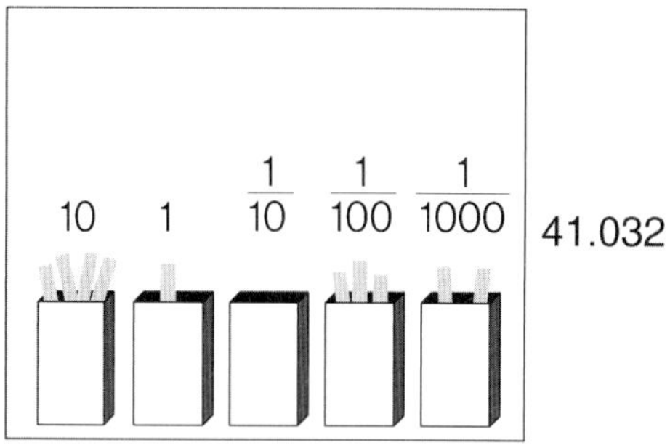

2 소수를 위한 자릿값

소수를 쓰기 위해 소수 표기법이 사용될 때 분모는 표기되지 않는다. 분모는 오히려 그 숫자의 위치에 의해 표시된다. 그러므로 교사가 해야 할 한 가지 중요한 과제는 학생들을 도와 숫자의 위치를 보고 소수의 단위를 결정할 수 있게 하는 것이다. 소수의 표기법은 자연수의 표기법을 확장한 것이라는 점을 먼저 알려주는 것이 중요하다. 오른쪽에서 왼쪽으로 하나의 위치에서 다른 위치로 옮겨갈 때 각각의 위치에 있는 숫자들의 값은 이전 위치에 있던 숫자들의 10배가 된다.

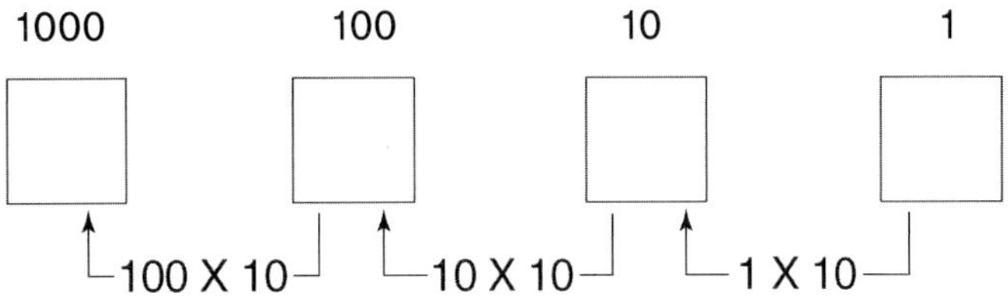

이와 유사하게 왼쪽에서 오른쪽으로 하나의 위치에서 다른 위치로 옮겨갈 때 위치 각각의 숫자 값은 이전 위치에 있던 숫자 값을 10으로 나누게 된다.

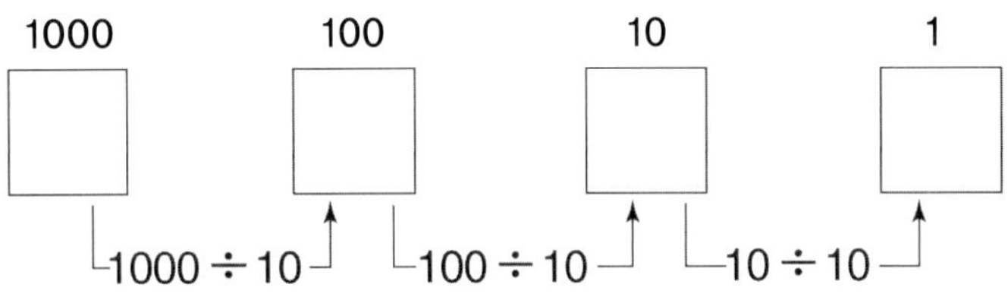

이 패턴은 1보다 작은 소수 단위를 더할 때 효과가 있다:

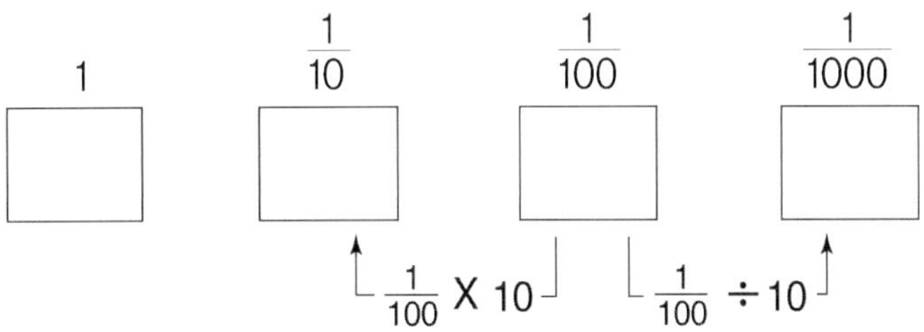

학생들은 또한 소수 명명 체계(decimal numeration system)에는 대칭이 존재한다는 것을 이해할 필요가 있다(Thornton, Tucker, Dossey, & Bazik, 1983). 일반적인 오해는 그 체계가 소수점을 중심으로 대칭적일 것이라는 점이다. 사실, 소수 명명 체계는 1 단위를 중심으로 대칭적이다.

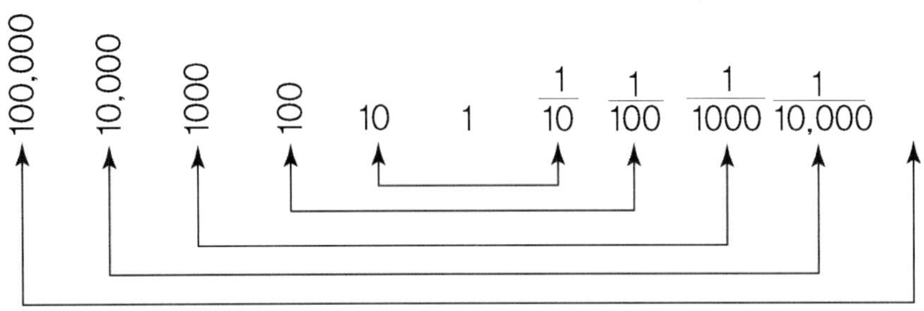

대칭의 속성에 일단 익숙해지면 알려진 어떤 위치부터 시작해서 각 자리의 값을 발견하는 능력을 갖게 된다. 예를 들어, 7이 제시된 수의 10의 자리라는 것을 알게 되면 나머지 자리의 값 또한 파악하게 된다.

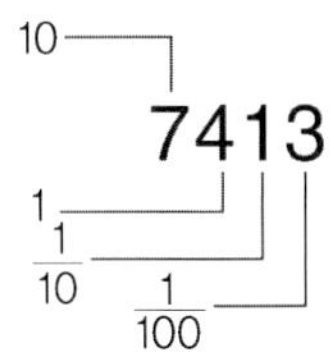

2가 제시된 수의 $\frac{1}{10}$의 자리라는 것을 알게 되면 나머지 모든 자리의 값 또한 알 수 있다.

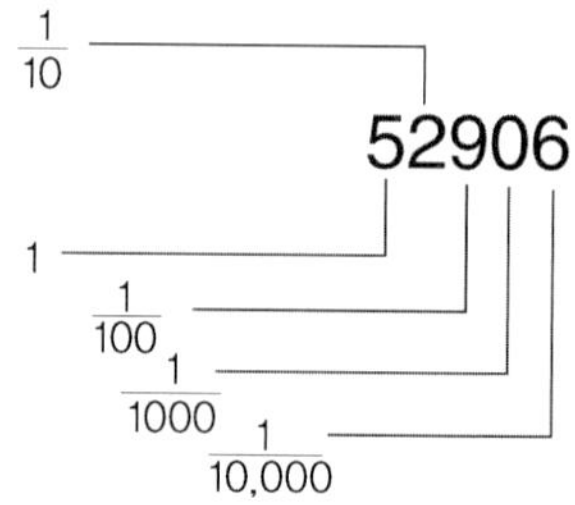

8이 제시된 수의 1의 자리라는 것을 알게 되면 다른 모든 자리의 값 또한 알 수 있다.

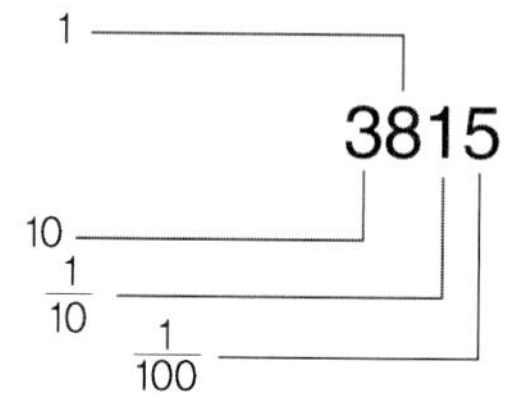

소수점이라고 불리는 장치는 자릿값을 확인하는데 도움을 준다. 소수점은 항상 1의 자리 오른쪽에 위치한다. 일단 어떤 위치가 1의 자리인 것을 알게 되면 나머지 모든 위치의 값을 알아내기 위해 소수 명명 체계의 대칭성에 대한 지식을 이용하게 된다.

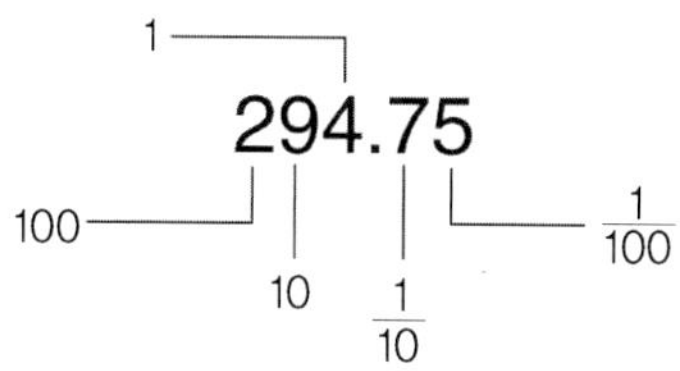

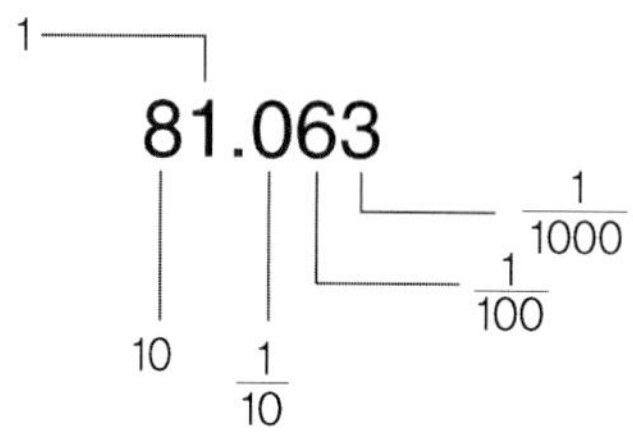

학생들에게는 소수를 의미 있는 방식으로 읽도록 가르쳐야 한다. 교수의 초점이 기계적인 읽기 절차에 있다면 신속한 결과를 얻어낼 수 있을 지도 모른다. 그러나 그 뒤에 다시 가르쳐야 할 필요가 있는 것들이 매우 많기 때문에 의미 없는 것들을 기억하기란 항상 더 어렵다. 하지만 표준방식으로 소수 읽기를 위한 규칙들을 더 잘 기억하도록 해주는 몇 가지 연상법들이 활용할 수 있다.

분수 및 혼합수에 대해 우리가 공부했던 것들 중에 두 가지 단순하면서도 관련된 예들을 보는 것으로 시작해 보자.

$4 + \frac{2}{3}$는 보통 $4\frac{2}{3}$로 쓰고 '4와 3분의 2'로 읽는다.

$6 + \frac{1}{2} + \frac{1}{4}$은 보통 두 개의 분수를 더해서 단순화한 뒤 $6 + \frac{3}{4}$으로 바꾼다. 이는 '6과 4분의 3'이라고 읽게 된다.

소수 5.27은 글자 그대로 $5 + \frac{2}{10} + \frac{7}{100}$을 의미한다. 이는 '5와 10분의 2 그리고 100분의 7'로 읽을 수 있다. 두 개의 분수를 합함으로써 더 단순하게 읽을 수도 있다. 그 외에 혼합수로도 읽을 수 있다. 두 개의 분수를 하나로 합하기 위해서는 공통분모를 이용하여 다시 써야 할 필요가 있다.

$$5 + \frac{2}{10} + \frac{7}{100} = 5 + \frac{20}{100} + \frac{7}{100} = 5 + \frac{27}{100}$$

그러고 나서 이를 '5와 100분의 27'이라고 읽는다. 5.27을 소수 정사각형 모형을 이용해서 보면 같은 결과에 도달하게 된다.

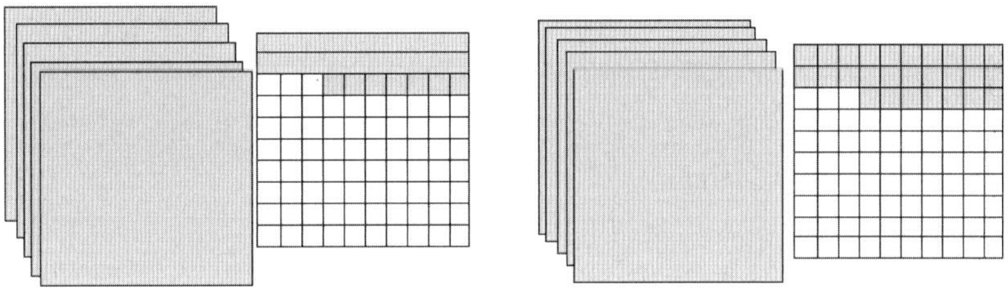

5와 $\frac{2}{10}$와 $\frac{7}{100}$은 5와 $\frac{27}{100}$과 같다

같은 방식으로 24와 10분의 9 그리고 100분의 6인 24.96은 '24와 100분의 96'과 같은 것임을 보여줄 수 있다.

이러한 보기들로부터 학생들은 207.435같은 소수를 '207과 1000분의 435'과 같이 읽을 수 있는 이유를 이해하게 될 수 있다. 학생들은 자신이 단순히 혼합수를 읽고 있다는 것을 이해하게 될 것이다:

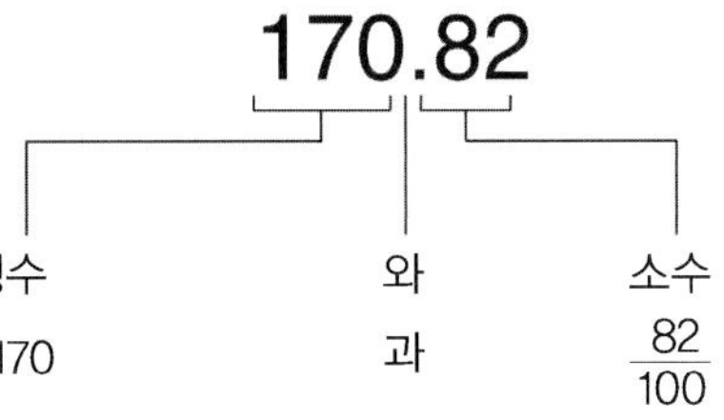

소수를 배울 때, 학생은 다음과 같은 여섯 가지 과제를 정확하게 완수할 수 있어야 한다:

1. (소수 모형으로 표현된) 소수의 양을 볼 때 학생은 해당 소수를 명명할 수 있어야 한다.
2. (소수 모형으로 표현된) 소수의 양을 볼 때 학생은 해당 소수를 쓸 수 있어야 한다.
3. 학생이 명명된 소수를 듣게 되면 학생은 (소수 모형을 활용하여) 소수의 양을 보여줄 수 있어야 한다.
4. 학생이 명명된 소수를 듣게 되면 학생은 해당 소수를 쓸 수 있어야 한다.
5. 학생이 쓰여진 소수를 보게 되면 학생은 해당 소수를 명명할 수 있어야 한다.

6. 학생이 쓰여진 소수를 보게 되면 학생은 (소수 모형을 활용하여) 해당 소수의 양을 보여줄 수 있어야 한다.

학생들이 이러한 과제들을 할 수 있도록 배우는데 도움이 될 활동들이 반드시 교수에 포함되어야 한다. 다음에 제시된 활동들은 그 예이다.

■ **활동 9.01 보여주고 쓰기**

금전등록기의 영수증용 테이프 한 통을 1미터 길이 아홉 조각, 10센티미터 길이 아홉 조각, 그리고 1센티미터 길이 아홉 조각으로 자른다. 1미터짜리는 1을, 10센티미터 조각들은 각각 1/10, 1센티미터 조각들은 각각 1/100을 나타낸다고 설명한다. 학급 전체에 서로 다른 길이의 조각들의 조합 몇 가지를 보여준다. 학생 개개인에게 제시된 소수를 쓰게 한다. 그리고 나서 어떤 학생에게 각각의 단위가 몇 번이나 포함되었는지 말하게 한다. 정확한 소수를 적는다. 학생들 중 몇 명이나 정답을 썼는지 묻는다.

서로 다른 소수로 몇 번 반복한다.

■ **활동 9.02 보여주고, 쓰고, 말하기**

소수 사각형을 이용하여 소수를 보여준다. 예를 들어, 오른쪽 그림과 같이 보여줄 수 있다.

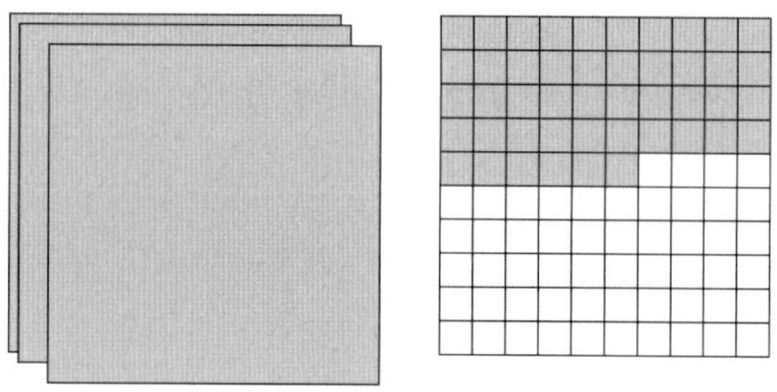

학생들 모두에게 제시된 소수를 쓰게 한다. 그리고 나서 어떤 학생에게 그 소수를 읽게 한다. 필요하다면 적혀 있는 소수가 4/10와 6/100을 각각 보여주는데 왜 100분의 46이라고 읽는지 토론하게 한다.

서로 다른 소수로 몇 번 반복한다.

■ **활동 9.03 내가 말 할 테니 너는 보여줘**

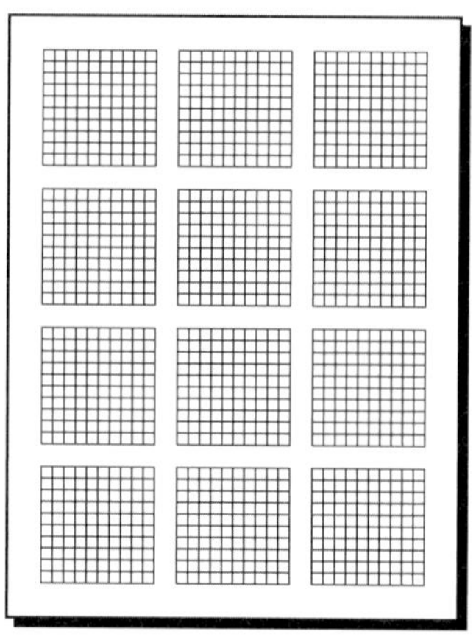

오른쪽에 제시된 소수 사각형 연습지를 복사하여 나눠준다.

소수를 소리 내어 읽고(1 단위, 1/10, 1/100) 학생들에게 해당 소수만큼 색을 칠하게 한다.

서로 다른 소수로 몇 번 반복한다.

■ **활동 9.04 내가 말 할 테니 너는 쓰고 보여줘**

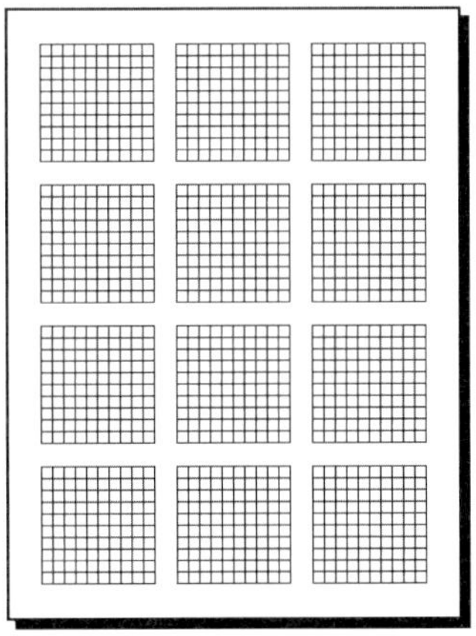

오른쪽에 제시된 소수 사각형 연습지를 복사하여 나눠준다.

소수를 소리 내어 읽고(1 단위, 1/10, 1/100) 학생들에게 해당 소수만큼 색을 칠하게 한다.

그러고 나서 학생들로 하여금 해당 소수를 쓰게 한다.

서로 다른 소수로 몇 번 반복한다.

■ **활동 9.05 내가 말 할 테니 너는 쓰고 내게 돈을 보여줘**

놀이용 화폐를 8 세트에서 10 세트 정도 만든다. 각각의 세트에는 4장의 10달러짜리 지폐와 6장의 1달러짜리 지폐, 그리고 10센트짜리 동전 5개와 1센트짜리 동전 9개를 포함시킨다.

세 명의 학생들을 하나의 집단으로 구성하고 각각의 집단에 화폐 한 세트씩 나눠준다.

소수를 읽을 때 집단에 있는 한 사람이 화폐를 가져다가 해당 수량을 보여주고 다른 한 사람은 그 수를 쓰고, 나머지 한 사람은 제대로 했는지 두 사람이 한 것을 검사하는 것이라고 설명한다. 학생들에게 각각의 임무를 돌아가면서 수행하는 것이라고 말해 준다.

소수를 소리 내어 읽는다(10 단위, 1 단위, 1/10, 그리고 1/100). 40이나 6, 혹은 5/10이나 9/100 이상의 수가 있는지 확인한다.

서로 다른 소수로 몇 번 반복한다. 오개념을 잡아내 수정할 수 있도록 학생들의 과제 수행을 확실히 감독한다.

3 소수 비교하기

소수를 비교하는 것은 어려운 일이 아니다. 소수 비교하기와 관련된 모든 오류 패턴은 사실상 비교되는 숫자들에 대한 적절한 정신적 심상의 부족에서 직접적으로 귀결된다. 9와 8이 모두 1과 2보다 크기 때문에 0.98이 1.2보다 더 큰 게 확실하다고 생각하는 학생은 숫자들을 시각화하고 있지 않는 것이다. 세 자리 숫자가 두 자리 숫자보다 클 것이기 때문에 6.21이 7.3보다 더 큰 것이 틀림없다고 생각하는 학생은 숫자들을 시각화하고 있지 않는 것이다.

이러한 오류 패턴들은 거의 변함없이 숫자들에 대한 정신적 심상을 제공함으로써 제거될 수 있다. 그렇다면 적절한 정신적 심상의 계발이 이 주제를 가르치는 초기 수업의 핵심적인 부분이 되어야 하는 것이 합리적이다. 어떤 소수가 다른 소수보다 큰 것을 글자 그대로 보게 해주는 모형들을 다뤄 본 경험은, 소수들을 비교하기 위한 의미 있는 규칙들과 절차들을 개발하기 위해 활용될 수 있다.

0.2와 0.09를 비교하기 위해 두 소수들을 다음과 같이 나타내는 것으로 시작해 본다.

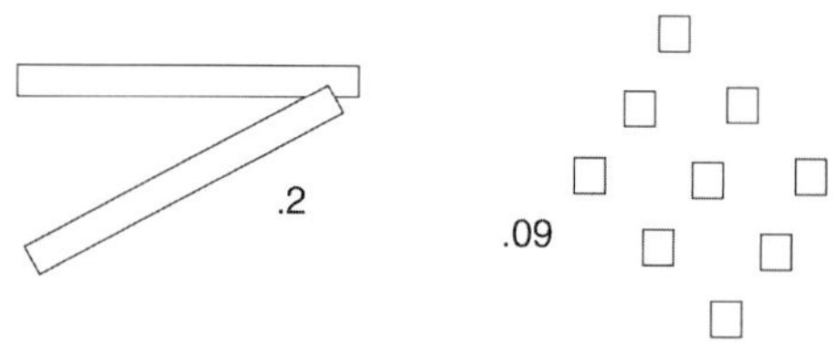

학생은 2/10가 9/100보다 더 크다는 것을 쉽게 볼 수 있다. 확실치 않다면, 학생은 1/100 조각들을 1/10 조각들 중 하나 위에 놓아 9/100가 1/10보다도 작다는 것을 파악할 수 있다. 그러고 나서 학생들에게 2/10와 같아지려면 1/100 조각들이 얼마나 있어야 하는지 계산해 보라고 요청한다. 이는 비교를 강화하는데 도움이 될 것이다.

우리는 이 모델을 이용하여 수많은 비교 조합을 만들어낼 수 있다. 예를 들어, 3과 0.3, 7.2와 0.72, 그리고 1.2와 0.98을 비교해 볼 수 있다.

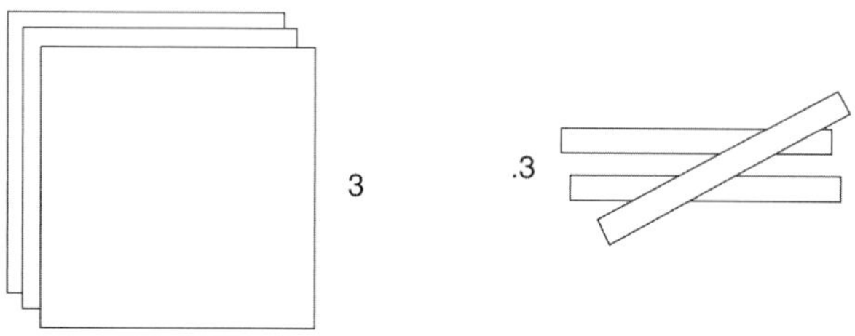

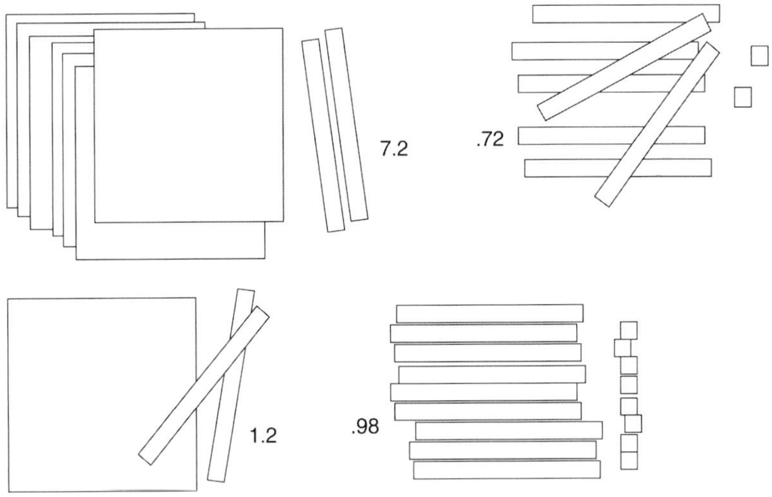

이러한 활동들의 결과 및 다른 유사한 결과들을 기록해 놓은 뒤 교사는 학생들이 많은 유용한 패턴들을 발견할 수 있도록 안내해 줄 수 있다.

동일한 숫자들의 값은 소수점에 대응하는 숫자들의 위치에 따라 다양하다.

3 > 0.3, 7.2 > 0.72, 0.06 < 0.60

숫자들의 크기는 소수점에 대응하는 숫자들의 위치보다는 덜 중요하다.

0.2 > 0.09, 0.086 < 0.34, 1.2 > 0.98

0이 아닌 첫 번째 숫자의 값을 비교함으로써 수들을 비교한다.

0.206 > 0.094(2/10는 9/100보다 더 크다)
0.061 > 0.059(6/100은 5/100보다 더 크다)
6.93 < 20.1(6은 20보다 작다)

만일 0이 아닌 첫 번째 숫자의 값이 같다면 다음 숫자들을 비교한다.

0.519 < 0.523(1/100은 2/100보다 작다)
6.43 > 6.29(4/100는 2/100보다 더 크다)
32.4 < 38.1(2는 8보다 작다)

이러한 패턴들은 소수들을 비교하는데 있어 의미 있는 규칙들 및 절차들로 만들어질 수 있다. 이 규칙들은 단지 '교사가 그렇게 하라고 한 것'이라고 하기보다는 오히려 학생들 스스로의 발견으로부터 일반화된 것이기 때문에 학생들에게 의미 있는 것이 될 것이다.

다음에 제시되는 일련의 활동들은 교사가 소수의 비교 개념 및 기술들을 어떻게 계발할 수 있는지 보여주고 있다.

■활동 9.06 소수 비교하기

칠판에 소수 두 개를 쓴다. 두 학생을 앞으로 나오게 한다. 학생들에게 오른쪽에 제시된 것과 같은 정사각형, 긴 종이조각, 그리고 작은 정사각형 등을 이용해서 두 소수들 중 하나를 나타내게 한다.

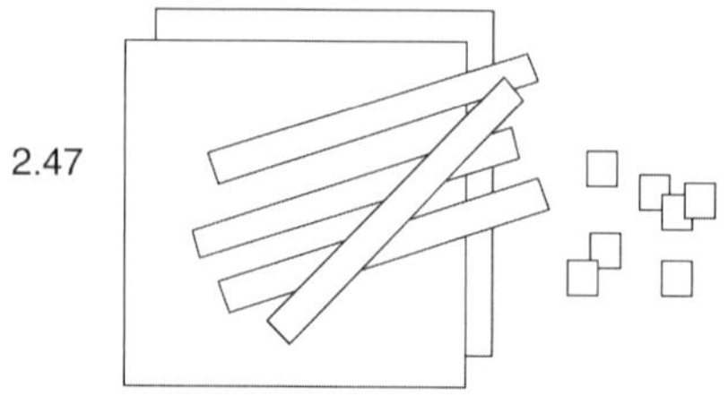

학생들이 해당 소수를 나타낸 다음 다른 두 명의 학생들에게 앞으로 나와서 해당 소수들이 정확하게 제시되었는지 확인하게 한다.
그러고 나서 다른 학생들 앞으로 불러내 모형으로 제시한 것을 보고 어떤 수가 더 큰지 판단하게 한다. 이 학생에게 두 수 사이에 ‘<’ 혹은 ‘>’를 쓰게 한다.
서로 다른 소수 쌍으로 이 활동을 몇 번 반복한다.

■활동 9.07 파트너 비교

학생들을 파트너로 짝짓게 한다. 각각의 조에 1 단위 5개, 1/10 9개, 그리고 1/100 9개 등으로 구성된 소수 조각들 한 세트를 준다.

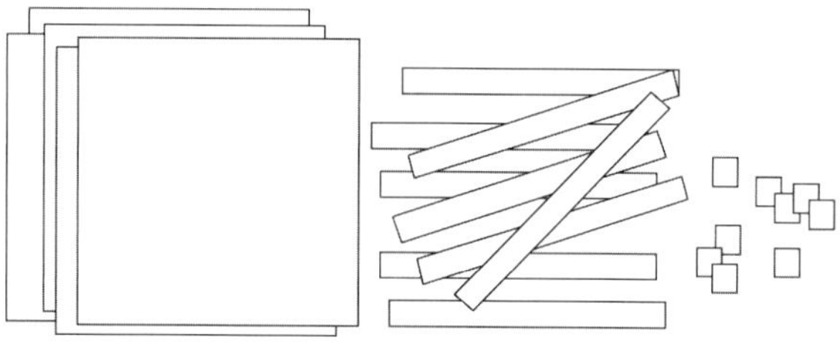

칠판에 소수 두 개를 쓴다. 파트너들로 하여금 모형을 활용하여 두 개의 소수들 중 하나를 나타내도록 한다. 숫자들이 모형으로 제시된 후 파트너들이 어떤 수가 더 큰지 판단하게 한다. 그러고 나서 한 학생을 지명하여 앞으로 나오게 한 뒤 두 수 사이에 ‘<’ 혹은 ‘>’를 쓰게 한다.
서로 다른 몇 개의 소수 쌍으로 이 활동을 몇 번 반복한다.

■활동 9.08 비교 예측

칠판에 소수 두 개를 쓴다. 학생들에게 그들이 곧 어떤 수가 더 큰지 알아내게 될 것이라고 말해 준다. 학생들에게 어떤 수가 더 클지 예측하게 한다. 만일 학생들이 동의한다면 누군가에게 왜 그 숫자가 더 크다고 생각하는지 설명하게 한다. 학생들이 그 의견에 동의하지 않는다면 그들 중 한 학생에게 자신의 생각을 설명하게 한다.
그 다음, 두 학생들을 앞으로 나오게 하여 해당 숫자들을 나타내게 하고 그들의 예측이 맞았는지 검사해보게 한다. 다른 학생을 앞으로 나오게 한 뒤 두 수 사이에 ‘<’ 혹은 ‘>’를 쓰게 한다.
만일 어떤 학생이 어느 수가 더 큰지 결정하는 분명하고도 정확한 방식을 제안한다면 그 방식을 칠판에 쓰고 다음 예제에서는 학급 전체가 그 방법을 쓰도록 한다.
서로 다른 몇 개의 소수 쌍으로 이 활동을 몇 번 반복한다. 때때로 학생들에게 어떤 수가 더 작은지 결정하게 한다.

■ **활동 9.09 비교 예측**

소수가 적힌, 약 50장 정도의 카드 한 세트를 준비한다.

두 명에서 네 명 정도의 학생들로 집단을 구성한다. 해당 집단에 소수가 적힌 카드 한 세트를 준다. 카드를 섞어 윗면이 아래로 가게 테이블 위에 놓는다.

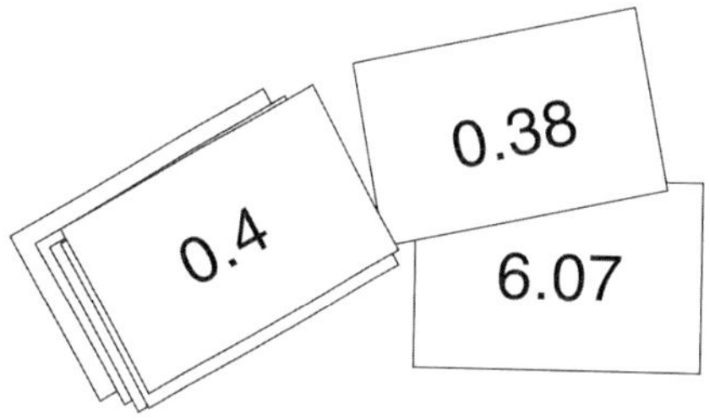

놀이를 할 때마다 모든 학생들이 카드를 한 장씩 뽑고 그 카드를 정면이 위로 가게 테이블 위에 놓는다. 가장 큰 소수 카드를 뽑은 학생이 테이블 위에 있는 다른 모든 카드를 갖게 된다. 이러한 방식으로 게임을 다시 시작할 만큼의 카드가 남아있지 않게 될 때까지 계속해서 게임을 한다. 가장 많은 카드를 갖고 있는 학생이 승자가 된다.

학생들이 어떤 소수가 더 큰지에 대해 의견이 일치하지 않을 경우, 서로 의견이 다른 학생들은 다른 학생들을 설득하기 위해 자신의 추론을 설명하게 된다. 그들이 합의에 이르지 못하면 비교를 검사하기 위해 모형으로 해당 소수들을 제시해야 한다.

4 소수의 덧셈 및 뺄셈

소수의 덧셈 및 뺄셈을 가르치는 것은 자연수의 덧셈 및 뺄셈을 가르치는 것과 거의 동일하다. 자연수 덧셈 및 뺄셈에 적용되는 것과 동일한 기본 아이디어(big idea)가 소수를 더하고 빼는 데에도 활용된다.

덧셈: 항상 동일한 단위끼리 더한다.
(표준형식에서) 쓸 것이 너무 많아지면 받아올림을 한다.
뺄셈: 항상 동일한 단위끼리 뺀다.
충분하지 않을 때 받아내림을 한다.

소수의 덧셈 및 뺄셈과 자연수의 덧셈 및 뺄셈 사이의 유일한 실질적 차이는 소수에서는 단위가 더 많아진다는 것이다. 물리적 모형을 활용하는 기본 아이디어를 재구축함으로써 교수를 시작한다. 소수 모형으로서의 정사각형, 긴 종이조각, 그리고 작은 정사각형 등을 활용하는 것은 덧셈과 뺄셈을 보여주는 훌륭한 방식이다.

덧셈을 할 때, 두 수와 그 수들을 합하고, 합한 후의 결과를 기록하는 시범을 보인다. 뺄셈을 할 때, 감수를 피감수에서 빼고 나머지를 기록하는 시범을 보인다.

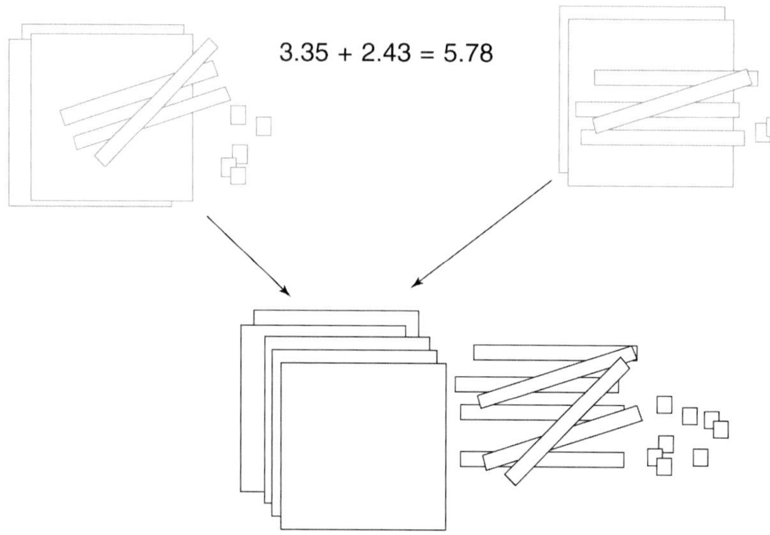

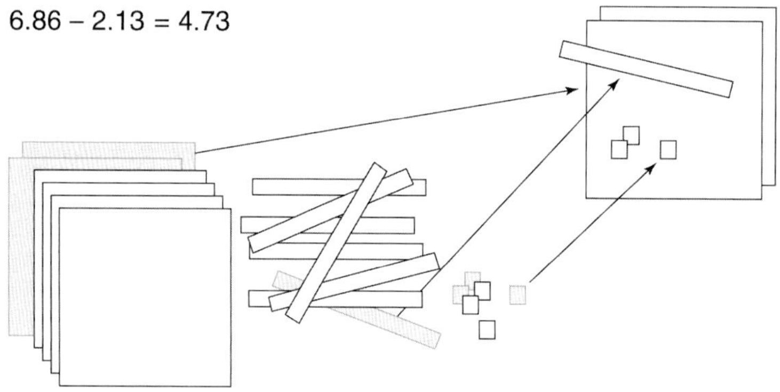

소수의 덧셈 및 뺄셈을 위해 활용이 용이한 또 다른 모형으로는 놀이용 화폐가 있다. 10달러짜리 지폐가 10 단위를 나타내기 위해 활용될 때, 1달러짜리 지폐는 1 단위, 10센트짜리 동전은 1/10, 그리고 1센트짜리 동전은 1/100을 나타내게 되고, 소수를 이렇게 표현하는 것은 합해지고 분리될 수 있으며, 필요한 경우 동등한 교환이 이루어질 수 있다.

교정노트. 소수의 덧셈 및 뺄셈의 가장 일반적인 오류유형은 학생들이 자연수로 공부할 때 학습된 기계적인 규칙으로부터 나온다. 즉 열이 맞춰져야 한다는 것이다. 기계적 규칙의 문제점은 어떤 제한된 조건을 벗어나면 적용이 안 된다는 점이다. 그리고 학생들은 (심지어 해당 규칙을 정확하게 암기하고 있는 학생들조차) 부적절한 상황에 그 규칙들을 적용하는 경향이 있다. 특히, 자연수의 덧셈과 뺄셈에 정확히 적용될 때 이 규칙은 오류를 산출하지 않을 것이다:

두 수를 우측에 맞춘다.
옳음

```
   14
+ 207
```

하지만 이 규칙이 소수 덧셈에 적용될 때에는 계산이 정확하지 않을 것이다:

두 수를 우측에 맞춘다.
틀림

$$\begin{array}{r} .14 \\ +\ 20.7 \\ \hline \end{array}$$

교사가 이러한 오류유형을 발견하게 되면 이전 규칙을 대체하기 위해 학생에게 새로운 규칙(소수점을 중심으로 열을 맞춘다)이 단지 주어지기만 해서는 안 될 것이다. 독자들은 이 진술을 잘못 해석해서는 안 된다. 우리가 말하고 있는 것은 학생들이 소수 덧셈이나 뺄셈을 할 때 소수점을 일렬로 맞추는 것을 배우지 말아야 한다는 것이 아니다. 소수점을 일렬로 맞추는 것은 사실 덧셈과 뺄셈을 더 쉽게 해준다.

우리가 주장하는 것은, 교사가 같은 단위가 일렬로 맞춰져야 하는지 보여주기 위해 모형을 사용할 때(항상 같은 단위끼리 더한다는 점을 기억하라), 그 결과는 소수점 또한 일렬로 맞춰질 것이라는 점이다. 그리고 소수점을 일렬로 맞출 때 결국은 같은 단위끼리 일렬로 맞춰지는 것으로 밝혀졌다. 이는 같은 단위끼리 일렬로 맞추는 것은 같은 단위끼리 더하는 것을 더 쉽게 해주기 때문에 유용하다. 학생들은 여전히 동일한 규칙들을 배우지만 이제 그 규칙은 의미를 갖게 되었다. 이는 학생들에게 타당해 보일 뿐 아니라, 학생들은 그들이 왜 규칙을 따라야 하는지 이해할 수 있게 해준다.

다음에 제시되는 일련의 활동들은 소수 덧셈 및 뺄셈과 관련된 개념들을 계발하기 위해 활용될 수 있다.

■ **활동 9.10 돈 더하기**

놀이용 100달러, 10달러, 1달러짜리 지폐들을 활용하여, 학생들에게 교실 앞으로 나와 아래 제시된 덧셈을 표현하게 한다. 같은 단위들을 더하고 쓸 것이 너무 많아질 때 받아올림을 할 필요가 있음을 이해하고 있는지 확인한다.

$$628 + 165 =$$

그러고 나서 얼마간의 10센트짜리 동전들과 1센트짜리 동전들을 더하고 한 학생에게 교실 앞으로 나와 아래 제시된 덧셈을 표현하게 한다. 소수를 더할 때 정확하게 같은 방식으로 더해야 한다고 강조한다.

$$24.73 + 3.84 =$$

다른 학생들 몇 명을 앞으로 나오게 하여 돈을 사용해서 다른 소수 덧셈의 보기들을 표현하게 한다.
그러고 나서 그 소수 덧셈 보기들을 칠판에 적고 학생들에게 자신의 자리에서 덧셈을 하게 한다. 덧셈이 끝나면 한 학생을 앞으로 나오게 해서 돈을 이용하여 동일한 덧셈을 표현하게 한다. 모두 제대로 했는가?

■ **활동 9.11 돈 빼기**

뺄셈 보기들을 이용한다는 것을 제외하고, 활동 9.10에 기술된 절차대로 한다.

■ **활동 9.12 네가 더하는 것을 조심해**

칠판에 가로식으로 42.03 + 615.6이라고 쓴다. 학생들에게 이 덧셈을 풀고 싶다고 말한다. 답으로 어떤 소수 단위들이 나올 것인지 묻는다[100 단위, 10 단위, 1 단위, 1/10, 그리고 1/100]. 답으로 1 단위가 얼마나 나올 것인지 묻는다. 칠판에 7을 쓰고 그 뒤에 소수점을 찍는다. 답으로 10 단위가 얼마나 나올 것인지 묻는다. 50을 기록해 둔다. 1/10은 얼마나 나올 것인지 묻는다. 6/10을 기록해 둔다. 1/100은 얼마나 나올 것인지 묻는다. 3/100을 기록해 둔다. 답을 얻기 위해서는 동일한 단위끼리 더해야 한다고 지적한다. 답이 정확한지 확인하기 위해 놀이용 100달러, 10달러, 1달러짜리 지폐들과 10센트짜리 동전들과 1센트짜리 동전들을 활용하여 해당 덧셈을 시범 보인다.
그 다음, 두 번째 보기로 123.4 + 4.567 + 21.02를 한다. 덧셈을 마친 뒤, 비록 소수 덧셈이 쉽기는 해도 같은 단위를 더하도록(1 단위는 1단위끼리, 1/100은 1/100 끼리 등등) 정말로 신중해야 한다고 설명한다. 같은 단위끼리 맞추어 적는다면 같은 단위를 더하는게 더 쉬워질 것이라고 설명한다. 두 번째 보기를 같은 단위끼리 맞추어 다시 적는다. 같은 단위가 일렬로 적혀있을 때 같은 단위를 더하는 것이 얼마나 더 쉬워졌는지 보여주며 더한다.
마지막으로 세 번째 보기로 107.64 + 5.193을 한다. 하지만 이번엔 같은 단위끼리 일렬로 정렬한다. 이 덧셈을 마치면 같은 단위끼리 일렬로 정렬할 때 소수점 또한 일렬로 맞췄음을 지적한다. 소수점을 같은 단위끼리 일렬로 정렬함으로써 다른 보기로 덧셈을 한다.

■활동 9.13 아무 것도 없다면 0을 적어라

칠판에 가로식으로 42.03 + 615.6이라고 쓴다. 두 소수에서 가장 작은 단위가 무엇인지 묻는다. [1/100] 두 번째 소수에 1/100이 얼마나 있는지 묻는다. [없음] 1/100이 없음을 보여주기 위해 그 수를 어떻게 적을 것인지 묻는다. [1/100 자리에 0을 쓴다] 소수 덧셈 보기를 42.03 + 615.60으로 다시 적고 덧셈을 한다.

두 번째 보기로 123.4 + 4.567 + 21.02를 한다. 어떤 소수 단위들이 있는지 묻는다 [1/10, 1/100, 그리고 1/1000] 어떤 수에는 어떤 단위가 없음을 보여주기 위해 0을 이용하여 덧셈 보기를 다시 쓴다. 그러고 나서 더한다. 소수 덧셈은 자연수 덧셈과 같다는 것을 강조한다. 항상 동일한 단위끼리 더하고 쓸 것이 너무 많아지면 받아올림을 한다.

세 번째 보기로 107.64 + 5.193을 한다. 학생들에게 이전 보기들에게 사용했던 것처럼 0을 사용해서 수들을 다시 쓰게 한다. 학생들에게 수를 더해서 답을 얻게 한다.

■활동 9.14 아무 것도 없다면 0을 적어라-뺄셈

칠판에 38.2 - 5.78이라고 쓴다. 어떤 단위를 빼야 하는지 묻는다. [1 단위, 1/10, 그리고 1/100] 피감수를 가리킨다. 100분의 몇이 있는지 묻는다. [없음] 1/100 자리에 아무 것도 없다는 것을 보여주기 위해 해당 소수을 어떻게 다시 써야 하는지 묻는다. [0을 사용한다]

뺄셈 보기를 38.20 - 5.78로 다시 쓴다. 그러고 나서 이 계산식을 세로식으로 다시 쓰고 뺄셈을 한다. 소수 뺄셈은 자연수 뺄셈과 같다는 것을 강조한다. 항상 동일한 단위끼리 빼고 충분하지 않을 때 받아내림을 한다.

5 소수의 곱셈

소수의 곱셈 또한 자연수의 곱셈과 매우 유사하다. 답을 찾기 위해서는 부분 곱을 활용할 필요가 여전히 있지만, 곱셈의 다른 기본 아이디어, 즉 10으로 곱하기는 0.1로 곱하기를 포함할 만큼 확대되어야 한다. 일단 이러한 작업이 완수되면 새로운 것은 거의 없다.

소수 곱셈의 가장 좋은 종합 모형은 면적 모형(area model)이다. 우리는 이미 자연수 및 분수 곱셈을 배울 때 면적 모형을 사용했다. 그러므로 학생들이 소수 곱셈을 배우는 것을 돕기 위해 이 모형을 활용하는 것은 그리 힘든 일이 아니다. 면적 모형의 핵심은 직사각형의 가로 곱하기 세로는 그 면적과 같다는 것이다.

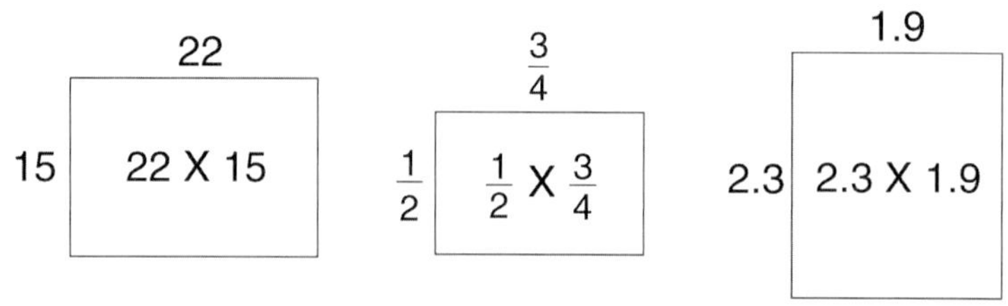

우리는 면적 모형을 활용하여 몇몇 소수 곱셈 보기들의 답을 찾을 수 있다:

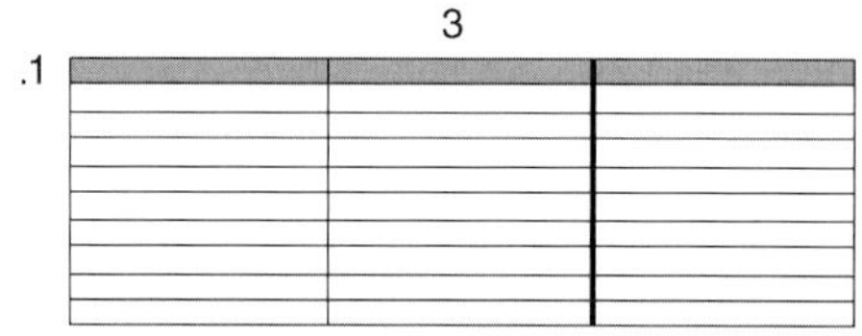

.1 X 3 = .3

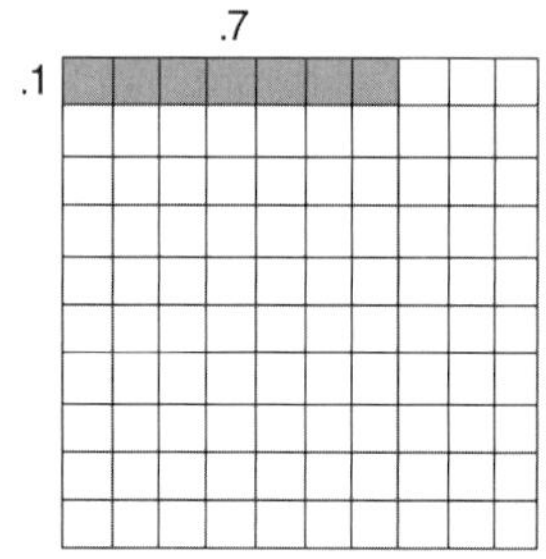

.1 X .7 = .07

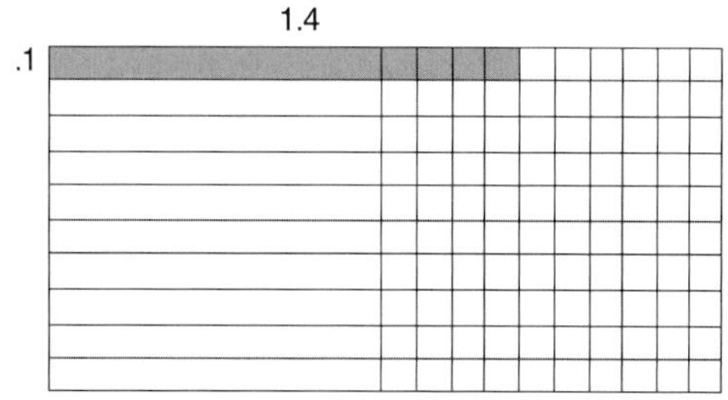

.1 X 1.4 = .14

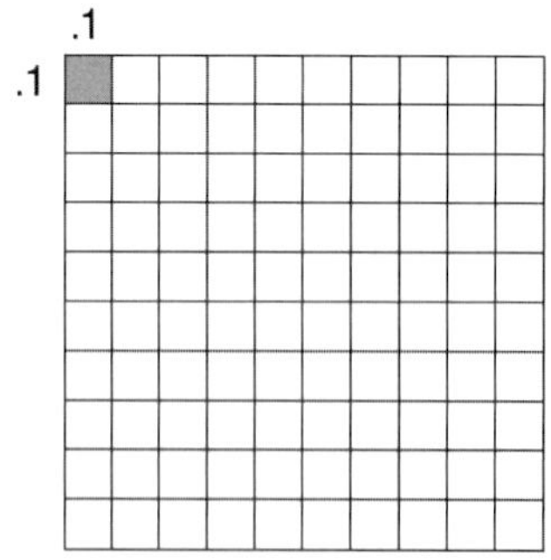

.1 X .1 = .01

학생들이 발견하기 바라는 패턴은 0.1로 곱할 때 다른 수에 대한 영향은 소수점이 왼쪽으로 한 칸 이동한다는 것이다. 일단 이러한 패턴이 발견되면 이를 일반화하여 다른 답을 구할 수 있게 된다. 예를 들어, 0.1×3.9,

.1 X 3.9 =.39

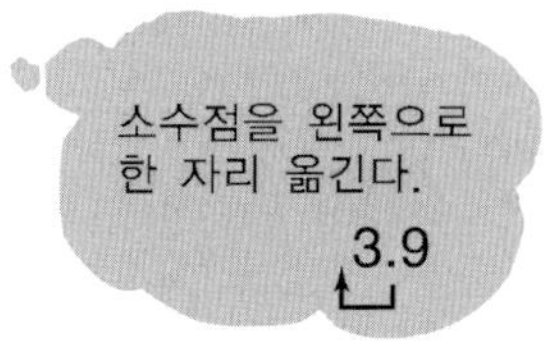

학생들이 일반화를 활용하여 답을 제시한 후 그 다음 단계는 모형으로 다시 돌아가 답이 맞았는지를 검증하는 것이다. 이는 그 일반화가 정말로 효과가 있는지 확인시켜준다:

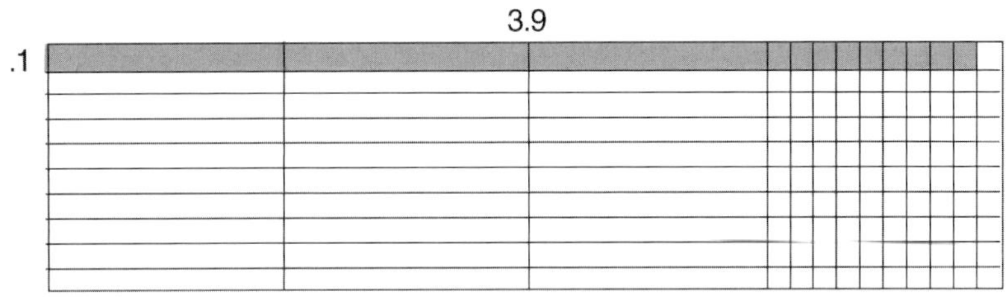

.1 X 3.9 =.39

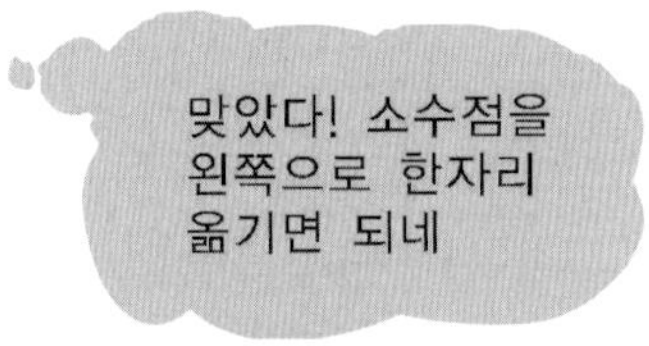

우리는 또한 0.1로 곱하기와 0.01로 곱하기 사이의 관계를 확립할 필요가 있다. 0.1로 곱하기에 대한 이전의 일반화로부터 $0.1 \times 0.1 = 0.01$이라는 것을 알 수 있다.

$$0.1 \times 0.1 = 0.01$$

다른 말로 하자면 0.01로 곱하기는 0.1로 곱하기를 두 번하는 것과 마찬가지라는 것이다. 이는 소수점을 왼쪽으로 두 번 이동하는 것으로 해석되고, 물론 소수점을 왼쪽으로 두 자리 옮기는 것을 말한다. 이와 유사하게 $0.1 \times 0.1 \times 0.1 = 0.001$이다.

$$0.1 \times 0.1 \times 0.1 = 0.001$$

0.001로 곱하기는 0.1로 곱하기를 세 번하는 것과 마찬가지이다. 즉, 소수점을 왼쪽으로 세 자리 이동하는 것을 말한다.

이제 이 정보가 다른 소수 곱셈에 어떻게 도움이 되는지 보자. 0.7×0.34의 예를 고려해 본다.

$0.7 \times 0.34 = (0.1 \times 7) \times (0.01 \times 34)$ 여기서 괄호는 필요하지 않다.

$= 0.1 \times 0.01 \times 7 \times 34$ 곱하기를 할 때 수들을 다시 배열할 수 있다.

자연수 곱셈과 세 개의 0.1로 곱하기가 남아있다. 자연수를 곱하는 방법은 알고 있다:

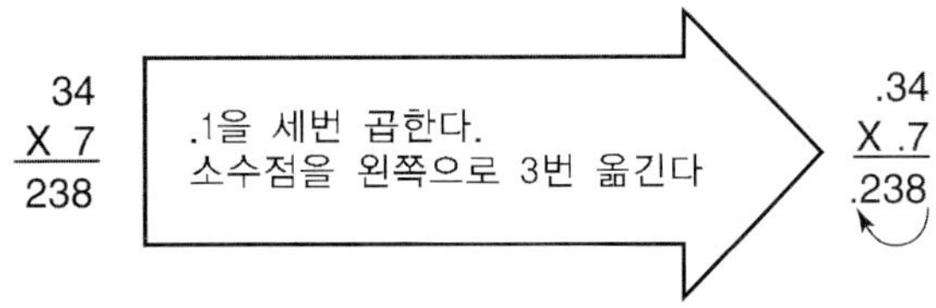

이러한 보기들로부터 학생들은, 마치 수들이 자연수인 것처럼 곱하기를 하고나서 소수점을 찍기 위해 0.1로 곱하기를 세는 것을 일반화해야 한다.

이러한 규칙을 만든 후 학생들은 몇 가지 보기들을 계산함으로써 이를 검사하고 그러고 나서 곱셈의 면적 모형을 이용하여 해당 규칙이 정답을 이끌어 냈는지 확인해야 한다. 예를 들어, 3.5 × 2.7을 계산하고자 한다고 가정해보자. 규칙을 이용하여 우리는 다음과 같은 결과를 얻을 수 있다.

```
   3.5
X  2.7
------
  245
  700
------
  9.45
```

2번의 .1 곱하기

면적 모형을 이용하여 다음과 같은 결과를 얻을 수 있다

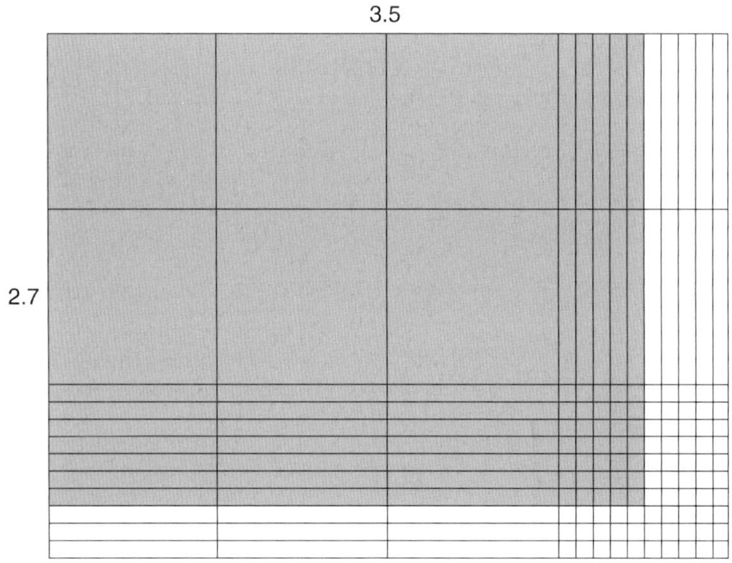

다음 진한 부분은 6이다. 즉 2 × 3개의 1이다.

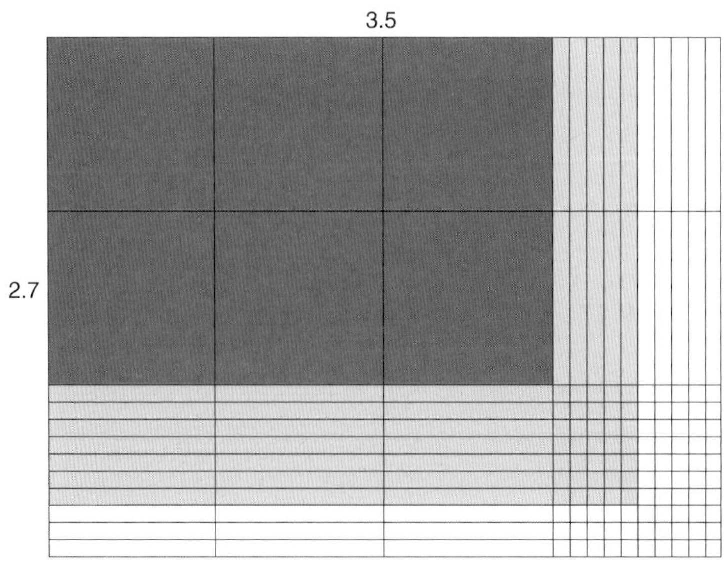

다음에서 우리는 10분의 (2 × 5) 혹은 10분의 10을 얻게 된다. 이는 1과 같다.

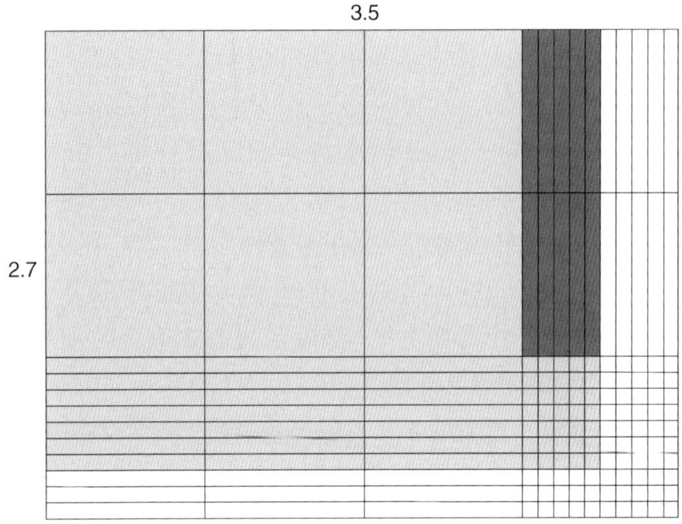

다음에서 우리는 10분의 (7 × 3) 혹은 10분의 21을 얻게 된다. 이는 2.1과 같다.

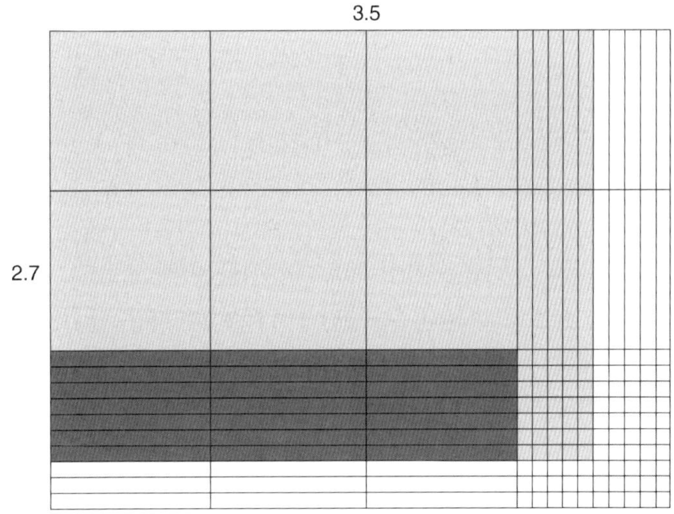

다음에서 우리는 100분의 (7 × 5) 혹은 100분의 35을 얻게 된다:

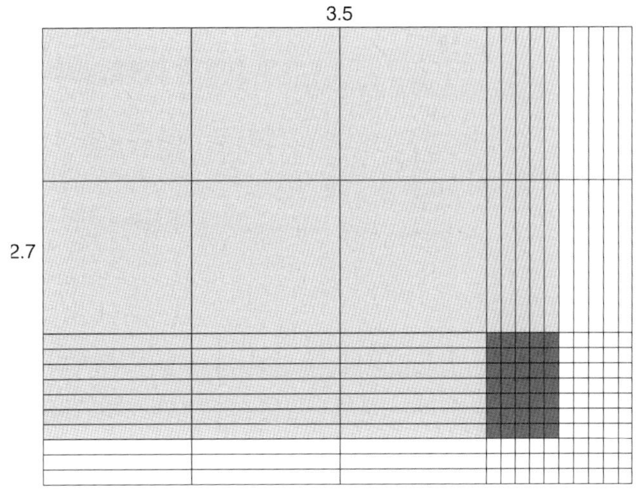

이 부분 곱들을 함께 더한다면, 다음과 같은 답을 얻을 것이다:

$$\begin{array}{r} 6. \\ 1. \\ 2.1 \\ .35 \\ \hline 9.45 \end{array}$$

이는 규칙을 적용함으로써 산출한 답과 같은 것이고, 규칙이 정답을 만들어 낸다는 것을 확인시켜 준다. 이렇게 두세 번 철저하게 확인하는 것은 규칙이 답을 얻기 위한 신속하고 효율적이며 정확한 방식이라는 것을 학생들이 납득할 수 있게 해준다. 규칙은 학생들 자신의 경험으로부터 만들어진 것이기 때문에 의미가 있는 것이다. 학생들은 모형을 사용하여 규칙이 정확하다는 것을 입증하게 되고, 글자 그대로 자신이 산출한 답이 정확하다는 것을 확인하게 된다. 규칙을 적용하는 것이 소수 곱셈을 하는 쉬운 방법으로 보일 것이고, 따라서 단지 교사가 시키는 무엇이 아닌 유용한 것으로 인식될 것이다. 학생들은 규칙의 활용에 자신감을 갖게 될 것이다. 유지도 뛰어날 것이다. 알고 있는 다른 무엇과 연관된 것들은 항상 기억하기 더 쉽다는 것을 기억하라.

6 소수의 나눗셈

소수의 나눗셈은 자연수의 나눗셈을 위해 적용된, 동일한 두 가지 기본 아이디어(한 번에 한 단위씩 나눈다 그리고 나머지는 더 작은 단위로 넘긴다 등을 활용한다.)에 거의 전적으로 의존한다. 자연수로 자연수 나누기와 자연수로 소수 나누기, 두 가지를 비교해 보자.

100, 10, 1		1, $\frac{1}{10}$, $\frac{1}{100}$
213 R 2		2.135
4)854		4)8.54
−8		−8
54	한 번에 한 단위를 나눈다.	54
−4		−4
14	이미 나눈 단위 빼기	14
−12		−12
2	나머지는 교환한다.	20
		−20
		0

절차는 완전히 동일하다. 유일한 차이점은 추가되는 단위들이 몇 개 있다는 것이다. 첫 번째 보기에서 우리는 나머지 2를 얻게 된다. 더 작은 단위가 없기 때문에 더 작은 단위로 넘길 수 없는 1 단위 2가 남게 되는 것이다. 두 번째 보기에서는 나머지 2/100는 1/1000

단위로 넘겨져 나누어진다.

자연수로 소수 나누기는 가르치기 쉽다. 물리적 모형을 활용하여 그 과정이 자연수 나눗셈과 같다는 것을 보여줄 수 있다. 그러나 소수로 나누기는 다르다. 자연수(예를 들어 4)로 소수 나누기는 소수의 단위들을 동일한 네 개의 부분으로 분리함으로써 쉽게 시범보일 수 있다. 0.4로 나누기는 그렇게 쉽게 보여줄 수 없다. 소수 단위들을 4/10씩 동일한 부분들로 분리한다는 것은 말이 안 되는 것이다. 그래서 제수(除數)를 처리할 방식을 만들 필요가 있다.

초등학생들은 다음과 같은 예들에서 도출되는 흥미로운 패턴을 발견해야 한다:

$8 \div 2 = 4 \xrightarrow{\times 2 \text{ (피제수)},\ \times 2 \text{ (제수)}} 16 \div 4 = 4$

$45 \div 15 = 3 \xrightarrow{\times \frac{1}{5}} 9 \div 3 = 3$

$18 \div 9 = 2 \xrightarrow{\times 4} 72 \div 36 = 2$

$48 \div 16 = 3 \xrightarrow{\div 8} 6 \div 2 = 3$

제수와 피제수 모두를 동일한 수로 곱하거나 나눌 때 몫은 변하지 않는다. 때때로 제수와 피제수 모두를 동일한 수로 곱하거나 나눈다면 나눗셈은 훨씬 쉬워진다. 예를 들어, 450 ÷ 25를 생각해 보라. 제수와 피제수 모두를 4로 곱한다면 1800 ÷ 100이 된다. 100으로 나누기는 쉽다. 414 ÷ 18을 하는 대신, 414와 18 모두를 2로 나누어 207 ÷ 9로 만든다. 한 자리 수로 나누는 것은 보통 두 자리 수로 나누는 것보다 더 쉽다.

이 기법은 어떤 소수 나눗셈의 예를 자연수 나눗셈의 예로 전환시키기 위해 사용될 수 있다. 8.21 ÷ 0.7은 제수와 피제수 모두에 100을 곱한다면 821 ÷ 70으로 바뀔 수 있다. 439 ÷ 3.6은 제수와 피제수 모두에 10을 곱하면 4390 ÷ 36으로 바뀐다. 이처럼

2.7)4.98	은 다음과 같이	27.)49.8
.36)21.8	바꿀 수 있다.	36.)2180.

제수가 소수인 어떤 예를 자연수가 제수인 예로 바꿀 수 있다:

.23)6.9	이 예에서 제수를 자연수로 만들기 위해서는 100을 곱해야 한다. 그러므로 제수와 피제수 모두에 100을 곱할 것이다.
.23)6.90	100을 곱함으로써 소수점이 오른쪽으로 두 칸 이동하게 된다.

58.9)4.932 이 예에서 제수를 자연수로 만들기 위해서는 10을 곱해야 한다. 그러므로 제수와 피제수 모두에 10을 곱할 것이다.

58.9)4.9 32 제수와 피제수 모두의 소수점을 오른쪽으로 한 칸씩 옮긴다.

7 곱셈 및 나눗셈 활동들

다음에 제시된 일련의 활동들은 교사가 소수의 곱셈 및 나눗셈 개념을 어떻게 계발할 수 있는지를 보여준다.

■활동 9.15 상자 안에 무엇이 있을까?

칠판에 4 × 23이라고 쓴다. 학생들에게 [23의 4배]가 무엇을 의미하는지 묻는다. 학생들 네 명을 앞으로 불러내서 막대기 다발로 23을 표현하게 한다. 그러고 나서 학생들 각자에게 그 수만큼의 막대기를 상자에 넣게 한다. 학생들 전체에게 상자 안에 23이 모두 몇 개가 들어 있는지 묻는다. [4] 그 다음 상자 안에 있는 것을 모두 합하면 얼마인지 아는 사람이 있느냐고 묻는다. 상자 안에 1 단위는 모두 얼마가 있는가? [12] 1의 자리에 쓰기에는 너무 많다는 점을 지적한다. 무엇을 해야 하는지 묻는다. [받아올림] 필요한 받아올림을 하고 나서 상자 안에 1 단위가 몇 개 남아 있는지 묻는다. [2] 받아올림을 한 후 상자 안에 10 단위가 몇 개 있는지 묻는다. [9] 곱셈에 대한 답을 기록한다.

칠판에 3 × 1.62라고 적는다. 학생들이 답을 찾도록 위와 동일한 절차를 밟는다. 1달러 지폐와 10센트짜리 동전, 그리고 1센트짜리 동전들을 활용하여 소수의 시범을 보인다.

6 × 21.9, 2 × 3.76, 그리고 7 × 5.8로 반복한다. 소수의 곱셈은 자연수의 곱셈과 거의 동일하다는 점을 강조한다.

■활동 9.16 곱이 면적이다.

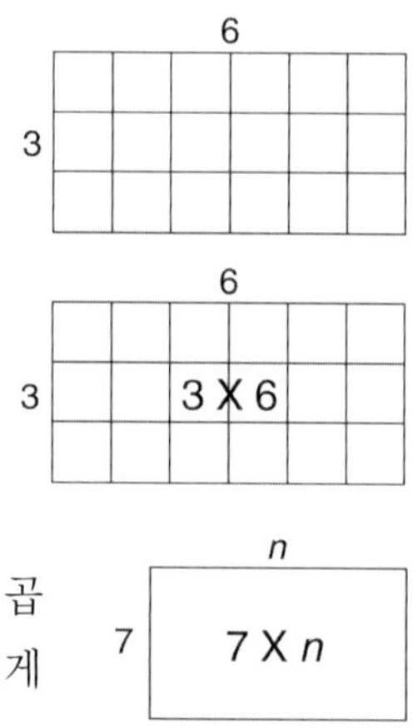

칠판에 직사각형을 그리고 각 변에 3과 6을 적어 놓는다. 면적을 보여주기 위해 정사각형들을 그려 넣는다. 4 × 23이라고 쓴다. 직사각형의 가로와 세로를 곱해서 면적을 얻을 수 있음을 상기시킨다.

또 다른 직사각형을 그려 가로와 세로에 각각 n과 7이라고 쓴다. 학생들에게 가로가 n인데 n이 어떤 수인지는 모른다고 말한다. 직사각형 안에 7 × n을 적어 넣는다.

다른 직사각형들을 보여주고 학생들에게 면적에 해당되는 곱을 말하게 한다. 학생들에게 직사각형 안에 곱을 적어 넣게 한다.

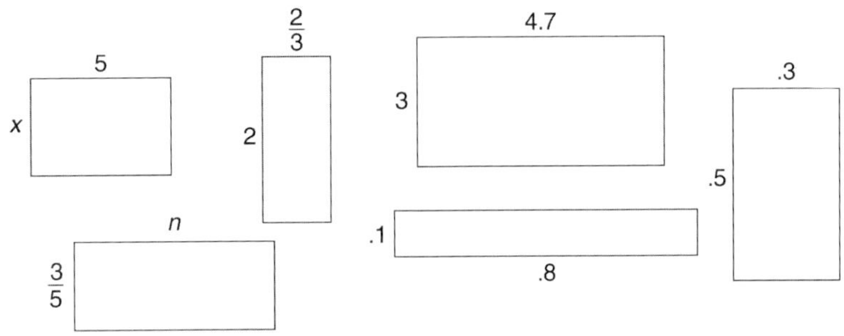

■ **활동 9.17 면적 짝짓기**

가로, 세로가 적힌 직사각형이 그려진 카드와 가로, 세로의 곱이 적혀 있는 카드로 구성된 카드들을 여러 벌 준비한다.

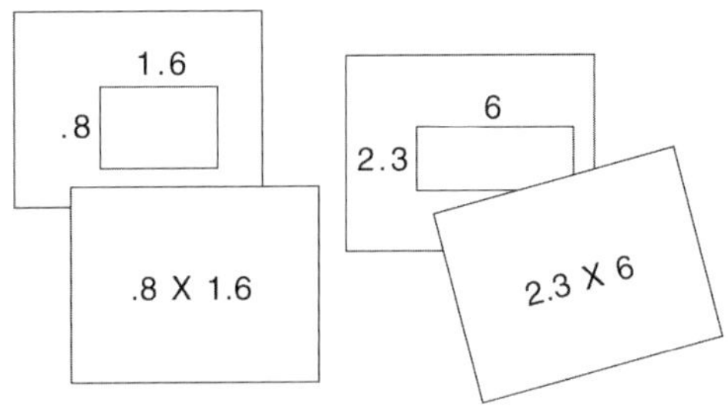

카드들을 학생들에게 나눠주고 짝을 찾게 한다.

■ **활동 9.18 쉬운 1/10**

오른쪽에 있는 것과 같은 면적 모형을 이용해 0.1 × 2 = 0.2라는 것을 보여준다.

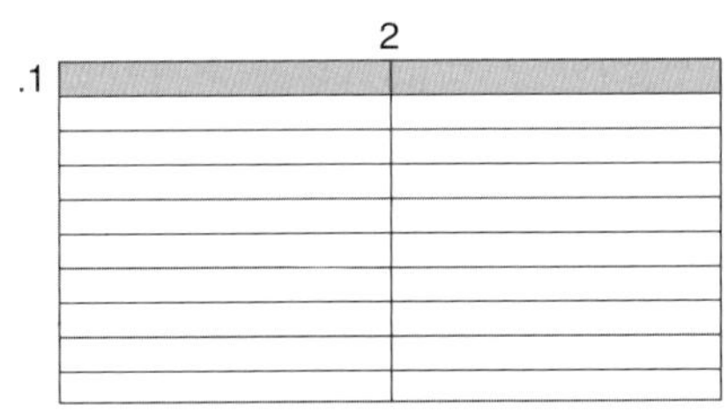

다음의 면적 모형을 활용하여 0.1 × 3.7 = 0.37이라는 것을 보여준다:

0.1 × 1.4와 0.1 × 3.76으로 되풀이 한다. 0.1로 곱할 때 항상 발생하는 것이 무엇인지 묻는다. [소수점이 왼쪽으로 한 칸 '움직인다.'] 학생들에게 0.1 × 4.5의 답이 무엇일 거라고 생각하는지 말하게 한다. [0.45] 면적 모형을 사용하여 답을 검증한다.

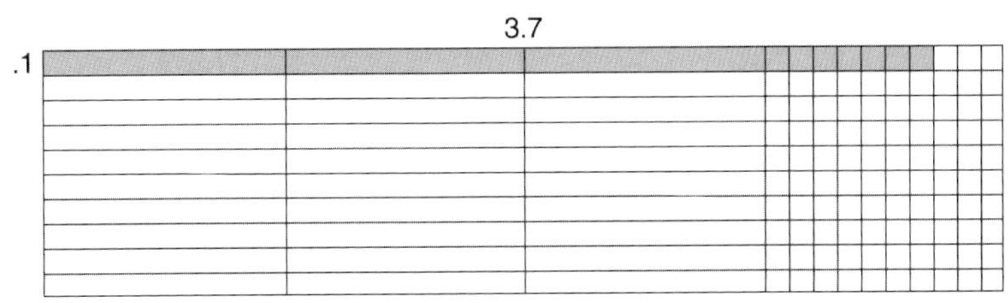

■ **활동 9.19 더 쉬운 1/10**

칠판에 46 × 0.1이라고 쓰고 그 밑에 '$\frac{46}{10}$'이라고 적어 놓는다. 이 두 가지가 같은 것을 말하는 것인지 묻는다. [예.] 그 다음 '40/10 + 6/10'이라고 적고 같은 것인지 묻는다. [예.]

10/10과 같은 것이 무엇인지 묻는다. [1] 40/10과 같은 것이 무엇인지 묻는다. [4] 따라서 46/10은 4와 6/10과 같은 것이 틀림없다. 46 × 0.1 = 4.6이라고 쓴다.
92 × 0.1이라고 쓴 후 무엇과 같은지 물어본다. 필요하다면, 90/10은 9라는 것을 따라서 90/10과 2/10는 9와 2/10라는 것을 지적한다. 92 × 0.1 = 9.2라고 쓴다.
74 × 0.1, 21 × 0.1, 그리고 123 × 0.1의 답을 묻는다.
0.1로 곱할 때마다 어떤 일이 일어나는지 묻는다. [소수점이 왼쪽으로 한 칸씩 이동한다.]

■ **활동 9.20 1/100과 1/1000도 쉬워**

0.1로 곱할 때마다 어떤 일이 일어나는지 묻는다. [소수점이 왼쪽으로 한 칸씩 이동한다.] 칠판에 0.1 × 0.1이라고 쓰고 답이 무엇인지 묻는다. [0.01] 0.1 × 0.1 = 0.01이라고 적어 놓는다.
0.01이 0.1 × 0.1과 같으므로 0.01로 곱하는 것은 0.1로 두 번 곱하는 것과 같음을 지적한다. 86 × 0.01 = 86 × 0.1 × 0.1이라고 적는다.
0.1로 곱할 때마다 어떤 일이 일어나는지 다시 묻는다. [소수점이 왼쪽으로 한 칸씩 이동한다.] 0.1로 두 번 곱할 때 어떤 일이 일어나는지 묻는다. [소수점이 왼쪽으로 두 칸 이동한다.]
86 × 0.1이라고 적은 후 답을 묻는다. [0.86] 235 × 0.01, 45.3 × 0.01, 그리고 7.98 × 0.1의 답을 묻는다.
0.1 × 0.1 × 0.1이라고 적고 답을 묻는다. [0.001] 86.3 × 0.001 = 86.3 × 0.1 × 0.1 × 0.1이라고 쓴다. 0.001로 곱하는 것은 0.1로 세 번 곱하는 것과 같음을 지적한다. 그러므로 소수점은 왼쪽으로 세 칸 이동하게 된다.
86.3 × 0.001이라고 적고 답을 물어본다. [0.0863] 235 × 0.01, 4.53 × 0.01, 그리고 79.8 × 0.1의 답을 묻는다.

■ **활동 9.21 2 단계 곱셈**

23 × 4.5를 칠판에 적는다. 그러고 나서 이 곱셈을 23 × 45 × 0.1로 다시 쓴다. 이 두 가지 곱셈이 같은 것인지 물어본다. 이유는? [예, 45 × 0.1은 4.5와 같으니까요.] 학생들에게 23 × 45를 하게하고 그 답에 0.1을 곱하게 한다. 0.1로 곱하면 소수점이 왼쪽으로 한 칸 이동한다는 점을 상기시킨다.
35 × 2.14를 칠판에 적고 이 곱셈을 35 × 214 × 0.1로 다시 쓴다. 이 두 가지 곱셈이 같은 것인지 물어본다. 학생들에게 35 × 214를 하게 하고 그 답에 0.01을 곱하게 한다. 0.01로 곱하면 0.1로 두 번 곱하는 것과 마찬가지이고 따라서 소수점이 왼쪽으로 두 칸 이동한다는 점을 상기시킨다.
37 × 3.9를 칠판에 적고 학생들로 하여금 답을 찾게 한다. 학생들에게 마치 자연수 곱셈을 하는 것처럼 곱하고 그러고 나서 소수점을 옮길 수 있음을 상기시킨다. 곱하고 소수점을 찍는다.
그러고 나서 학생들에게 21 × 0.64, 1.36 × 45, 그리고 24 × 0.061을 풀게 한다.

■ 활동 9.22 2 단계 이상의 곱셈

2.3 × 4.5를 칠판에 적는다. 그러고 나서 이 곱셈을 23 × 0.1 × 45 × 0.1로 다시 쓴다. 이 두 가지 곱셈이 같은 것인지 물어본다. 이유는? 자연수 곱셈을 하고 0.1로 곱하게 만들기 위해 각각의 수들을 어떻게 다시 배열할 수 있는지 묻는다. [23 × 45 × 0.1 × 01.] 학생들에게 23 × 45를 풀게 한 후 답에 0.1을 두 번 곱하게 한다. 0.1로 곱하면 소수점이 왼쪽으로 한 칸 이동한다는 점을 상기시킨다. 0.1로 두 번 곱셈을 해야 하기 때문에 소수점은 왼쪽으로 두 칸 이동하게 된다.

3.5 × 2.14를 칠판에 적고 곱셈을 하게 되는 자연수 두 개가 무엇인지 물어본다. [35와 214] 0.1로 곱셈을 몇 번 해야 하는지 묻는다. [3] 0.1로 곱셈을 할 때마다 소수점은 왼쪽으로 한 칸씩 이동함을 상기시킨다.

3.7 × 3.9를 적고 학생들로 하여금 답을 찾게 한다. 학생들에게 마치 자연수 곱셈을 하는 것처럼 곱하고 그러고 나서 소수점을 옮길 수 있음을 상기시킨다. 곱하고 소수점을 찍는다.

학생들에게 0.21 × 0.64, 1.36 × 4.5, 그리고 2.4 × 0.61도 풀게 한다.

■ 활동 9.23 점을 찍었어?

학생들을 조별로 모이게 한다. 각각의 조는 계산기를 가지고 있어야 한다. 학생들에게 소수 곱셈 문제들을 주고, 같은 조를 이룬 학생들은 번갈아 가면 계산기를 사용한다.

각각의 문제에서 한 학생이 계산기를 사용하여 관련된 자연수들을 곱한다(예를 들어, 문제가 2.76 × 5.4라면 그 학생은 276 × 54를 한다). 그러고 나서 같은 조의 다른 학생은 종이에 곱을 쓰고 정확한 자리에 소수점을 찍는다. 마지막으로 첫 번째 학생은 계산기를 이용하여 원래 문제를 풀고 답을 검산한다.

같은 조를 이룬 학생들은 역할을 바꿔 문제들을 모두 풀 때까지 계속해야 한다.

■ 활동 9.24 나누기는 나누기야

학생들에게 나눗셈을 다시 검토해 보고 싶다고 말한다. 칠판에 856 ÷ 4라고 쓴다. 한 학생을 앞으로 나오게 하여 십진법 블록을 이용하여 수 856을 표현하게 한다. 이 수를 몇 개의 동일한 부분으로 나눠야 할 것인지 물어본다. [4] 문제를 풀면서 해당 수를 네 개의 동일한 부분으로 분리한다. 문제를 풀어가는 동안 그 단계들을 기록한다. 한 번에 한 단위씩 나누고 나머지는 더 작은 단위로 넘긴다는 것을 강조한다. 그러고 나서 첫 번째 문제 옆에 8.56 ÷ 4라고 쓴다. 어떤 학생을 앞으로 나오게 하여 1달러짜리 지폐, 10센트짜리 동전, 그리고 1센트짜리 동전 등을 이용하여 8.56을 표현하게 한다. 문제를 풀면서 해당 수를 네 개의 동일한 부분으로 분리한다. 단계들을 기록한다. 한 번에 한 단위씩 나누고 나머지는 더 작은 단위로 넘긴다는 것을 강조한다.

소수 나눗셈이 자연수 나눗셈과 어떻게 같은지 지적한다.

그 다음 657 ÷ 5와 65.7 ÷ 5, 두 문제를 푼다. 첫 번째 문제는 나머지가 2이다. 두 번째 문제에서도 나머지를 얻을 수 있는데, 이 경우 2/10이다. 소수 문제를 풀 때에는 항상 나머지를 넘길 더 작은 단위가 있음을 지적한다. 첫 번째 문제에서 나머지 2는 20/10으로 바꿀 수 있고 이는 다섯 개의 동일한 부분으로 분리될 수 있다. 두 번째 문제에서 나머지 2/10(10센트짜리 동전)는 20/100(1센트짜리 동전)으로 바꿀 수 있고 이는 다섯 개의 동일한 부분으로 분리될 수 있다.

■ **활동 9.25 동일한 답**

칠판에 18 ÷ 3이라고 쓰고 답을 묻는다. 답을 적는다.

그러고 나서 18에 3을 곱하면 얼마가 되는지 물어본다. 3에 3을 곱한다면? 18과 3 밑에 새로운 수를 적는다.

학생들에게 54를 9로 나누게 한다. 학생들이 그 답이 원 문제의 답과 동일하다는 것을 알아차리는지 확인한다.

$$
\begin{array}{ccc}
18 & \div & 3 = 6 \\
\downarrow \times 3 & & \downarrow \times 3 \\
54 & \div & 9 \\
\end{array}
$$

$54 \div 9 = 6$

같은 방식으로 다른 문제들을 푼다. 14 ÷ 2로 시작한다. 두 수에 모두 5씩 곱해 70 ÷ 10으로 만든다. 두 문제의 답을 구한다. 답은 같다.

280 ÷ 35로 시작한다. 두 수에 모두 2씩 곱해 560 ÷ 70으로 만든다. 학생들에게 계산을 하게 하여 280 ÷ 35의 답을 구하게 한다. [8] 학생들에게 계산하지 말고 560 ÷ 70의 답을 말하라고 한다.

■ **활동 9.26 나눗셈을 쉽게 만들기**

칠판에 135 ÷ 5라고 쓴다. 그러고 나서 학생들에게 두 수에 2를 곱하게 될 것이라고 말한다. 칠판에 270 ÷ 10을 원 문제 바로 밑에 적는다. 학생들에게 이 두 나눗셈의 답에 대해 무엇을 알고 있는지 묻는다. [두 문제 답은 같다.] 학생들에게 어떤 나눗셈을 하고 싶은지 물어본다.

칠판에 144 ÷ 18이라고 쓴다. 그러고 나서 학생들에게 두 수에 1/2을 곱하고 싶다고 말한다. 그러면 어떤 수가 나오게 될 것인지 묻는다. [72와 9] 새로운 나눗셈 72 ÷ 9를 적는다. 학생들에게 이 두 나눗셈의 답에 대해 무엇을 알고 있는지 묻는다. [두 문제 답은 같다.] 학생들에게 어떤 나눗셈을 하고 싶은지 물어본다.

학생들에게 제수와 피제수 모두에 동일한 수를 곱하면 때때로 나눗셈이 더 쉬워진다고 말한다.

칠판에 112 ÷ 16이라고 쓴다. 그러고 나서 학생들에게 문제를 더 쉽게 만들려면 어떤 수를 곱하면 되는지 말해보라고 한다. 나눗셈을 더 쉽게 만드는지 보기위해 학생들이 답한 수를 곱해본다.

■ **활동 9.27 항상 자연수로 나눈다**

칠판에 68.96 ÷ 2라고 쓴다. 학생들에게 이 문제는 우리가 68.96을 동일한 두 개의 부분으로 나누게 될 것을 의미한다는 점을 상기시킨다. 7.38 ÷ 6이라고 쓰고 학생들에게 이 문제는 우리가 7.38을 동일한 여섯 개의 부분으로 나누게 될 것을 의미한다는 점을 상기시킨다. 3.406 ÷ 0.2라고 쓰고 이 문제가 의미하는 것이 무엇인지 학생들에게 묻는다. 3.406을 동일한 2/10개의 부분으로 나눌 수 없다는 점을 지적한다. 그건 말이 안 된다.

학생들에게 제수와 피제수 모두에 동일한 수를 곱함으로써 때때로 어려운 나눗셈을 쉬운 나눗셈으로 바꿀 수 있다는 점을 상기시킨다. 제수를 자연수로 바꾸려면 어떤 수를 곱해야 하는지 물어본다. [가능한 답은 5, 10, ... 등이다] 10으로 곱하는 것이 쉽기 때문에 10을 선택한다. 제수와 피제수를 10으로 곱해서 문제를 34.06 ÷ 2로 바꾼다.

34 ÷ 0.9도 푼다. 제수와 피제수에 10씩 곱해서 문제를 340 ÷ 9로 바꾼다. 6.092 ÷ 0.12를 푼다. 제수와 피제수에 100씩 곱해서 문제를 609.2 ÷ 12로 바꾼다. 0.7592 ÷ 4.32를 푼다. 제수와 피제수에 100씩 곱해서 문제를 75.92 ÷ 432로 바꾼다. 1.92 ÷ 0.024를 푼다. 제수와 피제수에 1000씩 곱해서 문제를 1920 ÷ 24로 바꾼다.

8 또 다른 분수 비교하는 방법

기본 아이디어 한 가지(항상 동일한 단위끼리 계산하라)가 비교를 위해 활용되었음을 상기하라. 동일하지 않은 분수들(분모가 다른 분수들)을 비교하기 위해 우리는 보통 공통분모를 활용하여 분수들을 다시 쓴다. 그러고 나면 비교는 쉬워진다. 비교해야 할 분수가 여러 개 있다면 공통분모를 찾는 것은 더 복잡해진다. 하지만 그래도 동일한 단위를 사용하여 분수들을 다시 써야 한다. 어떤 분수 단위(분모)를 사용할 것인지 미리 결정하고 그러고 나서 분수의 양을 그 단위로 '바꾸는' 것은 가능한 일이다. 예를 들어, 분수단위 1/3들을 활용하여 세 개의 분수들을 비교하기로 결정했다고 가정해 보라. 그리고 그 분수들이 다음과 같다고 가정해 보라:

$$\frac{1}{2} \qquad \frac{3}{4} \qquad \frac{2}{3}$$

이 분수들 중 세 번째 분수는 기본단위가 이미 1/3이다. 나머지 두 개의 분수들을 1/3로 다시 써야 할 필요가 있다. 각각의 분수의 분자와 분모에 3을 곱하는 것으로 시작한다:

$$\frac{1 \times 3}{2 \times 3} = \frac{3}{6} \qquad \frac{3 \times 3}{4 \times 3} = \frac{9}{12}$$

그러고 나서 각각의 분수의 분자와 분모를 원래 분모로 나눈다:

$$\frac{3 \div 2}{6 \div 2} = \frac{1.5}{3} \qquad \frac{9 \div 4}{12 \div 4} = \frac{2.25}{3}$$

이제 세 개의 분수 모두 1/3을 활용하여 다시 썼고 우리가 하고자 하는 비교는 쉬워졌다:

$$\frac{1.5}{3} \qquad \frac{2.25}{3} \qquad \frac{2}{3}$$

다른 예를 보자. 이번에는 모든 분수들을 1/5을 활용하여 다시 쓸 것이다:

$$\frac{1}{2} \qquad \frac{1}{4} \qquad \frac{3}{8}$$

각각의 분수의 분자와 분모에 5을 곱한다:

$$\frac{1 \times 5}{2 \times 5} = \frac{5}{10} \qquad \frac{1 \times 5}{4 \times 5} = \frac{5}{20} \qquad \frac{3 \times 5}{8 \times 5} = \frac{15}{40}$$

그러고 나서 각각의 분수의 분자와 분모를 원래 분모로 나눈다:

$$\frac{5 \div 2}{10 \div 2} = \frac{2.5}{5} \quad \frac{5 \div 4}{20 \div 4} = \frac{1.25}{5} \qquad \frac{15 \div 8}{40 \div 8} = \frac{1.875}{5}$$

그 결과로 제시된 분수들은 모두 1/5의 형태를 띠고 있다.

그렇지 않으면 분수단위 1/100을 이용하여 같지 않은 분수들을 다시 쓸 수 있다. 분자와 분모 모두에 100을 곱하고 나서 분자와 분모를 원래 분모로 나눈다:

$$\frac{5 \times 100}{8 \times 100} = \frac{500 \div 8}{800 \div 8} = \frac{62.5}{100}$$

$$\frac{3 \times 100}{5 \times 100} = \frac{300 \div 5}{500 \div 5} = \frac{60}{100}$$

$$\frac{2 \times 100}{3 \times 100} = \frac{200 \div 3}{300 \div 3} = \frac{66.666\cdots}{100}$$

9 백분율 정의하기

분모가 100인 분수의 분자는 백분율(percents)이라고 한다. 어떤 양의 17%는 그 양의 17/100과 같다. 백분율 기호는 %이다:

$$24\% = .24 = \frac{24}{100}$$

$$273\% = 2.73 = \frac{273}{100} = 2\frac{73}{100}$$

10 수업 수정하기

다음으로, 초등학교 수학 프로그램의 교사 지도서에서 볼 수 있는 제안들을 따르는 수업계획을 검토해 볼 것이다. 우수한 수업계획이라는 점에 주목하라. 하지만 이 수업계획은 초등학교 수학을 가르치기 위한 전통적인 수업계획에서 보통 나타나는 약점들도 지니고 있다. 다음에 주의하라:

1. 교과서에 제시된 내용을 가르치는데 초점이 맞춰져 있다.
2. 수업의 전개 부분은 최소화된다.

3. 소수점 배치를 위한 규칙을 이용하는 방대한 양의 연습이 권유되고 있다.

전개 부분이 최소화될 때에는 항상 연습이 극대화될 필요가 있음을 주목하라.

수업 목표

학생은 자연수로 소수를 곱하게 될 것이다.

■ 도입

학생들에게 다음의 곱을 모두 찾게 한다:

$$8 \times 7 \qquad 6 \times 13 \qquad 16 \times 14 \qquad 28 \times 34$$

질문: "할머니께서 3주 동안 매주 2.10달러씩 주신다면 모두 얼마를 주시는 것인가?" 1달러짜리 지폐와 10센트짜리 동전들을 이용하여 2.10달러를 세 번 보여준다. 돈을 세어 할머니께서 모두 얼마를 주시게 되는지 보여준다.

■ 전개

학생들의 주의를 단원의 첫 번째 페이지로 끈다. 학생들에게 1번 문제를 읽게 한다. 이들에게 그림에 있는 돈을 보라고 한다. 그것이 Sanchez 부인이 월요일에 Lucita에게 준 돈이다. Lucita가 Sanchez 부인을 위해 며칠을 일해야 하는지 묻는다. [3] Lucita가 화요일에 그리고 금요일에 받을 돈은 각각 얼마인지 물어본다. Lucita가 3일 모두 같은 액수의 돈을 받기 때문에 받게 되는 돈 모두가 얼마인지 알아보는데 곱셈을 이용할 수 있다는 점을 지적한다. 해당 곱셈을 적는다. 곱셈 단계를 완수한다.

$6.24	2	소수점 이하 두 자리
× 3	0	소수점 이하 0 자리
$18.72	2	소수점 이하 두 자리

답의 소수점 이하 자리 수가 피승수의 소수점 이하 자리 수와 같음을 지적한다. 학생들이 2번 문제에 대해서도 비슷한 토론을 하도록 이끈다. 두 문제 모두에서 답의 소수점 이하 자리 수는 피승수의 그것과 동일함을 지적한다.

■ 학습 점검

학생들 모두에게 이해 점검을 위한 예들을 풀게 한다. 어려움을 겪는 학생들에게는 소수에 대한 돈을 상상하게 한다.

■ 연습

학생들에게 연습에 있는 48개 문제들을 모두 풀게 한다. 소수점을 찍어야 한다는 점을 상기시킨다. 학생들로 하여금 소수점의 정확한 위치에 대해 생각해 보게 한다.

■ 정리

수업을 마칠 때 학생들에게 그들이 자연수로 소수를 곱하는 방법을 배웠음을 상기시킨다.

이 수업을 수정하여 전개 부분의 양과 깊이를 증가시키고, 수업을 더 시각적이고 더 활동적인 것으로 만들며, 평가는 수업이 진행되는 동안 해당 수업의 효과에 대한 피드백을 제공하는 지속적인 과정이 되게 하고, 현재 학습하고 있는 것에 대한 학생들과의 그리고 학생들 사이의 의사소통을 확대할 것이다. 이러한 수정 작업은 수업을 거의 모든 학생들에게 적절한 것이 되게 할 것이다. 하지만 심한 요구를 지닌 학생들은 그 이상의 교수적 수정(instructional adaptation)을 필요로 할 수 있다는 것을 기억하라.

수업 목표

학생은 자연수로 소수를 곱하게 될 것이다.

■ 도입

학생들을 두 명씩 짝지어 조를 구성하고 각 조가 다음의 곱 중 첫 번째 문제의 답을 찾게한다:

$$6 \times 13 \qquad 28 \times 34$$

문제를 다 풀었을 때, 푼 것을 다른 조와 교환하여 맞는지 체크한다. 둘 중 한 조의 결과가 정확한지에 대해 두 조 사이에 의견이 다르다면 의견 차이를 해소하기 위해 계산 단계들에 대해 토의해야 한다. 그러고 나서 두 번째 문제를 풀게 한다.

이해 점검. 두 조의 학생들이 문제를 푸는 동안 신중하게 관찰해서 곱셈을 어떻게 해야 하는지 이해하지 못한 것으로 보이는 학생들을 가려낸다. 그런 학생이 포함된 조의 학생들에게 십진법 블록이나 막대기 다발과 같은 십진법 모형을 이용하게 하여 이들이 곱셈을 하는 과정에서 어떠한 일들이 발생하는지 볼 수 있게 한다.

"할머니께서 3주 동안 매주 2.10달러씩 주신다면 모두 얼마를 주시는 것인가?"라고 묻는다. 세 명의 학생들을 앞으로 나오게 하여 1달러짜리 지폐와 10센트짜리 동전들을 이용해서 2.10달러를 보여주게 한다. 이 세 명의 학생들로 하여금 돈을 합해 할머니께서 3주 간 얼마를 주시게 되는지 보여주게 한다. 학생들 전체에게 얼마의 돈이 있는지 알아내는 방법을 한 단계씩 말하게 한다. 한 학생에게 돈을 세게 하여 답을 맞춰본다.

이해 점검. 앞 선 두 개의 곱셈을 하는데 어려움을 겪는 학생들을 신중하게 관찰해서 곱셈을 어떻게 해야 하는지 이해하지 못한 것으로 보이는 학생들을 가려낸다. 그들이 과정을 이해하고 있음을 확인하라.

■ 전개

학생들에게 "빈 상자에 돌멩이 몇 개와 크레용 몇 개, 그리고 종이클립 몇 개를 넣는다면, 상자 안에 무엇이 있는지 말해 줄 사람?" 이라고 묻는다. [돌멩이 몇 개, 크레용 몇 개, 그리고 종이클립 몇 개] 방금 전 집어넣은 물건들만이 상자 안에 있을 수 있는 물건들이라고 강조한다. 돌멩이 10개와 크레용 한 상자, 그리고 종이클립 한 상자를 책상 위에 놓는다. 칠판에 "돌멩이 2개, 크레용 15개, 종이클립 3"라고 쓴다. 한 학생을 앞으로 나오게 하여 그 물건들을 빈 상자 안에 넣게 한다. 상자 안에 무엇이 있는지 묻는다. 상자를 비운다.
칠판에 물건들의 목록 밑에 × 3이라고 쓴다:

돌멩이 2개, 크레용 15개, 종이클립 3개
× 3

학생들 세 명을 각각 나오게 하여 돌멩이 2개, 크레용 15개, 종이클립 3개씩을 상자에 넣게 한다. 그리고 학생들에게 상자 안에 무엇이 있는지 묻는다. [돌멩이 2개, 크레용 15개, 종이클립 3개] 상자 속에 돌멩이 2개를 세 번, 크레용 15개를 세 번, 그리고 종이클립 3개를 세 번 집어넣었음을 강조한다.

이 곱셈 보기를 칠판에 쓴다. 학생들에게 소수를 표현하기 위해 돈을 사용할 수 있음을 상기시킨다. 돈을 사용해서 소수 3.82를 보여주는 방법을 학생들에게 묻는다. [1달러 지폐 3장, 10센트 동전 8개, 그리고 1센트 동전 2개] 한 학생을 앞으로 나오게 하여 3.82를 두 번 보여주게 한다. 그 학생에게 두 번 보여준 것을 상자 속에 넣게 하고 상자 속에 모두 얼마가 들어갔는지 묻는다. 3.82가 상자 속에 두 번 들어갔기 때문에 3.82의 각 부분의 수가 상자에 두 번씩 들어간 것이라고 강조한다. 2/100가 상자 속에 두 번 들어갔다. 80/10이 상자 속에 두 번 들어갔고, 3이 상자 속에 두 번 들어갔다. 한 학생을 앞으로 불러내 상자 속에 있는 돈을 세어 답을 확인한다. 1/10 자리에서 1의 단위로 받아올림이 필요할 것이다.

이해 점검. 이해하지 못하는 학생들을 계속해서 관찰한다. 절차에 그들을 참여시키고 있음을 확실히 한다.

같은 단계를 따라 학생들이 6 × 2.37을 풀도록 이끈다. 이 문제에 대해서는 1단위, 1/10, 그리고 1/100을 상자 속에 넣었기 때문에 상자 속에서 찾을 수 있는 것은 바로 그것이라는 점을 강조한다. 각각의 단위가 모두 얼마인가만을 결정해야 하는 것이다. 쓸 것이 많아지면 더 큰 단위로 받아올림 한다는 점을 다시 한 번 지적한다. 이해 정도를 모니터한다. 계속해서 관찰하여 이해에 어려움을 겪는 학생들을 가려낸다. 필요하다면 별도의 도움을 제공한다.

학생들의 주의를 수업의 첫 번째 페이지로 끈다. 학생들에게 1번 문제를 읽게 한다. 이들에게 그림에 있는 돈을 보라고 한다. 그것이 Sanchez 부인이 월요일에 Lucita에게 준 돈이다. Lucita가 Sanchez 부인을 위해 며칠을 일해야 하는지 묻는다. [3] Lucita가 화요일에 그리고 금요일에 받을 돈은 각각 얼마인지 물어본다. Lucita가 3일 모두 같은 액수의 돈을 받기 때문에 받게 되는 돈 모두가 얼마인지 알아보는데 곱셈을 이용할 수 있다는 점을 지적한다. 곱셈절차를 완수한다. 피승수의 분수 부분과 곱 사이의 관계를 지적한다.

$ 6.24 1/10과 1/100
× 3
$18.72 1/10과 1/100

피승수와 곱 모두에 1/10과 1/100이 포함되기 때문에 두 수 다 소수점 이하 두 자리를 갖게 된다는 점을 지적한다.
문제 2에 대해 유사한 토의를 하도록 학생들을 이끈다. 답의 소수점 이하 자리의 수는 피승수의 그것과 동일함을 다시 한 번 지적한다. 이해 정도를 모니터한다. 두 문제를 푸는 동안 계속해서 관찰하여 이해에 어려움을 겪는 학생들을 가려낸다. 필요하다면 별도의 도움을 제공한다.

■ **학습 점검**

학생들을 두 명씩 짝지어 조로 구성한다. 둘 중의 한 학생에게 이해 체크를 위한 예들을 풀게 한다. 그 학생은 짝에게 각 단계에서 무엇을 했고 왜 했는지 설명해야 한다. 각각의 새로운 문제들에 대해 두 학생은 역할을 바꿔 번갈아 답을 산출한다. 각 조들이 문제를 푸는 동안 교실을 돌아다니면서 학생들의 수행을 모니터한다. 어려움을 겪고 있는 학생들에게 돈을 이용하여 소수 곱셈을 시각화하는 것을 돕는다. 답은 피승수와 동일한 분수 단위들(그러므로 동일한 소수점 이하 자리 수)을 갖게 될 것임을 학생들에게 상기시킨다.

■ **연습**

연습에 있는 48개 문제들 중에서 보기로 4 문제를 골라 학생들에게 연습하도록 할당한다. 4 문제 중 최소한 한 개는 받아올림이 필요 없는 문제로, 최소한 한 개는 받아올림이 한 번 필요한 문제로, 최소한 한 개는 받아올림이 두 번 필요한 문제로 제공한다, 모든 문제들을 정확하게 풀기를 원한다고 학생들에게 상기시킨다. 학생들에게 답을 책상 위에 있는 종이에 적으라고 한다. 문제를 다 풀고 검산을 마치면 종이를 갖고 오라고 한다. 오류가 있을 경우, 자신이 푼 것을 다른 학생에게 보여주고 그 학생이 오류를 찾아 교정하도록 도움을 주게 한다.

■ **학습 점검**

학생들이 오류를 교정하는 동안 교실을 돌아다니면서 학생들의 토의를 모니터하고 필요한 경우 도움을 제공한다.

■ **정리**

수업이 끝날 때쯤 학생에게 그들이 오늘 어떤 곱셈을 배웠는지 물어본다. [학생들은 자연수로 소수를 곱하는 방법을 배웠다.]

■ **복습**

연습에 있는 문제들 중 받아올림이 한 번 필요한 문제를 가려낸다. 숙제로 학생들로 하여금 부모님(혹은 다른, 그들보다 나이가 많은 누군가)에게 그 문제를 푸는 방법을 설명하게 한다. 학생들에게 그 사람이 해당 학생의 설명이 분명하였는지 그렇지 않았는지 적고 서명을 하게 하라고 한다.

11 소수를 이용하여 문제 해결하기

소수를 이용한 문제해결을 가르칠 때 교사들은 다른 종류의 수를 이용하여 문제해결하기를 가르칠 때와 마찬가지의 기본 원칙들을 적용해야 한다. 교사는 연산의 선택은 문제에 있는 수량에 어떤 일이 발생하는지에 달려있음을 강조해야 한다. 수량이 합쳐지면 덧셈이 활용될 것이다. 수량의 수 이름이 소수인 경우 그 소수들은 더해져야 한다. 문제에 제시된 수량이 동일한 부분으로 분리된다면 나눗셈이 사용될 것이다. 수량의 수 이름이 소수인 경우 그 소수들은 나누어져야 한다.

8장에서도 언급된 것처럼 현재의 수학에 있어서의 문제해결을 위한 교수적 강조점은 매우 다양한 문제해결 전략들을 활용하는 경험들을 계발하고 제공하는 것이다. 우리는 이미 다음의 전략들을 활용하는 예들을 본 적이 있다:

- 문제의 일부를 푼다.
- 문제를 더 쉬운 부분으로 분리한다.
- 역방향으로 과제를 한다.
- 그림이나 도표를 이용한다.
- 표를 이용한다.

이제 우리는 약 4학년 수준에 있는 학생들에게 적절한 문제를 조사하려 한다. 해법은 8장에서 제시되었던 전략들 중 한 가지(표를 이용한다)를 채택할 것이고, 더 쉬운 문제를 푼다, 시도하고 검산한다(때때로 시행착오로 불린다), 그리고 가능성을 열거한다 등 세 개의 추가적인 전략들 또한 사용할 것이다.

한 주걱 당 가격	
땅콩	0.25 달러
호두	0.50 달러
아몬드	0.75 달러
캐슈너트	1.00 달러
피칸	1.25 달러

Juan은 "Nuts to You"라는 이름의 쇼핑몰 안에 있는 작은 가게에서 일을 한다. 그 가게는 보통 주걱으로 견과류를 판다. 가격은 각각의 견과류 한 주걱으로 표기된다. 크리스마스 시즌 동안 그 가게는 미리 포장된 견과류를 한 봉지에 3달러에 팔기로 했다. Juan은 서로 다른 종류의 견과류 한 주걱씩 합해 혼합 견과류를 만든다면 3달러에 팔 수 있는 서로 다른 혼합 견과류를 몇 개 만들 수 있는지 계산해보라는 요청을 받았다.

몇 가지 더 쉬운 문제들을 푸는 것으로 시작한다. 우선, 봉지에 땅콩만 있는 경우를 가정해보라. 몇 주걱이 들어갈 것인가?

땅콩 한 주걱에 25센트이기 때문에 한 봉지에는 12주걱의 땅콩이 들어갈 것이다.

두 번째 쉬운 문제는 Juan이 캐슈너트와 땅콩을 혼합하되 캐슈너트는 한 주걱만 넣는다면 땅콩은 몇 주걱이 들어갈 것인가?

캐슈너트 한 주걱이 1달러이기 때문에 Juan은 남은 2달러를 채울 만큼의 땅콩을 넣을 필요가 있다. 그렇게 되면 땅콩은 모두 여덟 주걱이 된다.

세 번째 쉬운 문제는 Juan이 캐슈너트 두 주걱을 넣을 것이라고 가정해 보자. 얼마나 다양한 방식으로 한 봉지를 채울 수 있을 것인가?

캐슈너트 두 주걱이 2달러이기 때문에 Juan은 남은 1달러를 채울 만큼의 견과류를 넣을 필요가 있다. 몇 가지 방법을 사용할 수 있다. Juan은 땅콩 네 주걱을 넣을 수 있다. Juan은 호두 두 주걱을 넣을 수 있다. Juan은 아몬드 한 주걱과 땅콩 한 주걱을 넣을 수 있다. Juan은 호두 한 주걱과 땅콩 두 주걱을 넣을 수 있다.

3달러짜리 혼합 견과류 한 봉지를 만드는 서로 다른 몇 가지 방법들을 발견했기 때문에 이 정보를 기록할 조직적인 방식이 필요할 것이다. 이를 위해 다음에 제시된 표와 같은 것을 사용한다. 서로 다른 조합을 시도하고 그리고 조합 각각의 가격이 얼마인지 검산함으로써 결국 문제의 해결책에 도달할 수 있을 것이다. 가능한 조합은 모두 46개이다:

피칸 1.25달러	캐슈너트 1.00달러	아몬드 0.75달러	호두 0.50달러	땅콩 0.25달러
2	0	0	1	0
2	0	0	0	2
1	1	1	0	0
1	1	0	1	1
1	1	0	0	3
1	0	2	0	1
1	0	1	2	0
1	0	1	1	2
1	0	0	3	1
:	:	:	:	:

연습 및 활동

1. 소수 곱셈을 하는 동안 소수점의 위치는 다음과 같은 분수 접근방식을 이용해 배울 수 있다:

$$3.5 \times 2.7 = 35/10 \times 27/10 = 35 \times 27/10 \times 10$$

이러한 접근방식은 10으로 나누면 소수점의 위치가 왼쪽으로 한 자리 이동한다는 것을 학생이 이해하는 지에 달려있다. 학생들에게 10으로 나누면 소수점의 위치가 왼쪽으로 한 자리 이동한다는 것을 가르치기 위한 교수를 만들어보자.

2. 본 장에 기술된 것과 같은 백분율의 의미를 보여줄 교수를 만들어보자. 시각적 그리고 근 운동감각 활동을 포함시켜 만들어보자.

3. 학생들에게 주어진 분수나 소수와 등가인 백분율을 찾는 방법을 가르치기 위한 교수를 만들어보자.

4. 학생들에게 1/2%, 3/4%, 혹은 5/8% 등과 같은 백분율을 소수로 바꾸는 방법을 가르칠 교수를 만들어보자.

5. 앞서 제시된 표의 빈칸을 채워 3달러짜리 견과류 혼합을 확인해보자.

6. 출판된 초등학교 수학 교과서에서 소수나 백분율에 관한 단원을 선택한다.

a. 교사용 지도서에 있는 교수를 위한 제안에 따르는 수업계획서를 작성한다.
b. 그 수업에서 다뤄질 개념(들)이나 기술(들)에 대한 학생의 의사소통을 포함한 수업 부분들을 가려낸다.
c. 학생들로부터의 혹은 학생들 사이의 의사소통을 위한 더 많은 기회들을 수업에 추가한다.

7. 출판된 초등학교 수학 교과서에서 소수나 백분율에 관한 단원을 선택한다.

a. 교사용 지도서에 있는 교수를 위한 제안에 따르는 수업계획서를 작성한다.
b. 학생들의 학습 여부를 평가하도록 설계된 수업 부분들을 가려낸다.
c. 수업계획에 더 많은 지속적 평가(학습의 모니터링)를 추가한다.

8. 본 장에 있는 수정된 수업계획을 연구한다. 수업계획을 추가로 변경하여 수업계획이 신체의 전부 혹은 일부가 마비된 학생에게 더욱 적절해지게 한다.

9. 중추성 청각처리 장애(Central Auditory Processing Disorder, CAPD)에 대해 웹 탐색을 실시한다. CAPD의 증상 및 CAPD 학생들을 위한 권고사항들을 찾아낸다. 그러고 나서 수업계획을 추가로 변경하여 수업계획이 CAPD를 포함한 학습장애학생에게 더욱 적절해지게 한다.

10. 본 장에 있는 수정된 수업계획을 연구한다. 수업계획을 추가로 변경하여 수업계획이 제한된 인지능력을 지닌 학생에게 더욱 적절해지게 한다.

11. 출판된 초등학교 수학 교과서에서 소수나 백분율에 관한 단원을 선택한다.

a. 교사용 지도서에 있는 교수를 위한 제안에 따르는 수업계획서를 작성한다.
b. 개념과(혹은) 기술 계발을 그리고 더 많은 운동감각 활동을 추가하여 수업계획을 수정한다.
c. 수업계획을 추가로 수정하여 수업계획이 시각적 지각에 문제가 있는 학생에게 더욱 적절해지게 한다.

12. NCTM이 1989년에 펴낸 Curriculum and Evaluation Standards for School Mathematics의 "기준 1: 문제해결로서의 수학" pp.23-25, 75-77을 읽는다. 문제해결을 가르치기 위해 이 텍스트에 제시된 제언들은 기준에 제시된 내용들과 어떠한 방식으로 부합되거나 부합되지 않는가?

13. 1/4%가 0.25와 같다고 생각하는 학생이 있다고 가정해 보라. 본 장에 제시된 백분율의 정의를 활용하여 왜 1/4%가 0.0025인지에 대한 설명을 만들어보자.

참고문헌 및 관련 자료

Bennett, A. B., & Nelson, L. T. (1994). A conceptual model for solving percent problems. *Mathematics Teaching in the Middle School*, 1, 20-25.

National Council of Teachers of Mathematics (1989). *Curriculum and evaluation standards for school mathematics*. Reston, VA: Author.

National Council of Teachers of Mathematics (2000). *Principles ans standards for school mathematics*. Reston, VA: Author.

Thornton, C. A., Tucker, B. F., Dossey, J. A., & Bazik, E. F. (1983). *Teaching mathematics to children with special needs*. Melon Park, CA: Addison-Wesley.

웹 주소

www.mathforum.org(Math forum은 수학에 대한 논의와 아이디어로 연결됨)
http://mathforum.org/library/topics/fractions(소수 및 분수 사이트로 연결됨)

Chapter

10 측정: 어떤 수량에 어떤 수 배정하기

1. 측정과 기하
2. 측정 정의하기
3. 길이 측정하기
4. 면적 측정 가르치기
5. 부피 측정 가르치기
6. 각도 측정하기
7. 간접 단위로 측정하기
8. 시간 측정
9. 무게 측정
10. 온도 측정
11. 값 측정
12. 수업 수정하기
13. 측정을 이용하여 문제 풀기

Chapter 10 측정: 어떤 수량에 어떤 수 배정하기

■ **측정 기준**

측정은 연필의 길이와 같이 어떤 사물의 속성에 수치를 부여하는 것이다. (National Council of Teachers of Mathematics[NCTM], 2000, p. 44)

학생들은 사물을 보거나 만지거나 혹은 직접 비교함으로써 속성에 대한 이해를 계발하는 것으로 시작해야 한다. (NCTM, 2000, p. 103)

3학년에서 5학년까지 학생들은 면적과 같은 특정 속성의 측정을 위한 공식들을 계발하고 사용하는 것으로 시작해야 한다. (NCTM, 2000, p. 171)

■ **의사소통 기준**

수학교사들은 중학교 학급에 공동체 의식을 확립하여 학생들이 자신의 생각이 조롱받을까 두려워하지 않으면서 정직하고 개방적으로 자유롭게 표현할 수 있도록 해야 한다.

■ **연계 기준**

원의 지름과 둘레 사이의 관계는 다양한 원형 물체들을 수집하고 그 둘레 및 지름을 측정함으로써 경험적으로 연구되어야 한다. (NCTM, 2000, p. 65)

'측정' 분야에서 학생들이 만들고 사용하는 공식들의 많은 부분은 그들의 대수와 기하 그리고 측정에 대한 지식에 의존한다. (NCTM, 2000, p. 274)

1 측정과 기하

본 장에서는 측정과 기하를 따로 다룰 것이다. 그러나 초등학교 수학 교육과정은 보통 이 두 내용영역들을 통합해 놓고 있다. 사실 초등학교 기하 내용은 어떤 종류의 측정에 대한 끊임없는 참조 없이는 거의 논의될 수 없다. 본 장은 측정개념이 어떻게 발달해 왔는지 보여줄 것이다. 더 진전된 측정개념은 더 진전된 기하개념에 대한 이해 및 활용에 의존한다.

2 측정 정의하기

측정 교수에 대해 논의하기 전에 우리는 먼저 측정의 의미를 고려할 것이다. 우리는 일련의 물체들의 크기, 어떤 물체의 길이, 어떤 용기의 용량, 어떤 물건의 가치, 혹은 발생 가능성 등을 포함하여 많은 서로 다른 물건들을 측정한다. 우리가 측정하는 물체들이 다를 뿐 아니라 그 물건들을 측정하는 데 사용되는 과정 또한 그 물건의 유형에 따라 다양하다. 하지만 모든 경우에 있어 우리는 어떤 수량에 어떤 수를 부여한다. 사실, 이것이 바로 측정인 것이다. 즉 측정은 어떤 수량에 어떤 수를 배정하는 과정인 것이다.

예를 들어, Ann과 Bob, Carl과 Denise, 그리고 Ed와 Fran으로 구성된 학생들의 집단이 있다고 가정해보자. 이 학생 집단은 측정의 대상이 될 수 있는 많은 특성을 지니고 있다. 이 학생들이 얼마나 영리한지에 관심을 가질 수 있다. 이 학생들이 세로로 이어서 누워있다면 이 집단의 길이는 얼마가 될지에 대해 관심을 가질 수도 있다. 이 집단의 학생들의 몸무게는 모두 얼마일지에 대해 관심을 가질 수도 있다. 그리고 이 집단의 학생들이 얼마나 빨리 달리는지에 대해서 관심을 가질 수도 있다. 이 집단의 학생들이 얼마나 상냥한지에 대해서 관심을 가질 수도 있다. 이 모든 것들은 측정되는 특성을 대표하는 수를 집단에 배정함으로써 측정될 수 있다. 흔히 일련의 물건들이 측정될 때 우리가 가장 관심을 갖고 있는 특성은 그 물건들의 '다수성'이다. 즉 그 집단은 몇 개의 물건들로 이루어져 있는가? 이 경우에 있어서는 그 집단은 몇 명의 학생들로 구성되어 있는가? 집단의 학생들을 센다면 모두 여섯 명이 있다는 것을 발견하게 될 것이다. 몇 명을 알려주는 수는 6이다. 우리는 그 집단을 측정했다.

모든 측정에 중요한 아이디어는 단위의 개념이다. 우리가 그 학생 집단을 측정할 때, 단위는 학생이다. 집단의 크기를 측정할 때에는 그 집단 내에 몇 단위가 있는지 보기위해 수를 센다(즉, 학생들이 몇 명 있는지 알기 위해 학생들의 수를 센다). 학생 집단을 측정하기 위해 사용되는 측정단위는 직접단위의 예가 된다. 비공식적 용어로 직접단위는 측정되고 있는 특성의 일부를 말한다. 직접(direct unit)단위로 측정할 때에는 측정되는 것에 그 단위가 몇 개 포함되어 있는지 센다.

3 길이 측정하기

길이는 직접단위로 측정된다. 예를 들어, 책상의 길이를 측정할 때 길이의 단위(길이의 일부)에 대해 결정하고 그 단위들이 몇 개가 되어야 책상의 길이와 같아지는지 계산한다. 길이의 단위로 크레용을 사용하기로 했다면 몇 개의 크레용이 책상의 길이와 같아지는지 보기 위해 책상 위에 크레용을 이어서 놓는다.

길이 측정을 시작하기 전에 학생들은 길이가 무엇인지에 대한 지각을 가져야 한다. 길이라는 특성의 의미는 일련의 대체적인 비교활동들을 통해 확립되어야 한다. 학생들이 이러한 비교를 함에 따라 측정되는 물체가 갖고 있는 다른 특성들로부터 길이를 분리하기 위해 비교는 일정한 순서로 배열되어야 한다:

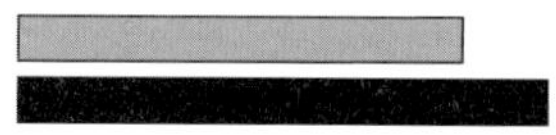

어떤 것이 더 긴가?
검은색 직사각형이 더 길다.

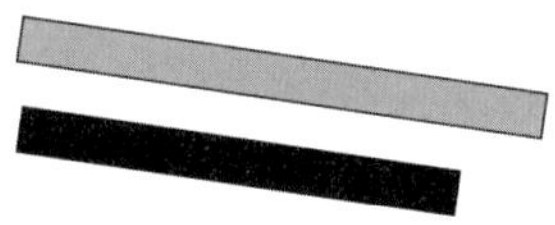

어떤 것이 더 긴가?
이번에는 회색 직사각형이 더 길다(우리는 색깔을 측정하는 것이 아니다).

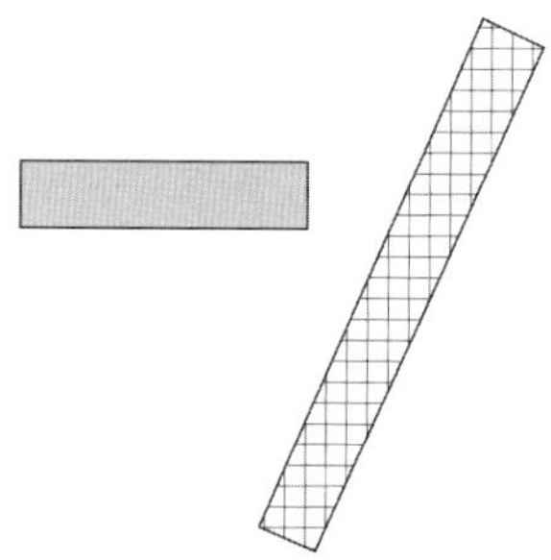

어떤 것이 더 긴가?
체크무늬 직사각형이 더 길다(방향은 아무런 차이도 만들어내지 못한다).

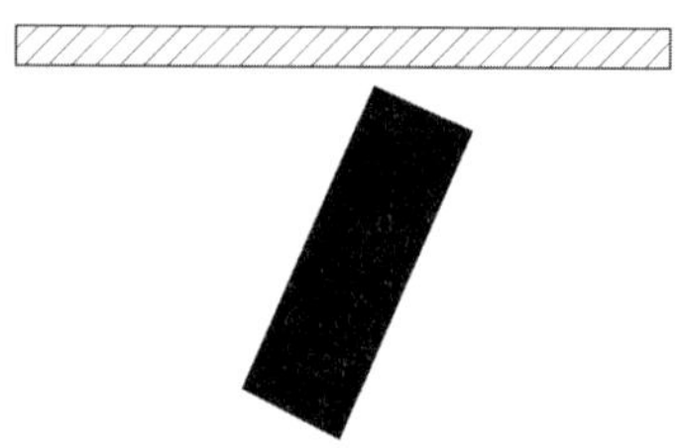

어떤 것이 더 긴가?
줄무늬 직사각형이 더 길다(굵기는 우리가 측정하는 것이 아니다).

어떤 것이 더 긴가?
검은색 도형이 더 길다(모양은 아무런 차이도 만들어내지 못한다).

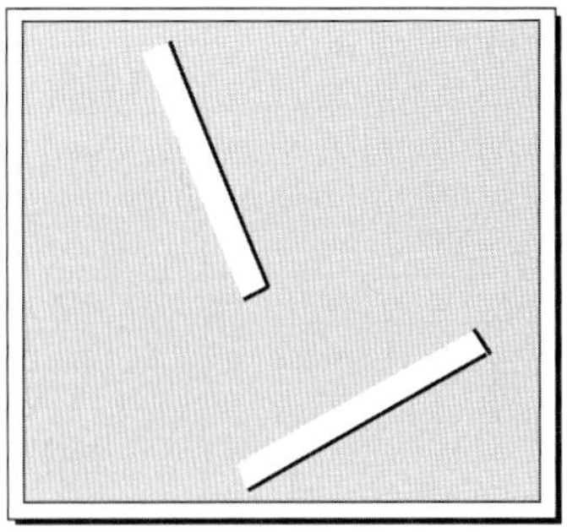

길이라는 개념이 이러한 비교를 통해 계발됨에 따라 교사는 적절한 맥락에서 길이와 관련된 어휘들을 정확히 사용함으로써 길이와 관련된 어휘들을 도입하여야 한다. 특히 학생들은 긴, 더 긴, 가장 긴, 짧은, 더 짧은, 가장 짧은, 그리고 키가 큰, 키가 더 큰, 키가 가장 큰 등과 같은 용어에 익숙해져야 한다. 학생들이 현재 하고 있는 측정에 대해 토의할 때 이러한 용어들을 사용하도록 권장할 것이다.

어떤 시점에서 학생들은 거의 같은 길이지만 정렬되어 있지 않은, 그래서 어떤 것이 더 긴지 판단하기 어려운 두 물건의 길이를 비교해보도록 요청받을 것이다. 예를 들어, 옆의 그림에서 볼 수 있는 것처럼 두 개의 긴 종이조각이 게시판 위에 놓인다. 학생들은 두 조각들을 나란히 옮겨 놓았을 때 어떤 것이 더 긴지 쉽게 결정할 수 있다는 것을 알세 될 것이다.

다음 단계에서는 학생들에게, 유사한 비교지만 물건들을 움직일 수 없는 그러한 과제가 주어질 것이다. 예를 들어, 칠판에 붙어있는 분필통의 길이를 바닥 널빤지의 길이와 비교하기 위해 학생들은 길이를 알아보기 위해 바닥 널빤지를 따라 줄을 잡아 늘여 줄을 계속 손에 쥐고 분필통 옆에 대봐서 그 길이를 알아볼 수 있음을 발견하게 될 것이다.

앞선 예에서 학생들은 길이단위(이 경우에 있어서는 줄의 길이)를 사용한 것이다. 길이단위가 해당 상황에 내재적인 그러한 상황에서 비교를 함으로써 길이단위의 개념은 확장될 수 있다. 예를 들어, 두 개의 물건이 타일 바닥에 놓여 있다면 학생들은 타일의 개수를 셈으로써 비교를 할 수 있다. 혹은 교실에 있는 어떤 물건들의 높이는 그 물건 옆에 쌓여 있는 철자책의 권수를 셈으로써 비교될 수 있다.

비교를 하기위해 해당 물체 옆에 놓여있는 다른 임의적인 단위들이 활용될 수 있다. 학생들은 종이클립을, 쓰지 않은 연필을, 혹은 같은 길이로 자른 종이조각을 비교되는 물체들 옆에 일렬로 정렬할 수 있다. 학생들이 길이를 종이클립 몇 개 혹은 연필 몇 자루 등으로 언급하게 될 때 이들은 사실상 그 물체들을 측정한 것이다.

다음의 길이 측정과 관련된 핵심 아이디어들은 강조되어야 한다:

- 길이에 대해서 말할 때 단위가 없다면 그 수는 의미 없는 것이다. 어떤 물체의 길이는 연필 두 자루의 길이 혹은 종이클립 여덟 개의 길이일 수 있다. 한 물체의 길이가 3이고 다른 물체의 길이가 7일 때, 그 두 물체를 측정하기 위해 어떤 단위가 사용되었는지 알지 않고는 어떤 것이 더 긴지 모른다.
- 단위 수는 단위의 크기에 달려있다. 어떤 물체의 길이를 측정하기 위해 짧은 단위를 사용한다면 긴 단위를 사용할 때보다 더 많은 단위들이 필요할 것이다.

다음에 제시된 일련의 활동들은 길이, 길이단위, 그리고 길이측정의 개념을 발달시키기 위해 활용할 수 있다.

■ **활동 10.01 가장 긴 것을 집어라; 가장 짧은 것을 집어라.**

종이조각들을 교실 벽에 수평으로 붙인다. 이 조각들은 색깔이 달라야 하고 길이도 많이 차이가 나야 한다. 어떤 조각들은 다른 것에 비해 넓어야 하고 어떤 조각들은 다른 것에 비해 좁아야 한다.

두 종이조각들을 가리키고 어떤 것이 더 긴지 묻는다. 길이와 관련된 적절한 어휘들을 이용하여 두 종이조각들에 대해 얘기한다. [이 조각이 저것보다 더 길다. 저 조각은 이것보다 더 짧다 등등] 서로 다른 조각들 한 쌍을 골라 학생들에게 어떤 것이 더 길고 어떤 것이 더 짧은지 결정하게 한다. 만약 조각들의 길이가 너무 비슷해서 학생들이 결정하기 어렵다면 학생들에게 어떤 것이 더 긴지 알아볼 수 있도록 그 조각들을 나란히 놓게 한다.

세 개의 종이조각들을 지적하고 어떤 것이 가장 긴지 결정한다. 적절한 어휘를 사용하여 조각들에 대해 말한다. [이 조각은 다른 두 조각들보다 짧다. 그게 가장 짧다. 저 조각이 가장 길다 등등]

■ **활동 10.02 긴, 더 긴, 가장 긴**

인형 하나와 야구방망이 하나, 드라이버 하나, 그리고 넥타이 하나를 가져온다. 이 물건들을 학생들이 볼 수 있는 테이블 위에 놓는다.

그 중 두 개의 물건들을 선택해 물건 각각의 한쪽 끝을 테이블의 같은 모서리에 대고 나란히 놓는다. 학생들을 도와 어떤 것이 더 길고 어떤 것이 더 짧은지 결정한다. 학생들에게 다른 물건들 두 개를 고르게 하여 그 물건들을 한쪽 끝이 테이블 모서리에 놓이게 하여 놓는다. 학생들로 하여금 적절한 언어를 사용하여 두 물건을 비교하게 한다.

세 개의 물건들을 선택하여 어떤 것이 가장 긴지 결정한다. 적절한 어휘를 사용하여 그 물건들에 대해 얘기한다. [야구방망이는 인형과 드라이버보다 더 길다. 드라이버가 가장 짧다]

학생들에게 세 개의 물건들을 선택하게 하고, 적절한 어휘를 사용하여 그 물건들을 비교하게 한다.

■ **활동 10.03 가장 긴 것을 집어라; 가장 짧은 것을 집어라.**

종이조각들을 교실 벽에 붙인다. 이 조각들은 색깔이 달라야 하고 길이는 아주 같지는 않아야 하지만 거의 같아야 한다. 그 조각들은 평행이 되지 않도록 벽에 붙여야 한다.

두 개의 종이조각을 가리키고 어떤 것이 더 긴지 묻는다. 그 두 개는 서로 비슷한 길이이기 때문에 구별하기 쉽지 않다. 의견을 말해보라고 한다. 누군가가 그 종이조각들을 같은 곳으로 옮겨야 한다고 하면 그렇게 할 수는 있지만 다른 방법을 찾아야 한다고 설명한다.

두 명의 학생들을 앞으로 나오게 하여 돕게 한다. 그들에게 얼마간의 줄을 주고 종이조각들 중 하나에 대고 줄을 잡아 늘여 길이를 표시하기 위해 그 줄을 손가락으로 잡고 있는 방법을 보여준다. 그러고 나서 그들에게 줄에 길이를 표시하고 그

것을 다른 종이조각에 대서 어떤 것이 더 긴지 알게 한다.

학생들에게 두 개의 종이조각을 고르게 한다. 모두에게 어떤 것이 더 긴지 추측해 보게 한다. 두 학생들에게 줄을 사용해서 다른 학생들이 어떤 것이 더 긴지 판단할 수 있게 한다. 몇 명의 학생들이 정확하게 추측했는가?

다른 종이조각 두 개를 가지고 몇 차례 반복한다.

■ 활동 10.04 위 아래 길이

물건(예를 들어, 꽃병, 동상, 그리고 상자) 몇 개를 교실 여기저기에 세워 둔다. 그 물건들 중 하나를 가리킨다. 어떤 물건의 위아래 길이가 얼마인지 생각할 때는 그 물건의 키가 얼마인지를 생각하는 것이라고 설명한다. 손을 사용해서 그 물건의 수직 길이를 보여주고 학생들에게 그 물건은 키가 크다고 말한다.

두 번째 물건을 가리키고 어떤 것의 키가 더 큰지 학생들에게 묻는다.

다른 물건 두 개를 골라 어떤 것의 키가 더 큰지 묻는다. 학생들이 결정을 못한다면 학생들에게 두 개의 물건들을 한 곳으로 옮겨 결정하게 한다. 학생들에게 적절한 어휘를 사용하라고 격려한다(키가 큰, 키가 작은, 키가 더 큰, 키가 더 작은, 키가 가장 큰, 키가 가장 작은).

학생들에게 교실 바깥에 있는 두 개의 물건들(예를 들어, 나무 한 그루와 건물 한 개)을 보게 한다. 어떤 것의 키가 더 큰가? 어떤 것의 키가 더 작은가?

■ 활동 10.05 키가 큰, 키가 더 큰, 키가 가장 큰

학급에서 키가 가장 큰 학생과 가장 작은 학생들을 일어서게 한다. 누구의 키가 더 큰지 묻는다. 누구의 키가 더 작은지 묻는다. 그러고 나서 키가 작은 학생을 의자 위에 올라서게 한다. 이제 누구의 키가 더 큰지 묻는다. 학생들이 의자 위에 올라선 학생이 단지 머리가 더 높은 곳에 위치해 있기 때문에 키가 더 큰 것은 아니라는 점을 이해하고 있는지 확인한다.

키가 비슷한 두 학생들을 일어서게 한다. 누구의 키가 더 큰지 묻는다. 누구의 키가 더 작은지 묻는다. 학생들이 확실히 알지 못한다면 어떻게 비교할 수 있는지 물어본다. [두 학생들을 한 곳에 모이게 하고 줄을 사용한다] 학생들이 비교방법에 대한 문제를 풀 수 있게 한다.
다른 두 학생들을 대상으로 이 과정을 반복한다.
세 명의 학생들을 일어서게 한다. 누구의 키가 가장 크고, 누구의 키가 가장 작은가?

▪활동 10.06 책 세기

학생들이 도착하기 전에 학생들이 볼 수 있는 테이블이나 선반에 몇 개의 물건들을 놓아둔다. 각각의 물건들 옆에 모두 다 같은 책을 쌓아둔다. 상황에 따라 책은 사전일 수도 있고 철자책일 수도 있고 읽기 교과서일 수도 있고, 혹은 다른 책일 수도 있다.
학생들이 도착하면 그들의 주의를 두 개의 물건으로 돌린다. 각각의 물건들의 꼭대기에 이르려면 몇 권의 책이 필요한지 묻는다. 더 키가 큰 물건의 꼭대기에 이르려면 더 많은 책이 필요함을 지적한다.
또 다른 두 개의 물건들을 가리킨다. 학생들에게 그 물건들 옆에 있는 책의 권수를 세게 한다. 책의 권수로 어떤 물건의 키가 더 큰지 구분할 수 있는지 물어본다. 다른 두 개의 물건으로 이 활동을 되풀이한다.

▪활동 10.07 책으로 비교하기

물건 하나를 교실 안에 다른 하나는 교실 밖에 둔다.
학생들에게 교실 안에 있는 물건 옆에 책을 쌓아 꼭대기에 이르려면 몇 권의 책이 필요한지 알게 한다. 그러고 나서 학생들에게 책을 가지고 다른 물건에도 동일한 활동을 하게 한다. 어떤 물건의 키가 더 큰지 알아보는 방법에 대해 학생들에게 설명한다. 다른 두 개의 물건으로 이 과정을 되풀이한다.

▪활동 10.08 길이는?

격자무늬 판 위에 두 개의 물건을 놓는다. 학생들에게 두 개의 물건을 비교하기 위해 판 위에 있는 정사각형을 사용할 수 있는지 묻는다. 각각의 물건들의 길이는 몇 개의 정사각형으로 대표되는지 물어본다.
학생들에게 격자무늬 판을 가지고 교실 안을 둘러보게 하고 그 판을 활용하여 다른, 선택된 물건들의 길이를 알아보게 한다.

▪활동 10.09 길이 측정하기

3명에서 4명 정도의 학생들로 집단을 구성한다. 각각의 집단에 새 크레용 한 상자를 준다.
테이블 위에 물건 하나를 놓고, 길이를 재기 위해 그 물건의 옆에 크레용을 놓는 방법을 시범 보인다. 그 물건의 길이를 측정했고 그 물건의 길이는 크레용의 개수임을 설명한다. 칠판에 길이를 쓴다. 예를 들어, "크레용 다섯 개"라고 쓸 수 있다.
각각의 집단에게 네 개의 물건들을 선택하게 하고 크레용을 이용하여 물건 각각의 길이를 재게 한다. 학생들에게 그들이 측정한 물건들과 그 물건들의 길이를 목록으로 만들게 한다.

모두가 활동을 마치면 각각의 집단에게 그들이 조사한 것을 제출하게 한다.

■ **활동 10.10 길이의 단위**

학생들에게 물건 한 개를 보여준다. 그 물건의 길이를 측정할 것이라고 말한다. 새 연필 몇 개를 활용하여 길이를 잰다. 칠판에 그 길이를 적는다. 그러고 나서 종이클립을 이용하여 그 물건을 측정한다. 그 길이를 칠판에 쓴다. 그러고 나서 크레용을 이용하여 그 물건의 길이를 재고 이를 칠판에 적는다.

물건을 측정하는데 사용한 것을 측정단위라고 한다고 설명한다. 단위의 수는 그 단위가 얼마나 긴 것인가에 따라 큰 수도 될 수 있고 작은 수도 될 수 있다는 것을 지적한다.

학생들에게 물건 몇 개의 길이를 재고, 그러고 나서 다른 단위를 이용하여 다시 측정하게 한다.

■ **활동 10.11 누가 틀렸나?**

두 개의 막대기가 필요할 것이다. 하나는 길이가 11인치, 다른 하나는 13인치이어야 한다.

단위를 단 하나밖에 가지고 있지 않을 때 길이를 측정하는 방법을 학생들에게 보여준다. 예를 들어, 테이블의 길이를 따라 연필을 옮겨가고, 테이블 반대쪽 끝에 도달하기 위해 연필을 몇 번이나 사용했는지 기록함으로써 테이블 상판의 길이를 연필 한 자루를 이용하여 측정한다.

학생들에게 연필과 칠판지우개, 그리고 구두를 이용하여 몇 가지 물건들을 측정하게 한다.

그러고 나서 한 학생에게 13인치짜리 막대기를 주고 그 학생에게 교실의 길이를 측정하게 한다. 학생이 다 재기 전에 두 번째 학생에게 교실의 길이를 측정하게 하여 첫 번째 학생의 결과를 검사한다. 하지만 두 번째 학생은 11인치 막대기를 사용한다.

두 학생이 측정 결과를 제출할 때, 나머지 학생들에게 왜 두 학생의 결과가 다른지 물어본다. 학생들이 두 학생 중 한 학생이 어떻게 실수를 저질렀는지 토론한 후, 막대기 두 개를 나란히 잡아 학생들이 두 막대기의 길이가 같지 않음을 볼 수 있게 한다. 단위가 작으면 측정을 하기 위해 더 많은 단위가 필요하다는 것을 다시 강조한다. 단위가 크면 그 만큼 많이 필요하지 않다.

측정 결과가 다른 사람에게 전달될 때 측정에 사용된 단위에 대한 합의가 있어야 한다. 예를 들어, 길이가 연필 17자루라고 들었다고 가정해보자. 측정이 모호하지 않으려고 한다면 연필의 길이를 알아야 한다.

어떤 재단사가 새 연필을 사용하여 연필 26자루 길이의 모직 천이 필요하다고 결정했다고 가정해보라. 그의 조수가 연필 26자루 길이로 모직 천을 잘랐다. 그는 정확하게 하고 싶어서 매우 신중하게 측정했다. 그러나 그는 몇 번 깍은 자신의 연필을 사용했다. 재단사와 조수가 어떤 연필을 사용할지 합의하지 않았기 때문에 그 천은 너무 짧을 것이다.

크기가 14인 구두를 신은 카펫업자가 자신의 발을 이용하여 어떤 방에 깔 카펫조각을 측정했고 그 결과 폭이 12발 그리고 길이가 17발인 카펫이 필요하다는 것을 알아냈다고 가정해보라. 그 카펫업자가 발 크기가 9인 조수를 보내 카펫을 잘라오게 했다고 가정해보라. 조수가 잘라온 카펫 조각은 카펫업자와 조수가 어떤 발을 사용할지 합의하지 않았기 때문에 너무 짧고 너무 좁을 것이다.

단위의 길이에 대한 합의 과정을 단위의 표준화(standarization of units)라고 한다. "표준 발"을 결정하기 위해 두 사람은 먼저 어떤 발을 사용할지 합의해야 한다. 그리고 자신의 발과 같은 사람이 어느 장소에나 있을 수는 없기 때문에 표준단위를 사용하는 모든 사람들은 표준 발의 복사본을 가지고 있어야 한다. 그러면 길이측정은 명확하게 의사소통될 수 있다. 발 다섯 개는 모든 사람들에게 동일한 것을 의미하게 될 것이고 발 42개는 모두에게 동일한 의미를 갖게 될 것이다.

사용될 어떠한 길이의 표준단위 체계라도 다음에 제시된 다섯 단계들을 따르면 효과적으로 교수할 수 있다:

1. 표준단위 체제에 대한 필요성을 정당화 한다. 이는 측정에 대한 분명한 의사소통 요구를 강조함으로써 가장 잘 성취될 것이다.
2. 각각의 단위에 대한 정신적 심상을 개발한다. 학생들은 단위 각각에 대한 합리적인 근사치를 보여줄 수 있어야 한다. 길이를 성공적으로 추정하려 한다면 이 단계는 핵심적인 것이다.
3. 학생들을 도와서 각각의 단위를 이용하여 길이를 추정하는 능력을 계발하게 한다.
4. 체제 내의 단위들 사이의 관계를 발견하고, 이해하며, 학습하는 데 있어 학생들에게 도움을 제공한다.
5. 학생들을 도와 체제 내에 있는 단위들을 사용하는 측정도구를 익숙하게 그리고 능숙하게 활용하도록 한다. 이러한 도구의 예로는 12인치 자, 1야드 자, 1미터짜리 막대기, 그리고 줄자 등이 있다.

길이측정을 가르치는 데 있어 가장 흔한 오류는 앞의 네 단계에 충분한 시간을 들이지 않은 채 다섯 번째 단계를 시작한다는 것이다. 1단계부터 4단계까지를 강조하는 것은 학생들이 (a) 교실 안팎 모두에서 측정을 사용하고, (b) 측정 연습을 완수하며, 그리고 (c) 측정을 포함한 문제를 해결하는 데 있어 능숙해지도록 도움을 줄 수 있다. 이러한 강조는 학생들이 일반적인 그리고 예외적인 상황 모두에서 그리고 측정의 필요성이 예상될 때와 예기치 못한 요구가 측정을 필요로 할 때 모두 그와 같은 능숙함을 얻게 해줄 것이다.

다음의 활동들은 앞선 길이측정의 다섯 단계를 어떻게 가르칠 수 있는지 보여준다.

첫째, 표준화된 단위에 대한 필요성을 확립한다.

■ **활동 10.12 선장의 발**

학생들에게 자신의 발의 본을 뜨도록 짝을 지어 과제를 하게 한다. 그들은 발의 본을 오려내야 한다. 가능한 한 많이 학생들을 자신보다 훨씬 더 큰 혹은 훨씬 더 작은 파트너와 짝을 짓게 한다.

한 조를 선택하여 그들의 발본으로 교실의 길이를 두 번 측정하게 한다. 또 다른 조를 선택하여 교실문과 그 다음 교실의 문 사이의 거리를 측정하게 한다. 다른 조들에게는 칠판의 길이, 교실의 폭, 교사의 책상에서 교실의 모퉁이 사이의 거리 등을 측정하게 한다.

대부분의 경우에서 이 조들은 조 구성원들의 발 크기가 다르기 때문에 두 개의 서로 다른 측정치를 얻게 될 것이다. 이러한 일이 왜 문제가 될 수 있는지 토론한다. 어떤 발 크기를 사용할 것인지 합의할 필요성에 대해 설명한다. 한 학생을 선택하여 '선장'이 되게 한다. 학생들에게 선장은 모두가 자신의 발 크기를 사용해야한다고 결정했음을 말해준다. 모두에게 선장의 발 복사본을 나눠준다.

각 조들에게 선장의 발 복사본을 이용하여 같은 것을 측정하게 한다. 이제 그들의 측정결과는 일치해야 한다.

■ **활동 10.13 왕의 발**

다른 학급을 배정하여 이 활동에 대해 당신 학급과 협력하게 한다. 당신의 학급은 '선장의 발'을 이용하여 측정하게 될 것이다. 다른 학급은 그 학급 담임교사의 발을 이용하여 측정하게 될 것이다. 당신의 학급은 줄 뭉치를 그리고 다른 학급은 계산기 용지 두루마리 하나를 사용하게 될 것이다. 다음에 제시되는 주문용지 복사본이 몇 장 필요한 것이다.

가능한 한 빨리 ______________ 발 크기의 ___________ (을)를 보내주세요.

당신의 학급은 다른 학급에 게시판에 사용할 종이조각을 주문할 것이고 다른 학급은 이 학급 게시판에 사용할 줄을 주문할 것이라고 설명한다. 종이를 얼마나 주문할지 결정하고 주문용지를 작성하여 다른 학급에 보낸다. 다른 학급은 같은 방식으로 당신의 학급에 줄을 주문한다.

다른 학급으로부터 주문을 받은 후 줄이나 종이를 측정하여 자르고 다른 학급으로 보낸다. 줄이나 종이를 받게 되면 그것을 측정하고 '너무 길어요', '너무 짧아요', 혹은 '딱 맞아요' 등이 적힌 메시지를 다른 학급으로 돌려보낸다.

이 부분의 활동에서 두 학급 모두 길이가 정확히 12인치인 발본의 복사본 몇 장이 필요할 것이다. 이것이 '왕의 발'이 될 것이다.

측정이 틀릴 수 있는 이유를 토론한다. [다른 학급이 '선장의 발'을 사용하지 않았다.] 학생들에게 당신이 이 문제에 대해 다른 학급 교사와 논의하였고 당신들 두 사람은 학생들이 동일한 발본을 사용해야 한다고 결정했음을 말해준다. 왕의 발을 사용하기로 결정했다고 설명한다. 왕의 발 복사본을 나눠준다.

그리고 나서 각 학급은 다른 주문을 낸다. 다른 학급으로부터 주문을 받은 후 줄이나 종이를 측정하고 잘라서 보낸다. 줄이나 종이를 받으면 왕의 발을 이용하여 측정한 후 '너무 길어요', '너무 짧아요', 혹은 '딱 맞아요' 등이 적힌 메시지를 다른 학급으로 돌려보낸다.
왕의 발 복사본을 집어 든다. 오래 전에 대영제국 전체 국민들은 이 발을 사용하여 측정하기로 결정했다고 설명한다. 그러고 나서 모든 사람들은 4피트가 얼마인지 알게 되었다. 4피트는 대영제국 전체에서 동일한 길이가 됐다.

두 번째, 각각의 단위에 대한 정신적 심상을 만든다.

■활동 10.14 이것은 발 하나이다

학생들에게 표준 발(왕의 발)을 사용하여 그 발 하나의 길이에 해당되는 물건을 교실에서 찾아보게 한다. 이들에게 정확하게 그 발 하나의 길이의 신체부위가 있는지 알아보게 한다(예를 들어, 어떤 학생들에게는 팔꿈치로부터 주먹 쥔 손의 손가락 관절부분까지의 길이가 표준 발 하나의 길이가 될 수 있다).
학생들에게 '이것은 발 하나이다'라고 적힌 라벨지를 준비하여 해당 물건들에 붙이게 한다.

■활동 10.15 발 하나를 집는다

발 하나 길이의 물건들 몇 개를 선택한다. 발 하나 길이가 아닌 물건들을 같은 수로 고른다. 그 물건들은 10인치보다 짧거나 14인치보다 길어야 한다. 그 물건들을 짝을 지어 교실 여기저기에 둔다. 각각의 물건들 짝은 한 가지 물건은 발 하나의 길이이어야 하고 다른 하나는 그렇지 않아야 한다.
학생들의 주의를 어떤 물건 한 쌍 쪽으로 향하게 한다. 어떤 것이 발 하나의 길이인지 묻는다. 투표를 한다. 누군가에게 왕의 발 복사본을 가져오게 하여 누가 맞았고 누가 틀렸는지 검사하게 한다.
모든 물건들이 고려될 때까지 이러한 방식으로 계속한다. 다섯 쌍 정도를 보고 검사한 후 거의 모든 학생들은 발 하나 길이의 물건을 골라야 한다.

■활동 10.16 발 하나, 혹은 더 길거나 더 짧거나

학생들을 산책시킨다. 표준 발 복사본 한 장을 가져간다. 산책을 하면서 몇몇 물건들을 가리킨다. 학생들에게 그 물건들이 발 하나의 길이인지, 그것보다 더 긴지, 혹은 그것보다 더 짧은지 결정하게 한다. 각각의 물건에 대하여 학생들이 결정을 한 이후에 누군가에게 표준 발을 이용하여 누가 맞았는지 알아보게 한다.

세 번째, 학생들을 도와 길이를 추정하는 능력을 기르게 한다.

■활동 10.17 최고의 추측

길이가 4인치에서 20인치에 이르는 10개의 판지조각들을 준비한다. 길이 10인치의 색종이 두 장과 길이 1인치 색종이 10개도 준비한다.

판지조각들을 약 2인치정도 보이게끔 상자 밑에 놓는다. 색종이들은 상자 안에 넣는다.

세 명에서 네 명 정도로 집단을 구성한다. 그들 각자는 종이 한 장과 연필 한 자루가 필요할 것이다. 번갈아 가며 판지조각을 선택하게 하고 상자 밑에서 뽑아낸다. 모두가 그 판지조각을 보고 길이가 몇 인치일지 추측해본다. 학생들은 자신이 추측한 것을 종이에 적는다.

모두 다 적은 뒤에 판지조각을 선택한 학생은 10인치 색종이와 1인치 색종이들을 이용하여 판지조각의 길이를 잰다. 가장 근접한 길이로 추측한 학생이 점수를 얻는다. 같은 길이를 추측한 학생들은 모두 점수를 얻는다.

판지조각을 다 사용할 때까지 계속한다. 점수를 가장 많이 얻은 학생이 승자가 된다.

■활동 10.18 놓고 추측하기

두 명의 학생을 한 조로 구성한다. 각각의 조들에게는 종이클립과 10센티미터 막대기 10개, 그리고 1인치 정육면체 10개가 필요하다.

같은 조의 학생들 둘 모두 눈을 감고, 종이클립을 그들 사이에 있는 테이블 위에 놓는다. 두 학생 모두 종이클립을 보고 종이클립 사이의 거리가 얼마나 되는지 추측한 후 추정치를 종이에 적는다. 그러고 나서 10센티미터 막대기들과 1인치 정육면체들을 이용하여 종이클립 사이의 거리를 측정한다. 가장 추측을 잘 한 학생이 점수를 얻는다. 같은 길이로 추측한 경우, 두 학생 모두 점수를 얻는다. 먼저 10점을 얻은 학생이 승자가 된다.

■활동 10.19 추측 산책

학생들과 함께 산책을 나간다. 학생들에게 몇몇 물건들을 가리키고 길이가 얼마인지 추측해보게 한다. 모두가 추측해볼 기회를 얻은 뒤, 그 물건을 측정한다. 추측한 것이 근사치인가? 누가 가장 추측을 잘 했는가? 계속 추청하고 길이를 검사한다.

세 개의 추정 활동에는 많은 유사성이 있다. 사실, 그 활동들은 같은 활동의 세 가지 버전인 것이다. 즉 같은 아이디어가 세 가지 다른 방식으로 포장된 것이다:

- 어떤 물건이 확인된다.
- 추정으로 측정한다.
- 추정치를 확인하기 위해 길이가 측정된다.
- 또 다른 물건이 확인된다.

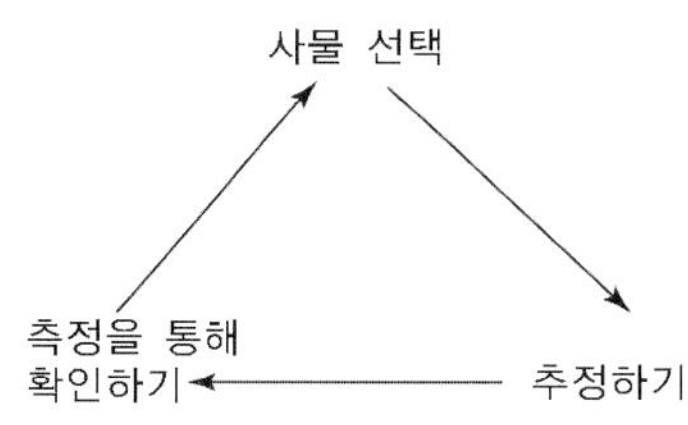

사용되는 단위의 명확한 심상을 제공하는

측정도구로 측정이 이루어진다면, 그 정신적 심상은 후속 추정을 하는 데 활용될 수 있다. 이 활동은 추정치 각각의 정확성에 대해 즉각적인 피드백을 주고, 이는 학생들이 다음 추정을 하기 전에 그들의 정신적 심상을 교정할 수 있게 해준다. 추정치의 정확성은 보통 극적으로 향상된다.

우리는 교수활동 예를 살펴볼 것이다.

네 번째, 체제 내의 단위들 사이의 관계를 발견하고, 이해하며, 학습하는 데 있어 학생들에게 도움을 제공한다.

■활동 10.20 동일한 교환

'단위 조각'의 복사본을 몇 장 만들어 둔다. 어떤 것은 길이가 1인치이어야 하고, 어떤 것들은 1피트, 또 어떤 것들은 길이가 1야드이어야 한다.

세 명에서 네 명 정도로 집단을 구성한다. 각각의 집단에 단위 조각 한 세트씩 나눠준다. 예를 들어, 어떤 집단은 1야드 조각 1개, 1피트 조각 2개, 1인치 조각 6개를 가질 수 있다. 다른 집단은 1피트 조각 2개, 1인치 조각 27개를 가질 수 있다. 또 다른 집단은 1야드 조각 1개, 1피트 조각 5개를 가질 수 있다.

각각의 집단에게 자신들이 가지고 있는 것을 기록하게 한다. 예를 들어, 첫 번째 집단은 '1야드 2피트 6인치'라고, 두 번째 집단은 '2피트 27인치', 세 번째 집단은 '1야드 5피트'라고 적게 될 것이다.

그러고 나서 모든 집단에게 단위들을 비교하고 다른 집단과 공평한 교환을 하게 한다. 예를 들어, 1번 집단은 1야드 조각 한 개를 3번 집단의 1피트 조각 세 개와 바꿀 수 있다. 교환이 이루어진 후에 각각의 집단은 교환 후에 갖고 있는 것을 기록해야 한다. 집단들에게 계속해서 교환하게 하고 결과를 기록하게 한다.

각각의 집단이 기록한 총계가 모두 같음을 지적한다.

■활동 10.21 물건 갖추기 놀이

다음에 제시되는 것과 같은 여섯 개 측정치의 목록 네 개를 준비한다:

8피트	29인치	5피트 3인치	37인치
2야드 14인치	4피트 7인치	1야드 18인치	1야드 25인치
2야드 4피트	3야드 2피트	4피트	2피트 6인치
14인치	7피트	2야드 5피트	4야드 2피트
6피트 8인치	1야드 40인치	20인치	6피트
4야드	8야드	5야드	7야드

위 목록에 있는 측정치 하나의 다른 명칭이 적혀 있는 카드 24장을 준비한다. 이 카드들을 교실 벽에 붙여 놓는다.

학생들을 네 개의 팀으로 구분한다. 각 팀에 리스트 하나씩을 준다(팀 구성원들 개개인에게 목록 복사본을 제공할 수 있다). 각 팀들에게 목록에 있는 측정치의 다른 이름이 적혀 있는 카드를 찾게 한다.

첫 번째로 끝낸 팀이 승자가 된다.

▪활동 10.22 순서 3

다음에 제시되는 것과 같은 측정치들을 보여주는 문장 조각들을 준비한다:

8피트	29인치	5피트 3인치	37인치
2야드 14인치	4피트 7인치	1야드 18인치	1야드 25인치
2야드 4피트	3야드 2피트	4피트	2피트 6인치
14인치	7피트	2야드 5피트	4야드 2피트
6피트 8인치	1야드 40인치	20인치	6피트
4야드	8야드	5야드	7야드

세 개의 조각들을 골라 학생들이 볼 수 있는 분필통에 넣는다.
학생들로 하여금 그 조각들을 가장 짧은 길이에서 가장 긴 길이의 순서로 정리하는 것을 돕게 한다. 학생들에게 어떤 것이 더 길고 어떤 것이 더 짧은지 어떻게 구분할 수 있느냐고 계속 묻는다.
다른 측정치 한 세트를 골라 순서대로 배열한다. 측정치 네 개 한 세트도 배열한다. 측정치 다섯 개 한 세트도 배열한다.

▪활동 10.23 정렬하기

다음에 제시되는 것과 같은 측정치들을 보여주는 문장 조각들을 준비한다:

8피트	29인치	5피트 3인치	37인치
2야드 14인치	4피트 7인치	1야드 18인치	1야드 25인치
2야드 4피트	3야드 2피트	4피트	2피트 6인치
14인치	7피트	2야드 5피트	4야드 2피트
6피트 8인치	1야드 40인치	20인치	6피트
4야드	8야드	5야드	7야드

조각들을 섞어 학생들에게 나눠준다. 학생들을 동수의 두 집단으로 나눈다. 한 집단의 학생들은 교실의 한 쪽 벽에 가서 서게 하고 다른 집단은 그 반대편에 서있게 한다. 학생들에게 각각의 집단 내에서 갖고 있는 조각들 중 가장 짧은 것부터 가장 긴 것 순서로 정렬하라고 한다. 집단 구성원들에게 도움이 필요할 때 서로서로 이야기 하도록 격려한다.
학생들에게 다른 집단의 학생들이 모두 볼 수 있도록 자신이 가지고 있는 측정치를 들고 있게 한다. 그러고 나서 각 집단은 다른 집단을 체크하여 순서가 맞는지 본다. 다시 한 번, 집단 구성원들에게 확신이 서지 않을 때 서로서로 이야기 하도록 격려한다.

▪활동 10.24 섞기

다음에 제시되는 것과 같은 측정치들을 보여주는 카드들을 준비한다.

8피트	29인치	5피트 3인치	37인치
2야드 14인치	4피트 7인치	1야드 18인치	1야드 25인치
2야드 4피트	3야드 2피트	4피트	2피트 6인치

14인치	7피트	2야드 5피트	4야드 2피트
6피트 8인치	1야드 40인치	20인치	6피트
4야드	8야드	5야드	7야드

네 명의 학생들을 하나의 집단으로 구성한다. 카드를 섞고, 섞은 카드 한 벌을 학생들에게 준다. 게임을 할 때마다 딜러는 학생 개개인에게 카드 정면을 아래로 하여 다섯 장씩 줘야 한다. 딜러가 '시작'이라고 말하면 학생들은 자신의 카드들을 뒤집고 될 수 있는 한 빨리 그 카드들을 순서대로 놓는다. 승자는 각각의 카드가 제자리에 놓인 이유를 설명해야 한다.
그러고 나서 승자는 카드들을 다시 섞고 새로운 게임을 시작한다. 학생들은 한 학생이 다섯 번을 이기거나 교사가 그만 하라고 할 때까지 계속한다.

다섯 번째, 학생들을 도와 측정도구를 능숙하게 사용하도록 한다.

■활동 10.25 일렬로 붙인 발들

학생들은 왕의 발(정확히 길이 12인치인 발본을 오려낸 것) 복사본을 사용할 필요가 있을 것이다. 학생들에게 길이를 측정하는 더 빠른 방법을 보여줄 것이라고 말한다. 몇몇 학생들에게 그들이 갖고 있는 왕의 발 복사본을 앞으로 가지고 나오게 한다. 왕의 발 발가락과 발뒤꿈치를 일렬로 붙인다. 발의 수를 센다:

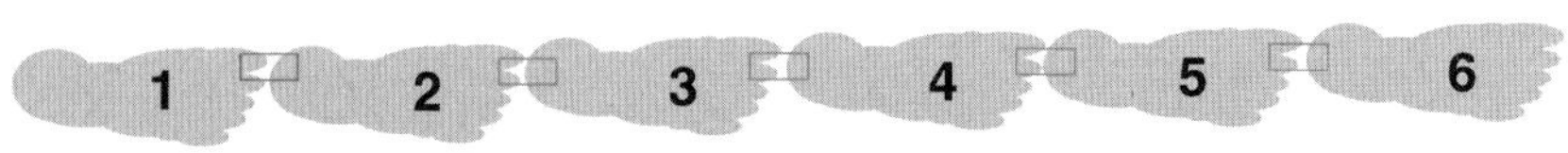

일렬로 붙여진 발들을 줄자처럼 사용하여 몇 가지 물건들을 측정한다.

■활동 10.26 자 만들기

학생들 개개인에게 계산기용 용지 한 조각과 1인치짜리 단위를 나눠준다. 학생들에게 계산기용 용지 조각에 1인치 간격으로 표시하여 자를 만드는 방법을 보여준다. 학생들에게 1인치마다 숫자를 쓰게 한다:

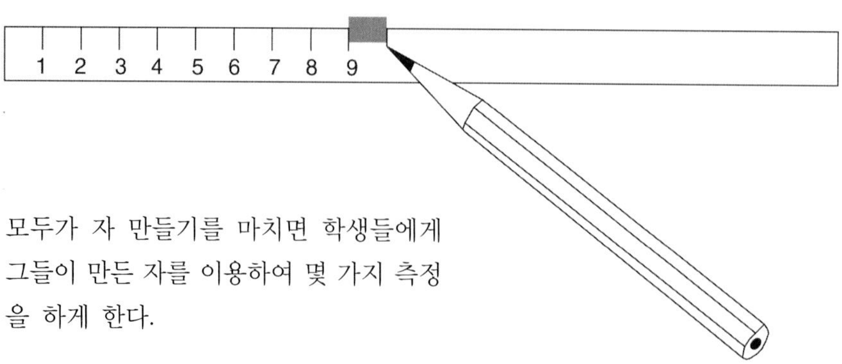

모두가 자 만들기를 마치면 학생들에게 그들이 만든 자를 이용하여 몇 가지 측정을 하게 한다.

■ **활동 10.27 가장 가까운 피트**

수를 10으로 반올림 하는 것을 복습한다. 수직선을 활용하여 학생들이 이 과정을 시각화하는 것을 돕는다. 그러고 나서 길이가 3피트에서 4피트 사이인 무엇인가가 몇 피트인지 보여주는 줄자를 이용한다. 길이가 3피트보다는 길지만 4피트보다는 짧다는 것을 보여준다. 가장 가까운 피트로 사사오입할 필요가 있음을 설명한다. 학생들로 하여금 길이가 3피트에 가까운지 아니면 4피트에 가까운지 결정하게 한다. 판단을 내리기 위해 이 중간지점을 이용하는 방법을 보여준다.

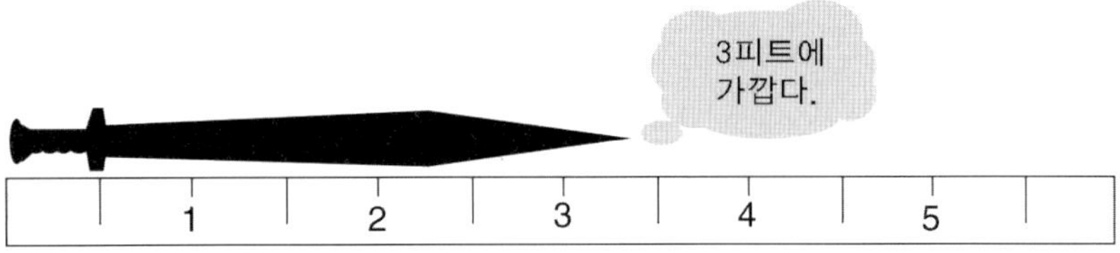

다른 물건들을 가장 가까운 피트로 측정한다.

4 면적 측정 가르치기

면적은 대부분 면적을 측정하지 않는다는 점에서 길이와는 다르다. 대부분의 경우 우리는 길이의 어떤 조합을 측정하고 그 측정치들을 공식에서 이용하여 면적을 계산해 낸다. 따라서 면적에 대한 공부는 두 부분으로 나눌 수 있다. 첫 번째 부분은 면적 및 면적단위에 대한 개념을 계발하고 그 단위를 이용하여 면적을 결정하는 것이다. 두 번째 부분은 면적공식 개발로 구성된다. 문제해결은 계발된 이해 및 기술 수준을 활용하여 처음부터 끝까지 학습하여야 한다.

초기 교수는 길이 측정을 위해 개발된 것과 동일한 아이디어 몇 가지와 유사하다.

- 면적의 개념은 먼저 서로 다른 물체들의 면적에 대한 대략적인 비교를 해봄으로써 계발되어야 한다.
- 면적단위의 개념은 면적의 일부로 계발되어야 한다.
- 면적측정의 개념은 측정되는 것의 면적을 가리는 데 필요한 단위들의 수로 계발되어야 한다. 단위에 대한 정신적 심상이 만들어져야 한다. 학생들은 해당 단위의 합리적인 근사치를 보여줄 수 있어야 한다.
- 학생들은 각각의 단위들을 이용하여 면적을 추정하는 능력을 길러야 한다.

비록 여기에서는 발달 개요를 제공했다 하더라도 면적개념을 발달시키기 위한 교수와 학습활동 개발은 독자들을 위한 연습문제로 남겨 두었다.

면적의 비교는 길이의 비교보다 더 복잡하다. 면적을 비교할 때 길이와 폭, 그리고 모양을 고려해야 한다. 다음의 도형들을 비교할 때 학생들은 어떤 도형이 더 큰지를 결정하는

데 어려움이 거의 없다. 도형 B가 어느 면에서나 더 크다. 학생들은 면적이 무엇인지 모른다 하더라도 도형 B를 선택할 것이다.

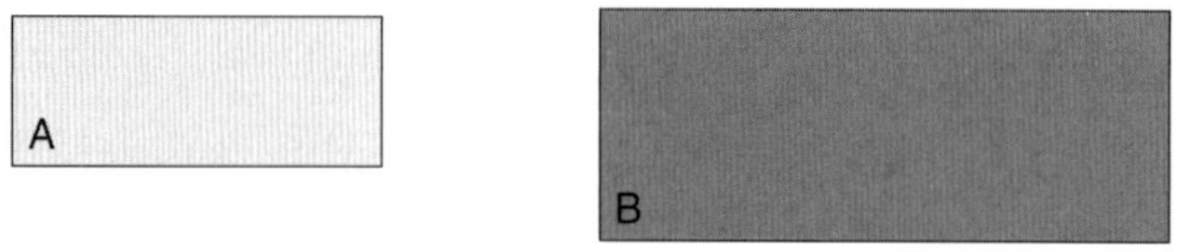

다음의 두 도형은 한 도형은 더 길고 다른 도형은 더 넓기 때문에 상당히 더 어렵다. 이러한 점이 학생으로 하여금 1차원 이상을 생각하게 한다.

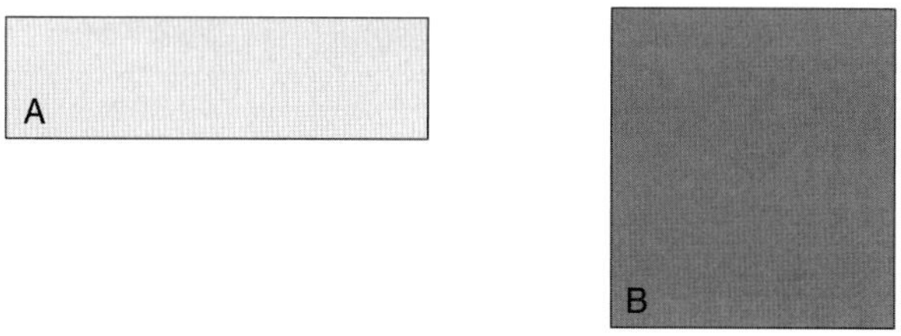

비교를 검증하기 위한 적절한 방식은 도형 A를 부분들로 잘라내어 다시 정렬하는 것이다. 그러면 도형 B의 면적이 도형 A의 면적보다 더 큰지 쉽게 알 수 있다.

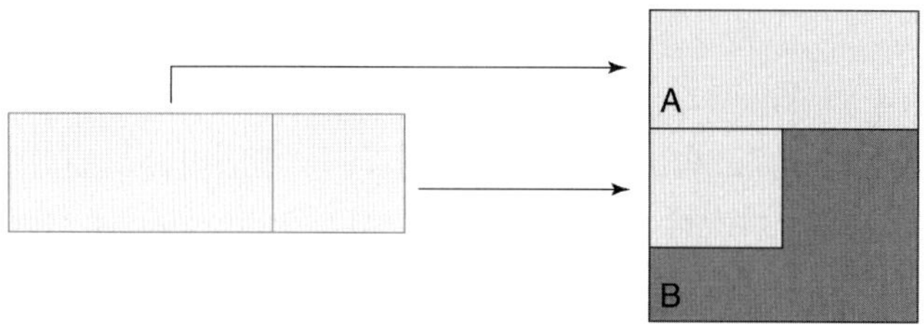

다음의 도형 한 쌍은 길이와 폭에 더해 모양이 그 면적에 영향을 주기 때문에 훨씬 더 어렵다.

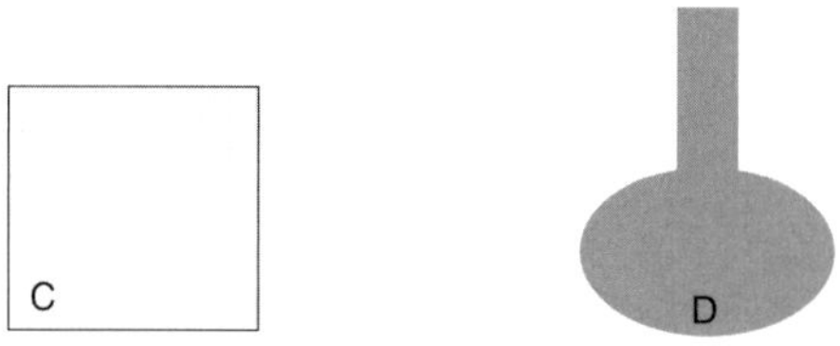

다시 한 번 해당 도형을 잘라 다시 정렬함으로써 쉽게 비교를 검증할 수 있다. 도형 C의 면적이 더 크다.

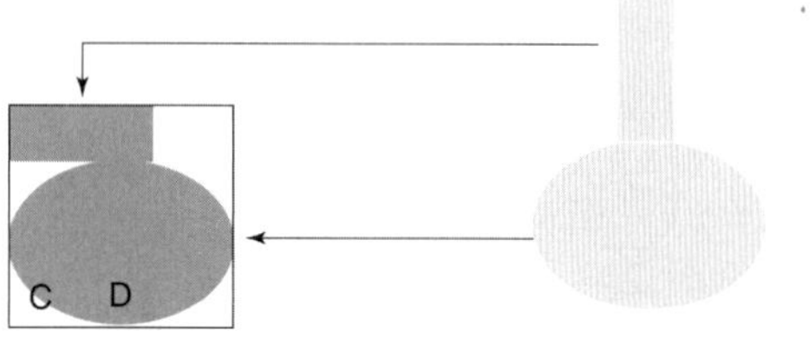

도형의 모양이 더 복잡해질수록 비교는 더 어려워지고, 따라서 우리는 단위의 활용을 도입하여 비교를 도울 필요가 있다. 이를 시작하는 좋은 방법은 비교를 돕기 위해 학생들로 하여금 해당 도형을 1센트짜리 동전과 같은 일반적인 물건으로 가리게 하는 것이다. 얼마나 많은 1센트짜리 동전이 각각의 도형 내부에 들어갈 수 있는지 보고자 한다. 그 도형의 선 바깥으로 나간 어떤 것도 해당되지 않는다. 도형 A를 덮기 위해서는 1센트짜리 동전 14개가 필요하고, 반면 도형 B는 18개가 필요하다. 이로써 도형 B가 면적이 더 크다는 것을 결정하는데 도움이 된다.

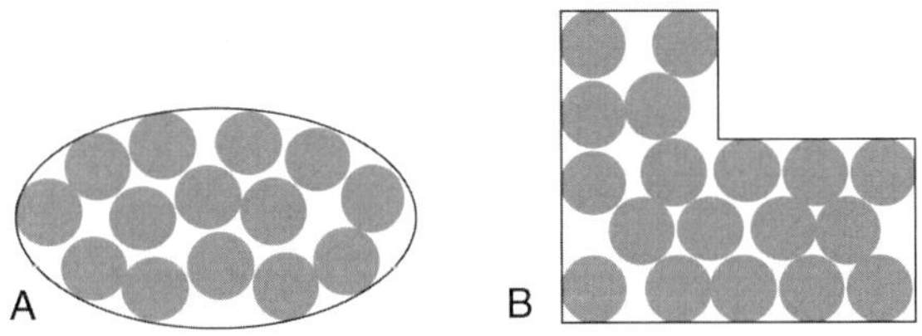

복잡한 도형인 경우 이 과정은 적용이 안 된다. 다음의 도형 두 개를 생각해보자. 도형 C에는 1센트짜리 동전 일곱 개를 놓을 수 있는데, 도형 D에는 여섯 개만 놓을 수 있다. 하지만 도형 C가 정말로 도형 D보다 더 큰가?

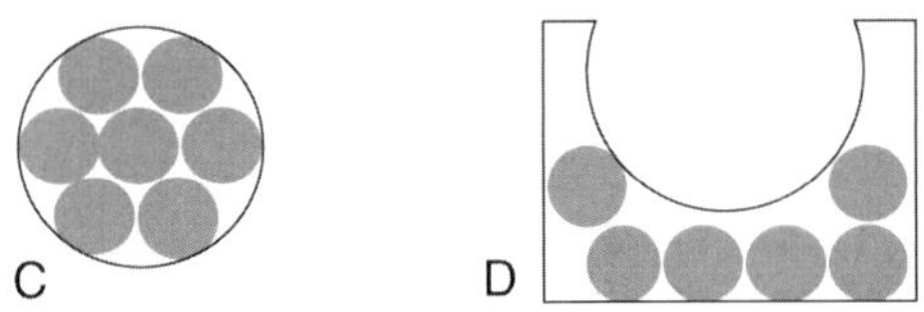

학생들은 도형 D의 내부에 가려지지 않은 부분이 더 많다는 것을 재빨리 지적할 것이다. 문제는 1센트짜리 동전이 잘 맞지 않는다는 데 있다. 계산되지 않는 1센트짜리 동전 사이의 공간이 존재하는 것이다. 모자이크 식으로 짜 맞출(빈 공간 없이 동일한 모양과 함께 맞추는 도형) 수 있는 모양의 단위를 사용할 필요가 있다. 모자이크 식으로 짜 맞춰지는 도형들로는 삼각형, 평행사변형, 육각형, 그리고 십자가 모양 등이 있다.

비록 학생들에게 방금 설명한 짜 맞추기 단위들을 가지고 면적측정을 탐색하도록 허용하는 것은 가치 있는 일이지만, 학생들이 사용하는 시간의 대부분은 정사각형 면적 단위(square unit)를 사용하는데 소요되어야 한다. 정사각형 단위들은 면적 계산 공식들에서 일반적으로 사용되는 단위들이다. 학생들에게 정사각형 단위들의 활용을 도입할 때 도형의 면적은 해당 도형의 내부를 덮는데 필요한 정사각형 단위들의 수임을 강조한다.

이 도형의 면적은 정사각형 단위 12개이다.

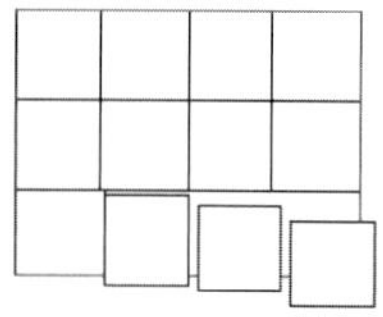

이 면적을 덮기 위해 12개의 정사각형과 정사각형을 반으로 나누 것 세 개를 사용한다. 모두 합쳐 정사각형 단위 13과 1/2개이다.

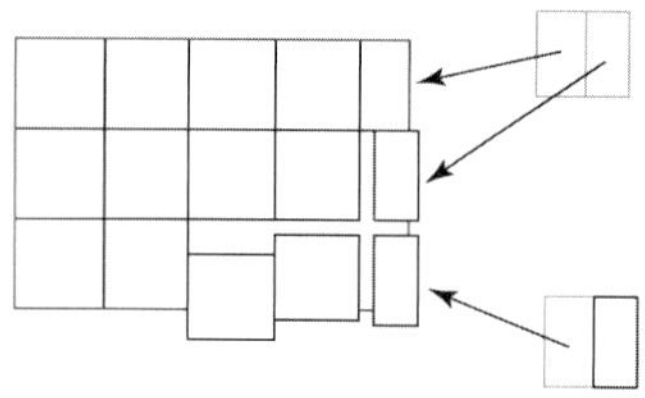

학생들이 정사각형들을 놓고 개수를 세어 면적을 측정하는 것에 익숙해진 후, 면적 계산 공식을 가르칠 수 있다. 그 공식들 중 첫 번째는 직사각형을 위한 면적공식이다. 이 공식은 학생들이 직사각형에 정사각형을 놓고, 해당 직사각형 내에 모두 몇 개의 정사각형이 있는지 결정할 때 이루어지는 일련의 발견들로 만들 수 있다.

첫째, 직사각형은 바닥에서 꼭대기에 이르는 선의 길이가 같기 때문에 직사각형의 모든 가로줄에는 동일한 수의 정사각형이 포함되어 있다.

이 직사각형에는 모든 가로줄에는 여섯 개의 정사각형이 들어간다. 정사각형의 전체 수는 각 가로줄에 있는 정사각형의 수에 줄의 수를 곱함으로써 얻을 수 있다.

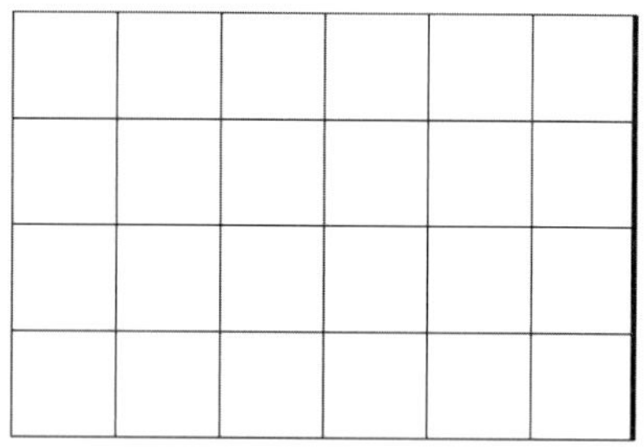

면적 = 6 X 4 = 24 정사각형

이 직사각형에는 다섯 개의 정사각형이 세 줄 있다. 면적은 5 × 3 = 15 정사각형 단위이다.

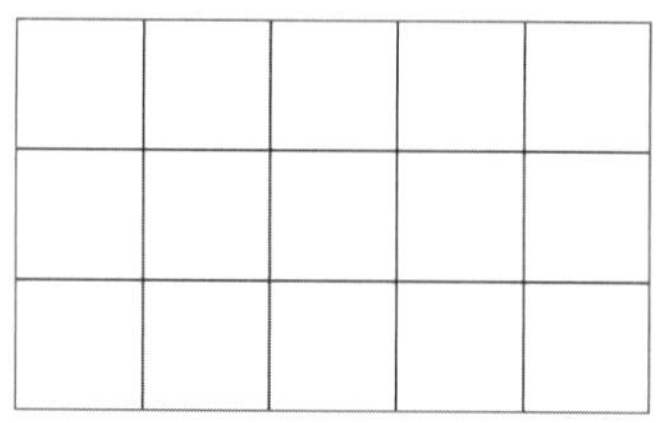

이 직사각형에는 첫 번째 가로줄에 정사각형이 여섯 개 있으므로 모든 가로줄에 정사각형이 여섯 개 들어갈 것이 틀림없다. 가로줄은 모두 세 개가 있다. 면적은 6 × 3 = 18 정사각현 단위이다.

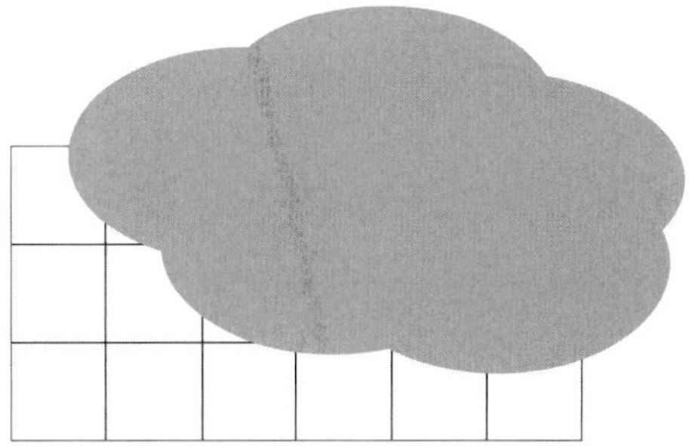

이제 우리는 각 가로줄에 있는 정사각형의 개수에 가로줄 수를 곱함으로써 면적을 계산할 수 있음을 알게 되었다.

직사각형의 면적 = 각 가로줄에 있는 정사각형의 개수 × 가로줄 수

둘째, 직사각형의 길이와 폭이 인치로 주어지고 면적단위가 평방(제곱)인치이면, 첫 번째 가로줄에 있는 정사각형들의 수는 직사각형의 길이와 같아진다. 이 직사각형의 길이는 8인치이고 따라서 첫 번째 가로줄은 8평방인치가 맞다.

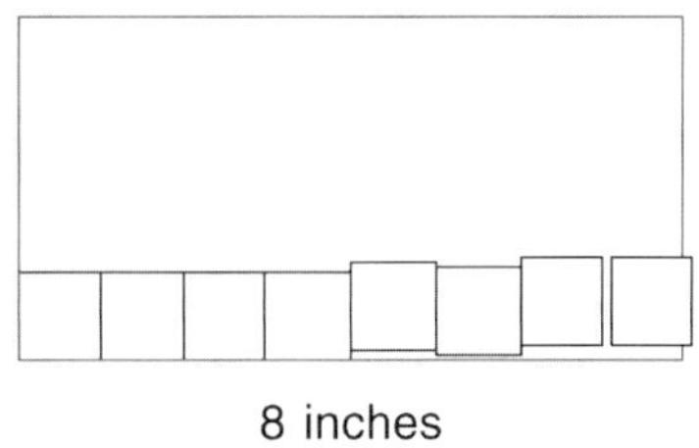

셋째, 폭이 인치로 주어지고 면적단위가 평방인치이면, 그러면 가로줄의 수는 폭과 같아진다.

이 직사각형의 폭은 4인치이고 따라서 면적은 평방인치 네 줄이 될 것이다.

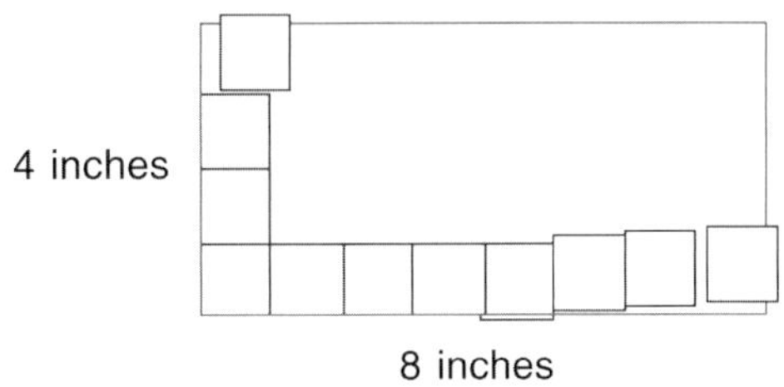

직사각형의 면적을 위한 공식은 다음과 같이 쓸 수 있다.

면적 = 직사각형의 길이 × 직사각형의 폭

혹은 A(면적) = L(길이) × W(폭)

면적공식 개발을 위한 중요한 아이디어

면적계산 공식이 개발됨에 따라 계속해서 되풀이되는 한 가지 중요한 아이디어가 있다. 이 중요한 아이디어는 면적의 보존 개념과 관련되어 있다. 즉 면적의 총계는 면적이 재배치되어도 변하지 않는다는 것이다. 그러므로 면적공식이 없는 도형이 있을 때 그 도형을 재배치하여 면적공식을 갖게 되는 도형을 얻을 수 있다. 이 중요한 아이디어는 면적

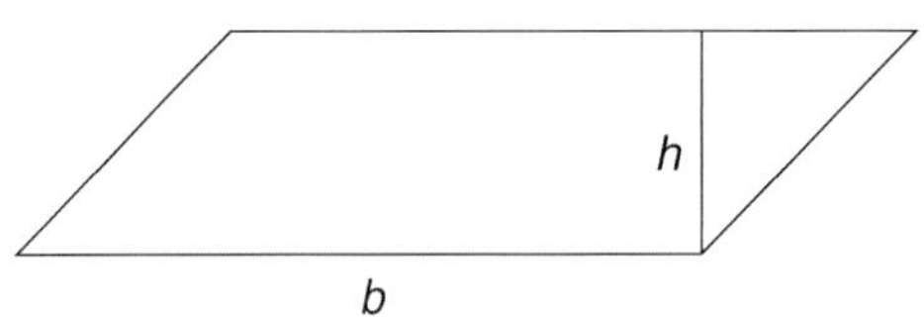

계산 공식의 나머지 부분을 개발할 때 활용된다.

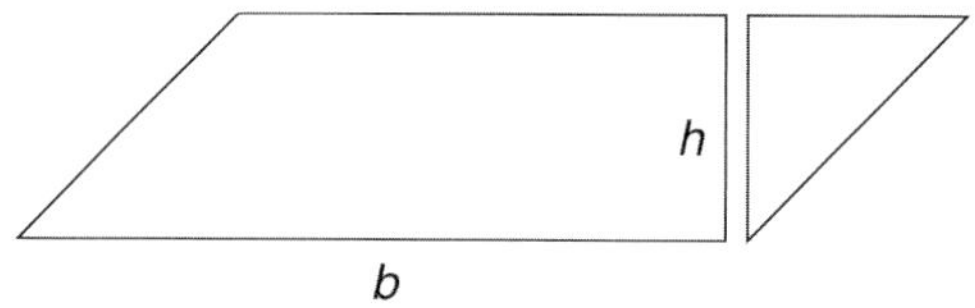

이제 면적을 찾기 위해 몇 가지 일반적인 도형의 면적을 재조정할 수 있는 방법을 알아볼 것이다. 첫째, 평행사변형을 생각해보자. 평행사변형의 밑변을 b라고 하고 높이를 h라고 하자.

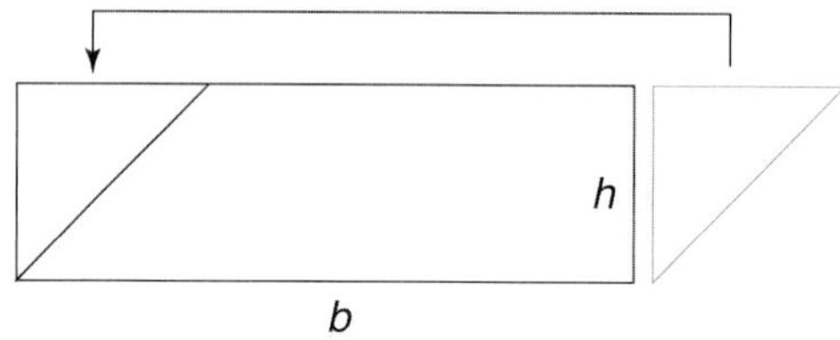

평행사변형의 면적을 위한 공식은 없지만 직사각형의 면적을 구하기 위한 공식은 알고 있다. 평행사변형의 면적을 재조정하여 직사각형 모양으로 만든다. 첫째, 평행사변형의 한 쪽 끝을 잘라 내어 정사각형의 모서리 모양으로 남겨둔다.

잘라낸 조각을 다른 쪽 끝으로 옮긴다.

이제 길이 b 그리고 폭 h의 직사각형이 되었다. 이 직사각형의 면적은 $A=b\times h$이고, b는 원래 평행사변형의 길이, h는 높이이다. 하지만 우리가 어떤 면적을 더하거나 빼지 않았기 때문에 이 또한 평행사변형의 면적이 된다. 우리는 단지 면적을 재배치했을 뿐이다. 평행사변형의 면적은

$$A=b\times h$$

그 다음, 삼각형을 생각해보자. 이 삼각형의 밑변은 b이고 높이는 h이다.

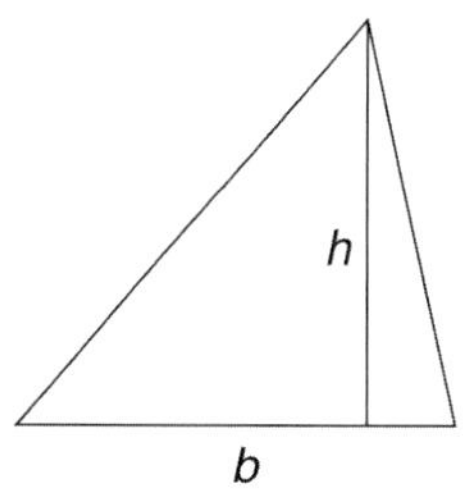

삼각형의 면적을 위한 공식은 없지만 직사각형 및 평행사변형의 면적을 구하기 위한 공식은 알고 있다. 이 도형의 면적을 직사각형이나 평행사변형으로 재조정할 필요가 있다. 이를 완수하기 위해 그 삼각형과 동일한 모양의 삼각형을 하나 만든다. 또 다른 삼각형을 만들게 되면, 처음 시작했을 때보다 두 배의 면적을 갖게 될 것이다.

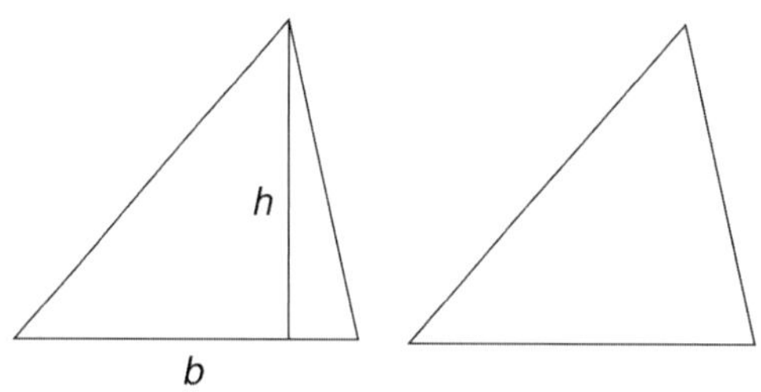

새로 만든 삼각형을 돌려서 원래 삼각형의 옆에 놓는다.

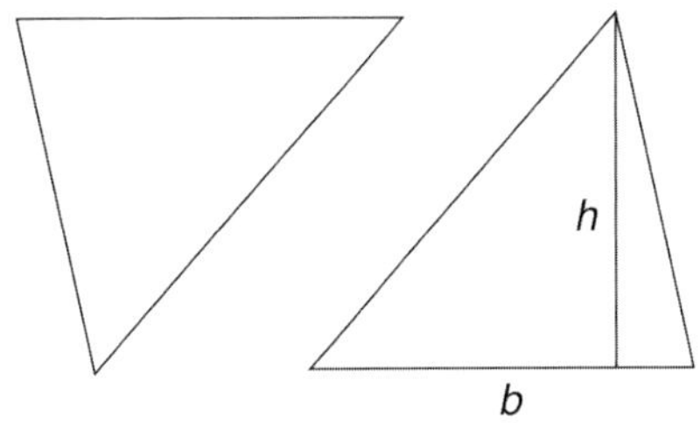

그러고 나서 두 삼각형을 합쳐 평행사변형을 만든다. 이 평행사변형의 면적은 $A = b \times h$이고, b는 원래 삼각형의 밑변, h는 높이이다.

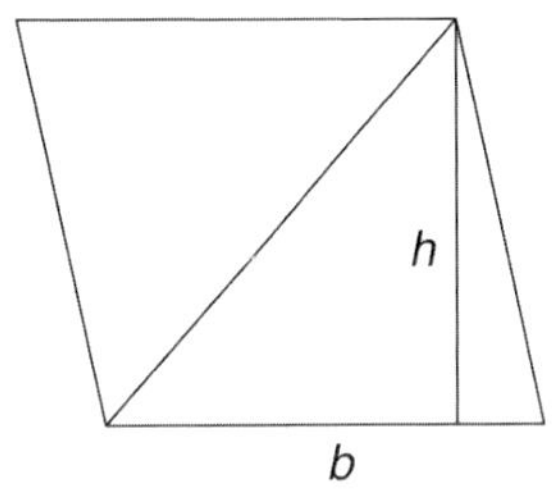

하지만 원래 삼각형의 복사본 하나를 더했기 때문에 원래 면적의 두 배가 되었음을 기억하라. 실제 면적을 얻기 위해서는 1/2을 곱해야 할 것이다. 그러면 삼각형 면적을 구하기 위한 공식은 다음과 같다.

$$A = \frac{1}{2} \times b \times h$$

이제 사다리꼴을 생각해보자. 사다리꼴은 두 개의 변이 있고 두 변은 평행하다. 높이는 두 개의 변 사이의 거리가 된다. 변을 b_1과 b_2 그리고 높이를 h라고 하자.

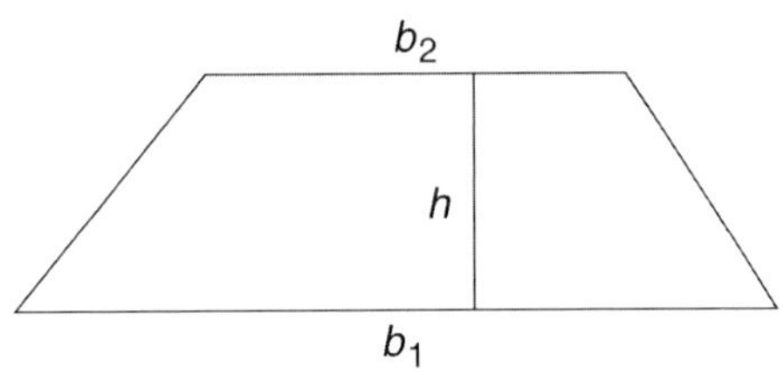

우리가 삼각형을 가지고 그렇게 했듯 사다리꼴도 복사본을 하나 만든다. 이렇게 하면 면적이 두 배가 된다는 것을 기억하라.

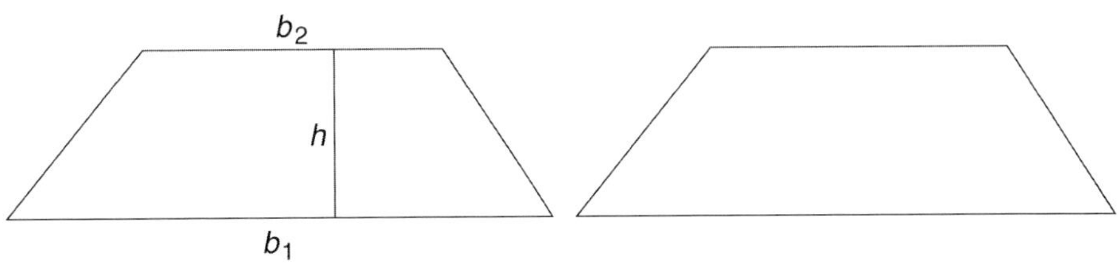

새로 만든 사다리꼴을 돌려서 원래 사다리꼴과 합친다. 이렇게 하면 두 개의 사다리꼴이 평행사변형의 모양으로 된다.

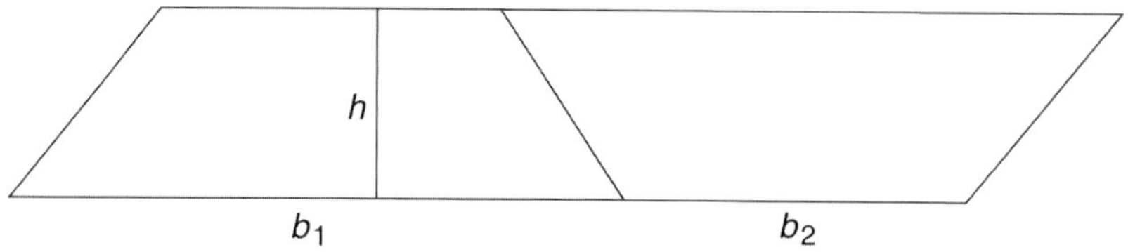

이 평행사변형의 면적은 변에다가 높이를 곱해 얻을 수 있다. $A=(b_1+b_2)\times h$.

하지만 면적을 두 배로 만들었기 때문에 이 면적은 우리가 구하려는 것의 두 배라는 것을 기억하라. 여분의 면적을 없애기 위해서는 1/2을 곱해야 한다. 그렇게 하면 사다리꼴의 면적을 구하기 위한 공식을 얻게 된다.

$$A=\frac{1}{2}(b_1+b_2)h$$

원의 면적을 구하기 위한 공식을 발견하려면 학생들은 원의 지름(원의 폭)과 같은 원주(원의 둘레 혹은 거리) 사이의 관계를 먼저 알고 있을 필요가 있다.

이 관계는 몇 가지 둥근 물체들, 어떤 것은 크고, 어떤 것은 작고, 그리고 어떤 것은 그 중간인 물체들의 지름 및 원주를 측정하는 탐색활동을 통해 발견될 수 있다. 그러고 나서 각각의 원에 대해 학생들은 지름으로 원주를 나누게 된다. 모든 경우에서 원주는 지름의 세 배보다 약간 더 길다. 비록 측정오류 때문에 원주 및 지름의 몫은 원에 따라 약간씩 다르겠지만 비율은 우리가 파이(pi, π)라고 부르는 수가 된다. 원주와 지름사이의 관계는 다음의 공식으로 주어진다.

$$C=\pi d$$

지름(d)은 반지름의 두 배이기 때문에 이 관계를 표현하는 또 다른 방식은 다음과 같은 공식으로 주어진다.

$$C=\pi\times 2d \text{ 혹은 } C=2\pi r$$

이제 다음의 원을 생각해보자. r 원의 면적을 구하고 싶지만 원의 면적을 구하기 위한 공식은 없는 상태이다. 이 면적을 우리가 알고 있는 도형으로 재조정하려한다.

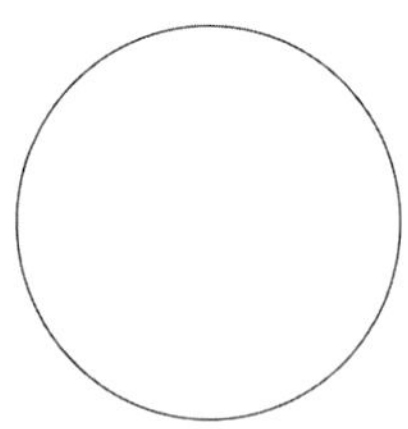

원을 4등분하여 이를 재배치한다고 하면, 면적은 직선으로 된 두 개의 변이 있는 도형이 되겠지만 우리가 갖고 있는 면적공식을 적용할 수 있는 도형과 비슷하지 않다는 점을 주목한다.

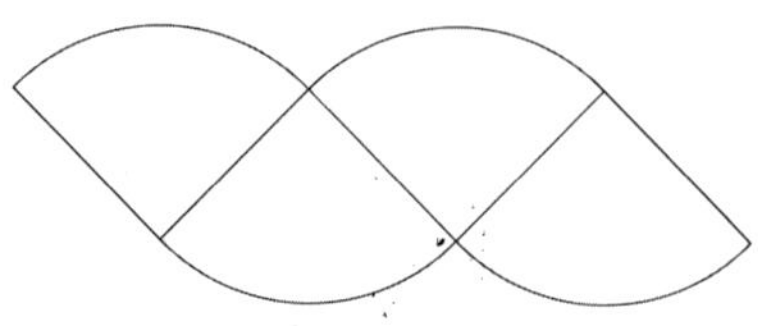

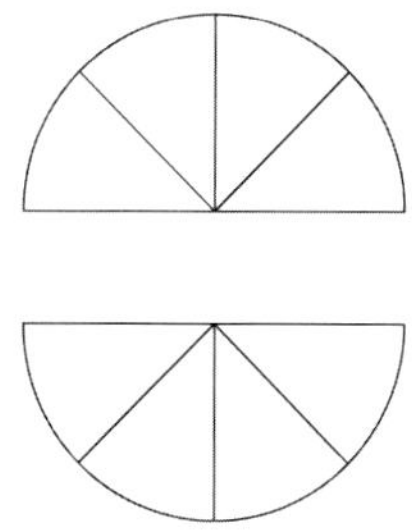

원을 8등분하여 두 개의 동등한 부분으로 분리한다.

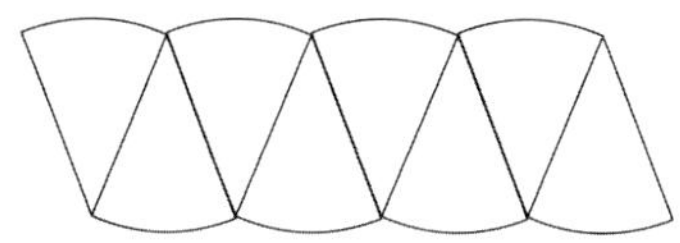

이 여덟 조각을 오른쪽 그림과 같이 재배치한다. 그러면 그 도형은 평행사변형과 아주 유사해진다.

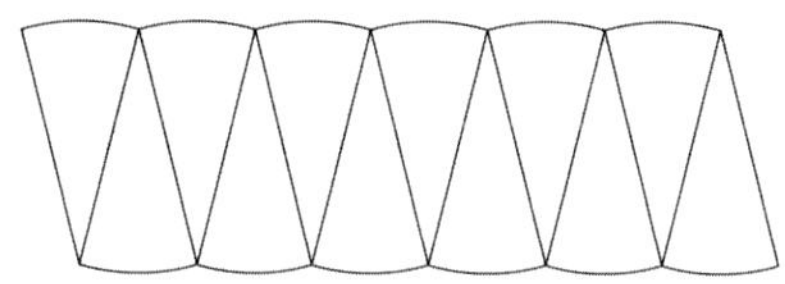

원을 12등분하여 그 조각들을 같은 방식으로 재배치한다면 그 도형은 평행사변형과 훨씬 더 비슷해 보인다.

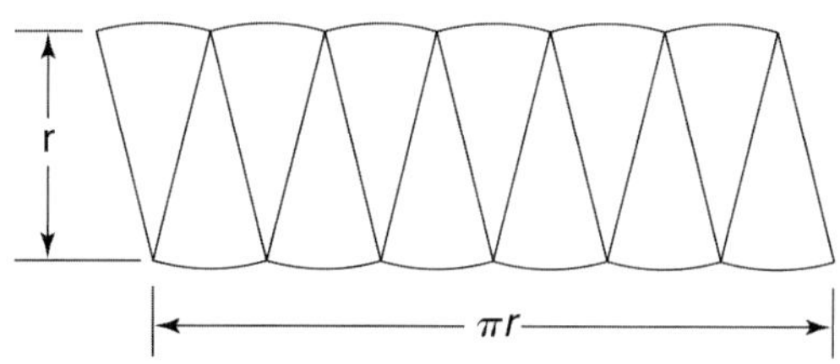

원을 더 많은 조각으로 잘라낼수록 그 조각들을 재조정한 것은 더 평행사변형에 가까워진다. 따라서 100등분을 하면 평행사변형 모양과 거의 동일해질 것이라고 상상할 수 있다. 잘라낸 조각의 수와 관계없이 이 '평행사변형'의 밑변은 원주(πr)의 절반이 되고 이 '평행사변형'의 높이는 반지름(r)이 된다. 이 '평행사변형'의 면적을 구하기 위해서 밑변에 높이를 곱한다:

$$A = (\pi r)r$$

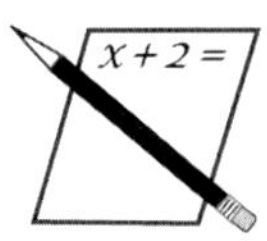

이 결과가 원의 면적 공식이다:

$$A = \pi r^2$$

학생들이 익숙하지 않은 도형들의 면적을 이러한 방식으로 구하는 법을 배울 때(즉 도형이 익숙한 것이 아니라면, 그 도형을 익숙한 것으로 바꾼다), 복합적인 도형들을 포함한 면적문제들은 보통 그리 어렵지 않다. 예를 들어, 다음 도형의 면적을 구한다고 가정해보라.

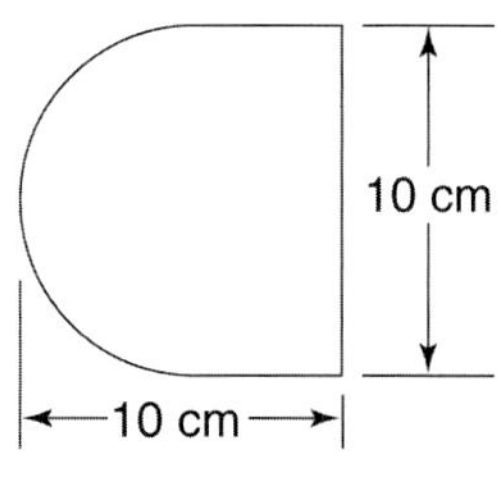

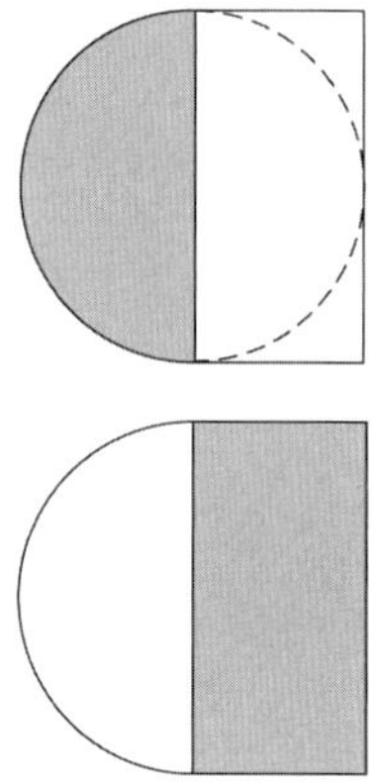

이 도형은 반지름이 5cm인 반원과 변의 길이가 각각 5cm와 10cm인 직사각형으로 구성되어 있다. 원 도형의 면적으로 구하기 위해 이 두 부분의 면적을 합할 수 있다.

여기에는 면적공식을 만들기 위한 아무런 교수활동도 포함하지 않고, 독자들에게 연습문제로 남겨 두고자 한다.

5 부피 측정 가르치기

면적 개념과 부피 개념 사이에는 강한 유사성이 존재한다. 면적단위는 면적의 조각들을 말한다. 부피단위는 부피의 조각들이다. 우리는 어떤 도형의 내부를 채우는 데 얼마나 많은 단위들이 필요한지 발견함으로써 면적을 측정한다. 우리는 어떤 도형의 내부를 채우는 데 얼마나 많은 단위들이 필요한지 발견함으로써 부피를 측정한다. 우리는 보통 실제로 면적을 측정하지 않는다. 우리는 선형 차원을 측정하고 공식을 활용하여 면적을 계산한다. 우리는 보통 실제로 부피를 측정하지 않는다. 우리는 선형 차원을 측정하고 공식을 활용하여 부피를 계산한다. 면적공식을 만들 때 한 가지 중요한 아이디어는 '면적을 구하기 위한 공식이 없는 도형이 있을 때 이 면적을 공식이 있는 도형으로 재조정한다' 이다. 부피공식을 만들 때 한 가지 중요한 아이디어 또한 비슷하다. 즉 부피를 구하기 위한 공식이 없는 도형이 있을 때 이 부피를 공식이 있는 도형으로 재조정한다.

부피라고 하는 용어의 의미를 확립함으로써 부피 개념을 학습하기 시작할 것이다. 우리는 도형 내부의 크기에 대해 이야기하고 개략적인 비교를 실시할 것이다. 예를 들어, 상자 A는 상자 B보다 많은 것을 담을 것이라는 것을 알 수 있고, 따라서 상자 A의 부피는 상자 B의 부피보다 더 크다고 말할 것이다.

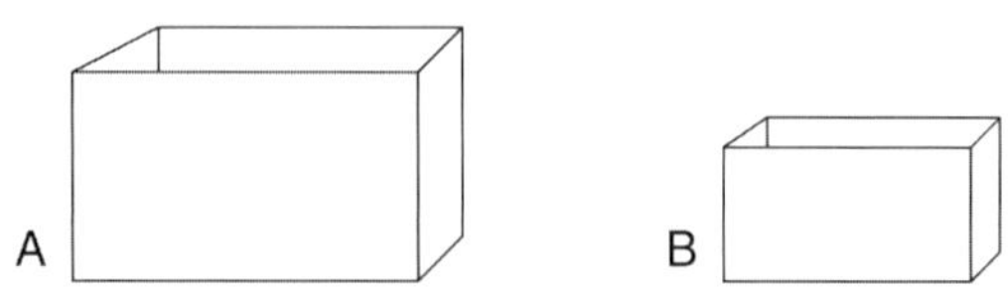

다른 한편으로 아래 두 상자의 모양이 다르기 때문에 상자 C와 D 중 어느 것에 더 많은 물건이 담길지 알기 어렵다.

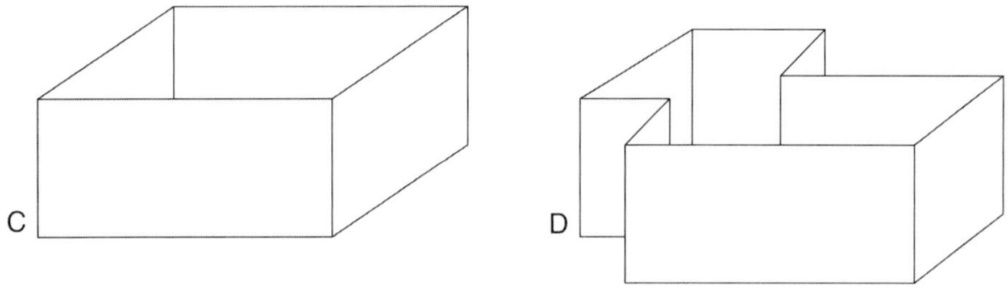

두 도형에 공기돌을 채운다면 그 공기돌의 수를 세어 어떤 도형에 더 많은 공기돌이 들어가는지 알 수 있을 것이다.

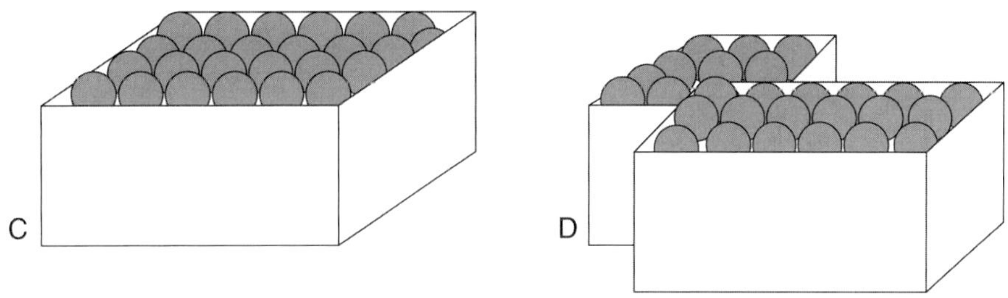

하지만 이제 우리가 면적에 있어 원형 단위를 사용할 때 봤던 것과 유사한 문제가 있음을 알게 될 것이다. 공기돌 사이에는 측정되지 않는 빈 공간이 존재한다. 그러므로 단위들 사이에 빈 공간을 남겨두지 않고 해당 도형을 완전히 채울 단위들을 사용하고자 한다. 이러한 목적에 맞는 많은 모양들이 있지만 부피계산 공식은 정육면체 모양의 단위들을 요구한다. 우리는 정육면체 단위를 활용하여 직사각형 기둥(혹은 상자)의 부피를 측정하기 위한 실험을 시작할 것이다.

학생들은 정육면체로 상자를 채우고 정육면체의 수를 세면서, 상자의 부피측정은 그 상자를 가득 채우는 데 필요한 정육면체의 개수라는 것을 알게 된다.

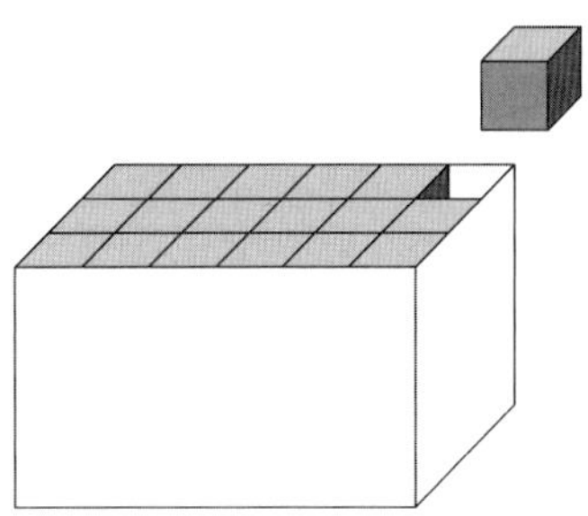

학생들은 또한 상자가 바닥에서 꼭대기까지 모두 같은 크기이고 모양도 같기 때문에 정육면체의 모든 층에는 동일한 수의 정육면체가 포함되어 있음을 쉽게 발견할 수 있을 것이다.

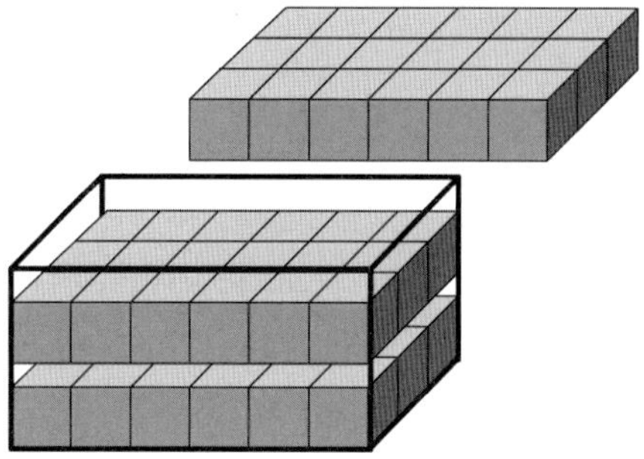

그러므로 부피는 각 층에 있는 정육면체의 수에 층의 수를 곱한 것이 될 것이다:

부피 = 첫 번째 층에 있는 정육면체의 개수 × 층수

이 투명한 상자에서 첫 번째 층에 18개의 정육면체가 있고 상자는 모두 세 개의 층으로 구성되어 있음을 알 수 있다. 부피는 3 × 18 혹은 정육면체 54개이다:

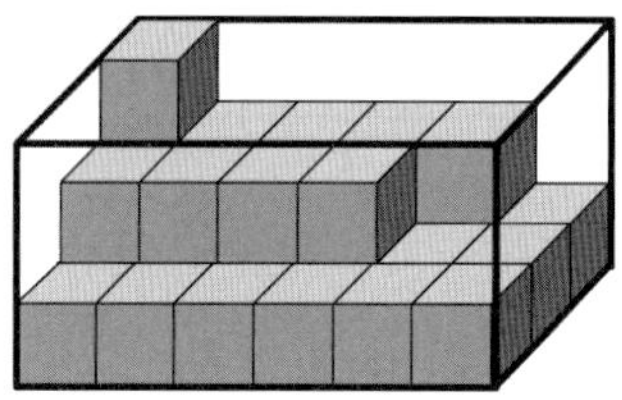

상자 바닥의 면적이 정사각형으로 표시된다면 첫 번째 정육면체 층에서 정육면체는 각 사각형 위에 놓일 것이다. 그러므로 첫 번째 층에 있는 정육면체의 수는 상자 바닥의 면적과 같다:

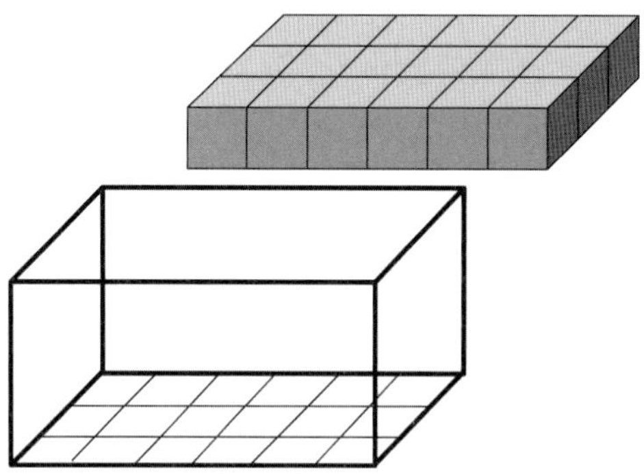

층수는 상자의 높이와 같다. 이 예에서 높이는 3단위이고 세 개의 층이 있다:

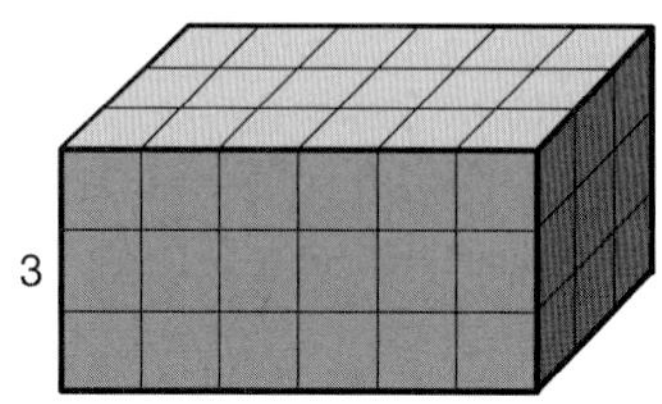

부피는 첫 번째 층에 있는 정육면체의 개수에 층수를 곱한 것과 같다. 하지만 첫 번째 층에 있는 정육면체의 개수는 바닥의 면적과 같고, 그리고 층수는 높이와 같기 때문에 바닥의 면적을 B 그리고 높이를 h로 나타낸다면 상자의 부피 공식은 다음과 같이 쓸 수 있다:

$$V = Bh$$

상자가 바닥에서 꼭대기까지 모두 같은 크기이고 모양도 같은 한 동일한 공식이 어떠한 상자에도 적용이 될 것이다.

둥근 상자(원기둥 혹은 원통)

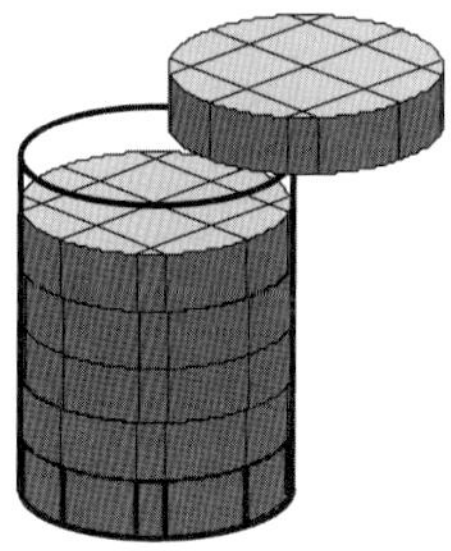

삼각형 상자(삼각기둥)

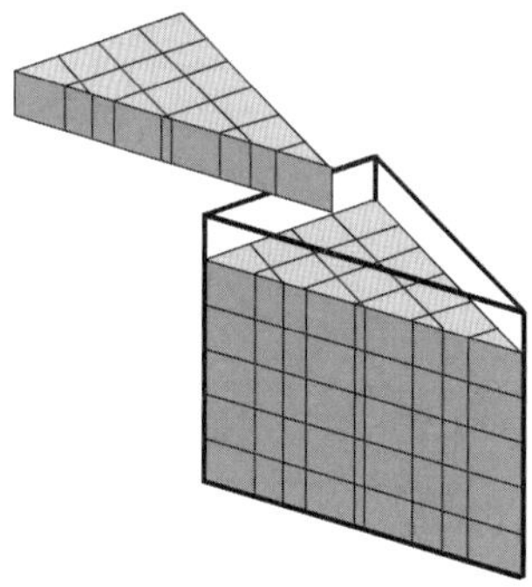

혹은 이상한 모양의 상자(특이한 각기둥 같은 도형)

바닥에서 꼭대기까지 모두 같은 크기이고 모양도 같은 어떠한 상자(각기둥 혹은 각기둥 모양)에 대해서도 동일한 부피공식이 적용될 것이다.

$$V = Bh$$

원통의 부피에는 다른 공식이 있다, 즉 $V = \pi r^2 h$이다. 그러나 원통의 바닥 면적이 πr^2이므로 원통 공식은 다른 모든 각기둥 모양의 도형들과 정확히 일치한다($V = Bh$). 각기둥 모양의 도형들을 위한 공식이 사용될 수 있는 모든 상황들을 학생들이 안다면, 이들은 사실상 기억할 공식은 더 적어질 것이다.

우리가 각기둥 모양의 물을 담는 용기 한 세트를 가지고 있다고 가정해보자. 도형들 중 하나의 모양이 특이해서 부피를 구하기 어렵다면 그 용기에 물을 채우고 그 물을 직사각형 상자 형태의 용기에 따라 붓는다.

그러고 나서 우리는 물의 모양(부피)을 우리가 부피를 구할 공식을 알고 있는 모양으로 재조정한다.

이 기법을 활용하여 모든 유형의 3차원 도형에 적용되는 부피공식을 발견할 수 있다.

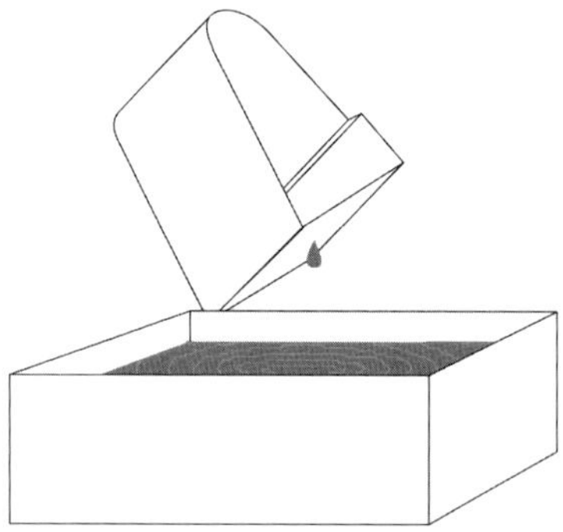

다음의 두 도형들을 생각해보자. 하나는 직사각형 각기둥이고 다른 하나는 역 각뿔이다. 우리에게는 각뿔의 부피를 구하는 공식이 없지만 각기둥 부피공식은 알고 있다. 이 도형들은 동일한 밑변을 갖고 있다. 즉, 각기둥의 밑변은 각뿔의 밑변과 크기와 모양이 같다. 또한 두 도형의 높이도 같다:

각뿔에 물을 채우고 각기둥에 따라 붓는다면 각기둥의 1/3정도를 채울 수 있다는 것을 알게 될 것이다.

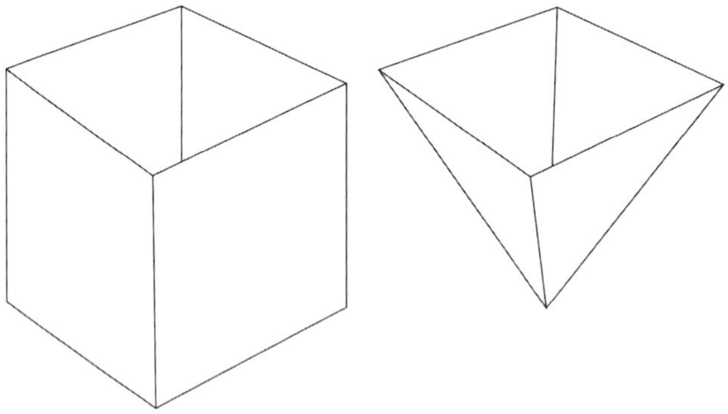

이제 다음의 도형들을 생각해보자. 하나는 삼각기둥이고 다른 하나는 삼각뿔이다. 또다시 두 도형의 밑변과 높이는 같다.

삼각뿔에 물을 채우고 삼각기둥에 따라 붓는다면 삼각기둥의 1/3정도를 채울 수 있다.

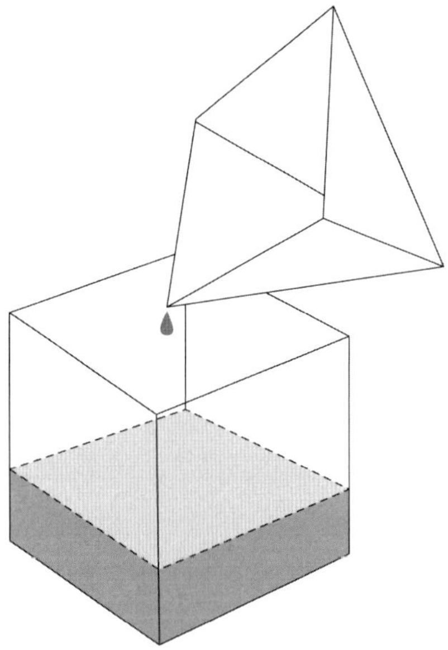

다음의 두 도형은 밑변과 높이가 같은 각기둥 모양의 도형과 각뿔 모양의 도형이다.

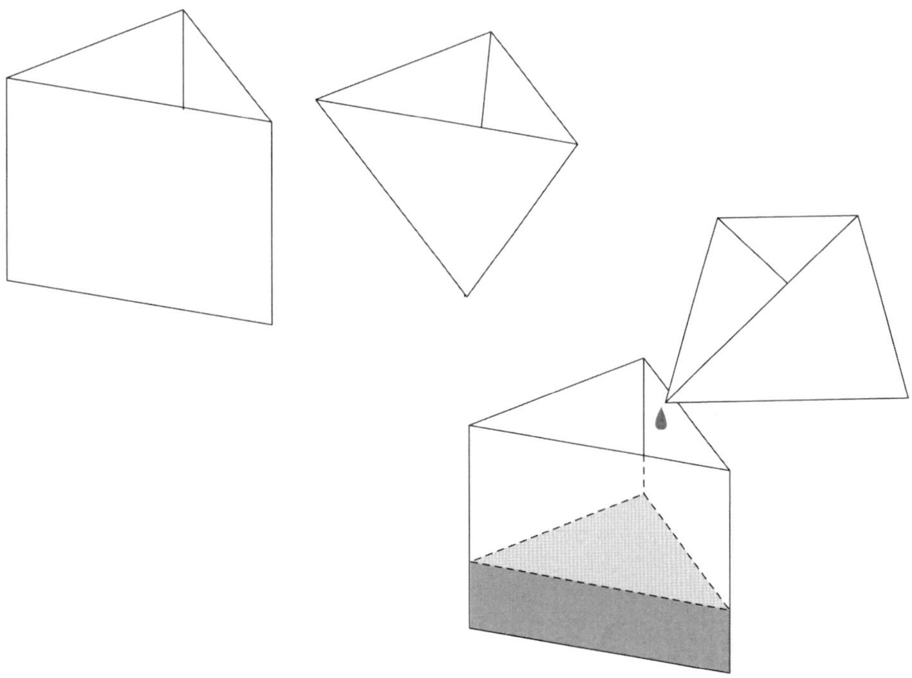

각뿔 모양의 도형에 물을 채우고 각기둥 모양의 도형에 따라 붓는다면 각기둥 모양 도형의 1/3정도를 채울 수 있다. 도형들이 특이한 모양을 지니고 있다하더라도 동일한 패턴이 유지된다.

우리가 예상한 것처럼 원뿔과 원통 사이에서도 동일한 관계를 볼 수 있다. 이 원통은 밑변과 높이가 원뿔과 같다.

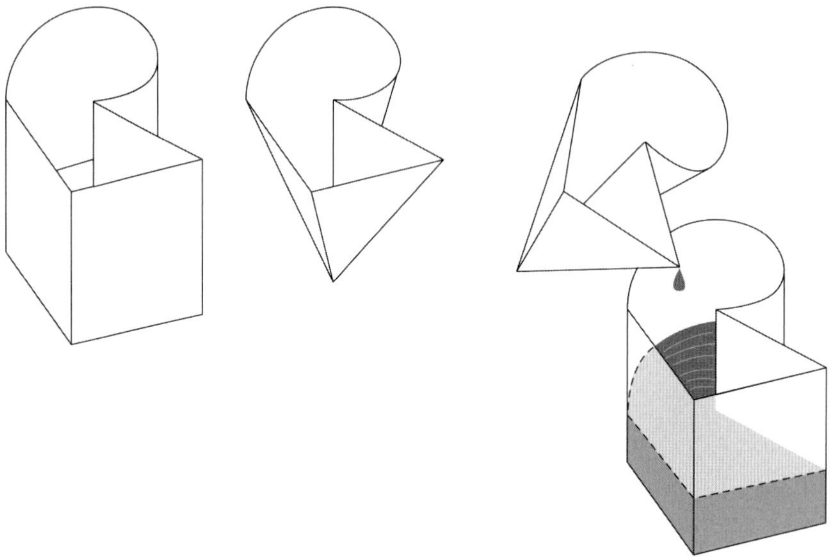

원뿔에 물을 채우고 원통에 따라 붓는다면 원통의 1/3정도를 채울 수 있다.

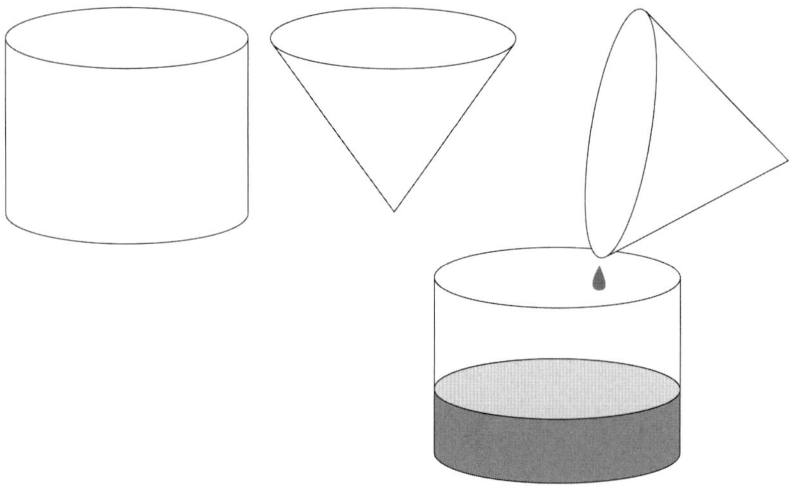

각뿔 모양 도형(원뿔 포함)의 부피와, 밑변과 높이가 동일한 각기둥 모양 도형의 부피 사이의 관계는 우리들에게 모든 각기둥 모양 도형을 위한 부피공식을 제공하고 있다. 동일한 밑변과 높이에 대해 각뿔 모양 도형의 부피는 항상 각기둥 모양 도형의 부피의 1/3이다. 각기둥 모양 도형의 부피가 $B \times h$이므로 각뿔 모양 도형의 부피는 그 1/3이다.

$$V = \frac{1}{3}Bh$$

다음에 제시되는 활동들은 교사가 부피 개념을 발달시킬 때 활용할 수 있는 활동들이다.

■ 활동 10.28 큰 상자를 집어라.

서로 다른 크기와 모양의 다양한 상자들을 모은다.

그 중 두 개를 골라 학생들에게 어떤 것이 더 많이 담을 수 있는지 묻는다. 다른 쌍의 상자들을 가지고 이 과정을 되풀이한다. 학생들이 한 쌍의 상자 중 어떤 것이 더 큰지 결정하지 못한다면 그 상자들은 옆으로 치워 놓는다.

■ 활동 10.29 어떻게 결정하는가?

학생들이 어느 것이 더 큰지 가려내지 못한 상자들 한 쌍 중 하나의 상자를 가리킨다. 브레인스토밍 활동을 수행하고 학생들에게 어떤 상자가 더 큰지 결정하는 방법에 대해 생각해 보라고 한다. 학생들에게 더 큰 상자는 더 많은 것이 담기는 상자라는 것을 상기시킨다.

얼마나 좋은지 혹은 얼마나 실용적인지와 관계없이, 칠판에 학생들이 제시한 모든 생각들을 적는다. 그러고 나서 어떤 방법들이 가장 합리적인지 학생들에게 결정해 보라고 한다(가장 사리에 맞는, 사용하기 쉬운).

그러고 나서 제안된 방법들 중 몇 가지를 시도하여 그 방법들이 어떻게 작용하는지 본다.

■ 활동 10.30 정육면체가 충분하지 않다면 어떻게 상자를 가득 채울 수 있는가?

다음에 제시된 내부 치수의 작은 상자 여섯 개를 만든다.

5인치 × 8인치 × 3인치	6인치 × 6인치 × 4인치
5인치 × 7인치 × 6인치	4인치 × 9인치 × 7인치
7인치 × 6인치 × 5인치	4인치 × 8인치 × 5인치

학생들을 여섯 개의 집단으로 구성한다. 각 집단에 상자 하나와 1인치 정육면체 300개 정도를 준다. 각 집단에게 정육면체로 상자를 채워 몇 개의 정육면체가 필요한지 알아보게 한다.

각 집단에 60개의 정육면체만 남기고 나머지는 치운다. 그러고 나서 집단들이 상자를 바꾸게 한다. 학생들에게 상자를 채우기에 충분한 정육면체를 더 이상 가지고 있지 않음을 지적한다. 학생들에게 각 집단들은 정육면체들을 사용하여 상자를 채우는 데 필요한 정육면체가 모두 몇 개인지 알아보길 바란다고 말한다.

각 집단에게 그들이 어떻게 과제를 완수할 수 있었는지를 다른 모든 학생들에게 보고하게 한다. 모든 정육면체 층들에는 같은 수의 정육면체가 들어감을 강조한다.

■ 활동 10.31 한층 더 적은 수의 정육면체

학생들을 여섯 개의 집단으로 구성한다. 활동 10.30을 하기 위해 준비되었던 상자들을 각 집단에 하나씩 준다(어떠한 집단도 이전에 사용했던 상자를 다시 받는 일이 없도록 조심한다). 이번에는 각 집단에 1인치 정육면체를 22개만 준다. 집단 구성원들로 하여금 정육면체가 22개만 있을 때 상자를 완전히 채우기 위해 필요한 정육면체의 개수를 알아보도록 한다.

모든 집단들이 과제를 마친 후 각 집단들에게 답을 찾아낸 방법을 보고하게 한다. 논의를 하는 동안, 어떻게 상자의 첫 번째 층에 들어간 정육면체의 개수를 알아냈는지 묻는다. 상자의 층수는 모두 몇 개인지 알아낸 방법도 물어본다.

■ **활동 10.32 상자의 밑바닥**

백지 한 장을 활동 10.30을 하기 위해 준비되었던 각각의 상자들 내부 바닥에 정확하게 맞게 잘라낸다. 각각의 종이에 선을 그어 1인치 크기의 정사각형을 만든다. 그 종이들을 상자 안에 놓는다.

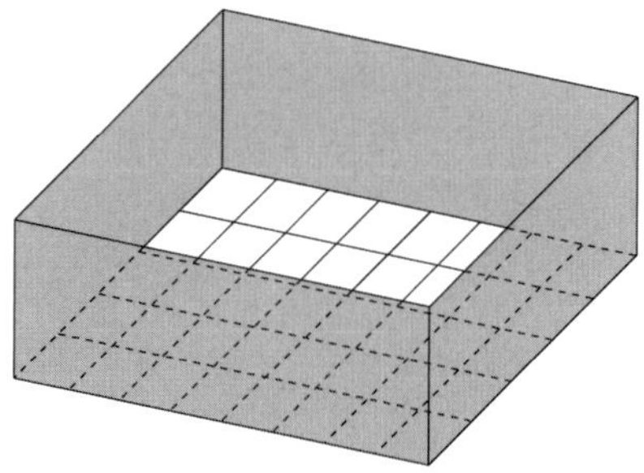

학생들을 여섯 개의 집단으로 구성하고 각 집단에 상자 하나씩 준다. 그리고 각 집단에 1인치 정육면체 50개씩 준다.

상자 안쪽 바닥에 있는 종이를 보고 바닥의 면적을 알 수 있음을 지적한다. 각 집단에 상자의 바닥 면적을 구하라고 한다.

그 다음, 학생들로 하여금 정육면체를 종이에 그린 정사각형 위에 놓게 한다. 바닥의 면적이 한 층을 만드는 데 필요한 정육면체의 개수와 어떤 관계가 있는지 묻는다.

집단 전체로부터 정육면체 10개만 모으고 각 집단이 상자를 교환하게 한다. 모든 집단들에게 그들이 가지고 있는 것을 이용하여 상자에 몇 개의 정육면체가 맞는지 알아내라고 말한다.

모든 집단들이 과제를 마친 후, 상자를 채우는 데 필요한 정육면체의 개수를 어떻게 알아냈는지 묻는다. 첫 번째 층의 정육면체 개수에 층수를 곱하면 상자를 채우는 데 필요한 정육면체의 개수를 구할 수 있음을 강조한다.

■ **활동 10.33 상자 사용하기**

학생들을 여섯 개의 집단으로 구성한다. 활동 10.30을 하기 위해 준비되었던 상자들을 각 집단에 하나씩 준다(어떠한 집단도 이전에 사용했던 상자를 다시 받는 일이 없도록 조심한다). 이번에는 각 집단에 1인치 정육면체를 22개만 준다. 이번에는 각 집단에 자 한 개씩 준다. 1인치 정육면체 몇 개가 상자에 맞을지 알아보기 위해 각 집단이 자를 사용할 수 있는지 보고 싶다고 학생들에게 말한다.

모든 집단들이 과제를 마친 후, 어떻게 답을 구했는지 보고하게 한다. 첫 번째 층에 정육면체가 몇 개 들어가는지 알 수 있는 방법을 묻는다. 모두 몇 개의 층이 있는지 알 수 있는 방법을 물어본다.

상자의 부피를 구하기 위한 공식을 칠판에 적는다.

$$V = lwh$$

lw에 괄호를 친다.

$$V = (lw)h$$

이 수들을 곱할 때 상자 밑변의 면적을 얻게 될 것이라고 설명한다. 이 면적이 첫 번째 층에 있는 정육면체의 수와 동일함을 학생들에게 상기시킨다. 또한 높이는 정육면체로 이루어진 층이 몇 개인지를 알려준다는 것도 상기시킨다.

■ 활동 10.34 이상한 상자

다음에 제시된 것과 같은 특이한 모양의 상자 몇 개를 만든다. 각 상자의 밑변 면적을 보여주는 정사각형을 그린다.

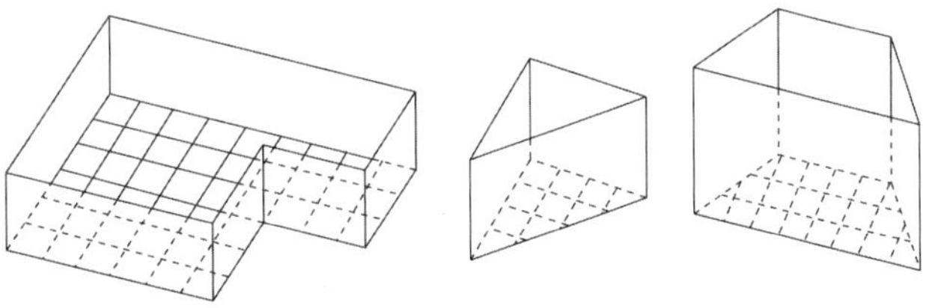

학생들로 하여금 각 상자의 부피를 구하게 한다. 이들에세 자를 사용하게 히여 상자의 높이를 구한다. 밑변의 면적은 첫 번째 층에 있는 정육면체가 모두 몇 개인지를 그리고 높이는 정육면체로 이루어진 층이 몇 개인지를 알려준다는 것을 강조한다.

■ 활동 10.35 상자 한 개와 각뿔 한 개 세우기

빳빳한 판지로 상자와 각뿔을 각각 한 개씩 만든다. 상자와 각뿔의 밑변은 동일해야 한다. 상자의 높이 또한 각뿔의 높이와 같아야 한다.

한 학생에게 각뿔에 콩을 채우고 그것을 다시 상자에 붓게 한다. 그 학생은 상자에 콩이 1/3 정도 채워진 것을 발견할 것이다.

각뿔의 부피가 상자의 부피와 어떤 관계가 있는지 묻는다.

■ 활동 10.36 원통 한 개와 원뿔 한 개 세우기

빳빳한 판지로 원통과 원뿔을 각각 한 개씩 만든다. 원통과 원뿔의 밑변은 동일해야 한다. 원통의 높이 또한 원뿔의 높이와 같아야 한다.

한 학생에게 원뿔에 콩을 채우고 그것을 다시 원통에 붓게 한다. 그 학생은 원통에 콩이 1/3 정도 채워진 것을 발견할 것이다.

원뿔의 부피가 원통의 부피와 어떤 관계가 있는지 묻는다.

6 각도 측정하기

학생이 각도를 위한 측정단위를 개념화하도록 도와주는데 충분한 시간을 들인다면 각도 측정을 가르치는 것은 쉬운 일이 된다. 각도 측정을 신중하게 개념화해야 할 필요성을 이해하기 위해 다음에 제시된 각들을 고려해보라. 각도 A의 변들이 더 길지만 각도 B가 더 크다. 그 이유에 대한 설명은 각도 B가 '더 많이 벌어져 있다'가 될 것이다.

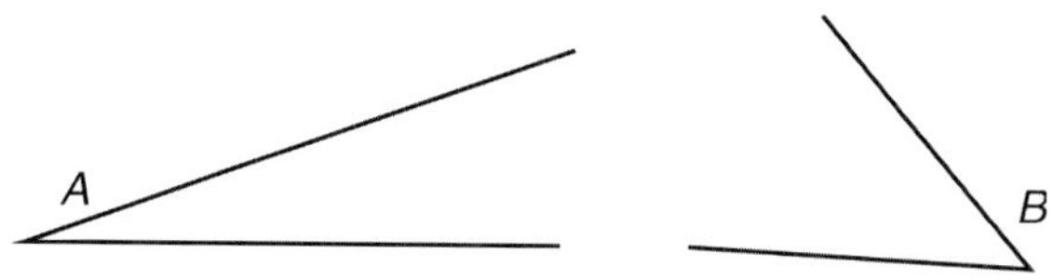

이제 다음의 두 각도를 생각해보자. 이전의 예에서 학생은 더 많이 벌어져 있는 각도가 더 큰 각도라는 것을 지각하게 되었음을 기억하라. 하지만 비록 각도 D가 더 많이 벌어져 있는 것으로 보여도, 학생에게는 사실상 각도 C가 더 크다고 말해준다.

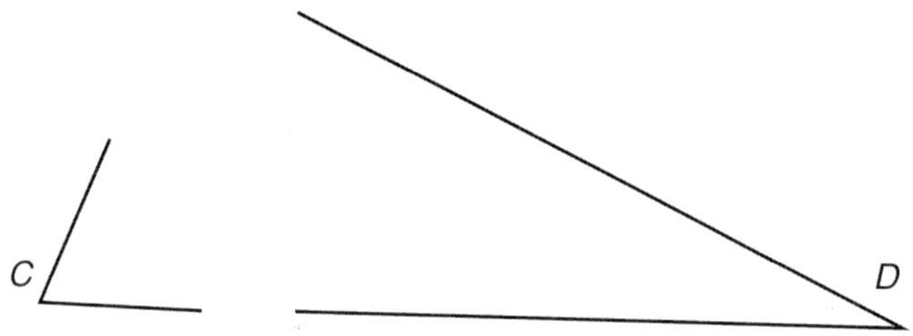

이러한 명백한 모순은 다양한 방식으로 설명될 수 있지만, 측정되는 것을 신중하게 학습해간다면 그와 같은 설명을 할 필요성은 줄어들거나 아예 제거될 수조차 있다(Van de Walle, 2004; Wilson & Adams, 1992).

학생들이 각도를 회전의 양을 의미하는 것으로 생각하게 하도록 돕는 것으로 시작한다. 각도의 한 변은 시작지점을 그리고 다른 한 변은 종료지점을 나타낸다. 각도의 크기는 시작지점에서 종료지점까지를 얻는 데 필요한 회전의 양으로 간주된다.

각도 X의 크기는 1회전의 1/4이다.

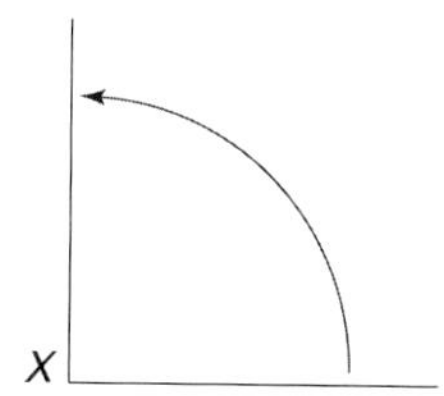

각도 Y의 크기는 1회전의 1/4보다 작다. 따라서 각도 X가 각도 Y보다 크다.

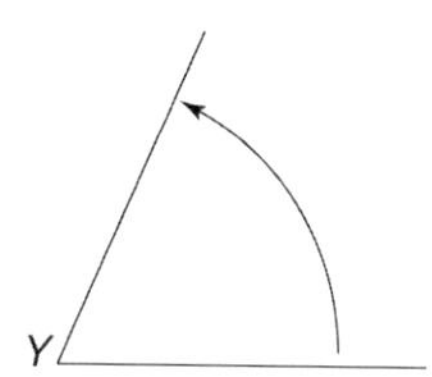

각도를 측정하기 시작하는 학생들을 돕기 위해 접힌 파라핀지가 사용될 수 있다. 다음의 그림처럼 파라핀지 한 장을 여덟 조각이 되게 접는다. 그러고 나서 그 종이를 각도 위에 놓아 그 각도가 몇 개의 1/8을 가리키는지 측정한다. 제시된 각도는 1회전의 약 3/8 정도이다. 각도는 파라핀지를 통해 쉽게 볼 수 있다. 파라핀지는 또한 OHP에도 잘 사용될 수 있다.

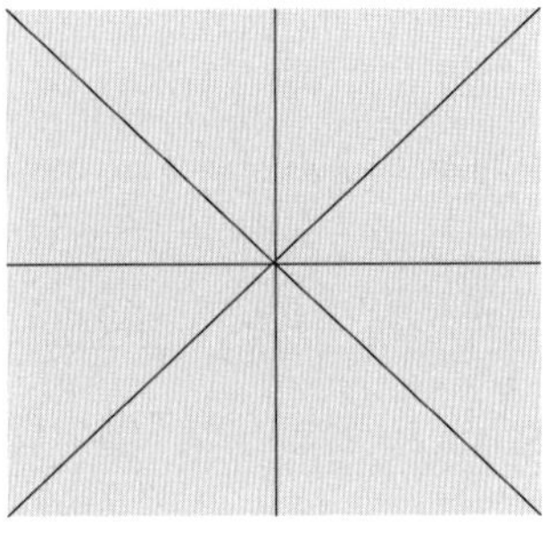

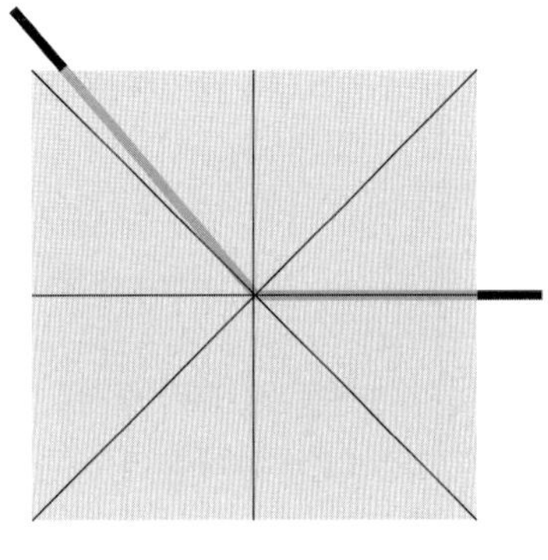

더 정확하게 각도를 측정하기 위해 파라핀지를 16조각이 되도록 접는다. 약 3/16과 약 5/16의 각도가 다음에 제시된다.

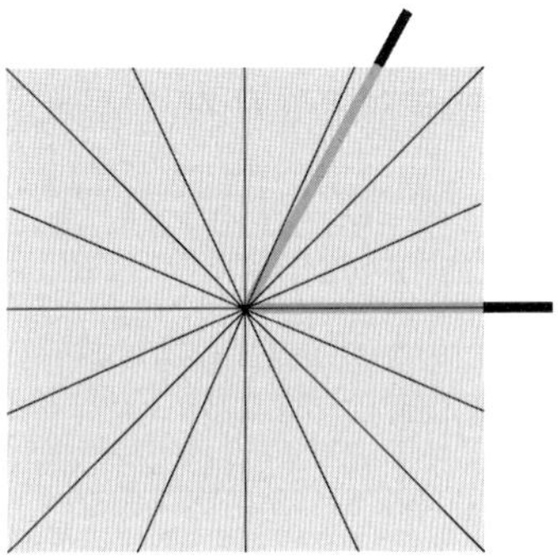

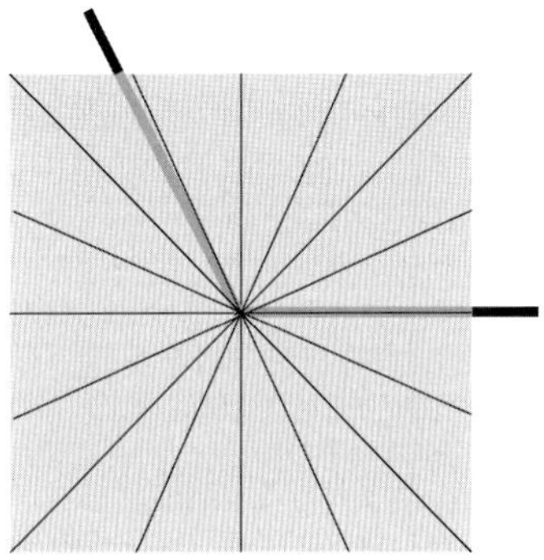

더욱 더 정확한 측정치를 얻기 위해 종이를 더 작은 부분으로 접는다. 하지만 각도기라고 불리는 측정도구가 있어 각도를 1회전의 1/360까지 측정할 수 있게 해준다. 그와 같은 회전을 도(degree)라고 부른다. 측정치가 45도인 각도는 1회전의 45/360임을 보여준다.

다음에 제시된 일련의 활동들은 교사가 어떻게 각도측정 개념을 계발할 수 있는지 보여준다.

■활동 10.37 회전

압정 하나를 이용하여 어떤 물체를 게시판의 중앙에 붙인다.

학생들의 주의를 그 물체로 향하게 한다. 물체를 돌리고 학생들에게 그 물체를 돌리고 있다고 말한다. 학생들에게 완전히 1회전시킬 것이라고 말한다. 그러고 나서 해당 물체를 360도 돌린다. 학생들에게 1회전의 1/4만 돌릴 것이라고 말한다. 그러고 나서 해당 물체를 90도 돌린다.

학생들을 게시판으로 오게 하여 완전한 1회전, 1회전의 1/2, 그리고 1회전의 3/4을 보여준다.

■활동 10.38 가리키고 돌기

학생 한 명을 앞으로 나오게 하여 한 팔을 곧게 펴 벽을 가리키게 세운다. 학생들에게 그 학생이 완전하게 1회전을 할 것이라고 말한다. 한 바퀴 회전한 후에 그 학생의 팔이 어디를 가리키고 있는지 묻는다. 그 학생이 완전한 1회전을 시범보이도록 돕는다.

다른 학생들을 앞으로 나오게 하여 1회전의 1/4, 1회전의 1/2, 그리고 1회전의 3/4을 시범 보이게 한다.

■ **활동 10.39 줄 두 개**

압정 하나를 이용하여 게시판의 중앙에 흰색 줄과 빨강색 줄을 붙인다. 압정을 이용하여 희색 줄을 다른 한 쪽 끝을 고정하고 오른쪽으로 곧게 뻗치도록 한다. 빨강색 줄의 다른 한 쪽을 압핀에 묶고 흰색 줄 위에 길게 늘인다.

1회전의 1/4(90도)의 각도를 보여주기 위해 압핀을 새로운 위치로 움직여 회전을 보여준다.

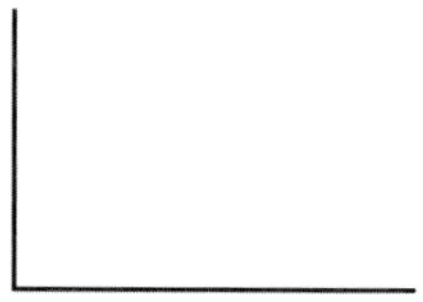

흰색 줄을 원래 자리로 돌려놓고 그러고 나서 1회전의 1/4, 1회전의 1/2, 그리고 1회전의 3/4회전을 보여준다.

■ **활동 10.40 파라핀지로 측정하기**

파라핀지 한 장을 다음에 제시된 것처럼 여덟 조각이 되도록 접는다. 슬라이드에 몇 개의 각도들을 그려 넣고 OHP에 파라핀지를 놓은 후 각 각도들을 여덟 개의 조각들 중 가장 가까운 조각으로 측정한다.

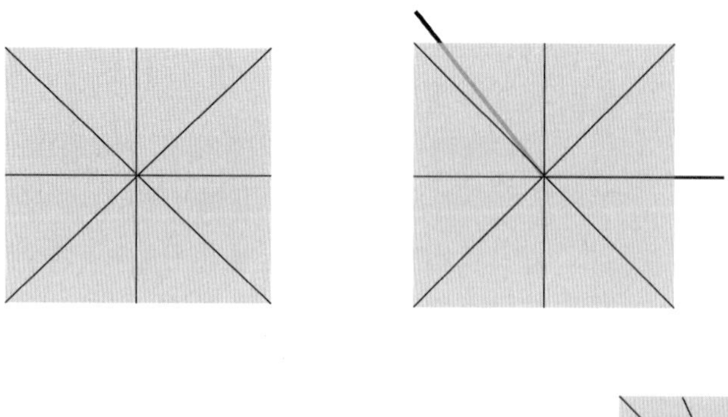

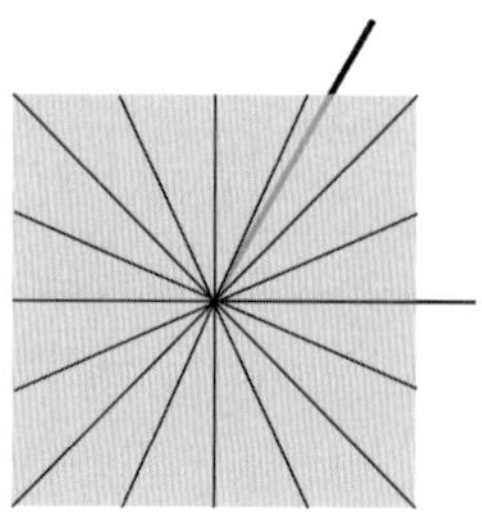

■ **활동 10.41 더 정확하게 측정하기**

파라핀지 한 장을 다음에 제시된 것처럼 16 조각이 되도록 접는다. 슬라이드에 몇 개의 각도들을 그려 넣고 OHP에 파라핀지를 놓은 후 각 각도들을 16개의 조각들 중 가장 가까운 조각으로 측정한다.

■ **활동 10.42 도(degree)로 측정하기**

학생들에게 그들이 각도들을 네 개의 조각들 중 가장 가까운 조각으로, 여덟 개의 조각들 중 가장 가까운 조각으로, 그리고 16개의 조각들 중 가장 가까운 조각으로 측정했음을 상기시킨다. 보통은 360개의 조각들 중 가장 가까운 조각으로 각도들을 측정한다고 설명한다. 1회전의 1/360을 도(degree)라고 부른다는 것을 설명한다. 학생들에게 각도기 위에 표시되어 있는 도들을 보여준다. 각도를 측정하기 위해 각도기를 어떻게 사용하는지 시범 보인다.

학생 개개인에게 파트너를 배정하여 조를 구성한다. 각 조에게 각도기를 사용하여 각도를 측정하게 한다.

7 간접 단위로 측정하기

지금까지 알아 본 측정은 모두 직접적인 측정단위를 사용하였다. 단위는 측정되는 것의 일부이다. 예를 들어, 우리는 인치, 센티미터 등등 길이의 일부로 길이를 측정한다. 우리는 평방인치, 평방미터 등등 면적의 일부로 면적을 측정한다. 우리는 입방 센티미터, 입방 피트 등등 부피의 일부로 부피를 측정한다. 우리는 회전의 양을 보여주는 것으로 각도의 개념을 도입하였고, 그러고 나서 회전의 일부 즉, 도로 각도를 측정하는 것을 배웠다. 어떤 특질들은 직접 단위로는 측정되지 않지만, 간접 단위로는 측정이 된다. 다음에서 이러한 종류의 측정을 살펴볼 것이다.

8 시간 측정

시간은 시간의 일부인 단위로 측정되지 않는다. 우리는 시간을 측정하기 위해 시계라는 기계장치를 사용한다. 시계를 읽는 것은 시계에 대한 오랜 경험을 지닌 성인들에게는 쉬운 과제인 것 같다. 하지만 시간 읽는 것을 막 배우는 학생에게 시계는 복잡한 장치이다.

시계는 다른 속도로 움직이며 두 개의 서로 다른 숫자 세트를 가리키는(그 중 한 세트는 보통 시계에 표시되지 않는다) 두 개(때로는 세 개)의 바늘로 구성된다. 우리는 학생들에게 바늘이 움직인다고 말하지만 학생들이 시계를 볼 때는 두 바늘 다 분명히 움직이지 않고 그냥 서있다. 학생들은 우리가 시간을 알아내는 방법을 본 적이 없다. 시계를 읽을 때 그냥 보고 시간을 알 수 있는 것으로 보인다. 학생으로부터의 전형적인 반응은, '와! 어떻게 했어요?'이다. 학생들은 종종 성인들이 바늘의 모든 서로 다른 위치 및 그 위치에 맞는 시간을 기억하게 되어있다고 생각한다.

시계를 의미 있게, 정확하게, 그리고 신속하게 읽는 것을 학생들에게 가르치기 위해 두 가지 일을 할 필요가 있다. 첫째, 시계읽기 과정은 학생이 한 번에 한 가지씩 배울 수 있도록 단순화되어야 한다. 둘째, 교사는 그저 시간을 알려주는 것이 아닌, 항상 시계읽기 과정의 모델이 되어야 한다.

시계읽기 과정을 단순화 하는 가장 쉬운 방법은 한 번에 바늘 하나씩 가르치는 것이다(Thompson & Van de Walle, 1981; Thornton, Tucker, Dossey, & Bazik, 1983). 첫째, 똑같은 그리고 숫자가 크고 쉽게 읽을 수 있는 저렴한 시계 두 개를 구한다. 분을 가리키는 숫자가 자판에 표시되어 있어야 한다. 시는 원 안에 그리고 분은 원 밖에 있어야 한다. 그러고 나서 하나의 시계에서 분침을 조심스럽게 제거하고 다른 시계에서는 시침을 없앤다.

첫째, 시침을 가르친다. 시침은 매우 느리게 움직이는 기계와 같다고, 너무 느리기 때문에 움직이는 것을 볼 수 없다고 설명한다. 시침이 가리키는 수는 시라는 것을 설명한다. 때때로 시침은 수를 정확하게 가리키고 그것이 시이다. 시보다 조금 더 앞일 수도 있고 조금 더 뒤일 수도 있다. 몇 가지 서로 다른 위치에 있는 시침을 보여준다. 학생들에게 제시된 시를 읽게 한다.

학생들이 시계에서 시를 읽는 데 익숙해지면 이들에게 시침이 두 수 사이를 가리키면 보통 뒤에 있는 시가 어떤 것인지에 관심을 갖는다고 설명한다. 시침을 몇 가지 서로 다른 위치에서 보여주고 학생들에게 시침이 어떤 수를 직접적으로 가리킬 때 몇 시인지 말하게 하고, 시침이 어떤 수를 직접적으로 가리키지 않을 때에는 뒤에 있는 시를 말하게 한다.

둘째, 분침을 가르친다. 숫자가 종종 없거나 부분적으로 없기 때문에 분침은 더 어렵다. 0에서부터 59까지의 수가 적힌 큰 원형 장비를 만든다. 포인터를 몇 번 돌리고 학생들에게 '분'을 읽게 한다. 그러고 나서, 3, 4, 6, 9, 11, 12, 13, 18, 22, 23, 24, 26, 37, 38, 39, 41, 42, 51, 52, 53, 54, 56, 57, 그리고 58 등의 숫자는 없앤다. 하지만 숫자가 있었다는 것을 보여주는 표지는 남겨둔다.

포인터를 돌려 학생들에게 '분'을 읽게 한다. 포인터가 숫자가 없는 곳을 가리키면 학생들에게 주어진 숫자로부터 앞으로 혹은 뒤로 세어 몇 분인지 알아내게 한다. 학생들이 없어진 숫자를 알아내는 데 익숙해지면 5의 배수를 제외한 나머지 숫자 모두를 없앤다. 그 다음, 0, 15, 30, 그리고 45 등의 숫자만 남겨놓고 모든 숫자들을 없애고 학생들에게 분을 알아내는 연습을 하게 한다.

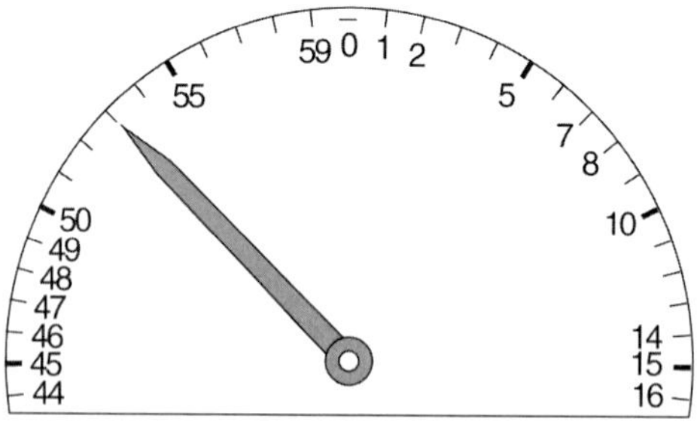

그리고 나서 분침이 있는 시계를 이용한다. 분침을 각기 다른 위치에 놓고 학생들이 몇 분인지 알아내게 한다. 분침이 숫자가 표시되지 않은 곳을 가리키면 표시된 숫자부터 시작하여 알아낸다는 것을 강조한다.

두 개의 시계 모두를 활용하여 시간을 구한다. 시침만 있는 시계를 이용하여 '다음이 몇 시인지' 보고, 분침을 이용하여 '그 시부터 몇 분이 있는지' 알게 된다고 설명한다. 시간을 적는 방법을 시범 보인다.

(시)(해당 시 이후 분의 수)

4:27

시간은 4시 27분이다.

마지막으로 학생들이 두 개의 시계를 이용해서 시간을 구할 수 있게 되면 그들에게 시침과 분침이 함께 있는 시계를 보여준다. 그 시계를 시간을 읽는 과정 전반에 걸쳐 학생들을 안내한다. 첫째, 시침을 읽는다. 그러고 나서 분침을 읽는다.

시계에서 시간을 읽을 때마다 교사는 다음의 동일한 과정을 시범 보여야 한다. 첫째, 시침이 가리키는 것은 몇 시인가 본다. 그러고 나서 분침이 가리키는 것은 몇 분인가 본다. 만일 분침이 알 수 있는 숫자를 가리키고 있지 않을 경우, 확인할 수 있는 분으로부터 시작하여 몇 분인지 알아내는 과정을 진행한다. 학생들이 반드시 활용해야 하는 과정을 시범 보인다. 학생들로 하여금 돕게 한다.

9 무게 측정

무게는 보통 직접 단위로 측정되지 않는다. 오히려, 우리는 보통 용수철저울로 무게를 측정한다. 무게를 측정하려는 물체를 저울 위에 놓는다. 중력이 그 물체를 끌어당기고, 이것이 용수철을 늘어나게 한다. 늘어난 용수철은 포인터를 숫자 선을 따라 움직이게 한다(종종 원을 따라 돈다). 우리는 그 수를 읽어 무게를 파운드, 온스, 킬로그램, 그램, 혹은 어떤 다른 측정치로 얻게 된다.

학생들은 많은 물체들의 무게를 달아 '무게 감각'을 얻을 필요가 있다. 이들은 물체의 무게를 추정하고, 그러고 나서 자신들이 생각한 추정치를 검증하기 위해 그 물체들의 무게를 달아볼 필요가 있다. 학생들은 무게가 언제 그리고 어떻게 사용되는지 배우기 위해 많은 상황에서 무게 측정을 경험해 볼 필요가 있다.

어떤 물체의 질량은 질량의 직접 단위와 천칭저울로 측정될 수 있음을 언급한다. 어떤 물체의 질량이 측정될 때 그 물체는 천칭저울의 한 쪽에 놓인다. 그 물체가 균형 잡힐 때까지 천칭저울의 반대쪽에 저울추를 놓는다. 저울추를 더해감으로써 그 물체의 질량을 구할 수 있다.

10 온도 측정

온도 또한 간접 단위로 측정된다. 온도계는 열기나 냉기에 확장되고 수축되는 반응을 보이는 수은이나 다른 물질이 든 관으로 구성된다. 그 물질이 확장되거나 수축되면서 수은의 꼭대기가 더 높이 올라가거나 더 아래로 떨어진다. 수은이 닿은 곳 옆에 있는 숫자는 얼마나 더운지 혹은 얼마나 추운지를 알려준다.

학생들은 많은 물체들의 온도를 측정하여 '열 감각'을 얻을 필요가 있다. 이들은 온도를 추정하고, 그러고 나서 자신들이 생각한 추정치를 검증하기 위해 온도계를 사용해 볼 필요가 있다. 학생들은 온도의 측정이 언제 그리고 어떻게 사용되는지 배우기 위해 많은 상황에서 온도 측정을 경험해 볼 필요가 있다.

11 값 측정

물건들의 값 또한 간접 단위로 측정된다. 어떤 것이 값어치가 얼마인지 결정하기 위해 돈을 사용할 때, 그 물건의 값을 측정하는 것이다. 동일한 지폐 20장(20달러)은 빵으로도, 고기로도, 택시 한 번 타는 것으로도, 이발 한 번 하는 것으로도, 혹은 물건들의 어떤 개수로도 교환될 수 있다. 우리는 돈이 물건들의 값을 대표하게끔 다른 사람들과 합의하고 있기 때문에 돈으로 물건들을 살 수 있는 것이다.

우리가 돈이 그만큼의 가치를 가질 수 있도록 합의하였기 때문에, 돈이 어떤 가치를 가지고 있다는 개념이 만들어져야 한다. 돈의 가치에 대한 이러한 합의를 받아들이지 않고서는 학생에게 많은 물건들은 아무런 의미를 갖지 못한다. 왜 1센트짜리 동전 다섯 개는 5센트짜리 동전 한 개와 같은가? 이는 우리가 그래야 한다고 합의했기 때문이지 그 이상도 그 이하도 아니다. 왜 5센트짜리 동전은 10센트짜리 동전보다 훨씬 더 크면서 값어치는 덜 나가는가? 이는 우리가 그래야 한다고 합의했기 때문이며 그 이상도 그 이하도 아니다. 왜 1달러짜리 지폐는 네 개의 멋지고 반짝반짝 빛나는 25센트짜리 동전보다 값어치가 더 나가는가? 이는 우리가 그래야 한다고 합의했기 때문이지 그 이상도 그 이하도 아니다.

학생을 도와서 동전의 가치에 대한 이러한 합의를 받아들이게 한다. 그러면 동전 및 액면가가 다른 지폐의 가치, 그리고 물건의 값어치를 측정하는 것으로서의 돈의 활용은 학생에게 파악하기 쉬운 개념이 된다.

12 수업 수정하기

다음의 수업계획은 초등학교 수학 교과서의 3학년 교사용 지도서에서 볼 수 있는 것과 유사하다.

수업 목표

학생은 정육면체를 셈으로써 부피를 구할 수 있다.

■ **도입**

학생들에게 다음 도형들의 면적을 구하게 한다:

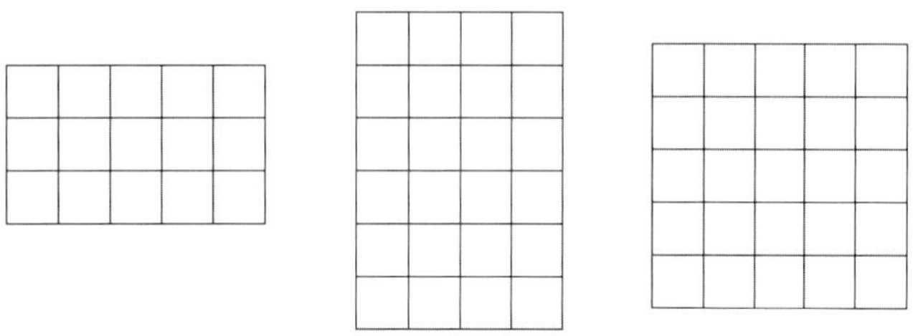

■ **전개**

학생들의 주의를 단원의 첫 번째 페이지로 끈다. 그림 속의 학생이 정육면체로 상자를 채우고 있는 것을 지적한다. 어떤 것에 담겨 있는 정육면체의 수를 부피라고 부른다는 것을 설명한다. 그림에 있는 상자에 정육면체가 모두 몇 개 들어갈 것인지 묻는다. [여덟 개] 그 상자의 부피는 얼마인지 묻는다. [8 정육면체 단위]

■ **학습 점검**

학생들의 주의를 단원의 같은 페이지의 두 번째 보기로 끈다. 그 상자를 채우는 데 필요한 정육면체의 개수를 모두에게 찾게 한다. 몇 개의 정육면체가 필요한지 묻는다. [아홉 개] 그 상자의 부피는 얼마인지 묻는다. [9 정육면체 단위] 이해하지 못하는 학생들을 가려내기 위해 관찰한다.

■ **연습**

가르친 예들에 어려움을 겪었던 학생들에게 추가 연습문제지를 풀게 한다. 나머지 학생들에게는 1번부터 20번까지의 문제를 풀게 한다.

■ 정리

수업을 마칠 때 학생들에게 어떤 도형의 부피는 그 도형을 채우는 데 필요한 정육면체의 개수임을 상기시킨다.

이 수업은 교과서에 있는 예들을 완수하는 데 맞춰져 있다. 전개 부분이 매우 적다(단지 두 개의 보기만 있다). 수업의 속성은 학생들에게 가만히 앉아 교사의 말을 듣고, '앉아서 하는 과제'를 할 것을 요구하고 있다. 학습에의 적극적인 참여는 별로 없다.

우리는 이 수업을 수정하여 전개 부분의 양을 증가시키고, 연습의 양은 줄일 것이다. 우리는 수업을 더 시각적인 것으로 만들고, 상당한 양의 운동감각적 학습활동들을 포함시킬 것이다. 학생들에게 수업에 대해 의사소통하게 하고 수업의 모든 부분에 걸쳐 학습을 점검할 것이다.

수업 목표

학생은 정육면체를 셈으로써 부피를 구하게 될 것이다.

■ 도입

다음과 같은 한 쌍의 카드들을 준비한다:

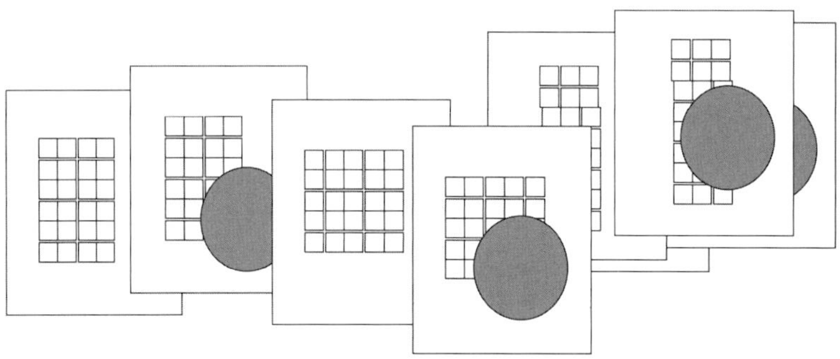

카드들을 섞어 학생 개개인에게 한 장씩 준다. 직사각형들 중 몇 개(정사각형들)가 감춰져 있음을 지적한다. 학생들에게 자신과 같은 크기의 직사각형이 그려진 카드를 갖고 있는 파트너를 찾게 한다. 파트너 중 한 학생은 정사각형의 일부가 감춰진 직사각형을 갖고 있을 것이다. 다른 파트너는 감춰진 정사각형들이 없는 동일한 크기의 직사각형이 그려진 카드를 갖고 있을 것이다.

이해 점검. 이 활동을 어려워하는 학생들에게 특별한 주의를 기울인다. 필요하다면 도움을 제공한다.

모두가 파트너를 찾게 되면 두 파트너들에게 그들의 직사각형은 몇 개의 정사각형들로 이루어져 있는지 알아내게 한다. 정사각형의 일부가 감춰져 있는 직사각형만을 갖고 있다면 정사각형의 개수를 어떻게 구할 수 있을 것인지 물어본다. 정사각형의 일부가 감춰져 있는 카드들 중 한 장을 고른다. 학생들에게 어떻게 하는지 말하게 하고 직사각형에 있는 정사각형들의 개수를 구한다. 정사각형으로 이루어진 모든 가로줄에는 동일한 개수의 정사각형들이 있다는 것을 강조한다. 학생들은 가로줄 하나에 있는 정사각형의 개수에 가로줄의 수를 곱할 수 있다.

■ 전개

이전 활동에서 구성된 파트너들을 함께 앉게 한다. 각 파트너 쌍들에게 작은 상자 하나와 1센티미터 정육면체 몇 개를 나눠준다. 학생들에게 정육면체로 상자를 완전히 채우고 그들이 가지고 있는 상자에 모두 몇 개의 정육면체가 담기는지 구하라고 말한다.
이해 점검. 정육면체 사이에 빈공간이 생기지 않도록 모든 파트너들이 상자 안에 정육면체를 쌓는지 관찰하여 확인한다.
모두 마쳤을 때, 두 세 명의 학생들에게 상자 안에 모두 몇 개의 정육면체가 들어갔는지 묻는디. 어떤 상자에 담을 수 있는 양을 그 상자의 부피라고 부른다고 설명한다. 1센티미터 정육면체는 부피를 측정하기 위해 사용된 단위이다. 상자들 중 하나를 선택한다. 그 상자 안에 몇 개의 정육면체가 들어가는지 물어본다. 그 상자의 부피를 칠판에 적는다. [예를 들어, 부피는 12 입방 센티미터이다] 파트너 쌍들에게 그들이 갖고 있는 상자의 부피를 적게 한다.
이해 점검. 모든 학생들이 부피를 정확하게 적는 것을 관찰하여 확인한다. 어떤 학생이 어려움을 겪고 있다면 필요한 도움을 제공한다.
어떤 상자의 부피가 가장 큰지 물어본다. 부피가 가장 작은 상자는? 상자 네 개를 선택한다. 학생들에게 그 상자들을 부피에 따라 가장 작은 것부터 가장 큰 것 순서대로 정렬하는 것을 돕게 한다.
이해 점검. 모든 학생들이 부피를 정확하게 이해하는지 관찰하여 확인한다.
학생들의 주의를 단원의 첫 번째 페이지에 있는 그림으로 이끈다. 그림 속의 학생이 정육면체로 상자를 채우고 있는 것을 지적한다. 정육면체의 크기가 더 큰 것을 제외하고, 그림 속에 있는 학생이 정확히 자신들이 했던 것을 하고 있음을 학생들에게 상기시킨다. 그림에 있는 상자에 정육면체가 모두 몇 개 들어갈 것인지 묻는다. [여덟 개] 그 상자의 부피는 얼마인지 묻는다. [8 정육면체 단위] 그 부피를 칠판에 적는다.
학생들의 주의를 같은 페이지의 두 번째 보기로 이끈다. 그 상자를 채우는 데 필요한 정육면체의 개수를 모두에게 찾게 한다. 몇 개의 정육면체가 필요한지 묻는다. [아홉 개] 모든 학생들에게 그 상자의 부피를 적게 한다. [9 정육면체 단위]
이해 점검. 학생들이 부피를 적는 방법을 이해하고 있음을 확인하기 위해 학생들이 적어 놓은 것을 확인한다.

■ 연습

학생들을 파트너와 함께 학생들의 책에 있는 연습문제 1번에서부터 5번까지를 풀게 한다. 이들에게 한 번에 문제 하나씩 풀게 한다. 학생들 개개인이 모두 답을 구해야 하며, 그러고 나서 파트너와 함께 검사하여 답이 같은지 알아본다. 그들의 답이 동일하지 않다면 연습문제를 함께 풀어야 한다.
이해 점검. 교실 안을 돌아다니며 학생들이 하는 것을 관찰한다. 어려움을 겪고 있는 학생들을 가려내어, 필요한 부분의 도움을 제공한다.

■ **정리**

모두가 과제를 마친 후 학생들에게 그날 배운 것을 묻는다. 상자 하나에 담길 정육면체의 개수를 어떻게 찾는지 물어본다. 부피가 무엇인지 묻는다.

■ **복습**

학생들에게 책을 집으로 가져가서 부모님께 부피가 무엇인지 설명해 보라고 말한다. 그러고 나서 학생들은 연습문제 6번에서 부피를 구하는 방법을 부모님께 보여드리도록 한다.

13 측정을 이용하여 문제 풀기

측정은 단지 어떤 수량에 수를 배정하는 과정임을 기억하라. 측정이 문제해결에 사용될 때 계산은 보통 그 수들(측정치)에 대해 수행된다. 측정을 활용한 문제해결을 가르칠 때 교사는 다른 종류의 수들을 활용하여 문제해결을 가르칠 때 사용되는 것과 동일한 기본 원칙들을 적용해야 한다. 교사는 연산의 선택은 문제에 있는 수량에 어떤 일이 발생하는 것에 달려있음을 강조해야 한다. 수량이 합쳐진다면 아마도 측정치의 덧셈이 사용될 수 있을 것이다. 문제의 측정치가 동일한 부분으로 분리된다면 아마도 나눗셈이 사용될 수 있을 것이다.

8장에서 우리는 수학에 있어서의 문제해결에 대한 현재의 교수적 강조점은 매우 다양한 문제해결 전략들을 개발하고 그 전략들을 활용한 경험을 제공하는 데 있다는 것을 알게 되었다. 우리는 이미 다음의 전략들을 활용하는 예들을 보았다:

- 문제의 일부를 푼다.
- 문제를 더 쉬운 부분으로 분리한다.
- 역방향으로 과제를 한다.
- 그림이나 도표를 이용한다.
- 표를 이용한다.
- 더 간단한 문제를 푼다.
- 시도하고 검증한다.
- 여러 가지 가능한 것들의 목록을 만든다.

이제 우리는 6학년 정도의 수준에 있는 학생들에게 적절한 문제를 살펴볼 것이다. 해결법은 문제를 더 쉬운 부분들로 분리하기를 채택하고 있지만 새로운 전략, 즉 공식 사용하기도 활용하고 있다:

Anna는 철물점에서 일하고 있는데 그곳에서 그녀는 손님들이 원하는 크기와 모양으로 유리를 잘라준다. 어느 날, 한 손님이 직경 10인치의 원형 유리가 필요하다고 했다.

가게 주인은 Anna에게 항상 버려지는 유리가 최소한이 되도록 해야 한다고 말했다. 그래서 Anna는 판지를 직경 10인치의 원으로 잘라내는 것부터 시작했다. 잘라낸 판지를 몇 장의 유리와 비교하여 다음에 제시되는 세 장의 유리 중 하나로부터 주문받은 모양으로 잘라낼 수 있다는 것을 발견하였다.

Anna는 버려지는 유리를 최소화하기 위해 어떤 유리를 사용해야 할 것인가?

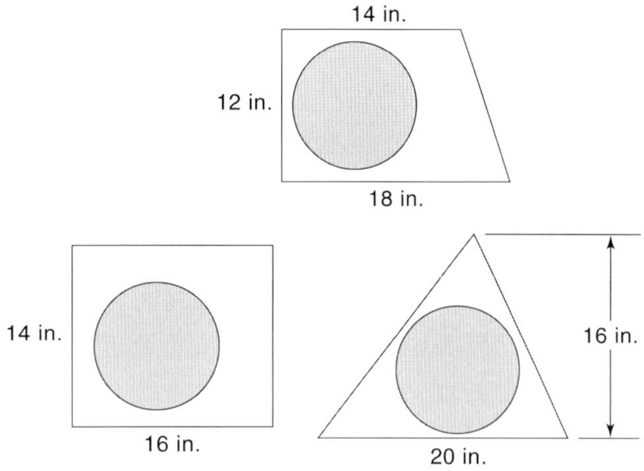

버려지는 유리가 가장 적은 유리를 한 장 선택하고자 한다.

이를 위해 우리는 전체 문제를 세 개의 더 쉬운 문제들로 풀 것이다. 세 장의 유리들 각각의 버려지는 양을 구할 것이다.

첫째, 사다리꼴과 비슷한 모양의 유리를 고려해 본다. 사다리꼴 유리의 양과 원형으로 잘라낼 유리의 양을 구할 필요가 있다. 이를 위해 원과 사다리꼴의 면적을 구하는 공식을 활용한다. 그러고 나서 뺄셈을 하여 버려지는 유리의 양을 구한다:

사다리꼴의 면적을 구하는 공식은 $A = 1/2(b_1 + b_2)h$이다. 사다리꼴의 두 변의 길이는 각각 14인치와 18인치이고, 높이는 12인치이다. 이 값들을 공식에 적용할 때, 이 사다리꼴의 면적은 192 평방 인치임을 알 수 있다.

원의 면적을 구하는 공식은 $\mathrm{A} = \pi r^2$이다. 원의 지름이 10인치이므로 반지름은 5인치이다. 이 값들을 공식에 적용할 때, 이 원의 면적은 78.5 평방 인치임을 알 수 있다.

뺄셈을 하면 사다리꼴 모양의 유리를 이용하면 유리 113.5 평방 인치를 버리게 됨을 알 수 있다.

둘째, 직사각형 모양의 유리로 동일한 절차를 따른다.

직사각형의 면적을 구하는 공식은 $A = bh$이다. 직사각형의 한 변의 길이는 16인치이고, 높이는 14인치이다. 이 값들을 공식에 적용할 때, 이 직사각형의 면적은 224 평방 인치임을 알 수 있다.

원의 면적을 빼면 직사각형 유리를 이용할 때 유리 145.5 평방 인치를 버리게 됨을 알 수 있다.

셋째, 삼각형 모양의 유리로 이 절차를 따른다.

삼각형의 면적을 구하는 공식은 $A = 1/2bh$이다. 삼각형의 밑변은 20인치이고, 높이는

16인치이다. 이 값들을 공식에 적용할 때, 이 삼각형의 면적은 160 평방 인치임을 알 수 있다.

원의 면적을 빼면 삼각형 유리를 이용할 때 유리 81.5 평방 인치를 버리게 됨을 알 수 있다.

마지막으로, 이 세 가지 결과들을 비교해보면 삼각형 유리를 사용한다면 버려지는 유리의 양이 최소화됨을 알 수 있다.

연습 및 활동

1. 활동 10.06을 맹학생을 위한 활동으로 수정한다.

2. 활동 10.27을 맹학생을 위한 활동으로 수정한다.

3. 낮은 인지능력을 지닌 학생을 위해 활동 10.25와 10.26의 중간에 활용될 수 있는 활동을 만든다.

4. 활동 10.27을 검토한다. 예들을 어떻게 선택할 것이고, 그 순서가 낮은 인지능력을 지닌 학생에게 효과적일 수 있게 만들기 위해 그 예들을 어떤 순서로 활용할 것인가?

5. 학생들에게 서로 다른 도형의 면적을 개략적으로 비교하게 함으로써 면적의 개념을 만들어줄 학습활동을 개발한다.

6. 면적의 일부로서의 면적 단위에 대한 개념을 만들어줄 학습활동을 개발한다. 정사각형이 아닌 면적 단위를 활용한다.

7. 측정되는 면적을 가리는 데 필요한 단위 수로서의 면적 측정에 대한 개념을 만들어줄 학습활동을 개발한다. 정사각형 단위를 활용한다.

8. 어떤 표준단위를 활용함으로써 면적 추정 능력을 계발할 학습활동을 개발한다. 예를 들어, 평방 센티미터나 평방 인치를 사용할 수 있다.

9. 직사각형의 면적공식을 가르치는 데 사용될 수 있는 학습 활동을 작성하시오.

10. 평행사변형의 면적공식을 가르치는 데 사용될 수 있는 학습 활동을 작성하시오.

11. 삼각형의 면적공식을 가르치는 데 사용될 수 있는 학습 활동을 작성하시오.

12. 사다리꼴의 면적공식을 가르치는 데 사용될 수 있는 학습 활동을 작성하시오.

13. 원의 둘레는 그 원의 지름에 π를 곱하는 것임을 가르치는 데 사용될 수 있는 학습 활동을 작성하시오.

14. 원의 면적공식을 가르치는 데 사용될 수 있는 학습 활동을 작성하시오.

15. 초등학교 수학 교과서에서 측정 단원을 선택한다.

a. 교사용 지도서에 있는 교수를 위한 제언에 따라 수업계획서를 작성한다.
b. 해당 단원의 어떤 부분에서 수업에서 가르치는 개념(들) 혹은 기술(들)에 대한 시각적 심상을 제공하는지 가려낸다.
c. 수업에서 가르치는 개념(들) 혹은 기술(들)에 대한 시각적 심상을 만들어줄 더 많은 활동들을 수업에 추가한다.

16. 초등학교 수학 교과서에서 측정 단원을 선택한다.

a. 교사용 지도서에 있는 교수를 위한 제언에 따라 수업계획서를 작성한다.
b. 해당 단원의 어떤 부분에서 수업에서 가르치는 개념(들) 혹은 기술(들)을 발달시키는지 가려낸다.
c. 더 많은 발달적 활동들을 수업계획에 추가한다.

17. 본 장에 제시된 수정된 수업계획서를 연구한다. 맹학생에게 더 적절한 수업계획서를 만들기 위해 수업계획서의 내용을 더 수정한다.

18. 본 장에 제시된 수정된 수업계획서를 연구한다. 예를 들어, 물건 던지기와 같은 공격적 행동을 학급에서 보인 적이 있는 학생에게 더 적절한 수업계획서를 만들기 위해 수업계획서의 내용을 더 수정한다.

19. 본 장에 제시된 수정된 수업계획서를 연구한다. 인지적으로 제한된 학생에게 더 적절한 수업계획서를 만들기 위해 수업계획서의 내용을 더 수정한다.

20. NCTM에서 1989년 출판한 Curriculum and evaluation standards for school mathematics의 pp. 51-53에 있는 '기준 10: 측정' 부분을 읽는다. 이 책에 제시된 문제해결 교수를 위한 제언들과 그 기준에 제시된 제안들이 어떠한 방식으로 조화를 이루거나 모순되는가?

21. NCTM에서 2000년 출판한 Principles and standards for school mathematics의 pp. 44–47, pp. 102–106, pp. 170–175, pp. 240–247 등에 있는 51–53에 있는 '측정 기준'과 관련된 논의들을 읽는다. 이 책에 제시된 문제해결 교수를 위한 제언들과 Principles and Standards에 제시된 제안들이 어떠한 방식으로 조화를 이루거나 모순되는가?

22. 다음의 뺄셈 결과는 Robert Ashlock의 2002년도 책, Error Patterns in Computation에 제시된 오류 패턴이다.

a. 이 학생이 보이는 오류 패턴은 무엇인가? 이 학생이 어떻게 해서 오답을 산출하였는가?

b. 이 학생의 오류 패턴을 교정하기 위한 소규모 수업을 작성하시오.

$$\begin{array}{r} \overset{7}{\not 8}\text{ yards, } {}^{1}1\text{ foot} \\ -5\text{ yards, }\ 2\text{ feet} \\ \hline 2\text{ yards, }\ 9\text{ feet} \end{array} \qquad \begin{array}{r} \overset{8}{\not 9}\text{ meters, } {}^{1}4\text{ decimeters} \\ -4\text{ meters, }\ 8\text{ decimeters} \\ \hline 4\text{ meters, }\ 6\text{ decimeters} \end{array}$$

$$\begin{array}{r} \overset{5}{\not 6}\text{ feet, } {}^{1}7\text{ Inches} \\ -2\text{ feet, }\ 9\text{ Inches} \\ \hline 3\text{ feet, }\ 8\text{ Inches} \end{array} \qquad \begin{array}{r} \overset{5}{\not 6}\text{ gallons, } {}^{1}2\text{ quarts} \\ -2\text{ gallons, }\ 3\text{ quarts} \\ \hline 3\text{ gallons, }\ 9\text{ quarts} \end{array}$$

23. 초등학교 수학 교과서에서 측정 단원을 선택하고 수업 중 학생들이 배우게 될 목표(들)를 확인한다.

a. 학생들이 수업 목표(들)를 학습했는지 결정하기 위해 활용될 수 있는 객관식 시험 문항을 작성한다.

b. 어떤 학생들이 수업 목표(들)를 학습하였고 어떤 학생들이 학습하지 못했는지 결정하기 위해 관찰할 수 있는 소집단 활동을 설계한다.

참고문헌 및 관련 자료

Ameis, J. A. (2001). Developing an area formula for a circle with 'Goldilocks and the Three Bears.' *Mathematics Teaching in the Middle School*, 7, 140-142.

Ashlock, R. B. (2002). *Error patterns in computation: Using error patterns to improve instruction*(8th ed.). Upper Saddle River, NJ: Prentice Hall.

Gerver, R. (1990). Discovering pi: Two approaches. *Arithmetic Teachers*, 37(8), 18-22.

National Council of Teachers of Mathematics (1989). *Curriculum and evaluation standards for school mathematics*. Reston, VA: Author.

National Council of Teachers of Mathematics (2000). *Principles ans standards for school mathematics.* Reston, VA: Author.

Shaw, J. M. (1983). Student-made measuring tools. *Arithmetic Teachers*, 31(3), 12-15.

Thompson, C. S., & Van de Walle, J. A. (1981). A single-handed approach to telling time. *Arithmetic Teachers*, 28(8), 4-9.

Thornton, C. A., Tucker, B. F., Dossey, J. A., & Bazik, E. F. (1983). *Teaching mathematics to children with special needs.* Melon Park, CA: Addison-Wesley.

Van de Walle, J. A. (2004). *Elementary and middle school mathematics: Teaching developmentally* (5th ed.). Boston, MA: Allyn & Bacon.

Wilson, P. S., & Adams, V. M. (1992). A dynamic way to teach angle and angle measure. *Arithmetic Teachers*, 39, 6-13.

웹 주소

www.proteacher.com/100023.shtml(측정에 대한 활동들 및 수업계획서)
www.sasked.gov.sk.ca/elemath/measure.html(측정 주제에 대한 범위 및 순서)
www.iit.edu/~smile/ma9705.html(측정 활동)

Chapter 11

기하: 도형의 명칭과 특성의 학습

1. 초등학교 기하의 주요 개념들
2. 기하학적 도형들을 학습하기 위한 주요 개념의 사용
3. 수업 수정하기
4. 기하를 활용한 문제 해결

Chapter

11 기하: 도형의 명칭과 특성의 학습

■ **학습원리**

- 도형 인식은 중요하다...하지만 도형의 특성들과 그 관계에 초점을 강하게 두어야 한다.(미국수학교사협회[NCTM], 2000, pp. 41-42)
- 유치원에서 초등학교 2학년까지의 기하는 모양을 기술하고 이름을 짓는 것에서부터 시작한다. 어린 학생들은 자신들의 어휘를 사용하여 대상에 대해 묘사하고, 사물들이 어떻게 닮고 어떻게 다른지에 관해 이야기하기 시작한다.(NCTM, 2000, p. 97)
- 초등학교 3-5학년의 학생들은 보다 정확하게 모양을 기술하는 방법을 개발하고, 도형의 특성을 인식하고 기술하는 데에 초점을 두며, 이러한 도형들과 그 특성들에 관련된 특수한 용어들을 학습한다.(NCTM, 2000, p. 165)
- 중학교 기하에서는 학생들이 기하학적인 대상들을 그림으로 그리고, 측정하고, 시각화하고, 비교하고, 변형하고, 그리고 분류함으로써 관계를 탐구한다.(NCTM, 2000, p. 233)

이 장에서의 논의를 위하여, 우리는 기하를 모양의 명명과 그 특성에 관한 학습이라고 간주한다. 기하에 관한 이러한 견해는 상당히 제한적인 것이다. 그것은 공간 속에 있는 점들에 관한 연구, 또는 아마도 일련의 가정들로부터 시작되는 정의 체계의 논리적 발달일 수 있는 좀더 수학적인 접근법과는 다소 동떨어져 있다. 그렇지만, 모양의 명명과 그 특성들에 관한 학습은, 대체로, 초등학교 기하에서 이루어지는 것이다. 10장의 앞부분에서 언급했듯이, 기하는 측정과 밀접하게 관련된다. 기하학적 모양들의 특성을 학습하려면 흔히 측정 수업을 통하여 발달되는 기술들의 적용을 요구한다.

1 초등학교 기하의 주요 개념들

모양을 인식하고 명명하는 능력은 거의 대부분 기하학적 관계들의 조합에 관한 상당한 이해를 필요로 한다(Clements & Sarama, 2000). 기하학적 모양을 학습할 때, 우리는 이러한 각각의 관계들이 그 모양 속에 존재하는지, 존재하지 않는지를 알게 된다. 그러므로,

이러한 관계들을 초등학교 기하의 주요 개념들이라고 생각할 수 있다(Lerch, 1981; Thornton, Tucker, Dossey, & Bazik, 1983). 우리가 이러한 주요 개념들을 학생들이 찾을 수 있도록 가르친다면, 학생들은 보다 쉽게 기하학적 모양들을 분류하고, 명명하고, 사용할 수 있을 것이다.

(1) 직선성(Straightness)

첫 번째 주요 개념은 직선성이다. 기하학적 도형들을 학습할 때 선이나 선분 또는 가장자리나 변은 직선이다. 예를 들어, 다음 도형들 중의 하나는 삼각형이 아니다. 왜 그런가? 그림 C는 삼각형이 아닌데 왜냐하면 삼각형의 모든 변은 직선이어야 하기 때문이다.

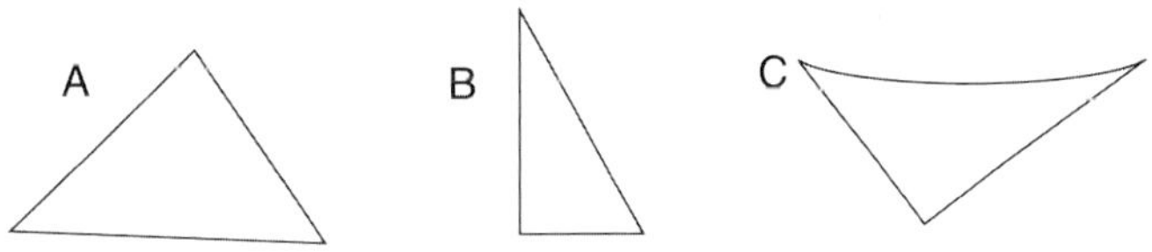

하나의 대상이 직선인가 아닌가를 아는 것은 중요하며, 학생들은 직선인지를 알아보기 위한 간단한 방법을 필요로 한다. 이를 알아보는 간단한 방법 중 한가지는 형태를 골라서 가장자리를 따라 살펴보며 가장자리가 직선인지를 보는 것이다. 직선인지를 알아보는 또 한 가지 방법은 직선 자(straightedge)를 사용하는 것이다. 실제 자를 사용하는 것 보다는, 학생들로 하여금 종이 한 장을 접어 접혀진 가장자리를 직선 자로 사용하도록 할 수 있다. 4장에는 이러한 개념을 발달시키기 위해 사용할 수 있는 여러 가지 활동의 예들과 직선에 대한 보다 충실한 논의가 포함되어 있다.

직선을 3차원적으로 확장시켜서 말하면 평면이 된다. 한 표면이 "모든 방향에서 직선"인 경우에만 평면이 된다. 한 표면이 평면인지를 알아보는 가장 쉬운 방법은 여러 방향에서 표면 위에 직선 자를 놓아보는 것이다. 직선 자가 항상 표면과 일치할 경우에, 그 표면은 평면이다.

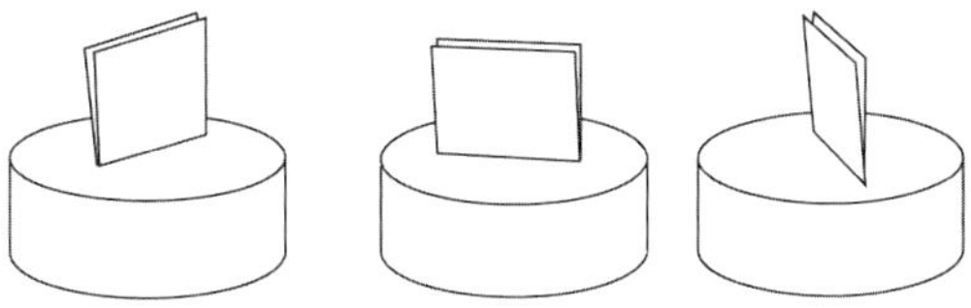

(2) 합동(congruence)

초등학교 기하의 두 번째 주요 개념은 합동이다. 두 개의 기하학적 도형들이 정확하게 같은 크기와 형태를 가지고 있을 경우에만 합동이 된다. 초등학교 기하에서, 우리는 선분이나 각과 같은 단순 도형의 합동을 가르친다. 또한 삼각형이나 각기둥같은 보다 복잡한 도형의 합동도 다룬다. 우리가 기하학적 도형들을 분류할 때, 항상 합동이 중요하다. 예를 들어, 다음의 도형 중 하나는 왜 직사각형이 아닌가? 도형 K는 직사각형의 마주하는 변은 항상 합동이어야 하기 때문에 직사각형이 아니다.

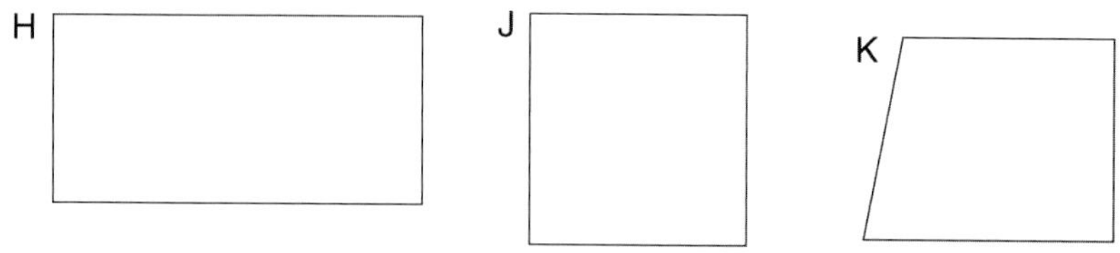

다음의 두 도형을 살펴보라. 도형 M은 각기둥이지만 도형 P는 아니다. 그 차이를 어떻게 설명할 수 있는가? 각기둥의 두 밑면은 항상 합동이어야 한다.

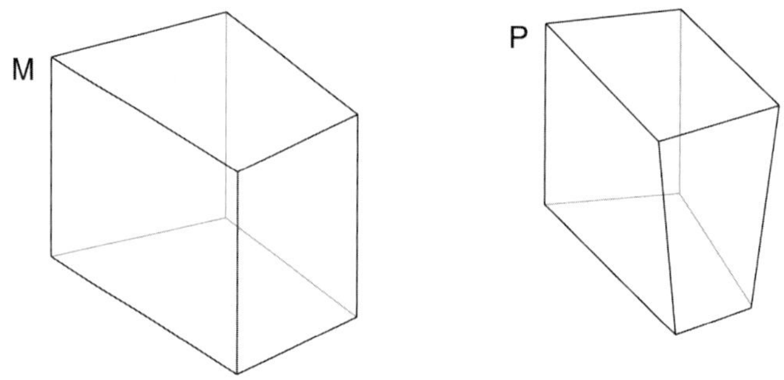

다음 두 도형의 하나는 원이지만 다른 하나는 원이 아니다. 어떻게 그 차이를 설명할 수 있는가? 도형 Y는 원이 아니다. 원의 중심으로부터의 모든 선분(모든 반지름)이 합동이어야 한다.

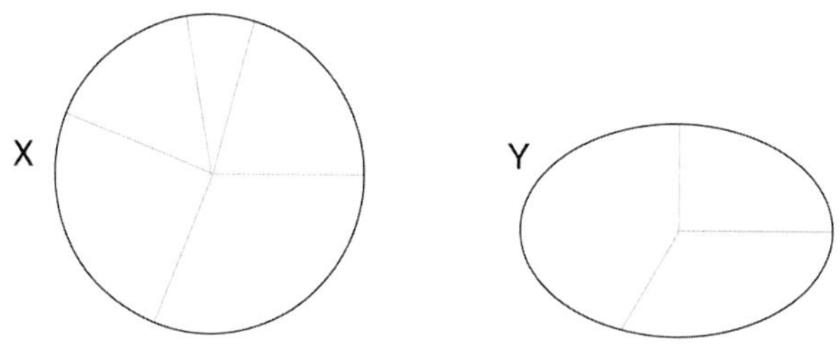

두 평면도형의 합동 여부를 알아보기 위한 가장 쉬운 방법은 합동이 이행 관계(transitive relation)에 있다는 사실로부터 발생하였다. 학생은 다음의 절차를 쉽게 사용할 수 있다: 한 도형의 자취를 베껴서 그것을 두 번째 도형 위에 가져가본다. 첫 번째 도형의 자취가 두 번째 도형과 완전히 일치한다면, 두 개의 도형은 합동이다. 두 도형의 자취가 일치한다면 두 도형이 합동이라는 것을 학생은 이해할 수 있다.

(3) 유사성(similarity)

초등학교 기하의 세 번째 주요 개념은 유사성에 관한 것이다. 두 도형이 같은 모양을 가진다면 그것들은 유사한 것이다. 두 도형이 같은 모양을 가질 때는 언제나, 두 개의 중요한 관계가 존재하게 된다: 첫째, 한 도형의 모든 각이 두 번째 도형의 대응각과 일치한다. 둘째, 한 도형의 변들이 두 번째 도형의 대응변들과 비례한다. 비례성을 다르게 기술하면,

두 번째 도형의 대응 변에 대한 첫 번째 도형의 한 변의 비율이 항상 같다는 것이다. 예를 들여, 다음과 같은 두 도형은 비슷하다:

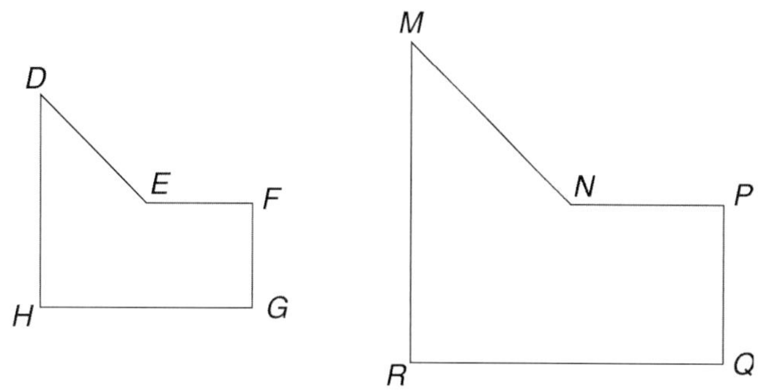

두 도형의 대응각들은 항상 합동이다. 예를 들어 각 D는 각 M과 합동이다. 각 G는 각 Q와 합동이다. 각 E는 각 N과 합동이다. 대응변들은 비례적이다. 예를 들어, 선분 DE 나누기 선분 MN은 2/3이다. HG 나누기 RQ 또한 2/3이고 EF 나누기 NP 또한 2/3이다.

기하학적 도형들을 분류할 때 유사성의 개념이 어떻게 사용되는지에 관한 두 가지 예를 제시한다. 첫째, 모든 원은 유사하다. 그리고, 둘째, 모든 정사각형은 유사하다. 보다 복잡한 상황에서, 오른쪽 그림과 같은 오각뿔대를 보자. 각뿔의 꼭지점이 밑면과 평행되게 잘려져 있고, 남은 도형의 위쪽 표면은 밑면과 유사하다(각뿔은 아래에서 위까지 같은 모양이지만, 같은 크기는 아니다.)

평면도형의 유사성을 확인하기 위한 간단하고 쉬운 방법을 제시하면 다음과 같다. 상당히 복잡한 모양을 그 예로서 사용해본다. 학생에게는 삼각형이나 직사각형과 같은 보다 단순한 모양을 가지고 이 방법을 소개할 필요가 있다.

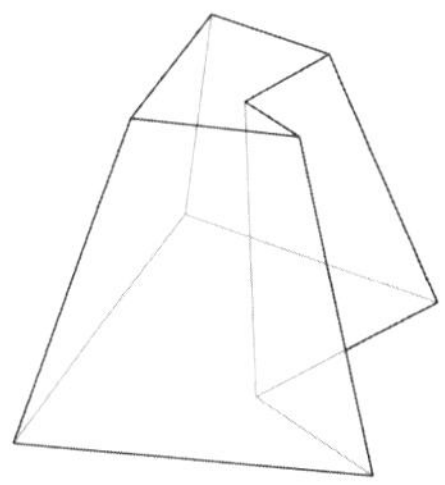

두 도형을 같은 방향으로 바라보게 하여 놓는다. 그 다음에, 첫 번째 도형의 아무 꼭지점에서부터 시작하여 두 번째 도형의 대응하는 꼭지점을 지나는 선을 그린다.

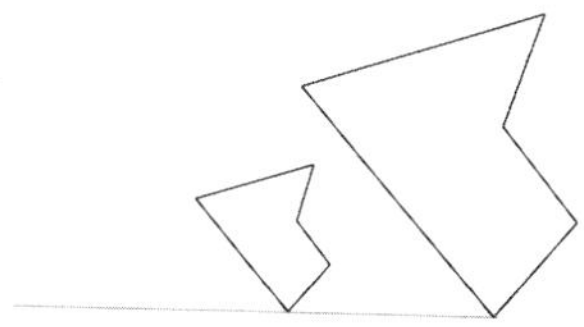

그리고나서 또다른 쌍의 대응 꼭지점을 지나는 선을 긋는다. 이러한 두 선이 교차하게 된다.

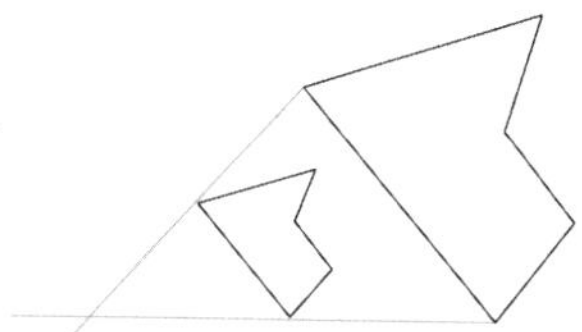

나머지 대응 꼭지점을 지나는 선을 긋는다. 도형들이 서로 유사하다면 모든 선은 같은 점에서 교차하게 된다.

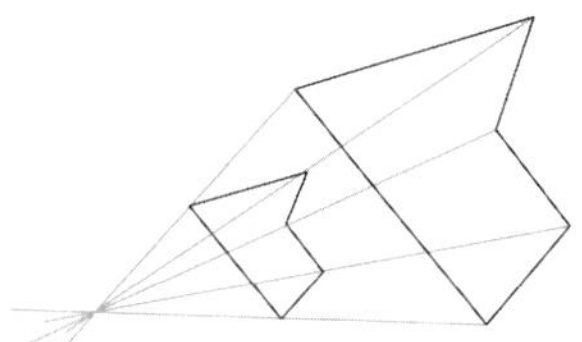

(4) 평행

초등학교 기하의 네 번째 주요 개념은 평행이다. 두 선이 평행하다면, 그 선들은 아무리 멀리 확장될지라도 서로 만나지 않는다는 것을 우리는 알고 있다. 우리는 또한 그 선들이 같은 방향으로 나아간다는 것도 알고 있다. 우리가 두 선 사이의 거리를 어디에서 측정할지라도 같은 거리만큼 떨어져 있게 된다. 우리는 이 선들을 영원히 확장할 수는 없기 때문에 평행선이 가진 이러한 특성들 중 첫 번째 것은 도움이 되지 않는다. 그렇지만, 나머지 두 가지 특성은 평행을 알아보는 좋은 방법이 된다.

예를 들어, 수평선은 같은 방향으로 진행한다. 아래에 같은 선 a와 b를 생각해보자. 두 선의 방향을 결정하기 위하여, 우리는 두 선을 지나는 세번째 선을 그린다.

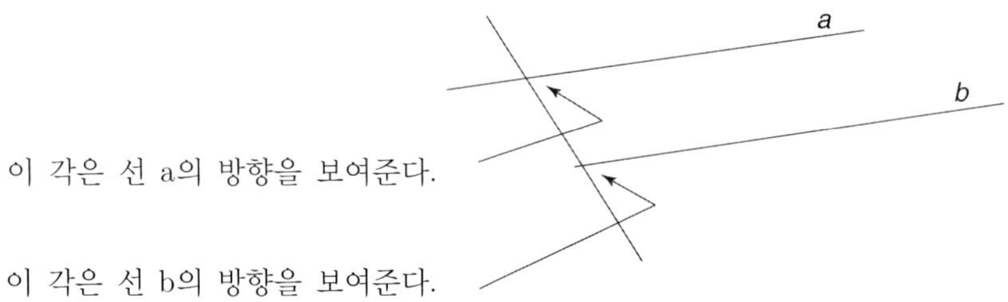

우리는 이 각들 중 하나를 모사하여 다른 각의 위에 옮겨보아 그 각들이 합동인지를 알아볼 수 있다. 그 각들이 합동이라면, 두 선의 방향은 같다. 그 선들은 평행하다.

평행선은 또한 등간격(어느 간격을 측정할지라도 같은 거리에 떨어져 있음)이다. 다음의 삽화에서 선 J와 K를 보라. 우리가 한 장의 종이를 선 J와 가장자리가 일치하게 놓는다면, 연필을 사용하여 두 선 사이의 거리를 표시할 수 있다. 선을 따라서 종이를 미끄러지듯 이동시킴으로써, 그 거리가 어디나 같은지를 확인할 수 있다.

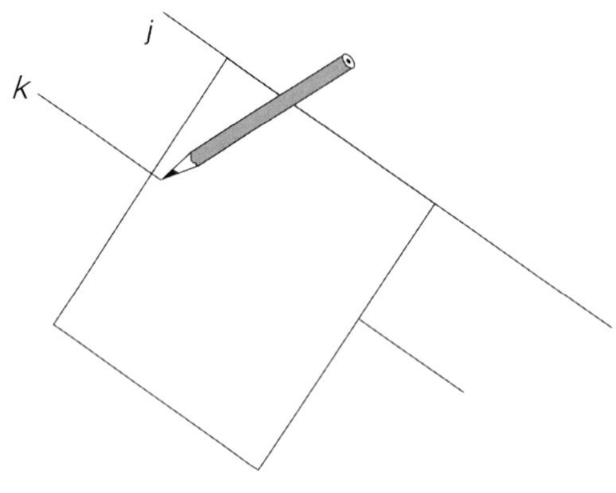

선들이 평행인가 그렇지 않은가 하는 것은 많은 도형을 확인하고 분류하기 위해 사용될 수 있다. 예를 들어, 사다리꼴의 마주보는 한 쌍의 변이 항상 평행이라면 다른 마주보는 한 쌍의 변은 평행이 아니다. 반면에, 평행사변형의 마주 보는 두 쌍의 변은 서로 평행이다.

(5) 수직

초등학교 기하의 다섯 번째 주요 개념은 수직(직각)이다. 학생들은 어떤 형태를 인식하기 위해 직각을 찾을 수 있다. 예를 들어, 정사각형은 네 개의 직각을 가지고 있다. 그리고 직각기둥의 모든 수직 세로 모서리는 밑면에 대하여 수직이다. 학생이 수직을 알아볼 수 있는 가장 간단한 방법은 종이 한 장을 접어 직각을 만들어 직각인지 알아보고 싶은 다른 모퉁이 위에 그 직각을 올려놓는 것이다.

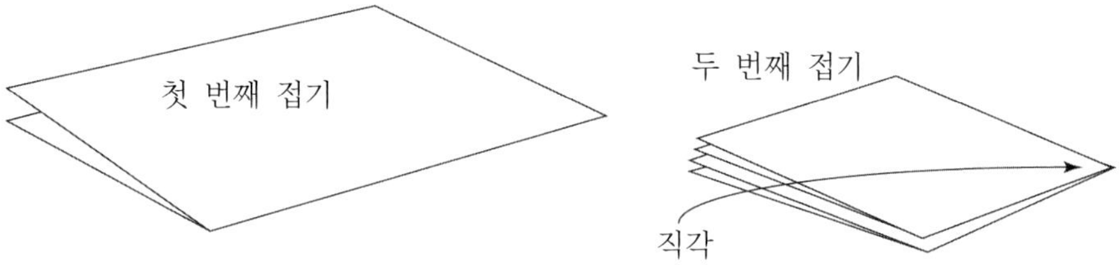

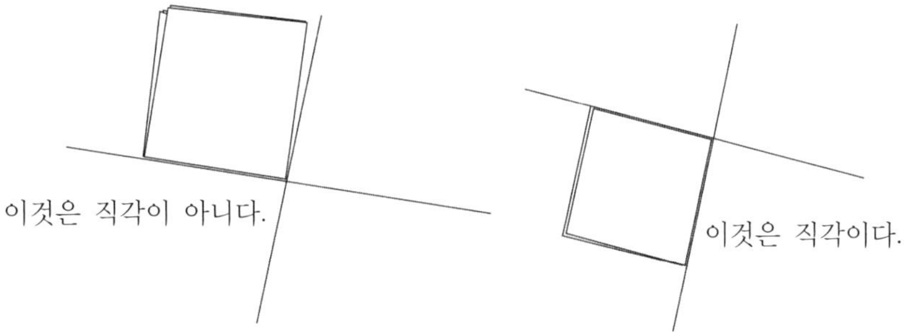

(6) 대칭

초등학교 기하의 여섯 번째 주요 개념은 대칭이다. 실제로는 여러 가지 종류의 대칭(선 대칭, 이동 대칭, 그리고 회전 대칭)이 있지만, 초등학교 기하에서는 기본적으로 선 대칭에만 관심을 둔다. 그러므로, 우리는 여기서 선 대칭에만 논의를 제한한다.)

초등학생들이 학습하는 많은 도형들은 대칭이다. 그러한 도형들의 많은 중요한 특성들은 그러한 대칭에서 발현된다. 학생들은 대칭인지 아닌지를 알아보기 위해 도형을 검토할 수 있어야 한다. 학생들이 선 대칭을 알아보는 가장 쉽고 간단한 방법은 대칭선을 따라 도형을 반으로 접어 두 개의 반쪽이 정확히 일치하는가를 보는 것이다.

2 기하학적 도형들을 학습하기 위한 주요 개념의 사용

우리는 이제 K-8학년에 발달되는 초등학교 교과서 내용 안의 네 가지 기하학적 도형의 발달을 쫓아가보기로 한다. 우리가 알아볼 네 가지 도형은 직사각형, 원, 각, 그리고 각기둥이다. 우리가 이러한 네 가지 도형의 발달을 살펴볼 때 지금까지 확인한 여섯 가지 주요 개념이 도형을 분류하거나 특징짓기 위하여 공식 또는 비공식적으로 어떻게 사용되는지에 관해 주목하기 바란다. 또한, 그 밖에 다른 기하학적 도형들도 동시에 발달한다는 것을 명심하기 바란다.

(1) 초등학교와 중학교에서의 직사각형

유치원에서의 직사각형. 일반적으로, 학생들은 유치원 때 직사각형에 처음으로 노출된다. 그들은 직사각형이 직선이 네 개의 변을 가진다는 것을 학습한다. 그들에게 직사각형의 예가 되는 것과 직사각형의 예가 되지 않는 것(반례)들을 찾아보라고 한다. 일반적으로, 그들이 선택해야하는 다양한 도형들에는 원, 삼각형, 정사각형, 그리고 직사각형이 포함된다. 그들에게 비공식적으로 왜 예들은 직사각형이고 반례들은 직사각형이 아닌지에 대해 설명하도록 요구한다.

흔히, 유치원에서 직사각형을 다루는 동안에, 나중에 교정되어야 하는 심각한 오해가 발달된다(Fuys & Lebov, 1997). 학생들은 흔히 정사각형과 직사각형은 서로 다른 도형이라고 배우지만, 사실상 정사각형은 모든 변의 길이가 같은(모든 변이 합동이다) 특수한 종류의 직사각형이다.

직사각형이 반드시 정사각형은 아니라는 것은 사실이지만, 정사각형이 직사각형이 아니라고 말하는 것은 절대적으로 틀린 말이다.

다음에 이어지는 활동들은 유치원 교사가 어떻게 직사각형에 대한 개념을 발달시킬 수 있는지에 관하여 보여준다. 예와 반례에 대해 어떻게 제한을 주어야 학생이 한 번에 하나씩 직사각형의 필요한 속성에 집중할 수 있는지에 관하여 주목하기 바란다.

▪활동 11.01 직선

이 활동을 하기 위해서는, 직선과 직선이 아닌 선들을 가지고 있는 사물들을 방 여기 저기에 놓아두어야 한다.

학생들에게 종이 한 장을 보여준다. 그 종이를 접어서 접힌 면이 직선이라는 것을 학생들에게 가르켜 준다. 선이 직선인지 아닌지를 알아보기 위하여 이 종이를 사용할 수 있음을 설명한다. 하나는 직선이고 나머지 하나는 다소 곡선인 두 선을 오버헤드 프로젝터로 보여준다. 접은 종이를 사용하여 각각의 선이 직선인가를 확인한다. 접은 종이를 사용하여 방 안에 있는 사물 중에서 직선을 가진 것을 보여준다. 그리고나서 직선이 아닌 선을 가진 사물을 찾아낸다. 그것이 직선이 아니라는 것을 접은 종이를 사용하여 보여준다. 학생들에게 방안의 어딘가에 있는 또 다른 직선을 찾아보라고 한다. 학생에게 직접 접은 종이를 사용하여 그 선이 직선인지 아닌지 알아보게 한다. 방 안에 있는 다른 선들을 가지고 같은 활동을 반복한다. 학생들을 두세명씩 짝을 지어 집단을 만들게 한다. 각각의 집단에게 종이 한 장씩을 준다. 집단들로 하여금 그 종이를 접어 직선 자를 만들게 한다. 그들에게 접은 종이를 사용하여 직선과 직선이 아닌 선 몇 개씩을 찾아보게 한다.

▪활동 11.02 직선인 변

도화지를 가지고 몇 개의 큰 도형들을 잘라낸다. 그 도형들 중 일부는 직선인 변만을 가지고 있어야 하고 다른 일부는 적어도 직선이 아닌 한 변을 가지고 있어야 한다. 이 도형들을 학생의 손이 닿는 범위 내에서 교실의 벽면에 살짝 붙여둔다.

학생들에게 오버헤드 프로젝터로 두 개의 도형을 보여준다. 접은 종이를 사용하여 한 도형은 모두 직선인 변을 가지고 있는 반면에 다른 도형은 그렇지 않다는 것을 보여준다. 도화지로 만든 도형들을 손가락으로 가리킨다. 그 도형들이 직선인지 아닌지 알아보기 위해 접은 종이를 사용하여 한 도형의 모든 변들을 확인하게 한다. 학생들을 두세명씩 짝을 지어 집단을 만들게 한다. 각 집단에게 접은 종이를 사용하여 모든 변이 직선인 도형과 직선이 아닌 변을 가진 도형을 찾아보게 한다.

■ 활동 11.03 직사각형은 변이 직선이다.

도화지를 가지고 다음 그림과 같은 몇 개의 큰 도형들을 잘라낸다:

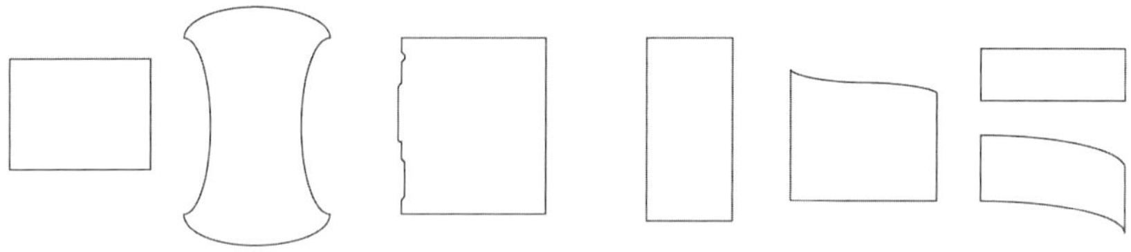

그 도형들 중 일부는 직사각형이고 일부는 아니라고 설명한다. 학생들에게 처음의 두 예를 보여준다. 학생들에게 어느 것이 직사각형이고 어느 것이 아닌지를 말한다. 이러한 과정을 또다른 직사각형과 직사각형이 아닌 것을 가지고 반복한다. 모든 직사각형과 모든 직사각형이 아닌 것들을 전부 확인시켜 준다.
학생들에게 직사각형인 도형과 직사각형이 아닌 도형 사이의 차이점이 무엇인지를 물어본다. [직사각형은 모든 변이 직선이다.]
직사각형이 아닌 다른 도형을 보여준다. 그것이 직사각형인지를 물어본다. [아니오] 왜 그것이 직사각형이 아닌지를 물어본다.[모든 변이 직선이 아니다.]

■ 활동 11.04 직사각형은 네 개의 변을 가지고 있다.

도화지를 가지고 다음 그림과 같은 몇 개의 큰 도형들을 잘라낸다:

도형 몇 개를 학생들에게 보여준다. 그 도형들 중 일부는 직사각형이고 일부는 아니라는 것을 설명한다. 직사각형을 하나 골라서 이것이 직사각형이라고 학생들에게 이야기한다. 그리고 나서 직사각형이 아닌 것을 골라서 이것은 직사각형이 아니라고 학생들에게 이야기한다. 또다른 직사각형과 직사각형이 아닌 것을 가지고 이러한 과정을 반복한다. 모든 직사각형과 모든 직사각형이 아닌 것들을 찾을 때까지 계속한다.
학생들에게 직사각형인 도형과 직사각형이 아닌 도형 사이의 차이점이 무엇인지를 물어본다. [직사각형은 네 개의 변을 가지고 있다.]

직사각형이 아닌 다른 도형을 보여준다. 그것이 직사각형인지를 물어본다. [아니오] 왜 그것이 직사각형이 아닌지를 물어본다.[그것은 네 개의 변을 가지고 있지않다.]

■ **활동 11.05 직사각형 찾기**

문을 가리키면서 "봐라! 문은 직사각형이다!"라고 말한다. 학생들에게 방 주위를 둘러보고 직사각형처럼 생긴 물건들을 찾아보게 한다.

■ **활동 11.06 도형 분류**

학생들에게 원과 삼각형을 소개한 뒤에, 서로 다른 크기의 원, 서로 다른 모양의 직사각형, 그리고 서로 다른 모양의 삼각형 조각들을 준비한다. 한 상자 앞에 직사각형을 테이프로 붙이고, 두 번째 상자 앞에는 원을 붙이고, 세 번째 상자 앞에는 삼각형을 붙인다. 테이블 위에 놓인 세 상자 앞에 도형들을 쌓아놓는다.

학생들이 순서대로 앞으로 나오게 하여 쌓아놓은 더미 중에서 가장 위에 있는 도형을 정확한 상자 안에 넣도록 한다. 모든 도형의 분류가 끝나면, 학생들에게 하나의 도형이 직사각형인지, 원인지, 아니면 삼각형인지를 어떻게 구별할 수 있는지 물어본다.

1학년에서의 직사각형. 학생들은 1학년에서도 직사각형에 관하여 배운다. 그렇지만, 더 다양한 종류의 반례들을 사용할 수 있다. 즉, 직사각형이 아닌 예가 되는 도형들이 보다 다양해져야 한다.

직사각형은 네 개의 변을 가져야 하기 때문에 이 도형은 직사각형이 아니다.

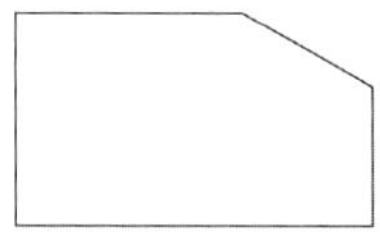

직사각형은 직선인 변을 가져야하기 때문에 이 도형은 직사각형이 아니다.

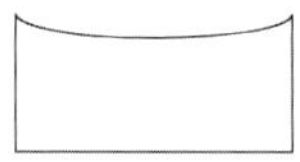

직사각형은 직각을 가져야 하기 때문에 이 도형은 직사각형이 아니다(인접한 변들이 수직이어야 한다).

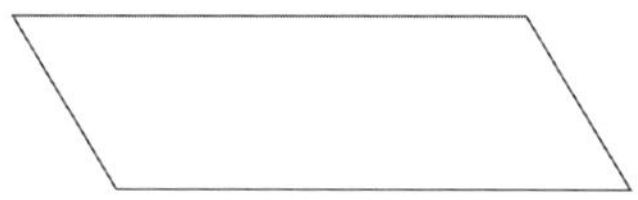

다음에 제시되는 교수 활동들에서 볼 수 있듯이, 이러한 반례들에 관하여 학생들에게 생각할 기회를 줌으로써 학생들이 직사각형의 필수적인 특성들에 집중하고 그들의 이해를 공식화하도록 한다.

■ **활동 11.07 직각 찾기**

학생들에게 종이 한 장을 보여준다. 그 종이를 두 번 접어서 직각을 만드는 법을 보여준다. 각이 직각인지 아닌지 알아보기 위하여 접은 종이를 사용할 수 있다고 설명해준다. 칠판 모퉁이에 접은 종이를 놓고 그것이 직각인지를 보여준다. 접은 접이를 사용하여 창문이 직각인지를 보여준다.

오버헤드 프로젝터 위에 오른쪽 그림과 같은 도형을 보여준다. 접은 종이를 사용하여 이 도형이 두 개의 직각과 수직이 아닌 두 개의 각을 가지고 있음을 보여준다.

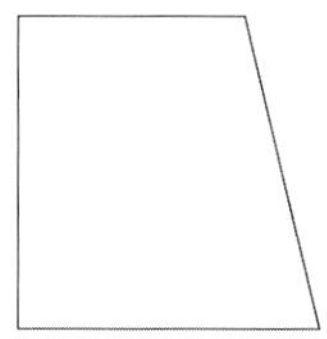

직선인 변을 가진 몇 개의 도형들을 학생들에게 보여준다. 어떤 각들은 직각이어야 하고 또 어떤 각들은 직각이어서는 안된다. 학생들로 하여금 앞으로 나와서 접은 종이를 사용하여 그 각들이 직각인지를 알아보도록 한다.

■활동 11.08 직사각형의 각은 모두 직각이다.

도화지를 사용하여, 다음 그림과 같은 네 개의 변을 가진 몇 개의 큰 도형들을 오려 둔다. 학생들에게 그 도형들 중 몇 개를 보여준다. 그 도형들 중의 일부는 직사각형이고 일부는 그렇지 않다는 것을 설명한다. 직사각형 하나를 골라서 이것은 직사각형이라고 학생들에게 말한다. 그리고 나서 직사각형이 아닌 것을 골라서 이것은 직사각형이 아니라고 학생들에게 말한다. 다른 직사각형과 비직사각형을 가지고 이러한 과정을 반복한다. 당신이 모든 직사각형과 비직사각형을 모두 확인시켜줄 때까지 계속한다.

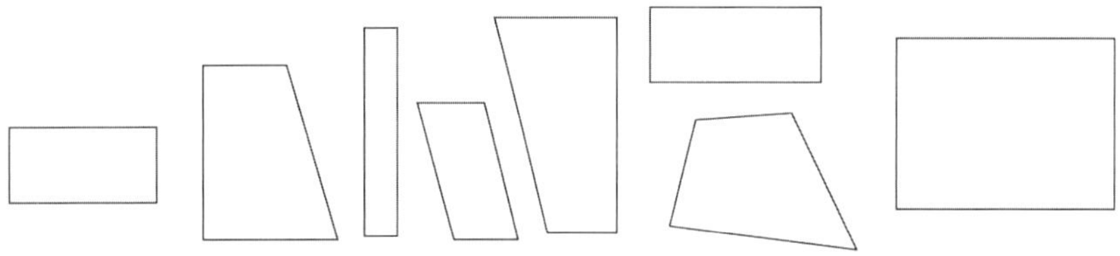

학생들에게 직사각형인 도형과 직사각형이 아닌 도형 사이의 차이가 무엇인지를 물어본다.[직사각형의 각은 모두 직각이다.]

직사각형이 아닌 다른 도형을 보여준다. 그것이 직사각형인지를 물어본다. [아니오] 왜 직사각형이 아닌지를 물어본다. [직각이 아닌 각을 가지고 있다.]

■활동 11.09 직사각형: 왜 그런가 또는 왜 아닌가?

도화지로 몇 개의 큰 도형을 오려낸다. 도형들 중 일부는 직사각형이고, 일부는 변이 네 개보다 다소 적거나 많고, 일부는 직선이 아닌 변이 적어도 하나 있어야 하고, 일부는 직각이 아닌 변을 가지고 있어야 한다. 이러한 도형들을 학생들의 손이 닿는 범위 내에서 교실 주위의 벽에 붙여놓는다.

학생들에게 그 도형들 중 하나를 손가락으로 가리킨다. 그것이 직사각형인지를 물어본다. 그것이 직사각형이라면 왜 그런지 물어본다.[네 개의 직선인 변과 직각을 가지고 있다.] 그것이 직각이 아니라면 왜 아닌지 물어본다. [학생은 그 도형이 가지고 있지 않은 직사각형의 속성들을 인식할 수 있어야 한다]

두 세명의 학생들로 구성된 소집단들을 편성한다. 각각의 소집단에게 도형들 중의 하나를 선택하여 그 옆에 서 있게 한다. 각각의 집단에게 그 형태가 직사각형인 이유 또는 직사각형이 아닌 이유를 말해보게 한다.

■ **활동 11.10 고무줄 직사각형**

학생들을 짝을 지어준다. 각 쌍에게 못판 하나씩을 준다.

못판 위에 고무줄을 끼어 직각을 갖지않는 평행사변형을 만들어 학생들에게 보여준다. 그것이 직사각형인지 아닌지를 물어본다. 왜 직사각형이 아닌지를 물어본다. [직사각형은 각이 모두 직각이어야 한다.] 학생에게 앞으로 나와서 직사각형이 되도록 도형의 모양을 바꾸어보게 한다.

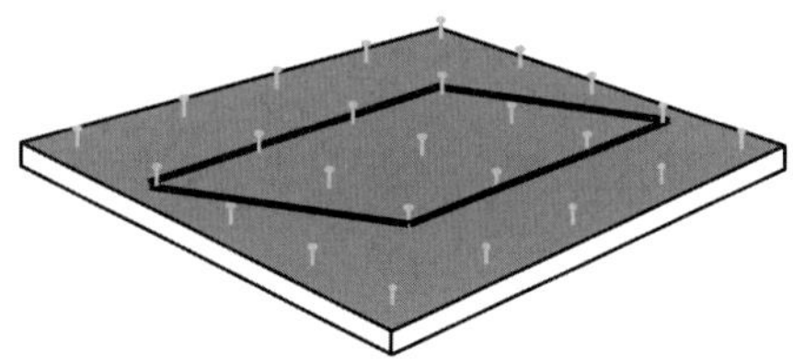

모든 쌍의 학생들에게 그들이 가진 못판에 직사각형이 아닌 도형을 만들게 한다.

각 쌍으로 하여금 그들의 도형이 왜 직사각형이 아닌지 설명하게 한다.

그리고나서 그들에게 직사각형인 도형을 만들어 보게 한다.

2학년에서의 직사각형. 2학년이 되면, 학생들은 직사각형은 4 개의 변을 가지고 있다는 것을 알며, 4 개의 모퉁이(각에 대한 비공식적인 용어)를 가지고 있다는 것을 인식한다. 그들은 또한 직사각형은 두 개의 대칭선을 가지고 있다는 것을 학습한다. 정사각형은 네 개의 대칭선을 가지고 있다. 학생들은 또한 어떤 삼차원적인 사물의 표면들을 직사각형이라고 인식할 수 있어야 한다.

다음의 교수 활동들은 직사각형에 존재하는 대칭을 교사가 어떻게 이해시킬 수 있는지에 관하여 설명하고 있다.

■ **활동 11.11 모든 직사각형은 두 개의 대칭선을 가지고 있다**

도화지를 사용하여, 서로 다른 형태를 가진 많은 직사각형들을 오려둔다. 두세 명의 학생들로 소집단을 만들고 각각의 집단에게 서로 다른 세 개의 직사각형들을 준다.

하나의 직사각형으로, 학생들에게 그 도형을 접어서 대칭이 되는 두 선들을 찾는 법을 보여준다. 도형을 대칭선을 따라서 접었을 때 두 개의 반쪽이 완전히 일치한다는 것을 보여준다. 두 개가 접힌 자국을 대칭선이라고 부른다는 것을 강조한다.

각각의 소집단에게 직사각형 중 하나를 접어 대칭선을 발견하도록 한다. 소집단들이 작업하는 것을 관찰하여 그들이 대칭선을 찾았는지를 확인한다. 그리고나서 그들에게 같은 직사각형을 접어서 다른 대칭선을 발견하도록 한다. 모든 소집단이 대칭선을 찾을 수 있다는 것으로 확신할 수 있게 되면, 그들에게 다른 직사각형에서 대칭선들을 찾도록 한다.

한 집단에게 직사각형에서 몇 개의 대칭선을 찾았는지를 물어본다. [각각의 직사각형은 두 개의 대칭선을 가지고 있다.] 모든 사람이 같은 갯수를 찾았는지 물어본다.

모든 직사각형은 두 개의 대칭선을 가진다는 것을 강조한다.

종이 한 장을 두 번 접어 직각을 만든다. 직사각형을 사용하여, 학생들에게 두 개의 대칭선은 그들이 교차되는 곳에 네 개의 직각을 만든다는 것을 보여준다. 두 개의 다른 직사각형을 가지고 그 직사각형들의 대칭선들 역시 교차하는 곳에 직각을 만든다는 것을 보여준다.

■ 활동 11.12 직사각형은 대칭이다

종이를 사용하여 두 개의 서로 다른 직사각형, 평행사변형, 그리고 이등변 사다리꼴(두 밑각의 크기가 같은 사다리꼴)을 오려낸다.

그 도형들을 학생들에게 보여준다. 도형 중의 어느 것이 직사각형이고 어느 것이 직사각형이 아닌지 물어본다. 어떻게 구별할 수 있는지 물어본다. [직사각형은 네 개의 직선인 변과 직각을 가지고 있다.] 직사각형 하나를 가지고 그것을 수직으로 반으로 접는다. 접은 곳에 손가락을 대고 아래 방향으로 움직이며 눌러주면 접힌 곳을 볼 수 있다.

학생들에게 직사각형의 두 변이 얼마나 완벽하게 일치되는지를 보여준다. 직사각형을 펴서 학생들에게 접힌 곳을 보여준다. 당신이 도형을 접은 결과 두 변이 완전히 일치할 때, 그 도형은 대칭이 되며 접은 선을 대칭선이라고 한다는 것을 설명한다. 직사각형은 직사각형을 가로로 접음으로써 두 번째 대칭선을 가지게 됨을 보여준다. 학생들에게 위의 반쪽이 아래의 반쪽에 겹쳐져서 두 개의 반쪽이 완전히 일치하게 됨을 보여준다. 다른 직사각형을 접어서 그것 또한 두 개의 대칭선을 가지고 있음을 보여준다.

평행사변형을 손에 들고 그것이 대칭이라고 생각하는지를 학생들에게 물어본다. 평행사변형은 두 개의 반쪽이 일치하도록 접히지 않는다는 것을 보여준다. 사다리꼴을 손에 들고 그것이 대칭이라고 생각하는지를 학생들에게 물어본다. 이 도형은 세로 선을 따라 접으면 두 개의 반쪽이 일치한다는 것을 보여준다. 그것은 대칭이며, 접은 선은 대칭선이다. 사다리꼴은 또 다른 대칭선은 가지지 않는다는 것을 보여준다.

3학년에서의 직사각형. 3학년이 되면 학생들은 다양한 "실생활" 환경(깃발, 교실(벽, 문, 천장 타일, 칠판, 게시판), 상자의 옆면, 책의 페이지들, 그림 틀, 책상 표면 등)에서 직사각형을 찾는 활동을 할 수 있다. 그들은 직사각형의 모퉁이가 각이라는 것을 학습한다. 그들은 90° 각을 직각(right angle; 인접한 변이 수직이다)이라고 한다는 것도 학습할 수 있다. 그들은 또한 직사각형은 평행사변형이라는 것도 학습할 수 있다. 마주보는 변이 평행이다.

다음의 활동들은 학생들이 직사각형의 마주보는 변들이 평행이라는 것을 탐구할 수 있도록 이끌어 줄 수 있는 방법의 예이다.

■ 활동 11.13 평행선들은 같은 방향으로 나아간다.

오버헤드 프로젝터를 사용하여, 학생들에게 투명 슬라이드의 가장자리를 지나가는 한 쌍의 평행선을 보여준다. 그러나, 그 선들이 평행이라는 것을 아직 그들에게 말하지 않는다.

선 하나가 투명 슬라이드의 가장자리와 만나서 만들어지는 각을 본뜬다. 이 각이 투명 슬라이드를 지나는 선의 방향을 나타낸다는 것을 설명해준다. 본뜬 각을 투명 슬라이드의 가장자리 아래쪽으로 이동시켜서 다른 선이 같은 방향으로 나아간다는 것을 보여준다. 두 개의 선이 이처럼 같은 방향으로 나아갈 때, 그것들은 평행선이라는 것을 설명해준다.

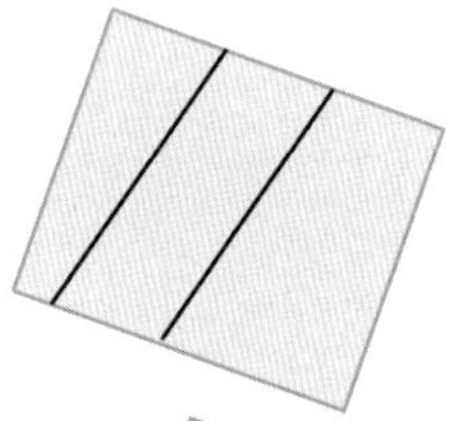

평행이 아닌 선을 가진 두 번째 슬라이드를 사용하여, 그 선들은 같은 방향으로 나아가지 않는다는 것을 보여준다. 선들이 같은 방향으로 나아가지 않을 때 평행선이 아니라는 것을 설명해준다.

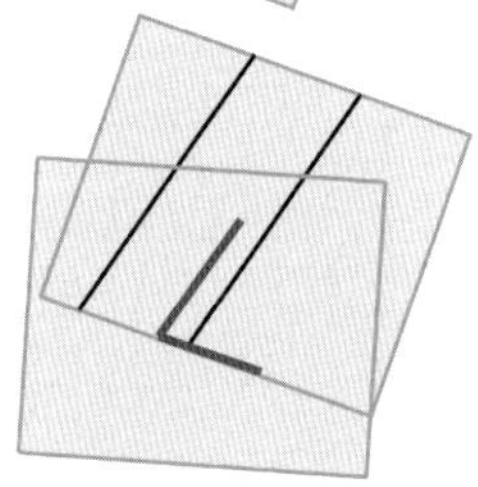

■ 활동 11.14 마주보는 변은 평행이다.

오버헤드 프로젝터를 사용하여, 학생들에게 평행사변형을 보여준다.

변 중의 하나를 그림과 같이 연장시킨다. 다른 투명 슬라이드 위에 연장시킨 변의 각 하나를 본뜬다. 본뜬 각을 연장된 변의 아래쪽으로 이동시켜 두 개의 마주보는 변들이 평행하다는 것으로 보여준다. 같은 절차를 사용하여 마주보는 변들 또한 평형이라는 것을 보여준다. 다른 투명 슬라이드를 사용하여, 두 번째 평행사변형의 마주보는 변들이 평행이라는 것을 보여준다. 사변형의 두 쌍의 마주보는 변들이 모두 평행일 때, 그 도형을 평행사변형이라고 한다는 것을 설명한다.

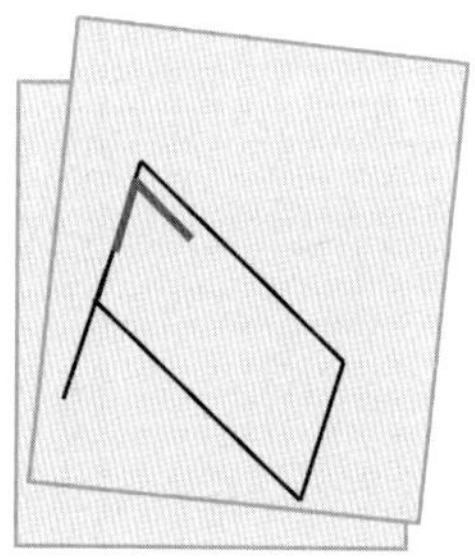

■ 활동 11.15 평행사변형인가 아닌가?

두세 명의 학생으로 구성된 소집단들을 편성한다. 각각의 집단에게 두 개의 도형이 그려진 종이 한 장씩을 준다. 한 도형은 평행사변형이어야 한다. 두 번째 도형은, 한 쌍의 마주보는 변은 평행이고 다른 쌍은 평행에 가깝지만 정확한 평행은 아니어야 한다.

집단들로 하여금 두 도형의 마주하는 변을 관찰하여 평행사변형인지 아닌지 알아보도록 한다.

■ 활동 11.16 직사각형은 평행사변형이다

도화지로 직사각형을 오려서 칠판에 테이프로 붙인다. 그것의 변이 모두 직선이고 직각을 가지고 있는지를 확인한다. 학생들에게 직사각형에 대하여 아는 것을 물어

본다. [네 개의 직선인 변, 직각, 두 개의 대칭선]

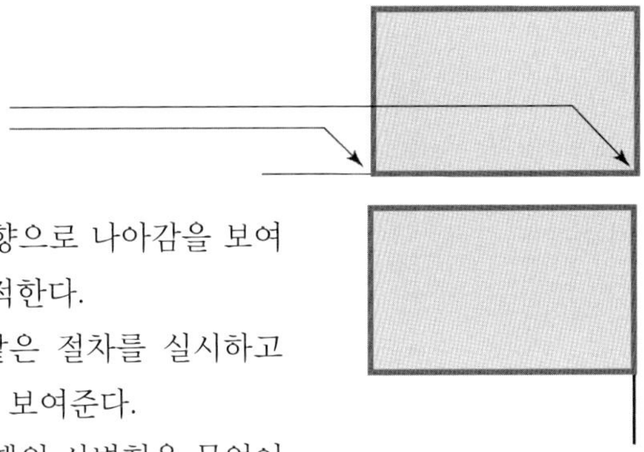

직사각형의 가로 변을 그림과 같이 연장한다. 이러한 두 각을 검토하여 두 세로 변들이 같은 방향으로 나아감을 보여준다. 그 변들이 평행이 됨을 지적한다.

가로 변들 중 하나를 연장하여 같은 절차를 실시하고 가로 변들 또한 평행이라는 것을 보여준다.

두 쌍의 마주보는 변들이 평행일 때의 사변형을 무엇이라고 하는지를 물어본다. [평행사변형]

두 개의 다른 직사각형으로 이러한 절차를 반복하여 그것들 또한 평행사변형이라는 것을 보여준다. 직사각형의 마주보는 변들은 항상 평행하며, 그래서 직사각형은 특수한 종류의 평행사변형이라는 것을 강조한다. 직사각형은 직각을 가진 평행사변형이다.

4학년 이상에서의 직사각형. 4학년부터 8학년까지의 학생들은 보다 형식적인 수학적 용어를 사용하여 직사각형을 기술할 수 있다. 하지만, 그들은 직사각형을 기술하고 분류하기 위하여 계속적으로 기하의 주요 개념들을 사용한다. 그들은 변들이 모두 직선인 닫힌 도형들을 다각형(polygon)이라고 한다는 것을 학습한다(poly란 "많다"를 의미하고 gon은 "변"을 의미한다). 그들은 네 변을 가진 다각형을 사변형(quadrilaterals)이라고 부른다는 것을 학습한다(Quad는 "4"를 의미하고, lateral은 "변"을 의미한다). 그들은 사다리꼴과 평행사변형이 특수한 종류의 사변형이며 마름모꼴과 직사각형은 두 가지 특별한 종류의 평행사변형이라는 것을 학습한다. 그들은 또한 정사각형이 특수한 마름모꼴이며 또한 특수한 직사각형이라는 것을 학습한다.

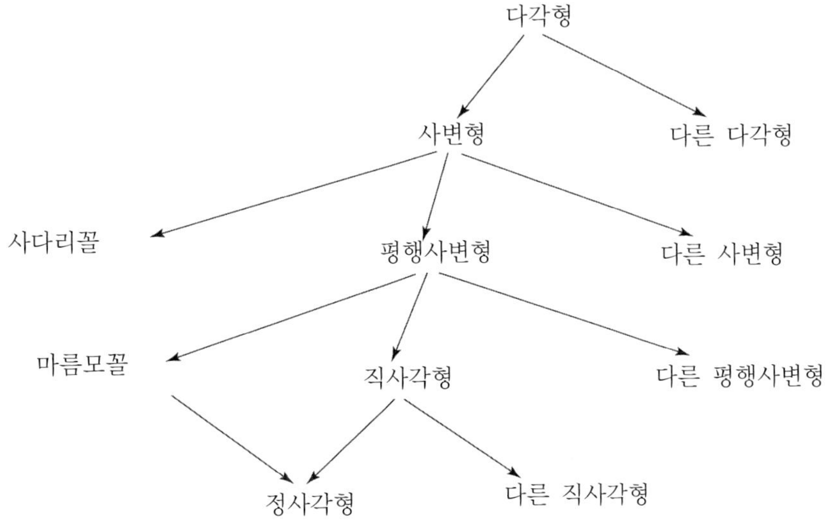

(2) 초등학교와 중학교에서의 원

유치원에서의 원. 유치원 수준에서, 학생은 원을 비형식적으로 알게 된다. 그들은 원과 모양이 같은 도형들을 확인할 수 있다. 이러한 도형들은 닮은 것이다. 그들은 원과 비슷하지 않은 도형들을 판별한다.(예를 들어, 원에 속하지 않는 도형들) 그들은 가장 큰 원, 가장 작은 원, 그리고 크기가 같은 원을 판별할 수 있을지도 모른다.

학생들은 일반적으로 원의 이름을 학습한다. 학생들은 자전거 바퀴, 시계의 모양, 병 뚜껑, 그리고 동전과 같은 일상 사물들에서 원을 알아보게 된다. 그들은 원과 다른 도형들을 사용하는 패턴을 만들거나 이야기할 수 있다. 그들은 원은 둥글다, 원은 부드럽다, 원은 구부려져 있다(직선인 변이 없다). 그리고 원은 모든 방향에서 길이가 같다(모든 지름이 합동이다)와 같은 비형식적인 말들을 사용하여 원을 기술할 수 있다.

다음에서 설명하는 활동들은 유치원 교사가 학생의 원에 대한 비형식적인 이해를 어떻게 발달시킬 수 있는지를 보여준다.

■ **활동 11.17 같은 도형인가 아닌가?**

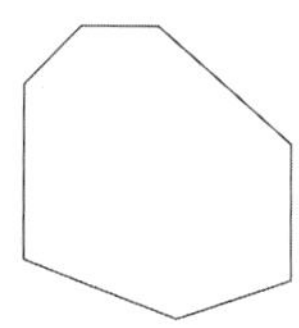

삼각형, 정사각형, 그리고 옆의 그림과 같은 비표준적인 도형을 두 개씩 오려둔다. 또한, 네 개의 원도 오려둔다.
원 세 개를 두 개의 다른 도형들과 함께 종이 가방에 넣는다. 학생들에게 네 번째 원을 보여주고 그것과 같은 도형을 찾아보라고 이야기한다. 가방에서 도형들을 한 번에 하나씩 꺼낸다. 각 도형을 가방에서 꺼낼 때마다, 학생들에게 그것이 처음에 보여주었던 도형과 같은지를 결정하게 한다. 학생들이 도형이 같지 않다고 말한다면, 왜 같지 않은지를 물어본다. 서로 다른 도형의 조합을 사용하여 이러한 활동을 반복한다. 가방 안에는 적어도 두 개의 원이 담겨있어야 한다. 이 번에는 같은 활동을 하되 원이 아닌 도형과 같은 도형들을 선택하게 한다. 가방 안에 원이 아닌 도형을 하나 더 넣으면 짝이 맞을 것이다.

■활동 11.18 어느 것이 포함되지 않는가?

폭이 2인치가 안되는 크기가 다른 세 개의 원들을 오려둔다. 또한 폭이 2인치가 안되는 정사각형, 삼각형, 타원, 그리고 불규칙한 도형도 오려 둔다.

세 개의 원과 다른 도형 하나를 오버헤드 프로젝터 위에 배열한다. 어느 도형이 포함되지 않는지를 학생들에게 물어본다. 정확한 답변을 하든 안하든 왜 그것이 포함되지 않는지를 물어본다.

세 개의 원과 원이 아닌 다른 도형을 사용하여 활동을 계속한다.

■활동 11.19 구멍에 모양 맞추기

도화지의 중앙 부분에서 몇 개의 큰 도형들을 한 장에 하나씩 오려낸다. 모양은 다르겠지만, 거의 같은 크기로 한다. 도형들을 조심스럽게 잘라내어 각각의 종이에 남아있는 부분들이 찢어지지 않도록 한다. 교실의 벽 위에 학생들이 쉽게 닿을 수 있는 높이로 도형들을 잘라내고 남은 도화지를 붙여놓는다.

학생들에게 도형들을 주고 그 도형이 맞게 들어가는 "구멍"을 찾아내도록 한다. 도형들을 모으고, 섞고, 그것들을 다른 학생들에게 나누어주어 활동을 계속한다. 그래서 모양이 맞게 들어가는 구멍을 찾아내도록 한다.

■활동 11.20 원에 대한 모든 것

교실 앞에 몇 개의 원을 전시한다. 이렇게 생긴 도형들을 원이라고 부른다는 것을 설명한다. 학생에게 원에 대하여 말로 얘기해보라고 요구한다. 그 학생이 하는 모든 원에 대한 설명을 수용한다. 그렇지만, 그 말이 명백히 틀린 것이라면, 학생에게 원이 왜 그렇다고 생각하는지 물어본다. 다른 학생의 생각도 물어본다.

■활동 11.21 원, 원, 어디에나 있다.

필요하다면, 교실 주위의 눈에 보이는 곳에 여러 가지 동그란 물체들을 놓는다. 교실 안에 놓을 수 있는 물체의 예로서는 훌라후프, 프리스비, 자전거(바퀴), 둥그런 시계, 종이 접시, 쓰레기통(그 뚜껑과 바닥), 오트밀 그릇, 유리잔, 둥그런 사진틀, 연필깎이(연필이 들어가는 둥그런 구멍), 컴퓨터 CD, 또는 색종이로 만든 여러 가지 원 등이 있다. 그러한 사물들 중의 하나를 지적한다. 예를 들어, 둥그런 시계를 가리킨다. 학생에게 시계의 모양을 말해보라고 요구한다. 두 번째의 둥그런 물체를 가지고 같은 활동을 한다. 그리고 나서 학생에게 주위를 둘러보게하고 원의 모양을 가진 다른 사물들을 찾아보게 한다.

1학년과 2학년에서의 원. 1학년과 2학년 동안에 학생은 원에 대하여 비형식적인 학습을 계속한다. 그들은 직사각형, 정사각형, 그리고 삼각형 등 비슷하지 않은 도형들 사이에서 원을 골라낸다. 그들은 계속해서 비형식적인 용어들을 사용하여 원에 관해 묘사하고 다른 도형들이 왜 원이 아닌지에 대하여 설명한다. 다음의 활동은 교사가 학생의 원에 대한 이해 발달을 어떻게 시킬 수 있는지에 관하여 보여준다.

■ **활동 11.22 원: 왜 그런가 또는 왜 그렇지 않은가?**
원을 가리킨다. 학생에게 그 모양이 무엇인지 물어본다. 그리고 나서 어떻게 알 수 있는지 물어본다. 다양한 대답을 들어보고 그 대답에 관하여 토의한다. 학생들에게 원을 원으로 만들어 주는 조건들을 정하도록 해본다. 다른 도형을 가리킨다. 그것이 원이라면, 그들이 그것을 어떻게 알 수 있는지 다시 한 번 물어본다. 그것이 원이 아니라면, 그것이 원이 아니라고 어떻게 말할 수 있는지 물어본다. 몇 개의 예와 원이 아닌 예를 몇 가지 들어서 이러한 과정을 계속한다.

3학년과 4학년에서의 원. 3학년과 4학년의 학생들은 일반적으로 원통, 원뿔, 그리고 반구와 같은 3차원적 도형에 나타나는 원들을 찾아낼 수 있을 것이다. 그들은 또한 원이 대칭이라는 것을 학습한다. 다음의 활동들은 원의 대칭을 어떻게 가르칠 수 있는가를 보여준다.

■ **활동 11.23 반쪽들이 일치한다.**
몇 개의 대칭이 되는 도형들(적어도 원 하나를 포함)을 대칭선을 따라 반으로 자른다. 한 도형의 두 반쪽을 학생들에게 보여준다. 그것들이 한 도형의 두 반쪽임을 설명한다. 그것들을 붙여서 전체 모양이 어떻게 생겼는지를 학생들이 알 수 있도록 한다.
학생들에게 도형의 반쪽들을 나누어준다. 각자가 짝을 찾아서 도형의 모든 반쪽을 모으게 한다. 학생들이 각각의 짝을 두 손으로 모아서 전체 모양이 어떻게 생겼는지를 보여주도록 한다.
두 반쪽이 완전히 일치하는 이러한 도형들을 대칭이 되는 도형이라고 부른다는 것을 설명한다. 칠판 위에 대칭이라는 단어를 쓴다.
원을 포함하여, 다른 도형들을 학생들에게 보여주고 그것이 대칭이 되는 도형인지 아닌지 결정하게 한다. 학생들에게 도형들을 접어서 그것이 대칭인지 아닌지 알아보는 방법을 보여준다.

5학년에서 8학년까지의 원. 중등학년이 되면, 수학적 용어에 보다 많은 비중을 두게 되면서 원에 대한 학습은 보다 형식적이 된다. 이러한 학년기 동안에, 학생들은 중심, 반지름, 지름, 그리고 원의 둘레와 같은 수학적 용어를 확인하고 사용할 수 있게 된다. 그들은 모든 지름이 그런 것처럼 모든 반지름의 길이가 같다(합동이다)는 것을 학습한다. 그들은 원에 내접하는 각들뿐만 아니라 현(원 위에 두 끝점을 가진 직선), 원의 중심각에 대하여 학습한다. 그들은 수학적 상징과 기호를 사용하여 이러한 원의 개념에 관하여 글로 쓰는 것을 배운다.

(3) 초등학교와 중학교에서의 각

유치원부터 2학년까지의 각. 저학년 시기에, 학생들은 각을 접하게 되고 도형의 분류를 위해 사용하게 된다. 그렇지만, 이 시기에는 각을 비형식적으로 다루게 된다. 이 시기의 학생과 교사들은 일반적으로 각을 뾰족한 부분(corner)이라고 부른다.

학생은 어떤 도형은 뾰족한 부분을 가지고 있고 어떤 도형은 가지고 있지 않다는 것을 인식한다. 그들은 직선인 변을 가지고 있는 도형은 뾰족한 부분을 가지고 있지만 직선인 변을 가지고 있지 않은 도형은 뾰족한 부분을 가지지 않는다는 것을 인식한다.

학생은 정사각형과 다른 직사각형들은 네 개의 각을 가지고 있으며, 삼각형은 세 개의 각을 가지고 있다는 것을 안다. 그들은 어떤 각들은 다른 각들보다 더욱 "뾰족하다"는 것을 알아차린다. 이러한 정보(각의 수와 각도)는 도형을 분류하는데 도움이 된다.

다음의 활동은 유치원에서 초등학교 2학년까지의 교사들이 학생에게 각에 대한 비형식적인 이해를 발달시켜주기 위해서 무엇을 할 수 있는지를 보여준다.

■ **활동 11.24 뾰족한 곳이 있는가 없는가?**

다음 그림과 같은 몇 개의 서로 다른 도형들을 보여준다.

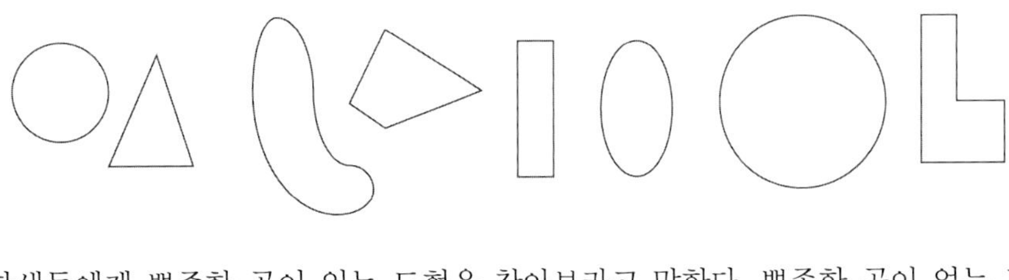

학생들에게 뾰족한 곳이 있는 도형을 찾아보라고 말한다. 뾰족한 곳이 없는 도형이 있는지 물어본다. 학생들에게 도형들을 뾰족한 곳이 있는 도형과 없는 도형으로 분류하는 것을 도와달라고 한다.

■활동 11.25 나는 이런 도형을 가지고 있다.

몇 개의 원, 정사각형, 그리고 삼각형을 오려둔다. 카드보드 상자의 개방된 쪽을 학생들이 보지 못하게 한 채로 교사의 책상 한 쪽에 상자를 놓는다.

오려둔 도형들을 섞어서 상자 안에 넣어 당신은 그것들을 볼 수 있지만 학생들은 볼 수 없도록 한다.

도형 중의 하나(예를 들면, 삼각형)를 바라보며, "나는 세 개의 뾰족한 곳을 가진 도형을 가지고 있다. 무엇일까요?"라고 말한다. 학생들이 그 도형이 무엇이라고 생각하는지를 결정한 이후에, 그것을 들어 올려서 볼 수 있도록 한다.

당신이 상자 안에 있는 각각의 도형들을 모두 사용할 때까지 이러한 절차를 반복한다.

■활동 11.26 뾰족한 것과 더 뾰족한 것

다음과 같은 몇 개의 도형들을 오려둔다.

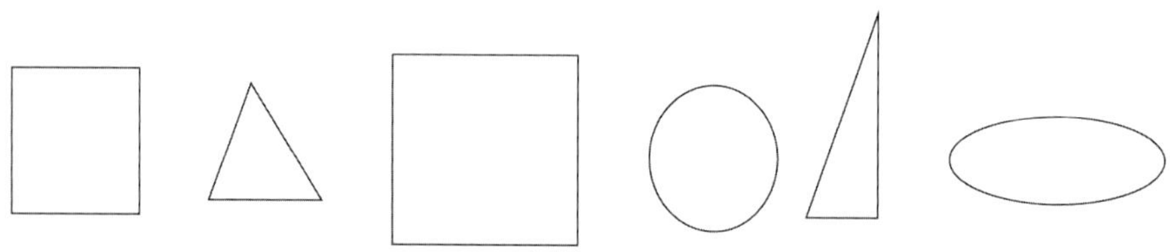

학생들에게 정사각형과 삼각형을 보게 한다. 정사각형과 삼각형의 뾰족한 곳 하나를 지적한다. 어느 것이 "가장 뾰족"한지 물어본다.

모든 도형이 뾰족한 곳을 가지고 있는지를 물어본다. 어느 학생에게 뾰족한 곳이 없는 도형을 찾아내게 한다. 또 다른 학생에게 뾰족한 곳을 가진 도형을 찾아내게 한다. 그 도형의 뾰족한 곳을 가리킨다. 어떤 도형이 뾰족하지 않은 모퉁이를 가지고 있는지를 물어본다. 학생이 그러한 도형을 찾아낸다면, 앞으로 나와서 그 모퉁이를 가리키게 한다.

어떤 학생에게 뾰족한 도형을 선택하게 한다. 그 도형의 뾰족한 곳을 가리키고 어떤 도형이 그 모퉁이보다 더 뾰족한 모퉁이를 가지고 있는지를 물어본다. 어떤 학생이 그러한 도형을 찾아낸다면, 앞으로 나와서 그 모퉁이를 지적하게 한다.

모든 학생이 활동에 참여할 때까지 그 활동을 계속한다.

3학년과 4학년에서의 각. 3학년과 4학년에서 각에 대한 학습이 전처럼 계속되지만, 도형의 모퉁이들을 각(angle)이라고 부르기 시작한다. 90° 각(square corner)은 (수직인 선분들에 의해 형성되는) 직각(right angle)이라고 불려진다. 각과 직각은 도형의 속성을 이루는 것이다. 예를 들어, 정사각형을 포함한 직사각형은 네 개의 각을 가지고 있고 모든 네 개의 각들은 직각이다. 삼각형은 세 개의 각을 가지고 있으며, 이러한 세 개의 모든 각들은 직각보다 작을 수 있다. 삼각형은 하나의 직각을 가질 수는 있지만, 나머지 두 각은 직각보다 작을 것임에 틀림없다.

이 시기에, 우리는 학생들이 각을 그릴 수 있기를 기대한다. 그들은 각을 비교하고 어느 것이 더 큰 각이고 어느 것이 더 작은 각인지를 찾을 수 있어야 한다. 그들은 수직인 선분에 관하여 학습하고 직각 관계에 있는 변들은 수직이라는 것을 인식하게 된다. 학생들은 각을 직각, 둔각, 예각으로 분류한다. 다음의 활동은 이러한 개념들이 어떻게 발달될 수 있는지를 보여준다.

■활동 11.27　직각 만들기

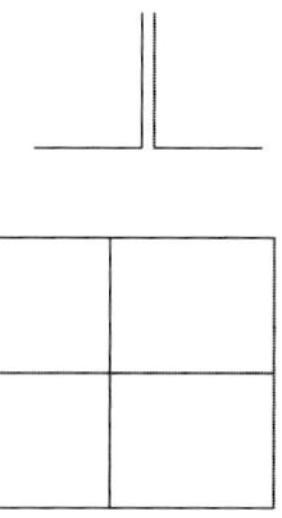

각각의 학생에게 종이 한 장씩을 반으로 접게 한다. 그리고나서 그것을 다시 접어 90° 각을 만드는 방법을 학생들에게 보여준다. 정사각형의 모퉁이에 있는 각을 직각이라고 한다는 것을 설명한다.

한 학생에게 다른 학생이 만든 각 위에 자신의 각을 올려놓아서 그들이 만든 직각과 다른 학생이 만든 직각을 비교하게 한다. 그들에게 그들이 발견하게 된 것이 무엇인지 물어본다. [모두 같은 크기를 가지고 있다]

두 명의 학생에게 그들이 만든 직각을 그림과 같이 놓게 한다. 그들에게 무엇을 볼 수 있는지 물어본다. [각의 변들은 직선이다]

그들에게 종이를 다시 펴서 접힌 곳을 보게한다. 그들은 얼마나 많은 각들을 볼 수 있는가? [네 개의 직각이 있다]

그 학생들에게 종이를 다시 접어서 직각을 보여주게 한다. 그들의 직각을 들어보라고 요구한다.

■활동 11.28　직각 찾기

종이를 넷으로 잘라 그 위에 각을 그린다. 20개의 직각, 직각은 아니지만 직각에 매우 가까운 8개의 각, 직각보다 확실하게 작은 10개의 각, 직각보다 확실하게 큰 10개의 각이 있어야 한다. 각들을 섞어서 교실 주변의 벽에 테이프로 붙인다.

학생들을 네 팀으로 분리한다. 각 팀에게 직각 5개와 직각이 아닌 각 5개를 찾도록 한다. 학생들은 종이 한 장을 접어서 만든 직각을 사용하여 각이 직각인지 아닌지를 결정할 수 있다. 각각의 팀은 10개의 각을 테이블 위에 가져다 놓아야 한다. 모든 팀의 구성원들은 모든 각들을 검토하여 각 팀이 5개의 직각과 직각이 아닌 5개의 각들을 가지고 왔는지 확인한다.

■활동 11.29　직각 찾기

종이 한 장의 1/4를 준비해서 그 위에 각을 그린다. 어떤 각들은 직각이어야 하고, 어떤 각들은 직각보다 커야 하며, 그리고 어떤 각들은 직각보다 작아야 한다. 직각이 아닌 각들의 일부는 직각에 매우 근접해야 한다. 각들을 교실의 앞쪽 벽에 테이프로 붙인다. 책상 위에 세 개의 상자를 놓는다. 상자에 "직각", "직각보다 큰 각", 그리고 "직각보다 작은 각"이라고 이름을 붙인다.

두 명의 학생을 선택하여 교실 앞으로 나오게 한다. 한 학생은 각을 선택하여 그것이 어느 상자에 들어가야 할 지를 결정하여야 한다. 두 번째 학생은 자신이 접은 종이로 만든 직각을 사용하여 첫 번째 학생이 올바르게 하였는지를 알아본다. 두 학생의 의견이 일치했을 때는, 그 각을 벽에서 떼어서 정답 상자 안에 넣는다. 모든 각들이 정답 상자 안에 분류될 때까지 다른 학생 짝들과 함께 이러한 절차를 반복한다.

5학년에서 8학년까지의 각. 우리는 5, 6학년 학생은 각에 관하여 기술하고 분류할 때 직각, 예각, 둔각과 같은 수학적 용어들을 사용할 수 있다고 기대한다. 그들은 각도기를 사용하여 각을 측정하는 방법을 학습하고 직각은 90도이며, 예각은 90도보다 작고, 둔각은 90도보다 크다는 것을 발견할 수 있다. 이 시기의 학생은 또한 각의 측정값을 추정할 수 있는 능력을 발달시키기 시작한다.

그들은 각에 대한 보다 형식적인 수학 용어를 사용한다.(예를 들면, 각은 공통의 꼭지점을 가진 두 개의 반직선이다.) 그리고, 각에 대하여 쓸 때, 보다 형식적인 수학적 기호를 사용한다. 그들은 각의 합동과 하나의 각을 두 개의 합동인 각으로 나누는 각의 이등분선에 대하여 학습한다. 그들은 주어진 각에 합동인 각을 만들고 주어진 각의 이등분선을 만들어내기 위해 컴파스와 직선 자를 사용하는 방법을 이해한다. 그들은 원의 중심각뿐만 아니라 여각과 보각에 대하여 학습한다.

7, 8학년이 되면, 학생은 각의 점을 각의 꼭짓점(vertex)이라고 부른다는 것을 학습한다. 그들은 맞꼭지각(vertical angle)은 두 직선이 교차할 때 형성되고 같은 측정값을 가지며(그들은 합동이다), 이웃각(adjacent angle)은 공통의 변을 가진 두 각이라는 것을 학습한다. 그들은 삼각형의 각의 크기의 합은 180도이며, 180도의 값을 가진 각은 평각(straight angle)이라고 한다는 것을 배운다. 그들은 각의 중심각, 원에 내접하고 있는 각, 그리고 그러한 값들이 어떻게 관련되는지에 관하여 학습한다.

그들은 평행선을 횡단선으로 잘랐을 때 형성되는 각들 사이의 관계를 발견한다. 그들은 내각, 외각, 엇각, 대응각, 그리고 평각에 대하여 학습하고 그 각들 중 어느 것이 합동이며 어느 것이 보완적인 각인지에 대해 배운다.

(4) 초등학교와 중학교에서의 각기둥

유치원에서 2학년까지의 각기둥. 각기둥에 대한 학습은 비형식적이고 비수학적인 용어를 사용하여 유치원에서 시작된다. 이 연령의 학생은 일반적으로 각기둥을 상자 모양의 물체로서 인식하고 묘사한다. 그들은 그 상자의 모퉁이들이 (수직 관계에 있는 가장자리들과 수직 관계에 있는 면들에 의해서 형성되는) 사각 모서리(square corner)라는 것을 알아차릴 수도 있다. 그들은 상자의 맞은 쪽이 같은 크기와 모양을 가지고 있다(합동이다)는 것을 알아차린다. 그들은 공, 아이스크림 콘, 그리고 캔과 같은 다른 삼차원적인 물체들로부터 각기둥 모양의(상자 모양의) 사물을 구별한다. 상자는 실제적으로 여러 가지 다양한 모양을 가지고 있지만, 교육과정 자료에서는 일반적으로 그러한 다른 모양의 상자는 존재하지 않는다고 가정한다. 그리고 이러한 가정은 학생의 개인적인 경험과 거의 모순되지 않는다.

1학년이 되면, 우리는 학생들이 각기둥에 대한 보다 형식적인 수학 용어를 발달시키기를 기대한다. 그들은 어떤 상자 모양들(모든 가장자리가 합동인 것들)은 정육면체(cube)라고 불린다는 것을 학습한다. 2학년 말이 되면, 학생들은 직육면체의 이름을 학습한다.

상자는 각기둥이다.

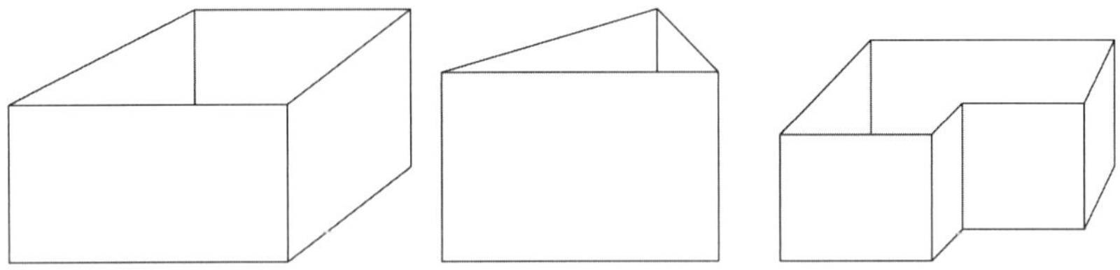

불행하게도, 정육면체와 직육면체를 다루게 되면서 흔히 정육면체는 직육면체가 아니라는 오해로 발전된다. 나아가, 그들이 이러한 저학년 시기에 보게 되는 직육면체의 예가 다양하지 못하기 때문에, 학생들은 흔히 모든 직육면체가 정육면체이고 직육면체의 모든 면이 직사각형이라는 잘못된 생각을 하게 된다.

다음의 활동들은 유치원에서 2학년까지의 교사들이 직육면체에 대한 개념을 발달시킬 수 있는 방법의 예를 제시한다.

■활동 11.30 상자에 대해서 말해주세요

큰 상자, 작은 상자, 정육면체 모양의 상자, 직육면체가 아닌 상자들 등 여러 가지 상자를 교실에 가지고 온다. 그 상자들을 학생들에게 잘 보이는 교실 앞 쪽에 놓는다. 학생들에게 몇 개의 상자를 가지고 왔다고 말한다. 학생들에게 상자들에 관하여 무엇이든 말해보라고 요구한다. 상자가 어떻게 비슷하며 또 어떻게 다른지에 관하여 학생들에게 물어본다. 어떤 상자가 무엇을 위해 사용되는지도 물어본다.

정육면체 모양의 상자와 다른 직육면체 상자를 골라서 학생들에게 이 상자들이 어떻게 비슷하고 또 어떻게 다른지를 물어본다.

모든 정육면체 모양의 상자와 직육면체 모양의 상자를 함께 모은다. 이 상자들이 어떻게 비슷한지를 학생들에게 말해보게 한다.

■활동 11.31 정육면체, 정육면체는 어디에나 있다

몇 개의 정육면체 모양의 물체들을 교실, 복도, 도서관, 운동장, 그리고 학교의 다른 장소의 눈에 잘 보이는 곳에 가지런히 놓는다.

정육면체의 개념을 복습한다. 학생들에게 정육면체가 무엇이며 어떻게 생겼는지를 물어본다. 그들에게 수학 책에서 정육면체의 그림을 찾아보게 한다.

학생들에게 "정육면체 거리"로 데리고 가겠다고 말해준다. 그들에게 정육면체 거리 위에 있는 정육면체들을 찾아보라고 말한다. 그리고 나서 학생들을 교실, 복도, 학교, 운동장 주변으로 데리고 간다. 아무도 정육면체를 찾지 못한 채로 정육면체를 지나가 버리면 다시 돌아가서 멈춘다. 정육면체를 똑바로 바라보면서 "난 정육면체를 보고 있어. 또 누가 정육면체를 볼 수 있니?"하고 말한다.

■ **활동 11.32 직육면체의 모든 것**

큰 상자, 작은 상자, 정육면체 모양의 상자, 나무로 된 직육면체 모양들 등 여러 가지 직육면체들을 교실에 가지고 온다. 또한 직사각형이 아닌 상자들, 캔, 원뿔, 공 등의 직육면체가 아닌 모양들을 가지고 온다. 그것들을 섞어서 학생들에게 잘 보이는 교실의 앞쪽에 놓는다.

직육면체 모양 중 하나를 골라서 학생들에게 보여준다. 이와 같은 모양을 직육면체(rectangular prism)라고 한다고 설명한다. 당신이 들고 있는 모양을 손가락으로 가리키면서 직육면체의 속성들을 설명한다. 그리고 나서 다른 직육면체를 고른다. 그것도 직육면체라고 설명한다. 직육면체의 특성을 명확히 설명해주는 속성들을 지적한다.

학생들에게 너희에게 보여주기 위한 다른 모양들도 가지고 왔다고 말한다. 어떤 모양들은 직육면체이고 또 어떤 모양들은 직육면체가 아니라고 설명한다. 다른 직육면체를 선택해서 그것이 직육면체인지 아닌지를 학생들에게 물어본다. 그들에게 왜 그렇다고 생각하냐고 물어본다.

다른 모양들을 골라서 그것들이 직육면체인지를 물어본다. 그것이 직육면체라고 하면, 왜 그런지 물어본다. 그것이 직육면체가 아니라고 하면, 왜 그렇지 않은지 물어본다.

3학년에서 8학년까지의 각기둥. 3학년과 4학년 학생들은 정육면체와 다른 직육면체의 면과 모서리에 대한 수학적 명칭들을 학습한다. 그리고, 5학년이 되면, 직육면체의 모퉁이를 꼭짓점(vertex)이라고 부른다는 것을 학습한다. 그들은 또한 정육면체 또는 직육면체의 모양을 가지는 생활 속의 사물들을 찾아낼 수 있다.

이 시기의 학생들은 또한 직각이 직육면체의 모서리에 의해 형성된다(모든 모퉁이가 직각이다)는 오해를 발달시킬 가능성이 있다. 이러한 오해는 대부분의 교육과정 자료 그림들이 바른 직육면체만을 보여준다는 사실 때문이다. 직육면체의 다양성을 제한하는 것은 또한 직육면체의 모든 면들이 직사각형이라는 오해에서 발생하는 것이다. 바른 직육면체에서는, 모든 각들이 직각이고 모든 면이 직사각형이다. 그렇지만, 일반적으로, 직육면체의 밑면은 직사각형이고 나머지 면들은 평행사변형이다. 직육면체의 모서리들에 의해 형성된 각들은 직각일 수도 있고 아닐 수도 있다. 그리고 그 면들은 직사각형일 수도 있고 아닐 수도 있다.

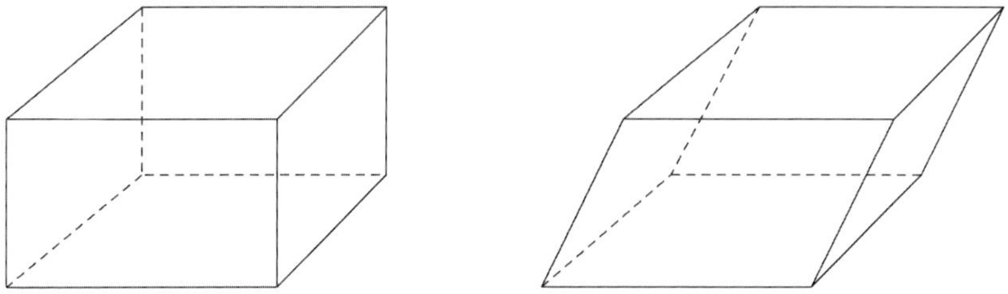

전형적인 직사각형　　　　　　비전형적인 직사각형

이러한 학년기에 있는 학생들은 정육면체의 수를 셈으로써 직육면체의 부피를 아는 방법을 학습하며, 나중에 그들은 밑면의 가로×밑면의 세로×높이를 함으로써 부피를 계산한다. 그들은 종이 밑그림을 잘라내고 접어서 직육면체를 만들어낸다. 그들은 직육면체의 윗면과 아랫 면이 같다(합동이다)는 것을 학습한다. 그들은 도형의 밑면을 보고 각기둥을 인식하고 명명하는 것을 학습하게 되어, 각기둥은 그 밑면이 직사각형일 때 직육면체가 된다는 것을 발견한다. 그들은 각기둥(정육면체, 직육면체, 그리고 직육면체가 아닌 각기둥들)은 모두 다면체라는 것을 학습한다.

다음의 활동은 3학년, 4학년, 또는 5학년 교사가 학생들에게 직육면체에 대하여 가르칠 때 사용할 수 있는 것들이다.

■ **활동 11.33　이러한 모양들을 묘사하라.**

학생들을 하나 또는 두명의 짝들과 함께 공부하도록 배정한다. 하나의 짝들이 일시에 활동을 완수하도록 한다. 그 짝들에게 세 가지 모양(정육면체, 정육면체가 아닌 직육면체, 그리고 삼각기둥)을 준다. 그들에게 그 세 가지 모양들에 대하여 찾을 수 있는 모든 특성들을 찾아보라고 말하고 그들이 발견한 모든 것들을 적어보게 한다. 그들에게 적합한 모든 측정 도구들을 사용할 수 있도록 허용한다.
모든 짝들이 그 활동을 끝낸 다음에, 그들이 세 모양에 대하여 발견한 것들을 학급에서 논의하게 한다. 각 도형들에 대해 목록을 작성한다.

6학년에서 8학년까지의 각기둥. 6학년부터 8학년까지의 학생들은 직육면체에 관련된 수학적 용어들을 계속해서 사용하게 된다. 그들은 각기둥이 다면체라는 것을 인정하고, 각기둥의 부분들을 면, 모서리, 꼭짓점, 그리고 밑면이라고 이름할 수 있다. 그들은 각기둥에 대하여 글을 쓸 때 수학적 기호를 사용한다. 그들은 각기둥의 부피를 구하는 공식을 학습하고, 각기둥의 부피와 표면적을 계산할 수 있다.

3 수업 수정하기

일찍이 3장에서 우리는 대칭에 관한 수업을 수정했었다. 우리는 이제 1학년 과정에서 배울 가능성이 높은 또 하나의 기하 수업을 수정한다. 수업지도안은 1학년 교사용 지도서에서 일반적으로 제안되는 수업 절차를 사용한다. 이 수업은 실제로 사용가능한 것이지만, 항상 그렇듯이, 실제 수업을 하기 전에 최소한의 개념은 학습되어야 한다.

수업 목표

학생들은 원, 정사각형, 직사각형, 그리고 삼각형의 속성들을 사용하여 도형을 분류할 수 있다.

■ 도입

원, 정사각형, 직사각형, 그리고 삼각형 모양의 일상적인 물체들을 교실에 전시한다. 칠판 위에 직사각형, 원, 삼각형, 및 정사각형을 그리고 학생들에게 각 도형의 이름을 물어본다. 그리고 나서, 학생들에게 정사각형 모양, 삼각형 모양, 원 모양, 그리고 직사각형 모양을 가진 사물들을 교실에서 찾아보도록 요구한다.

■ 전개

1학년 교과서 해당 쪽의 가장 위에 있는 그림에 학생들이 주목하도록 지시한다. 이 그림에, 원과 정사각형이 있다는 것을 설명한다. 정사각형을 가리키며 정사각형은 네 개의 직각과 길이가 같은 네 개의 직선을 가지고 있다는 것을 설명한다. 그리고나서, 원을 가리키고 원은 둥글며 어떤 직선도 가지지 않는다는 것을 설명한다.

그리고 나서, 1학년 교과서 해당 쪽에 있는 두 번째 그림에 학생들이 주목하도록 지시한다. 학생들에게 이 그림은 직사각형과 삼각형이라는 것을 말해준다. 직사각형을 가리키며 직사각형은 네 개의 직각과 네 개의 직선을 가지고 있지만, 그 선들이 같은 길이일 필요는 없다는 것을 설명한다. 삼각형을 가리키며 모든 삼각형은 세 개의 직선을 가지고 있다는 것을 설명한다.

■ 학습 점검

교재의 '이해 검토하기' 부분에 있는 도형들에 학생들이 주목하도록 지시한다. 그들에게 원을 빨강색으로 칠해보라고 말한다. 그리고나서 정사각형을 녹색으로 칠해보라고 말한다. 그리고 직사각형은 파랑색으로 칠하라고 말한다. 끝으로, 삼각형은 노랑색으로 칠하라고 한다. 학생들이 작업을 하는 동안, 교실 주변을 돌아다니며 학생들이 제대로 이해하고 있는지를 알아본다. 추가적인 설명을 필요로 하는 모든 학생에게 설명을 해준다.

■ 연습

학생들에게 연습지에 있는 원, 정사각형, 직사각형, 그리고 삼각형을 어떻게 찾아서 색

칠해야하는지를 설명해준다. 학생들에게 교재의 연습지를 완성하도록 한다.

■ **정리**

학생들이 오늘 원, 정사각형, 직사각형, 그리고 삼각형을 식별하는 방법을 학습했음을 주지시킨다.

우리는 다른 수업을 수정했던 것처럼, 이제 이 수업을 수정하려고 한다. 우리는 개념을 발달시킬 시간의 양을 늘리고 수업을 보다 성공적으로 완성할 수 있도록 할 것이다. 하지만, 개발해야할 개념의 본질상, 이 수업은 기본적으로 시각적이므로 시각적 정보의 양을 증가시킬 것이다. 우리는 이 수업을 훨씬 더 활동적으로 만들고 수업 개념들에 관한 학생들 사이의 의사소통을 증가시킬 계획이다. 그리고, 우리는 수업 시간 동안에 학습에 관한 보다 지속적인 모니터링을 할 계획이다. 이러한 수정은 거의 모든 학생들에게 보다 적합한 수업이 되도록 할 것이다. 그러나, 심각한 요구를 지닌 일부 학생들은 보다 심화된 추가 수정을 요구할 수도 있다는 점을 기억하기 바란다.

수업 목표

학생들은 원, 정사각형, 직사각형, 그리고 삼각형의 속성들을 사용하여 도형을 분류할 수 있다.

■ **도입**

여러 가지 원, 정사각형, 직사각형, 그리고 삼각형을 오려둔다. 단, 도형들의 숫자가 학생들의 수보다 많아야 한다. 도형들을 섞어서 약 2 피트 간격으로 바닥의 원 안에 도형들을 놓는다. 학생들에게 도형 옆에 한 명씩 서 있도록 한다. 삼각형 옆에 있는 학생에게 손을 들게 한다. 그리고나서, 정사각형 옆에 있는 학생에게 손을 들게 한다. 원 옆에 서 있는 학생에게 손을 들게 한다. 그리고, 끝으로, 직사각형 옆에 서 있는 학생에게 손을 들게 한다.

학생들에게 도형이 있는 원 주위를 돌아다니다가 다른 도형 옆에 서도록 한다. 학생들이 제대로 이해하고 있는지를 모니터한다. 어떤 학생이 이 도형들에 관하여 혼란해 하는지 알아보기 위해 조심스럽게 관찰한다. 정사각형 옆에 서 있는 학생이 그것을 직사각형이라고 인식한다면 그것은 올바른 것이라는 것을 기억해야 한다. 수업 시간 동안에 추가적인 도움을 필요로 할 수 있는 학생을 찾아내기 위한 기회로서 이러한 활동을 사용하라. 그러나, 모든 도형을 정확하게 식별하지 못하는 학생들이 지나친 주목을 받도록 해서는 안된다.

■ **전개**

색상지에서 모두 다르게 생긴 삼각형 몇 개를 오려낸다. 또 직사각형, 정사각형, 그리고 원도 모두 몇 개씩 오려낸다. 모두 다른 모양이어야 한다. 모든 일련의 짝들이 하나씩의 도형을 가지고 짝 활동을 할 수 있도록 각각의 도형은 충분한 양이 되어야 한다. 학생들을 짝을 지어준다. 각 짝에게 삼각형 하나씩을 준다. 그들에게 그 도형이 무엇인지 물어본다. 각각의 조가 모두 다른 모양의 삼각형을 하나씩 가지고 있음을 설명한다. 학생들 중 누군가에게 그(녀)가 가지고 있는 삼각형에 대해 무엇인가를 친구들에게 이야기해보라고 요청한다. 그것이 다른 모든 삼각형에도 해당하는 사실인지 아닌지를 물어본다. 예를 들어, 어떤 학생이 자신의 삼각형은 세 개의 각을 가지고 있다고 말할 지도 모른다. 이것은 모든 삼각형에 해당하는 사실이다. 또는, 어떤 학생은 자신의 삼각형이 파랑색이라고 말할 지도 모른다. 그것은 모든 삼각형에 해당하는 사실이 아니다. 학생들이 제대로 이해하고 있는지를 모니터한다. 도입 활동을 하는 동안에 어려움을 가졌었던 모든 학생에게 특별히 주의를 기울인다. 그 학생들이 토론에 참여할 수 있도록 특별한 노력을 기울이고 정반응을 보이면 칭찬하여 그들에게 확신을 제공한다. 학생들이 다음과 같은 삼각형의 속성들을 식별할 때까지 활동을 계속한다.

모든 삼각형은 세 개의 각을 가지고 있다.
세 개의 변을 가지고 있다.
세 개의 직선을 가지고 있다.

다음에는, 칠판 위에 다음의 도형들 중 첫 번째 도형을 그린다.

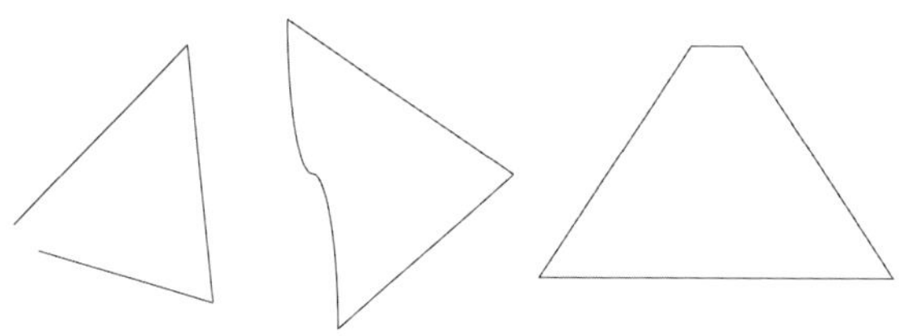

그것이 삼각형인지를 물어본다. [아니오]. 왜 아닌지를 물어본다. [모든 삼각형은 세 개의 각을 가지고 있다. 삼각형의 변들은 그러한 각을 만들기 위해 서로 연결되어 있다]

이해 점검. 참여하지 않는 학생들에게 질문을 이끌어낸다.

두 번째 도형을 그린다. 그것이 삼각형인지를 물어본다. [아니오] 왜 아닌지를 물어본다. [모든 삼각형은 세 개의 변을 가지고 있다.]

이해 점검. 낮은 성취를 보여온 학생들이 곤란해 하는지를 관찰한다.

세 번째 도형을 그린다. 그것이 삼각형인지를 물어본다. [아니오] 왜 아닌지를 물어본다. [모든 삼각형은 세 개의 각을 가지고 있다. 모든 삼각형은 세 개의 변을 가지고 있다.]

이해 점검. 무언의 의문 또는 혼란한 표정을 보이는, 대답이 없는 학생들의 눈을 잘 관찰한다.

각각의 조에게 직사각형을 준다. 직사각형 중 일부는 정사각형이 되도록 한다. 그들에게 그 도형이 무엇인지를 물어본다. 각각의 조들은 모두 다른 모양의 직사각형을 가지고 있음을 설명한다. 학생들 중 누군가에게 그(녀)가 가지고 있는 직사각형에 대해 무엇인가를 친구들에게 이야기해보라고 요청한다. 그것이 다른 모든 직사각형에도 해당하는 사실인지 아닌지를 물어본다. 학생들이 다음과 같은 직사각형의 속성들을 식별할 때까지 활동을 계속한다.

모든 직사각형은 네 개의 각을 가지고 있다.

네 개의 변을 가지고 있다.
직각들을 가지고 있다.
직선들을 가지고 있다.

다음에는, 칠판 위에 다음의 도형들 중 첫 번째 것을 그린다.

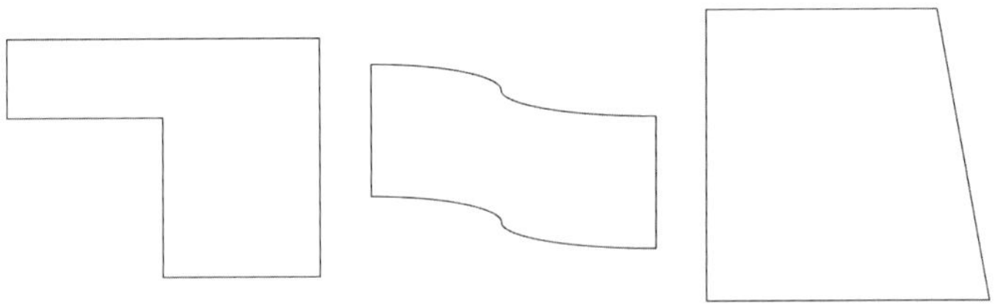

그것이 직사각형인지를 물어본다. [아니오]. 왜 아닌지를 물어본다. [모든 직사각형은 네 개의 각을 가지고 있다. 모든 직사각형은 네 개의 변을 가지고 있다.]

두 번째 도형을 그린다. 그것이 직사각형인지를 물어본다. [아니오] 왜 아닌지를 물어본다. [모든 직사각형은 직선들을 가지고 있다.]

세 번째 도형을 그린다. 그것이 직사각형인지를 물어본다. [아니오] 왜 아닌지를 물어본다. [모든 직사각형은 직각들을 가지고 있다.]

이해 점검. 직사각형의 속성들에 관해 이해시키는 전반적인 과정을 통하여, 이해하지 못하는 학생을 잘 관찰한다.

원에 대하여 그리고 정사각형에 대하여 이상과 같은 과정을 반복한다. 모든 원들은 곡선이며, 모든 방향에서 크기가 같고, 직선을 갖지 않는다는 사실을 학생들이 알아차리게 유도한다. 그러한 속성들을 강조하기 위해서 다음과 같은 비례들을 사용하라.

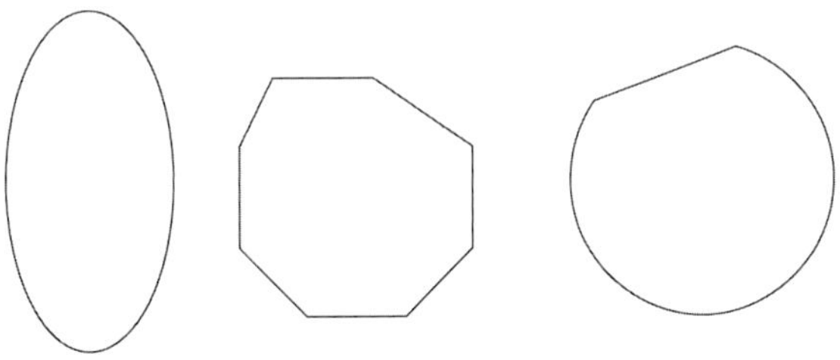

모든 정사각형은 네 개의 직선인 변, 네 개의 직각인 각을 가지고 있으며 변의 길이가 같다는 사실을 학생들이 인식하도록 유도한다. 그러한 속성들을 강조하기 위해서 다음과 같은 비례들을 사용하라.

이해 점검. 이해하지 못하는 학생들에게 추가적인 질문을 한다. 필요하다면 좀더 많은 설명을 해주도록 한다.

1학년 교과서 해당 쪽의 가장 위에 있는 그림에 학생들이 주목하도록 지시한다. 이 그

림에, 원과 정사각형이 있다는 것을 설명한다. 학생들에게 정사각형 위에 손가락을 짚어보라고 한다.

이해 점검. 교실 주변을 돌아다니며, 모든 학생이 정사각형을 정확하게 짚어내는지 확인한다.

학생들 중 누군가에게 그(녀)가 정사각형에 대하여 아는 것을 친구들에게 말해보라고 한다. 정사각형의 모든 필요한 속성들이 묘사될 때까지 그 학생에게 도움을 요청한다. 이러한 과정을 원에 대해서도 반복한다. 그 학생에게 원 위에 손가락으로 짚어 보라고 하고 원에 대해 말해보도록 한다.

이해 점검. 모든 학생들이 정사각형과 원의 속성들을 정확하게 이해하고 있는지 확인하기 위하여 주의를 기울인다.

1학년 교과서 해당 쪽에 있는 두 번째 그림에 학생들이 주목하도록 지시한다. 학생들에게 직사각형과 삼각형을 찾아내고 그 특성들을 말해보게 한다.

이해 점검. 모든 학생들이 직사각형과 삼각형의 속성들을 정확하게 이해하고 있는지 확인하기 위하여 주의를 기울인다.

■ **연습**

교재의 '이해 검토하기' 부분에 있는 도형들에 학생들이 주목하도록 지시한다. 그들에게 원을 빨강색으로 칠해보라고 말한다. 그리고나서 정사각형을 녹색으로 칠해보라고 말한다. 그리고 직사각형은 파랑색으로 칠하라고 말한다. 끝으로, 삼각형은 노랑색으로 칠하라고 한다.

이해 점검. 학생들이 작업을 하는 동안, 교실 주변을 돌아다니며 학생들이 제대로 이해하고 있는지를 알아본다. 추가적인 설명을 필요로 하는 모든 학생에게 설명을 해준다.

■ **정리**

학생들에게 원, 정사각형, 직사각형, 그리고 삼각형에 대하여 학습한 것을 말해보도록 요구한다.

■ **추후 활동**

학생들에게 연습지를 집으로 가지고 가서 부모님에게 그들이 원, 정사각형, 직사각형, 그리고 원에 대하여 아는 것을 설명하는데 그것을 사용하도록 한다.

4 기하를 활용한 문제 해결

기하에 관련된 대부분의 문제들은 실제로는 측정 문제이다. 고려해야 하는 기하 개념이 존재하기는 하지만, 흔히 10장에서의 문제와 같이, 측정 개념들을 적용해서 해결하는 문제들이다. 다음에 제시하는 문제는 측정에 관련된 기하 문제의 또 다른 예이다.

조지는 길이가 50피트인 헛간 옆에 말을 위한 직사각형의 우리를 만들고 싶어한다. 그는 가능한 한 큰 우리를 만들고 싶었기 때문에, 90피트의 펜스를 가지고 왔다. 조지는 헛간의 한 쪽 면을 우리의 한 쪽 면으로 사용하기로 결정했다. 조지가 우리의 면적을 가능한 한 크게 만들려면 어떻게 해야 하는가?

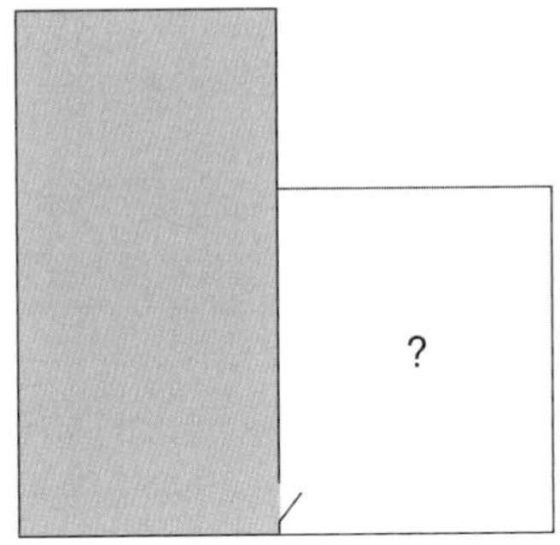

이 문제를 풀기 위해서, 우리는 전에 사용했던 두 가지 전략을 사용한다: 시도하고 검토하기(Try and check)와 공식 사용하기(use a formula). 먼저, 우리는 결과가 어떤지 알아보기 위해서 여러 가지 가능성들을 시도해본다.

헛간을 우리의 20 피트 면으로 사용하고 다른 세 면에 펜스를 사용한다고 가정하자. 우리를 20 피트 × 35 피트로 한다면 700 평방 피트의 면적이 될 것이다. 그렇지 않고, 각 면을 30 피트 길이로 하여 정사각형 모양이 되게 한다면 면적은 30 × 30 = 900 평방 피트가 될 것이다.

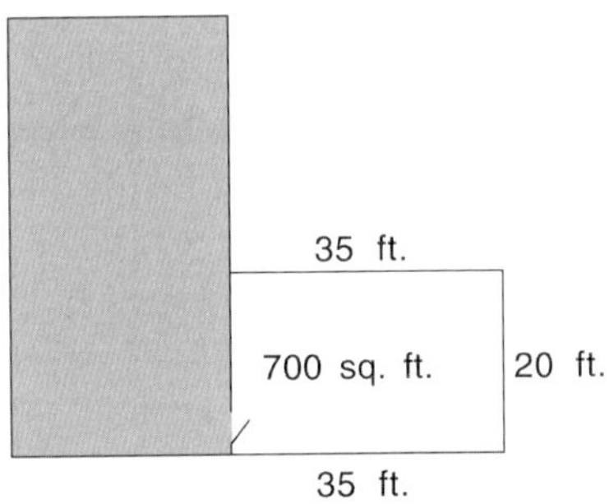

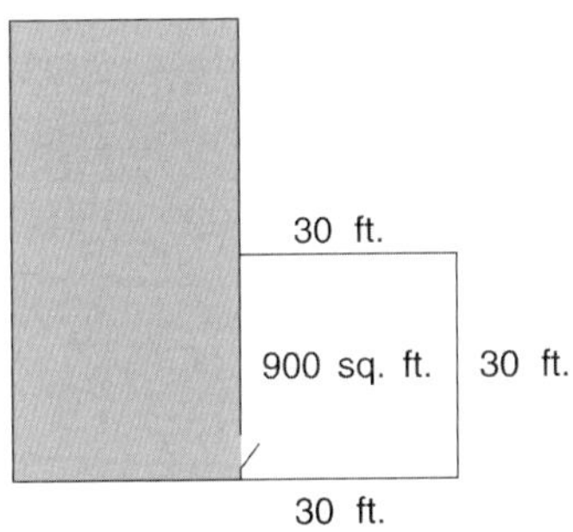

이러한 두 가지 가능성은 우리가 헛간에 접하는 길이를 더 길게 할수록 우리의 크기를 증가시킬 수 있음을 보여준다. 우리는 이러한 패턴이 유지되고 있음을 알아보기 위해서 다른 예를 시도해본다.

조지가 우리가 헛간과 접하는 면을 40 피트로 한다면, 우리는 40 피트 × 25 피트가 되고 1000 평방 피트의 면적이 될 것이다. 조지가 우리가 헛간과 접하는 면을 46 피트로 한다면, 우리는 46 피트 × 22피트가 되어 1012 평방 피트의 면적이 될 것이다.

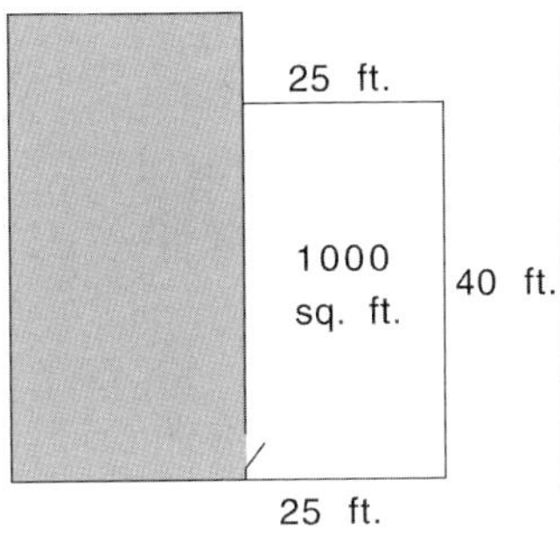

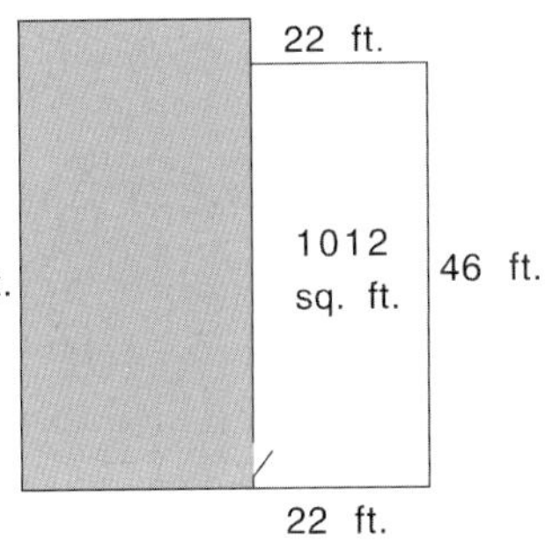

이러한 두 가지 예는 패턴이 계속되며 우리가 헛간과 접하는 면을 길게 함으로써 우리의 면적을 증가시킬 수 있음을 보여준다. 그러므로, 헛간과 접하는 면을 최대한 크게 하여 우리의 한 면으로써 사용하는 것이 합리적이다. 우리는 그러한 가능성을 시도하고 우리가 옳은 지를 검토한다.

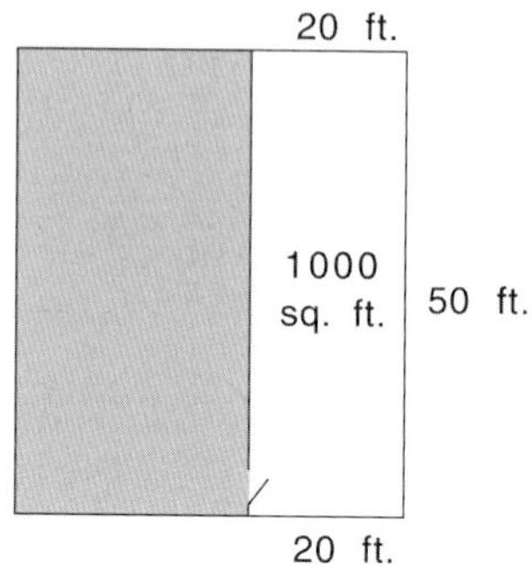

그러나, 조지가 헛간과 접하는 면을 최대 길이로 하여 우리의 한쪽 면으로 사용하면, 우리는 50 피트 × 20 피트가 되고 면적은 1000 평방 피트가 된다.

그래서, 우리는 치수가 40 피트 × 25피트 일 때 또는 50 피트 × 20 피트일 때 면적이 1000 평방 피트가 된다는 것을 알 수 있다. 그러나 길이가 40 피트와 50 피트 사이에 있을 때는 면적이 더 커진다. 다음으로 우리는 40 피트와 50 피트 사이의 중간 길이를 가지고 우리를 시도한다.

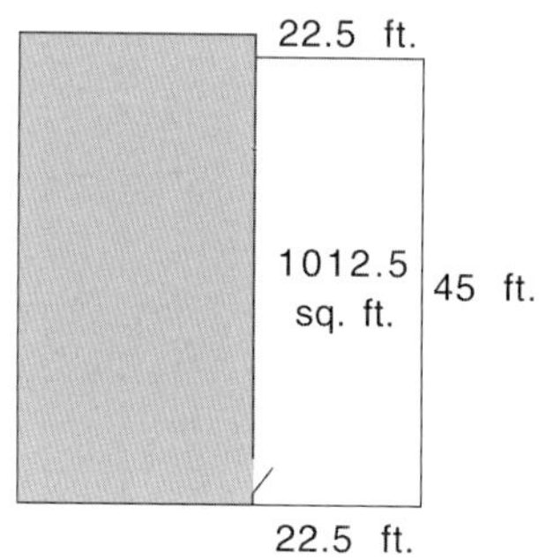

우리가 헛간과 접하는 면이 45 피트라면, 우리는 45 피트 × 22.5피트가 되고 그 면적은 1012.5 평방 피트가 된다. 우리가 40 피트와 50 피트 사이의 다른 길이를 시도한다면, 면적인 1012.5 평방피트보다 적아진다는 것을 발견하게 된다. 조지는 헛간과 45피트 길이로 접하게 할 때, 우리의 면적을 가장 크게 할 수 있다.

연습 및 활동

1. 평행사변형을 주제로 하여 생각해보라. 기하의 6가지 주요 개념(직선성, 합동, 유사성, 평형, 수직, 대칭) 각각이 어떻게 평행사변형에 관련되는 지에 대한 목록을 작성해 보시오.

2. 대문자 W를 생각해보시오.

W

기하의 6가지 주요 개념(직선성, 합동, 유사성, 평형, 수직, 대칭) 각각이 그 문자에 어떻게 관련되는 지에 대한 목록을 작성해보시오.

3. 출판된 초등학교 수학 교과서 시리즈에서 기하에 관한 수업을 선택하시오.

a. 교사용 지침서에 있는 지도 조언에 따르는 수업 지도안을 작성하시오.
b. 수업의 개념(들)을 발달시키는 수업의 부분들을 확인하시오.
c. 가르쳐야 할 개념들을 보다 더 잘 발달시킬 수 있는 활동들을 추가하여 수업을 확장하라. 기하의 주요개념들이 수업에서 제시되는 개념들의 이해를 위해 어떻게 관련되는지를 기하의 주요 개념들을 사용하여 제시하시오.

4. 출판된 초등학교 수학 교과서 시리즈에서 기하에 관한 수업을 선택하시오.

a. 교사용 지침서에 있는 지도 조언에 따르는 수업 지도안을 작성하시오.
b. 수업에 포함되는 운동삼각적 활동을 확인하시오.
c. 수업에 보다 많은 운동감각적 활동을 추가하시오.

5. 출판된 초등학교 수학 교과서 시리즈에서 기하에 관한 수업을 선택하시오.

a. 교사용 지침서에 있는 지도 조언에 따르는 수업 지도안을 작성하시오.
b. 수업에 가르칠 개념(들)에 대한 학생 의사소통을 포함하는 수업의 부분들을 확인하시오.
c. 수업 개념들에 관한 학생들 사이에 더욱 많은 의사소통 기회를 계획하시오.

6. 출판된 초등학교 수학 교과서 시리즈에서 기하에 관한 수업을 선택하시오.

a. 교사용 지침서에 있는 지도 조언에 따르는 수업 지도안을 작성하시오.
b. 학생들의 학습을 모니터할 수 있도록 설계된 수업의 부분들을 확인하시오.
c. 수업지도안에 학습에 대한 지속적인 모니터링을 더 많이 추가하시오.

7. 이 장에서 제시된 수정 수업지도안을 학습하라. 수업 지도안에 더 많은 변화를 주어서 낮은 인지적 수준에서 기능하는 학생에게 보다 적절한 지도안이 되도록 만드시오.

8. 이 장에서 제시된 수정 수업지도안을 학습하라. 수업 지도안에 더 많은 변화를 주어서 기억 결함을 가진 학습장애학생에게 보다 적절한 지도안이 되도록 만드시오.

9. 이 장에서 제시된 수정한 수업지도안을 학습하라. 수업 지도안에 더 많은 변화를 주어서 작은 물체를 보는데 어려움을 가진 시지각 결함 학생에게 보다 적절한 지도안이 되도록 만드시오.

10. NCTM에 의해 1989년에 출판된 학교 수학 교육과정 및 평가 표준(Curriculum and Evaluation Standards for School Mathematics)의 48-50 쪽에 있는 "기준 9: 기하와

공간 감각(Standard 9: Geometry and Spatial Sense)"을 읽으시오. 그리고 NCTM에 의해 2000년에 출판된 학교 수학 원리와 표준(Principles and Standards for School Mathematics)의 41–43쪽, 96–101쪽, 164–169쪽, 그리고 232–239쪽에 있는 "기하 표준(The Geometry Standard)"에 관한 논의를 읽어라. 당신이 생각하기에, 기하의 교수에 있어서 표준에서 제공되는 가장 중요하고 유용한 정보를 찾아보시오.

참고문헌 및 관련 자료

Ambrose, R. C., & Falkner, K. (2002). Developing spatial understanding through building polyhedrons. *Teaching Children Mathematics*, 8, 442-447.

Andrews, A. G. (1996). Developing spatial sense-A moving experience. *Teaching Children Mathematics*, 2, 290-293.

Battisa, M. T. (2002). Learning geometry in a dynamic computer environment. *Teaching Children Mathematics*, 8, 333-339.

Clements, D. H., & Samara, J. (2000). Young children's ideas about geometric shapes. *Teaching Children Mathematics*, 6, 482-487.

Fuys, D. J., Lebov, A. K. (1997). Concept learning in geometry. *Teaching Children Mathematics*, 3, 248-251.

Lerch, H. H. (1981). *Teaching elementary school mathematics: An active learning approach.* Boston: Houghton Mifflin.

Moyer, P. S. (2001). Patterns and symmetry: Reflections of culture. *Teaching Children Mathematics*, 8, 140-144.

National Council of Teachers of Mathematics. (1989). *Curriculum and evaluation standards for school mathematic*s. Reston, VA: Author.

National Council of Teachers of Mathematics. (2000). *Principles and standards for school mathematis*, Reston, VA: Author.

Thornton, C. A., Tucker, B. F., Dossey, J. A., & Bazik, E. F. (1983). *Teaching mathematics to children with special needs.* Menlo Park, CA: Addison-Wesley.

웹 주소

www.proteacher.com/100021.shtml(기하에 관한 활동과 수업지도안)

www.earthmeasure.com(미국 예술에 나타난 기하)

http://mathcentral.uregina.ca/RR/database/RR.09.96/archamb1.html(모자이크에 관한 수업과 활동들)

www.sasked.gov.sk.ca/docs/elemath/geom.html(기하 영역의 범위와 순서)

http://www.sedl.org/scimath/compass/v01n03/4.html(표준 중심 활동에 연계할 수 있는 구조와 기하: 어떤 용기에 가장 많이 들어갈까?)

Chapter 12

자료 분석 및 확률: 자료로부터의 정보 수집과 가능성 측정하기

1. 자료 분석과 확률-두 개의 서로 구분되지만, 관련이 있는 수학 영역들
2. 자료 분석
3. 확률

Chapter 12 자료 분석 및 확률: 자료로부터의 정보 수집과 가능성 측정하기

■ **자료 분석과 확률 기준**

- 비공식적인 비교, 분류, 세기 활동들이 어린 학습자들의 자료와 자료 분석, 통계에 대한 이해 발달에 수학적 기초를 제공할 수 있다. (National Council of Teachers of Mathematics [NCTM], 2000, p.108)
- 취학 전에서 유치원과 초등학교 1・2 학년 수준에서 확률에 대한 생각은 비공식적이어야 하며, 아동들의 경험에 근거해 아동들이 내리는 결정들에 초점을 맞추어야 한다. (NCTM, 2000, p.108)
- 3-5 학년에서는, 자료 집단을 전체로서 볼 수 있도록 하여야 한다. 이 시기의 학습은 관련 자료 집합의 비교를 강조한다. 이 시기의 아동들은 자신들이 모은 자료 집합이 보다 큰 모집단으로부터 뽑은 표본이라는 것을 생각할 수 있어야 한다. (NCTM, 2000, p.177)
- 3-5 학년 학생들은 어떤 사건들의 발생 가능성의 측정으로서의 확률에 대해 학습하기 시작해야 한다. 학생들은 발생 가능성을 양화하는 방법에 대해 배우기 시작해야 한다. (NCTM, 2000, p.181)
- 중학교 학생들은 모집단 내에서 혹은 모집단 간에 존재하는 속성들을 비교할 수 있도록 관련 자료를 모으기 위해 질문을 생성하고 실험이나 조사를 설계할 수 있어야 한다. (NCTM, 2000, p.249)
- 학생들은 가능성에 대해 논의할 때 적절한 용어를 사용하여야 하며, 추측을 하고 해당 추측을 검증하기 위해서 확률을 사용하여야 한다. (NCTM, 2000, p.253)
- … 학생들은 실제 시험을 자주 경험함으로써 확률적 사고를 발달시킬 필요가 있다. (NCTM, 2000, p.254)

1 자료 분석과 확률-두 개의 서로 구분되지만, 관련이 있는 수학 영역들

통계(또는 자료 분석, 이따금 이렇게 불리기도 한다)와 확률은 수학의 서로 다른 영역들이지만, 서로 관련이 있는 분야들이다. 추론 통계-대표성 있는 자료 집합으로부터 모집단에 대해 추론을 하는데 사용하는 절차-는 확률에 의존하는 분야이다. 그러나 초등학교와 중학교 통계는 대부분 기술 통계이고, 자료 집합을 모으고 조직하고 기술하고 제시하는 내용을 다루고 있다. 기술 통계 분야는 확률에 거의 의존하지 않는다.

초등학교와 중학교에서 확률과 자료 분석은 보통 따로 가르친다. 초등학교 수학 교과서에서는 자료 분석과 확률을 같은 장에 함께 제시하기도 하지만, 두 주제는 일반적으로 서로 다른 장들에서 다루게 될 것이다. 따라서 이 장에서도 동일한 방식을 취하려고 한다. 먼저 자료 분석(통계)에 대해서 살펴보고, 확률에 대해 살펴보고자 한다. 저자들은 초등학교와 중학교 수학에서 배울 것으로 기대하는 내용과 그 내용에 대한 교수 접근법을 주로 강조하여 다루고자 한다.

2 자료 분석

(1) 자료 분석 관련 빅 아이디어들 강조하기

이 책의 앞 장들에서 그랬던 것처럼, 이 장에서도 자료 분석과 확률과 관련된 빅 아이디어들을 확인하고자 한다. 이러한 빅 아이디어들은 계속해서 되풀이 되고, 자료 분석과 확률에 대한 학생들의 이해를 발달시키는데 기초가 된다. 물론 교사가 아동들과 빅 아이디어들에 관해 논의할 때 사용하는 언어는 이들 아동들의 발달 수준에 적합해야 한다. 어린 아동들의 경우, 사용하는 언어는 비공식적이어야 하고, 아동들이 경험하는 특정 상황과 관련이 있어야 한다.

자료 분석에 관한 첫 번째 빅 아이디어는 "특정 출처로부터 적절한 자료를 모을 때, 이러한 자료는 그 출처(모집단)에 대해 당신에게 정보를 제공한다."이다. 어린 아동들의 경우, 수 세기(counting)를 통해 산출된 자료는 학급이나 가족에 대해 기술할 때 사용될 수 있다. 더 나이 많은 아동들은 보다 큰 집단에 속한 사람들로부터 선택한 표본으로부터 자료를 모으고 이 자료를 사용해서 보다 큰 집단에 대해 기술할 수 있다. 그러나 모든 수준에서, 첫 번째 빅 아이디어는 강조되어야 한다. 적절한 자료를 모은다면, 이러한 자료들은 유용한 정보이고 질문에 답하는데 사용될 수있다.

자료 분석에 관한 두 번째 빅 아이디어는 "잘 조직된 자료는 그렇지 않은 자료들보다 더 많은 정보를 제공한다"이다. 모든 수준에서 자료를 모을 때, 학생들에게 이러한 자료를 조직하도록 격려하고 때때로는 심지어 요구해야 한다. 아동들이 발전함에 따라, 아동들은 조직한 자료를 표를 사용해서 제시하는 방법을 배워야 한다. 첫 번째 빅 아이디어를 강조함에 따라, 학생들은 답하고자 하는 질문에 답을 얻는데 도움이 될 수 있도록 자료를 조직하는 법에 대해 자동적으로 생각하는 법을 배워야 한다.

세 번째 빅 아이디어는 "적절한 그래픽 표현은 자료의 이해도를 향상시킨다"이다. 학생들이 초등학교 수학 교육 프로그램을 이수함에 따라, 학생들은 다양한 종류의 그래프 사용법에 대해 배우고, 각 그래프들은 특정 상황에서 유용하게 쓰인다. 가장 간단한 그래프는 조직된 자료를 단지 시각적으로 표현한 것이다. 반면에 보다 복잡한 그래프는 자료 집합을 기술하는 통계를 사용한 시각 표현을 제공한다. 그러나 학습 과정에서, 우리가 전달하고자 하는 정보를 제시하기 위해서 어떤 그래프가 가장 적절한가를 강조하여야 한다.

네 번째 빅 아이디어는 "기술 통계(수치)는 자료 집합을 기술하는데 사용될 수 있다"이다. 기술 통계는 자료 집합에 속한 항목들의 수, 가장 큰 수 혹은 가장 작은 수와 같은 간단한 기술 수치에서 시작한다. 나이 든 학생들은 자료 집합을 기술하기 위해 평균을 사용할 수 있다. 나이 든 학생들은 다양한 중심 경향치(평균, 중앙값, 최빈치)와 산포도(범위, 표준편차 등)을 사용할 수 있어야 한다.

(2) 개념 이해를 위한 예비 경험 활용하기: 유치원부터 고등학교까지의 전형적인 자료분석 발달

① 유치원과 1학년에서의 자료 분석

유치원과 1학년에서 아동들이 경험하는 자료 분석은 일반적으로 간단한 종류의 자료 수집과 자료 조직에 한정된다. 흔히, 학습 활동은 수 세기 연습인 경우가 많다. 예를 들어, 아동들이 다양한 선택을 한 후에, 학교 전체가 각 선택을 한 아동들의 숫자를 세고, 그 숫자를 기록한다. 또는 아동들은 어떤 실험을 관찰하고, 어떤 결과가 일어난 횟수를 세고, 그 결과를 기록한다. 자료 조직에 대한 아동들의 경험은 분류 활동을 통해 하게 되는데, 사물들을 종류나 색깔, 크기, 기능 별로 집단을 구성하고, 각 집단에 속한 사물들의 개수를 세고, 그 결과를 기록한다. 흔히 이러한 활동은 질문을 던짐으로써 시작되고, 세거나 집단을 만들어가 혹은 아동이 하는 무언가 활동이 이 질문에 대한 답을 얻기 위해 계획된다.

1학년에서는 교실 활동으로 어떤 집단의 사람들(교실 내 학생 등)을 조사하고, 자료를 조직하고, 이 정보를 사용해서 조사한 집단에 대한 질문에 답을 한다. 초기에 자료 수집과 조직 활동은 흔히 세기 및 분류 활동을 하는 것으로 보이나, 이러한 초기 경험은 이후의 자료 분석을 위한 기초가 된다. 다음의 활동들은 유치원과 1학년 교사들이 아동들의 자료 분석 이해 발달을 위해 사용할 수 있는 활동을 소개하고 있다.

■ 활동 12.01 추측하고 확인하기

두 개의 하얀 칩과 네 개의 빨강 칩, 세 개의 파랑 칩을 모자 안에 넣는다.

모자를 교실 앞에 들어올려 보여준다. 아동들에게 모자 안에 무엇이 있는지 추측해 보게 한다. 그런 후에 빨강 칩을 꺼낸다. 아동들이 그것을 볼 수 있도록 들어올려 보여준다. 그리고 아동들에게 모자 안에 몇 개의 빨강 칩이 있다고 말해준다.

하얀 칩을 꺼내서 보여주고, 아동들에게 모자 안에는 하얀 칩도 있다고 말해준다.

파랑 칩을 꺼내서 보여주고, 모자 안에는 파랑 칩도 있다고 말해준다. 아동들에게 모자 안에 얼마나 많은 하양, 빨강, 파랑 칩들이 있을지 추측해 보도록 한다. 칠판에 아동들이 각 색깔 칩들에 대해 추측한 숫자를 기록한다.

어떤 추측이 맞았는지 확인하기 위해서는 어떻게 해야 하는지 묻는다. [모자 속을 본다.]

모자를 책상 위에 비우고, 아동들로 하여금 앞에 나오게 하여 각 색깔별로 몇 개의 칩들이 모자에 있었는지 확인하게 한다.

■활동 12.02 추측하고 확인하기 위해 조사하라

아동들에게 사람들이 키우는 다양한 종류의 애완동물들에 대해 논의해 보게 하면서 활동을 시작한다. 어떤 동물은 집안에서 키우고, 어떤 동물은 집밖에서 키운다. 어떤 동물은 매우 작고(심지어 어떤 사람들은 개미 농장을 집안에 둔다.), 어떤 동물들은 매우 크다(예, 말). 어떤 사람들은 애완동물을 키우지 않는다. 또 어떤 사람들은 애완동물 여러 마리를 키운다.

아동들에게 사람들이 키우는 애완동물 수에 대해 생각해 보도록 하기 위해, 다음과 같은 질문을 던진다. "내가 고양이 한 마리, 물고기 한 마리, 개 한 마리가 있다면, 나는 애완동물이 몇 마리가 있는 것인가?", "Joanie가 검정 고양이 한 마리, 점박이 고양이 한 마리를 키우고 있다면, 그녀는 애완동물이 몇 마리 있는가?" "Tommy는 두 마리 강아지와 어미 개 한 마리를 키우고 있다, Tommy는 몇 마리의 애완동물을 키우고 있는가?"

아동들에게 모두 질문에 대한 답을 추측해 보기를 바란다고 말한다. 그리고 묻는다. "이 교실에서 가장 많은 애완동물을 키우는 사람들이 누구지?" 아동들의 반응을 기록하기 위해 눈금을 사용한다. 칠판에 눈금 기록을 그대로 남겨둔다.

학급 전체에 누구의 추측이 맞았는지 확인할 수 있는 방법을 아는 사람이 있는지 묻는다. 학급 내 모든 학생에게 몇 마리의 애완동물을 키우는지 묻는 방법을 통해 알 수 있다고 설명한다. 학생들에게 이 방법을 조사(survey)라고 부른다고 말해준다.

칠판에 세로로 한 줄로 0부터 10까지 숫자를 적는다. 각 학생들에게 "집에 몇 마리의 애완동물이 있는가?" 묻는다. 학생들의 대답을 기록하기 위해서 숫자 옆에 눈금으로 표시한다.

조사를 완료한 후에, 누구의 추측이 맞았는지 학생들에게 묻는다. 다른 질문을 던진다. "누가 가장 적은 수의 애완동물을 갖고 있는가?" "애완동물을 두 마리 키우고 있는 사람은 얼마나 되는가?" (이 질문에 대답하기 위해서는 학생들이 칠판으로 나와 눈금을 세워야 할 것이다.) "2 마리 혹은 3 마리 애완동물을 키우고 있는 학생이 더 많은가?"

■활동 12.03 선들

학생들이 입고 있는 서로 다른 종류의 옷들에 대해 논의하도록 하면서 활동을 시작한다. 학생들의 주의를 학급 내 학생들이 입고 있는 서로 다른 종류의 셔츠에 집중하게 한다. 단추가 있는 셔츠와 없는 셔츠에 주목하게 한다.

학생들 중 단추가 있는 셔츠를 입고 있는 학생들을 한 줄로 줄서게 한다. 단추가 없는 셔츠를 입은 학생들을 첫 번째 줄 옆에 한 줄로 줄서게 한다. 학생들의 주의를 각 줄의 길이에 두게 한다. 줄의 길이를 통해 무엇을 알 수 있는지 묻는다. [한 줄이 길다면, 그 종류의 셔츠를 입은 학생들이 더 많다.]

② 2-3학년에서의 자료 분석

2학년과 3학년에서는 학생들은 자연스러운 상황에서 자료 수집을 계속하고, 질문에 답하기 위해서 순서대로 간단한 조사를 수행하는 경험을 더 하게 된다. 학생들은 이러한 활동들을 기술하기 위해 보다 더 많은 공식 언어 사용법을 배우게 된다.

또한 학생들은 자료를 조직하기 위해 표를 사용하는 법을 배우기 시작한다. 그리고 자신들이 수집한 자료를 표현하기 위해 그래프를 어떻게 사용하는지도 배우기 시작한다. 또한 각 범주에 속하는 개수를 표시하기 위해 사각형을 쌓아 만든, 원시적인 막대 그래프를 만드는 법도 배운다. 학생들은 실험하고, 그 결과를 기록하고 그래프로 표현한다.

다음의 일련의 활동들은 2학년과 3학년 교사들이 학생들의 자료 분석에 대한 이해를 발달시키기 위해서 활용할 수 있는 활동들이다.

■활동 12.04 자료 쌓기

다음과 같이 활동을 위한 게시판을 준비한다. 빨강, 파랑, 노랑, 초록 4개 색깔 공작용 색판지를 세로 3cm 가로 10 cm 길이로 자른다. 검정 펜으로 각 종이 조각 위에 색깔 이름을 적는다. 네 개의 종이 조각들을 게시판 맨 밑에 서로 나란이 가로로 붙인다.

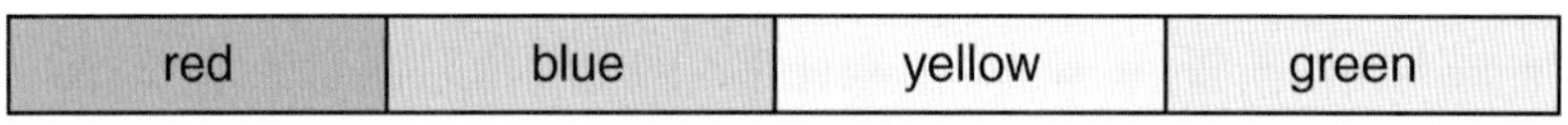

모든 학생들에게 가로 세로 3 cm 크기의 정사각형 종이 네 개를 나누어준다. 학생들에게 빨강색 크레용을 선택하도록 한다(모든 학생들이 정확한 색을 선택했는지 확인한다.) 사각형 하나의 안쪽을 빨강색으로 칠하게 한다. 그런 후에 파랑색 크레용을 골라 다른 사각형 하나의 안쪽을 파랑색으로 칠하게 한다. 동일한 세 번째 사각형은 노란색으로, 마지막 사각형은 초록색으로 칠하게 한다. 학생들에게 네 개의 색깔들 중 자신이 좋아하는 색을 하나 고르게 한다.

학생들에게 게시판으로 나와, 한 번에 한 명씩 자신이 가장 좋아하는 색을 보여주게 한다. 그리고 간단한 막대 그래프를 만들 수 있도록 자신이 좋아하는 색이 칠해진 사각형을 게시판을 붙이도록 한다.

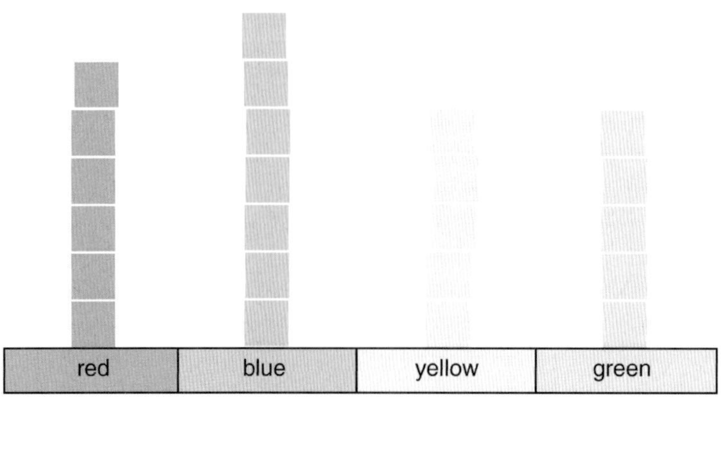

학생들이 자신들이 좋아하는 색들을 쌓은 후에, 쌓여진 색깔들로부터 무엇을 알 수 있는지 학생들에게 묻는다.

■ 활동 12.05 눈금 기록

학생들이 보지 않을 때, 달걀 곽에 임의로 5개의 빨강 칩과 7개의 노랑 칩을 넣어 둔다. 학생들이 몇 개의 색깔 칩이 달걀 곽이 있고, 어떤 것들이 있는지 학생들에게 말해 줄 것이라고 설명한다. 학생들에게 달걀 곽에 놓여 있는 순서대로 색깔을 말해준다. 예를 들어, "빨강, 빨강, 노랑, 노랑, 노랑, 빨강, 노랑, 노랑, 빨강, 노랑, 빨강, 노랑"이라 말한다.

달걀 곽에 얼마나 많은 빨강 칩이 있는지, 얼마나 많은 노랑 칩이 있는지 묻는다. 칠판에 학생들이 추측한 것을 적고, 누가 맞았는지 확인하기 위해 누군가 앞으로 나와 칩들을 세어 보도록 한다.

각 색깔을 불러주었을 때 각 색깔별로 얼마나 많은 칩이 있는지 기억한다는 것은 어려운 일이라는 것을 설명한다. 학급 전체에 각 색깔별로 얼마나 많은 칩이 있는지 기억하기 위해 눈금으로 기록해 두는 것이 도움이 된다고 말해준다. 색깔 이름을 칠판에 "빨강" "노랑"이라고 적는다. 한 학생에게 달걀 곽을 가지고 곽 안에 있는 칩의 색깔을 순서대로 읽어보라고 한다. 이 학생이 색깔을 말하면, 각 색깔이 불려 질 때마다 색깔 옆에 눈금 기록을 한다. 모든 색깔을 다 말하면, 눈금 기록을 가리키고, 이렇게 기록한 것을 눈금 기록(tally mark)이라고 한다고 말해준다. 빨강 옆에 기록된 눈금을 세어 보고 5개의 눈금이 있기 때문에, 5개의 빨강 칩이 있다는 것을 알 수 있다고 설명한다. 노랑 옆에 눈금을 세어보고 7개의 눈금이 있기 때문에 7개의 노랑 칩이 있다는 것을 알 수 있다고 설명한다.
달걀 곽 안의 빨강 칩과 노랑 칩의 개수를 바꾸고, 활동을 반복한다. 단 각 색깔별로 몇 번 불렸는지 기억할 수 있도록 학생들이 눈금을 기록하게 한다.

■ **활동 12.06 조사 눈금**

학급 전체에 조사에서 정보를 모을 때 눈금 기록을 사용할 수 있다는 것을 말해준다. 학급에서 야구와 축구, 낚시를 좋아하는 학생들이 얼마나 있는지 조사하려고 한다는 것을 설명한다.
칠판에서 야구, 축구, 낚시라고 적는다. 한 아동을 앞으로 나오게 하여, 학생들의 선호도를 기록하기 위해 눈금으로 기록하게 한다. 첫째, 이 아동들에게 자신의 선택을 기록하게 한다. 그런 후에 교실 여기저기를 돌면서, 다른 학생들의 선택을 한 명씩 확인한다. 정확하게 모든 선택을 눈금으로 기록할 수 있도록 천천히 기록한다. 다른 학생을 앞으로 나오게 하여 눈금을 세게 한다. 학급 전체 학생에게 조사 결과가 무엇을 말해주는지 설명하게 한다.

■ **활동 12.07 빈도 표**

이 활동은 활동 12.06의 추수 활동이다. 학생들이 야구와 축구, 낚시에 대한 선호도를 기록하고, 각 스포츠를 선호하는 학생들의 수를 파악한 후에, 이들 숫자를 보여주는 표를 만든다. 각 스포츠를 선택한 숫자를 지적하고 이를 선택 빈도(frequency)라고 부른다고 알려 준다. 빈도를 보여주는 표를 빈도 표(frequency table)이라 부른다고 설명해 준다.

스포츠	빈도
야구	6
축구	9
낚시	5

■ **활동 12.08 범주와 수**

칠판에 수평선을 그린다. 학교 전체 학생들에게 막대 그래프를 만들려고 한다고 설명한다. 학생들에게 교실에서 얼마나 많은 학생들이 있는지 세어 보도록 한다. 수평선 밑에 '남학생'과 '여학생'이라고 적는다. 다음에, 칠판에 수직선을 그리고, 인치별로 눈금을 표시하고 숫자를 적는다.
가로 2인치, 세로 20인치인 색종이를 두 조각으로 자른다. 학생들에게 칠판 앞으로 나오게 하여, 종이 조각을 수직으로 잡고, 남학생 명 수를 길이(인치)로 바꾸어 종이 조각을 자르게 한다. 두 번째 종이 조각은 길이(인치)가 여학생 수에 대응하도록 자른다.

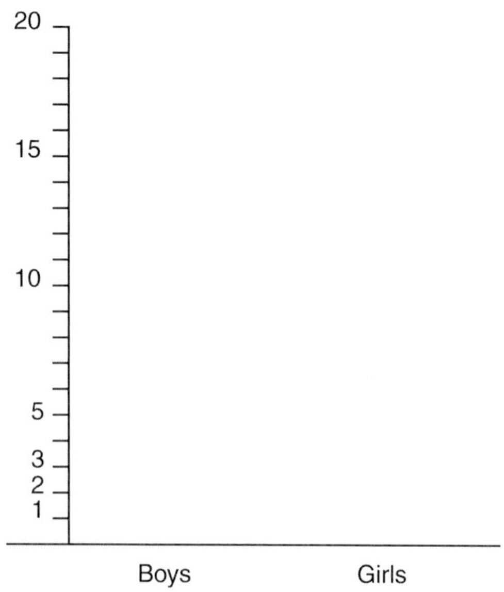

학생들에게 종이 조각(막대)이 교실 내 남학생과 여학생이 몇 명인지 보여줄 수 있는지 보여준다. 막대의 길이가 학생 수를 보여준다는 것을 설명한다.

■활동 12.09 눈금 그래프

끈이 있는 신발을 신은 학생이 몇 명이고, 끈이 없는 신을 신은 학생들이 몇 명인지 학급 전체 학생들을 대상으로 조사하고, 그 결과를 눈금으로 기록한다. 그런 후에 학생들에게 그 결과를 보여주는 막대 그래프를 만들어 보도록 한다.

■활동 12.10 얼마나 많은지 보여주는 스티커

이 활동을 하기 위해서는 세 가지 종류의 스티커가 필요하다. 모든 스티커들은 대부분의 교사를 위한 상점에서 살 수 있다. 또한 큰 포스터 판이 필요하다. 이 예제에서는 고양이, 꽃, 스컹크 스티커들이 필요하다.
포스터 판에 수직선을 그린다. 수직선 왼쪽에 '고양이', '꽃', '스컹크'라고 적는다.

학급 전체에 세 가지 종류의 스티커가 있다고 말해 준다. 학생들에게 스티커를 보여준다. 스티커를 이용해서 그림 그래프(pictograph)를 만들려고 한다고 설명해 준다. 학생들에게 그림 그래프를 사용해서 전체 학생들이 어떤 종류의 스티커를 선호하는지 보여주려고 한다고 말해준다.
학생들에게 한 명씩 어떤 스티커를 선호하는지 말하게 하고, 학생들의 선호도를 볼 수 있도록 그림 그래프를 만들기 위해 그래프 위에 스티커를 붙이게 한다. 그림 그래프가 학생들의 선호도에 관해 무엇을 말해 주는지 물어본다.

③ 4학년과 5학년에서의 자료 분석

4학년과 5학년에서 학생들은 자연스러운 상황에서 자료를 계속해서 수집하고, 질문에 답하기 위해 조사 활동을 보다 더 많이 경험한다. 학생들은 실험으로부터 자료를 수집하기 시작하고, 그 결과를 이해하기 위해 자료 조직에 대한 그들의 이해를 사용하기 시작한다. 자료를 조직하면 자료를 이해하가 더 쉽다는 생각은 지속적으로 강화 받아야 한다. 학생들은 자료 수집과 조직 활동을 기술하는데 보다 공식적인 언어를 사용하는 법을 지속적으로 배워야 한다.

4학년과 5학년에서는 점선 그래프와 원 그래프를 해석하고 만드는 법을 배우게 된다. 학생들이 새로운 종류의 그래프들에 대해 배우게 되면서, 학생들은 막대 그래프와 그림그래프는 범주별 빈도를 보여주는데 사용되고, 점선 그래프는 시간에 따른 변화를 보여주는

데 사용되고, 원 그래프는 어떤 양을 부분 부분으로 나눌 때 각 부분들의 상대적인 크기를 보여주기 위해 사용된다는 깊은 이해를 발달시켜야 한다.

학생들은 두 변수들이 어떻게 관련되어 있는지 보여주는 선 그래프를 읽고 해석하는 법을 배워야 한다. 또한 자료 집합의 산포도를 시각적으로 표시한 상자-수염 그림(box-and-whisker plots)과 줄기-잎 그림(stem-and-leaf plots)을 접하게 된다. 또한 표와 그래프로부터 얻어진 정보를 사용해서 문제를 해결하고 자료 집합을 기술하기 위해 평균과 중앙치, 최빈치를 사용할 것이다.

다음의 활동들은 이 개념들 중 일부가 어떻게 발달하는지를 보여주고 있다.

■활동 12.11 상자 안에

이 활동은 가로 세로 각각 20cm 30 cm보다는 작고, 10cm 15cm보다는 큰 작은 마분지 상자가 필요하다. 상자는 윗부분이 열려야 하다.

교실 바닥에 벽으로부터 2m 정도 떨어진 곳을 테이프로 선을 그린다. 상자를 벽 반대편에 놓는다. 학생들에게 선 뒤에서 상자 안에 주사위을 던져 놓도록 한다. 학급에 몇 명의 학생들이 있는지 묻는다. 학생들에게 상자 안에 몇 개의 주사위을 넣을 수 있는지 추측해 보도록 한다. 학생들의 추측을 기록한다. 몇 명의 학생들이 상자 안에 넣고, 넣지 못하는지 어떻게 기록할 수 있는지 묻는다. [넣거나 넣지 못할 때마다 기록하기 위해 눈금을 표시한다.] 한 학생을 나오게 하여 그 결과를 눈금을 기록하게 한다. 먼저 주사위를 던지고 그 결과를 기록하고, 다른 결과들도 기록하게 한다. 모든 학생들이 차례대로 던지고, 눈금을 세어본다.

마지막으로 각 학생들에게 실험 결과를 보여주는 막대 그래프를 만들어 보도록 한다.

■활동 12.11 예언하고 확인하기

이 활동에는 두 개의 주사위가 필요하다. 한 개의 주사위 6면에 1 1 1 1 1 2 라고 적고, 다른 주사위 각 면에는 4 4 4 4 5 6 이라고 적는다.

두 개의 주사위를 학급 전체에 보여준다. 각 주사위에 적혀 있는 숫자들을 학생들에게 보여준다. 학생들에게 두 개의 주사위를 던지고 나온 수들을 더했을 때 가장 나올 가능성이 적은 결과가 무엇이지 물어본다. 가장 나올 가능성이 높은 결과는 무엇인가? 가능성이 있는 다른 결과는 무엇인가? 칠판 한쪽에서 수직으로 모든 가능성들을 기록한다.

두 개의 주사위를 30번 던진다고 설명해 준다. 어떤 결과가 가장 많이 나올지 물어본다. 한 학생을 선택하여 각 결과를 칠판에 눈금을 이용하여 기록한다. 주사위를 모두 던진 후에, 기록한 눈금을 세어본다. 누구의 예측이 가장 정확했는가?

각 학생들에게 실험 결과를 보여주는 막대 그래프를 만들어 보도록 한다.

■활동 12.13 위와 아래 보여주기

학생들에게 1주일 동안 매일 같은 시간에 밖에 기온을 기록하게 한다. 주말에 꺾은 선 그래프(broken-line graph)를 사용해서 이 결과를 어떻게 보여줄 수 있는지 알려준다.

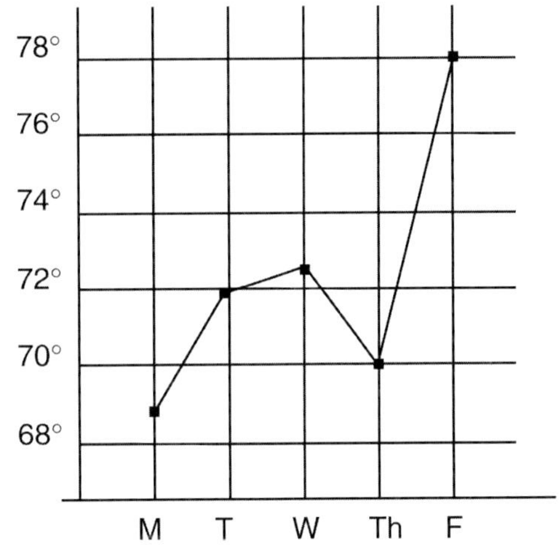

이를 꺾은 선 그래프라고 부르며, 시간에 따라 일어나는 변화를 보여주기 위해 사용된다는 것을 설명한다.

■ 활동 12.14 다른 한 주

학생들에게 두 번째 주에 매일 같은 시간에 밖에 기온을 기록하게 한다. 주말에 짝과 함께 두 번째 주의 기온의 변화를 보여줄 수 있도록 꺾은 선 그래프를 만들어 보도록 한다.

■ 활동12.15 이기적인 샘

학생들에게 다음 이야기를 들려준다.

Sam이라는 소년은 아주 이기적이다. 어느 날, 그는 12개의 캔디를 가지고 있었는데, 세 친구와 나누어 먹기로 한다. 세 친구 이름은 Deb, Jo, Al 이었다. Sam은 세 친구에게 캔디 2 개를 나누어 주었고, 6개를 자신이 가졌다. Sam은 공정하게 나누어 주었다고 생각했는데, 이는 캔디가 자신의 것이었기 때문이다. 그러나 몇 가지로 이유로, 그의 친구들은 화가 났다.

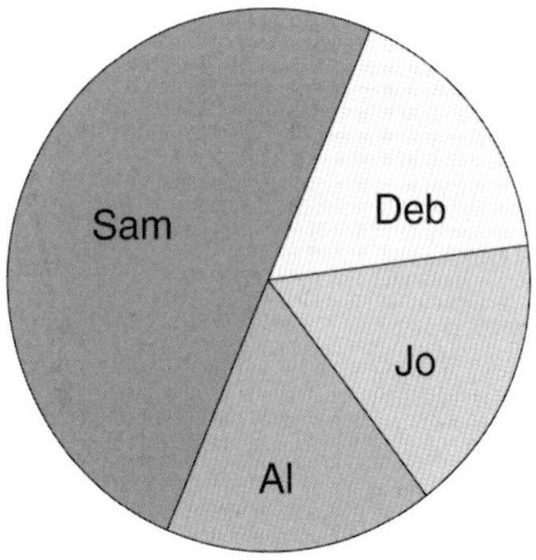

학생들에게 그의 친구들이 왜 화가 났는지 묻는다. 학생들에게 캔디를 어떻게 나누었는지 알 수 있는 다른 종류의 그래프를 만들어보려 한다고 말해준다. 위와 같은 그래프는 Sam이 자신이 캔디를 나누어진 방식 때문에 왜 친구들이 화가 났는지 볼 수 있게 하는데 도움이 된다.

칠판에 원을 그린다. Sam 자신이 가진 캔디가 어느 정도 되지는 묻는다. [1/2] 원을 절반으로 나누는 선을 긋는다. 두 반원 중 한 쪽에 Sam이라고 적는다. Sam의 친구들이 나머지 캔디를 어떻게 나누어 가졌는지 묻는다. [세 친구는 나머지 캔디의 1/3씩을 나누어 가졌다.] 두 번째 반원을 삼등분한다. 그리고 한 조각에 Al이라고 적고, 한 조각에 Jo라고 적고, 한 조각에 Deb이라고 적는다.

이 그래프를 원 그래프(circle graph)라고 부른다고 설명한다.

■ **활동 12.16 달러 나누기**

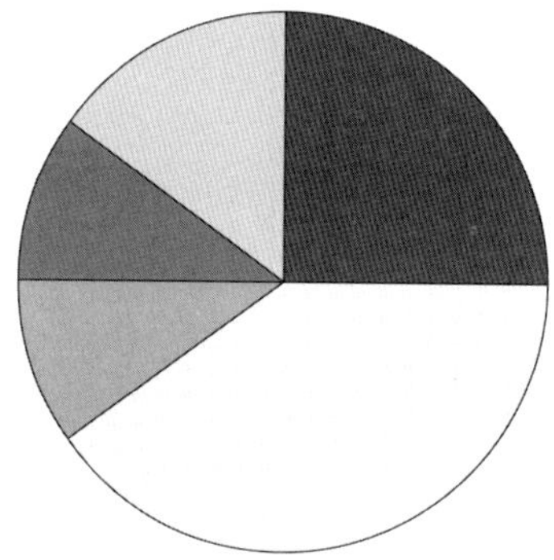

칠판에 원을 그린다, 그리고 원의 중심에서 원을 여러 조각으로 구분하는 선들을 긋는다. 원 내의 각들을 지적하고, 이들 각들의 합이 얼마인지 묻는다. [360도] 학생들에게 나중에 이 사실을 이용할 것이므로 그 합을 기억하라고 말한다.

학생들에게 1달러를 보여준다. 1달러는 몇 센트인지 묻는다. [100 센트] 학생들에게 1달러를 갖고 있는데, 25센트를 저축하려 한다고 말한다. 1달러 중 몇 %를 저축하는 것인지 묻는다. [25%] 40센트를 과자를 사먹는데 사용한다면, 1달러 중 얼마를 사용한 것인가? [40%] 10센트를 남동생에게 주고, 10센트를 여동생에게 준다면, 동생 각각에서 얼마를 사용한 것인가? [10%] 나머지 돈을 빌린 돈을 갚기 위해 할머니에게 준다면, 1달러 중 얼마를 그녀에게 준 것인가? [15%]

학생들에게 1달러를 어떻게 사용했는지 보여줄 수 있는 원 그래프를 그리려고 한다고 말해준다. 40센트는 과자를 사는데 사용했기 때문에 원의 40%는 이를 나타내는데 할당한다. 모든 각을 합치면 360도이므로 원의 40%는 .40 × 360 도 = 144 도이다. 원을 그리고 각도기를 사용하여 중심각이 144도가 되도록 선을 긋는다. 동일한 과정을 거쳐 원 그래프의 나머지 부분들을 결정하고 선을 긋는다. 각 그래프의 조각들에 이름을 붙인다.

학생들에게 이 원 그래프가 무엇을 말해주는지 묻는다.

■ **활동 12.17 자기 식으로 달러 나누기**

학생들에게 1달러를 어떻게 사용할지 보여주는 원 그래프를 만들어 보도록 한다.

■ **활동 12.18 자료 기술하기**

칠판에 다음과 같은 숫자 집합을 적는다.

3 4 7 6 4 5 4 9 4 4

학생들에게 이 집합을 기술하기 위해서 하나의 숫자를 사용하기를 원한다고 말한다. 학생들에게 이 집합에 대해 무언가를 말할 수 있는 숫자를 고르라고 한다. 학생들에게 숫자 10이 이 집합을 설명하는 숫자라고 말한다. 이유가 무엇인지 묻는다. [집합에 10개의 숫자가 있다.] 학생들에게 숫자들에 대해 생각해 보게 하고, 이 숫자들의 집합을 기술할 수 있는 하나의 숫자를 결정하도록 한다.

학생들이 자신들이 생각하기에 이 집합을 설명할 수 있는 숫자가 무엇인지, 그리고 그 이유가 무엇인지 말해 보도록 한다. 답은 다양할 수 있다. 어떤 학생은 리스트 맨 앞에 있기 때문에 3을 택할 수 있다. 다른 학생은 이 집합에 없기 때문에

8을 택할 수도 있다. 다른 학생들은 4를 택할 수 있다. [4가 많다], 3이나(가장 작은 수), 9(가장 큰 수), 50(숫자들의 합)을 택하거나 다른 이유로 여러 숫자들을 답할 수 있다. 어떤 숫자가 좋은 선택이고 나쁜 선택이라는 판단은 하지 않는다.

■활동 12.19 중간을 기술하는 한 가지 방법

이 활동은 활동 12.18의 추수활동이다.

활동 12.18에 제시된 것과 동일한 숫자 집합을 사용하여, 학생들에게 이 숫자들의 중간을 나타내는 숫자를 선택하려고 한다고 말한다. 이 집합을 보았을 때, 다른 숫자보다 아주 많은 4가 존재한다는 것을 즉각적으로 볼 수 있었다는 것을 지적한다. 이 집합에서 가장 많이 나타난 숫자는 4이다. 가장 높은 빈도를 보이는 숫자를 그 집합의 최빈치(mode)라고 한다고 설명한다. 칠판에서 '최빈치'라고 적는다. 칠판에 다른 숫자 집합을 적는다. 학생들에게 최빈치를 확인해 보도록 한다.

■활동 12.20 중간을 기술하는 두 번째 방법

이 활동은 활동 12.18의 추수활동이다.

활동 12.18에서 사용했던 것과 동일한 숫자 집합을 사용하여 학생들에게 숫자 집합의 중간이 무엇인지 말해 주는 숫자를 최빈치 말고 다른 숫자를 찾아보고자 한다고 말한다. 집합 내 모든 숫자들을 더하고 숫자 개수로 나누면 숫자들의 평균을 찾을 수 있다고 지적한다. 학생들에게 평균을 구해 보라고 한다. 이 평균에 해당하는 숫자를 집합의 평균값(mean)이라고 한다고 설명한다. 칠판에 '평균값'이라고 적는다. 칠판에 다른 숫자 집합을 적는다. 학생들에게 평균값을 구해 보라고 한다.

■활동 12.21 중간을 기술하는 세 번째 방법

이 활동은 활동 12.18의 추수 활동이다.

칠판에 15개 숫자를 적는다.

2 5 4 8 6 5 9 4 3 6 8 1 6 2 7

학생들에게 이 숫자 집합의 중간이 무엇인지 기술하기 위해, 최빈치나 평균값이 아닌 한 숫자를 선택하려고 한다고 말한다. 학생들에게 우선 숫자들을 다시 배열해서 가장 작은 수부터 가장 큰 수까지 나열하려고 한다고 말한다. 그런 후에 중간 숫자를 확인한다.

1 2 2 3 4 4 5 5 6 6 6 7 8 8 9

↑

이 5가 중간이다.

이 중간 숫자를 이 집합의 '중앙치(median)'라고 부른다고 설명한다. 칠판에 '중앙치'라고 적는다. 칠판에 9개의 숫자 집합을 적는다. 학생들에게 중앙치를 찾아 보도록 한다.

④ 6학년에서 8학년까지의 자료 분석

6학년에서 8학년까지 학생들은 계속해서 자료를 모으고 조직한다. 학생들은 막대그래프, 그림그래프, 원 그래프, 꺾은 선 그래프를 해석하게 된다. 또한 자신들이 모은 자료뿐만 아니라 존재하는 자료들을 나타내기 위해 표와 막대그래프, 그림그래프, 원 그래프, 꺾은 선 그래프를 사용한다. 그리고 상자-수염 그림과 줄기-잎 그림도 해석하고 만들게 된다. 이 시기에 이 활동들을 기술하기 위해 사용되는 언어들은 보다 더 공식적이고 정확해진다. 학생들은 두 개의 관련 자료 집합을 나타내기 위해 이중 막대그래프를 해석하고 만드는 법을 배우게 된다. 학생들은 히스토그램을 해석하고 만드는 법도 배울 수 있다. 학생들은 산포도(scattergram)와 상자-수염도(box-and-whisker plot)를 해석하는 법을 배울 수도 있다.

또한 이 시기의 학생들은 자료 집합들을 기술하기 위해 평균값과 중앙치, 최빈치를 사용할 수 있다. 또한 자료 집합 내의 산포 양을 기술하기 위해 범위를 사용하는 법을 배울 수도 있다. 또한 기술 통계를 계산하고 해석하는 법도 배울 것이다. 학생들은 자료를 수집하고, 그 결과로 얻어진 통계 수치를 어림짐작하는데 사용할 수도 있다. 또한 학생들은 존재하는 표들과 그래프에서 얻어진 자료를 사용해서 문제를 해결하고, 문제를 해결하기 위해 표나 그래프를 만들 수도 있다.

다음 활동들은 이러한 자료 분석 아이디어들이 어떻게 발달할 수 있는지 보여준다.

■ 활동 12.22 하나에 두 개의 그래프

이 활동은 두 개의 OHP 필름이 필요하다. 아래 그림을 두 개의 필름에 복사한다. 학생들에게 어떨 때는 두 개의 막대 그래프를 두 집단을 비교하는데 사용할 수 있다는 것을 설명한다. 학생들에게 Jone 선생님 반과 Smith 선생님 반, 두 반에 관해 비교하려고 한다고 말한다. 각 반은 각자 몇 명의 남학생과 여학생이 있는지 보여주는 막대 그래프를 만들었다고 말한다. 두 개의 막대 그래프가 표시된 필름을 OHP 위에 올려 놓는다. 어떤 반이 여학생이 더 많은가, 어떤 반이 남학생이 더 많은가?

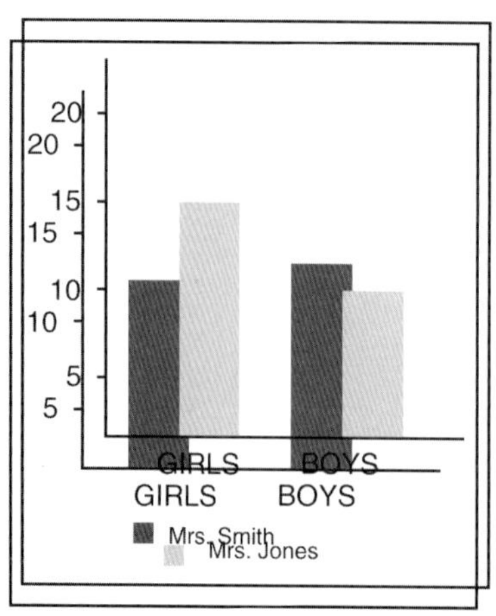

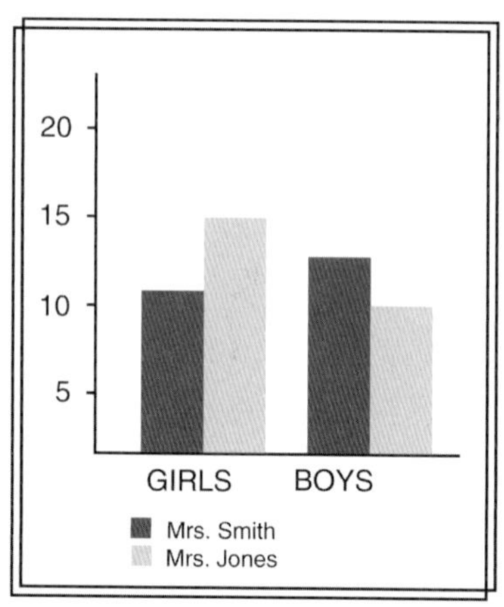

모든 정보가 한 그래프에 있으면, 비교가 훨씬 쉽다는 것을 설명한다. 투명 필름 한 장을 다른 필름 위에 올려 놓는다. 단어와 숫자가 일치할 때까지 겹쳐 놓는다. 두 개의 막대 그래프가 이와 같이 합쳐지면, 그 결과를 이중 막대 그래프라고 부른다고 말한다. 이중 막대 그래프를 사용해서 두 학급을 더 쉽게 비교할 수 있다고는 점을 지적한다.

■활동 12.23 두 학급 조사하기

이 활동은 활동 12.22의 추후 활동이다. 학급 전체 학생들에게 다른 두 반을 대상으로 강아지와 개를 선호하는 학생들이 얼마나 있는지 조사하도록 한다. 그 결과를 보여주는 이중 막대 그래프를 작성해 보도록 한다. 두 개의 별도의 막대 그래프보다 이중 막대 그래프를 더 선호하는 이유를 묻는다.

(3) 자료 분석 관련 수업 수정하기

2학년 교과서 앞부분에 나옴직한, 전형적인 자료 분석 수업에 대해 검토해 보려고 한다. 자료를 수집하고 분석하고 그래프로 만드는 수업이다. 그러나 아동에게 이 수업은 수 세기에 관한 수업으로 비쳐질 수 있다. 교사용 지도서에서 제시하고 있는 제안들에 기초한 수업 계획을 소개하면서 시작하려고 한다.

수업 목표

학생은 막대 그래프를 만들어 문제를 해결할 수 있다.

■도입

탁자 위에 10 개 미만의 사물을 올려 놓는다. 한 아동을 탁자 앞으로 나오게 하여, 물건 개수를 세고, 개수를 칠판에 적게 한다. 그리고 숫자 옆에 서게 한다. 추가로 두 명의 아동을 더 나오게 하여 활동을 반복한다. 가장 많게 센 아동은 누구이고, 가장 적게 사물을 센 아동은 누구인가?

아동들에게 어떤 종류의 셔츠를 입고 싶은지 묻는다. 어떤 종류의 셔츠를 묘사하면, 이 셔츠를 입고 싶은 다른 아동이 있는지 묻는다.

■전개

학교 전체가 첫 번째 페이지에 있는 그림을 주목하게 한다. 무슨 그림인지 묻는다. [옷걸이에 셔츠들이 있는 그림] 무엇이 다른지 묻는다. [색깔이 다르다.]

아동들에게 빨강 셔츠가 몇 장인지 세보도록 한다. 빨강 셔츠가 몇 장 있는가 묻는다. [6장] 학생들을 그림 아래 상자 세로 줄에 주목하게 한다. 학생들에서 첫 세로줄 상자들에서 맨 밑부터 6개의 상자를 빨강 크레용으로 칠하게 한다. 셔츠 한 장에서 상자 하나. 아동들에게 다른 색깔의 셔츠마다 그 색깔로 상자를 칠하게 한다.

■ **학습 점검**

아동들이 정확하게 세고, 각 세로줄 상자를 정확한 숫자만큼 칠했는지 확인한다.

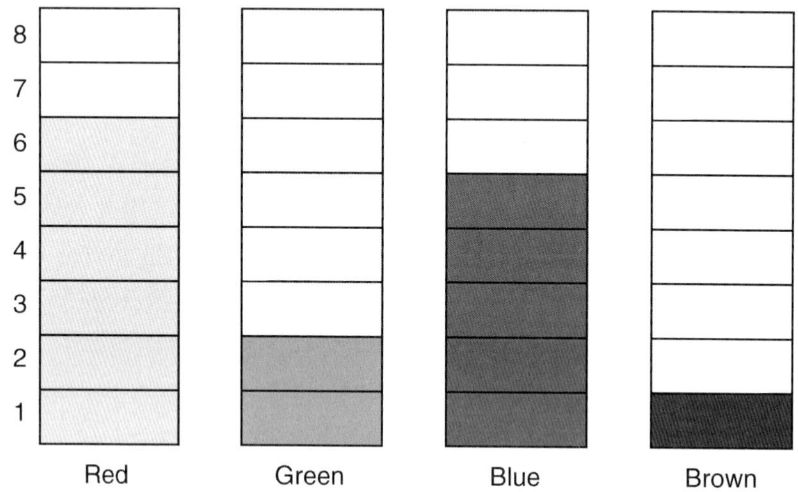

학생들이 첫 세로줄 옆 숫자에 주목하게 한다. 이 숫자가 무엇을 의미하는지 묻는다. [각 색깔이 몇 개인가?] 이 숫자를 보면, 상자를 세지 않고 개수를 알 수 있다고 설명한다.

■ **연습**

아동들에게 두 번째 페이지에 있는 그림을 보게 한다. 이 그림은 다른 그래프라는 것을 지적한다. 무엇을 센 것인지 묻는다. [다른 종류의 신발] 각 종류의 신발을 세지 않고 수량을 어떻게 알 수 있는지 묻는다. [상자 옆에 숫자를 본다.]

이 그래프는 어떤 학급의 아동들이 어떤 종류의 신발을 신고 있는지 보여준다고 설명한다. 이 그래프는 질문에 답을 하는데 도움을 줄 수 있다. 아동들에게 몇 개 질문을 읽어보라고 말한다. 아동들에게 이 그래프를 보고 질문에 답해 보도록 한다.

한 번에 하나씩 질문을 읽는다. 아동들에게 질문에 답할 시간을 준다. 아동들에게 답란에 자신의 답을 써보도록 한다.

■ **종결**

수학 시간 말미에, 오늘 그래프를 사용해서 문제 해결하는 법을 배웠다는 것을 상기시킨다.

이 수업은 좋은 수업이다. 새로운 아이디어를 학습하기 위한 학습 활동이 포함되어 있다. 일부 신체 활동도 포함되어 있다. 아이디어에 대한 시각적 표현도 포함되어 있다. 학생들과 의사소통 하는 부분도 있다. 교사가 아동들의 학습에 대해 점검하는 기회도 포함되어 있다.

그러나 저자들은 이 수업 계획을 더 많은 학습 활동이 포함되도록 수정하였다. 또한 더 많은 신체 활동과 시각 표현이 포함되도록 수정하였다. 또한 학생들 간의 의사소통과 학생들과의 의사소통을 확대하였다. 또한 보다 지속적인 학습 점검을 위한 수정도 하였다.

수업 목표

학생은 막대 그래프를 만들어 문제 해결할 수 있다.

■ 도입

교실 앞에 바닥에 10개 미만의 칩을 흩어 놓는다. 한 아동을 앞으로 나오게 하여 전부는 아니고 몇 개의 칩을 집게 한다. 다른 두 아동을 더 나오게 하여 이 과정을 반복한다. 학급 전체에게 그들이 생각하기에 누가 가장 많은 칩을 집었는지 묻는다.

한 아동에게 자신이 집은 칩들을 OHP 위에 한 줄로 올려 놓도록 한다.

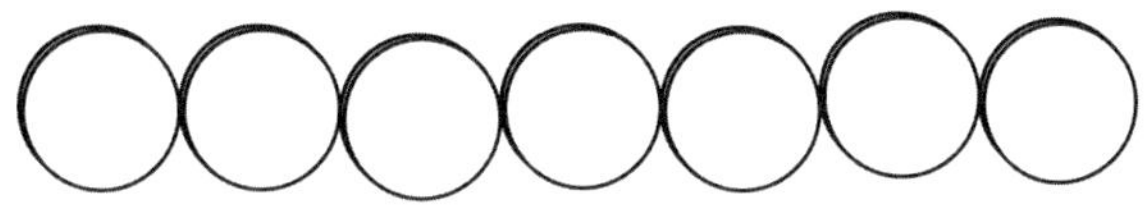

그런 후에 다른 아동들에게도 첫 번째 아동 밑에 자신들이 집은 칩을 놓도록 한다.

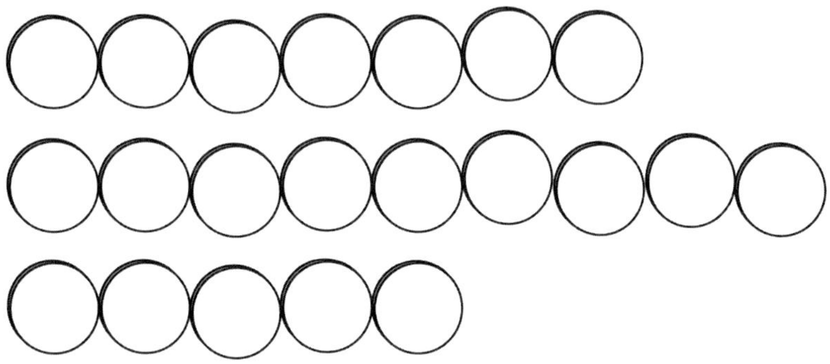

이해 점검. 아동들의 얼굴을 본다. 이 시점에서 대부분의 아동들은 답을 이미 보았을 것이다. 답을 보지 못한 아동들이 누구인지 확인한다.

아동들에게 누가 가장 많은 칩을 집었는지, 누가 가장 적은 칩을 집었는지 말해줄 수 있는지 묻는다.

이해 점검. 앞에서 이해하지 못한 것으로 확인한 아동들이 이제는 이해했는가? 한 아동에게 각 아동들이 몇 개의 칩을 집었는지 세어보게 한다. 칠판에 그 숫자를 적는다. 어떤 숫자가 가장 많은 칩을 가리키는지 묻는다. 어떤 숫자가 가장 적은 칩을 가리키는지 묻는다. 가로줄을 보고 올바른 답을 구했는지 물어본다.

■ 전개

아동들에게 버튼이 있는 셔츠를 입고 있는지, 버튼이 없는 셔츠를 입고 있는지 묻는다. 한 아동에게 자신이 입고 있는 셔츠의 종류에 대해 말하게 하고, 같은 종류의 셔츠를 입고 있는 다른 아동들이 있는지 묻는다. 어떤 아동들은 버튼이 있는 셔츠를 입고 있고, 어떤 아동들은 버튼이 없는 셔츠를 입고 있다는 것을 지적한다.

버튼이 있는 셔츠를 입고 있는 모든 아동들을 일어나게 한다. 그런 후에 앉게 한다.

버튼이 없는 셔츠를 입고 있는 아동들을 모두 일어나게 한다. 그런 후에 앉게 한다. 얼마나 많은 아동들이 버튼이 있는 셔츠를 입고 있는가 묻는다. 버튼이 없는 셔츠의 경우는? 버튼이 있는 셔츠를 입은 아동이 더 많은지, 버튼이 없는 셔츠를 입은 아동이 많은지 묻는다. 아동들이 추측을 하면, 모든 추측을 수용한다. 그러나 아동들이 자신의 답을 확신하는지 묻는다. **이해 점검**. 이해 부족을 보이는 추측을 한 아동은 노트에 기록해 놓는다.

아동들에게 누가 버튼이 있는지 혹은 없는지 다시 보려고 한다고 말한다. 그러나 이번에는 다른 방식으로 살펴보려고 한다고 말한다. 버튼이 있는 셔츠를 입고 있는 모든 아동들은 한 줄로 곧바로 줄을 서게 한다. 그런 후에 버튼이 없는 셔츠를 입고 있는 아동들은 첫 번째 줄 옆에 한 줄로 줄을 서게 한다. 아동들이 두 줄을 바로 섰는지 확인한다. 어떤 줄에 더 많은 아동들이 있는지 묻는다. 이는 셔츠에 관해 무엇을 말해주는지 묻는다. [긴 줄은 그 종류의 셔츠를 입은 아동이 더 많다는 것을 말해준다.]

이해 점검. 이 시점에서 거의 모든 아동들은 이해할 수 있을 것이다. 필요한 경우 추가 설명을 제공한다.

아동들에게 각 종류별로 셔츠가 몇 개인지 세어 보도록 한다.

사람들을 줄 세우는 대신, 사람들을 표시하기 위해 사물을 이용한다고 설명한다. 카드에 '버튼이 있음'이라고 적는다. 그리고 다른 카드에 '버튼이 없음'이라고 적는다. 카드를 학급 전체에 보여주고, 누군가에게 각 카드를 읽어 보도록 한다. 두 카드를 아래위로 탁자 위에 올려 놓는다. 모든 아동들에게 정사각형 종이를 나누어준다. 아동들에게 한 번에 한 명씩 앞으로 나와 카드 옆에 줄에 맞추어 종이를 놓고 가도록 한다.

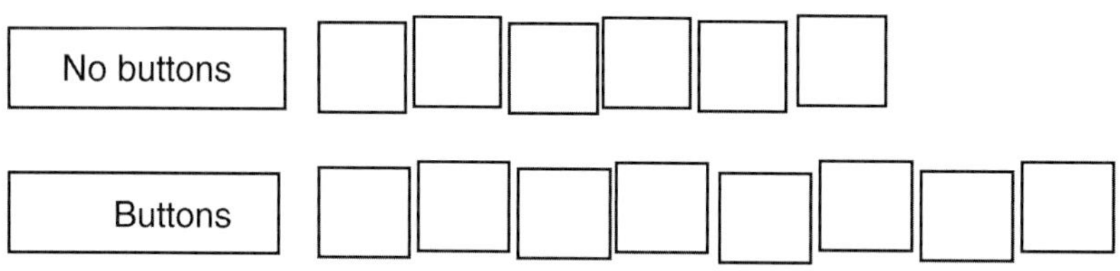

모든 사각형이 줄을 따라 나열되면, 아동들에게 탁자 주위에 모여 결과를 보게 한다. 우리가 만든 것을 그래프라고 한다고 설명한다. 이런 종류의 그래프는 각 집단의 수가 얼마나 많고, 각 집단 중 어느 쪽이 더 많은지 적은지 확인하는데 도움이 된다.

이해 점검. 전처럼 누가 이해했는지, 누가 이해하지 못했는지 확인하기 위해 아동들의 반응을 관찰한다. 필요하면 추가 설명이나 추가 예를 제공한다.

아동들에게 그래프를 보면 질문에 답을 알아내기가 더 쉽다고 말한다. 아동들에게 셔츠 색깔이 다양하다고 가정해 보도록 한다. 셔츠 색깔들에 대해 우리는 어떤 질문들에 답해야 하는지 묻는다. 아동들에게 서로 다른 질문들을 던져 보라고 하고, 서로 다른 색깔의 셔츠 개수에 대해 생각해 보게 하는 질문들을 던지도록 안내한다.

아동들에게 첫 번째 페이지의 그림을 보게 한다. 무슨 그림인지 묻는다. [옷걸이에 걸린 셔츠들] 셔츠들이 어떻게 다른지 묻는다. [색깔이 다르다.] 아동들에게 서로 다른 색깔의 개수를 보여주는 그래프를 만들어 보려고 한다고 말해 준다.

아동들에게 얼마나 많은 빨강 셔츠가 있는지 묻는다. [6] 어떻게 그것을 알았는지 묻는다. [세 보았어요.] 아동들에게 그림 밑 상자 세로 줄을 보게 한다. 이 상자들을 이용해서 얼마나 많은 빨강 셔츠가 있는지 확인할 수 있는지 묻는다. 아동들에게 첫 번째 세로 줄에 있는 6개의 상자를 빨강 크레용으로 칠하게 한다. 셔츠 하나에 상자 하나. 아동들에게 짝을 이루어 얼마나 많은 초록 셔츠가 있는지 계산해 보도록 한다. 짝을 이룬 두 아동이 모두 확신하면, 초록 상자를 색칠한다. 파랑 셔츠와 갈색 셔츠도 동일하게 색칠한다. **이해 점검**. 교실 여기저기를 돌면서, 각 셔츠를 정확하게 셌는지, 정확하게 셔츠 개수만큼 색칠했는지 확인한다.

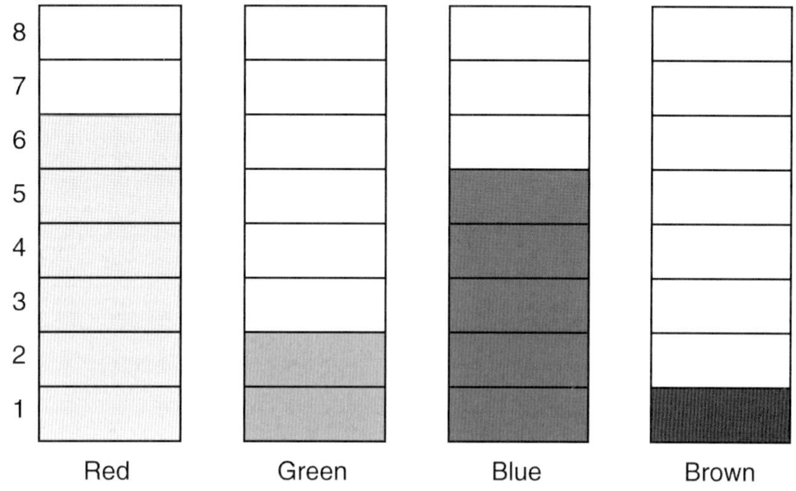

그래프로부터 무엇을 알 수 있는지 묻는다. 어떤 색깔의 셔츠가 가장 많은가? 어떤 색깔의 셔츠가 가장 적은가?

아동들이 첫 번째 세로 줄 옆의 숫자에 주목하게 한다. 이 숫자들이 무엇을 말해주는가 묻는다. [각 색깔이 몇 개 있는지] 이 숫자를 보면, 세지 않고 상자가 몇 개 있는지 알 수 있다는 것을 설명한다.

종이로 세로줄의 아래 부분을 가리고 이 그래프를 보여준다.

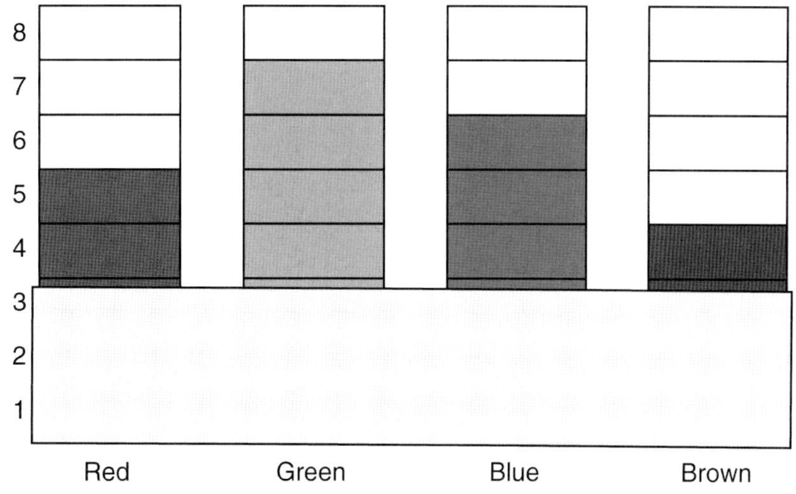

얼마나 많은 빨강 상자가 있는지 묻는다. 갈색 상자는? 파랑 상자는? 초록 상자는 몇 개가 있는지 묻는다. **이해 점검**. 자발적으로 질문하지 못하는 학생들에게 주의 집중한다. 이들은 추가 설명이 필요할 수 있다.

세지 않고 몇 개가 있는지 알 수 있다는 것을 아동들에게 알려 준다.

■ **연습**

아동들이 두 번째 페이지의 그림을 보게 한다. 이것은 다른 그래프라는 것을 지적한다. 무엇을 센 것인지 묻는다. [다른 종류의 신발] 어떻게 세지 않고 각 종류의 신발이 몇 개 있는지 알 수 있는지 묻는다. [상자 옆에 적혀 있는 숫자를 본다.]

이 그래프는 학급 내 아동들이 신고 있는 신발의 종류에 대해 보여주고 있다고 설명한다. 이 그래프는 여러 가지 질문들에 답하는데 도움이 된다. 아동들에게 몇 가지 질문을 읽어 줄 것이라고 말한다. 그래프를 보고 이 질문에 대한 답을 확인해 보라고 말한다. 한 번에 하나씩 질문을 읽는다. 아동들에게 답을 찾을 시간을 준다. 아동들에게 답란에 자신이 찾은 답을 적으라고 말한다.

■ **종결**

수학 시간 말미에, 그래프가 무엇인지 말해줄 수 있는 학생이 있는지 묻는다. 그래프를 이용해서 문제를 어떻게 풀 수 있는지 묻는다.

(4) 자료 분석을 이용하여 문제 해결하기

자료(정보)는 모든 학년에서 문제를 해결하기 위해 사용된다. 때때로 학생들은 어떤 적절한 출처로부터 자료를 수집한다. 그러나 어떤 경우에는 자료는 표나 그래프 형태로 제공된다. 일반적으로, 문제는 학생들에게 흥미를 자아내는 질문 형태로 제시된다. 문제를 해결하기 위해(질문에 답하기 위해) 사용되는 전략은 표 혹은 그래프를 만들거나 이용하는 것이다. 물론 학생들이 사용하는 전략에는 적절한 자료 모으기도 포함될 수 있다. 나이 든 학생들은 필요한 정보를 생성하기 위해 던져야 하는 질문을 선택할 수도 있고, 심지어 적절한 자료를 모으기 위해 조사 도구를 설계할 수도 있다.

2학년 혹은 3학년 무렵에는 학생들은 특정 유형의 자료에 사용되는 서로 다른 종류의 그래프에 접하기 시작한다. 이러한 문제 해결 과정에는 적절한 그래프의 사용과 선택이 포함된다. 어린 아동들에게는 적절한 그래프를 이용한 자료의 조직 혹은 자료의 표현은 해결 과정을 분명하게 만들어 준다. 나이 든 아동들은 존재하는 정보 혹은 표, 그래프로부터 답을 추론할 것을 요구 받기도 한다.

7학년과 8학년 무렵, 학생들은 다른 유사한 집단들에 대한 질문들에 대한 답을 추론하기 위해 대표적인 집단으로부터 모아진 정보를 활용할 수 있게 될 것이다. 학생들은 이러한 추론을 하는데 도움을 받기 위해 표, 막대그래프, 꺾은 선 그래프, 원 그래프, 선 그래프, 줄기-잎 그림, 상자-수염 그림, 산포도, 히스토그램 등의 그래프를 이용할 수 있게 될 것이다. 문제들은 보통 자료 분석에 관한 것들은 아니다. 오히려 자료 분석은 서로 다른 많은 환경에서 자연스럽게 일어나는 문제들을 해결하기 위해 사용되는 도구이다.

3 확률

(1) 확률 관련 빅 아이디어들 강조하기

자료 분석처럼, 확률 관련해서도 몇 가지 빅 아이디어들이 존재한다. 이 아이디어들은 되풀이해서 반복 경험하기 때문에 빅 아이디어다. 또한 다른 확률 개념들의 기초가 되기 때문에 빅 아이디어다. 또한 이들 빅 아이디어들은 초등학교에서 확률을 공부하고 이해하는 유용한 틀을 제공한다.

확률 관련 첫 번째 빅 아이디어는 가능성(likelihood)이라는 생각이다. 어떤 사건(일어난 일들)은 다른 사건보다 일어날 가능성이 높다. 어떤 일은 일어날 가능성이 높고, 어떤 일은 확실하게 일어난다. 반면에 어떤 일은 일어날 가능성이 낮고, 어떤 일은 일어날 수 없다-어떤 일이 일어나는 것은 불가능하다. 가능성의 인식이 확률 이해의 시작이다.

확률 관련 두 번째 빅 아이디어는 '가능성은 예측될 수 있다'이다. 자연스럽게 일어나는 사건들에 대한 관찰과 실험 결과에 대한 관찰을 통해서, 우리는 특정 사건이 일어날 가능성을 추측할 수 있다. 가능성의 예측은 관찰, 특히 모아진 자료가 잘 조직될 때 더 잘 예측될 수 있다.

확률 관련 세 번째 아이디어는 '가능성(어떤 사건이 일어날 확률)은 측정될 수 있다'이다. 확률의 측정을 위해서는 확률에 대한 공식적인 정의가 필요하다. 학생들이 특정 사건의 확률 측정에 대해 배우게 되면, 확률 공부는 보다 공식적이게 된다. 확률 관련 언어와 생각은 보다 정확해지게 된다. 보다 복잡한 사건들에 대한 확률 공부가 가능해지게 된다.

(2) 탐색적 경험을 통해 개념 이해 발달시키기: 유치원부터 중학교까지의 전형적인 확률 발달

① 유치원부터 2학년까지의 확률

유치원에서 2학년까지 아동들은 어떤 사건이 일어날 가능성에 대해 생각해 보기 시작한다. 아동들은 어떤 사건들이 확실하게 일어날지, 어쩌면 일어날지, 전혀 일어날 수 없는지 결정한다. 유치원에서 아동들은 자연스럽고 비공식적인 상황에서 사건의 발생 가능성에 대해 보통 생각하게 된다. 그러나 1학년 끝 무렵이 되면, 아동들은 보통 교과서 예제에 실린 사건들에 대해 생각해보게 된다.

1학년에서 아동들은 집합의 부분으로서 분수를 접하게 된다. 예를 들어 세 마리 동물들 중 한 마리가 개라면, 동물들 중 1/3은 개다. 이것을 확률이라고 생각하지는 않지만, 이러한 사고가 확률 측정의 기초가 된다.

2학년에서 아동들은 어떤 결과가 일어날 가능성을 결정하기 위해 실험을 하기 시작한다. 아동들은 자신의 추측을 확인하기 위해 예측을 하고 실험을 하게 된다. 아동들은 가능성들에 대해 생각하고, 가장 일어날 가능성이 높은 것을 확인하게 된다.

다음 활동들은 교사가 이러한 확률 개념을 발달시키는데 활용할 수 있는 것들이다.

■ 활동 12.24 누가 나올까?

전체 학생들에게 누군가 교사 책상 뒤에 숨어 있을지 모른다고 말한다. 또한 일부 학생을 나오게 하여 누가 거기 있는지 교사 책상 뒤편을 확인해 보게 한다. 책상 뒤편에 아무도 없다는 것을 확인한 후에, 다른 학생들에게 교사 책상 뒤에 숨으라고 한다. (예를 들어, Anna에게 숨으라고 할 수 있다.)

그런 후에 학급 전체에게 교사 책상 뒤편에서 누군가 나오라고 하려고 한다고 말한다. 누가 나타날 것 같다고 생각하는지 묻는다. [Anna] 왜 그렇게 확신하는지 학생들에게 묻는다. [Anna만이 교사 책상 뒤에 숨었다.] 학생들에게 그들이 옳다고 말해준다. 나타나는 학생은 Anna다, 이는 분명히 일어날 사건이다. "책상 뒤에서 나와라!"라고 말한다. [Anna가 나온다.]

다음에, 다른 두 아동을 책상 뒤에 숨게 한다. (예를 들어, Juan과 Sue를 숨게 한다.) 학급 전체에 책상 뒤에서 누군가 나타날 것이라고 말한다. 누가 나타날 것이라고 생각하는지 묻는다. [Juan 아니면 Sue가 나타날거에요.] 누가 Juan이 나타날 것이라고 생각하는지 묻는다. 그들이 옳다고 말해준다. Juan이 나타날지 모른다. 누가 Sue가 나타날 것이라고 생각하는지 묻는다. 그들도 옳다고 말해준다. 이 또한 일어날지 모른다.

슈퍼맨이 나타날 것이라고 생각하는 사람이 있는지 묻는다. 왜 슈퍼맨은 나타나지 않는지 묻는다. 학생들이 옳다고 말해준다. 슈퍼맨은 실제 존재하지 않는다. 그 일은 일어날 수 없다.

반드시 일어나거나, 일어날 수 있는 일, 혹은 절대로 일어나지 않는 사건이 포함된 예제를 가지고 활동을 반복한다.

■ 활동 12.25 확실히 일어난 경우와 일어날 지도 모르는 경우, 절대로 일어나지 않는 경우

이 활동을 위해서, 뚜껑이 있는 작은 상자와 빨강과 파랑 두 가지 색깔의 칩이 필요하다.

소량의 빨강 칩과 파랑 칩을 탁자 위에 올려놓는다. 상자를 들어 올려 보여주고, 아동들에게 상자 안에 무엇이 있다고 생각하는지 묻는다. 아동들의 추측이 합리적이지 않을지라도 추측해 보도록 한다. 아동들에게 상자를 탁자 위에 뒤집어 비울 것이라고 한다. 코끼리가 몇 마리 있을 것이라고 생각하는지 묻는다. 왜 코끼리는 없을 것이라고 생각하는지 묻는다. 그들이 옳다고 말해준다. 코끼리가 상자에서 나올 가능성은 없다. 상자가 그만큼 크지 않기 때문이다. 그것은 불가능하다.

다음에, 상자의 뚜껑을 열고 내용물을 쏟는 시늉을 한다. "오, 상자가 비었군."이라고 말한다. 아동들에서 상자 안에 10개의 빨강 칩을 넣는 것을 보게 한다. 뚜껑을 닫고, 상자를 흔든다. 학급 전체에 상자에서 몇 개를 끄집어내려고 한다고 말한다. 무엇이 나올 거라고 생각하는지 묻는다. 왜 빨강 칩일 거라고 생각하는지 묻는다. 정말 확신하는지 묻는다. 1개의 칩을 꺼낸다. 아동들에게 그들이 옳았다고 말해준다. 분명히 빨강 칩이다. 이것은 확실히 일어날 일이었다.

아동들에게 상자 안에 빨강 칩과 함께 파랑 칩 10개를 넣는 것을 보게 한다. 뚜껑을 닫고 상자를 흔든다. 아동들에게 상자에서 몇 개의 칩을 꺼내려고 한다고 말한다. 무엇을 꺼내게 될지 물어본다. 빨강 칩이 나올까? [그럴 수도 있다.] 그들이 옳다고 다시 말해준다. 그것은 일어날 수 있는 일이다. 파랑 칩이 나올까? 그것도 일어날 수 있다.

노랑 칩이 나올 수 있는지 묻는다. 그렇지 않다. 그것은 불가능하다.

■ 활동 12.26 최선의 예측과 최악의 예측

이 활동을 위해서는, 뚜껑이 있는 작은 상자와 노랑, 빨강, 초록 세 색깔의 칩들이 필요하다.

상자를 들어 올려 비었다는 것을 학생들이 보게 한다. 칠판에 "20개의 노랑 칩"이라고 적는다. 한 아동을 앞으로 나오게 하여 20개의 노랑 칩을 세어 상자 안에 넣게 한다. 칠판에 "6개의 빨강 칩"이라고 적는다. 한 아동을 앞으로 나오게 하여 6개의 빨강 칩을 세어 상자 안에 넣게 한다. 칠판에 "1개의 초록 칩"이라고 적는다. 한 아동을 앞으로 나오게 하여 1개의 초록 칩을 상자 안에 넣게 한다.

상자를 흔든다. 아동들에게 1개의 칩을 상자에서 꺼낼 것이라고 말한다. 어떤 색의 칩이 나올지 묻는다. [노랑 또는 빨강, 초록] 학생들에서 상자에서 어떤 색을 꺼내게 될지 추측해 보라고 말한다. 학생들에게 최선의 예측이 무엇이라고 생각하는지 묻는다. 이유는? 최악의 예측은 무엇이라고 생각하는지 묻는다. 이유는?

칠판에 "노랑", "빨강", "초록"이라고 적는다. 한 아동을 앞으로 나오게 하여, 보지 않고 상자 안에서 칩 하나를 꺼내게 한다. 그 아동에서 꺼낸 칩의 색에 따라 눈금으로 표시하도록 한다. 그런 후에 꺼낸 칩을 다시 상자 안에 집어넣는다. 같은 아동에게 칠판 옆에 머물면서 나머지 결과를 기록하게 한다. 교실을 돌아다니면서, 각 아동에서 상자에서 한 개의 칩을 꺼낼 기회를 준다. 칩을 다시 상자 안에 돌려놓고 뽑기 전에 상자를 흔들도록 한다.

모든 학생들이 한 번씩 다 뽑으면, 아동들에게 최선의 예측과 최악의 예측이 무엇인지 결과를 보고 확인하도록 한다. 가장 많이 일어난 결과가 보통 최선의 예측이고 가장 적게 일어난 결과가 가장 최악의 예측이라고 지적한다.

다른 개수의 칩들을 혼합하여 활동을 반복한다. 한 색깔의 칩이 다른 색의 칩보다 더 많도록 한다. 한 색깔의 칩 개수를 다른 색깔의 칩들보다 아주 적게 한다.

■ 활동 12.27 추측하고 확인하기

이 활동을 위해서는 작은 종이 가방과 20개의 동전이 필요하다. 아동들이 보는 동안, 12개의 동전에 빨강 펜으로 X 표시를 하고 6개의 동전에 검정 색으로 X 표시를 한다. 그리고 나머지 동전에는 아무 표시도 하지 않는다.

동전들을 가방 안에 넣는다.

아동들에게 가방에서 동전 하나를 모두 꺼낼 기회를 주겠다고 말한다. 아동들에게 빨강 X, 검정 X, 민자 동전들 중에 어떤 종류의 동전을 꺼낼 가능성이 가장 높은지 추측해 보라고 한다. 각각의 동전을 꺼낼 경우에 대해 아동들이 어떻게 추측했는지 기록한다.
칠판에 "빨강 X", "검정 X", "X 없음"이라고 적는다. 한 아동을 앞으로 나오게 하여 기록하게 한다. 이 아동에게 가방에서 동전 하나를 꺼내 그 결과를 기록하게 한다. 그런 후에 동전은 다시 가방에 돌려 놓도록 하고, 가방을 흔든다.
아동들이 앞으로 나와 한 번에 한 명씩 동전을 꺼내면, 그 결과를 눈금 표시로 칠판에 기록하도록 한다. 동전을 꺼낸 후에는 다시 가방에 돌려 놓아야 한다.
모든 학생들에게 차례가 다 돌아가면, 어떤 추측이 가장 정확했는지 묻는다. 학생들에게 최선의 추측은 보통 가장 많이 일어난 결과라는 것을 상기시킨다.

■ **활동 12.28 훌륭한 예측**

활동 12.27을 다른 색깔, 다른 개수의 칩들을 가지고 반복한다. 아동들에게 어떤 추측은 훌륭한 추측이고, 어떤 추측은 그렇지 않은지 생각해 보도록 한다. 서로 다른 색깔의 칩 수가 좋은 추측과 어떻게 관련이 있는지 묻는다.
모든 학생들에게 어떻게 훌륭한 추측을 하는지에 대한 교사의 설명을 짧게 요약해 보도록 한다.

② 3학년에서 5학년까지의 확률

3학년에서 5학년까지 학생들은 발생 가능성에 대해 비공식적으로 생각해 보게 된다. 학생들은 확실한 결과와 가능성이 있는 결과, 불가능한 결과를 확인할 수 있게 된다. 그리고 가능한 결과들로부터 가장 일어날 가능성이 높은 결과와 가능성이 낮은 결과, 일어날 가능성이 없는 결과를 선택할 수 있다. 학생들은 가장 일어날 가능성이 높은 결과를 발견하기 위해 실험을 할 수 있다.

4학년에서, 학생들은 발생 가능성에 대해 보다 공식적으로 사고하기 시작하며, 먼저 모든 가능성을 검토하고 발생 가능성을 어림짐작할 수 있게 될 것이다. 또한 학생들이 가능성을 분명하게 알 수 있는 실험을 할 수 있게 될 것이다(예를 들어, 동전 던지기 혹은 회전판 돌리기). 학생들은 확률을 '전체 n 개의 가능한 사건들 중 m 개의 기회'라고 공식적으로 정의내릴 수도 있을 것이다. 학생들은 두 개의 동전 던지기와 같은 사건 쌍에 대해서도 생각하기 시작할 것이다.

5학년 무렵, 학생들이 확률을 공식적으로 정의내릴 수 있게 된다. 학생들은 이 정의를 활용해서 사건들의 확률을 결정할 수 있을 것이다. 학생들은 실험을 통해 확률을 확인할 수 있을 것이다.

다음 활동들은 교사가 이러한 확률 개념들을 발달시키기 위해 사용할 수 있는 것들이다.

■ **활동 12.29 확률 Ⅰ**

이 활동을 위해서는 작은 종이 가방과 빨강, 파랑, 노랑, 초록 네 색깔의 칩들이 필요하다.

학생들에게 위아래로 종이 가방을 흔들어 속이 비었음을 보여준다. 학생들이 볼 때, 3개의 빨강 칩을 가방 안에 넣는다. 가방 안에 무엇이 있는지 묻는다. [몇 개의 빨강 칩] 가방 안에 3개의 파랑 칩을 넣는다. 가방 안에 무엇인 있는지 묻는다. [몇 개의 빨강 칩과 몇 개의 파랑 칩] 각 색깔별로 가방 안에 다섯 개의 칩이 있도록 이 과정을 반복한다.

학급 전체에 가방에서 하나의 칩을 꺼내려 한다고 말한다. 어떤 색의 칩을 꺼내게 될지 묻는다. 어떤 색의 칩이 나올 거라고 제안되면, 그 색을 칠판에 적고, 또 다른 가능성이 있는지 묻는다. 모든 가능성이 다 나올 때까지 계속한다. 그리고 칠판에 모든 가능한 사건을 기록한다. 하얀 칩이 나올 가능성이 있는지 묻는다. [아니오.] 왜 일어날 수 없는가? [가방 안에 하얀 칩이 들어있지 않다.]

일어날 수 있는 모든 가능한 경우를 다 나열했다는 것을 지적한다. 이들 네 색깔들 중 어느 색깔이든 가방에서 나올 수 있다. 아동들에게 앞으로 나오게 하여, 한 번에 한 명씩 가방에서 칩을 꺼내게 한다. 뽑고 나서, "예, 가능한 경우들 중 하나에요."라고 말한다. 칩을 가방 안에 다시 돌려놓는다. 각 색깔의 칩이 한 번은 나오도록 뽑기를 계속한다. 왜 아무도 검정 칩을 뽑지 않았는지 묻는다. [그건 불가능해요.] 검정 칩을 꺼내는 것이 왜 불가능한지 묻는다. [검정 칩은 가방 안에 없어요.]

■활동 12.30 확률 II

이 활동을 위해서는 두 면에 1, 세 면에 3, 한 면에 4라고 적혀 있는 주사위가 필요하다.

모든 학생들이 각 면을 다 볼 수 있도록 주사위 면을 다 보여준다. 학급 전체에게 주사위를 던지고, 윗면에 어떤 숫자가 나올지 보려고 한다고 말한다. 어떤 가능성이 있는지 묻는다. [1 또는 3, 4]

학생들에게 돌아가면서 주사위를 던지게 한다. 그리고 그 결과를 기록한다. 각 숫자가 모두 나온 후에, 일어날 가능성이 있는 모든 경우가 다 일어났다는 것을 지적한다. 왜 2가 나오지 않았는지 묻는다. [그것은 불가능하다.] 왜 가능하지 않은지 이유를 묻는다. [주사위에 2가 적혀 있지 않다.]

어떤 숫자가 다른 숫자보다 자주 나왔다는 것을 지적한다. 그 이유를 묻는다. [주사위에 3이 제일 많이 적혀 있고, 4는 한 면에만 적혀 있다.]

■활동 12.31 확률 I

이 활동은 활동 12.30의 추후 활동이다.

학생들에게 주사위를 보고, 가능한 경우들을 나열해 보도록 한다. [1, 3, 4] 이들 숫자들이 나올 가능성이 동일한지 묻는다. [아니오.] 왜? [1, 3, 4가 주사위 각 면에 동일하게 적혀 있지 않다.]

주사위에 몇 개의 면들이 있는지 묻는다. [6] 각 면들이 주사위를 던졌을 때 위에 놓일 수 있는지 묻는다. [예] 6개의 면들 중 1인 적힌 면은 몇 개인가? [2개] 칠판에 "6개의 일어날 가능성이 있는 사건들 중 2가지 경우는 1이다."라고 적는다. 3은 주사위 면에 몇 개가 적혀 있는지 묻는다. [3개] 칠판에 "6개의 일어날 가능성들 중에

3가지 경우는 3이다."라고 적는다. 4가 주사위 면에 몇 개 적혀 있는지 묻는다. [1] 칠판에 "6개의 일어난 가능성들 중에 1가지 경우는 4이다."라고 적는다.
1을 얻을 확률은 6 가지 경우의 수 중에 2라고 말한다고 설명한다. 3을 얻게 될 확률은 6 가지 경우의 수 중에 3이다. 4를 얻을 확률이 얼마인지 묻는다. [6 가지 경우의 수 중 5를 얻을 확률이 얼마인지 묻는다. [6 가지 경우의 수 중에 0]

■ **활동 12.32 확률 II**

이 활동은 활동 12.31의 추후 활동이다. 학생들을 두세 명씩을 짝을 이루게 하고 각 짝마다 주사위를 나누어 준다. 모든 주사위에는 네 면에 2가, 한 면에 5가, 한 면에 6이 적혀 있어야 한다.
학생들에게 주사위를 보고, 일어날 가능성이 있는 경우들을 모두 나열하도록 한다. 그리고 각 가능한 사건에 대한 확률을 적어 보도록 한다.
모든 학생들이 확률을 구하는 법을 이해했는지 확신할 수 있도록 결과에 대해 논의하고 확인한다. 8이 나올 확률이 얼마인지 물어본다. [6 가지 경우의 수 중 0]

■ **활동 12.33 예측하고 확인하기**

2-3 명의 학생들로 집단을 구성한다. 각 집단에게 빈 주사위를 나누어 준다. 학생들에게 주사위의 각 면에 8이나 10을 적으라고 말한다. 학생들이 각 숫자가 얼마나 나올지 결정해야 한다.
모든 집단에 자신들이 가지고 있는 주사위 각 면에서 숫자를 다 적은 다음에 각 가능한 사건에 대한 확률을 적어보라고 한다.
학급 전체에게 각 확률에 대해 생각해보고, 주사위를 던질 때 일어날 가능성이 있는 각 경우가 몇 번 일어날지 예측해 보도록 한다. 학생들은 자신들의 예측을 기록하고, 주사위를 25번 던지고, 그 결과를 기록한다.
모든 학생들이 활동을 끝마치면, 그 결과에 대해 논의한다. 예측은 얼마나 정확했나? 왜 정확하지 않았는지 이유를 물어본다.

③ 6학년에서 8학년까지의 확률

6학년에서 8학년까지, 학생들은 확률에 대해 보다 공식적으로 배우게 되고, 확률을 결정하고 사용함에 따라 보다 적절한 어휘와 기호를 사용하는 법을 배우게 된다. 또한 학생들은 주어진 그래프와 표들로부터 확률을 어림짐작할 수 있다. 또한 확률을 어림짐작하게 위해 사용할 자료들을 모을 수 있다. 학생들은 예측을 하기 위해 확률을 사용할 수 있다.

6학년 무렵이면, 학생들이 어떤 사건의 확률을 기대한 결과의 수를 가능한 결과의 수로 나누어 구한 값(모든 가능한 결과들이 일어날 확률이 동일한 경우)으로 정의내릴 수 있다. 학생들은 나무 다이어그램과 기본적인 세기 원리를 이용해서 기대하는 결과의 수와 가능한 결과의 수를 계산할 수 있다.

7학년과 8학년에서 학생들은 독립 사건이나 종속 사건을 포함하는 복잡한 사건들의 확률을 결정하는 법을 배워야 한다. 학생들은 기본적인 세기 원리와 조합 및 순열 수를 계산하여 기대하는 결과의 수와 가능한 결과의 수를 결정할 수 있다.

다음 활동들은 교사가 이러한 확률 개념들을 발달시키는데 도움이 되는 것들이다.

■활동 12.34 확률 I 쓰기

이 활동을 위해서는 속을 볼 수 없는 플라스틱 컵과 빨강, 노랑, 초록 세 색깔의 칩이 필요하다.

학생들이 컵이 비었다는 것을 보여준다. 학생들에게 컵 속에 빨강 칩 하나와 노랑 칩 하나, 초록 칩 하나를 넣는 것을 보여준다. 컵 속에서 얼마나 많은 칩들이 있는지 묻는다. [3] 세 개의 칩 중에 노랑 칩이 몇 개인지 묻는다. [3중에 1] 노랑 칩을 분수로 표현하면? [$\frac{1}{3}$]

컵에서 칩을 하나 꺼냈을 때 노랑일 확률이 $\frac{1}{3}$이라는 것을 설명한다. "이렇게 확률을 쓸 수 있다."라고 말한다.

칠판에 "P(노랑)=[$\frac{1}{3}$]."이라고 적는다.

"칩이 초록일 확률은 얼마인가?"라고 묻는다. [$\frac{1}{3}$]

"P(초록)=[$\frac{1}{3}$]"이라고 적는다.

칩이 빨강일 확률이 얼마인지 묻는다.

한 학생을 앞으로 나오게 하여 칠판에 확률을 적게 한다.

네 개의 빨강 칩과 세 개의 초록 칩, 한 개의 노랑 칩을 컵에 넣고 활동을 반복한다.

■활동 12.35 확률 II 쓰기

활동 12.34의 추후 활동으로서, 5개의 500원짜리 동전과, 1개의 100원짜리 동전, 2개의 10원짜리 동전을 학생들에게 보여주고, 당신의 주머니 속에 집어 넣는다. 학생들에게 당신의 주머니에 무엇이 있는지 묻는다. 몇 개의 동전이 있는가? 500원짜리 동전, 100원짜리 동전, 10원짜리 동전이 몇 개 있는가?

학생들에게 주머니에서 동전 하나를 꺼낼 것이라고 말한다. 학생들에게 10원짜리 동전이 나올 확률을 적어보라고 한다. 그리고 100원짜리 동전, 500원짜리 동전이 나올 확률을 적어 보라고 한다. 10원짜리 동전이 아닐 확률은 얼마인지 물어본다. [이 경우의 확률은 100원짜리나 500원짜리 동전이 나올 확률과 같다는 것을 지적한다.]

■ **활동 12.36 확률 어림짐작하기**

이 활동을 위해서는, 작은 상자와 3개의 빨강 칩과 7개의 파랑 칩이 필요하다. 칩을 상자 안에 넣는다.

상자를 학급 전체에 보여준다. 학생들에게 상자 안에 10개의 칩이 있다고 말해 준다. 일부는 빨강 칩이고 일부는 파랑이다. 상자에서 꺼낸 칩이 빨강일 확률을 어림짐작해보려 한다고 설명한다. 어림짐작하는 것을 돕기 위해 상자에서 몇 개의 칩을 뽑는 실험을 해볼 것이다.

10명의 학생들을 앞으로 나오게 하여, 한 명씩 칩 하나를 상자에서 보지 않고 뽑도록 한다. 각 결과를 기록하고 뽑은 칩은 다른 학생이 뽑기 전에 다시 상자에 집어넣도록 한다. 첫 번째 추측을 위해 10번의 뽑기 결과를 활용한다. 예를 들어, 10번 중에 4번이 빨강 칩이었다면, 최선의 어림짐작은 P(빨강)$=\frac{4}{10}$이 될 것이다.

뽑는 횟수를 늘려 추측의 정확도를 높일 수 있다는 것을 설명한다. 다른 학생 10명이 나와 상자에서 칩을 뽑게 한다. 그리고 뽑은 결과를 앞의 결과에 더한다. 20번의 뽑기 결과를 활용해서 빨강 칩이 뽑힐 확률을 어림짐작한다. 예를 들어, 이번에 한 명만이 빨강 칩을 뽑았다면, 모두 합쳐 20 번 중 5번이 빨강 칩인 것이 된다. 따라서 최선의 추측은 P(빨강)$=\frac{5}{20}$이 된다.

총 50번의 뽑기를 할 때까지 이 과정을 반복한다. 추측한 확률을 적은 다음에, 이것은 정확한 확률은 아니라는 것을 지적한다. 한 학생에게 상자를 열고 빨강 칩과 파랑 칩을 세어 보도록 한다. 최종 추측 확률 옆에 실제 빨강 칩을 뽑을 실제 확률을 적는다. 왜 이 둘이 같지 않은지 묻는다. [하나는 추측한 확률일 뿐이다.] 추측 확률이 어떻게 그 정확도가 향상될 수 있는지 묻는다. [보다 많은 시도를 해본다.]

■ 활동 12.37 확률 나무

학생들에게 100원짜리 동전과 10원짜리 동전을 던지려고 한다고 말한다. 학생들에게 가능한 모든 결과를 계산할 수 있는 쉬운 방법을 보여주겠다고 말한다. 이를 나무 다이어그램(tree diagram)이라고 부른다.

100원짜리 동전만을 던질 때 가능한 결과들이 무엇인지 묻는다. [앞면 또는 뒷면] 첫 번째 나무 아디어그램 가지를 친다.

당신이 동전을 던졌을 때 가능한 결과가 무엇인지 물어본다. [앞면 또는 뒷면] 나무 다이어그램(tree diagram)의 다음 가지를 그린다.

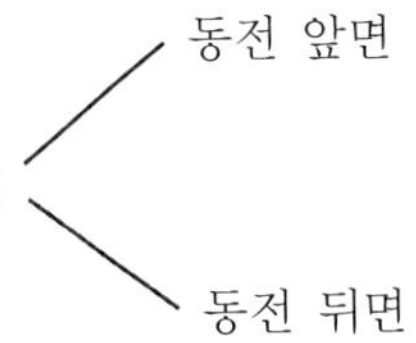

10원짜리 동전을 던질 때, 가능한 결과들이 무엇이 있는지 묻는다. [앞면 또는 뒷면]. 앞의 나무 다이어그램 뒤쪽으로 가지를 친다.

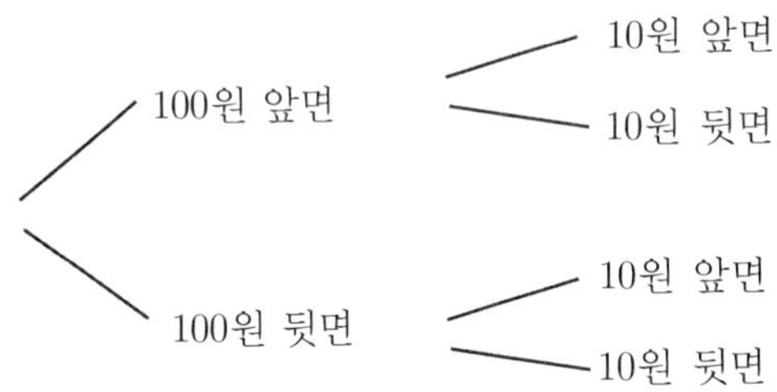

학급 전체가 두 개의 동전을 던졌을 때 가능한 결과들을 확인할 수 있도록, 시작에서부터 선택 가지 끝까지 따라가면서 가능한 경우의 수들을 모두 확인해 준다. 예를 들어, 시작에서 두 번째 가지 끝까지 따라가면, 네 가지 가능한 경우들 중 한 가지 경우인 100원 앞면과 10원 뒷면이 나오는 경우가 된다.

학생들에게 칠판 앞으로 와서, 시작부터 가지 끝까지 따라가면서 다른 가능한 결과들도 확인해 보도록 한다.

몇 가지 경우의 수가 있는지 확인하는 방법에 대해 말해 보도록 한다. [가지 수를 센다.]

■ 활동 12.38 보다 많은 확률 나무

학급 전체에 500원짜리 동전, 100원짜리 동전, 10원짜리 동전을 던지려고 한다고 말한다. 얼마나 많은 경우의 수가 있는지 물어 본다. 학생들에게 답할 수 있는 시간을 5초만 준다. 그런 후에 나무 다이어그램을 사용해서 가능한 경우를 모두 확인할 수 있다고 말해준다. 학급 전체가 나무 다이어그램을 만들어 보도록 한다.

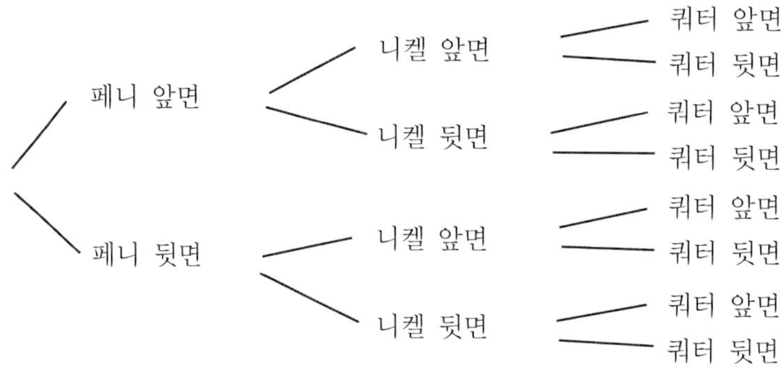

얼마나 많은 경우의 수가 존재하는가? [8]

■ 활동 12.39 확률 나무

2-3 명의 학생들로 집단을 구성한다. 학생들에게 동전을 던지고 1부터 6까지 숫자가 적혀 있는 주사위를 던지려고 한다고 말한다. 각 짝들에게 함께 모든 가능한 결과를 나무 다이어그램을 만들어 확인해 보도록 한다.

얼마나 많은 경우의 수가 존재하는가? [12] 동전의 뒷면이 나오고 주사위가 5가 나오는 경우는 몇 가지인가? [1] 동전이 뒷면이 나오고 주사위가 5가 나올 확률은 얼마인가? [$\frac{1}{12}$] 동전이 앞면이 나오고 주사위 숫자가 3보다 작게 나오는 경우는? [2 가지 경우, 앞면&1, 앞면&2] 동전이 앞면이 나오고 주사위 숫자가 3보다 작을 확률은? [$\frac{2}{12}$ 또는 $\frac{1}{6}$] 동전이 뒷면이 나오고 주사위 숫자가 홀수인 경우의 확률은? [$\frac{3}{12}$ 또는 $\frac{1}{4}$]

■ 활동 12.40 계산(셈) 원리(counting principle)

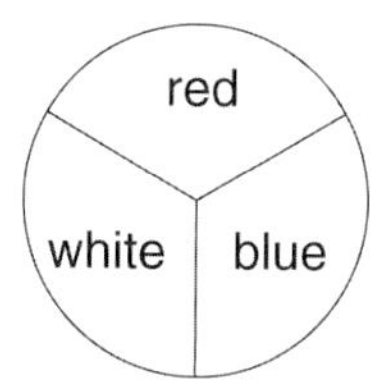

동전 하나를 던지고 다음과 같은 회전판을 돌리는 경우의 나무 다이어그램을 그린다.

학생들이 나무 다이어그램의 가지 끝에 주목하게 한다. 세 가지 색들이 두 번 나타나서, 2×3, 즉 6 가지 경우의 수가 존재한다.

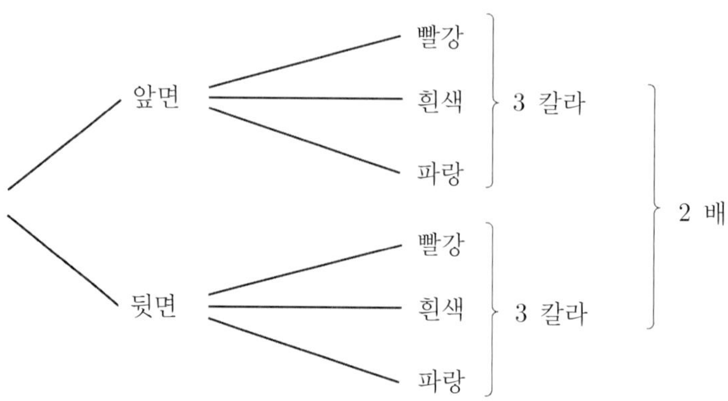

실험의 첫 번째 부분은 두 가지 경우가 있고, 실험의 두 번째 부분은 세 가지 경우가 있음을 지적한다. 따라서, 전체 실험은 2×3, 즉 6 가지 경우의 수가 존재한다. 학급 전체에 100원짜리 동전을 던지고, 회전판을 던지고, 10원짜리 동전을 던지는 실험으로 바꾸려고 한다고 말한다. 나무 다이어그램을 새로운 실험에 따른 경우의 수가 포함되도록 수정한다.

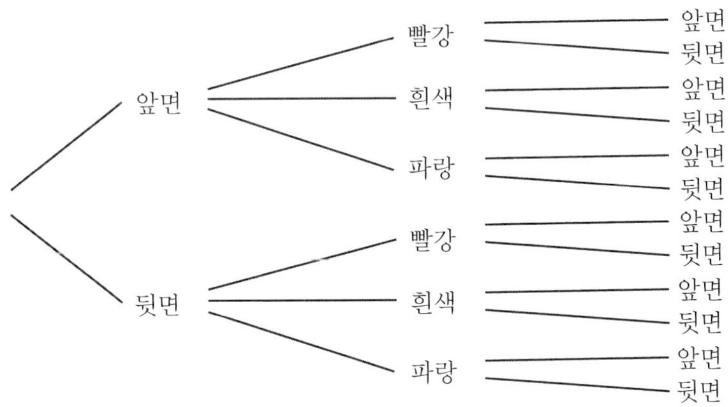

실험의 첫 번째 부분은 2 가지 경우가 있고, 두 번째 부분은 3 가지 경우, 세 번째 부분은 2 가지 경우가 존재한다. 이를 합치면, 2×3×2, 즉 12 가지 경우의 수가 존재한다.

(3) 확률 관련 수업 수정하기

다음 수업 계획은 4학년 수학 교과서에서 가르칠 것을 기대한 확률 수업에 기초하고 있다. 이 계획은 출판된 교사용 지도서에서 제시하고 있는, 전형적인 교수 제안들을 따르고 있다.

수업 목표

학생은 확률 식험을 통해 모아진 자료를 기록하고 해석할 수 있다.

■ **도입**

각 면에서 1에서 6까지 숫자가 적한 주사위를 두 개 준비한다. 두 개의 주사위를 학생들에게 보여준다. 두 개의 주사위를 던졌을 때, 합이 가장 큰 경우는 얼마인지 묻는다. [12] 합이 가장 작은 경우는 얼마인지 묻는다. [2]

■ **전개**

주사위를 던지는 실험을 할 것이라고 설명한다. 이미 학생들은 합이 가장 큰 경우와 작은 경우를 알고 있다는 것을 지적한다. [12와 2] 다른 가능한 결과들이 무엇이 있는지 묻는다. [3 4 5 6 7 8 9 10 11]

OHP 필름 위에 가능한 결과들을 가장 작은 것에서 큰 것 순으로 수직으로 가능한 결과들을 모두 적는다. 한 학생을 앞으로 나오게 하여 실험 결과를 기록하도록 한다. 나머지 학생들은 앞으로 나와 주사위를 두 번 던진다. 기록을 담당하는 학생은 다른 학생들이 주사위를 던진 결과들을 기록한다. 어떤 결과가 자주 나타나는지 묻는다. 가장 적게 나타나는 경우는 얼마인가? 동일한 횟수로 나타나는 경우가 있었는가?
전체 학생들이 주사위 하나의 숫자들에 빨간 펜으로 원을 그리는 것을 보게 한다. 두 주사위 모두 5가 나온 경우를 보여준다. 하나의 주사위에 나타난 결과와 다른 주사위에 나타난 결과가 다르다는 것을 지적한다. 빨강 2와 민자 4를 보여준다. 합이 얼마인지 묻는다. [6] 다음에 민자 2와 빨강 4를 보여주고 합이 얼마인지 묻는다. [6] 이 두 결과들이 합은 같지만, 다르다는 것을 지적한다.
학생들에게 모든 가능한 경우들을 다시 나열하기를 원한다고 말한다. 질문을 통해 다음 리스트를 완성하도록 한다.

R1, 1	R2, 1	R3, 1	R4, 1	R5, 1	R6, 1
R1, 2	R2, 2	R3, 2	R4, 2	R5, 2	R6, 2
R1, 3	R2, 3	R3, 3	R4, 3	R5, 3	R6, 3
R1, 4	R2, 4	R3, 4	R4, 4	R5, 4	R6, 4
R1, 5	R2, 5	R3, 5	R4, 5	R5, 5	R6, 5
R1, 6	R2, 6	R3, 6	R4, 6	R5, 6	R6, 6

모두 합쳐 몇 가지 경우가 있는지 묻는다. [36] 합이 7인 경우는 몇 가지가 있는가? [7 방법] 합이 6인 경우는 몇 가지가 있는가? [5 방법] 7 또는 6 중 더 많이 나오는 경우는? [7이 더 많이 나온다.] 합이 3인 경우의 수와 똑같은 다른 경우가 있는지 묻는다. [예, 합이 3인 경우와 합이 11인 경우의 수가 같다.] 가능한 결과 목록을 활용하여, 학생들에게 가장 발생 가능성이 높은 경우부터 가장 낮은 경우까지 나열해 보도록 한다.

■ **연습**

각 학생들에게 두 번째 페이지의 두 가지 실험들 중 두 가지를 선택해서 수행해 보도록 한다.

■ **종결**

학생들에게 결과를 예측하는데 도움이 되는 실험에 대해 가능한 결과 목록을 어떻게 모두 작성해 볼 수 있는지 물어본다.

이 수업 계획은 좋은 수업 계획이다. 이 수업 계획에는 가능한 결과들에 대한 이해와 결과를 예측하는 능력간의 관계에 대한 이해를 단계적으로 발달시키고 있다. 저자들은 일반화가 보다 다양한 경험에 근거할 수 있도록 보다 많은 학습 활동을 추가하고, 개념들에 대한 보다 많은 시각적 표현을 포함시켜 수업을 수정하였다. 또한 다양한 학습 요구를 만족시킬 수 있도록 보다 많은 신체 활동을 포함시켰고, 확률 개념에 대한 학생들의 의사소통을 확대하였다. 학습의 어려움을 가능한 한 빨리 확인하여 필요하다면 교수에 대한 수정을 할 수 있도록, 지속적인 학습 점검을 포함하도록 수업을 수정하였다.

수업 목표

학생은 확률 실험을 통해 모아진 자료를 기록하고 해석할 수 있다.

■ **도입**

각 면에서 1부터 6까지 적혀 있는 주사위를 충분히 준비한다. 전체 학생들에게 주사위 하나씩 나누어준다. 모든 학생들이 혼자 혹은 짝을 이루어 활동하도록 한다. 학생들에게 두 개의 주사위를 던졌을 때, 합이 가장 큰 경우가 얼마인지 묻는다. [12] 합이 12인 경우는 어떤 경우인지 묻는다. [두 주사위 모두 6] 합이 가장 작은 경우가 얼마인지 묻는다. [2] 어떤 경우 합이 가장 작은지 묻는다. [두 주사위 모두 1]

■ **전개**

실험에서 사용할 주사위에 대해 설명한다. 학생들에게 두 가지 가능한 결과들을 알고 있다는 것을 지적한다(합이 가장 큰 경우와 작은 경우). [12와 2] 짝을 이루어 다른 가능한 결과들이 무엇인지 알아보도록 한다. [3 4 5 6 7 8 9 10 11] **이해 점검**. 학생들이 활동을 하면, 교실 주의를 돌아다니면서, 학생들이 가능한 경우를 계산하는 것을 관찰하고 들어본다. 학습에 어려움이 있었던 학생들에게 특히 주의를 둔다. 필요한 경우 도움을 제공한다.

학생들이 가능한 경우들을 모두 헤아려 볼 수 있도록 충분한 시간을 주고, 자신들이 찾은 경우들을 말해 보도록 한다. OHP 필름에 가장 작은 것부터 큰 것까지 가능한 결과들의 목록을 세로로 적는다. 각 짝별로 두 개의 주사위를 네 번 던지게 하고 네 경우의 합을 기록하게 한다. 모든 학생들이 활동을 마치면, 각 집단별로 결과를 보고하도록 한다. 그 결과를 OHP 필름에 눈금으로 기록한다.

가능한 결과들 중 가장 많이 일어난 경우는 무엇이었는지 묻는다. 가장 적게 일어난 경우는 무엇이었는지 묻는다. 가능한 경우들 중 동일한 횟수로 일어난 경우가 있었는지 묻는다. **이해 점검**. 이러한 논의를 하는 동안 어려움을 보이는 학생들에 주목한다. 학생들이 이해했는지 확인한다. 반응을 하도록 격려한다.

실험을 반복한다. 단, 먼저 각 짝끼리 각 가능한 경우들이 확률이 어떨지 예측한 것을 써보도록 한다. 실험을 반복한다. 그 결과에 대해 논의한다. 누가 가장 정확하게 예측했는가? 이들은 어떻게 확률을 가장 정확하게 예측할 수 있었는가 이유를 물어본다.

학생들에게 합이 7인 경우를 얻는 방법이 몇 가지 있는지 생각해 보도록 한다. [세 가지 방법이 있을 수 있다. 1 + 6, 2 + 5, 3 + 4] 합이 12가 나오는 경우가 몇 가지 방법이 있는지 생각해 보도록 한다. [한 가지 경우가 있다. 6 + 6] 합이 7인 경우가 12인 경우보다 더 자주 나타난다는 사실을 설명하는데 앞의 사실이 도움이 되는지 묻는다.

조금 더 정확하게 예측하는데 도움이 될 수 있도록 가능한 결과들에 대해 생각해 보는 다른 방법이 있다고 설명한다. 한 집단으로부터 주사위를 하나 가져와, 모든 숫자에 빨간 펜으로 원을 그린다. 그리고 숫자만 적혀 있는 주사위와 함께 두 주사위를 던진다. 예를 들어, 결과는 빨간 원이 있는 2와 그냥 5가 나올 수 있다. 이 결과를 칠판에 R2,5라고 적는다. **이해 점검**. 2 옆에 왜 R이라고 적었는지 묻는다. 모든 학생들이 R이 붉은 원이 그려진 숫자를 의미한다는 것을 이해했는지 확인한다.

주사위를 붉은 원이 있는 5와 그냥 2가 보이도록 주사위를 돌린다. 이것은 다른 결과임을 지적한다. **이해 점검**. 학생들의 눈을 관찰한다. 혼란이 있다면, 이 결과가 왜 다른지 물어본다. 이 결과를 칠판에 R5,2라고 적는다.

빨간 펜을 가지고 각 집단에서 갖고 있는 주사위들 중 하나에 숫자마다 원을 그리도록 한다. 주사위를 다시 던지고 한 학생을 나오게 하여, 그 결과를 기록하게 한다. 예를 들어, 던진 결과가 빨간 원 1와 그냥 3이라면, R1,3이라고 칠판에 적는다. **이해 점검**. 왜 1 옆에 R을 적었는지 묻는다. 이전에 어려움을 보였던 학생들이 대답을 할 수 있는지 확인한다.

둘씩 짝을 지어 숫자에 빨간 원을 그린 주사위와 숫자만 적혀 있는 주사위를 던져 나올 수 있는 가능한 결과들의 목록을 모두 작성하도록 한다. **이해 점검**. 교실 주위를 돌아다니면서, 각 짝별로 활동을 관찰한다. 학생들이 결과들을 정확하게 기록하고 있는지 확인한다. 모든 결과 목록들을 작성하기 위해 체계적인 방법을 사용하고 있는가 확인한다.

각 짝들이 활동을 완료하면, 가능한 결과들이 무엇인지 말해보도록 한다. 칠판에 전체 결과 목록을 적는다. 유도 질문을 하여 목록을 순서대로 작성해 보도록 돕는다. 예를 들어, 다음과 같이 작성해 볼 수 있다.

R1, 1	R2, 1	R3, 1	R4, 1	R5, 1	R6, 1
R1, 2	R2, 2	R3, 2	R4, 2	R5, 2	R6, 2
R1, 3	R2, 3	R3, 3	R4, 3	R5, 3	R6, 3
R1, 4	R2, 4	R3, 4	R4, 4	R5, 4	R6, 4
R1, 5	R2, 5	R3, 5	R4, 5	R5, 5	R6, 5
R1, 6	R2, 6	R3, 6	R4, 6	R5, 6	R6, 6

가능한 경우의 수가 모두 몇 가지인지 묻는다. [36] 합이 7인 경우가 몇 가지 방법이 있는지 묻는다. [6 가지 방법] 합이 6인 경우가 몇 가지 방법이 있는지 묻는다. [5가지 방법] 합이 7인 경우와 합이 6인 경우 더 많이 나타나는 경우는 어떤 경우인지 묻는다. [7이 나타날 가능성이 더 많다.] 합이 3인 경우와 나타날 가능성이 같은 경우가 있는지 묻는다. [예, 3과 11은 동일한 경우의 수를 갖는다.] 가능한 결과 목록을 가지고 가장 일어날 가능성이 높은 것부터 낮은 것까지 각 경우들을 나열해 보도록 한다.

세 개 흰색 칩에 N, E, W라고 적고, 세 개 노랑 칩에 N, O, W라고 문자를 적는다.

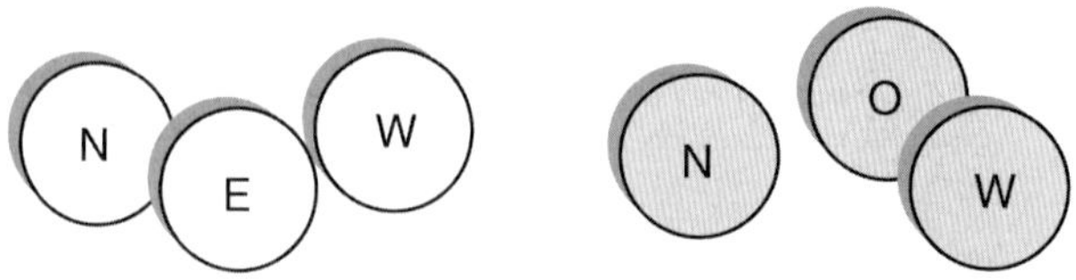

종이 가방 하나에 노랑 칩들을 넣고 다른 종이 가방에는 하얀 칩들을 넣는다. 각 가방에서 하나의 칩을 꺼낸다. 예를 들어, 노랑 칩 N과 하얀 칩 W를 꺼낸다. 이 결과를 어떻게 기록할지 묻는다. [한 가지 방법은 yN, wW라고 적을 수 있다.] 짝을 이루어 이 실험을 통해 얻어질 수 있는 모든 결과 목록들을 작성해 보게 한다. **이해 점검**. 교실 여기저기를 돌아다니면서, 학생들의 활동을 관찰한다. 가능한 결과 목록들을 발견하기 위해서 체계적인 방법을 사용하고 있는가 확인한다.

얼마나 많은 경우의 수들이 존재하는가? [9] 나온 결과가 yO, wW라면, 두 문자들을 합쳐 OW 단어로 기록할 수 있다는 것을 지적한다. 다른 결과에서 나타난 문자들을 가지고 단어로 기록하는데 사용할 수 있는지 묻는다. 얼마나 많은 결과들이 단어로 기록할 수 있는지 묻는다. [세 가지 경우, yO, wN; yO, wW; yW, wE]. 이 경우들을 칠판에 적는다. 실험을 15번 한다면 문자들을 가지고 단어를 기록할 수 있는 경우가 얼마나 있는지 학생들로하여금 예측해보게 한다. 확인을 위해 실험을 15번 반복한다.

■ **연습**

학생들에게 짝을 이루어 두 번째 페이지에 있는 실험들 중 두 가지를 선택하고 완성해 보도록 한다.

■ **종결**

학생들에게 오늘 해본 것을 복습해 보도록 한다. 새로 배운 내용이 무엇인지 물어본다.

(4) 문제 해결을 위해 확률 이용하기

초등학교에서 확률을 이용한 문제 해결은 미래 사건을 예측하는데 초점을 맞춘다. 어린 아동들의 경우, 문제 해결은 가장 일어날 가능성이 높은 미래 결과를 선택하는 경우다. 어린 아동들에게 주어지는 문제들은 보통 미래에 일어날 결과가 불가능한지, 가능한지, 확실하게 일어날지 판단하는 것이다. 중학교에서 접하게 되는 문제들은 학생들이 미래에 일어날 결과들을 예측할 때 모든 가능한 결과를 생각해 보는 것이다. 또는 미래에 일어날 결과를 예측하기 위해 확률을 사용하거나 어떤 결과가 일어날 것이라고 기대하는 것이 합리적인지 비합리적인지 판단하는 것이다.

학생들이 나이 듦에 따라, 학생들은 경험을 통해 얻은 확률(실험이나 조사를 통해 어림짐작한 확률)을 사용해 미래에 이어날 결과를 예측한다. 확률에 기초해서 학생들은 가능한 결정이 현명한지, 어리석은지 판단한다. 학생들은 확률에 기초해서 전략을 선택할 것이다. 또한 학생들은 경험적 확률을 사용해서 직장이나 여가 관련 결정을 내릴 수 있게 될 것이다.

다음 연습 활동들은 1학년부터 8학년까지 학생들이 해결해야하는 문제들을 제시하고 있다.

연습 및 활동

1. 이 장에 제시된 자료 분석에 관한 원 수업 계획과 수정된 수업 계획을 비교하시오.
  a. 학습 활동이 추가된 부분
  b. 아이디어의 시각적 표현 확대
  c. 신체 활동 확대
  d. 학생과의 의사소통 및 학생들 간의 의사소통 확대
  e. 추가 학습 점검

2. 이 장에 제시된 확률에 관한 원 수업 계획과 수정된 수업 계획을 비교하시오.
  a. 학습 활동이 추가된 부분
  b. 아이디어의 시각적 표현 확대
  c. 신체 활동 확대
  d. 학생과의 의사소통 및 학생들 간의 의사소통 확대
  e. 추가 학습 점검

3. 학생들에게 자료 조직에 대해 가르치고 있는, 초등학교에서 중학교까지의 수학 교과서에서 제시된 수업을 찾으시오.
  a. 수업 계획을 준비하기 위해서 교사용 지도서에 제시된 제안을 따르시오. 창조적으로 작성할 필요는 없다. 할 수 있는 한 정확하게 제안에 따르시오.
  b. 새로운 개념과 기술을 배우는 학습 활동을 추가하여 수업을 수정하시오.

4. 학생들에게 막대그래프 만드는 법을 가르치고 있는, 초등학교에서 중학교까지의 수학 교과서에서 제시된 수업을 찾으시오.
  a. 수업 계획을 준비하기 위해서 교사용 지도서에 제시된 제안을 따르시오. 창조적으로 작성할 필요는 없다. 할 수 있는 한 정확하게 제안에 따르시오.
  b. 아이디어들에 대한 시각적 표현을 늘릴 수 있도록 수업을 수정하시오.

5. 학생들에게 원 그래프 만드는 법을 가르치고 있는, 초등학교에서 중학교까지의 수학 교과서에서 제시된 수업을 찾으시오.
  a. 수업 계획을 준비하기 위해서 교사용 지도서에 제시된 제안을 따르시오. 창조적으로 작성할 필요는 없다. 할 수 있는 한 정확하게 제안에 따르시오.
  b. 지속적으로 학습 점검하기 위한 제안을 추가하여 수업을 수정하시오.

6. 학생들에게 실험을 반복했을 때 얻어지는 결과를 예측하기 위해 실험에서 얻어진 자료를 사용하는 법을 가르치고 있는, 초등학교에서 중학교까지의 수학 교과서에서 제시된 수업을 찾으시오.

a. 수업 계획을 준비하기 위해서 교사용 지도서에 제시된 제안을 따르시오. 창조적으로 작성할 필요는 없다. 할 수 있는 한 정확하게 제안에 따르시오.

b. 신체 활동을 늘릴 수 있도록 수업을 수정하시오.

7. 다음 문제를 어떻게 해결하지 이해하지 못하는 5학년 학생을 가르치고 있다고 가정하다.

모자를 파는 가게에서 일하고 있다고 상상해 보자. 가게의 판매 기록을 보면 팔린 모자들 중 약 25%가 모자 앞에 유머러스한 문구가 새겨져 있었다. 그리고 약 50%가 스포츠팀 로고가 새겨져 있었고, 15%가 다른 종류의 이미지가 새겨져 있었다. 나머시는 이미지가 없는 민자 모자였다.
가게에는 84개의 모자를 전시할 수 있는 공간이 있다. 바쁜 하루를 보내고, 41개의 모자가 남아 있다. 8개는 민자 모자, 18개는 스포츠 팀 로고 모자, 12개 유머 문구, 3개가 다른 종류의 이미지 모자였다.
다음 장사를 위해 진열을 다시 하려고 한다. 각 종류별로 몇 개의 모자를 추가로 전시해야하는가?

학생들이 이 문제 해결에 어려움을 보이는 다양한 이유들에게 생각해 보시오. 학생들이 이 문제 해결 방법을 이해하는데 도움을 줄 수 있는 방법에 대해 설명하시오.

8. 다음 문제를 어떻게 해결할지 이해하지 못하는 4명의 중학교 2학년 학생 집단을 가정해 보시오.

단어 철자를 쓰는 게임에서 사용할 50장의 카드 세트를 만들기를 원한다고 상상해 보자. 어떤 글자는 더 많이 준비해야 하고, 어떤 문자는 덜 준비해도 된다는 것을 당신은 알고 있다. 신문에 실린 기사를 이용해서 각 글자별로 몇 개를 준비해야 하는지 추측해 보시오.

9. 플라스틱 컵을 던져서 컵이 똑바로 서거나, 아래로 엎어지거나, 옆으로 쓰러질 확률을 추측해보는 교수/학습 활동을 작성해 보시오.

참고문헌 및 관련 자료

Clement, J., DiPerna, E., Gavin, J., Hanner, S., James, E., Putz, A., et al. (1997). *Children's work with data.* Madison: Wisconsin Center for Education Research, University of Wisconsin-Madison.

Hancock, C., Kaput, J. J., & Goldsmith, L. T. (1992). Authentic inquiry with data: Critical barriers to classroom implementation. *Educational Psychologist*, 27, 337-364.

Konold, C. (1989). Informal conceptions of probability. *Cognition and Instruction*, 6, 59-98.

McClain, K. (1999). Reflecting on students' understanding of data. *Mathematics Teaching in the Middle School*, 4, 374-380.

National Council of Teachers of Mathematics. (2000). *Principles and standards for school mathematics.* Reston, VA: Author.

Tarr, J. E. (2002). Providing opportunities to learn probability concepts. *Teaching Children Mathematics*, 8, 482-487.

University of North Carolina Mathematics and Science Education Network. (1997). *Teach-stat activities: Statistical investigations for grades 3 through* 6. Palo Alto, CA: Dale Seymour.

웹 주소

http://illuminations.nctm.org/swr/list.asp?Ref=1&Std=4&Grd=−1
(K-2 학년 자료분석 및 확률활동)

http://illuminations.nctm.org/swr/list.asp?Ref=1&Std=4&Grd=3
(3-5 학년 자료분석 및 확률활동)

http://illuminations.nctm.org/swr/list.asp?Ref=1&Std=4&Grd=6
(6-8 학년 자료분석 및 확률활동)

http://illuminations.nctm.org/index˙o.aspx?id=29(취학전-2 수업계획)

http://illuminations.nctm.org/LessonDetail.aspx?ID=U95(3-5 수업계획)

http://illuminations.nctm.org/index˙o.aspx?id=248(6-8 수업계획)

Chapter

13 효과적인 연습: 연습과 재미를 위한 게임과 활동

1. 짝 맞추기 활동
2. 순서대로 정렬하기 활동
3. 답 또는 예시 구성 활동

Chapter 13

효과적인 연습: 연습과 재미를 위한 게임과 활동

■ **교수 원리**

교사는 자신들이 내린 결정, 자신들이 한 말, 그리고 자신들이 만든 물리적인 환경을 통해 수학을 학습할 수 있도록 유도하는 환경을 만들고 가꾸어 나간다.(NCTM, 2000, p.18)

■ **학습 원리**

교사들이 제공하는 다양한 경험들은 학생들의 학습 범위와 질을 결정하는데 절대적인 역할을 한다.(NCTM, 2000, p.21)

학습발달 단계-학생들이 아직 알지 못하는 내용과 아직 발달시키지 못한 기술들을 배우는 단계의 학습들-의 중요성 때문에 앞 장에서 살펴 본 학습 활동들은 개발 활동(developmental activities)들이다.

연습 활동(practice activities)의 목적은 학생들이 이미 습득한 개념과 기술들을 숙달하도록 도와주는 것이다. 개발 활동(developmental activities)은 터득과 이해에 중점을 두고 있는 반면에 연습 활동(practice activities)은 학생들이 배웠던 것을 좀 더 능숙하게 발달시키는 데 중점을 두고 있다. 일반적으로 학생들은 연습을 통해서는 새로운 것을 배우지 않는다. 하지만 연습을 통해서 그들은 이미 배웠던 것들에 대해 좀 더 높은 수준의 숙련도를 발달시킨다. 연습은 또한 배운 것을 좀 더 오래 지속시키도록 도움을 준다.

사고중심(think-time) 연습은 다른 연습 활동들보다 선호된다. 학생들은 개념과 관계에 대해 신중히 생각할 충분한 시간, 과정의 각 단계를 통해 주의 깊게 생각할 충분한 시간, 그리고 완전히 이해하지 못하고 있던 것들을 찾아 볼 수 있는 충분한 시간을 갖게 한다. 사고중심(think-time) 연습에서는 속도가 아니라 정확성에 중점을 둔다.

이 장에서 우리는 그 자체로 연습을 흥미있고 재미있게 만드는 활동들을 보게 된다. 우리는 많은 연습을 제공하는 활동들을 보여 주는데, 학생들이 교과서의 연습 문제를 푸는 것보다 더 많은 활동들을 제공한다. 게다가 학생들이 수학적인 개념과 기술들을 생각하고 의논하고 질문하고 설명할 때 서로 협력할 것을 요구하는 연습 활동들도 있다. 또한 육체적인 움직임을 요구함으로써 완전히 학생들의 주의를 끌어내는 연습 활동들이 있다.

하지만 다음에 주의할 필요가 있다. 즉, 연습활동은 그것이 정말로 정돈되고 재치있고 흥미로우며 주의를 끈다고 해도 아이들이 이해에 도달하지 못한다면 효과적일 수 없다는 점을 기억해야 한다. 어떤 연습활동도 제대로 된, 튼튼한 개념 및 기술 개발을 대체할 수는 없다.

우리는 학생들이 두 개 또는 그 이상의 것들을 짝지어 보도록 하는 활동 학습으로 시작하고자 한다. 이것들은 똑같기 때문에 짝이 될 수도 있고, 답이 같기 때문에 짝이 될 수도 있으며, 공통의 기하학적인 특성 때문에 짝이 될 수도 있고, 다른 이유로 인해 짝이 될 수도 있다. 기억해야 할 중요한 것은 무엇이 짝이 되는 가에 관계없이 또는 짝이 되는 기준에 관계없이, 활동은 짝을 맞추는 어떤 다른 것들에도 쉽게 응용될 수 있다는 것이다. 그래서 학생들이 특정한 짝맞추기 활동을 즐긴다면, 그 활동을 반복해서 다른 내용으로 사용할 수 있다.

1 짝 맞추기 활동(Matching Activities)

효과적인 짝 맞추기 활동의 하나는 Match Me이다. 이 활동의 기본 절차는 다음 두 가지 활동에 제시되어 있다. 활동 13.01과 13.02의 과정은 똑같으나 내용의 수준이 다르다.

■활동 13.01 짝 맞추기(Match Me, 유형1)

예시된 것과 같이 여러 쌍의 카드들을 준비한다. 각 쌍의 카드들은 점의 개수는 같으나 배열이 다르게 되어 있어야 한다.

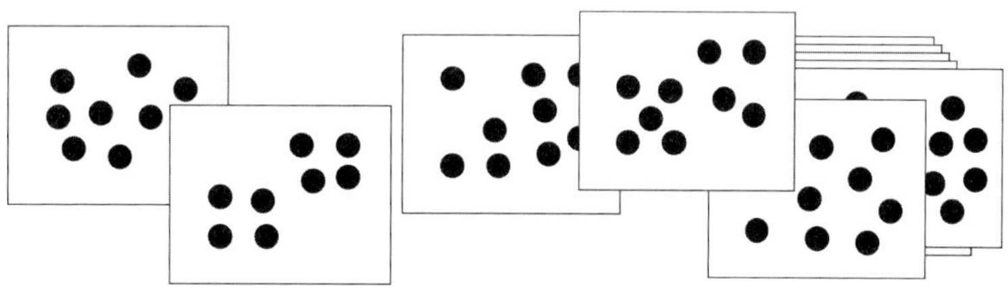

카드를 섞고 각 학생들에게 1장씩 나누어 준다. 학생들이 같은 개수의 점들을 가진 카드를 갖고 있는 짝을 찾도록 한다. 학생의 수가 홀수라면 교사가 카드를 갖고 참가하여 모든 사람이 짝을 맞출 수 있도록 한다. 모든 학생들이 짝을 찾았을 때 짝들은 그들의 카드를 학급 모두에게 보여주고 점이 몇 개인지를 말하도록 한다.

■활동 13.02 짝 맞추기(유형2)

예시된 것과 같이 여러 쌍의 카드들을 준비한다. 각 쌍의 카드들은 면적은 같고 모양은 다른 직사각형이어야 한다. 카드를 섞고 각 학생들에게 1장씩 나누어 준다. 학생들은 면적이 같은 직사각형이 있는 카드를 갖고 있는 짝을 찾도록 한다.

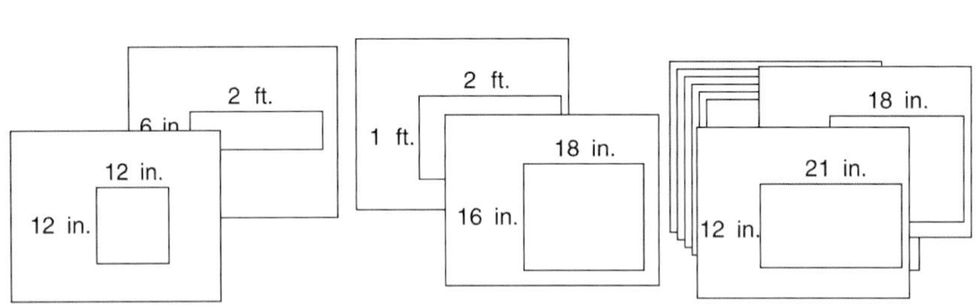

학생 수가 홀수라면 한 세트는 3장이 같은 면적이 되게끔 준비하고 학생에게 짝은 2명 혹은 3명이 된다고 말해준다. 모든 학생들이 자신들의 짝을 찾았을 때 짝들은 그들의 카드를 학급 모두에게 보여주고 면적이 얼마인지 말하도록 한다.

짝 맞추기(Match Me)는 육체적인 움직임이 필요한 훌륭한 활동이다. 학생들은 활동을 완수하기 위해서 교실에서 일어나서 움직여야만 한다. 그러나 동작은 의도된 것이기 때문에 이 활동은 행동 문제를 일으키지는 않는다. 짝 맞추기(Match Me)의 또 다른 장점은 시간이 거의 걸리지 않는다는 것이다. 이 활동은 수업을 개시할 때 포함시키면 좋은 선택이 될 수 있으며, 이 때 학생들의 주의는 특정한 내용에 집중되어야만 하지만 수업 중에 배우는 개념이나 기술들을 개발시키는 데 필요한 시간이 다 사용되지는 않을 것이다.

짝 맞추기(Match Me)의 또 다른 멋진 사용은 짝 활동을 하기 위해 학생들이 짝을 형성하는 것이다. 이 활동은 무작위로 짝을 이루는 것이 가능할 때 사용될 수 있다. 짝 맞추기(Match Me)는 그룹이나 팀 활동에서 소그룹이나 팀을 이루는 것으로 변형시켜서 할 수도 있다. 이렇게 하기 위해서는 카드의 수를 그룹을 이루는 학생들이(그러나 각 그룹에는 여러 명이 있어야 한다.) 짝을 이루는 카드를 모두 가질 수 있도록 해야 한다. 활동 13.03과 13.04는 그룹을 형성하도록 하는 활동의 예이다.

■ 활동 13.03 짝 맞추기(유형3)

예시된 것과 같이 4개의 카드로 구성된 여러 세트의 카드를 준비한다. 각 세트의 카드들은 답이 같은 뺄셈의 예시 문제를 보여주어야 한다.

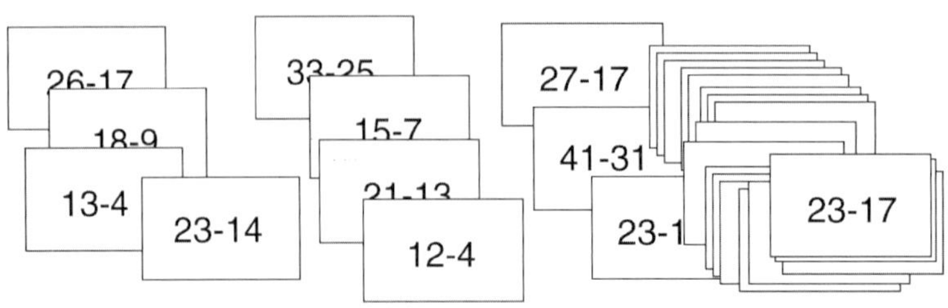

카드를 섞고 학생들에게 나누어 준다. 학생들이 답이 같은 문제가 적혀 있는 카드를 갖고 있는 짝을 찾도록 한다. 학생들에게 그들이 서로 짝이 되는지 확실히 하기 위해 그룹의 각자의 카드의 답을 확인하라고 말한다.

모든 학생들이 그들의 그룹을 찾았을 때 그룹의 학생들은 그들의 카드를 학급 모두에게 보여주고 그들의 답이 무엇인지 말하도록 한다.

■ 활동 13.04 짝 맞추기(유형)

숫자들이 여러 방법으로 나타내질 수 있도록 묶음으로 된 막대기와 낱개로 된 막대기들을 여러 종이 가방에 넣는다. 예를 들어 3묶음과 1개의 막대기, 2묶음과 11개의 막대기, 1묶음과 21개의 막대기를 세 개의 종이 가방에 넣는다. 모든 학생들이 1개의 가방을 가질 수 있도록 충분히 가방을 준비한다. 학생들이 몇 개의 막대기가 있는지 자기 가방을 보도록 한다. 그리고 나서 학생들이 여러 방법으로 제시된 같은 수의 막대기를 가진 모든 아이들과 한 그룹이 되도록 한다.

앞선 짝 맞추기의 예들은 짝 맞추는 기준으로 모두 '같음(equality)'을 사용하고 있으나, 다른 기준도 사용될 수 있다. 예를 들어 학생들은 금액이 1달러가 되도록 숫자의 합계가 10이 되게, 또는 각도가 여각이 되게, 길이가 1미터가 되게, 모양이 직사각형이 되도록 맞출 수 있다. 하지만 어떤 형의 짝 맞추기가 사용되든, 그리고 어떤 짝맞추기 기준이 사용되든지 짝 맞추기는 연습 활동이며 개념과 기술들은 연습하기 전에 먼저 개발되어야 함을 기억해야 한다.

다음의 짝맞추기 활동은 Piles라고 한다. 다음은 두 가지 형태의 활동이 다른 내용에 어떻게 사용될 수 있는 가를 보여준다. 비록 이들 두 가지 활동에서 내용은 서로 다르지만 절차는 같음을 주의하라.

■ 활동 13.05 Piles(유형1)

덧셈의 예를 보여주는 카드들을 준비한다. 같은 답이 나오는 여러 가지의 예시 문제를 포함시킨다. 카드를 섞는다.

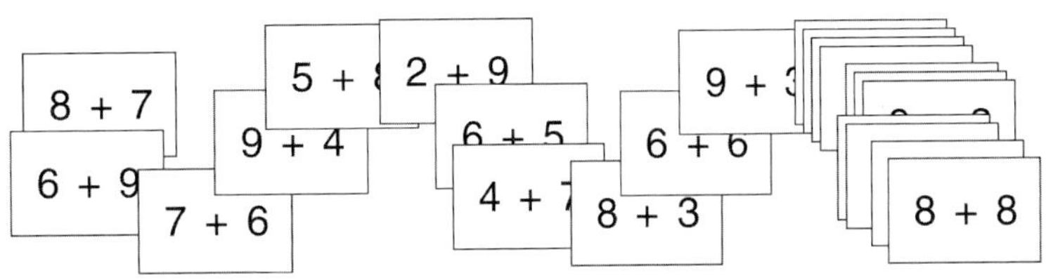

분필통에 카드 하나를 놓고 나머지 카드들은 학생들에게 나누어 준다. 학생들이 한 번에 한 사람씩 나와서 그들의 카드를 분필통에 놓도록 한다. 만일 자기의 카드와 답이 같은 카드가 분필통에 있다면 그 카드는 같은 답을 가진 카드 위에 놓는다. 만일 자기 카드와 답이 같은 카드가 분필통에 없다면 그 학생은 새로운 파일을 만든다(새로운 분필통에 카드를 놓는다). 모든 카드들이 분필통에 놓여 졌을 때 학생들과 함께 각 파일의 카드들을 조사해서 답들이 모두 같은 지를 살펴본다.

■활동 13.06 Piles(유형2)

도형이 그려져 있는 카드들을 준비한다. 여러 가지의 정사각형, 원, 직사각형 그리고 삼각형이 모두 크기가 다르게 한다.

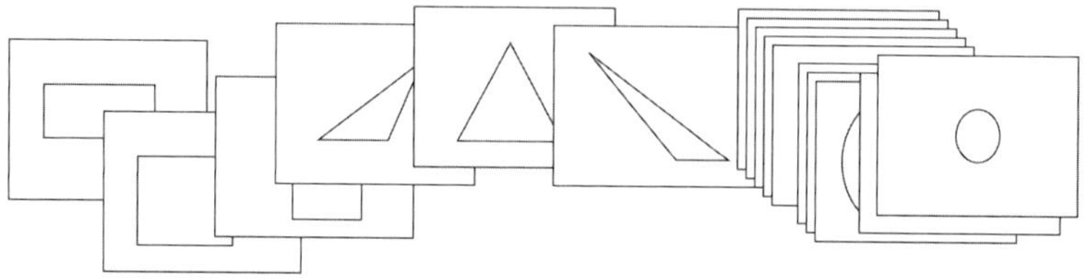

카드를 섞어 분필통에 카드 하나를 놓고 나머지 카드들은 학생들에게 나누어 준다. 학생들이 한 번에 한 사람씩 와서 자신들의 카드를 분필통에 놓도록 한다. 만약 자기 카드와 같은 모양의 카드가 분필통에 이미 있다면 그 카드는 같은 모양이 있는 카드 위에 놓는다. 만약 자신의 카드와 같은 모양의 카드가 분필통에 없다면 그 학생은 새로운 파일을 시작한다(새로운 분필통에 놓는다). 모든 카드들이 분필통에 놓여 졌을 때 학생들과 함께 각 파일의 카드들을 조사해서 모양이 모두 같은지 살펴본다.

Piles는 신체의 움직임이 필요한 또 다른 활동이며 학생들은 보통 여러 가지 예들을 생각하면서 그것을 즐긴다. 하지만 이 활동의 참여 수준은 그리 높지 않다. 오직 한 번에 한 학생만이 적극적으로 활동에 몰두하는 반면에 나머지 모든 학생들은 자신의 차례를 기다리고 있거나 끝내고 있게 된다. 만일 이 활동들을 너무 자주 하면 학생들은 싫증을 내게 되고 자기가 몰두하지 않는 시간 동안에 문제 행동이 발생할 수 있다. Piles는 과도하게 사용되지 않는다면 효과적인 연습 활동이 될 수 있다. 학생들은 자기들 차례가 아닐지라도 정신적으로 그 활동에 계속 몰두하게 될 것이다. 하지만 이것은 연습 활동이며 오직 충분한 개념 개발이 이루어진 후에 사용되어야 한다는 점을 명심하여야 한다.

Round We Go는 학생들이 항상 즐기는 또 다른 훌륭한 짝 맞추기 활동이다. 이전의 활동에서와 같이 Round We Go는 다양한 내용의 주제에 쉽게 적용할 수 있다. 활동 13.07과 13.08은 두 가지 다른 주제를 가지고 Round We Go의 예를 제시하고 있다. 학생들은 교사가 가지고 있는 것과 일치하는 것을 찾는 것이다.

■활동 13.07 Round We Go (유형1)

굵은 마커를 사용하여 종이 전체에 다음에 예시된 그림과 같이 덧셈 식을 쓴다. 대부분의 답에 대해 두 가지의 덧셈 식을 준비하고 학생들보다 많은 수의 덧셈 식을 준비하도록 한다. 또한 답이 쓰인 커다란 카드들을 준비한다. 식이 쓰인 카드를 바닥에 둥글게 펼쳐 놓는다. 학생들은 덧셈 식이 쓰인 카드의 바깥쪽으로 원을 그리며 선다. 학생들은 다음의 구절을 암송하면서 원 주위를 돌도록 한다.

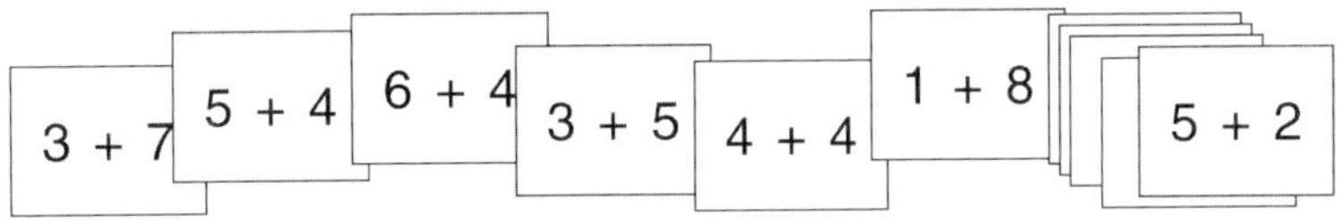

'나가자 나가자 둥글게. 너무 빠르지도 느리지도 않게. 나는 달리지 않으며 뛰지도 않는다. 나는 거의 다 왔다. 이제 정지할 시간이다.'
'정지'라는 말에 학생들은 자기들이 서 있는 앞의 카드의 식을 생각하도록 한다. 교사가 답이 적혀 있는 카드들 중 하나를 집어 들면 그 답에 해당하는 덧셈식 뒤에 있는 학생이 손을 든다. 모든 학생들이 손을 드는 기회를 가질 때까지 과정을 계속 진행한다.

■ **활동 13.08** Round We Go (유형2)

색깔이 있는 마분지를 사용하여 다음의 예시와 같이 여러 모양의 도형을 자른다. 각 도형은 다양한 모양으로 이루어져 있어야 하는데 학생들의 수보다 더 많은 모양을 준비하도록 한다.

여러 모양의 도형들을 바닥에 둥글게 펼쳐 놓는다. 학생들은 준비한 도형들의 바깥쪽으로 원을 그리며 선다. 학생들은 13.07의 구절과 같은 구절을 암송하면서 카드들 바깥쪽으로 원을 그리면 돈다. '정지'라는 말에 학생들은 서고 자신의 앞에 있는 도형에 관해 생각한다. 교사가 도형들(삼각형, 정사각형, 원 혹은 직사각형 등) 중 하나의 이름을 대면 그 도형 모양 뒤에 서 있는 학생이 손을 든다. 정사각형 뒤에 서있는 학생은 교사가 '정사각형'이라고 말하면 손을 들어야 한다. 모든 학생들이 손을 드는 기회를 가질 때까지 과정을 계속 진행한다.

또 하나의 신체적인 움직임을 필요로 하는 짝맞추기 활동은 Scavenger Hunt(물건찾기 놀이)이다. 이 활동 역시 많은 학생들에게 협조와 대화를 하도록 하는 장점을 가지고 있다. 활동 13.09와 13.10에서 다양한 내용으로 사용될 수 있음을 보여주는 두 가지 유형을 소개한다.

■ **활동 13.09** Scavenger Hunt (유형1)

다음에 예시된 것과 같이 답(숫자)이 적힌 4개의 각기 다른 리스트를 준비한다. 리스트에 적인 모든 답들은 문제(뺄셈식)가 적힌 짝이 맞는 카드가 반드시 있어야 한다. 또한 일치하는 답이 없는 문제(뺄셈식)가 적힌 몇 개의 카드들도 포함되어야 한다. 문제가 적힌 카드들을 교실 벽에 붙여 놓는다. 4개의 팀을 만들어 각 팀에 정답이 적힌 리스트를 1개씩 나누어 준다.

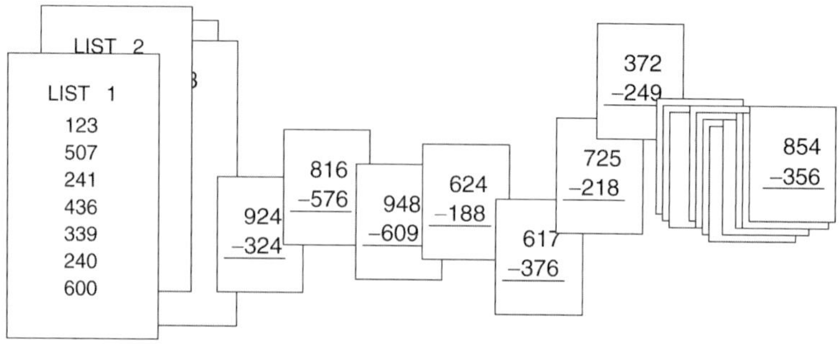

각 팀은 자기들이 갖고 있는 리스트에 적혀 있는 답과 일치하는 문제(뺄셈식)를 찾아야 한다고 학생들에게 말해 준다. 학생들은 그들의 답과 일치하는 문제(뺄셈식)가 적힌 카드를 모우며 모두 모았을 때 교사에게 그것을 가져 온다. 정확하게 끝마친 첫 번째 팀이 승리한다.

■ **활동 13.10 Scavenger Hunt (유형2)**

다음에 예시된 것과 같이 도형의 이름이 적인 4개의 각기 다른 리스트를 준비한다. 또한 기하학적인 모양이 그려진 커다란 카드들을 준비한다. 리스트에 적힌 각 도형의 이름은 그것과 일치하는 도형이 그려진 카드가 반드시 있다. 또한 일치하는 도형의 이름이 없는 몇 개의 도형 카드들도 포함되어야 한다.

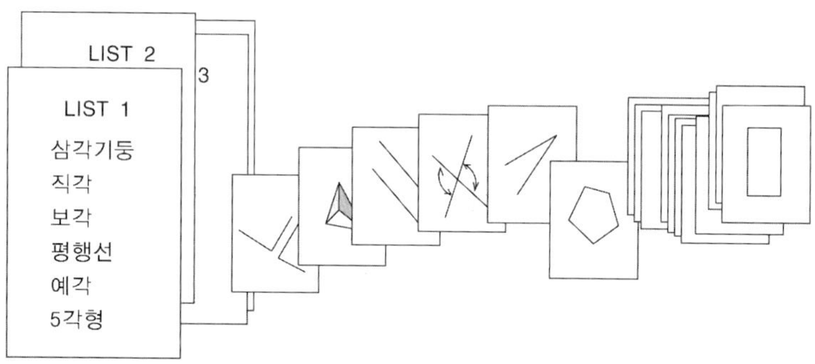

도형이 그려진 카드들을 교실 벽에 붙여 놓는다. 4개의 팀을 만들어 각 팀에 도형 이름이 적힌 리스트를 1개씩 나누어 준다. 각 팀은 자기들이 갖고 있는 리스트에 적혀 있는 도형의 이름과 일치하는 도형을 찾아야만 한다고 학생들에게 말한다. 학생들은 도형 이름과 일치하는 도형을 모아야 하고 모두 모았을 때 교사에게 가져 온다. 정확하게 끝마친 첫 번째 팀이 승리한다.

2명에서 4명의 그룹에 효과적인, 카드를 사용하는 짝맞추기 활동이 많이 있다. 이러한 소그룹 활동들은 학생들이 참여하면서 사용하게 되는 수학적인 개념들과 기술들에 관해 이야기할 기회를 제공해 준다. 그러한 활동 중 하나가 Concentration(집중)이다. 우리는 이 활동이 광범위한 내용을 연습하기 위해 어떻게 사용될 수 있는가를 보여주기 위해 세 가지 유형의 Concentration(집중)을 제시할 것이다.

■ **활동 13.11** Concentration(유형1)

12쌍의 짝이 되는 카드를 준비한다. 각 쌍의 카드들은 하나는 도형의 그림을 보여주며 또 다른 하나는 그 도형의 이름을 보여주어야 한다. 2명에서 4명의 플레이어 그룹을 만든다. 카드를 섞고 한 줄에 4장씩 6줄로 하여 카드를 뒤집어 놓는다.

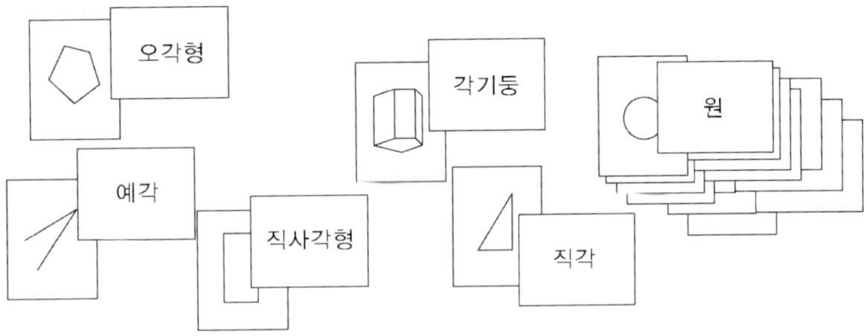

각 학생은 차례대로 한다. 한 학생이 2장의 카드를 편다. 만일 카드가 일치하면 그 카드를 갖고 자기 차례를 끝낸다. 만일 카드가 일치하지 않는다면 그 학생은 그 카드를 뒤집어 원래의 자리에 도로 놓고 자기 차례를 끝낸다. 모든 카드들을 가져갈 때까지 게임을 계속된다. 가장 많은 카드를 가진 학생이 승리한다.

■ **활동 13.12** Concentration(유형2)

12쌍의 카드를 준비한다. 각 쌍의 카드들은 둘 다 모두 10센터 미만의 동전이 그려져 있고 각 쌍의 동전의 합계 금액은 10센트가 되어야 한다. 2명에서 4명의 학생이 한 그룹을 만든다. 카드를 섞고 한 줄에 4장씩 6줄로 하여 카드를 뒤집어 놓는다. 플레이어는 차례대로 한다. 한 학생이 2장의 카드를 편다. 만일 카드의 금액 합계가 10센트가 되면 그 카드를 갖고 자기 차례를 끝낸다. 만일 카드의 금액 합계가 10센트가 아니면 그 학생은 그 카드를 원래의 자리에 도로 갖다 놓고 자기 차례를 끝낸다. 놀이는 모든 카드를 가져갈 때까지 계속된다. 가장 많은 카드를 가진 학생이 승리한다.

■ **활동 13.13 Concentration(유형3)**

1자리 숫자가 적힌 30장의 카드를 준비한다. 0에서 9까지 적힌 카드가 각 숫자 당 3매가 되도록 한다.

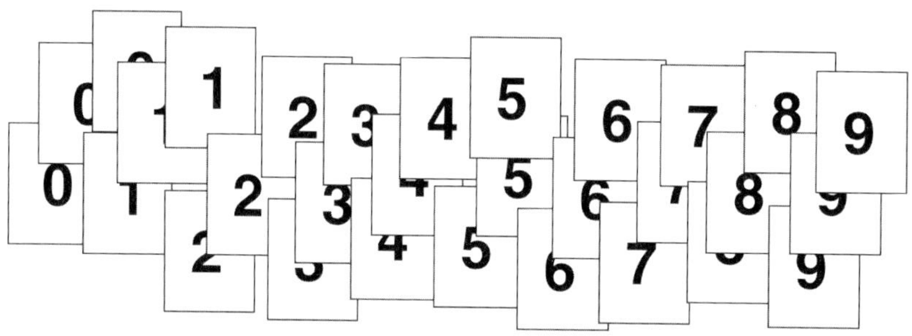

2명에서 4명의 학생이 한 그룹을 만든다. 카드를 섞고 한 줄에 5장씩 6줄로 하여 카드를 뒤집어 놓는다. 각 학생은 차례대로 한다. 한 학생이 2장의 카드를 편다. 만일 2장의 카드의 숫자의 합이 9가 되면 그 카드를 갖고 자기 차례를 끝낸다. 만일 카드의 숫자의 합이 9가 아니면 그 학생은 그 카드를 원래의 자리에 도로 갖다 놓고 자기 차례를 끝낸다. 놀이는 모든 카드를 가져갈 때까지 계속된다. 가장 많은 카드를 가진 학생이 승리한다.

여기서 설명하는 Concentration 활동들의 진행 절차는 일반적으로 행해지는 것과는 다르다. 대부분의 Concentration 게임에서는 만일 학생이 짝을 찾게 되면 또 다른 짝을 찾으려고 노력하며 짝을 찾게 되면 계속 카드를 집어 들 수 있다. 그러나 여기에서 추천하는 진행절차는 학생이 각자의 차례에서 오직 한 번만 짝을 고를 수 있다. 이 절차가 추천되는 이유는 다른 학생들이 자기 차례를 위해 기다려야만 하는 시간(그들이 직접 관여하지 않는 시간)을 줄이길 원하기 때문이다. 이것은 좀 더 오랫동안 흥미를 유지하고 자기 차례가 아닐 때 나타나는 좋지 않은 행동을 줄이는데 도움을 준다.

또 다른 소그룹 짝 맞추기 카드 게임은 Pairs이다. 이 게임은 이 장에 제시된 다른 활동들과 같이 빠르게 가르칠 수 있는 단순한 절차를 가지고 있다. Pairs 활동은 광범위한 내용의 연습을 제공하는데 사용될 수 있다. 13.14, 13.15, 13.16, 13.17과 13.18은 여러 유형의 활동을 보여준다.

■활동 13.14 Pairs(유형1)

1자리 숫자가 적힌 10장의 카드를 준비한다. 0에서 9까지 적힌 카드가 각 숫자 당 5매가 되도록 한다. 2명에서 4명의 그룹을 만든다.

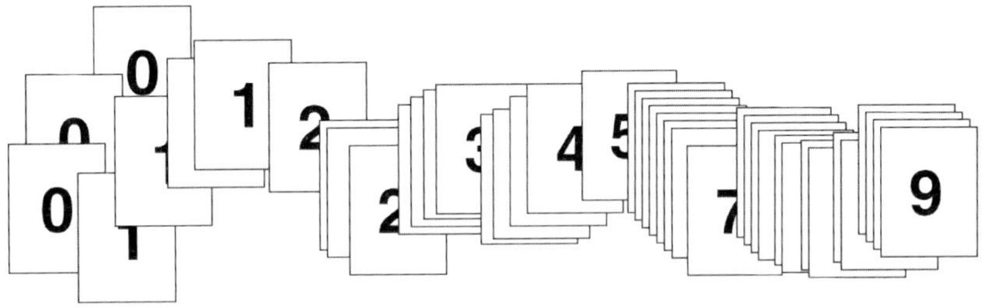

카드를 섞고 테이블 위에 뒤집어 놓는다. 카드 패(deck) 주위에 3장의 시작 카드를 숫자가 보이게 펼쳐 놓는다. 학생은 차례대로 한다. 학생은 카드 패에서 1장의 카드를 집어 편 뒤 다른 시작 카드들과 함께 놓는다. 만일 합계가 10이 되는 2장의 카드를 학생이 보게 된다면 그 카드들은 갖고 자기 차례를 끝낸다. 만일 숫자의 합이 10이 되는 2장의 카드가 없다면 그 차례는 거기서 끝난다. 게임은 모든 카드들이 펼쳐지고 합이 10이 되는 모든 가능한 경우가 끝날 때까지 계속된다. 가장 많은 카드를 가진 학생이 승리한다.

■활동 13.15 Pairs(유형2)

답이 써있지 않은 덧셈 문제가 적힌 25쌍의 카드를 준비한다. 각 쌍의 카드는 답이 똑같아야만 한다. 답이 같은 카드를 2장 이상 사용할 수도 있다. 2명에서 4명의 플레이어 그룹을 만든다. 카드를 섞고 테이블 위에 뒤집어 놓는다. 카드 패(deck) 주위에 3장의 시작 카드를 숫자가 보이게 펼쳐 놓는다. 플레이어는 차례대로 한다. 플레이어는 카드 패에서 1장의 카드를 집어 편 뒤 다른 시작 카드들과 함께 놓는다. 만일 플레이어가 답이 같은 2장의 카드를 보게 된다면 그 카드들은 갖고 자기 차례를 끝낸다. 만일 답이 같은 2장의 카드가 없다면 차례는 거기서 끝난다. 게임은 모든 카드들이 펼쳐지고 짝이 맞는 모든 가능한 경우가 끝날 때까지 계속된다. 가장 많은 카드를 가진 플레이어가 승리한다.

■활동 13.16 Pairs(유형3)

두 자리로 된 피제수(나뉨수)와 한 자리로 된 제수(나누는 수)로 구성된 나눗셈 예시가 적힌 25쌍의 카드를 준비한다. 각 쌍의 카드들은 나머지가 같아야 한다. 나머지는 0이 될 수도 있다. 나머지가 같은 카드를 2장 이상 사용할 수도 있다. 2명에서 4명의 플레이어 그룹을 만든다. 카드를 섞고 테이블 위에 뒤집어 놓는다. 카드 패(deck) 주위에 3장의 시작 카드를 숫자가 보이게 펼쳐 놓는다. 플레이어는 차례대로 한다. 플레이어는 카드 패에서 1장의 카드를 집어 편 뒤 다른 시작 카드들과 함께 놓는다. 만일 플레이어가 나머지가 같은 2장의 카드를 보게 된다면 그 카드들은 갖고 자기 차례를 끝낸다. 만일 나머지가 같은 2장의 카드가 없다면 차례는 거기서 끝난다. 게임은 모든 카드들이 펼쳐지고 짝이 맞는 모든 가능한 경우가 끝날 때까지 계속된다. 가장 많은 카드를 가진 플레이어가 승리한다.

■ **활동 13.17 Pairs(유형4)**

표준 단위로 표시된 길이가 적힌 25쌍의 카드를 준비한다. 각 쌍의 카드들은 길이가 같아야 한다(예를 들면 24인치와 2피트). 2명에서 4명의 플레이어 그룹을 만든다. 카드를 섞고 테이블 위에 뒤집어 놓는다. 카드 패(deck) 주위에 3장의 시작 카드를 숫자가 보이게 펼쳐 놓는다. 플레이어는 차례대로 한다. 플레이어는 카드 패에서 1장의 카드를 집어 편 뒤 다른 시작 카드들과 함께 놓는다. 만일 플레이어가 길이가 같은 2장의 카드를 보게 된다면 그 카드들은 갖고 자기 차례를 끝낸다. 만일 길이가 같은 2장의 카드가 없다면 차례는 거기서 끝난다. 게임은 모든 카드들이 펼쳐지고 짝이 맞는 모든 가능한 경우가 끝날 때까지 계속된다. 가장 많은 카드를 가진 플레이어가 승리한다.

■ **활동 13.18 Pairs(유형5)**

여러 조합의 동전들이 그려져 있는 25쌍의 카드를 준비한다. 각 쌍의 카드들은 돈의 금액이 같아야 한다(예를 들면 2니클과 1다임 그리고 1다임 1니클과 5페니). 2명에서 4명의 플레이어 그룹을 만든다. 카드를 섞고 테이블 위에 뒤집어 놓는다. 카드 패(deck) 주위에 3장의 시작 카드를 숫자가 보이게 펼쳐 놓는다. 플레이어는 차례대로 한다. 플레이어는 카드 패에서 1장의 카드를 집어 편 뒤 다른 시작 카드들과 함께 놓는다. 만일 플레이어가 돈의 금액이 같은 2장의 카드를 보게 된다면 그 카드들은 갖고 자기 차례를 끝낸다. 만일 돈의 금액이 같은 2장의 카드가 없다면 차례는 거기서 끝난다. 게임은 모든 카드들이 펼쳐지고 짝이 맞는 모든 가능한 경우가 끝날 때까지 계속된다. 가장 많은 카드를 가진 플레이어가 승리한다.

연습을 하기에 효과적인 방법이 될 수 있는 또 다른 소그룹 카드 게임은 단순화된 유형의 Rummy(카드놀이)이다. Rummy(카드놀이)의 절차는 지금까지의 게임들보다 좀 더 복잡하다. 복잡하다는 의미는 Rummy(카드놀이)가 3,4학년 미만의 아이들에게는 적합하지 않을 수도 있다는 것이다. 활동 13.19와 13.20에서는 Rummy(카드놀이)가 광범위한 내용으로 사용될 수 있다는 것을 보여 줄 것이다.

■ **활동 13.19 Rummy(유형1)**

답이 써 있지 않은 곱셈 문제가 적힌 48장의 카드를 준비한다. 같은 답을 가진 카드가 4장씩 되도록 한다. 2명에서 4명의 플레이 그룹을 만든다. 카드를 섞는다. 6장의 카드를 나누어 주고 나머지 카드패는 뒤집어 놓는다. 맨 위의 카드를 펴서 버리는 카드 패는 카드 패 옆에 놓는다. 플레이어는 차례대로 한다. 각 플레이마다 플레이어는 카드패의 맨 위 카드나 버리는 카드패의 맨 위 카드 중 하나를 집을 수 있다. 만일 플레이어가 답이 같은 2장 혹은 그 이상의 카드를 갖게 된다면 이들 짝이 되는 카드들은 테이블 위에 펴 놓는다. 만일 플레이어는 다른 플레이어가 이미 펴 놓은 카드들과 답이 같은 카드를 갖게 된다면 이들 카드들은 같은 답을 가진 다른 카드들 옆에 내려 놓을 수 있다. 플레이어가 더 이상 카드를 내려놓을 수 없을 때 그 플레이어는 1장의 카드를 버리는 카드 패 위에 올려 놓고 자기의 차례를 끝낸다. 게임은 한 플레이어가 손에 있던 모든 카드들을 사용할 때까지 이러한 방식으로 계속된다. 그 플레이어가 승자가 된다. 카드패가 모두 사용될 때까지 아무도 승리하지 못한다면 승자는 없는 것이다.

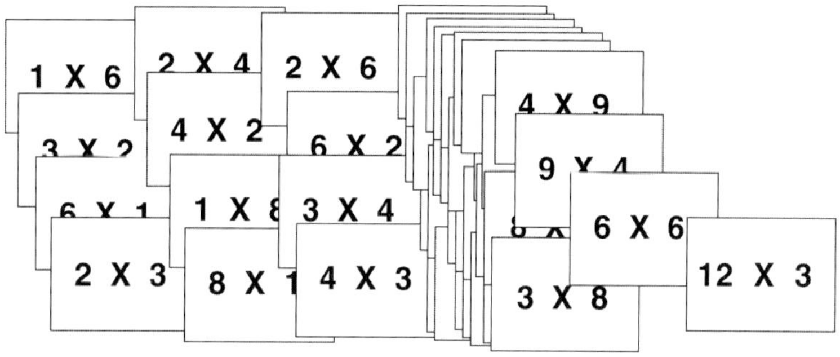

■ **활동 13.20 Rummy(유형2)**

미터법으로 길이가 같은 48장의 카드를 준비한다. 같은 답을 가진 카드가 4장씩 되도록 한다. 2명에서 4명의 플레이 그룹을 만든다. 카드를 섞는다.

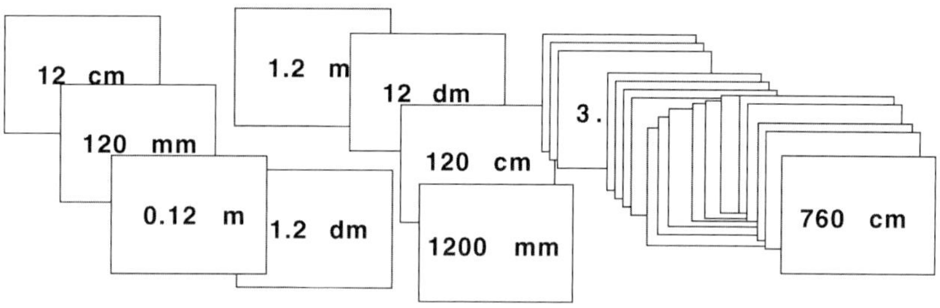

6장의 카드를 나누어 주고 나머지 카드패는 뒤집어 놓는다. 맨 위의 카드를 펴서 버리는 카드 패는 카드 패 옆에 놓는다. 플레이어는 차례대로 한다. 각 플레이마다 플레이어는 카드패의 맨 위 카드나 버리는 카드패의 맨 위 카드 중 하나를 집을 수 있다. 만일 플레이어가 답이 같은 2장 혹은 그 이상의 카드를 갖게 된다면 이들 짝이 되는 카드들은 테이블 위에 펴 놓는다. 만일 플레이어는 다른 플레이어가 이미 펴 놓은 카드들과 길이가 같은 카드를 갖게 된다면 이들 카드들은 길이가 같은 다른 카드들 옆에 내려놓을 수 있다. 플레이어가 더 이상 카드를 내려놓을 수 없을 때 그 플레이어는 1장의 카드를 버리는 카드 패 위에 올려놓고 자기의 차례를 끝낸다. 게임은 한 플레이어가 손에 있던 모든 카드들을 사용할 때까지 이러한 방식으로 계속된다. 그 플레이어가 승자가 된다. 카드패가 모두 사용될 때까지 아무도 승리하지 못한다면 승자는 없는 것이다.

2 순서대로 정렬하기 활동(Ordering Activities)

또 다른 범주의 활동은 참여자들로 하여금 비교를 하거나 순서대로 물건을 정렬하도록 하는 것이다. 이러한 활동들 또한 다양한 사용법들이 있다. 왜냐하면 수학에서 배운 많은 것들은 순서대로 정렬될 수 있기 때문이다. 이러한 정렬하기의 첫 번째 활동은 Line Up A(줄세우기)이다. 이 활동은 신체적인 활동이 필요하고 학생들은 요구된 과업을 완수하기 위해 일어나서 움직일 것을 요구 받게 된다. 이 활동의 융통성을 증명하기 위해 13.21, 13.22, 13.23의 세 가지 유형을 보여 주고자 한다.

■ **활동 13.21 Line Up A(유형1)**

표준 단위의 길이가 적혀 있는 커다란 카드들을 준비한다. 각 참가 학생이 한 장의 카드를 갖기에 충분한 카드가 있어야 한다. 카드는 멀리서도 읽을 수 있도록 크기가 충분히 커야 한다. 같은 길이가 적힌 카드는 없어야 한다.

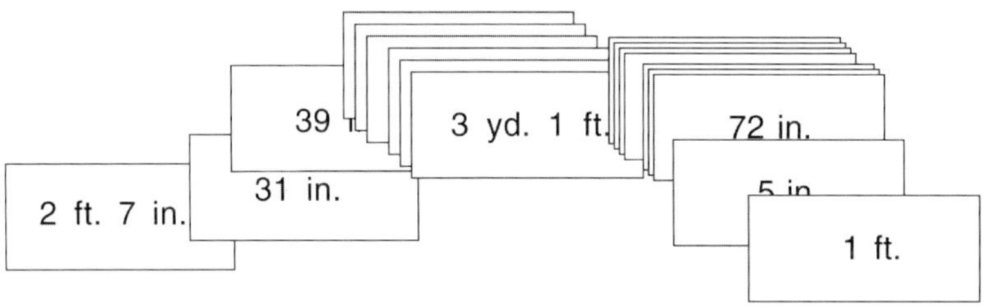

카드를 섞고 각 학생에게 1장씩 나누어 준다. 학급의 학생을 두 팀으로 나눈다. 양 팀을 서로 교실의 반대편 쪽으로 가게 한다. 길이가 가장 짧은 것부터 긴 것까지 순서대로 벽을 따라 일렬로 줄을 서라고 학생들에게 말한다. 양 팀이 줄을 섰을 때 학생들에게 각자 자기 앞에 카드를 들고 있게 하여 상대팀이 그것을 읽을 수 있도록 한다. 각 팀은 상대편 팀이 정확하게 줄을 섰는지 보기 위해 서로 체크하도록 한다. 줄 선 것이 왜 올바른가 혹은 왜 올바르지 않은지에 대해 토의한다.

■ **활동 13.22 Line Up A(유형2)**

곱셈 문제가 적혀 있는 커다란 카드들을 준비한다. 각 참가 학생이 한 장의 카드를 갖기에 충분한 카드가 있어야 한다. 카드는 멀리서도 읽을 수 있도록 크기가 충분히 커야 한다. 같은 답을 가진 카드가 2장이 되지 않도록 해야 한다.

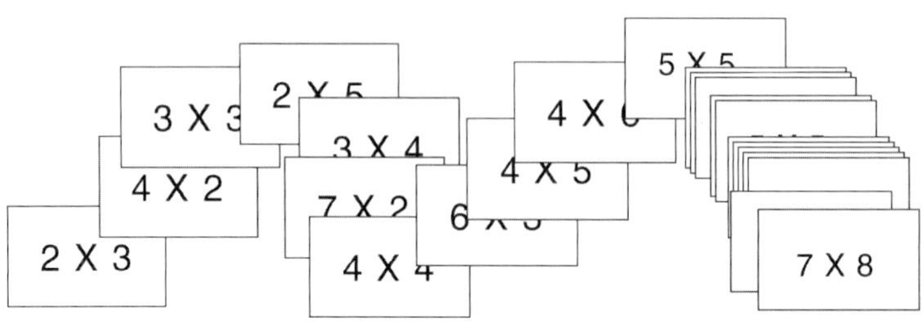

카드를 섞고 각 학생에게 1장씩 나누어 준다. 학급의 학생을 두 팀으로 나눈다. 양 팀을 서로 교실의 반대편 쪽으로 가게 한다. 카드의 답이 가장 작은 것부터 큰 것까지 순서대로 벽을 따라 일렬로 줄을 서라고 학생들에게 말한다. 양 팀이 줄을 섰을 때 학생들에게 각자 자기 앞에 카드를 들고 있게 하여 상대팀이 그것을 읽을 수 있도록 한다. 각 팀은 상대편 팀이 정확하게 줄을 섰는지 보기 위해 서로 체크하도록 한다. 줄 선 것이 왜 올바른가 혹은 왜 올바르지 않은지에 대해 토의한다.

■ **활동 13.23 Line Up A(유형3)**

답이 적혀 있지 않은 여러 형태의 계산 문제가 적혀 있는 커다란 카드들을 준비한다. 각 참가 학생이 한 장의 카드를 갖기에 충분한 카드가 있어야 한다. 카드는 멀리서도 읽을 수 있도록 크기가 충분히 커야 한다. 같은 답을 가진 카드는 없어야 한다.

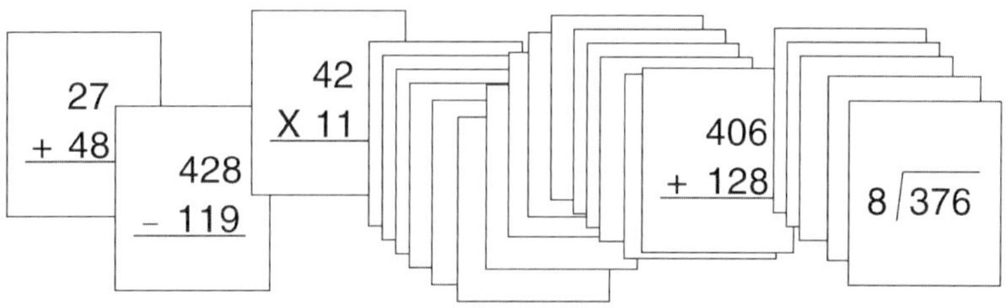

카드를 섞고 각 학생에게 1장씩 나누어 준다. 학급의 학생을 두 팀으로 나눈다. 양 팀을 서로 교실의 반대편 쪽으로 가게 한다. 카드의 답이 가장 작은 것부터 큰 것까지 순서대로 벽을 따라 일렬로 줄을 서라고 학생들에게 말한다. 양 팀이 줄을 섰을 때 학생들에게 각자 자기 앞에 카드를 들고 있게 하여 상대팀이 그것을 읽을 수 있도록 한다. 각 팀은 상대편 팀이 정확하게 줄을 섰는지 보기 위해 서로 체크하도록 한다. 줄 선 것이 왜 올바른가 혹은 왜 올바르지 않은지에 대해 토의한다.

이 범주의 두 번째 활동인 Line Up B는 신체적인 움직임을 요구하는 또 다른 좋은 활동이다. Line Up A의 변형이지만 그것과는 다른 절차를 사용한다. Line Up A가 학생들로 하여금 그들의 팀 동료들이 올바르게 줄을 서도록 도와주는 것을 격려하는 반면에 Line Up B는 다른 학생들로부터 도움을 받는 기회를 최소화한다. Line Up B는 Line Up A만큼 융통성이 있으며 광범위한 내용의 주제에 사용될 수 있다.

■ **활동 13.24 Line Up B**

활동 13.21, 13.22, 13.23에서 사용한 것과 같은 대형 카드를 준비한다. 카드를 섞고 각 학생에게 1장씩 나누어 준다. 두 학생을 뽑아 교실 앞으로 나오게 하고 다른 학생들도 읽을 수 있도록 그들의 카드를 들고 있도록 한다. 다른 학생들을 앞으로 나오게 하여 그들이 갖고 있는 카드의 답이 작은 것부터 큰 것 순으로 되도록 다른 학생들과 함께 줄을 서도록 한다. 만일 한 학생이 어디에 서야할 지 결정하는 데 어려움을 겪는다면 다른 학생들로 하여금 도와주도록 한다.

비교나 순서를 기반으로 한 소그룹 활동들이 여러 개 있다. 이들 활동 중 하나가 Shuffle이라는 게임이다. Shuffle은 문제를 순서대로 빠르게 정렬하는 것에 중점을 둔다. 학생들은 Shuffle게임을 할 때 그들이 정확한 답보다는 오히려 어떤 답이 더 큰지 혹은 작은지를 알 필요가 있다는 것을 재빨리 알아 차린다. 결과적으로 이 게임은 자연스럽게 추정(어림짐작) 활동이 된다. 비록 여기에 단지 한가지 유형만이 제시되고 있지만 Shuffle은 광범위한 내용의 주제를 가지고 연습활동을 제공하는 데 사용할 수 있다.

■ **활동 13.25 Shuffle**

두 자리 숫자로 된 덧셈 예시들이 적힌 40장의 카드 한 패를 준비한다. 같은 답을 가진 카드가 2장이 되지 않게 한다.

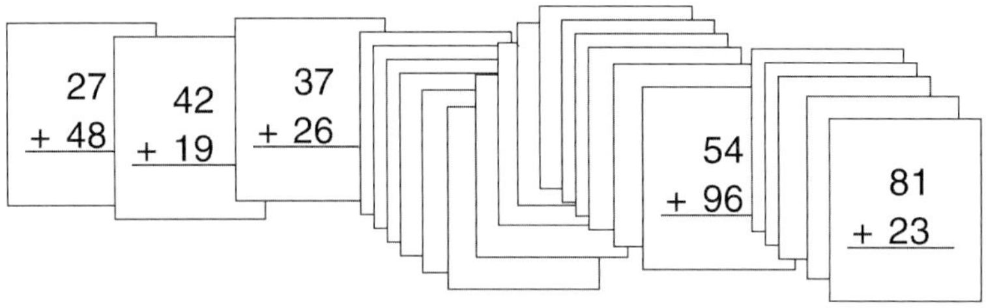

2명에서 4명의 학생으로 그룹을 만든다. 학생들은 차례대로 카드를 돌린다. 각 게임마다 딜러는 카드를 섞고 각 플레이어에게 4장의 카드를 뒤집어서 나누어 준다. 딜러가 "go"라고 말하면 플레이어들은 그들의 카드를 답이 제일 작은 것부터 제일 큰 것까지 순서대로 정렬한다. 제일 먼저 카드를 순서대로 정확히 정렬한 플레이어는 1점을 얻는다. 가장 먼저 5점을 얻은 플레이어가 승자가 된다.

비교(compare)는 또 다른 소그룹 활동이다. 활동 13.26, 13.27, 13.28은 이 게임의 3가지 유형들이다. 예시된 내용들은 3가지 유형 모두에서 사용될 수 있다.

■ **활동 13.26 비교(Compare) : Big Wins**

두 자리 숫자로 된 덧셈식 예시가 적힌 40장의 카드 1패를 준비한다. 같은 답을 가진 카드가 두 장이 나오지 않게 한다. 2명에서 4명의 학생으로 그룹을 만든다. 학생들은 차례대로 카드를 돌린다. 각 게임마다 딜러는 각 플레이어에게 1장의 카드를 나누어 준다. 플레이어들은 그들의 카드를 비교하여 답이 가장 큰 카드를 가진 플레이어가 그 놀이에서 사용된 카드를 갖는다. 게임을 더 지속할 카드가 더 이상 없으면 가장 많은 카드를 가진 플레이어가 승자가 된다.

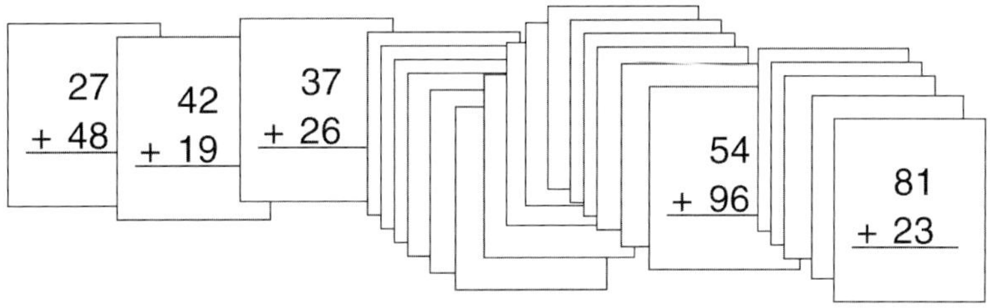

■ **활동 13.27 비교(Compare) : Small Wins**

길이가 표시된 직사각형이 그려진 40장의 카드 1패를 준비한다. 같은 면적을 가진 직사각형이 그려진 카드가 두 장이 나오지 않게 한다.

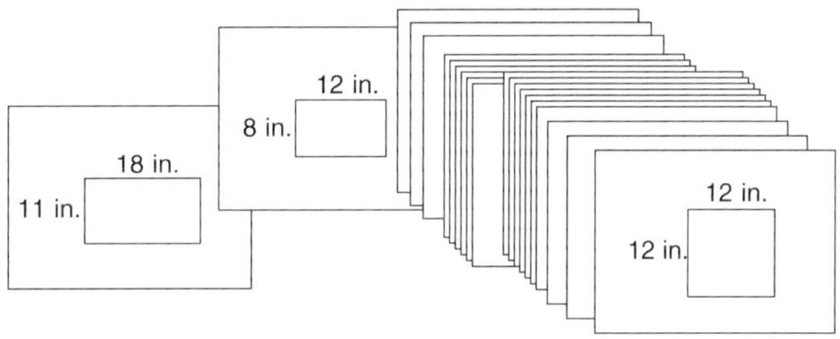

2명에서 4명의 학생으로 그룹을 만든다. 학생들은 차례대로 카드를 돌린다. 각 게임마다 딜러는 각 플레이어에게 1장의 카드를 나누어 준다. 플레이어들은 그들의 카드를 비교하여 면적이 가장 작은 카드를 가진 플레이어가 그 놀이에서 사용된 카드를 갖는다. 게임을 더 지속할 카드가 더 이상 없으면 가장 많은 카드를 가진 플레이어가 승자가 된다.

■ **활동 13.28 비교(Compare) : Dealer's Choice**

답이 적혀 있지 않는 곱셈문제가 적힌 40장의 카드 1패를 준비한다. 같은 답을 가진 카드가 두 장이 나오지 않게 한다.

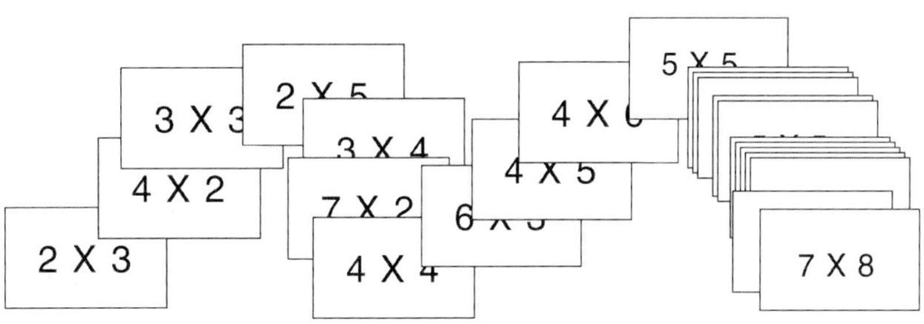

2명에서 4명의 학생으로 그룹을 만든다. 학생들은 차례대로 카드를 돌린다. 각 게임마다 딜러는 각 플레이어에게 1장의 카드를 뒤집어서 나누어 준다. 카드를 받은 학생들이 자기의 카드를 보기 전에 딜러가 답이 큰 쪽이 승리할 지 혹은 답이 작은 쪽이 이기게 될 지를 알려준다. 그러면 플레이어들은 그들의 카드를 비교하여 승리하는 카드를 가진 플레이어가 그 놀이에서 사용된 카드를 갖는다. 만일 동점이 생기게 되면 그 게임에서 사용된 모든 카드들은 테이블 위에 올려 놓고 다음 게임의 승자가 그 카드들을 갖는다. 게임을 더 지속할 카드가 더 이상 없으면 가장 많은 카드를 가진 플레이어가 승자가 된다.

3 답 또는 예시 구성 활동(Answer or Example Construction Activities)

많은 뛰어난 연습 활동들은 학생들이 그들에게 주어진 예시나 답 중에서 고르기보다는 그들 자신의 예시나 답을 작성하도록 요구한다. 이러한 형태의 활동 중 선택된 것을 소개한다. 답 또는 예시 구성 활동들은 소그룹 활동 중 선택된 것을 보여 주고자 한다. 답 또는 예시 구성 활동들은 소그룹 활동에서부터 학급 전체 활동에 이르기까지 다 가능하다. 어떤 활동은 매우 신체적 움직임이 필요하고 어떤 것은 신체적 움직임이 적다. 많은 활동들은 융통성이 있으며 광범위한 내용에 사용될 수 있다.

첫 번째 답 또는 예시 구성 활동은 Take the 5 Path(5가 되게 길 지나가기)이다. 비록 학생들이 이 활동에 아주 집중하여 즐긴다고 하여도, 실제적인 참여 수준은 낮다는 점에 주의해야 한다. 그래서 만일 이 활동이 너무 오랫동안 혹은 너무 자주 사용된다면 학생들은 흥미를 잃을 수 있다. 여기서는 두 가지 유형의 Take the 5 Path (활동 13.29와 13.30)를 소개하고자 하며 이들은 다른 수준의 내용을 보여준다. 비록 게임 코트의 모양과 학생들이 사용 가능한 숫자들이 서로 다르지만 이들 활동의 절차는 동일하다.

■ **활동 13.29 Take the 5 Path(유형1)**

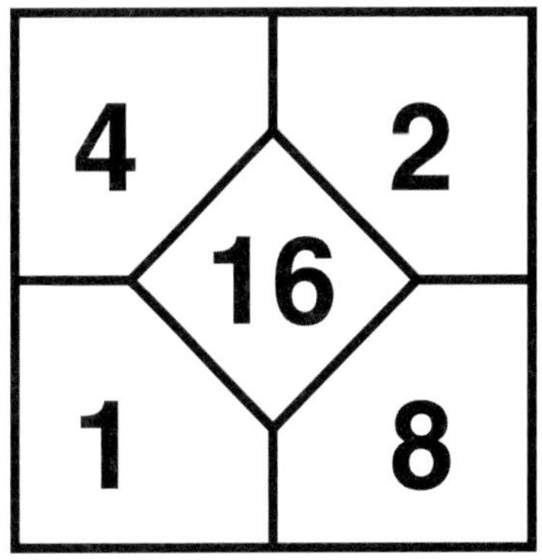

마루바닥 혹은 놀이터에 예시된 것과 같은 게임 코트를 준비한다. 코트 공간은 양쪽 맞은 편이 대략 20인치정도가 되어야 한다. 게임 코트는 마스킹 테이프나 분필을 이용해서 만들 수 있으며 또는 콘크리트나 아스팔트 바닥에 페인트칠을 하여 영구히 사용할 수도 있다. 학생들로 하여금 게임 코트에 줄을 서도록 한다. "Take the 5 Path"라고 말하면 첫 번째 학생이 게임 코트를 깡충 뛰면서 더해서 합이 5가 되도록 게임 코트의 숫자를 밟는다(1과 4). 만일 "Take the 11 Path"라고 말하면 줄을 서 있던 학생은 게임 코트의 숫자 1, 8, 그리고 2를 깡충깡충 뛰면서 밟아야 한다.

이 게임 코트를 사용할 때 학생들이 같은 숫자를 한 번 이상 밟지 않도록 한다면 1에서 31까지의 숫자를 만들기 위해서는 오로지 한 가지 길 밖에 없다.

■ **활동 13.30 Take the 5 Path(유형2)**

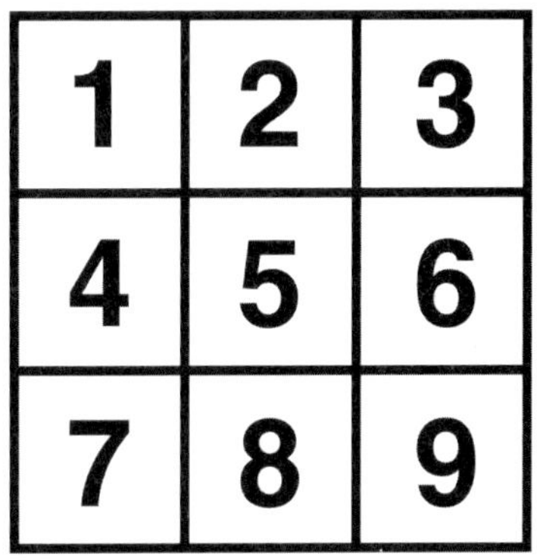

마루바닥 혹은 놀이터에 예시된 것과 같은 게임 코트를 준비한다. 코트 공간은 양쪽 맞은 편이 대략 20인치정도가 되어야 한다. 게임 코트는 마스킹 테이프나 분필을 이용해서 만들 수 있으며 또는 콘크리트나 아스팔트 바닥에 페인트칠을 하여 영구히 사용할 수도 있다.

학생들로 하여금 게임 코트에 줄을 서도록 한다. "Take the 5 Path"라고 말하면 첫 번째 학생이 게임 코트를 깡충 뛰면서 더해서 합이 5가 되도록 게임 코트의 숫자를 밟는다(1과 4). 만일 "Take the 11 Path"라고 말하면 줄을 서 있던 학생은 게임 코트의 숫자 1, 8, 그리고 2를 깡충깡충 뛰면서 밟아야 한다.

이 게임 코트에서는 학생들이 같은 숫자를 한 번 이상 밟도록 허락해야만 한다. 그렇지 않으면 몇몇 길이 가능하지 않을 것이다.

다음 활동인 Bounce 10은 정말로 Take the 5 Path의 한 버전이다. 여기서는 두 가지 유형의 활동을 소개한다. 활동 13.31은 유치원이나 일학년 학생들에게 적당하다. 활동 13.32는 2, 3학년 학생들에게 더 적절하다.

■ **활동 13.31 Bounce 10(유형1)**

1	2	3
5	7	11
13	17	19

마루바닥 혹은 놀이터에 예시된 것과 같은 게임 코트를 준비한다. 코트 공간은 양쪽 맞은편이 대략 20인치정도가 되어야 한다. 게임 코트는 마스킹 테이프나 분필을 이용해서 만들 수 있으며 또는 콘크리트나 아스팔트 바닥에 페인트칠을 하여 영구히 사용할 수도 있다. 두 학생이 게임 코트에서 양편에 서로 마주 보도록 한다. 한 학생에게 바람이 들어 있는 놀이공을 건네주며 "Bounce 10"이라고 말한다. 그 학생은 하나의 숫자에 공을 튕겨 다른 학생에게 튕겨 준다. 그리고 두 번째 학생도 하나의 숫자에 공을 튕겨 첫 번째 학생에게 튕겨 준다. 그 숫자의 합이 10이 되어야 한다. 예를 들어 만일 첫 번째 학생이 숫자를 7에 공을 맞추어 튕겨 주면 두 번째 학생은 숫자 3에 튕겨야 한다. 또한 학생들에게 2, 3, 4, 5, 6, 7, 8, 9가 합이 되게 튕겨 보게 한다. 첫 번째 학생은 목표 숫자보다 작은 숫자에 공을 튕겨야 한다. 그렇지 않으면 목표로 하는 합계 숫자를 완성하는 것이 가능하지 않다.

■ **활동 13.32 Bounce 10(유형2)**

0	1	2	3
4	5	6	7
8	9	10	11

마루바닥 혹은 놀이터에 예시된 것과 같은 게임 코트를 준비한다. 코트 공간은 양쪽 맞은 편이 대략 20인치정도가 되어야 한다. 게임 코트는 마스킹 테이프나 분필을 이용해서 만들 수 있으며 또는 콘크리트나 아스팔트 바닥에 페인트칠을 하여 영구히 사용할 수도 있다.
두 학생이 게임 코트에서 양편에 서로 마주 보도록 한다. 한 학생에게 바람이 들어 있는 놀이공을 건네주며 "Bounce 10"이라고 말한다. 그 학생은 숫자를 말하고 그 숫자에 공을 튕긴다. 다른 학생은 그 공을 잡고 다른 숫자에 공을 튕겨 튕긴 숫자가 합계가 되도록 한다. 첫 번째 학생은 그리고 나서 또 다른 숫자에 공을 튕겨 지금까지 튕긴 숫자가 합계가 되도록 한다. 예를 들어 만일 첫 번째 학생이 숫자 7를 튕기면 두 번째 학생은 숫자 2를, 그러면 첫 번째 학생은 합계 숫자가 10이 되게 완성하기 위해 숫자 1에 튕겨야 한다. 학생들은 숫자가 10이 넘지 않도록 주의해야만 한다. 또한 학생들에게 11, 12, 13, 14, 15, 16, 17, 18, 19가 합이 되게 튕겨 보게 한다.

Century Mark는 두 자리 숫자의 덧셈과 뺄셈 연습을 하게 하는 재미있는 소그룹 게임이다. 활동 13.33은 3학년에서 5학년 학생에게 적당하다.

■ 활동 13.33 Century Mark

0에서 9까지 적혀 있는 50장의 카드 1패를 준비한다. 같은 숫자의 카드가 5장이 되어야만 한다. 2명에서 4명의 학생들로 그룹을 만든다.

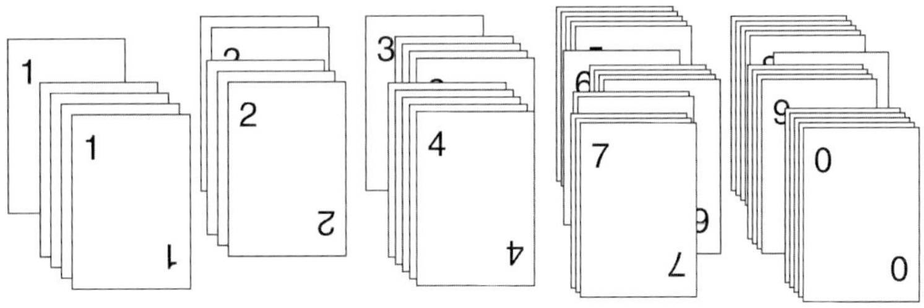

카드를 섞어 테이블 위에 카드패를 뒤집어 놓는다. 각 플레이어는 시작 점수인 0을 종이 위에 적는다. 각 게임마다 플레이어는 카드패에서 2장의 카드를 집어 두 자리 숫자를 만든다(예를 들어 만일 플레이어가 7과 4를 뽑게 되면 그 플레이어는 74 또는 47을 만들 수 있다. 만일 플레이어가 3과 0을 뽑는다면 그 플레이어는 30 또는 3을 만들 수 있다). 그리고나서 플레이어들은 그들의 현재 점수에 그 숫자를 더하거나 혹은 현재의 점수에서 그 숫자를 뺄 수 있다.

플레이어의 점수가 정확히 100이 될 때까지 게임은 계속되며 그 플레이어가 게임에서 승리하게 된다. 만일 플레이를 더 지속할 카드가 더 이상 없을 때까지 승자가 없이 게임이 계속되면 100에 가장 가까운 점수를 기록한 플레이어가 승자가 된다.

또 하나의 뛰어난 소그룹 활동은 Target Practice(목표 연습)이다. 활동 13.34에서 13.39는 이 활동의 융통성을 보여 주고 있다.

■ 활동 13.34 Target Practice(유형1)

활동 13.33에서 예시된 것과 같이 0에서 9까지 숫자가 적힌 50장의 카드 1패를 준비한다.

2명에서 4명의 학생으로 그룹을 만든다. 학생들은 차례로 카드를 돌린다. 각 게임마다 딜러는 카드를 섞고 각 플레이어에게 2장의 카드를 나누어 준다.

플레이어는 자기 카드의 숫자를 더한다. 10에 가까운 합계를 가진 플레이어는 그 게임에서 사용된 모든 카드를 갖는다. 만일 동점이 되면 그 판에서 사용된 카드를 테이블 위에 놓는다. 그 다음 판의 승자가 그 카드들을 갖게 된다. 게임을 더 지속할 카드가 더 이상 없으면 가장 많은 카드를 가진 플레이어가 승자가 된다.

■ 활동 13.35 Target Practice(유형2)

활동 13.33에서 예시된 것과 같이 0에서 9까지 숫자가 적힌 50장의 카드 1패를 준비한다.

2명에서 4명의 학생으로 그룹을 만든다. 학생들은 차례로 카드를 돌린다. 각 게임마다 딜러는 카드를 섞고 각 플레이어에게 2장의 카드를 나누어 준다.

플레이어는 자기 카드를 이용하여 두 자리 숫자를 만든다. 50에 가장 가까운 두 자리 숫자를 만든 플레이어가 그 판에서 사용된 모든 카드들을 갖는다. 만일 동점이 되면 그 판에서 사용된 카드를 테이블 위에 놓는다. 그 다음 판의 승자가 그 카드들을 갖게 된다. 게임을 더 지속할 카드가 더 이상 없으면 가장 많은 카드를 가진 플레이어가 승자가 된다.

■ 활동 13.36 Target Practice(유형3)

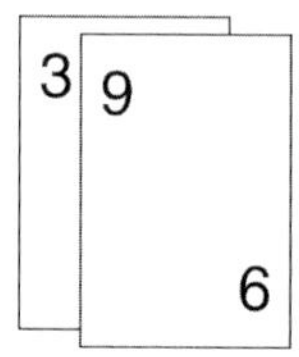

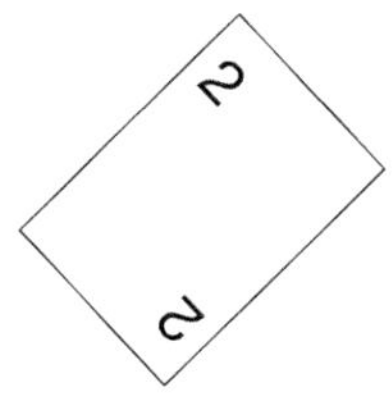

활동 13.33에서 예시된 것과 같이 0에서 9까지 숫자가 적힌 50장의 카드 1패를 준비한다.

2명에서 4명의 학생으로 그룹을 만든다. 학생들은 차례로 카드를 돌린다. 각 게임마다 딜러는 카드를 섞고 각 플레이어에게 3장의 카드를 나누어 준다. 각 플레이어는 3장의 카드 중 2장을 이용하여 두 자리 숫자를 만든다. 50에 가장 가까운 두 자리 숫자를 만든 플레이어가 그 판에서 사용된 모든 카드들을 갖는다. 만일 동점이 되면 그 판에서 사용된 카드를 테이블 위에 놓는다. 그 다음 판의 승자가 그 카드들을 갖게 된다. 게임을 더 지속할 카드가 더 이상 없으면 가장 많은 카드를 가진 플레이어가 승자가 된다.

■ 활동 13.37 Target Practice(유형4)

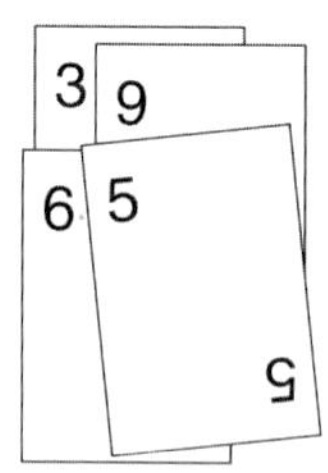

활동 13.33에서 예시된 것과 같이 0에서 9까지 숫자가 적힌 50장의 카드 1패를 준비한다.

2명에서 4명의 학생으로 그룹을 만든다. 학생들은 차례로 카드를 돌린다. 각 게임마다 딜러는 카드를 섞고 각 플레이어에게 3장의 카드를 나누어 준다. 각 플레이어는 3장의 카드 중 2장을 이용하여 두 자리 숫자의 합계가 가능한 한 100에 가까도록 두 장의 카드로 두 자리 숫자를 만든다. 합계 숫자가 100에 가장 가까운 플레이어가 그 판에서 사용된 모든 카드를 갖는다. 만일 동점이 되면 그 판에서 사용된 카드를 테이블 위에 놓는다. 그 다음 판의 승자가 그 카드들을 갖게 된다. 게임을 더 지속할 카드가 더 이상 없으면 가장 많은 카드를 가진 플레이어가 승자가 된다.

■ 활동 13.38 Target Practice(유형5)

활동 13.33에서 예시된 것과 같이 0에서 9까지 숫자가 적힌 50장의 카드 1패를 준비한다.

2명에서 4명의 학생으로 그룹을 만든다. 학생들은 차례로 카드를 돌린다. 각 게임마다 딜러는 카드를 섞고 각 플레이어에게 3장의 카드를 나누어 준다. 각 플레이어는 그 카드를 이용하여 두 자리 숫자와 한 자리 숫자를 만들어 그 두 숫자의 곱한 값이 가능한 한 200에 가깝도록 한다. 곱한 값이 200에 가장 가까운 플레이어가 그 판에서 사용된 모든 카드들을 갖는다. 만일 동점이 되면 그 판에서 사용된 카드를 테이블 위에 놓는다. 그 다음 판의 승자가 그 카드들을 갖게 된다. 게임을 더 지속할 카드가 더 이상 없으면 가장 많은 카드를 가진 플레이어가 승자가 된다.

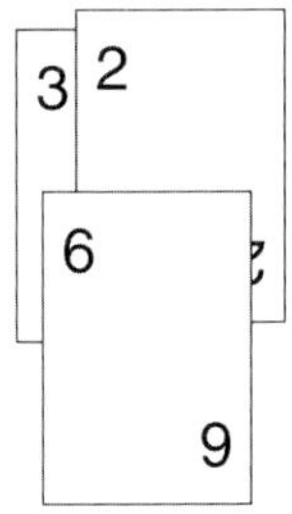

■ **활동 13.39** Target Practice(유형6)

활동 13.33에서 예시된 것과 같이 0에서 9까지 숫자가 적힌 50장의 카드 1패를 준비한다.

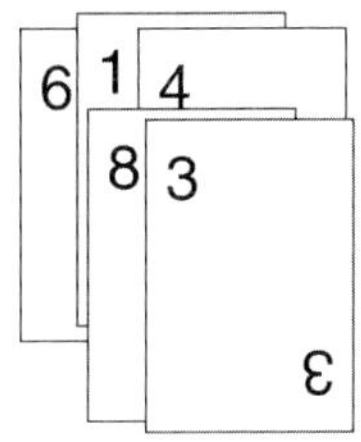

2명에서 4명의 학생으로 그룹을 만든다. 학생들은 차례로 카드를 돌린다. 각 게임마다 딜러는 카드를 섞고 각 플레이어에게 5장의 카드를 나누어 준다. 각 플레이어는 그 카드를 이용하여 세 자리 숫자와 두 자리 숫자를 만들어 그 두 숫자의 차이가 가능한 한 500에 가깝도록 한다. 차이 값이 500에 가장 가까운 플레이어가 그 판에서 사용된 모든 카드들을 갖는다. 만일 동점이 되면 그 판에서 사용된 카드를 테이블 위에 놓는다. 그 다음 판의 승자가 그 카드들을 갖게 된다. 게임을 더 지속할 카드가 더 이상 없으면 가장 많은 카드를 가진 플레이어가 승자가 된다.

이 장에서 마지막으로 제시하는 답과 예시 작성 활동은 Shape Maker이다. 이 활동에서는 학생들이 밧줄 고리를 잡아 당겨 모양을 만들어 내게 된다.

■ **활동 13.40** Shape Maker

약 25피트 길이의 밧줄 양 끝을 묶어 밧줄 고리를 만든다. 4명의 학생으로 구성된 그룹에 밧줄을 준다. 그들이 밧줄 고리를 잡아 당겨 직사각형을 만들도록 한다. 또한 정사각형을 만들도록 한다. 원을 만들어 보도록 한다. 왜 이것은 가능하지 않을까 하고 질문을 한다.

3명의 학생으로 구성된 그룹을 만든다. 그들로 하여금 밧줄을 잡아당겨 삼각형 모양이 되도록 한다. 세 변의 길이가 똑 같은 삼각형을 만들어 보도록 한다. 직각삼각형을 만들어 보도록 한다. 직사각형을 만들어 보도록 한다. 왜 이것은 가능하지 않을까 하고 묻는다.

6명의 학생에게 원 모양을 만들어 보도록 한다. 10명의 학생들에게 원 모양을 만들어 보도록 한다. 20명이면 원을 만들 수 있을까요?

요약

흥미롭고 재미있는 연습을 할 수 있는 많은 활동들이 있다. 좋은 연습 활동들은 매우 다채롭다. 이들 중 몇 활동들은 게임이며 거기에는 승자가 있다. 또 다른 활동들은 비록 게임은 아닐지라도 아주 매력적인 것이 될 수 있다.

좋은 연습 활동들은 다양한 수준으로 활동에 실제적으로 참여하게 한다. 그것들은 소그룹에서부터 학급 전체의 활동까지 가능하다. 좋은 연습 활동들은 신체의 움직임을 매우 활발하게 요구하는 것에서부터 적당한 신체의 움직임이 필요한 것까지 그리고 아주 차분한 것까지 다양하게 있다. 좋은 연습 활동들은 거의 언제나 연습하고 있는 개념들 혹은 기술들에 관하여 학생들끼리 서로 상호작용을 하게끔 해 준다.

가장 유능한 초등학교 수학 교사들은 연필과 종이를 사용하지 않는 다양한 방법의 연습 활동들을 개발하고 사용하고 있다. 그러나 이런 활동들이 적절하고 재미가 있다하더라도 유능한 교사는 연습 활동은 오로지 개념과 기술들이 적절하게 발달된 이후에만 효과적일 수 있다는 사실을 기억해야만 한다.

참고문헌 및 관련 자료

National Council of Teachers of Mathematics. (2000). *Principles and standards for school mathematics*. Reston, VA: Author.

Smith, S. E., Jr., & Backman, C. A. (Eds.). (1975). *Games and puzzles for elementary and middle school mathematics: Readings from* The Arithmetic Teacher. Reston, VA: National Council of Teachers of Mathematics.

Tucker, B. F. (1971). Parallelograms: A simple answer to drill motivation and individualized instruction. *The Arithmetic Teacher*, 18(7), 489-493.

Tucker, B. (1978). Match games. *The Illinois Mathematics Teacher*, 29(1), 24-28.

Tucker, B. F. (1981). Variations on Concentration. *The Arithmetic Teacher*, 29(3), 22-23.

INDEX

찾아보기

ㄱ

가깝다/멀다 / 71
가능성(likelihood) / 423
가분수 / 253
각도 / 351
간접 단위 / 355
값 측정 / 358
강화형 학습 활동 / 3
교수 노트 / 52
교실 응용 활동 / 5
길이 / 319

ㄷ

대분수 / 253
대응하기 / 68
대칭 / 375
동치 분수 / 237

ㅁ

무게 / 357

ㅂ

반복연습형 연습 활동 / 5
부분 곱셈 / 185
부피 / 342
분류(classification) / 61
분수 단위 / 232
분할 나눗셈(Partition Division) / 200
비교 뺄셈 / 141
비교하기 / 63

ㅅ

사고형 연습 활동 / 4
사이 / 71
상대적인 위치 / 69
선호하는 학습 양식 / 21
소수 / 280
속도형 연습 활동 / 5
수 감각 / 82
수직 / 374
시각 선호 학습자를 위한 활동 / 23
시간 측정 / 355
실제 문제 응용 활동 / 5
실험실 접근(laboratory approach) / 42

ㅇ

아래 / 70
안과 밖 / 72
알고리즘(Algorithm) / 115
연산의 의미 / 115
연속 배열하기(Seriation) / 65
연습 활동 / 4
열림/닫힘 / 72
온도 / 358
운동감각 선호 학습자를 위한 활동 / 23
위 / 70
위와 아래 / 70
유사성(similarity) / 372
응용 활동 / 5

ㅈ

제거 뺄셈 / 143
직선 혹은 곡선 / 73
직선성(Straightness) / 371

ㅊ

청각 선호 학습자를 위한 활동 / 22
촉각 선호 학습자를 위한 활동 / 23
측정 나눗셈 / 199
측정 / 319

ㅌ

탐색형 학습 활동 / 3
통합형 학습 활동 / 3

ㅍ

평가 활동 / 6
평행 / 374

ㅎ

학습 활동 / 3
합동(congruence) / 371
확률 / 426

장애인 의사소통 및 교육 시리즈 · 3

장애학생 수학교육

: 모든 학생을 위한 수학교육 [제2판]

Teaching Mathematics to ALL Children:
Designing and Adapting Instruction to Meet the Needs of Diverse Learners, 2nd edition

2013년 8월 26일 초판 인쇄
2013년 9월 3일 초판 발행

저 자 / Benny F. Tucker · Ann H. Singleton
Terry L. Weaver
역 자 / 김민경 · 김선영 · 김영표 · 박세은 · 신현기
원성옥 · 이병혁 · 이필상 · 정희선 · 허 일

발행자 / 오판근
발행처 / 교우사

주 소 / 서울특별시 동대문구 약령시로 8 교우빌딩 2층
전 화 / 925-2861~2, 편집부 / 925-2825
팩 스 / 925-2860

E-mail / kyowoo@kyowoo.co.kr
http://www.kyowoo.co.kr

등록 / 1994. 3. 24 제6-0256호

ISBN 978-89-8172-976-9 (94370)
978-89-8172-973-8 (세트)

값 33,000 원